Coleman · Grundlagen der Sozialtheorie

Scientia Nova

Herausgegeben von
Rainer Hegselmann, Gebhard Kirchgässner,
Hans Lenk, Siegwart Lindenberg,
Werner Raub, Thomas Voss

Bisher erschienen u. a.:
Robert Axelrod, Die Evolution der Kooperation
Karl H. Borch, Wirtschaftliches Verhalten bei Unsicherheit
Churchman /Ackoff /Arnoff, Operations Research
Erklären und Verstehen in der Wissenschaft
Evolution und Spieltheorie
Bruno de Finetti, Wahrscheinlichkeitstheorie
Richard C. Jeffrey, Logik der Entscheidungen
Mathematische Methoden in der Politikwissenschaft
Nagel / Newman, Der Gödelsche Beweis
John von Neumann, Die Rechenmaschine und das Gehirn
Erhard Oeser, Wissenschaft und Information
Howard Raiffa, Einführung in die Entscheidungstheorie
Erwin Schrödinger, Was ist ein Naturgesetz?
Rudolf Schüßler, Kooperation unter Egoisten: vier Dilemmata
Thomas Voss, Rationale Akteure und soziale Institutionen
Hermann Weyl, Philosophie der Mathematik und Naturwissenschaft

James S. Coleman

Grundlagen der Sozialtheorie

Band 1
Handlungen und Handlungssysteme

R. Oldenbourg Verlag München 1991

Aus dem Amerikanischen übersetzt von Michael Sukale
unter Mitwirkung von Martina Wiese

Die Deutsche Bibliothek – CIP-Einheitsaufnahme

Coleman, James S.:
Grundlagen der Sozialtheorie / James S. Coleman. [Aus dem
Amerikan. übers. von Michael Sukale]. – München :
Oldenbourg
  (Scientia nova)
  Einheitssacht.: Foundations of social theory ⟨dt.⟩

Band 1. Handlungen und Handlungssysteme. – 1991
  ISBN 3-486-55838-2

Titel der Originalausgabe:
James S. Coleman, Foundations of Social Theory.
Cambridge/Mass.: The Belknap Press of Harvard University Press.
© 1990 James S. Coleman

© der deutschen Ausgabe 1991 R. Oldenbourg Verlag GmbH, München

Das Werk einschließlich aller Abbildungen ist urheberrechtlich geschützt. Jede Verwertung außerhalb der Grenzen des Urheberrechtsgesetzes ist ohne Zustimmung des Verlages unzulässig und strafbar. Das gilt insbesondere für Vervielfältigungen, Übersetzungen, Mikroverfilmungen und die Einspeicherung und Bearbeitung in elektronischen Systemen.

Umschlaggestaltung: Dieter Vollendorf
Gesamtherstellung: WB-Druck, Rieden a.F.

ISBN 3-486-55838-2

Für meinen Lehrer Robert K. Merton

Inhalt des Gesamtwerkes

Band I: Handlungen und Handlungssysteme

Vorwort
Vorwort des Übersetzers

1. Metatheorie: Die Erklärung in der Sozialwissenschaft

Teil I: Elementare Handlungen und Beziehungen

2. Akteure und Ressourcen, Interesse und Kontrolle
3. Handlungsrechte
4. Herrschaftsbeziehungen
5. Vertrauensbeziehungen

Teil II: Handlungsstrukturen

6. Soziale Austauschsysteme
7. Von Herrschaftsbeziehungen zu Herrschaftssystemen
8. Vertrauenssysteme und ihre dynamischen Eigenschaften
9. Kollektives Verhalten
10. Das Bedürfnis nach wirksamen Normen
11. Die Realisierung wirksamer Normen
12. Soziales Kapital

Anhang

Band II: Körperschaften und die moderne Gesellschaft

Teil III: Körperschaftshandeln

13. Verfassungen und die Bildung von Körperschaften
14. Das Problem der sozialen Entscheidung
15. Von der individuellen zur sozialen Entscheidung
16. Die Körperschaft als Handlungssystem
17. Rechte und Körperschaften
18. Der Herrschaftsentzug
19. Das Selbst

Teil IV: Die moderne Gesellschaft

20. Natürliche Personen und die neuen Körperschaften
21. Die Verantwortung der Körperschaften
22. Neue Generationen in der neuen Sozialstruktur
23. Die Beziehung der Soziologie zum sozialen Handeln in der neuen Sozialstruktur
24. Die neue Sozialstruktur und die neue Sozialwissenschaft

Anhang

Band III: Die Mathematik der sozialen Handlung

Teil V: Die Mathematik der sozialen Handlung

25. Das lineare Handlungssystem
26. Empirische Anwendungen
27. Theoretische Erweiterungen
28. Vertrauen im linearen Handlungssystem
29. Macht, Mikro-Makro-Übergang und intersubjektiver Nutzenvergleich
30. Externalitäten und Normen im linearen Handlungssystem
31. Unteilbare Ereignisse, Körperschaften und kollektive Entscheidungen
32. Zur Dynamik linearer Handlungssysteme
33. Instabile und transitorische Handlungssysteme
34. Die interne Struktur von Akteuren

Anhang

Inhalt des ersten Bandes

Vorwort	xiii
Vorwort des Übersetzers	xv

1. Metatheorie: Die Erklärung in der Sozialwissenschaft ... 1
   Die Erklärung von Verhalten sozialer Systeme *2*
   Komponenten der Theorie *13*
   Vorstellungen über die Beziehungen zwischen Mikro- und Makroebenen *27*

Teil I: Elementare Handlungen und Beziehungen

2. Akteure und Ressourcen, Interesse und Kontrolle ... 33
   Die Elemente *34*
   Handlungsstrukturen *42*
   Sozialer Austausch *46*
   Einfache und komplexe Beziehungen *53*

3. Handlungsrechte ... 56
   Was sind Rechte? *61*
   Wie sich das Trittbrettfahrerproblem bei Rechten auflöst *67*
   Inwiefern bewirken neue Informationen einen Wandel in der Allokation von Rechten? *68*
   Wie geht ein Recht in andere Hände über? *71*
   Wer sind die relevanten anderen Akteure? *73*
   Wie werden Rechte aufgeteilt, und wie könnten sie aufgeteilt werden? *74*

4. Herrschaftsbeziehungen ... 81
   Das Recht auf Kontrolle über eigene Handlungen *84*
   Herrschaftsübertragung *87*
   Konjunkte und disjunkte Herrschaftsbeziehungen *90*
   Übertragung von einem oder zwei Rechten: Einfache und komplexe Herrschaftsbeziehungen *102*
   Herrschaftsbeschränkungen *103*
   Sklaverei *108*
   Herrschaft ohne vorsätzliche Ausübung *111*

5. Vertrauensbeziehungen 115
   Die Vertrauensvergabe *123*
   Handlungen des Treuhänders *137*
   Konkurrierende Treugeber und Probleme mit öffentlichen
      Gütern *147*

Teil II: Handlungsstrukturen

6. Soziale Austauschsysteme 153
   Was ist Geld? *153*
   Tauschmittel in sozialen und politischen Systemen *159*
   Austausch innerhalb von Systemen *168*

7. Von Herrschaftsbeziehungen zu Herrschaftssystemen 186
   Das *law of agency* *187*
   Sympathie und Identifikation: Affine Agenten *201*
   Einfache und komplexe Herrschaftsstrukturen *208*
   Die innere Integrität eines Herrschaftssystems *221*

8. Vertrauenssysteme und ihre dynamischen Eigenschaften 225
   Gegenseitiges Vertrauen *228*
   Vertrauensintermediäre *232*
   Drittparteien-Vertrauen *239*
   Große Systeme mit Vertrauensbeziehungen *242*

9. Kollektives Verhalten 254
   Allgemeine Eigenschaften kollektiven Verhaltens *255*
   Fluchtpaniken *262*
   Bank- und Börsenpaniken *277*
   Bereicherungsmanien *281*
   Ansteckende Überzeugungen *283*
   Aggressive und expressive Mengen *284*
   Trends und Moden *297*
   Einflußprozesse bei Kaufentscheidungen, Wahlen und
      öffentlicher Meinung *306*
   Besondere Voraussagen über kollektives Verhalten *309*

Inhalt des ersten Bandes xi

10. Das Bedürfnis nach wirksamen Normen 311
    Beispiele für Normen und Sanktionen *316*
    Unterscheidungen zwischen Normen *318*
    Die erste Bedingung: Externe Effekte von Handlungen und
      das Bedürfnis nach einer Norm *321*
    Was macht soziale Wirksamkeit aus? *335*
    Normensysteme *342*

11. Die Realisierung wirksamer Normen 344
    Eine Bank für Handlungsrechte *345*
    Soziale Beziehungen zur Unterstützung von Sanktionen *348*
    Trittbrettfahren und Übereifer *353*
    Heroische versus inkrementelle Sanktion *360*
    Wie werden Sanktionen in der Gesellschaft angewandt? *365*
    Die Emergenz von Wahlnormen *375*
    Die Internalisierung von Normen *379*

12. Soziales Kapital 389
    Humankapital und soziales Kapital *394*
    Formen des sozialen Kapitals *395*
    Relative Quantitäten von sozialem Kapital *407*
    Der Aspekt des öffentlichen Gutes beim sozialen Kapital *409*
    Die Schaffung, Aufrechterhaltung und Zerstörung von
      sozialem Kapital *412*

Anhang

Gesamtes Literaturverzeichnis 421
Deutsches Literaturverzeichnis 442

Personenregister 444

Englisches Sachregister 450
Deutsches Sachregister 465

Vorwort

"Sozialtheorie", wie sie an den Universitäten gelehrt wird, besteht zum größten Teil aus der Geschichte sozialwissenschaftlicher Ideen. Ein böswilliger Kritiker würde die gegenwärtige Praxis in der Sozialtheorie so beschreiben, daß man alte Weisheiten wiederkäut und Theoretiker des neunzehnten Jahrhunderts beschwört. Die Gesellschaften haben jedoch in der Zwischenzeit eine Revolution ihrer Organisation erlebt. So wie die Wälder und Felder des physikalischen Umfeldes von Straßen und Wolkenkratzern verdrängt werden, werden die ursprünglichen Institutionen, um die herum Gesellschaften aufgebaut wurden, durch eine zielgerichtet konstruierte soziale Organisation ersetzt. Im Hinblick auf diesen Wandel mögen wir uns fragen: Gehen wir dahin, wohin wir gehen wollen? Können wir die Richtung ändern? Wie wählen wir die Richtung? Doch bevor wir diese Fragen stellen können, müssen wir wissen, wohin wir gehen, und dafür brauchen wir eine robuste Sozialtheorie. Eine solche Theorie erfordert eine feste Grundlage, und eine solche will dieses Buch liefern.

Für dieses Buch waren mehrere Institutionen von großer Bedeutung, weil sie eine Abschirmung vor alltäglichen Problemen boten. Die erste war, von 1970-71, das Churchill College in Cambridge, wo ich die ersten Schritte unternahm, um dieses Buch zu schreiben. Eine weitere Institution war, von 1981-82, das Wissenschaftskolleg zu Berlin, und eine dritte war, im Herbst 1982, die Russell Sage Stiftung. Im Sommer 1986 entstand im Van Leer Institut in Jerusalem die erste Fassung der meisten Kapitel des Buches, und das Manuskript erhielt seine endgültige Gestalt in der Regenstein Library an der Universität von Chicago.

Vielen Menschen bin ich für ihre Hilfe und kritischen Kommentare zu Dank verpflichtet. Erling Schild las und besprach mit mir die meisten Kapitel in einer entscheidenden Phase, wie auch Gudmund Hernes zu einem anderen wichtigen Zeitpunkt. Andere, deren Kommentare zu einzelnen Kapiteln besonders hilfreich waren, sind Michael Braun, Norman Braun, Jon Elster, Michael Inbar, Edward Laumann, Richard Posner, Pamela Rodriguez, Arthur Stinchcombe, Tony Tam, Edna Ullmann-Margalit und Jeroen Weesie. Weitergebracht haben mich Diskussionen zu Themen, die mit dem Buch in Zusammenhang standen, mit Lingxin Hao, Michael Hechter, Yong-Hak Kim, Siegwart Lindenberg, Stefan Nowak, Kim Scheppele und Piotr Swistak. Gary Becker und das Oberseminar über rationale Wahl, das er in den vergangenen sechs Jahren an der Universität von Chicago mit mir zusammen geleitet hat, waren ebenfalls wichtig für dieses Buch, so wie auch meine Kollegen im Institut für Soziologie in Chicago.

Meine Sekretärin Debra Milton bewältigte bravourös die organisatorischen Details, die bei der Erstellung eines langen und komplexen Manuskripts auftauchen, und tippte zahllose korrigierte Fassungen der meisten Kapitel. Cassandra Britton bot weitere Hilfen bei der Textverarbeitung. George Rumsey war für sämtliche Grafiken verantwortlich.

Was ich Robert K. Merton verdanke, wird durch die Widmung nur teilweise zum Ausdruck gebracht, denn er hat mich ermutigt, mit einer zuweilen endlos scheinenden Arbeit fortzufahren. Auch möchte ich Michael Aronson von Harvard University Press danken, der meine Arbeit bis zur Fertigstellung des Manuskripts begleitet hat. Schließlich bin ich meiner Frau Zdzisława zutiefst zu Dank verpflichtet, die während der gesamten Entstehung das Buch geduldig gelesen, gefördert, durchdiskutiert, umstrukturiert und zu seiner gesamten Gestaltung beigetragen hat.

Weil dieses Buch eine Handlungstheorie behandelt, gibt es im Text zahllose Sätze, in denen "der Akteur" Handlungssubjekt oder -objekt ist oder als Besitzer bestimmter Dinge genannt wird. Somit mußte ich an vielen Stellen ein Pronomen der dritten Person Singular verwenden. Am liebsten hätte ich mich in diesen Fällen geschlechtsneutral ausgedrückt, doch meiner Meinung nach war es unmöglich, dies konsequent zu tun, ohne auf Neologismen zurückgreifen zu müssen, die die Aufmerksamkeit vom Inhalt des Satzes ablenken und häufig umständlich erscheinen. In Ermangelung einer befriedigenden Lösung habe ich, der Tradition folgend, Maskulinpronomen verwendet, um auf Akteure zu referieren, denen kein spezifisches Geschlecht zugewiesen werden soll. Ich habe mich im gesamten Buch bemüht, die Aufmerksamkeit des Lesers auf den Inhalt zu richten, ohne ihn durch sprachliche Mittel davon abzulenken, was allerdings nicht ganz gelingen kann, solange es noch keine eingebürgerten Konventionen gibt.

Vorwort des Übersetzers

Zur Terminologie: Prinzipal, Agent, Akteur, Körperschaft

Die Übersetzung von Colemans *Foundations of Social Theory* war eine anspruchsvolle Aufgabe. Der amerikanische Text ist in einem flüssigen und manchmal geradezu flotten Stil geschrieben, der oft an das gesprochene Wort erinnert. Dennoch ist er mit einem für Soziologen durchaus neuartigen Vokabular durchzogen, das aus den neuesten ökonomischen und juristischen Theorien stammt und nunmehr auch im Deutschen Einzug hält. Sollte die Übersetzung das Original getreu wiedergeben, mußte sie zwar in leicht lesbarem deutschen Stil geschrieben sein, durfte aber den spezifisch juristisch-ökonomischen Jargon, der auch das Original von anderer soziologischer Literatur abhebt, nicht einfach einebnen. Daher kommt es, daß ich Ausdrücke wie "theory of agency" oder "law of agency" unübersetzt lasse und Ausdrücke wie "principal" und "agent", die aus dieser Theorie stammen, als "Prinzipal" und "Agent" übersetze, obwohl man vom Eigner und seinem Vertreter hätte sprechen können. Aus dem gleichen Grunde habe ich "actor" als "Akteur" und nicht als "Handelnder" übersetzt, wie es eine an Webers Soziologie orientierte Übersetzung nahegelegt hätte, und ich habe "social theory" als "Sozialtheorie" übersetzt und den Ausdruck "Gesellschaftstheorie" gemieden, weil er in Deutschland zur Zeit von Anhängern einer Denkrichtung gebraucht wird, die das "rein" ökonomisch-juristische Denken durch die Soziologie zu überwinden trachtet und daher den Intentionen Colemans geradezu entgegengesetzt ist. Andererseits habe ich "authority" als "Herrschaft" und mit Ausnahme der Eltern-Kind-Beziehung nicht als "Autorität" übersetzt, weil ursprünglich Webers Begriff der Herrschaft im Englischen als "authority" übersetzt wurde und sich Coleman dieses Begriffes bedient, wenn er seinen Herrschaftsbegriff in der Auseinandersetzung mit Weber entwickelt. Und schließlich habe ich "corporate actor", um den sich ein ganzer Teil des Buches dreht, als "Körperschaft" und nicht als "korporativen Akteur" übersetzt, obwohl sich dieser Begriff auch im Deutschen einzubürgern scheint. Im Englischen ist "corporate actor" eine Neuschöpfung, die bei einer Firma den rechtlichen Aspekt der handelnden *Person* betonen soll. Im deutschen Recht wird dieser Aspekt durch "Körperschaft" schon ausgedrückt, weil diese trotz ihres Namens schon immer als körperlose "juristische Person" angesehen und so in die Nähe der "natürlichen Person" gerückt wurde.

Drei Bände mit Originalseitenzählung

Colemans Buch, das 1990 in der Harvard University Press in einem tausendseitigen Band erschien, wird in der Übersetzung in drei Bänden vorgelegt. Um aber die Einheit des Gesamtwerkes nicht durch die je eigene Seitenzählung der deutschen Bände zu verlieren, wurde die originale Seitenzählung beibehalten und dem deutschen Text in Randziffern beigegeben. Dies ist für die Benutzung von Literatur, die auf das Original Bezug nimmt, insbesondere für das Auffinden von Zitaten, eine wertvolle Hilfe.

Original-Register und deutsche Register

Die Angabe der Originalseitenzahlen am Rand hat noch einen weiteren und entscheidenden Vorteil: Sie macht es sinnvoll, der deutschen Ausgabe neben den jeweils bandeigenen deutschen Sachregistern die originalen Personen- und Sachregister anzufügen. Diejenigen Leser, die Colemans Werk und seine Terminologie schon aus dem Amerikanischen kennen, können die Originalregister benutzen, um Problemen oder Problemvernetzungen, die ihnen schon geläufig sind, im Deutschen nachzuspüren. Sie werden durch die Randziffern auf den entsprechenden deutschen Text verwiesen. Das deutsche Sachregister wiederum bezieht sich zwar auf die deutsche Seitenzählung, gibt aber auch in den Fällen, in denen zwei verschiedene amerikanische Termini mit ein und demselben deutschen Terminus übersetzt wurden, die originalen amerikanischen Ausdrücke in Klammern an, um beim Verständnis englischsprachiger Publikationen, die sich auf Coleman oder seine Terminologie beziehen, behilflich zu sein. Im übrigen wurde dem originalen Literaturverzeichnis ein eigenes deutsches beigegeben, in dem die in Deutsch verfügbaren Titel zusammengestellt sind. Der Registerteil wird so zu einem zweisprachigen Wort- und Sachlexikon.

Danksagungen

Schon 1989 habe ich mich mit James Coleman während seines Besuches in Mannheim und während meines Besuches in Chicago über die Schwierigkeiten der bevorstehenden Übersetzung aussprechen dürfen, und sowohl Thomas Cornides und Christian Kreuzer vom Oldenbourg Verlag als auch einer der Herausgeber von *Scientia Nova*, Siegwart Lindenberg, haben mich durch ihre aktive Mitarbeit unterstützt. Weiteren Dank schulde ich Hermann Vetter, der im Wintersemester 1989/90 und im Sommersemester 1990 mit mir zusammen ein Seminar über Colemans Werk an der Universität Mannheim abhielt und sich bereit erklärte, die Übersetzung des mathematischen Teiles kritisch zu überprüfen. Schließlich aber möchte ich Martina Wiese danken, die mir nicht nur unermüdlich bei der Übersetzung half, sondern auch den drucktechnischen Satz und die graphische Gestaltung des Buches übernahm.

Bamberg, im Januar 1991

Michael Sukale

Kapitel 1

Metatheorie:
Die Erklärung in der Sozialwissenschaft

Ein zentrales Problem der Sozialwissenschaft besteht darin, zu erklären, wie ein soziales System funktioniert. In der Sozialforschung wird jedoch meistens nicht das System als ganzes, sondern werden nur Teile des Systems beobachtet. In der Tat ist der natürliche Beobachtungsgegenstand das Individuum. Bei der Entwicklung quantitativer Forschungsmethoden ist die Abhängigkeit von Daten der Individualebene (die meistens aus Interviews, doch manchmal auch aus amtlichen Quellen, direkter Beobachtung oder anderen Dokumenten stammen, immens gestiegen. Dies hat zu einer immer größer werdenden Kluft zwischen Theorie und Forschung geführt. Die Sozialtheorie behandelt weiterhin das Funktionieren sozialer Verhaltenssysteme, die empirische Forschung hingegen befaßt sich oft mit dem Erklären individuellen Verhaltens.

Individuelles Verhalten rückt nicht völlig zu Unrecht in den Mittelpunkt sozialwissenschaftlicher Untersuchungen. Ein Großteil der gegenwärtigen Sozialforschung konzentriert sich auf das Erklären individuellen Verhaltens. Wählerverhalten, Verbraucherwünsche, Berufswahl, Einstellungen und Werte sind allesamt Phänomene, die untersucht werden. Zu den Faktoren, die zur Erklärung herangezogen werden, gehören sowohl Eigenschaften der untersuchten Individuen als auch Eigenschaften ihres sozialen Umfelds, von ihren Familien bis hin zu Freunden und größeren sozialen Kontexten. Eine Erklärungsmethode der Soziologie ist dabei die statistische Assoziation, die in einem Großteil quantitativer Forschung zur Erklärung individuellen Verhaltens angewandt wird; sie stützt sich normalerweise auf Stichproben von Individuen, die sich in ihrem zu erklärenden Verhalten wie auch in den Eigenschaften, die möglicherweise zur Erklärung jenes Verhaltens herangezogen werden können, unterscheiden.

Eine zweite Erklärungsmethode, die sowohl in der qualitativen als auch in der quantitativen Forschung Verwendung findet, stützt sich auf die Untersuchung innerer Prozesse des Individuums. Manchmal werden Kenntnisse dieser Prozesse durch Introspektion oder einfühlendes Verstehen von seiten des Beobachters erlangt. Manchmal erlangt man sie durch quantitative Aufzeichnungen von Veränderungen im Individuum, wie es in manchen Bereichen der Psychologie praktiziert wird. Im Prinzip können solche Beobachtungen nur an einer einzelnen Person gemacht werden.

Diese beiden Erklärungsarten unterscheiden sich nicht nur methodisch. Die erste zieht zur Erklärung hauptsächlich Faktoren heran, die außerhalb des Individuums liegen, oder Faktoren, die das Individuum als Ganzheit beschreiben. Die zweite stützt sich hauptsächlich auf Faktoren, die innerhalb des Individuums liegen, und konzentriert sich auf Prozesse, in denen diese inneren Veränderungen zu einem bestimmten Verhalten führen.

2   Ich werde in diesem Buch später noch auf das Erklären individuellen Verhaltens eingehen müssen. Seine Beziehung zur Sozialtheorie ist komplexer, als unmittelbar ersichtlich ist. An dieser Stelle möchte ich allerdings lediglich festhalten, daß die Konzentration auf die Erklärung individuellen Verhaltens, die in einem großen Teil der Sozialforschung zu finden ist, oft von den zentralen Fragen der Sozialtheorie fortführt, welche ja das Funktionieren sozialer Systeme betreffen.

Die Erklärung von Verhalten sozialer Systeme

Die Hauptaufgabe der Sozialwissenschaft liegt in der Erklärung sozialer Phänomene, nicht in der Erklärung von Verhaltensweisen einzelner Personen. Zwar mögen sich manchmal soziale Phänomene direkt, durch Summierung, aus dem Verhalten von Individuen ergeben, aber häufig ist dies nicht der Fall. Folglich muß das soziale System, dessen Verhalten erklärt werden soll, im Blickpunkt des Interesses stehen. Dieses System kann aus einer Zweierbeziehung oder aus einer Gesellschaft bis hin zur Weltgesellschaft bestehen, aber die grundlegende Voraussetzung bleibt immer die, daß die Erklärung sich auf dieses System als Einheit konzentriert und nicht auf die Individuen oder andere Komponenten, aus denen es sich zusammensetzt.

Wie bei der Erklärung individuellen Verhaltens gibt es auch zwei Erklärungsmethoden für das Verhalten sozialer Systeme. Die eine stützt sich entweder auf eine Stichprobe verschiedener Fälle von Systemverhalten oder auf die Beobachtung des Systemverhaltens als ganzem über einen gewissen Zeitraum hinweg. Diese analytischen Methoden bedienen sich statistischer Assoziation zwischen dem zu interpretierenden Verhalten und anderen Eigenschaften des sozialen Systems, die den Kontext für dieses Verhalten bilden. Ein Beispiel für Forschung, die sich einer Stichprobe von Fällen bedient, ist die Faktorenanalyse, die manchmal auf der Nationenebene angewandt wird, um politische Veränderungen oder wirtschaftliche Entwicklungen zu erklären. Beispiele für Forschung, die sich der Beobachtung eines Systems über einen gewissen Zeitraum hinweg bedient, sind der "naturgeschichtliche" Ansatz in der Soziologie und die Konjunkturanalyse auf der Grundlage gesamtwirtschaftlicher Daten (siehe z.B. Burns & Mitchell 1946).

Eine zweite Methode zur Erklärung des Verhaltens sozialer Systeme beinhaltet die Untersuchung von Prozessen, die innerhalb des Systems ablaufen, wobei die Bestandteile oder Einheiten, die berücksichtigt werden, eine Ebene unterhalb der des Systems liegen. Im prototypischen Fall sind die Bestandteile Individuen, die dem sozialen System angehören. In anderen Fällen können die Bestandteile Institutionen innerhalb des Systems oder Untergruppen des Systems sein. In allen diesen Fällen bewegt sich die Analyse auf einer Ebene, die unterhalb der Systemebene liegt, und erklärt das Verhalten des Systems über das Verhalten seiner Bestandteile. Dieser Erklärungstyp ist nicht eindeutig quantitativ oder eindeutig qualitativ, sondern kann beides sein.

Dieser zweite Erklärungstyp hat verschiedene Vorzüge, weist aber auch einige spezielle Probleme auf. Weil ich ihn in diesem Buch anwenden werde, sollte ich einige der Punkte, die für ihn sprechen, aufführen, bevor ich mich seinem Hauptproblem zuwende. Ich werde diesen Typ als die innere Analyse von Systemverhalten bezeichnen.

Was für die innere Analyse von Systemverhalten spricht

1. Die Adäquatheit von Daten bei der Bestätigung von Theorien, die sich auf Daten der Systemebene stützen, wird dann problematisch, wenn es sich um wenige, aber umfangreiche Systeme handelt. Es gibt dann zu viele alternative Hypothesen, die durch die Daten nicht widerlegt werden. Unter anderem aus diesem Grunde werden Forschungsdaten in der Sozialwissenschaft oft auf der Ebene der Einheiten erhoben, die unterhalb der Ebene des betreffenden Systems liegt. Das Individuum ist vielleicht am häufigsten Gegenstand der Beobachtung, sei es anhand von Interviews, direkter Beobachtung oder einer anderen Methode. Ein Großteil soziologischer Forschung basiert auf stichprobenartigen Erhebungen über Individuen, und nahezu alle demographischen Untersuchungen stützen sich auf Daten der Individualebene. Daten, die bei der Untersuchung wirtschaftlicher Systeme verwendet werden, stammen normalerweise von einzelnen Unternehmen und einzelnen Haushalten, obwohl die Daten vor der Analyse häufig erst noch aggregiert werden.

Weil Daten so oft auf der Ebene der Individuen oder anderer Einheiten unterhalb der Ebene des zu untersuchenden Systems erhoben werden, ist es natürlich, die Erklärung des Systemverhaltens auf der Ebene anzusetzen, auf der Beobachtungen gemacht worden sind, und danach das Systemverhalten ausgehend von den Handlungen jener Einheiten in einer "Synthese" gleichsam "zusammenzufügen".

2. So wie Beobachtungen häufig von Natur aus auf Ebenen gemacht werden, die unterhalb der Systemebene liegen, müssen auch Eingriffe auf diesen tieferen Ebenen ansetzen. Daher ist eine erfolgreiche Erklärung von Sy-

stemverhalten aufgrund der Handlungen oder Einstellungen von Einheiten auf tieferen Ebenen für einen Eingriff normalerweise nützlicher als eine ebenso erfolgreiche Erklärung, die auf der Systemebene stehenbleibt. Selbst wenn ein Eingriff die Systemebene beeinflußt, etwa eine Änderung in der Politik einer Staatsregierung, muß er normalerweise auf tieferen Ebenen ansetzen. Erst dann entstehen Konsequenzen für das System. Daher ist die Erklärung von Systemverhalten, die weiter unten bei den Handlungen und Einstellungen derer ansetzt, die die Politik ausführen, wahrscheinlich von größerem Nutzen als eine Erklärung, die dies nicht tut.[1]

3. Eine Erklärung von Systemverhalten aufgrund innerer Analyse von Handlungen und Einstellungen tieferer Ebenen ist wahrscheinlich stabiler und allgemeiner als eine Erklärung, die auf der Systemebene stehenbleibt. Da das Systemverhalten aus den Handlungen seiner Bestandteile hervorgeht, kann man erwarten, daß die Kenntnis der Verknüpfung dieser Bestandteile zu einem Systemverhalten eine größere Vorhersagbarkeit garantiert als eine Erklärung, die sich auf statistische Beziehungen der Oberflächeneigenschaften des Systems stützt. Dies muß natürlich nicht der Fall sein, wenn die Oberflächeneigenschaften dem zu erklärenden Verhalten direkt benachbart sind. In der Meteorologie z.B. sind Vorhersagen, die sich auf unmittelbar vorher bestehende Wetterbedingungen in der näheren Umgebung stützen, möglicherweise besser als Vorhersagen, die sich auf Wechselwirkungen zwischen vielen Teilbereichen (wie verschiedene Luftmassen, Land- und Wasseroberflächen) berufen. Entsprechend mögen makroökonomische Voraussagen, die auf Frühindikatoren beruhen, welche nachweislich eine statistische Assoziation zu einem späteren Systemverhalten aufweisen, verläßlicher sein als ökonomische Modelle, die auf Interaktionen zwischen Teilen des Systems basieren. Diese Beispiele beruhen auf der Lückenhaftigkeit der Erklärung (oder "Theorie"), die auf inneren Prozessen aufbaut, und auf der Nähe der Indikatoren auf der Systemebene. Wenn die letztgenannte Bedingung nicht erfüllt ist, nimmt die Prognosequalität rapide ab.

4. Wie Punkt 3 nahelegt, ist eine innere Analyse auf der Grundlage von Handlungen und Einstellungen von Einheiten einer tieferen Ebene wohl fundamentaler als eine Erklärung, die auf der Systemebene verharrt. Sie begründet eher eine Theorie des Systemverhaltens. Man kann behaupten, daß sie ein Verständnis des Systemverhaltens ermöglicht, das eine rein auf die Systemebene bezogene Erklärung nicht leistet. Dann erhebt sich allerdings noch die Frage, wann eine Erklärung fundamental genug ist. Ist sie es, wenn

---

1 Schultze (1977) führt eine Reihe von Beispielen an, in denen eine Gesetzesänderung auf der Ebene der Bundesregierung, die nicht auf einer Theorie oder auf der Kenntnis der Einstellungen jener basierte, die für die Einführung des Gesetzes verantwortlich waren, völlig andere Konsequenzen als die angestrebten nach sich zog.

sie sich auf die erste Ebene von Einheiten unterhalb des Systems begibt? Ist sie es, wenn sie die Individualebene erreicht? Oder ist sie es, wenn sie nicht auf der Individualebene stehenbleibt, sondern noch unter diese dringt?

Ich versuche nicht, eine allgemein gültige Antwort auf diese Frage zu geben, sondern sage nur, daß in der Praxis Punkt 2 ein brauchbares Kriterium darstellt. Das heißt, daß eine Erklärung für den hier verfolgten Zweck fundamental genug ist, wenn sie die Grundlage für einen sinnvollen Eingriff bietet, der das Systemverhalten ändern kann. Später werde ich behaupten, daß die Individualebene für die Sozialwissenschaft (wenn auch nicht für die Psychologie) einen natürlichen Endpunkt darstellt - und daß diese fundamentalere Erklärung, die auf den Handlungen und Einstellungen von Individuen basiert, im allgemeinen befriedigender ist als eine Erklärung, die das Verhalten eines sozialen Systems anhand der Handlungen und Einstellungen von Einheiten erklärt, die zwischen der Systemebene und der Individualebene angesiedelt sind. Für den momentanen Zweck mag diese aber ausreichen. Beispielsweise kann eine Analyse der Funktionsweisen eines ökonomischen Systems, die auf den Handlungen und Einstellungen von Unternehmen und Haushalten beruht, völlig zufriedenstellend sein, aber wenn andere Zwecke verfolgt werden, müssen jene Handlungen und Einstellungen wiederum anhand der Handlungen und Einstellungen von Individuen erklärt werden, welche sie auf irgendeine Art und Weise beeinflussen.

5. Die innere Analyse von Systemverhalten beruht auf einem humanistisch geprägten Menschenbild. Dies trifft nicht auf viele Bereiche der Sozialtheorie zu. Für viele Sozialtheoretiker sind soziale Normen die Ausgangspunkte für Theorien. Das Menschenbild einer Theorie, die auf der Ebene sozialer Systeme ansetzt, setzt den *homo sociologicus* voraus, ein sozialisiertes Element eines sozialen Systems. Fragen nach Moral und politischer Philosophie, die die fundamentale Spannung zwischen Mensch und Gesellschaft ansprechen, können hier nicht gestellt werden. Die Freiheit einzelner Personen, nach ihrem Willen zu handeln, und die Beschränkungen, die die soziale Interdependenz dieser Freiheit auferlegt, gehen nirgendwo in eine solche Theorie ein. Probleme von Freiheit und Gleichheit können nicht untersucht werden. Individuen als Individuen finden nur in bezug auf ihre Konformität zu oder Abweichung von dem normativen System Berücksichtigung. Mit dem Bild des Menschen als eines sozialisierten Elementes eines sozialen Systems wird es unmöglich, im Rahmen der Sozialtheorie die Handlungen eines sozialen Systems oder einer sozialen Organisation zu bewerten. Deutschland unter Hitler oder Rußland unter Stalin sind als Nationalstaaten im Hinblick auf Bewertungen jeglicher Art von der Schweiz nicht zu unterscheiden, und Charles Mansons und Jim Jones' Kommunen, die auf Tod ausgerichtet waren, sind moralisch undifferenzierbar von einem israelischen Kibbuz, das auf Leben ausgerichtet ist. Dies ist besonders merkwürdig, da viele Soziologen

Werte vertreten, die auf der Basis humanitären Denkens scharfe Grenzen zwischen verschiedenen sozialen Organisationen ziehen; dieselben Soziologen sind aber zufrieden mit einer Sozialtheorie, die den Blick auf genau diese Werte versperrt - wobei diese Haltung wahrscheinlich eher intellektueller Oberflächlichkeit als einem Mangel an moralischer Rechtschaffenheit zuzuschreiben ist.

Natürlich gibt es - sowohl innerhalb als auch außerhalb der Sozialwissenschaft - Reaktionen gegen eine Sozialtheorie, die auf der Ebene eines sozialen Systems ansetzt, und gegen das Menschenbild, das damit einhergeht. Offen angesprochen wird das Problem menschlicher Freiheit in Werken wie *Escape from Freedom* (Fromm, 1941), *Die einsame Masse* (Riesman, Glazer & Denney, 1977 [1953]) und *The Organization Man* (Whyte, 1956), das Problem der Menschenrechte und der Entfremdung von diesen Rechten wird beispielsweise in den Werken von Marx, Engels und Marcuse behandelt. Die große Popularität dieser Werke bezeugt die Bedeutung, die jene Probleme für Menschen in der Gesellschaft haben.

Daß die in diesem Buch dargelegte Theorie als Ausgangspunkt das Individuum wählt, ist, wie oben angesprochen, bei Sozialtheorien kein Einzelfall. Die hier angeschnittenen Probleme stehen jedoch den Problemen, die im siebzehnten und achtzehnten Jahrhundert von den politischen Philosophen Hobbes, Locke und Rousseau aufgeworfen wurden, ebenso nahe wie den Problemen, die von einem Großteil zeitgenössischer Sozialtheoretiker behandelt werden. Mehr als jede andere Frage wirft diese Theorie die Frage nach der friedlichen Koexistenz von Mensch und Gesellschaft als zweier sich überkreuzender Handlungssysteme auf.

Ein Exkurs über methodologischen Individualismus

Leser, die mit Debatten und Diskussionen über methodologischen Holismus und methodologischen Individualismus vertraut sind, erkennen die oben vertretene Position zum Begriff der Erklärung gewiß als eine Variante des methodologischen Individualismus. Sie ist jedoch eine spezielle Variante. Sie geht nicht davon aus, daß die Erklärung von Systemverhalten einzig und allein individuelle Handlungen und Einstellungen umfaßt, die dann aggregiert werden. Die Interaktion zwischen Individuen wird so gesehen, daß sie neu entstehende (emergente) Phänomene auf der Systemebene zur Folge hat, d.h. Phänomene, die von den Individuen weder beabsichtigt noch vorhergesehen worden sind. Überdies wird nicht verlangt, daß eine Erklärung zu einem bestimmten Zweck stets bis hinunter zur Individualebene gehe, um befriedigend zu sein. Das Kriterium ist stattdessen ein pragmatisches: Die Erklärung ist befriedigend, wenn sie für die besonderen Arten des Eingriffs, denen sie zugrunde liegen soll, von Nutzen ist. Dieses Kriterium fordert normalerweise eine Erklärung, die sich unter die Systemebene bewegt, aber nicht unbedingt eine, die sich auf individuelle Handlungen und Einstellungen stützt. Diese Variante des methodologischen Individualismus schließt sich vielleicht am ehesten an diejenige an, die Karl Popper in *Die offene Gesellschaft und ihre Feinde* (1977 [1963]) verwendet, obwohl Popper sich primär mit der Erklärung von Phänomenen auf der Gesellschaftsebene und weniger mit dem Verhalten sozialer Systeme beliebiger Größe beschäftigt.

Das Hauptproblem

Das Hauptproblem bei Erklärungen von Systemverhalten, die auf Handlungen und Einstellungen auf der Ebene unterhalb der Systemebene basieren, ist der Übergang von der unteren Ebene zur Systemebene. Dies wird das Mikro-Makro-Problem genannt, und es taucht in der Sozialwissenschaft immer wieder auf. In der Volkswirtschaft beispielsweise gibt es eine mikroökonomische und eine makroökonomische Theorie. Und eine der zentralen Mängel in der volkswirtschaftlichen Theorie ist die schwache Verbindung zwischen beiden, welche von der Vorstellung der "Aggregation" und dem in makroökonomischer Theorie allgegenwärtigen Konzept des "stellvertretenden Agenten" notdürftig kaschiert wird.

In diesem Abschnitt werde ich einige der Probleme aufzeigen, die bei der Erstellung eines erfolgreichen Überganges von der Mikro- zur Makroebene entstehen; ich werde einige Beispiele anführen, in denen der Übergang korrekt erfolgt ist, und in einigen Bereichen Wege zur Korrektur des Überganges aufzeigen, wo er nicht erfolgreich hergestellt wurde.

MAX WEBER UND DER GEIST DES KAPITALISMUS Um einen Einblick in die Probleme der Herstellung eines korrekten Überganges von der Mikro- zur Makroebene zu geben, wende ich mich zunächst einem Beispiel zu, wo dies nicht erfolgreich geschehen ist. Dieses Beispiel ist ein Klassiker der Soziologie, nämlich Max Webers *Die protestantische Ethik und der Geist des Kapitalismus* (1972 [1904]).

Auf einer Ebene der Betrachtung stellt Weber einfach eine makrosoziale Behauptung auf: Die religiöse Ethik, die diejenigen Gesellschaften kennzeichnete, die in der Reformation protestantisch wurden (und vor allem die kalvinistischen) beinhaltete Werte, die das Wachstum einer kapitalistischen Wirtschaftsorganisation begünstigte. Man könnte die Behauptung wie in Abbildung 1.1 als Diagramm darstellen. Wenn es bei dieser Behauptung bliebe, würde sie den oben beschriebenen ersten Erklärungstyp exemplifizieren, der

8 *Metatheorie*

```
Religiöse Werte                    Wirtschaftsorganisation
einer Gesellschaft                 einer Gesellschaft
•─────────────────────────────────→•
```
Abb. 1.1 Makrosoziale Behauptung: Kalvinismus begünstigt Kapitalismus

auf der Systemebene stehenbleibt. Um diese auch nur irgendwie zu bestätigen, wäre eine von zwei möglichen Beweisgrundlagen notwendig. Diese bestünde in einem systematischen Vergleich der Wirtschaftssysteme protestantischer und nichtprotestantischer Gesellschaften, um zu bestimmen, ob die ersteren stärkere kapitalistische Züge tragen. Eine zweite Grundlage bestünde in einer Längsschnittuntersuchung der Wirtschaftsorganisation von Gesellschaften, die protestantisch geworden sind, um zu bestimmen, ob sich der Kapitalismus kurz nach Einführung des Protestantismus entwickelt hat. Weber liefert Evidenzen beider Arten, indem er Länder hinsichtlich ihrer Religionsverteilungen und hinsichtlich des Grades und des Zeitpunktes ihrer kapitalistischen Entwicklung vergleicht. Das Beweismaterial ist jedoch alles andere als schlüssig, und Weber richtet die meisten seiner Bemühungen nicht darauf.

Die Mängel dieses Ansatzes habe ich bereits bei den Punkten genannt, die die innere Analyse stützen. Die empirischen Mängel (siehe Punkt 1 oben) sind wahrscheinlich die krassesten. Es gibt nur sehr wenige Gesellschaften, die zum Vergleich herangezogen werden können, und diejenigen, in denen sich der Kapitalismus am schnellsten entwickelt hat, weisen in bezug auf die anderen nicht nur Unterschiede hinsichtlich der Religion auf, sondern auch in vielen anderen Bereichen. Statistische Vergleiche wären zahlreichen unterschiedlichen Interpretationen ausgesetzt, *selbst wenn* die Assoziation zwischen Protestantismus und Kapitalismus stark wäre.

Aber Weber beläßt es nicht bei dieser Behauptung. Er untersucht den Gehalt der kalvinistischen Doktrin und insbesondere die Art der moralischen Vorschriften, die sie ihren Anhängern auferlegt. Dann untersucht er den "Geist" des modernen Kapitalismus und hebt, indem er eine Anzahl anderer Epochen und wirtschaftlicher Institutionen zum Vergleich heranzieht, den Begriff "Tüchtigkeit" in der Berufspflicht (S. 36) und den Widerstand gegen den Traditionalismus (S. 43ff.) als die zentralen Elemente hervor, die diesen Geist charakterisieren. Weil er dieselbe antitraditionalistische Einstellung und denselben Aufruf zum Fleiß bei der Pflichterfüllung in der kalvinistischen Doktrin wiederfindet, benutzt er dies als Evidenz dafür, daß die Verbreitung dieser religiösen Doktrin das Wertsystem geschaffen hat, das die Entstehung des Kapitalismus ermöglichte. Diese zweite Art des Beweismaterials erlaubt eine weitere Spezifikation der in Abbildung 1.1 dargestellten Beziehung. Der Gehalt der protestantischen Ethik kann als diejenigen Werte beschrieben werden, die den religiösen Überzeugungen einer Gesellschaft entspringen, und der Gehalt dessen, was Weber als den Geist des Kapitalismus bezeichnet, kann als diejenigen Werte beschrieben werden, die die wirtschaftlichen Aktivitäten der Gesellschaft bestimmen. Diese Werte sind zwei Bestandteile des Wertsystems einer Gesellschaft, die Tätigkeiten in zwei voneinander verschiedenen institutionellen Bereichen bestimmen.

Wenn man Webers These auf diese Weise betrachtet, wird ihre Anfälligkeit gegenüber Kritik in verschiedenen Hinsichten offenkundig. Ein zentraler Kritikpunkt, der von Tawney (1947) und anderen vor und nach ihm dargelegt worden ist, besteht darin, daß der gemeinsame Gehalt der religiösen und der wirtschaftlichen Werte keinen Beweis für den Einfluß ersterer auf letztere liefert, sondern möglicherweise auf andere Veränderungen hinweist, die sowohl das religiöse als auch das wirtschaftliche Wertsystem beeinflußt haben. Denkbar wäre auch, daß der gemeinsame Gehalt möglicherweise so entstanden ist, daß neue Wertmaßstäbe wirtschaftlicher Aktivitäten diejenigen religiösen Werte umgewandelt haben, die für einen solchen Wandel am empfänglichsten waren, nämlich die Werte der Kalvinisten.

Um seine Argumentation zu stützen, geht Weber teilweise weit über Vergleiche zwischen Staaten hinaus und liefert Vergleiche zwischen Regionen innerhalb eines Staates, zwischen religiösen Untergruppen innerhalb bestimmter Regionen und selbst zwischen Einzelpersonen innerhalb von Familien (siehe vor allem seine Fußnoten zu Kapitel 1). Z.B. zitiert er ausführlich die Schriften Benjamin Franklins, um den Geist des Kapitalismus in seinen zentralen Grundzügen darzustellen, und weist auf die religiös-ethischen Vorschriften hin, die Franklin von seinem kalvinistischen Vater gelehrt wurden. Außerdem vergleicht Weber Protestanten und Katholiken in einer Region Deutschlands hinsichtlich ihres steuerpflichtigen Vermögens.

Die Verwendung dieses Materials regt weitere Fragen darüber an, welche Art von Behauptung Weber zu belegen versucht, und insbesondere, welche Einheit oder Einheiten in die Behauptung eingehen. Wollte er die Behauptung tatsächlich in der Individualebene spezifizieren? Seine Verwendung dieser Evidenz aus der Individualebene und einige seiner Behauptungen legen es nahe, hat es den Anschein, daß er genau dies wollte.[2] In diesem Falle muß die Behauptung in Abbildung 1.1 revidiert werden. Diese eine Behauptung spaltet sich in drei verschiedene auf: Eine mit einer unabhängigen Variable für die Gesellschaft und einer abhängigen Variable für das Individuum; eine zweite

---

2 Beispielsweise sagt Weber, daß "jener eigentümliche Gedanke ... der Berufspflicht der 'Sozialethik' der kapitalistischen Kultur charakteristisch, ja in gewissem Sinne für sie von konstitutiver Bedeutung" sei. Er sei "eine Verpflichtung, die der Einzelne empfinden soll und empfindet gegenüber dem Inhalt seiner 'beruflichen' Tätigkeit" (1972 [1904], S. 36). In nachfolgenden Kapiteln zeigt Weber, daß dieses Verständnis von "Berufspflicht" in der protestantischen und vor allem der kalvinistischen Doktrin einen zentralen Stellenwert besessen hat.

10   *Metatheorie*

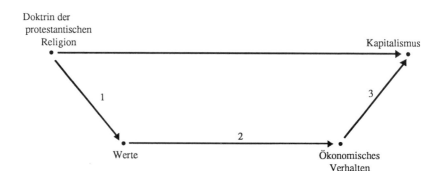

Abb. 1.2 Behauptungen der Makro- und Mikroebene: Auswirkungen einer religiösen Doktrin auf die Wirtschaftsorganisation

mit unabhängigen sowie abhängigen Variablen für das Individuum; und eine dritte mit der unabhängigen Variable für das Individuum und der abhängigen Variable für die Gesellschaft. So beginnt und endet das Behauptungssystem auf Makroebenen, aber dazwischen steigt sie auf die Individualebene hinab. Die drei Behauptungen lassen sich etwas vereinfacht wie folgt wiedergeben:

1. Die Doktrin der protestantischen Religion erzeugt in ihren Anhängern bestimmte Werte.
2. Individuen mit bestimmten Werten (die in Behauptung 1 erwähnt wurden) entwickeln bestimmte Arten von Einstellungen hinsichtlich ökonomischen Verhaltens. (Die zentralen Einstellungen hinsichtlich ökonomischen Verhaltens sind bei Weber Antitraditionalismus und Berufspflicht.)
3. Innerhalb einer Gesellschaft begünstigen bestimmte Einstellungen von Individuen hinsichtlich ökonomischen Verhaltens (die in Behauptung 2 erwähnt wurden) eine kapitalistisch orientierte Wirtschaftsorganisation.

In Abbildung 1.2 ist dieses auf mehrere Ebenen bezogene Propositionssystem als Diagramm dargestellt. Der obere horizontale Pfeil repräsentiert die Behauptung der Makroebene. Die drei miteinander verbundenen Pfeile – von denen der erste vom selben Punkt ausgeht wie die Behauptung der Makroebene und dann zu einer tieferen Ebene führt und der dritte wieder hinauf zum Endpunkt der Behauptung der Makroebene führt – repräsentieren die drei miteinander verknüpften Behauptungen.

Dabei ist die dritte Behauptung die interessanteste, weil sie von der Individualebene zur Gesellschaftsebene zurückführt. Die unabhängige Variable kennzeichnet ein Individuum, und die abhängige kennzeichnet eine soziale Einheit – in diesem Falle die Gesellschaft. Eine Behauptung dieser Art will natürlich nicht suggerieren, daß die Eigenschaften einer Einzelperson tatsächlich eine soziale Veränderung bewirken können - es sei denn, es handelt sich um eine der Historiker-Behauptungen, die bestimmten einzelnen Führerpersönlichkeiten umwälzende soziale Veränderungen zuschreiben. Hier ist eher so etwas wie ein kombinierter oder gemeinsamer Effekt des ökonomischen Verhaltens vieler Individuen gemeint, der eine Entwicklung des Kapitalismus bewirkt. Hier bleibt Webers Analyse jedoch nahezu stumm.[3] Welche Art von Kombination oder Aggregation hat die Entwicklung in Gang gesetzt, selbst unter der Voraussetzung, daß die Behauptungen in Abbildung 1.2 korrekt sind?

Um wessen ökonomisches Verhalten geht es hier - um das Verhalten möglicher Arbeiter in kapitalistischen Unternehmen, das Verhalten möglicher Unternehmer oder um das Verhalten beider? Und kann man, wenn es um das Verhalten beider geht, davon ausgehen, daß die religiösen Werte dem ökonomischen Verhalten von Arbeitern *und* Unternehmern genau entsprochen haben? Es liegt auf der Hand, daß Weber in bezug auf einige Werte, insbesondere den Antitraditionalismus, der für den "Geist des Kapitalismus" von zentraler Bedeutung ist, so argumentiert. Aber ein gravierender Mangel seiner Theorie ist, daß er auf diese Frage nicht gründlich genug eingeht.[4] Für die Erklärung des Entstehens oder Bestehens einer beliebigen sozialen Organisation, sei es eine kapitalistisch orientierte Wirtschaftsorganisation oder etwas anderes, ist die Beantwortung der Fragen erforderlich, wie die Positionsstruktur, aus der sich die Organisation zusammensetzt, entsteht, auf welche Weise Personen, die die verschiedenen Positionen in der Organisation besetzen, dazu bewogen werden und wie dieses unabhängige System von An-

---

3 Das soll nicht heißen, daß Weber an keiner Stelle etwas zu diesen Dingen sagt. Das hier erwähnte Beispiel ist ein einzelnes Werk und nicht Webers Gesamtwerk. Doch die Tatsache, daß Webers These praktisch von Anfang an in Frage gestellt worden ist, weist darauf hin, daß seine späteren Arbeiten die Zweifel an diesem Werk nicht restlos aus dem Wege haben räumen können.

4 Man könnte argumentieren, was übrigens von vielen Stellen in Webers Text gestützt würde, daß Weber in dieser Arbeit lediglich zeigen wollte, welche Auswirkungen der Gehalt von protestantisch geprägten religiösen Werten auf den Gehalt von kapitalistisch geprägten Werten haben kann. Diese Interpretation bringt jedoch neue Probleme mit sich. Wenn sich aufzeigen läßt, daß zwei Wertemengen, die Individuen eigen sind, den gleichen Gehalt aufweisen, heißt dies nicht, daß sich die Mengen gegenseitig beeinflußt haben müssen. Und da in keiner Weise ein Übergang vom Wertebereich zu weltlichen Tätigkeiten besprochen wird, bedeutet dies, daß kein Mechanismus vorgeschlagen wird, der solcherlei Auswirkungen haben könnte. Wenn der "Geist des Kapitalismus" andererseits nicht nur als eine Eigenschaft von Individuen, sondern als eine Eigenschaft der Gesellschaft betrachtet werden soll, d.h. als eine von allen geteilte Norm anzusehen ist, dann hat Weber versäumt, die Prozesse aufzuzeigen, anhand derer die Überzeugungen des Individuums die soziale Norm entstehen lassen (und er hat versäumt zu zeigen, inwiefern eine solche Norm für die praktische Umsetzung des Kapitalismus von Bedeutung ist).

reizen aufrechterhalten werden kann. Dies sind die zentralen Probleme bei der Analyse sozialer Organisation. Marx' Analyse der Entstehung des Kapitalismus aus dem Feudalismus, die zwar an ihrer Polemik krankte, erfüllte diese Ansprüche dennoch besser als Webers Analyse in *Die protestantische Ethik*.

Ein beträchtliches Korpus von theoretischen Arbeiten, die unter dem Begriff Kulturpsychologie zusammengefaßt werden könnten, versucht, soziale Veränderungen nur anhand von Kultur oder Werten zu erklären, ohne soziale Organisation mit einzubeziehen. Vielleicht spiegelt das Werk Abram Kardiners (1945) diese Einstellung am umfassendsten wider, aber sie findet sich auch in den Arbeiten anderer Kulturanthropologen, wie Margaret Mead und Ruth Benedict. So wie in Behauptung 3 aus Abbildung 1.2 fehlen grundlegende Erklärungselemente, nämlich genau die Elemente, auf die sich die Analyse sozialer Organisation gründet.

REVOLUTIONSTHEORIEN Ein zeitgenössisches Beispiel für den Versuch, den Übergang von der Mikro- zur Makroebene mit Hilfe einfacher Aggregation individueller Haltungen oder Einstellungen zu vollziehen, liefern bestimmte Revolutionstheorien, die allgemein als Frustrationstheorien bezeichnet werden können.

Vertreter der Frustrationstheorie setzen sich mit der rätselhaften Frage auseinander, warum Revolutionen oft in einer Zeit sozialen Wandels auftreten, in der die Lebensbedingungen sich allgemein verbessern. Sie lösen dieses Problem, indem sie argumentieren, daß die sich verbessernden Bedingungen auf seiten einzelner Mitglieder der Gesellschaft Frustrationen erzeugen, die zur Revolution führen. Wie bei Webers Behauptungen in *Die protestantische Ethik* gibt es drei miteinander verknüpfte Beziehungen: Die erste führt von der System- zur Individualebene, die zweite bleibt auf der Individualebene, und die dritte führt von der Individualebene zur Systemebene zurück. In Abbildung 1.3 sind diese Behauptungen als Diagramm dargestellt.

Die erste Beziehung kann verschiedene Formen annehmen, je nach den Ursachen, die die Frustration nach Meinung des Theoretikers hervorgerufen haben. Möglich sind kurzfristige Rückschläge, relative Deprivation, sich steigernde Erwartungen, die von einem plötzlichen Umschwung begünstigt werden oder andere Gründe (siehe Kapitel 18). Die zweite Beziehung ist eine reine Frustrations-Aggressions-Hypothese aus der Psychologie. Die dritte Beziehung wird impliziert und besteht in der simplen Aggregation individueller Aggression, die zu einem sozialen Ergebnis, nämlich zu einer Revolution, führt. Eine Revolution umfaßt aber auch Organisation und das Zusammenspiel von Handlungen auf seiten zahlreicher Akteure.

Sowohl in Webers Analyse als auch in der Analyse der Vertreter der

Die Erklärung in der Sozialwissenschaft

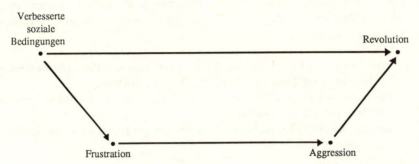

Abb. 1.3 Behauptungen der Makro- und Mikroebene: Auswirkungen verbesserter sozialer Bedingungen auf das Revolutionspotential

Frustrationstheorie wird der Übergang von der Mikro- zur Makroebene lediglich durch die Aggregation individueller Einstellungen, Haltungen und Überzeugungen vollzogen. Umfaßt das theoretische Problem aber auch das Funktionieren eines sozialen *Systems*, wie es beim Erklären der Entstehung einer kapitalistischen Wirtschaft oder des Auftretens einer Revolution der Fall ist, dann sollte offenkundig sein, daß eine angemessene Darstellung des Übergangs nicht einfach mit Hilfe einer solchen Aggregation zu leisten ist.

Komponenten der Theorie

In jeder Theorie, in der Handlungen von Akteuren, die Elemente eines Systems sind, Systemverhalten erzeugen, gibt es drei Arten von Komponenten. Diese entsprechen den Beziehungen der Typen 1, 2 und 3 in Abb. 1.2. Beziehungen der Typen 1 und 3 beschreiben Bewegungen von der Makro- zur Mikroebene und umgekehrt, und Beziehungen des Typs 2 basieren auf dem Handlungsprinzip, das Handlungen der Akteure beschreibt. Dieses Handlungsprinzip bildet dann einen notwendigen festen Kern, aus dem verschiedenartiges Systemverhalten bzw. verschiedene soziale Phänomene erwachsen, wenn es in unterschiedlichen sozialen Kontexten lokalisiert ist und wenn die Handlungen verschiedener Personen auf verschiedene Weise verknüpft werden.

Eigentlich läßt sich überzeugend argumentieren, daß eine soziale Theorie – anders als eine psychologische – eine Theorie über die Auswirkung verschiedener Regeln ist, innerhalb derer Mengen von Personen agieren.[5] Diese Sichtweise und der Charakter der Mikro-Makro-Übergänge kann mit Hilfe

---

5 Siehe Brennan & Buchanan (1985, S. 1-18), die die Rolle der Regeln in einer sozialen Ordnung diskutieren.

eines Sozialsimulationsspiels, wie es manchmal in der Pädagogik angewandt wird, verdeutlicht werden.[6] Ein solches Spiel besteht aus den folgenden Komponenten:

> Eine Menge von Rollen, die die Spieler übernehmen, wobei jede Rolle die Interessen oder Ziele des jeweiligen Spielers definiert.
> Regeln für die Handlungsweisen, die die Spieler in ihren Rollen vollziehen dürfen, und zum Spielablauf.
> Regeln, die die Konsequenzen definieren, die die Handlung eines Spielers für seine Mitspieler hat.

Wenn in dem Spiel das Verhalten in einem sozialen System unter einem bestimmten Aspekt simuliert werden soll (was der Fall ist, wenn das Spiel sinnvoll konstruiert ist), dann gibt es zwei natürlicherweise voneinander getrennte Komponenten: die Spieler und die Spielstruktur. Die Spieler beherzigen ein bestimmtes Handlungsprinzip (das man eigentlich nur als zielgerichtet bezeichnen kann), und das Spiel beinhaltet die Struktur, die die Handlungen in Gang bringt und durch ihre Verknüpfung ein Systemverhalten erzeugt.

Genau diese Struktur entspricht den zwei Übergangstypen, die ich beschrieben habe, nämlich dem Übergang von der Makro- zur Mikro- und von der Mikro- zur Makroebene. Der erste Übergangstyp spiegelt sich im Spiel in all den Elementen wider, die die Bedingungen für die Handlung eines Spielers festlegen: die Interessen des Spielers, die von dem Ziel, das die Regeln bestimmen, vorgegeben werden; die Handlungsbeschränkungen, die von anderen Regeln festgelegt werden; die Anfangsbedingungen, die das Umfeld für die Handlungen vorgeben; und das neue Umfeld, das nach Spielbeginn von den Handlungen anderer bestimmt wird. Der zweite Übergangstyp spiegelt sich in den Konsequenzen einer Spielerhandlung wider: wie diese mit den Handlungen anderer verknüpft wird, sie kreuzt oder auf alle anderen denkbaren Arten Wechselwirkungen mit ihnen erzeugt (was im Spiel und auch in der Realität gleichzeitig oder vor oder nach der Handlung des Spielers geschehen kann) und wie auf diese Weise ein neues Umfeld für die nächste Handlung geschaffen wird.

Wenn aber diese Spielbeschreibung die Übergänge von der Makro- zur Mikroebene und umgekehrt widerspiegeln soll, stellt sich die Frage, wo sich

---

6 Die Entwicklung und Verwendung solcher Sozialsimulationsspiele haben mich von meiner früheren theoretischen Einstellung, die sich an Durkheim anlehnte, zu einer Einstellung geführt, die von zielgerichteten Handlungen ausgeht. Es schien offenkundig, daß sich mit der Entwicklung der Spielregeln und der Beobachtung von Konsequenzen aus diesen Regeln beim Spiel eine Sozialtheorie zu entwickeln begann.

die Makroebene befindet. Obwohl die Mikroebene im Spiel eindeutig repräsentiert ist, gibt es keine deutlich sichtbare Makroebene. Die Antwort lautet, daß die Makroebene, das Systemverhalten, in einer - wenn auch wichtigen - Abstraktion besteht. Spielt man z.B. *Diplomacy,* ein im Handel erhältliches Spiel, in dem die Spieler die europäischen Kräfte von 1914 repräsentieren, besteht das "Systemverhalten" in der Entwicklung von Bündnissen und Konflikten, der Entstehung des Krieges und den geographischen Veränderungen in Europa, die aus den Spielerhandlungen resultieren.

Die Bemerkung ist angebracht, daß die Spieler in *Diplomacy* nicht Einzelpersonen, sondern Nationen vertreten, womit der Fall exemplifiziert wird, daß die Akteure auf der Mikroebene nicht Individuen, sondern Körperschaften sind. Bei diesem Spiel ist die Makroebene mit Europa als ganzem gleichzusetzen und die Mikroebene ist die Ebene der einzelnen Nationen. An solchen diplomatischen Spielen, bei denen eine Nation durch einen einzigen auf ein bestimmtes Ziel ausgerichteten Spieler vertreten wird, wird u.a. kritisiert, daß sie die Realität nicht gut genug widerspiegeln und daß die Handlungen von Nationen in der Wirklichkeit auch interne Konflikte zum Ausdruck bringen können. Beispielsweise wird oft argumentiert, daß Regierende manchmal einen externen Konflikt provozieren, um intern eine Einigung zu erzielen.[7] Aus diesem Grunde werden Nationen in komplexeren diplomatischen Spielen manchmal durch mehr als einen Spieler vertreten, wobei jeder einzelne Spieler für bestimmte innere Angelegenheiten der Nation, die die nach außen gerichteten Handlungen der Nation beeinflussen können, verantwortlich ist. In einer solchen Konfiguration wird schon die Nation selbst als ein Handlungssystem betrachtet, welches allerdings im übergeordneten Handlungssystem nur als ein Akteur fungiert.

Das Systemverhalten, das in der Terminologie dieses Buches der Makroebene entspricht, läßt sich manchmal einfach als das Verhalten eines Systems von Akteuren beschreiben, deren Handlungen miteinander verflochten sind. In einigen Fällen kann das Systemverhalten mit der Handlung eines supraindividuellen Akteurs gleichgesetzt werden, wie z.B. mit der Handlung einer Nation, die sich aus den miteinander verknüpften Handlungen von Akteuren innerhalb der Nation ergibt. Ein ähnlicher Fall liegt vor, wenn die Makroebene aus einer formalen Organisation besteht und die Mikroebene sich aus Abteilungen der Organisation oder Personen, die bestimmte Positionen in ihr innehaben, zusammensetzt.

Irgendwo zwischen dem Fall, in dem das Systemverhalten eine reine Abstraktion ist, die sich in bestimmten Ergebnissen auf der Makroebene manifestiert (wie bei politisch-geographischen Veränderungen Europas), und dem

---

7 Siehe Lederer (1940), der Mussolinis Okkupation von Äthiopien kurz vor Ausbruch des 2. Weltkriegs als eine derartige Handlung beschreibt.

16   *Metatheorie*

Fall, in dem die Makroebene eine formale Organisation ist, die man sich als Akteur vorstellen kann, ist der Fall angesiedelt, in dem auf der Makroebene kein einheitlicher Akteur auftaucht, aber wohldefinierte Eigenschaften oder Begriffe jene Ebene charakterisieren. Die Preisbestimmung in einem wirtschaftlichen Markt ist ein gutes Beispiel für diesen Fall. Die Akteure der Mikroebene sind die einzelnen Händler, und die Preise der einzelnen Waren ergeben den Tauschkurs (relativ zu einem Tauschmittel oder einer Bezugsgröße) für diese Ware, wenn ein Gleichgewicht besteht, d.h. wenn außer den bereits vereinbarten Handelsgeschäften keine zusätzlichen Handelsgeschäfte mehr stattfinden. Die relativen Preise zweier Waren ist als Begriff, der den Markt als ganzes charakterisiert (und zwar eher als nur der Tauschkurs, zu dem eine Transaktion mit diesen Gütern zwischen zwei bestimmten Händlern stattfindet) eine Abstraktion, die ermöglicht wird, weil der Wettbewerb auf dem Markt die verschiedenen Tauschkurse für dieselben zwei Waren zwischen unterschiedlichen Handelspartnern zu einem einzigen Tauschkurs schrumpfen läßt, da jeder Händler versucht, das bestmögliche Tauschgeschäft für die betreffende Ware oder Waren abzuschließen.

Die Handlungstheorie der Individualebene

Die früher genannten Beispiele gehen nicht von derselben Handlungstheorie aus. In der Frustrationstheorie der Revolution wird ein Modell der expressiven Handlung verwandt, bei dem sich Frustration in aggressivem Verhalten äußert, ohne von irgendeinem Ziel oder Zweck modifiziert zu sein. Das psychologische Modell, das den von Emile Durkheim (1983 [1897]) durchgeführten Untersuchungen zum Selbstmord zugrundelag, wies Ähnlichkeiten zu dem der Frustrationstheoretiker auf. Durkheim analysierte Selbstmord als einen expressiven Akt, der aus einem psychologischen Zustand resultierte, welcher durch die Beziehung des Betreffenden zu seinem sozialen Umfeld entstanden war. Dagegen ging Max Weber in seiner Analyse des Protestantismus und Kapitalismus implizit davon aus, daß Personen bewußt auf ein Ziel hin agieren, wobei das Ziel (und somit die Handlungen) von Werten oder Präferenzen bestimmt werden. Für Weber wurden wirtschaftlich produktive Handlungen durch den Kalvinismus modifiziert, der auf Werte Einfluß nahm, die für wirtschaftliche Handlungen relevant waren. Diese wirtschaftlichen Handlungen schienen den Menschen, die sich an den im Kalvinismus ausgedrückten Werten orientierten, direkt aus diesen als "vernünftig" oder "verständlich" oder "rational" zu folgen.[8]

---

[8] Diese Aussage läßt das im vorangegangenen Abschnitt diskutierte Mikro-Makro-Problem außer acht. Die Handlungen eines Individuums sind nicht nur abhängig

Die Handlungstheorie der Individualebene, von der ich in diesem Buch ausgehen werde, entspricht der zielgerichteten Handlungstheorie, die auch Weber verwendet. Die meisten Sozialtheoretiker und die meisten Psychologen des *common sense* stützen sich auf diese Handlungstheorie, um eigene und fremde Handlungen zu interpretieren. Sie ist normalerweise das vorherrschende Handlungsmodell, von dem wir ausgehen, wenn wir sagen, daß wir die Handlung einer anderen Person verstehen: Wir sagen, daß wir die "Gründe" verstehen, warum die Person auf eine bestimmte Weise gehandelt hat, und implizieren damit, daß wir das beabsichtigte Ziel verstehen und auch, wie der Akteur die Handlungen und deren Beitrag zur Zielerreichung einschätzt.

In der Theorie dieses Buches ist für einige Zwecke nichts anderes erforderlich als dieser *common sense* Begriff der zielgerichteten Handlung. Meistens verlangt die Theorie jedoch einen präziseren Begriff. Zu diesem Zwecke werde ich auf den Begriff der Rationalität, wie er in der Ökonomie verwendet wird, zurückgreifen, d.h. auf den Begriff, der dem rationalen Akteur in der ökonomischen Theorie zugrunde liegt. Dabei geht man davon aus, daß verschiedene Handlungen (oder in einigen Fällen verschiedene Waren) für den Akteur von bestimmtem Nutzen sind und verbindet dies mit einem Handlungsprinzip, wonach der Akteur diejenige Handlung auswählt, die den Nutzen maximiert.

Die Verwendung dieser etwas eng definierten Variante zielgerichteter Handlung als Bestandteil der Individualebene innerhalb einer Sozialtheorie bedarf einer Anzahl von Erläuterungen. Einige davon fungieren als Warnungen. Erstens handelt es sich hier eindeutig um eine besondere Spezifizierung des weiter gefaßten Begriffs zielgerichteter Handlung. Andere Spezifizierungen sind ebenfalls denkbar. Beispielsweise impliziert Tverskys (1972) Theorie von der Aussonderung nach Aspekten, (die offensichtlich besser als die Standardtheorie der rationalen Wahl erklären kann, wie manche Auswahlen getroffen werden), daß eine zielgerichtete Auswahl in verschiedenen Stufen abläuft, wobei die Auswahl auf den jeweiligen Stufen im Hinblick auf eine besondere Dimension oder einen Aspekt vollzogen wird, in denen sich die Auswahlobjekte unterscheiden. Die Standardtheorie der rationalen Auswahl läßt keinen Raum für solche Dimensionen und keine Möglichkeit für eine hierarchisch strukturierte Auswahl.

In anderen Arbeiten haben Kahneman, Tversky und andere (siehe z.B. Kahneman, Slovic und Tversky 1982) schlüssig gezeigt, daß sich Personen, die rational handeln wollen, systematisch so verhalten, daß ihre Handlungen, gemessen an einem objektiven Maßstab, nicht völlig rational sind. Das heißt,

---

von Präferenzen und Werten, sondern auch von Möglichkeiten und Anreizen, die das soziale Umfeld bietet. Die Ausdehnung des Kapitalismus brachte Veränderungen in diesen Möglichkeiten und Anreizen mit sich.

daß Individuen dazu neigen, sich systematisch so zu verhalten, daß sie die Ergebnisse ihrer Handlungen weniger gut bewerten als Ergebnisse, die durch andere Handlungen hervorgerufen worden wären. Zu diesen systematischen Verzerrungen gehört die Überschätzung von Wahrscheinlichkeiten unwahrscheinlicher Ereignisse.[9] Oder es kommt vor, daß man sich in der Einschätzung einer Situation, in der eine bestimmte Wahl getroffen werden muß, (und damit auch bei der Wahl selber) von Elementen der Situationsbeschreibung beeinflussen läßt, die für das Ergebnis irrelevant sind.[10]

Ein Abweichen von der Rationalität besteht auch in der Inkonsistenz von Personen, die sich entschließen, eine bestimmte Handlung nicht zu vollziehen, und dies später dann doch tun (was man als "der Versuchung erliegen" zu bezeichnen pflegt). Elster (1979) beschreibt Fälle, in denen Personen sich vorverpflichten, um nicht nachzugeben. Hier und auch in den Fällen, die anhand einer hierarchisch strukturierten Auswahl erklärt werden können, scheint näherzuliegen, daß man eine Auswahl als Ergebnis einer Organisation von Bestandteilen des Selbst beschreibt denn als Ergebnis einer simplen Nutzenmaximierung.

Abgesehen von verschiedenen Spezifizierungen, inwiefern Individuen zielgerichtet handeln, und Abweichungen von der objektiv betrachtet günstigsten Handlung, wenn man versucht, sich rational zu verhalten, gibt es noch andere Handlungen, die man wohl eher als expressiv oder impulsiv beschreibt (d.h. die nicht zielgerichtet sind). Diese Handlungen führen zu Ergebnissen, die der Akteur nicht bevorzugt, ja die sogar selbstzerstörerisch sein können. Die oben besprochene Frustrations-Aggressions-Hypothese und Durkheims Theorie über die Bedeutung des sozialen Kontextes für psychische Zustände, die zum Selbstmord führen, bieten einen Zugang zu diesem Phänomen. Obwohl ich in Kapitel 18 erläutern werde, warum das Frustrations-Aggressions-

---

9 Beispielsweise neigen Leute dazu, beim Pferderennen zu riskante Wetten einzugehen, oder sie spielen bei einer Lotterie mit, die zwar einen höheren Gewinn, aber auch eine niedrigere Gewinnchance hat als eine andere Lotterie.

10 Tversky und Kahneman (1981) gingen zB. von einer experimentellen Situation aus, in der sich die Vereinigten Staaten auf den Ausbruch einer seltenen Seuche vorbereiten, der wahrscheinlich 600 Personen zum Opfer fallen werden. Version 1 der hypothetischen Situation sieht folgendermaßen aus: Wenn Programm A gewählt wird, werden 200 Personen gerettet. Wenn Programm B gewählt wird, besteht eine Wahrscheinlichkeit von 1/3, daß 600 Personen gerettet werden und eine Wahrscheinlichkeit von 2/3, daß keiner gerettet wird. Welches Programm würden Sie bevorzugen? Version 2 der hypothetischen Situation sieht folgendermaßen aus: Wenn Programm C gewählt wird, sterben 400 Personen. Wenn Programm D gewählt wird, besteht eine Wahrscheinlichkeit von 1/3, daß keiner stirbt, und eine Wahrscheinlichkeit von 2/3, daß 600 Personen sterben. Welches Programm würden Sie bevorzugen? In ihren Experimenten zeigen Tversky und Kahneman, daß weit weniger Personen Programm B wählen als Programm A, aber weit mehr Personen Programm D wählen als Programm C, obwohl die Situationen in Version 1 und Version 2 gleich sind.

Modell für Revolutionstheorien ungeeignet ist, heißt dies nicht, daß Frustration niemals zu Aggression führt. Auch wenn man sich nicht für oder gegen die These entscheiden will, daß solche Handlungen so umgedeutet werden können, daß ihnen Zielgerichtetheit oder Rationalität unterschoben werden kann, muß man zugeben, daß sich bestimmte Handlungen am ehesten ohne Rückgriff auf Zielgerichtetheit erklären lassen.

Ein weiterer Einwand gegen die Verwendung zielgerichteter Handlungen als Basis einer Sozialtheorie besteht in der Ablehnung von Teleologie in Handlungstheorien jeglicher Art. Der Begriff der Zielgerichtetheit ist explizit teleologisch. Es erklärt bestehende Zustände im Hinblick auf (erwünschte oder beabsichtigte) zukünftige Zustände statt im Hinblick auf frühere. Es begünstigt Erklärungen, die sich auf finale Ursachen und nicht auf vorangehende Ursachen stützen. Es ist den in der Wissenschaft üblichen kausalen Erklärungen entgegengesetzt. In anderen Zweigen der Wissenschaft haben teleologische Erklärungen, wenn sie sich überhaupt als hilfreich erwiesen haben, als Zwischenstationen auf dem Weg zu einer Theorie gedient, die die Teleologie schließlich außer Kraft setzt.[11]

Hinsichtlich dieser und anderer Abweichungen, Ausnahmen und Einwände, die gegen den Begriff der zielgerichteten Handlung oder gegen die enggefaßte Vorstellung von Rationalität, die sich im Prinzip der Nutzenmaximierung äußert, sprechen, fragt es sich, wie ich ihre Verwendung als grundlegende Bestandteile einer Sozialtheorie rechtfertigen kann. Die Frage läßt sich in zwei Teilfragen aufgliedern: Warum stütze ich mich überhaupt auf eine Theorie der zielgerichteten Handlung und nicht auf eine Theorie, die über die Handlung eines Individuums keine Aussage machen will? Warum stütze ich mich auf die enggefaßte und besonders simple Beschreibung zielgerichteter Handlung, die von Ökonomen entwickelt wurde, nämlich die Nutzenmaximierung?

WAS SPRICHT FÜR EINE THEORIE DER ZIELGERICHTETEN HANDLUNG? 16

Im allgemeinen sind die Einwände gegen die Verwendung teleologischer Prinzipien in wissenschaftlichen Theorien berechtigt. Es gibt jedoch zwei Gründe, warum sie hier weitaus weniger Berechtigung haben.

---

11 Als Beispiel hierfür führt Nagel die Frage an, warum der Winkel der Lichtreflektion dem Einfallswinkel entspricht. Eine teleologische Erklärung hierfür ist, daß die Reflektion derart erfolgt, daß die Gesamtdistanz von der Lichtquelle zum Empfänger auf ein Mindestmaß reduziert wird. Dies ist offensichtlich eine oberflächliche Erklärung, wenn sie überhaupt als solche bezeichnet werden kann. Sie läßt die Frage unbeantwortet, warum die Distanz auf ein Mindestmaß reduziert werden soll (es sei denn, man zieht Le Châteliers Prinzip des kleinsten Zwanges - ein in der Chemie angewandtes teleologisches Prinzip - zur Erklärung heran) und dient im Grunde nur dazu, eine Regularität im Verhalten von Licht zu beschreiben. Vgl. Nagel (1970), der die Verwendung teleologischer Prinzipien in der Wissenschaft, ihren logischen Gehalt und ihre Rolle in der wissenschaftlichen Theorie ausführlicher diskutiert.

Erstens entkräftet der methodologische Individualismus, der für die hier vorgelegte Theorie charakteristisch ist, viele der antiteleologischen Einwände. Die zu erklärende Handlung ist auf einer höheren Ebene sozialer Organisation angesiedelt als die Ebene, auf der ein Ziel festgelegt wird. Wäre dies nicht der Fall und die Theorie eine holistische, d.h. bliebe sie auf der Systemebene, dann würde ein teleologischer Ansatz auf dieser Ebene eine Komponente des Systems mit Hilfe der Funktion erklären, die sie für das System erfüllt. Somit ginge man von der Integration und Organisation des Systems aus - und dies wäre für die Sozialtheorie problematisch. Solche Erklärungen oder "Theorien" erhalten in den Sozialwissenschaften den Stempel des "Funktionalismus", und funktionalistische Erklärungen liegen allen Einwänden offen, die gegen teleologische Erklärungen erhoben worden sind.[12]

Psychologische Theorien, die die Handlungen von Individuen erklären sollen, sind denselben Einwänden ausgesetzt, wenn sie zielgerichtet sind, denn in diesem Falle wird die Zielgerichtetheit eingesetzt, um die zu erklärende Handlung zu bestimmen und nicht eine Handlung auf einer tieferen Ebene.[13] Theorien der Psychologie, die den Begriff der Belohnung verwenden, gehören zu diesem Typus, da Belohnung im Hinblick auf ihre Funktion definiert ist, und schaffen somit eine Erklärung, die einen zumindest teilweise zirkulären Charakter hat. Wenn jedoch die Handlungen, die als zielgerichtet betrachtet werden, Handlungen von Individuen sind, und es sich bei der zu erklärenden Handlung um das Verhalten eines sozialen Systems handelt, das sich nur sehr indirekt von den Handlungen der Individuen herleiten läßt, dann stützt sich die Erklärung des Systemverhaltens nicht auf finale Ursachen, sondern auf unmittelbar wirksame Ursachen.

Ein zweiter Grund, warum eine Theorie der zielgerichteten Handlung für die Individualebene, die von einem teleologischen Prinzip ausgeht, der Sozialwissenschaft nicht schadet, sondern erstrebenswert ist, liegt in der besonderen Beziehung der Sozialwissenschaft zu ihrem Untersuchungsobjekt. Sozialwissenschaftler sind Menschen, und Gegenstand ihrer Forschung sind

---

12 Mit der Funktionsanalyse in der Sozialwissenschaft setzen sich Stinchcombe (1968) und Nagel (1970) auseinander.

13 Einige psychologische Arbeiten legen nahe, daß nicht ein Unterschied in den Handlungsebenen entscheidend ist, sondern ein jeglicher Unterschied zwischen der zu erklärenden Handlung und der Handlung, der man einen bestimmten Zweck zuschreibt. Berne (1967 [1964]) zeigt beispielsweise, daß sich offenkundig irrationales Erwachsenenverhalten anhand von Handlungen erklären läßt, die man in der Kindheit gelernt hat, wo sie rationale Reaktionen auf das soziale Umfeld des Kindes darstellten. Hier wird die Teleologie herangezogen, um früheres Verhalten zu erklären (z.B. mit dem Ziel des Kindes, einer Strafe zu entgehen oder eine Belohnung zu erhalten), aber bei der Erklärung von Handlungen, die in einem späteren und anderen sozialen Kontext erfolgen, ist entscheidend, daß diese Handlungen früher gelernt worden sind und offensichtlich nicht leicht wieder verlernt werden können.

die Handlungen von Menschen. Das bedeutet, daß jede andere Art von Theorie menschlichen Verhaltens die Vertreter der Theorie mit einem Paradoxon konfrontiert. Das Paradoxon zeigt sich besonders deutlich, wenn man sich eine vollentwickelte Theorie menschlichen Verhaltens vorstellt, die nicht auf zielgerichteten Handlungen basiert, sondern auf einer Kausalkonstruktion, in die individuelle Ziele oder Zwecke niemals eingehen.

Stellen wir uns beispielsweise Ansätze einer Sozialtheorie vor, die soziale Veränderungen technologischen Veränderungen oder den Naturgewalten zuschreiben. Geht man ernsthaft von einer solchen Theorie aus, wird ein fatalistisches Zukunftsbild impliziert, in dem die Menschen Spielbälle von Naturgewalten sind. Wieder andere Theorien besitzen keine individualistische Grundlage, sondern gründen sich auf eine makrosoziale Ebene, wobei sie genau diejenige soziale Organisation, welche in derjenigen Theorie problematisiert wird, die von zielgerichteten individuellen Handlungen ausgeht, als gegeben annehmen. Theorien dieser Art begründen Handlungen nicht mit Zielen oder Absichten von Personen, sondern mit äußeren Zwängen oder unbewußten inneren Impulsen. Folglich sind diese Theorien nur in der Lage, ein unausweichliches Schicksal zu beschreiben. Sie dienen lediglich dazu, die Veränderungen zu schildern, denen wir wehrlos ausgeliefert sind. Diesen unkontrollierten äußeren oder inneren Zwängen ausgesetzt, sind die Menschen unfähig, ihr Schicksal sinnvoll selber zu bestimmen.

Das Paradoxon entsteht, weil solche Theorien implizieren, daß die Theorie selbst, als das Resultat einer zielgerichteten Handlung, keinerlei Effekt auf eine zukünftige Handlung haben kann. Jeder Versuch, die Theorie zielgerichtet anzuwenden, muß - der Theorie entsprechend - demzufolge fehlschlagen. Ein weiteres Paradoxon liegt in dem Menschenbild, das eine nicht zielgerichtete Theorie in sich birgt. Da Zweck, Ziel oder Wille in die Konzeption nicht eingehen, ist sie mit der Einstellung des Theoretikers, der sich die Entwicklung einer solchen Theorie zum Ziel setzt, unvereinbar. Alle diese Probleme entstehen, weil die Gegenstände der Theorie Personen sind, und hierzu gehören auch die Theoretiker und die Anwender der Theorie.

Es gibt ein weiteres, hiermit eng verwandtes, Argument dafür, daß eine Sozialtheorie auf zielgerichteten Handlungen von Individuen basieren sollte. In gewissen wissenschaftlichen Disziplinen, zu denen Ethik, Moralphilosophie, politische Philosophie, Volkswirtschaft und Rechtswissenschaft gehören, fußt die Theorie auf einem Menschenbild, das von zielgerichteten und verantwortlichen Akteuren ausgeht.[14] Zwischen diesen Disziplinen findet in

---

14 In allen diesen Disziplinen taucht ein terminologisches Problem auf, das hier einmal angesprochen werden soll. Häufig, besonders in der Philosophie, wird die handelnde Person als Handelnder oder "Agent" (= "Agens") bezeichnet, weil sie der Urheber der Handlung ist. Der Begriff "Agent" wird jedoch auch in einem anderen Sinne in der Ökonomie oder Rechtswissenschaft verwandt. Das *law of agency* um-

einem gewissen Rahmen ein fruchtbarer Austausch statt, von dem die meisten Soziologen bisher nicht profitieren konnten, weil sie ihre Theorien einfach nicht auf derselben Grundlage aufgebaut haben. Moralphilosophen von Kant bis Rawls haben ihre Arbeiten auf der Vorstellung von zielgerichteten und bewußt handelnden Individuen begründet, so wie auch politische Philosophen wie Bentham, Rousseau, Mill und Locke. Einigen Theoretikern, wie z.B. Bentham und Hayek, ist es gelungen, aufgrund der gemeinsamen konzeptuellen Basis alle diese Disziplinen miteinander zu verbinden. Die Sozialtheorie, die sich ebenfalls auf diese Basis stellt, zieht sicherlich einen Gewinn aus dem intellektuellen Austausch, der dann möglich wird.

Von Bedeutung ist auch, dem Einwand entgegenzutreten, daß Individuen nicht immer rational handeln. Dies will ich gar nicht bestreiten, denn es liegt auf der Hand, daß sich Menschen zuweilen selbstzerstörerisch und manchmal recht irrational verhalten. Ich will hier jedoch folgendes bemerken. Da die Sozialwissenschaften zum Ziel haben, die soziale Organisation zu verstehen, die sich von individuellen Handlungen herleiten läßt, und da das Verstehen einer individuellen Handlung normalerweise heißt, die Gründe der Handlung zu erkennen, muß das theoretische Ziel der Sozialwissenschaft darin liegen, die Handlung auf eine Weise zu betrachten, daß sie von der Sichtweise des Akteurs aus gesehen rational erscheint. Daß vieles üblicherweise als nicht rational oder irrational bezeichnet wird, liegt, anders ausgedrückt, einfach daran, weil die Betrachter nicht die Sichtweise des Akteurs entdeckt haben, von der aus die Handlung rational *ist*.

Ich vertrete also in diesem Buch die Position, daß der Erfolg einer Sozialtheorie, die sich auf Rationalität gründet, darin liegt, den Bereich sozialer Handlungen, den die Theorie nicht erklären kann, Schritt für Schritt zu verkleinern. Man kann die Theorie auch so betrachten, daß sie für eine Menge abstrakter rational handelnder Akteure konstruiert ist. Dann erhebt sich die empirische Frage, ob eine derartige Theorie das Funktionieren eines tatsächlichen sozialen Systems mit realen Personen widerspiegeln kann.

WAS SPRICHT FÜR NUTZENMAXIMIERUNG? Selbst wenn man das Prinzip der zielgerichteten Handlung als für eine Sozialtheorie angemessen betrachtet, beinhaltet dies noch nicht die enge Spezifizierung der Zielgerich-

---

faßt Prinzipale, Agenten und Dritte, und die volkswirtschaftliche Analyse der Agentschaft betrifft die Beziehung zwischen Prinzipal und Agent. In diesen Bereichen wird der Agent ausdrücklich von dem Prinzipal, in dessen Interesse der Agent handelt, unterschieden. Weil ich in diesem Buch auch auf Beziehungen zwischen Prinzipal und Agent eingehe, werde ich die Bezeichnung "Agent" nur in dieser Bedeutung verwenden. Dagegen benutze ich den Begriff "Akteur", wenn ich mich auf das Individuum (oder die Körperschaft) beziehe, die eine Handlung vollzieht. Das heißt, daß ich "Akteur" im Sinne des philosophischen Handelnden oder "Agenten" verwende.

tetheit als Nutzenmaximierung. Zunächst muß ich bemerken, daß die Vorstellung der Nutzenmaximierung weder in der qualitativen Darlegung der Theorie (Teil I bis IV dieses Buches) noch in der Anwendung dieser qualitativen Theorie in der Forschung explizit eingeführt wird. Die Annahme einer Nutzenmaximierung ist nur für die quantitative Entwicklung der Theorie (Teil V) vonnöten, wo sie in den mathematischen Modellen und den quantitativen Untersuchungen, die sich auf diese Modelle stützen, eingesetzt wird. Dennoch ist es hier sinnvoll, die zwei Gründe zu nennen, warum eine solche enge Spezifizierung für eine Sozialtheorie wertvoll ist.

Indem man präzisiert, was mit "zielgerichteter Handlung" gemeint ist, wird erstens ein größeres Maß an Erklärungskraft erreicht. Jedes teleologische Prinzip, das beschreibt, daß eine *Quantität* maximiert oder minimalisiert werden soll, hat größere Erklärungskraft als ein weniger spezifisches Prinzip. Dies wird offenkundig bei dem teleologischen Prinzip (s. Anm. 11), daß Licht derart von einer Oberfläche reflektiert wird, daß die totale Länge seines Weges minimalisiert wird. Dieses Prinzip erlaubt eine präzise Vorhersage des Reflektionswinkels von allen möglichen Oberflächen: Er wird dem Einfallswinkel entsprechen, denn dies ist der Winkel, der die totale Länge des Weges minimalisiert. Diese Vorhersagekraft wird allerdings eingeschränkt, wenn – wie es bei dem Begriff des Nutzens der Fall ist – die betreffende *Quantität* weniger eindeutig zu bestimmen ist als in diesem physikalischen Beispiel.[15] Dennoch wird die Erklärungskraft nicht völlig abgeschwächt, denn Nutzen kann sich nicht willkürlich oder beliebig verändern, und so erhalten diejenigen Theorien, in denen das Prinzip wirksam wird, eine höhere Vorhersagekraft.

Zweitens spricht auch die Einfachheit dieser enggefaßten Spezifizierung zielgerichteten Verhaltens für ihre Verwendung. Für eine Sozialtheorie, die aus drei Komponenten – nämlich einer Makro-Mikro-Komponente, einer Komponente der individuellen Handlungen und einer Mikro-Makro-Komponente – besteht, ist es von besonderer Bedeutung, daß die Komponente der individuellen Handlungen einfach gefaßt ist. Das heißt natürlich nicht, daß die Spezifizierung des zielgerichteten Verhaltens die beste von allen jenen ist, die den gleichen Einfachheitsgrad besitzen. Allerdings muß zwischen der Komplexität in den anderen beiden Komponenten und der Komplexität dieser Komponente ein Ausgleich geschaffen werden, damit die übergeordnete Theo-

---

15 Hierzu gibt es Parallelen aus der Naturwissenschaft. Gegen Le Châteliers Prinzip des kleinsten Zwanges, das besagt, daß ein System auf jede denkbare Veränderung so reagiert, daß die Auswirkung der Veränderung minimalisiert wird, wurde lange Zeit der Einwand erhoben, daß sich nicht eindeutig bestimmen ließe, was minimalisiert wird. Trotzdem wurde das Prinzip wegen seines heuristischen Wertes für die Bestimmung von Reaktionen physikalischer Systeme auf äußere Einflüsse in der Chemie angewandt. (Vgl. Glasstone 1946, der sich mit Le Châteliers Prinzip auseinandersetzt.)

rie weiterhin gut zu handhaben ist. Ich habe mich entschlossen, auf so viel psychologische Komplexität wie möglich zu verzichten, um in den anderen beiden Komponenten – den Komponenten der "sozialen Organisation" – mehr Komplexität zulassen zu können. Aber selbst dann ermöglicht dieses Handlungsprinzip, wie Kapitel 2 zeigen wird, in dem hier verwandten Kontext mehrere verschiedene Handlungstypen, und diese verschiedenen Handlungstypen sind Bausteine für verschiedene Arten sozialer Organisation.

Die Übergänge von der Makro- zur Mikroebene und umgekehrt

Die beiden anderen Komponenten der hier zugrundegelegten Sozialtheorie, die den Übergang von der Makro- zur Mikroebene und wieder zurück ausmachen, können als Spielregeln bezeichnet werden, welche zum einen Konsequenzen der Handlung eines Individuums auf andere Individuen übertragen und zum anderen aus den Handlungen mehrerer Individuen Ergebnisse für die Makroebene ableiten. Um zu erkennen, wie eine Theorie dies alles abdecken kann, sollte man noch einmal genauer das dreigeteilte Paradigma zur Erklärung von Phänomenen der Makroebene betrachten, das aus Beziehungen dreier Typen besteht: dem Übergang von der Makro- zur Mikroebene, zielgerichteten Handlungen von Individuen und dem Übergang von der Mikro- zur Makroebene.

Mit diesem Paradigma lassen sich viele Beziehungen der Makroebene auf ideale Weise darstellen. Dazu gehört z.B. die bereits genannte Beziehung zwischen sich verbessernden wirtschaftlichen Verhältnissen und Revolutionen. In anderen Fällen soll jedoch nicht eine Beziehung zwischen einer Variable der Makroebene (wie Veränderungen wirtschaftlicher Bedingungen) und einer anderen (wie revolutionäre Aktivitäten) erklärt werden. Erklärt werden soll vielmehr ein Phänomen der Makroebene. Das folgende Beispiel soll dies verdeutlichen.

1720 wurde ein Teil der Bevölkerung Englands von einer Art Spekulationsrausch ergriffen. Die Spekulation mit Aktien der *South Sea-Company*, die die Herstellung von Handelsbeziehungen zu Inseln im Pazifik und den spanischen Kolonien Chile, Mexiko und Peru zum Ziele haben sollte (Mackay 1932 [1852]), war weitverbreitet, und dazu war noch eine Menge kleinerer Aktiengesellschaften entstanden. Allmählich verringerte sich das Vertrauen in den Verwaltungsrat der Gesellschaft und in ihren Fortbestand, und trotz umfangreicher Maßnahmen der Bank von England und der britischen Regierung brach die Spekulationswelle zusammen. Hier soll nun keine empirische Generalisierung der Makroebene mit unabhängigen und abhängigen Variablen erklärt werden, sondern die Zu- und Abnahme weitreichender Aktienspekulationen in England um 1720. Dies ist ein Phänomen der Makroebene, und die Theorie hat die Aufgabe, dieses Phänomen durch einen Abstieg auf die Ebene individueller Handlungen und die Rückkehr hinauf auf die makrosoziale Ebene zu erklären, wie es die Abbildungen 1.2 und 1.3 als Diagramme darstellen. Hier umfaßt die Erklärung möglicherweise ein System, zu dem Handlungen der Mikroebene gehören sowie deren Verknüpfungen, das Feedback von diesen Verknüpfungen, welches weitere Handlungen der Mikroebene beeinflußt, denen wiederum neue Verknüpfungen folgen, usw., wodurch das Entstehen und der Zusammenbruch der großen Spekulationswelle zustande kommt.

Dieses Beispiel verdeutlicht eine allgemeinere Situation, in der die Theorie das Funktionieren eines Handlungssystems beschreibt, von dem die drei Beziehungstypen schwer zu trennen sind. Obwohl solche Erklärungssysteme sowohl Handlungen der Individualebene als auch Verhalten der Systemebene umfassen, sind sie nicht so zu verstehen, daß sie einfach Beziehungen dieser drei Typen miteinander verknüpfen. Beziehungen, wie sie in Abbildung 1.1 oder Abbildung 1.2 dargestellt worden sind, stellt man sich am besten als empirische Generalisierungen der Makroebene vor, die sich als Deduktionen einer Theorie vorhersagen lassen. Die Theorie, die solche Beziehungen als spezifische Behauptungen erzeugt, kann man sich als eine individuelle Handlungstheorie vorstellen, die mit einer anderen Theorie darüber, wie diese Handlungen nach bestimmten Regeln verknüpft werden, um so Systemverhalten zu erzeugen, zusammengeschlossen ist.

Interdependenz von Handlungen

Handlungen können auf verschiedene Weisen miteinander verknüpft werden und so Ergebnisse der Makroebene erzeugen, und es ist sinnvoll, einige Möglichkeiten kurz zu erörtern. Dies soll allerdings keine erschöpfende Liste sein.

Bei einem einfachen Fall kann die unabhängige Handlung eines Akteurs externe Effekte (positiver oder negativer Art) auf andere nach sich ziehen und somit die Anreizstrukturen, denen sie ausgesetzt sind, verändern. Ein Beispiel ist die klassische Tragödie gemeinsamer Weiden (s. Hardin 1968), in der jedes grasende Schaf eines Bauern die Weidemöglichkeit für die Schafe anderer Bauern verringert. Es gibt aber noch viele völlig andere Beispiele. Phänomene wie die Spekulationswelle oder die Paniken, die bei Theaterbränden entstehen können, veranschaulichen das Phänomen ebensogut.

Ein zweiter Fall ist ein bilateraler Austausch, wie er in den Verhandlungen zwischen Tarifpartnern entsteht. Das resultierende "System" besteht lediglich aus zwei Akteuren, aber es gibt systembezogene Ergebnisse, nämlich die Tauschvereinbarungen oder den Vertrag zwischen den beiden Parteien.

Ein dritter Fall ist die Ausweitung des bilateralen Austauschs auf die Wettbewerbsstruktur in einem Markt. Die Marktresultate, nämlich Preise und Transaktionen, sind abhängig von den besonderen institutionellen Regeln, nach denen der Markt operiert; denn diese Regeln bestimmen die Art der Interaktionen zwischen Akteuren (z.b. geheime oder offene Gebote, die Zulässigkeit oder Unzulässigkeit von Rückverhandlungen, Preisfixierer und Preisnehmer, Tauschhandel, Warentausch mit einem Numéraire-Gut usw.). (Resultate aus experimentellen Märkten finden sich in Plott und Smith 1978 und Smith 1982.)

Ein vierter Fall sind kollektive oder soziale Entscheidungen, wobei das systembezogene Ergebnis in einem Wahlergebnis oder anderen Präferenzäußerungen von Individuen besteht, die mit Hilfe einer expliziten Entscheidungsregel vereinigt werden und in der Wahl einer einzelnen Alternative resultieren.

Ein fünfter Fall ist die Struktur interdependenter Handlungen, die eine formale Organisation bildet, aus der ein Produkt entsteht. Die Organisationsstruktur besteht aus einer Menge von Regeln und Anreizen, die die Entstehung asymmetrischer Interdependenzen zur Folge haben, welche aus einem Austausch zwischen zwei Parteien nicht entstehen könnten.

Ein sechster Fall ist die Schaffung (anhand eines noch schlecht durchschauten Prozesses) eines kollektiven Rechts, soziale Kontrolle über die Handlungen bestimmter Akteure auszuüben, indem man Normen mit Hilfe von Sanktionen durchsetzt. Sind diese Normen einmal aufgestellt, dann bilden sie "Hilfsspielregeln", die von den Akteuren innerhalb des Systems mehr oder weniger vollständig durchgesetzt werden.

Diese verschiedenen Arten der gegenseitigen Abhängigkeit von Handlungen verdeutlichen, auf wie viele gänzlich verschiedene Weisen der Übergang von der Mikro- zur Makroebene erfolgen kann. Der Übergang von der Makro- zur Mikroebene ist aufgrund der Interdependenz von Handlungen in einigen dieser Fälle implizit enthalten. In anderen Beispielen ist dies jedoch nicht der Fall. Beispielsweise ist der Informationsfluß eines Marktes, der die Angebote innerhalb des Systems verbreitet, beträchtlichen Schwankungen unterworfen. Die Übermittlung von Informationen von der Makroebene zu individuellen Akteuren kann deren Handlungen und somit auch das Systemverhalten stark beeinflussen. Allgemeiner gesagt, werden Informationen in jedem großen System über Medien vermittelt, die innerhalb des Systems selbst Akteure mit eigenen Interessen sind. Dies beeinflußt den Umfang und die Art der Information, die anderen Akteuren zugänglich ist, und verschiedene Kommunikationsstrukturen verändern diese Information auf unterschiedliche Weise.

Das Schwanken von Informationen, die von der Makroebene zu individuellen Akteuren gelangen, ist nur ein Beispiel für die möglichen Schwankungen im Übergang von der Makro- zur Mikroebene. Im allgemeinen beeinflußt das Umfeld oder der soziale Kontext, in dem eine Person handelt, den relativen Gewinn aus verschiedenen Handlungen; und gerade der Übergang von der Makro- zur Mikroebene strukturiert seinerseits diesen sozialen Kontext.

Vorstellungen über die Beziehungen zwischen Mikro- und Makroebenen

Bevor ich in Kapitel 2 die Theorie selbst ausführlich entwickeln werde, möchte ich hier noch kurz zeigen, inwiefern eine angemessene Vorstellung der Beziehung zwischen Individual- und Systemebenen für soziale Forschung von Bedeutung sein kann.

Zunächst läßt sich sagen, daß eine gute Sozialgeschichte die Übergänge zwischen Mikro- und Makroebenen erfolgreich herstellt. Eine gute Sozialgeschichte, die beispielsweise versucht, eine kausale Verbindung zwischen der Verbreitung einer kalvinistisch geprägten religiösen Doktrin und der Entstehung einer kapitalistischen Wirtschaft im Westen herzustellen, zeigt nicht nur, wie die Doktrin von Individuen übernommen wird und dann deren Verhalten beeinflußt, sondern auch, wie dieses Verhalten mit anderem Verhalten verknüpft wird, d.h. wie die soziale Organisation, die kapitalistische Unternehmungen ins Leben ruft, erfolgt. Nach der Lektüre derartiger historischer Zusammenhänge dürfte sich der Leser über die Art der Argumente im klaren sein - er sollte wissen, ob eine Veränderung im Arbeiterverhalten, eine Zunahme unternehmerischer Aktivitäten, mehr Fleiß auf seiten der Führungskräfte, alle diese Phänomene oder etwas anderes als Ergebnisse des Kalvinismus angesehen werden und das Wachstum des Kapitalismus herbeigeführt haben sollen.

Aber es ist eine Sache, die Entwicklung sozialer Organisation an einem Beispiel verfolgen zu können, wie es vielleicht ein Historiker tut, und eine ganz andere Sache, Verallgemeinerungen über solche Prozesse aufzustellen. Und noch etwas ganz anderes ist es, Modelle über Prozesse von der Makrozur Mikroebene und umgekehrt zu entwerfen. Ganz offensichtlich muß bei den von mir beschriebenen Fällen Interdependenz in irgendeiner Form in die Modelle eingehen, denn die Phänomene, die erklärt werden sollen, umfassen gegenseitige Abhängigkeit zwischen den Handlungen von Individuen und nicht einfach nur die Aggregation individuellen Verhaltens.

Ein Schauplatz, der gewisse Ähnlichkeiten mit wirtschaftlichen Märkten aufweist und zu dem bereits einige Arbeiten vorliegen, ist der sogenannte Heiratsmarkt. Es gibt ein demographisches Phänomen, das als Heiratsengpaß bekannt ist. Wenn ein steiler Anstieg in der Geburtenrate zu verzeichnen ist, wie es beispielsweise nach dem 2. Weltkrieg der Fall war, entsteht ein Problem für die Kohorten von Frauen, die in der Zeit des Anstiegs oder kurz darauf geboren werden – denn es wird nicht genügend Männer geben, die sie heiraten können. Frauen heiraten Männer, die durchschnittlich zwei Jahre älter als sie sind. Das bedeutet, daß normalerweise diejenigen Männer, die um 1944 geboren worden sind, Partner der um 1946 geborenen Frauen werden. Aber die Kohorte der 1946 Geborenen war groß und die der 1944 Geborenen war klein. So entstand ab Mitte der sechziger Jahre ein Heiratsengpaß für Frauen, von denen ein größerer Teil ledig blieb und ein größerer Teil jüngere Männer oder viel ältere Männer, die geschieden oder verwitwet waren, heiratete. Ungefähr das Gegenteil geschieht, wenn die Geburtenrate plötzlich absinkt, weil dann später ein Heiratsengpaß für Männer entsteht.

Wenn eine plötzliche Änderung in der Geburtenrate einen Heiratsengpaß zur Folge hat, liegt das Problem darin, daß nicht im geringsten klar ist, welche Konsequenzen dies haben wird, bzw. wie die wenigen Männer unter dem Frauenüberschuß aufgeteilt werden. (Ebensowenig ist klar, welche anderen Konsequenzen dies haben kann – inwiefern z.B. die Verfügbarkeit so vieler heiratsfähiger Frauen die Scheidungsrate beeinflußt oder inwieweit die Richtlinien der Sexualmoral betroffen werden.)[16] Das Fehlen eines Modells für die Wahl von Partnern, die altersmäßig zusammenpassen, wenn Fluktuationen in der Kohortengröße auftreten, bedeutet, daß Demographen bei der Entwicklung eines sogenannten zweigeschlechtlichen Populationsmodells, mit dem die Fortentwicklung einer Population über mehrere Generationen hinweg beschrieben werden kann, in die Klemme geraten sind.

Man kann eindeutig davon ausgehen, daß Heiraten innerhalb einer Art von Markt stattfinden, aber innerhalb eines Marktes, der von ganz besonderer Art ist; hier hat jeder Akteur nur eine Ware für den Tauschhandel anzubieten – nämlich sich selbst –, und die Tauschkurse werden durch die Beschränkung der Monogamie bestimmt, welche das Anbieten größerer Mengen zum Erreichen gleicher Tauschkurse verhindert. Es sind bereits Modelle für den Übergang von der Mikro- zur Makroebene in bezug auf Heiratsmärkte entwickelt worden, und es existieren Theoreme über die Stabilität besonderer Partnerwahl-Algorithmen. (Siehe Gale und Shapley 1962, Becker 1973, 1974, Schoen 1983 und Roth 1984a, 1985a.) So ist ein erster Schritt – aber auch nur ein erster Schritt – getan worden, um das Heiratsengpaß-Problem der Demographen zu lösen und damit die Entwicklung eines zweigeschlechtlichen Populationsmodells zu fördern.[17]

---

16 In *Too Many Women?* (1983) behaupten Guttentag und Secord, daß solche Perioden zu liberalerem Sexualverhalten von Frauen führen.

17 Die Realisierbarkeit der Modelle, die Beziehungen zwischen Mikro- und Makroebenen in bezug auf Zuweisungsmärkte herstellen, läßt sich an dem Verfahren verdeutlichen, mit dem Absolventen aus medizinischen Hochschulen Krankenhäusern für ihre praktische Ausbildung zugeteilt werden. Die Krankenhäuser geben Listen

In diesem Kapitel habe ich dargelegt, welche Struktur eine sozialwissenschaftliche Theorie meiner Meinung nach haben sollte. Das Kapitel liefert den Hintergrund und die Begründung für die in diesem Buch vorgestellte Theorie. In Kapitel 2 beginne ich damit, die Theorie qualitativ und in verbaler Form darzulegen, womit ich in den übrigen Kapiteln der Teile I-IV fortfahren werde.

---

ihrer ersten und zweiten Wahl usw. der Bewerber für die freien Ausbildungsplätze aus, und die Bewerber tragen sich ihrerseits in Listen ein, mit denen sie ebenfalls in einer Rangfolge Wünsche äußern, in welchem Krankenhaus sie Dienst tun möchten. Ein Computer-Algorithmus, der bereits seit 1957 angewandt wird, teilt dann den Krankenhäusern Bewerber zu und umgekehrt. Der Algorithmus besteht in einem Zuweisungsprozeß, zu dem bereits ein Stabilitätstheorem bewiesen worden ist, welches besagt, daß sich - vorausgesetzt, daß sich keine Veränderungen in den Präferenzen ergeben haben - kein Praktikant und kein Krankenhaus gleichzeitig lieber füreinander entscheiden würden als für das Krankenhaus bzw. den Praktikanten, welche ihnen vom Computer zugeteilt worden sind (siehe Roth, 1984b).

TEIL I

ELEMENTARE HANDLUNGEN UND BEZIEHUNGEN

Kapitel 2

Akteure und Ressourcen, Interesse und Kontrolle

Im vorhergehenden Kapitel habe ich meine allgemeinen Ansichten zu einer Sozialtheorie dargelegt. Diese umfaßt das Erklären von Verhalten eines sozialen Systems anhand von drei Komponenten: die Auswirkungen der systemimmanenten Eigenschaften auf Beschränkungen oder Orientierungen von Akteuren, die Handlungen von Akteuren, die dem System angehören, und die Verknüpfung oder Interaktion dieser Handlungen, die das Systemverhalten entstehen lassen.

Diese allgemeine metatheoretische Struktur kann als begrifflicher Rahmen für die Sozialtheorie angesehen werden. Ein derartiger Rahmen kann in der Auswertung und Lenkung von Untersuchungen nützlich sein, wie die Beispiele in Kapitel 1 gezeigt haben. Man könnte hier auf die explizite Entwicklung einer Theorie verzichten und den Rest des Buches mit Konsequenzen dieses begrifflichen Rahmens für die Untersuchungen von verschiedenen sozialen Phänomenen füllen. Das hieße jedoch, daß die Theorie selber zu kurz käme. Und dies böte eine weniger sinnvolle Basis für den Erwerb von Kenntnissen über soziale Systeme als die explizite Entwicklung einer Sozialtheorie innerhalb dieses begrifflichen Rahmens.

Ich werde eine explizitere Theorie in zwei Schritten entwickeln. Die Teile I bis IV dieses Buches beinhalten eine verbale und qualitative Spezifizierung der Theorie, und Teil V enthält eine formale Spezifizierung. Diese Aufteilung hat zwei Vorzüge. Erstens ergibt sich im Hinblick auf die Praktikabilität der Theorie in der Forschung ein Abschnitt, der nicht von formalen Modellen abhängig ist, und ein Abschnitt, in dem eine solche Abhängigkeit besteht. Es scheint zweckmäßig zu sein, diese beiden Abschnitte voneinander zu trennen, so daß die Ergebnisse, die von formalen Modellen unabhängig sind, nicht durch die anderen unverständlich gemacht werden. Zweitens ist die qualitative Entwicklung der Theorie weiter fortgeschritten als die formale, so daß diese nur eine Untermenge der Phänomene abdeckt, die im qualitativen Teil behandelt werden.

Veranschaulicht werden kann die Entwicklung des im vorigen Kapitel dargelegten begrifflichen Rahmens zu einer expliziteren Theorie anhand der Funktionsweise eines wirtschaftlichen Marktsystems, in dem vorläufige Verträge geschlossen werden (vergleiche Walras 1954). Hier stellt sich Systemverhalten gewissermaßen als eine Reifikation dar, weil die Handlungen jedes einzelnen Akteurs nur jene Akteure direkt beeinflussen, mit denen der Akteur in Vertragsverhandlungen steht, und weil die Vertragsänderungen, die

34 Elementare Handlungen und Beziehungen

jeder einzelne Akteur vornimmt, möglicherweise nur vom Vergleich von Tauschkursen in unmittelbarer Nähe abhängen – es sei denn, es gibt eine Institution, die lückenlose Informationen über alle vorläufigen Verträge ausgibt. In dieser Marktform verdichtet sich die Reifikation jedoch mehr und mehr zur Realität, weil die Verbreitung der Informationen dazu führt, daß sich verschiedene Verträge auf eine einzige Menge von Tauschkursen für jedes Paar von Gütern hinbewegen. Der Marktpreis ist eine neu entstehende Eigenschaft des Systems, die aus den paarweisen Interaktionen hervorgeht.

An diesem Beispiel wird deutlich, daß es sinnvoller sein kann, die Entstehung zumindest eines Teils des Systemverhaltens über Rückkoppelungsprozesse zu beschreiben, die nicht in expliziten Übergängen zwischen Mikro- und Makroebene bestehen, sondern in Interdependenzen zwischen den Handlungen verschiedener Akteure. In den verschiedenen Entwicklungsschritten der Theorie in diesem Buch werde ich diese Prozesse manchmal in der einen und manchmal in der anderen Weise beschreiben, je nachdem, welche mir sinnvoller erscheint.

In diesem Kapitel werde ich die begriffliche Grundlage für Interdependenz zwischen den Handlungen individueller Akteure ausarbeiten. Bei dieser begrifflichen Struktur findet die einzige *Handlung* auf der Individualebene statt, und die "Systemebene" existiert lediglich in Form von neu entstehenden Eigenschaften, die das Handlungssystem als ganzes charakterisieren. Nur in diesem Sinne gibt es ein Systemverhalten. Dennoch können, da Eigenschaften der Systemebene entstehen, Behauptungen für diese Ebene aufgestellt werden.

Die Elemente

Das minimale System umfaßt zwei Arten von Elementen und zwei Arten, wie sie miteinander in Beziehung stehen. Die Elemente sind Akteure und Dinge, über die sie Kontrolle ausüben und an denen sie irgendein Interesse haben. Ich nenne diese Dinge, je nach ihrem Wesen, Ressourcen oder Ereignisse. Die Beziehungen zwischen Akteuren und Ressourcen sind, wie bereits impliziert, Kontrolle und Interesse.

Ich sollte kurz auf den Begriff Interesse eingehen, denn er hat seit langem einen Platz in sozialen Theorien. Hirschman (1986) legt die Ursprünge des Begriffs fest: "Schon im späten Mittelalter wurde der Begriff als Euphemismus in Dienst genommen, der einer bestimmten Tätigkeit, nämlich dem Erheben von Zinsen (="interests") auf Darlehen einen respektablen Anstrich verleihen sollte; dies hatte man lange Zeit als Verstoß gegen Gottes Gesetz, nämlich als Sünde des Wuchers, betrachtet" (S. 35). Wie Hirschman betont, erlebte der Begriff des Interesses oder des Eigeninteresses im 16.,

17. und 18. Jahrhundert einen enormen Aufschwung. Er schaffte, beginnend mit Machiavellis Ratschlägen an den Fürsten, die Voraussetzungen dafür, daß sich die Ausübung der Staatskunst von den Zwängen moralischer Vorschriften befreite. Er begünstigte die Erkenntnisse der neu entstehenden Disziplin der Volkswirtschaft in den Arbeiten von Adam Smith und anderen. Und er beeinflußte die geistige Revolution in bezug auf die Beziehung des Selbst zur Gesellschaft, die mit der Französischen Revolution einherging.

Im 18. Jahrhundert sahen einige Interesse als *den* zentralen Begriff für die soziale Welt an. Der französische Philosoph Helvétius drückte diese Meinung so aus: "Wie die physische Welt von den Bewegungsgesetzen regiert wird, so wird das moralische Universum von den Gesetzen des Interesses regiert" (zitiert von Hirschman 1986, S. 45). Seitdem hat der Begriff eine wechselvolle Geschichte durchlaufen, sowohl in bezug auf seine sozialwissenschaftliche Rolle als auch auf sein Ansehen in der Gesellschaft insgesamt. In der hier vorgelegten Theorie wird Interesse eine zentrale Rolle spielen, welche sich stark an die von Helvétius im 18. Jahrhundert vertretene Sichtweise anlehnt. In den Kapitel 19 und 34 werde ich jedoch die Möglichkeit untersuchen, ob dieser Begriff mittels der Analyse der inneren Struktur des Akteurs aufgelöst werden kann.[1]

Wenn Akteure alle diejenigen Ressourcen kontrollieren, an denen sie interessiert sind, sind ihre Handlungen einfach zu beschreiben. Sie üben ihre Kontrolle lediglich so aus, daß ihre Interessen wahrgenommen werden. (Wenn es sich bei den Ressourcen beispielsweise um Nahrung handelt, wird die Kontrolle durch das Verzehren der Nahrung ausgeübt.) Eine einfache strukturelle Tatsache bewirkt nun, daß man es nicht nur mit einer Menge von Individuen zu tun hat, die zur Wahrung ihrer Interessen unabhängig voneinander Kontrolle über bestimmte Aktivitäten ausüben, sondern daß ein soziales System entsteht. Akteure kontrollieren die Aktivitäten, die ihre Interessen befriedigen können, nicht völlig, sondern müssen erleben, daß einige dieser Aktivitäten teilweise oder vollständig von anderen Akteuren kontrolliert werden. Somit erfordert das Verfolgen von Interessen in einer solchen Struktur, daß man Transaktionen irgendeiner Art mit anderen Akteuren ein-

---

[1] In der formalen Theorie, die in Teil V entwickelt wird, wird Interesse anhand einer spezifischen Nutzenfunktion, die in der Volkswirtschaft als die Cobb-Douglas Nutzenfunktion bekannt ist, definiert. Diese Spezifizierung wird dort eingeführt, um quantitative Forschung, die sich der Theorie bedient, zu erleichtern. Wenn ich den Begriff "Interesse" benutze, sehe ich seine lange und widersprüchliche Geschichte in der Sozialwissenschaft, insbesondere die seit Marx anhaltende Debatte über die Vorstellung von objektiven Interessen, wie sie ein außenstehender Beobachter sehen würde. In anderen Theorien, wie in den Theorien des politischen Pluralismus, hat der Begriff des subjektiven Interesses, vom Akteur aus gesehen, eine bedeutende Rolle gespielt. Ich will die Kontroverse hier nicht weiter vertiefen, aber Interessen werden an anderer Stelle in diesem Buch, vor allem in Kapitel 19, noch ausführlicher behandelt.

36 *Elementare Handlungen und Beziehungen*

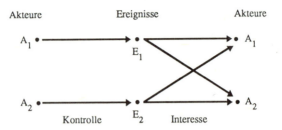

Abb. 2.1 Ein minimales System von Akteuren, die Ereignisse kontrollieren bzw. von ihnen beeinflußt werden

geht. Zu solchen Transaktionen gehören nicht nur Handlungen, die man normalerweise als Tauschgeschäfte bezeichnet, sondern auch eine Vielzahl anderer Aktivitäten, die unter einen weiter gefaßten Begriff von Austausch fallen. Zu diesen zählen Bestechungen, Drohungen, Versprechen und Investitionen an Ressourcen. Mittels dieser Transaktionen oder sozialer Interaktionen können Personen die Ressourcen, die sie kontrollieren, aber an denen sie nicht sehr interessiert sind, einsetzen, um die Interessen zu verfolgen, die in Ressourcen liegen, welche von anderen Akteuren kontrolliert werden.

Die minimale Grundlage für ein soziales Handlungssystem sind zwei Akteure, die jeweils Ressourcen kontrollieren, an denen der andere interessiert ist.[2] Das jeweilige Interesse an den Ressourcen, die vom anderen kontrolliert werden, bewegt die beiden als zielgerichtete Akteure, Handlungen einzugehen, in die beide einbezogen werden. Das Diagramm in Abbildung 2.1, das diese minimale Grundlage darstellt, verdeutlicht, warum es sich um ein Handlungssystem und nicht nur um ein Paar von unabhängigen Akteuren handelt. Gemeinsam mit der Tatsache, daß die Akteure zielgerichtet handeln, da sie beide das Ziel verfolgen, die Verwirklichung ihrer Interessen zu maximieren, erzeugt diese Struktur die Interdependenz oder den Systemcharakter ihrer Handlungen.

Formen der Interdependenz

Friedman (1977) beschreibt drei Arten von Interdependenz zwischen Akteuren. Die erste nennt er strukturelle Interdependenz; dabei nimmt jeder Akteur an, daß die Handlungen der anderen von seiner eigenen Handlung unab-

---

[2] Später erfährt diese Aussage eine leichte Modifikation, wenn ein besonderer Fall behandelt wird, in dem ein Akteur einseitig die Kontrolle über seine Handlungen einem anderen Akteur überträgt, aber dies würde jetzt nur eine unnötige Komplikation bedeuten.

hängig sind. In dieser Form der Interdependenz geht jeder Akteur, der sich für eine Handlungsweise entscheiden will, eher von einer fixen als von einer reaktiven Umwelt aus. Die Handlung eines Käufers in einem Markt, dessen Preise als fix angesehen werden können (d.h. falls dieser Käufer im Vergleich zu anderen Akteuren des Marktes so unbedeutend ist, daß seine Handlungen keinen Einfluß auf die Preise haben), ist ein Beispiel für strukturelle Interdependenz. Wenn es in einem System nur strukturelle Interdependenz gibt, ist Rationalität klar definiert. Da das soziale Umfeld unabhängig ist, wird eine rationale Handlung entweder mit dem Modell der Rationalität unter Gewißheit (wenn das Ergebnis mit Gewißheit aus der Handlung folgt) oder dem Modell der Rationalität unter Risiko (wenn das Ergebnis nur mit einer gewissen Wahrscheinlichkeit, die kleiner als 1 ist, aus der Handlung folgt) angemessen dargestellt.[3]

Die zweite Form der Interdependenz nennt Friedman Verhaltensinterdependenz. Dabei sind die Handlungen jedes einzelnen Akteurs abhängig von den Handlungen anderer, die zu einem früheren Zeitpunkt stattgefunden haben. Dies bedeutet, daß ein Akteur seine Handlung auf komplexere Überlegungen gründen muß als bei struktureller Interdependenz. Er muß erkennen, daß seine Handlung für ihn nicht nur direkte, sondern auch indirekte Konsequenzen haben kann, da die Handlung eines anderen vielleicht durch seine eigene beeinflußt wird. Darüber hinaus kann seine darauf folgende Handlung durch diese Beeinflussung wiederum selbst beeinflußt werden, womit die gegenwärtige Handlung eine indirekte Wirkung zweiter Ordnung auf den Akteur selbst ausüben würde. Diese Abfolge indirekter Wirkungen kann unendlich lange andauern. Unter solchen Umständen hängt die Frage, welche Handlung rational ist, von den Informationen über die Menge und Art seiner zukünftigen Möglichkeiten sowie von der Art der Strategien, welche von anderen verfolgt werden, ab. In dieser Form der Interdependenz ist die vom Akteur vorgenommene Bewertung einer Strategie hinsichtlich ihrer Rationa-

---

3 Die Form der Interdependenz, die in einem Einzelspiel auftritt, ist formal gesehen strukturelle Interdependenz, obwohl die Handlung sich auf Annahmen des einen Spielers gründet, der überlegt, was der andere tun wird, was wiederum davon abhängt, welche Annahmen der zweite Spieler über die mögliche Handlung des ersten hat. Beispielsweise vollzieht ein Spieler vielleicht die folgende strategische Analyse: Wenn ich in einem Zwei-Personen-Nullsummenspiel, das nur einen Spieldurchgang umfaßt, die Handlung finde, die meinen Gewinn unter Voraussetzung der Handlung des anderen, die die beste Reaktion auf meine Handlung darstellt, maximiert, dann ist dies die Handlung, für die ich mich entscheiden sollte - vorausgesetzt, der andere handelt unter rationalen Gesichtspunkten. Dies ist die Minimaxstrategie, die in einem Nullsummenspiel eingesetzt wird und die durch von Neumann und Morgenstern bewiesen wurde (1967 [1947]). Obwohl es keine Handlungssequenz gibt, gründet der rationale Spieler seine Handlung auf die Erwägung solcher "optimalen Reaktionen", weil er weiß, daß der andere Spieler, der ebenfalls rational handelt, dasselbe tut.

lität nicht unabhängig von den Strategien, die andere Akteure, zu denen eine Interdependenz besteht, verfolgen.

31 Ein Beispiel für Verhaltensinterdependenz ist das Verhandeln zwischen zwei und mehr Akteuren, wobei die eigene Strategie davon abhängt, daß man sowohl die Interessen des anderen als auch dessen Strategie kennt (in die normalerweise auch Annahmen über die eigene Strategie mit eingehen). Ein zweites Beispiel ist die Entwicklung von Erwartungen und Verpflichtungen zwischen zwei Personen auf längere Sicht, wobei wiederum Annahmen (oder Erfahrungen) über die Interessen und auch die Strategien des anderen von Bedeutung sind.

Eine dritte Form der Interdependenz, die Friedman benannt hat, ist evolutionäre Interdependenz. Dabei ist über einen gewissen Zeitraum hinweg so lange eine Verhaltensinterdependenz zu beobachten, bis sich die Fülle verschiedener Strategien in einer Population mittels natürlicher Selektion auf eine Art "Gleichgewicht der Strategien" zubewegt, womit aber nicht ein einzigartiger Gleichgewichtspunkt gemeint sein muß. Vorstellungen aus der evolutionären Biologie, insbesondere der von Maynard Smith (1974) entwickelte Begriff der evolutionär stabilen Strategien, sind zur Analyse evolutionärer Interdependenz herangezogen worden.

Der größte Teil dieses Buches (und, wie ich vermute, auch die bedeutendsten Bereiche sozialer Theorie) beschränken sich auf die erste und einfachste Form der Interdependenz, nämlich die strukturelle. Die Kapitel 9 und 33, in denen Akteure in einem Umfeld, wo die Handlungen anderer von ihrer eigenen Handlung abhängig sind, einseitige Kontrollübertragungen vornehmen (wie z.B. bei einer Panik), beschäftigen sich mit Verhaltensinterdependenz. Die Kapitel 30 und 31, die die Evolution dauerhafter Neuverteilungen von Rechten behandeln, befassen sich mit evolutionärer Interdependenz.

Eine Bemerkung über das Eigeninteresse zielgerichteter Akteure

Für einige Sozialwissenschaftler mag es als schwerwiegender Irrtum erscheinen (was teilweise den Normen und Annahmen ihrer Disziplin zuzuschreiben ist), daß ich als Elemente meiner Handlungstheorie zunächst nachdrücklich Personen wähle, von denen man annimmt, daß sie sich nicht nur rational, sondern auch unbeeinträchtigt von Normen und völlig eigennützig verhalten. Gewiß existieren Normen, Personen befolgen sie (wenn auch nicht einhellig), und Personen handeln oft im Interesse von anderen oder eines Kollektivs - "selbstlos", wie wir zu sagen pflegen.

Wegen all dieser Einwände ist es sinnvoll zu klären, inwiefern ich als Elemente meiner Theorie zunächst Personen voraussetze, die sich frei von Normen und eigennützig verhalten. Ich will damit nicht die Vorstellung erwecken, daß Personen überall und jederzeit ohne Rücksicht auf Normen und aus reinem Eigeninteresse handeln. Es geht eher darum, daß ich in einem bestimmten Stadium der Theorie die Entstehung und Aufrechterhaltung von Normen, die Befolgung der Normen durch Personen, die Entwicklung einer Moral, die Identifikation der eigenen Interessen mit dem Glück anderer und die Identifikation mit Kollektiven als problematisch ansehe. Mit normativen Systemen zu beginnen, würde bedeuten, die Konstruktion einer Theorie über die Entwicklung und Aufrechterhaltung normativer Systeme auszuschließen. Kapitel 11 dieses Buches wäre dann sinnlos. Würde man von der strikten Befolgung von Normen ausgehen, ließe man sich einen Determinismus aufzwingen, mit dem die Theorie auf die Beschreibung von Automaten reduziert würde, statt Personen vorauszusetzen, die freiwillige Handlungen vollziehen. Wenn man davon ausginge, daß Personen immer schon mit einem Moralkodex ausgestattet sind, würden alle Sozialisationsprozesse von der theoretischen Untersuchung ausgeschlossen. Und von Altruismus oder Selbstlosigkeit auszugehen, würde die Entwicklung einer Theorie darüber verhindern, auf welche Weise Personen dazu gebracht werden, zugunsten anderer oder zugunsten eines Kollektivs zu handeln, wenn dies gegen ihre privaten Interessen gerichtet ist.

Wenn ich mit Personen beginne, die nicht mit Nächstenliebe oder Selbstlosigkeit gesegnet sind und denen ein allgemein gültiges Normensystem fehlt, heißt das nicht, daß ich in jedem Bereich meiner Theorie von derartigen Akteuren ausgehen werde. Ganz im Gegenteil wird in den meisten Bereichen der Theorie angenommen, daß Akteure einige der oben genannten Attribute besitzen, obwohl dies meistens stillschweigend vorausgesetzt wird. Je verbreiteter eine Norm oder eine moralische Vorschrift ist, desto wahrscheinlicher wird es, daß ich sie übergehe und sie immer und überall als gegeben annehme, wodurch die Bandbreite der Theorie notwendigerweise eingeschränkt wird. Manche Normen sind nicht so weit verbreitet und werden deshalb um so eher als solche erkannt.

Handlungen und Transaktionen

Bei der Sparsamkeit des Handlungssystems, wie ich es entwickeln möchte, sind die Handlungsarten, die sich jedem Akteur bieten, ernsthaft eingeschränkt. Alle Handlungen werden zu dem einzigen Zweck ausgeführt, die Interessen des Akteurs besser zu verwirklichen. Es gibt natürlich verschiedene Handlungsarten, die von den jeweiligen Situationsbeschränkungen abhängig sind. Diese verschiedenen Arten von Handlungen möchte ich nun beschreiben.

Bei der ersten Handlungsart geht es einfach darum, Kontrolle über diejenigen Ressourcen auszuüben, an denen man interessiert ist und die man bereits kontrolliert, um ein Interesse zu befriedigen. Diese Art von Handlung ist jedoch sozial bedeutungslos (wenn sie keine Auswirkungen auf andere hat) und kann ignoriert werden, da keine anderen Akteure einbezogen sind.

Bei der zweiten Handlungsart geht es um die zentrale Handlung, die einen Großteil sozialen Verhaltens erklärt, nämlich das Erlangen von Kontrolle über die Dinge, die für einen Akteur von größtem Interesse sind. Dies geschieht üblicherweise mit Hilfe der Ressourcen, die ihm zur Verfügung stehen, indem er die Kontrolle über Ressourcen, die für ihn weniger interessant sind, gegen die Kontrolle über Ressourcen eintauscht, die ihn mehr interessieren. Dieser Vorgang richtet sich nach dem übergeordneten Ziel, die Verwirklichung von Interessen zu verbessern, und zwar in der Annahme, daß diese Interessen besser verwirklicht werden, wenn man eine Kontrolle über etwas ausübt, als wenn man es nicht tut. Normalerweise kann man davon ausgehen, daß die Kontrolle über eine Ressource dem Akteur die Wahrnehmung des Interesses erlaubt, das er an dieser Ressource hat.

Eine dritte Handlungsart, die in sozialen Systemen oft vollzogen wird, ist die einseitige Übertragung von Kontrolle über Ressourcen, an denen man interessiert ist. Eine solche Übertragung findet statt, wenn die Grundannahme der zweiten Handlungsart (daß man seine Interessen am besten verwirklichen kann, wenn man Kontrolle über die Ressourcen erlangt, an denen man interessiert ist) nicht länger gilt. Das heißt, daß ein Akteur eine einseitige Übertragung von Kontrolle über Ressourcen vornimmt, wenn er glaubt, daß die Ausübung von Kontrolle über dieselben Ressourcen durch einen anderen Akteur eher der Verwirklichung seiner eigenen Interessen dient, als wenn er sie selbst kontrolliert. Die Bedingungen, unter denen einseitige Übertragung auftritt, werden ausführlich in anderen Kapiteln diskutiert, und ich gehe auf sie hier nur insofern ein, als ich betone, daß die Übertragung, genau wie alle anderen Handlungen, zielgerichtet ausgeführt wird - nämlich in der Erwartung, daß der Akteur seine Interessen auf diese Weise am besten wahrnehmen kann.

Typen von Ressourcen

Zu den Ressourcen, die jeder Akteur besitzt und an denen andere interessiert sind, gehört eine Vielzahl von Dingen. Am offenkundigsten zählen hierzu Ressourcen, die in der Volkswirtschaft private Güter genannt werden. In der neoklassischen Wirtschaftstheorie wird die Funktionsweise von Systemen beschrieben, in denen jeder Akteur bestimmte private teilbare Güter kontrolliert, an denen andere Akteure des Systems ein Interesse haben. Aber private teilbare Güter sind nur eine von mehreren Arten von Dingen, die Akteure kontrollieren und an denen sie interessiert sind.

Akteure können Kontrolle über Ereignisse haben, die für eine Anzahl anderer Akteure Konsequenzen nach sich ziehen (d.h. an denen andere Akteure interessiert sind). In den Fällen, in denen die Kontrolle über ein solches Ereignis unter zwei oder mehreren Akteuren aufgeteilt wird, wie es beim Treffen einer kollektiven Entscheidung mittels einer Abstimmung geschieht, übt jeder Akteur nur noch teilweise Kontrolle über das Ereignis aus.

Akteure können ihre eigenen Handlungen kontrollieren, und wenn die Akteure gewisse Attribute wie Fertigkeiten oder Schönheit besitzen, an denen andere interessiert sind, können sie das Recht auf Kontrolle über einige ihrer eigenen Handlungen aufgeben. Es ist festzuhalten, daß ich hierbei vom "Aufgeben des Rechts auf Kontrolle" und nicht vom "Aufgeben der Kontrolle" spreche. Der Grund hierfür liegt in der Tatsache, daß die direkte Kontrolle über die eigenen Handlungen nicht aufgegeben werden kann – sie ist unveräußerlich. Was dagegen aufgegeben werden kann, ist ein *Recht*, die Handlung zu kontrollieren. Die physische Unveräußerlichkeit des Selbst ist nicht die einzige Art von Unveräußerlichkeit. Gesetzesregeln können ebenfalls die Unveräußerlichkeit des Rechts auf Kontrolle über physikalisch veräußerliche Dinge vorschreiben. Beispielsweise werden bei vielen kollektiven Entscheidungen Wahlstimmen gemäß den Regeln des Systems für unveräußerlich erklärt, obwohl in einigen Systemen die Wahlstimmen mittels Stimmrechtsvollmacht veräußerlich sind.[4]

Es ist auch möglich, daß Akteure Ressourcen kontrollieren, die für andere nicht direkt von Interesse sind, die aber die Resultate von Ereignissen, an denen andere interessiert sind, ganz oder teilweise bestimmen. Es gibt noch andere Möglichkeiten. Beispielsweise sind manche Ressourcen, die in einer Transaktion mit einem anderen Akteur eine Rolle spielen, erst in der Zukunft oder während eines bestimmten Zeitraums in der Zukunft lieferbar, wogegen andere sofort geliefert werden können. Eine weitere Variante besteht darin, daß manche Ressourcen die Eigenschaft der Erhaltung aufweisen, was heißt, daß nur eine festgesetzte Menge der Ressource vorhanden ist. Kontrolliert (oder verbraucht) ein Individuum einen Anteil dieser Ressource, verringert sich für andere der Gesamtanteil, den sie kontrollieren (oder verbrauchen) könnten, um genau diese Menge. Normalerweise weisen diejenigen Dinge, die wir als Güter bezeichnen, die Eigenschaft der Erhaltung auf, aber zu der Gesamtheit der Ressourcen, die von Individuen kontrolliert werden, gehören viele, die diese Eigenschaft nicht besitzen. Beispielsweise weist Information als Ressource, die von Akteuren kontrolliert

---

4 Obwohl das Stimmrecht in Wahlsystemen mit Stimmrechtsvollmacht veräußerlich ist, ist das Recht der Stimmrechtsübertragung häufig nicht veräußerlich. Das bedeutet, daß der Stimmrechtsbevollmächtigte von derjenigen Person gewählt werden muß, der das Stimmrecht ursprünglich übertragen wurde.

wird, im Normalfall keine Erhaltung auf. Eine Information, die an einen anderen weitergegeben wird, steht dem ursprünglichen Besitzer ebenfalls noch zur Verfügung. Eine weitere Eigenschaft bestimmter Ressourcen besteht darin, daß ihr Verbrauch oder ihre Nutzung für keinen anderen Akteur Konsequenzen hat als für den, der sie verbraucht oder nutzt. Ressourcen, für die dies nicht zutrifft und die stattdessen untrennbare Konsequenzen für mehr als einen Akteur nach sich ziehen, besitzen sogenannte externe Effekte oder Externalitäten.

Diese große Vielfalt an Ressourcen, über die Akteure Kontrolle ausüben können und an denen ein Interesse besteht (oder die Ereignisse oder Ressourcen, an denen Akteure interessiert sind, beeinflussen) schafft ein terminologisches Problem. Ich werde mich im Normalfall auf Ressourcen im allgemeinen beziehen und fasse unter diesen Begriff alle oben genannten Güter, Ressourcen und Ereignisse.

Wie aus dem Gesagten ersichtlich wird, gibt es bestimmte Eigenschaften, die verschiedene Typen von Ressourcen klassifizieren und die für die entstehenden Arten von Handlungssystemen wichtige Konsequenzen haben. Zu diesen Eigenschaften gehören Teilbarkeit, Veräußerlichkeit, Erhaltung, Liefertermin und Fehlen von externen Effekten. Volkswirtschaftler, die normalerweise davon ausgehen, daß zu wirtschaftlichen Systemen Güter gehören, haben die Unterscheidung zwischen privaten und öffentlichen Gütern geschaffen. Im Hinblick auf die genannten Eigenschaften besitzt ein privates Gut keine externen Effekte und weist Erhaltung auf. Ein öffentliches Gut weist keine Erhaltung auf, besitzt aber extrem viele externe Effekte, insofern als es Konsequenzen für alle zeitigt (in volkswirtschaftlicher Terminologie ausgedrückt: es ist ein Gut, daß nicht einem übergeben werden kann, ohne allen übergeben zu werden).[5] Das prototypische private Gut ist ebenfalls teilbar, veräußerlich und sofort lieferbar – d.h. es besitzt jede der beschriebenen Eigenschaften.

Handlungsstrukturen

In der Gesellschaft finden sich verschiedene Handlungsstrukturen, und diese ergeben sich aus den Typen von Ressourcen, die in den Handlungen eine Rolle spielen, aus den gewählten Handlungsarten und aus den Kontexten dieser Handlungen. Die meisten Kapitel der Teile I bis III in diesem Buch

---

5 Bei Samuelson (1954) findet sich die klassische Definition eines öffentlichen Gutes anhand der zwei Eigenschaften Nichterhaltung und Nichtausschließlichkeit. Das Wort "alle" bezieht sich hier möglicherweise nur auf alle Akteure innerhalb eines bestimmten Bereichs, der sich nach geographischen Gegebenheiten, Staatsangehörigkeit, Zugehörigkeit zu einer Organisation u.ä. richtet.

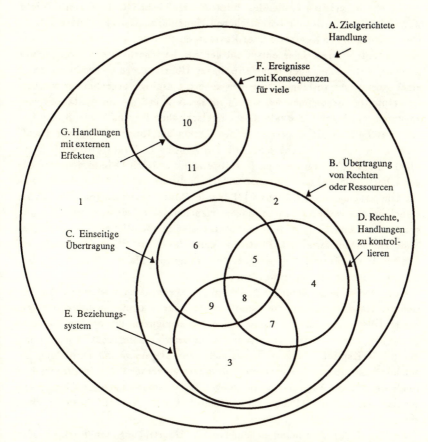

1. Private Handlungen
2. Austauschbeziehungen
3. Markt
4. Disjunkte Herrschaftsbeziehungen
5. Konjunkte Herrschaftsbeziehungen
6. Vertrauensbeziehungen
7. Disjunkte Herrschaftssysteme
8. Konjunkte Herrschaftssysteme
9. Vertrauenssysteme, kollektives Verhalten
10. Normgenerierende Strukturen
11. Strukturen kollektiver Entscheidungen

Abb. 2.2 Strukturkarte sozialer Handlungen

sind auf die Untersuchung der Eigenschaften dieser Handlungsstrukturen ausgerichtet. Ich werde nun diese verschiedenen Strukturen vorstellen und mit ihrer Hilfe die Kapitel der Teile I bis III in der Strukturkarte sozialer Handlungen (Abbildung 2.2) lokalisieren.

Die Phänomene, die in diesen Kapiteln behandelt werden, gehören alle in den Bereich der zielgerichteten Handlungen. Dies wird in der Karte durch die Fläche im größten Kreis, der durch A bezeichnet ist, dargestellt. Viele, wenn auch nicht alle der beschriebenen Handlungen charakterisiere ich als Übertragungen von Kontrolle über Ressourcen oder von dem Recht, Ressourcen zu kontrollieren. Dies entspricht der Fläche innerhalb des zweitgrößten Kreises, B. Manche, aber nicht alle dieser Übertragungen werden innerhalb eines Austauschs vollzogen, wogegen andere einseitig vorgenommen werden. Die einseitig vorgenommenen stehen im Kreis C und die im Austausch vorgenommenen liegen außerhalb dieses Kreises, aber innerhalb von B. Ein besonderer Fall ist die Übertragung des Rechts auf Kontrolle eigener Handlungen, die von der Fläche innerhalb des Kreises D dargestellt wird. Diese Fläche liegt völlig im Bereich B, teilweise im Bereich C (d.h. den einseitigen Übertragungen) und teilweise außerhalb dieses Bereichs (d.h. im Bereich der Übertragungen im Austausch). Für alle diese Übertragungen gilt, daß sie manchmal als isolierte Transaktionen, manchmal als Teil eines Beziehungssystems vorkommen (z.B. in einem Markt oder in räumlicher oder zeitlicher Nähe zueinander, wie in kollektivem Verhalten). Die Fläche innerhalb des Kreises E repräsentiert diejenigen Übertragungen, die als Teile eines Beziehungssystems vollzogen werden.

Der Bereich in Abbildung 2.2, der mit 1 gekennzeichnet ist, stellt zielgerichtete Handlungen dar, die kaum soziale Züge tragen. Sie umfassen keinerlei Übertragungen und haben keine Konsequenzen für andere Akteure. Deswegen werden diese Handlungen nicht separat untersucht, sondern nur implizit in Kapitel 3 behandelt, das sich ganz allgemein mit dem Recht zu handeln beschäftigt. Die Probleme für Sozialwissenschaftler in diesem Bereich werden von kognitiven Psychologen in Untersuchungen zu Abweichungen von der Rationalität behandelt. Kapitel 19 geht kurz auf diese Arbeiten ein.

Bereich 2 der Abbildung bezeichnet die Übertragung von Rechten oder Ressourcen in Form eines Austauschs, aber nicht innerhalb eines Marktes oder einem anderen Austauschsystem. Hiermit befaßt sich der größte Teil der sogenannten Austauschtheorie in der Soziologie. Diese Übertragungsart wird in diesem Kapitel untersucht und formal in der ersten Hälfte von Kapitel 25 behandelt. Es handelt sich dabei jedoch um den am wenigsten interessanten Bereich der Theorie sozialer Handlungen, weil wenig Aussagen darüber gemacht werden können, die deduktiven Charakter haben.

Bereich 3 bezeichnet Austauschbeziehungen in einem Austauschsystem, wobei aber die Übertragung des Rechts auf Kontrolle über eigene Handlungen ausgeschlossen wird. Dies charakterisiert einen Markt ohne Herrschaftsbeziehungen und umfaßt nicht nur wirtschaftliche Märkte, sondern auch Austauschsysteme für Ressourcen, die weniger materiell sind und nicht für Geld eingetauscht werden. Der Austausch von immateriellen Gütern, der in sozialen Gruppen stattfindet, gehört auch in diesen Bereich. Solche Systeme werden in Kapitel 6 diskutiert und formal in der zweiten Hälfte von Kapitel 25, in Kapitel 26 und 27 behandelt.

Bereich 4 bezeichnet den Austausch, in dem ein Akteur das Recht auf Kontrolle über seine Handlungen aufgibt, womit eine Herrschaftsbeziehung geschaffen wird. Eine Untergruppe hierzu, die am besten durch das Beispiel einer charismatischen Herrschaftsbeziehung verdeutlicht wird, wird von Bereich 5 dargestellt, in dem ein Akteur einem anderen das Recht, seine Handlungen zu kontrollieren, einseitig überträgt. Die Beziehungen aus den Bereichen 4 und 5 werden in Kapitel 4 untersucht, wo Herrschaftsbeziehungen im allgemeinen behandelt werden. Ebenso befaßt sich Kapitel 5, in dem Vertrauensbeziehungen untersucht werden, mit den einseitigen Kontrollübertragungen aus Bereich 5.

Bereich 6 bezeichnet Beziehungen, die eine einseitige Übertragung von materiellen oder immateriellen Ressourcen umfassen. Eine solche Übertragung setzt Vertrauen voraus und wird, soweit dies zutrifft, in Kapitel 5 behandelt. Formal werden diese Vertrauensbeziehungen in Kapitel 28 dargestellt.

In Bereich 7 und 8 gehören Handlungssysteme, in denen die Macht über die eigene Handlung eine der Ressourcen ist, die an dem Austausch beteiligt sind. Diese Bereiche unterscheiden sich untereinander (und von den Bereichen 4 und 5) insofern, als Akteure in Bereich 7 die Macht über bestimmte Handlungen im Austausch für irgendeine extrinsische Kompensation aufgeben, während Macht über die eigenen Handlungen in Bereich 8 einseitig aufgegeben wird. Bereich 8 wird durch charismatische Herrschaftsbeziehungen und Bereich 7 durch Webers rationale Herrschaft und traditionelle Herrschaft exemplifiziert. Beide Bereiche werden in Kapitel 7 behandelt, das sich Herrschaftssystemen widmet. Zu Bereich 8 gehören jedoch auch Phänomene, mit denen sich Kapitel 8, das Kapitel über Vertrauenssysteme, und Kapitel 9, das Kapitel über kollektives Verhalten, befassen. Der Stoff dieser beiden Kapitel wird in Kapitel 28 und 33 formal analysiert.

Bereich 9 bezeichnet Beziehungssysteme, die durch die einseitige Übertragung von Ressourcen entstehen. Dies wird zusammen mit den Phänomenen aus Bereich 8 in den Kapiteln 8 und 9 diskutiert.

Zu Bereich 10, der Handlungen mit externen Effekten bezeichnet, gehört die Klasse von Handlungen, die häufig die Entwicklung von Normen nach sich ziehen. Kapitel 10 untersucht diese Handlungsarten, und Kapitel 11 untersucht die sozialen Bedingungen, unter denen diese Tendenz zur Normenentwicklung zu realen Konsequenzen führt. Kapitel 30 enthält die formale Ausarbeitung hierzu.

Schließlich bezeichnet Bereich 11 Ereignisse mit Konsequenzen für viele Akteure; dies ist die Grundlage für kollektive Entscheidungen und die Bildung von Körperschaften, die eine gemeinschaftliche Handlung ausführen sollen. Diese wichtige Gruppe von Phänomenen wird an vielen Stellen dieses Buches behandelt. Kapitel 13 untersucht die Bedingungen, unter denen einer Körperschaft das Recht übertragen wird, für das gesamte Kollektiv eine einheitliche Handlung zu vollziehen. Kapitel 14 und 15 untersuchen die Probleme beim Treffen kollektiver Entscheidungen, wenn das Recht, sich für solche Handlungen zu entscheiden, nicht diktatorisch von einem einzigen Akteur behauptet wird. Die Kapitel 16, 17 und 18 analysieren spezielle Probleme von Körperschaften. Einige dieser Probleme werden in Kapitel 31 und einige in Kapitel 34 formal untersucht.

Sozialer Austausch

Eine Eigenschaft des hier entwickelten theoretischen Systems ist seine Sparsamkeit. Akteure sind mit Ressourcen (und somit indirekt miteinander) nur mittels zweier Beziehungen verbunden, nämlich ihre Kontrolle über Ressourcen und ihr Interesse an Ressourcen. Akteure handeln nach einem einzigen Prinzip, das sie bewegt, so zu handeln, daß die Befriedigung ihrer Interessen maximiert wird. Eine solche Handlung kann einfach im Verbrauchen einer Ressource bestehen; ist dies nicht der Fall, führt das Maximierungsprinzip in fast allen Fällen zu einer einzigen Handlungsart, nämlich dem Austausch von Kontrolle (oder dem Recht auf Kontrolle) über Ressourcen und Ereignisse. Unter gewissen Umständen kann es jedoch zu einer einseitigen Übertragung von Kontrolle (oder dem Recht auf Kontrolle) auf einen anderen Akteur kommen. (Im späteren Verlauf des Buches, in Kapitel 19, setze ich mich mit einer anderen möglichen Handlungsform - dem Verändern von Interessen - auseinander, aber dies ist für einen Großteil der Entwicklung der Theorie ohne Bedeutung.)

Das einfachste Handlungssystem, das sich der beschriebenen Begriffe bedient, ist ein paarweiser Austausch von Ressourcen, die sämtliche Eigenschaften von privaten Gütern aufweisen. Obwohl solche Austauschhandlungen im Wettbewerb mit anderen stattfinden können, wie z.B. beim Naturalientausch, ist dies nicht notwendigerweise so. Sozialer Austausch beherrscht das gesamte soziale Leben. In der Tat haben einige Sozialtheoretiker, wie Homans (1958) und Blau (1964), Sozialtheorien entwickelt, die sich hauptsächlich auf derartige Austauschprozesse stützten. Im sozialen Austausch von Ressourcen, die nicht wirtschaftlichen Gütern entsprechen, weisen die Ressourcen vielleicht nicht alle Eigenschaften von privaten Gütern auf, aber dies hat für bestimmte qualitative Schlüsse keine Bedeutung. In diesem Abschnitt werde ich mich mit dem Verhalten solcher Systeme auseinandersetzen und auf einige mögliche qualitative Schlüsse hinweisen.

Der Austausch im sozialen Leben kann kompliziert werden, denn in vielen

Bereichen sozialen Lebens sind die Institutionen, die den Austausch von
Kontrolle vereinfachen sollen (und zwar vor allem den Austausch zwischen
mehr als zwei Parteien) nicht so weit entwickelt wie Institutionen für den
Austausch von wirtschaftlichen Ressourcen.[6] Dennoch gehe ich bei der Darstellung dieses ersten und einfachsten Handlungssystems davon aus, daß solche Austauschhandlungen vollzogen werden können.

Die Restriktion, die einem Austauschprozeß auferlegt wird, ist nicht so
einschneidend, wie es anfänglich scheinen mag, sobald der Austausch nicht
nur wirtschaftliche Güter umfaßt. Bei einem Austausch wirtschaftlicher Güter kann jeder Akteur, der einen Tausch anbietet, die Situation des jeweils
anderen nur verbessern, weswegen wir normalerweise davon ausgehen, daß
solche Tauschgeschäfte sowohl freiwillig als auch von gegenseitigem Nutzen
sind. Wenn es aber um Ereignisse anderer Art geht, kann der Austausch
auch Züge annehmen, die wir normalerweise als Zwang empfinden – Drohungen treten nämlich ebenso auf wie Versprechungen. Wenn ein Elternteil
seinem Kind Schläge androht, wenn es nicht gehorcht, gibt der Elternteil
zeitweise das Recht auf, sein Kind zu schlagen (das er kraft seiner physischen und gesetzlichen Kontrolle über das Kind ständig besitzt) und erwartet, daß das Kind im Austausch dafür das Interesse des Elternteils befriedigt.

Darüber hinaus sind manche Phänomene, die im Normalfall nicht als Austausch, sondern als Entfaltung von Ressourcen betrachtet werden, anhand
einer recht simplen Variante der Theorie vorhersagbar. Beispielsweise bemerkt Dahl (1961) in seiner Untersuchung von New Haven, und andere
Staatswissenschaftler bemerken dies anderswo, daß viele potentiell einflußreiche Akteure in einer Gemeinde ihren Einfluß nicht geltend machen, wenn
Entscheidungen über die Gemeinschaft gefällt werden. Letztendlich kommt
es häufig zu dem etwas verwirrenden Phänomen, daß Entscheidungen ohne
Beteiligung der einflußreichsten Akteure der Gemeinde getroffen werden.
Aber weil politische Ressourcen oft in einer Vielzahl von Ereignissen eingesetzt werden können und bei ihrer Nutzung teilweise verbraucht werden
(beispielsweise kann die allgemeine Unterstützung für eine Gesellschaft, die
in einer Stadt eine Fabrik unterhält, reduziert werden, wenn die Gesellschaft ihren Einfluß gegen eine allgemein befürwortete Politik geltend
macht), ist selektiver Einsatz der Ressourcen möglicherweise ein Mittel für
den Akteur, die Wahrnehmung seiner Interessen zu maximieren.

---

6 Es gibt natürlich auch verschiedenartige Institutionen, die hier helfend eingreifen.
Ostrogorski (1964 [1902]) beschreibt den politischen Apparat der amerikanischen
Politik in den neunziger Jahren des neunzehnten Jahrhunderts; dieser schuf einen
dreiseitigen Austausch zwischen Gesetzgebern (die Wählerstimmen erhielten), gewerblichen Unternehmen (die Gesetzgeberstimmen erhielten) und Wählern (die
Geld und Dienstleistungen aus den Einnahmen des Apparates erhielten).

48 *Elementare Handlungen und Beziehungen*

Die Idee eines Systems, in dem Austauschhandlungen spontan entstehen, kann durch Abbildung 2.1 vermittelt werden. In dem dort dargestellten System ist Akteur A_2 an Ressource E_1 interessiert, hat sie aber nicht unter Kontrolle. Das Handlungsprinzip, das jeder Akteur des Systems verfolgt, ist darauf ausgerichtet, durch die Aufgabe eigener Ressourcen die Kontrolle über die Ressourcen zu erlangen, die ihn interessieren. Die Ressource in Besitz von A_2 ist Kontrolle über E_2. Akteur A_1 ist an E_2 interessiert, und somit sollte A_2 in der Lage sein, einen Teil der Kontrolle über E_1 zu erlangen, indem er einen Teil der Kontrolle über E_2 aufgibt.

Soziales Gleichgewicht

Aufgrund von Austauschhandlungen wie den oben beschriebenen reduziert sich die Diskrepanz zwischen Interesse und Kontrolle bis hin zu dem Punkt, an dem ein Gleichgewicht entsteht - d.h. wo kein Austausch mehr stattfinden kann, der die von beiden Akteuren erwartete Verwirklichung von Interessen noch verbessern könnte. An diesem Punkt hat jeder Akteur die Verwirklichung seiner Interessen in dem Maße maximiert, wie es seine ursprünglichen Ressourcen erlaubten.

Unter bestimmten Umständen, etwa in einem System mit einer kleinen Anzahl an Akteuren, gibt es vielleicht nicht nur einen *einzigen* Gleichgewichtspunkt. Geht man z.B. von zwei Akteuren aus, die beide eine Menge von Dingen kontrollieren, die für sie selbst und für den anderen von gewissem Interesse sind, wird es eine ganze Menge von Gleichgewichtspunkten geben, von denen jeder einzelne für beide Akteure günstiger wäre als der Ausgangspunkt (und auch günstiger als jeder Punkt außerhalb dieser Menge); alle Punkte innerhalb der Menge wären jedoch für beide Akteure gleichermaßen günstig. Es gibt eine Anzahl verschiedener Tauschkurse, die beiden Parteien eine bessere Position als vor dem Austausch verschaffen würde, und wenn kein Markt existiert, ist es unbestimmt, welcher von diesen gewählt wird.[7] Der Gleichgewichtspunkt, der in einem solch kleinen Tauschsystem erreicht wird, kann, genau wie der Preis in einem Markt, als Eigenschaft des Systems, also als Eigenschaft der Makroebene, bezeichnet werden. Beispielsweise legt Blaus (1963) Untersuchung über den Austausch von Ehrerbietung gegen Ratschläge in einer Regierungsbehörde nahe, daß das Ausmaß an Ehrerbietung, das man für eine bestimmte Menge und Qualität von Rat-

---

[7] In dem mathematischen Modell, das in Kapitel 25 vorgestellt wird, wird ein fester Gleichgewichtspunkt als Teil der Deduktionen gefunden. Dies ist eine Vereinfachung, die auf der Annahme basiert, daß für den Tauschprozeß ein perfekter Markt existiert, was in dem Maße wahrscheinlicher wird, in dem die Anzahl der Akteure zunimmt, die an jedem einzelnen Ereignis Interesse haben.

schlägen erbringt, eine Eigenschaft des sozialen Systems der Behörde darstellt.[8]

Das Endresultat des Austauschprozesses ist eine Neuverteilung von Kontrolle über Ereignisse, was Ergebnissen entspricht, die in gewisser Weise optimal sind. Nach einer Austauschhandlung kontrolliert jeder Akteur gemäß der Tauschkraft seiner ursprünglichen Ressourcen diejenigen Ereignisse, die ihn am meisten interessieren, und da er diese Kontrolle mit dem Ziel ausüben wird, das von ihm bevorzugte Resultat zu erlangen, wird auf diese Weise die größtmögliche Befriedigung von Interessen erzielt, die die ursprüngliche Verteilung von Kontrolle und Interessen erlaubte. In diesem Sinne ist das Ergebnis optimal.

Mit einer solchen Aussage abzuschließen, scheint den Fehlschluß nahezulegen, der seit den Utilitaristen der Wohlfahrtsökonomie anhaftet, nämlich einen gemeinsamen Maßstab anzunehmen, der den interpersonalen Vergleich von Nutzen erlaubt. Das heißt, daß eine Aussage über aggregierte Befriedigung wie die oben genannte einen Vergleich impliziert, der das Maß der Befriedigung verschiedener Personen gegeneinander aufrechnet, so daß die Befriedigung über diese Personen aggregiert werden kann. Wie in der Wirtschaftsliteratur immer wieder gezeigt worden ist, ist ein solcher von einem Analytiker durchgeführter Vergleich bedeutungslos. Nicht bedeutungslos ist jedoch der Vergleich, der von sozialen Prozessen selber angestellt wird. Diese Art des Vergleichs ist sozialen Systemen und dem oben beschriebenen Modell eigen. Der Vergleich, der der Befriedigung verschiedener Personen einen gemeinsamen Maßstab zuordnet, ist derjenige, der sich von den ursprünglichen Ressourcen herleitet. Setzt man als System z.B. eine patriarchalische Familie voraus, wird bei der Errechnung der maximalen aggregierten Befriedigung die Befriedigung des männlichen Familienoberhauptes stärker bewertet als die seiner Frau, weil er eine größere Kontrolle über Ressourcen ausübt. In einem matriarchalischen Haushalt dagegen wird wegen des größeren Einflusses der Frau ihre Befriedigung stärker bewertet als die des Mannes. Solche Maximierungen können nur *innerhalb der Menge der Werte, die sich aus der ursprünglichen Verteilung von Kontrolle unter den Akteuren des Systems ergeben*, normativ gerechtfertigt werden.

Somit besteht eine erste Folgerung aus der hier entwickelten Theorie darin, daß Austauschsysteme, die von der Theorie eingefangen werden, zwar ein Höchstmaß an allgemeiner Befriedigung erreichen, dieses aber von der ursprünglichen Verteilung der Kontrolle abhängt. Ich werde diese Kontrolle

---

8 Weil kein perfekter Markt existierte, konnte der "Preis" für die Ratschläge in der Behörde variieren, und somit lag die Eigenschaft des Systems eher in der Verteilung von Kursen um einen Zentralwert und nicht in einem genau festgelegten Tauschkurs.

als konstitutionelle Kontrolle bezeichnen, auch wenn keine formale Verfassung zwischen den Akteuren besteht. Indem diese Kontrolle die Rechte und Ressourcen der einzelnen Akteure widerspiegelt, bringt sie implizit oder auch explizit die Verfassung des sozialen Systems zum Ausdruck.[9] Eine solche Aggregation von Interessen der verschiedenen Akteure kann sehr verschieden von der sein, die sich ein unbeteiligter Beobachter vorstellt. Beispielsweise entspricht die aggregierte Befriedigung, die in einem patriarchalischen Haushalt maximiert wird, möglicherweise nicht der, die ein unbeteiligter Beobachter als wünschenswert ansieht. Dies ist jedoch die einzige Aggregation, die in diesem System maximiert werden kann, denn sie wird von der Verteilung der konstitutionellen Kontrolle unter den verschiedenen Akteuren des Systems vorgegeben.

In der Tat hat eine Verwechslung von den Werten, die der Beobachter gerne den Interessen der einzelnen Personen zuschreiben würde (z.B. Gleichheit), mit der internen Funktionsweise des Systems (das den Interessen verschiedener Personen aufgrund der konstitutionellen Kontrolle Werte zuordnet) in der Wohlfahrtsökonomie zu einer Unklarheit in bezug auf interpersonale Vergleiche von Nutzen geführt. Interpersonale Vergleiche, die von einem Beobachter angestellt werden, sind ohne Bedeutung (abgesehen von der Befriedigung, die sie dem Beobachter verschaffen), wogegen Vergleiche, die intern in einem Handlungssystem vorgenommen werden, sehr wohl von Bedeutung sind. Solche Vergleiche treten in den tatsächlich vorkommenden Transaktionen auf.

Die Vorstellung von einem sozialen Gleichgewicht, die in diesem Abschnitt eingeführt wurde, hat zu einem neuen Begriff geführt – dem sozialen Optimum. Weil dieser Begriff in der hier entwickelten Theorie eine bedeutende Rolle spielt und weil der Begriff eines sozialen Optimums in den verschiedenen Bereichen der Karte der Handlungsstrukturen Unterschiede aufweist, sollte sinnvollerweise kurz erklärt werden, was in diesen verschiedenen Bereichen jeweils unter sozialem Optimum verstanden wird.

Das soziale Optimum

Adam Smith hat das Prinzip formuliert, daß jeder einzelne, nur auf sein eigenes Wohlergehen bedacht, "von einer unsichtbaren Hand geleitet wird, um einen Zweck zu fördern, den zu erfüllen er in keiner Weise beabsichtigt hat" (1974 [1776], S. 371). Obwohl Smith damit zwar nicht impliziert hat,

---

[9] Verfassungen tatsächlicher sozialer Systeme enthalten natürlich mehr als eine Wiedergabe der Verteilung von Kontrolle zwischen Akteuren des Systems. Siehe Kapitel 13.

daß dies zu einem sozialen Optimum führt, fuhr er fort: "Dadurch, daß er das eigene Interesse verfolgt, fördert er häufig das der Gesellschaft nachhaltiger, als wenn er wirklich beabsichtigt, es zu tun" (S. 371). Neoklassische Ökonomen gingen noch weiter und zeigten, daß das Verfolgen des eigenen Interesses im Austausch für alle am Austausch Beteiligten zu einer Verbesserung führt, ohne daß andere einen Verlust erleiden, vorausgesetzt, daß bestimmte stark restriktive Bedingungen (wie kostenfreier Austausch von Gütern, die beim Verbrauch keine externen Effekte haben) erfüllt sind. Wenn keine freiwilligen Austauschhandlungen mehr möglich sind, ist ein soziales Optimum erreicht. Auf diese Weise hat die Gründung einer wirtschaftlichen Theorie auf ein Prinzip der individuellen Nutzenmaximierung, welches Beschränkungen durch Ressourcen unterworfen ist, normative Aussagen ermöglicht, die auf der Theorie basieren. Einige Arbeiten aus den Bereichen Ethik und politische Philosophie (Rawls 1971, Nozick 1974, Gauthier 1986) haben dieselbe Grundlage gewählt, um von ihr ausgehend eine normative Theorie abzuleiten.

Soziologen haben diesen Weg nicht beschritten. Das Fehlen eines expliziten normativen Prinzips auf der Ebene des Individuums, wie z.B. das Prinzip der Nutzenmaximierung, hat der soziologischen Theorie somit die Möglichkeit verwehrt, normative Aussagen zu machen. Eine Eigenschaft der theoretischen Struktur, auf die dieses Buch gegründet ist, besteht darin, daß es die Voraussetzungen für die Formulierung solcher Aussagen enthält. Dazu muß man jedoch zunächst erkennen, daß die Auffassung darüber, wann ein System "besser gestellt" ist, und die Vorstellung von einem sozialen Optimum sich danach unterscheiden, welchem Bereich aus der Karte der Handlungsstrukturen (Abbildung 2.2) das jeweilige System zuzuordnen ist. Es ist sinnvoll, die unterschiedlichen Begriffe des sozialen Optimums, die für verschiedene Bereiche von Bedeutung sind, zu beschreiben.

1. Bereiche 2 und 4: freiwilliger Austausch außerhalb eines Wettbewerbsmarktes. Wenn ein freiwilliger Austausch von Ressourcen ohne externe Effekte vollzogen wird, verbessern beide Parteien ihre Situation, und keiner wird benachteiligt. Wenn ein solcher Austausch außerhalb einer Wettbewerbsstruktur auftritt, ist der Tauschkurs innerhalb einer gewissen Spanne unbestimmt. Innerhalb einer Wettbewerbsstruktur existiert ein Optimum, wenn für zwei Tauschparteien keine weiteren möglichen Austauschhandlungen von Interesse sind. Ein solcher optimaler Punkt entspricht einem Pareto-Optimum; und weil die Tauschkurse unbestimmt sind (weil kein Wettbewerb stattfindet), sind hier viele Pareto-Optima möglich.

2. Bereiche 3 und 7: freiwilliger Austausch von Ressourcen ohne externe Effekte und innerhalb eines Wettbewerbsmarktes. Wenn freiwillige Austauschhandlungen innerhalb eines Wettbewerbsmarktes vollzogen werden, schrumpft die Anzahl der beiderseitig akzeptablen Tauschkurse auf einen einzigen Kurs, so daß jeder Ressource ein spezifischer Wert in diesem System zugeschrieben werden kann. Die Vielzahl der sozialen Optima, die außerhalb eines Wettbewerbsmarktes existieren, werden auf einen einzigen Punkt reduziert, den Ökonomen Wettbewerbsgleichgewicht nennen. Wie der obige Abschnitt gezeigt hat, hängt dieses soziale Optimum, so wie alle sozialen Optima, von der ursprünglichen Verteilung der Ressourcen ab. Auf diese Weise wird jede Ressourcenverteilung mit einem bestimmten Gleichgewichtspunkt verknüpft.

3. Bereich 10: Handlungen mit externen Effekten in einem geschlossenen System. Hierbei bedeuten die externen Effekte (positiver oder negativer Art), die durch bestimmte Handlungen auf andere Akteure ausgeübt werden, welche keine Kontrolle über diese Handlungen haben, daß durch freie Wahl nicht mehr von selbst ein soziales Optimum erreicht wird. Durch die externen Effekte entsteht ein intrinsischer Interessenkonflikt. Das soziale Optimum richtet sich danach, welches Interesse im Sinne des vorhin Gesagten stärker ist. Wenn den Interessen eines Akteurs andere Interessen gegenüberstehen, welche stärker sind als seine, wird ein soziales Optimum erreicht, sobald mit einer effektiven Norm oder einem effektiven Gesetz das Recht geschaffen wird, die Handlung der stärkeren Partei zu kontrollieren. Wenn in diesem Bereich die Handlung nicht beobachtet wird und somit nicht durch externe Sanktionen reglementiert werden kann, kann das soziale Optimum nur mit Hilfe der Internalisierung der Rechte von anderen bzw. von Sozialisation erreicht werden. Diese Internalisierung vollzieht sich im allgemeinen in Institutionen wie der Familie und religiösen Organisationen.

4. Bereich 11: Ereignisse mit Konsequenzen für viele andere in einem geschlossenen System. Dieser Bereich aus der Karte der Handlungsstrukturen ist ein weiterer Bereich, in dem Interessenkonflikte auftreten. Ein soziales Optimum wird erreicht, wenn das Resultat des Ereignisses dem entspricht, welches von der stärkeren Interessengruppe favorisiert wird. Dies ist möglich, wenn das Recht auf Kontrolle der Handlung auf alle verteilt wird, die ein Interesse an der Handlung haben (obwohl sich, wie Kapitel 15 zeigen wird, beim Treffen kollektiver Entscheidungen ein soziales Optimum durch Allokation von Rechten nicht leicht erreichen läßt). In diesem Bereich ergeben sich oft mögliche Gewinne aus Handlungen, die durch die Koordination von zwei oder mehr Akteuren entstehen. Das soziale Optimum wird erreicht, wenn der Gewinn, der aus einer zusätzlichen Leistungseinheit resultiert, durch die zusätzlichen Kosten, die diese zusätzliche Leistungseinheit verursacht hat, genau ausgeglichen wird. Die Strukturen, die diese Vorgänge ermöglichen, sind normalerweise formale Organisationen mit Positionen (die von Akteuren besetzt werden), auf die die einzelnen Komponenten der Handlung aufgeteilt werden.

Die Sanktionen für Akteure auf diesen Positionen resultieren entweder aus externen Handlungsreglementierungen oder sind interne Sanktionen, die von dem Resultat der Handlung abhängen (siehe Kapitel 7 und 16).

Die Bedeutung, die der Begriff eines sozialen Optimums für eine Sozialtheorie hat, liegt in seinen Möglichkeiten für die Bewertung verschiedener sozialer Konstellationen. Eine solche Bewertung ist nicht möglich ohne einen Beurteilungsmaßstab für den "besseren" oder "schlechteren" Zustand eines Systems. Wie dieser erlangt werden kann, ist aus den hier gegebenen kurzen Erläuterungen natürlich nicht ersichtlich; dies wird in nachfolgenden Kapiteln jedoch noch angesprochen.

Das Fehlen eines sozialen Gleichgewichts

In bestimmten Fällen wird mit Handlungen, die zu einem individuellen Gleichgewicht führen sollen, kein soziales Gleichgewicht erreicht. Ein soziales Gleichgewicht entsteht aus dem Austausch von Kontrolle über Ressourcen zwischen Akteuren. Wenn aber Akteure die Kontrolle über Ressourcen einseitig auf andere übertragen, um ein individuelles Gleichgewicht (durch Nutzenmaximierung) zu erzielen, führt dies möglicherweise nicht zu einem sozialen Gleichgewicht hin, sondern von ihm fort. (In Abbildung 2.2 wird dies durch Kreis C dargestellt, der die Bereiche 5, 6, 8 und 9 umfaßt.) Einseitige Kontrollübertragung durch einen Akteur kann beispielsweise zu einseitigen Kontrollübertragungen auf denselben Akteur durch andere führen. Es ist in keiner Weise gesagt, daß einseitige Kontrollübertragungen, selbst wenn sie freiwillig und rational sind, notwendigerweise zu einem sozialen Gleichgewicht führen. Im Gegensatz dazu kann es zu einer verstärkten Machtkonzentration oder Machtauflösung kommen.

Einseitige Übertragungen von Kontrolle über Ressourcen oder Ereignisse resultieren in Handlungsstrukturen, die man normalerweise als kollektives Verhalten bezeichnet. Kollektives Verhalten umfaßt Phänomene wie Mobverhalten, Vertrauenssysteme, öffentliche Meinung, soziale Bewegungen, Entstehen einer charismatischer Herrschaft, Publikumsverhalten, Trends und Mode. Es ist eine wichtige Quelle sozialen Wandels.

Einfache und komplexe Beziehungen

Bevor die Handlungsstrukturen aus Abbildung 2.2 detailliert untersucht werden, muß noch eine weitere Differenzierung vorgenommen werden. Diese betrifft die Unterscheidung von einfachen und komplexen Beziehungen zwischen Akteuren.

54 Elementare Handlungen und Beziehungen

Soziale Beziehungen zwischen zwei Personen sind natürlich die Grundbausteine sozialer Organisation. Aber die Dinge liegen nicht so einfach, wie es hier scheinen mag. Bestimmte soziale Beziehungen sind selbständig insofern, als sie für beide Parteien Anreize zur Fortführung der Beziehung enthalten. Die Anreize werden von der Beziehung selber geschaffen, und die Fortführung der Beziehung hängt davon ab, ob sie weiterhin genügend Anreize für beide Parteien hervorbringen kann. Dies ist in vielen typischen sozialen Beziehungen der Fall, wie z.b. in elementaren sozialen Bindungen, freundschaftlichen Beziehungen, "informellen" sozialen Beziehungen aller Arten und Herrschaftsbeziehungen wie die zwischen Herrn und Diener oder Vater und Sohn. Diese Beziehungen sind gewiß die Bausteine für einen Großteil sozialer Organisation. Eine entstehende soziale Organisation, wie in einer Gemeinschaft oder einem sich ausbreitenden sozialen Netzwerk, besteht in einer Mischung solcher Beziehungen. Diese möchte ich einfache Beziehungen nennen, um sie von einer zweiten Klasse von Beziehungen zu unterscheiden.

Die zweite Klasse von Beziehungen umfaßt diejenigen, die nicht selbständig sind, sondern für ihre Fortführung einer dritten Partei bedürfen. Anreize für eine oder beide Parteien zur Fortführung der Beziehung sind nicht in ihr selbst enthalten, sondern müssen von außen angeboten werden. Auf dieser Art von Beziehung werden formale Organisationen aufgebaut. Eine soziale Organisation, die aus solchen Beziehungen besteht, kann nicht einfach "wachsen", weil einer Partei oder beiden Parteien die Anreize für die Bildung einer solchen Beziehung fehlen. Diese Art von Organisation muß aufgebaut werden, weil ihre Grundlage in komplexeren Anreizstrukturen besteht, die drei oder mehr Parteien für jede Zweierbeziehung von Akteuren umfassen. Die Organisation ist eine Beziehungsstruktur, die sich aus Verpflichtungen und Erwartungen zusammensetzt, aber es ist nicht erforderlich, daß die Verpflichtungen und Erwartungen jeder Person für alle Beziehungen, die eine Person eingeht, einen positiven Saldo ergeben, wie es in einer sozialen Organisation der Fall ist, die aus einfachen Beziehungen besteht. Für jede Person genügt ein positiver Saldo, in den die Gesamtmenge der Akteure, die in diese komplexe Anreizstruktur einbezogen sind, eingeht. Diese Form einer sozialen Beziehung bezeichne ich als komplexe Beziehung.

Das soziale Umfeld kann in zwei Teile aufgeteilt werden. Der eine besteht in dem "natürlichen" sozialen Umfeld, das selbständig wächst, indem einfache soziale Beziehungen entstehen und die Struktur erweitern. Der andere Teil kann als das aufgebaute oder konstruierte soziale Umfeld bezeichnet werden, welches aus Organisationen besteht, die aus komplexen sozialen Beziehungen zusammengesetzt sind. Das konstruierte soziale Umfeld entsteht nicht auf natürliche Weise mittels der Interessen von Akteuren, die Beziehungen eingehen. Jede Beziehung muß von einem Außenstehenden konstruiert werden, und jede Beziehung ist nur existenzfähig aufgrund ihrer Verbindungen zu anderen Beziehungen, die derselben Organisation angehören. (Mit dem damit verknüpften Begriff der Existenzfähigkeit von Körperschaften setzt sich Kapitel 16 auseinander.) Die Struktur gleicht einem Kartenhaus, da eine starke Interdependenz zwischen den verschiedenen Beziehungen, aus denen es aufgebaut ist, besteht. Anders als Strukturen, die aus einfachen Beziehungen erwachsen, weisen Strukturen aus komplexen Beziehungen eine klar definierte Begrenzung auf, die festlegt, was sich innerhalb befindet und somit ein Teil der komplexen Struktur interdependenter Anreize ist, und was sich außerhalb dieser Struktur befindet.

Das gängigste Beispiel für ein konstruiertes soziales Umfeld ist die moderne Körperschaft, die sich aus Positionen zusammenfügt, welche von Personen besetzt werden. Solche Körperschaften werden in diesem Buch ausführlich behandelt. Zu ihnen gehören Kapitalgesellschaften, Regierungsstellen, Gewerkschaften u.a. Ein Großteil des sozialen Umfelds, das Personen der modernen Gesellschaft umgibt, ist ein konstruiertes soziales Umfeld, wie ja auch die physikalische Umwelt in der modernen Gesellschaft größtenteils eine konstruierte Umwelt ist, die aus Gebäuden und Straßen besteht. Die Wirtschaftsgüter, von denen modernes Leben abhängig ist, sind Produkte des konstruierten sozialen Umfelds, das auf komplexen Beziehungen basiert. Es erscheint jedoch durchaus möglich, daß das konstruierte soziale Umfeld, wie wir es kennen, nur den Beginn noch komplexerer Formen sozialer Organisation darstellt, die bisher noch gar nicht erfunden worden sind.

Kapitel 3

Handlungsrechte

In den vorhergehenden Kapiteln habe ich die ausgetauschten Größen als Ressourcen oder Ereignisse, manchmal aber auch als Rechte und Ressourcen beschrieben. Bevor ich zu anderen Formen sozialen Austauschs und sozialer Handlungen übergehe, ist es wichtig, daß ich den Begriff der Rechte etwas eingehender betrachte. Dieser Begriff wird in vielen der Handlungssysteme, die in den folgenden Kapiteln untersucht werden, eine zentrale Rolle spielen.

Man geht manchmal davon aus, daß wirtschaftlicher Austausch physikalische Gegenstände umfaßt, zu denen Güter, Waren und Eigentum gehören. Sozialer Austausch außerhalb von Wirtschaftssystemen, wie er beispielsweise in politischen Regierungssystemen oder in informellen sozialen Organisationen vorkommt, wird im Gegensatz dazu als Austausch von immateriellen Gütern verstanden. Hier ist aber kaum eine klare Grenze zu ziehen, wie das folgende Beispiel zeigt.

Nach dem zweiten Weltkrieg kehrte ein Kriegsveteran aus West Virginia in die ländliche Gegend zurück, in der er aufgewachsen war. Kurze Zeit später verkauften er und und die anderen Erben seines Vaters dessen kleines Stück Land bei einer Versteigerung, und er kaufte es. Er baute ein Haus und einen kleinen Laden darauf und ließ sich dort nieder. Zunächst bereitete es ihm großes Vergnügen, aus seiner Haustür zu treten und auf dem Land zu stehen, wo er aufgewachsen war und das er jetzt sein eigen nannte. Aber was genau ist sein Eigentum? Eine Prüfung der Übertragungsurkunde zeigt, daß nicht er die Schürfrechte besitzt, sondern ein anderer. Der Verwaltungsbezirk will die Straße verbreitern, und er erfährt, daß dieser das Enteignungsrecht besitzt, d.h. das Recht, ihm sein Land wegzunehmen und ihm eine Entschädigung nach dem Marktpreis zu zahlen. Die anderen Erben verlangen ein Wegerecht für den Weg zum Familienfriedhof. Er bietet ihnen ein Zugangsrecht an, aber das lehnen sie ab. Schließlich entscheidet ein Gericht, daß sie das Recht haben, eine Straße zum Friedhof zu bauen und diese ohne Behinderung zu benutzen. Nach all dem bereitet es ihm weniger Vergnügen, aus seiner Haustür zu treten und auf dem Land zu stehen, auf dem er aufgewachsen ist, weil er nicht mehr sicher weiß, was er überhaupt sein eigen nennen darf.

Dieses Beispiel zeigt nur ansatzweise die Möglichkeiten, welche sich bei der Verteilung der Fülle von Rechten ergeben, die man Eigentums- oder Besitzrechte zu nennen pflegt. Hierzu gehören normalerweise Benutzungsrechte (in verschiedenen Variationen), Verbrauchsrechte (falls das Gut ein

Verbrauchsartikel ist) und Verfügungsrechte (siehe Honoré 1961). Die generelle Verknüpfung dieser Rechte ermöglicht das Funktionieren der Austauschsysteme für private Güter. Die Benutzungs- oder Verbrauchsrechte liefern den Anreiz für den Erwerb eines Gutes, und die Verfügungsrechte ermöglichen seinen Austausch.

Bei Gütern, die nicht eindeutig teilbar sind oder die auf verschiedene Weise genutzt werden können (wie z.B. Land) oder bei unteilbaren Ereignissen, an denen mehrere Personen interessiert sind (wie z.B. die Lage einer Straße) ist die Allokation von Rechten problematischer als bei teilbaren privaten Gütern. Rechte, die Güter betreffen, welche auf verschiedene Weise genutzt werden können, können (durch Kauf oder Verkauf oder auf eine andere Art und Weise) so aufgeteilt werden, daß das übliche Bündel von Rechten, die den Besitz ausmachen, an die Hände von mehr als einem Akteur verstreut werden. Fälle, die wie der oben beschriebene Grundbesitzrechte betreffen, sind gute Beispiele hierfür. In ländlichen Gebieten besitzt häufig nicht der Eigentümer, sondern eine andere Person das Wegerecht über ein Stück Land. Auch Schürfrechte für ein Stück Land werden oft von einer anderen Person als der behauptet, die allgemein als Eigentümer angesehen wird. Es kommt z.B. vor, daß ein Grundbesitzer die Rechte, auf einem Stück Land Holz zu schlagen, verkauft oder das Bewirtschaftungsrecht verpachtet. In der Stadt werden manchmal Luftrechte über einem Grundstück verkauft. In einigen Städten der Vereinigten Staaten ist ein Verfahren aus England übernommen worden, bei dem der Besitz eines Hauses von dem Besitz des Grundstücks, auf dem es steht, getrennt wird. Der Eigentümer des Grundstücks bezieht eine "Erbpacht", hat aber das Recht, das Land zu bebauen, für einen langen Zeitraum (z.B. 99 Jahre) verkauft. In Zeiten des Feudalismus und Postfeudalismus gab es eine ausdrückliche Verteilung der Eigentumsrechte über Land auf mehrere Ebenen. Der Oberlehensherr hatte das Recht, bestimmte Steuern einzuziehen; der Lehensherr hatte das Recht, bestimmte andere Steuern einzuziehen; und die Grundeigentümer besaßen das Recht, das Land zu bebauen und zu ernten, mußten aber auch die verschiedenen Arten von Steuern zahlen (die manchmal noch umfangreicher waren als die hier genannten). Jedes dieser Rechte konnte unabhängig gekauft und verkauft werden. (Siehe Denman 1958, der sich ausführlicher mit Eigentumsrechten des Mittelalters auseinandersetzt.)

Viele dieser Verteilungen von Rechten über einfache physikalische Güter sind Ausgangspunkt von Konflikten und Auseinandersetzungen. Die Konflikte ergeben sich offensichtlich aus mehreren Gründen. In manchen Fällen, wie bei Luftrechten oder Wegerechten, verleiht das physikalische Markieren eines Grundstücks dem Rechtsinhaber (z.B. dem Grundstückseigentümer) ein Kontrollmonopol über etwas, was für den anderen von Interesse ist. In manchen Fällen ist strittig, wer der eigentliche Rechtsinhaber ist, wenn der

"Besitz" des Grundstücks durch mehrere Hände gegangen ist. In noch anderen Fällen hat die eine Nutzung, auf die ein Akteur das Recht hat, negative externe Effekte auf andere Nutzungen, auf die andere Akteure ein Recht haben.

Andere Verteilungen von Rechten über Güter sind stärker systematisiert und rufen weniger Konflikte hervor. Auf dem Aktienmarkt findet man beispielsweise ein breites Spektrum von Rechten. Mit einem Anteil an Stammaktien erwirbt man das Recht auf Beteiligung an den Gewinnen der Organisation, das Recht auf einen Gewinnanteil bei Auflösung der Organisation und das Recht, den Verwaltungsrat zu wählen. Mit einem Anteil an Vorzugsaktien erwirbt man das letzte der genannten Rechte nicht. Das Bezugsrecht auf neue Aktien, das selbst gekauft und verkauft werden kann, bedeutet, daß man Aktienanteile zu einem bestimmten Preis kaufen darf.

Die verschiedenen Beispiele für Fälle, in denen unterschiedliche Rechte über ein und dasselbe Gut von unterschiedlichen Akteuren behauptet werden, legen nahe, daß eine Theorie des sozialen Austauschs als Tauschgegenstand eher das Recht, bestimmte Handlungen auszuführen, betrachten sollte als ein physikalisches Gut. Manchmal beinhaltet dieses Recht die meisten der Rechte, die normalerweise mit Besitz verbunden werden, aber dies ist nicht immer der Fall. Je nachdem, was gekauft oder verkauft wird, ist es nicht einmal angemessen, von Besitz zu sprechen. Dies trifft beispielsweise für einen Arbeiter zu, der die Rechte auf Kontrolle über seine Arbeit gegen einen Lohn eintauscht. Dieser Tausch kann auch das Recht miteinschließen, jene Rechte wiederum mit einer dritten Partei auszutauschen (Verträge von professionellen Sportlern beinhalten oft ein solches Recht, das dem Besitzer des Teams erlaubt, den Spieler an ein anderes Team zu "verkaufen").

Die Vorstellung von Besitz erhält besondere Bedeutung, wenn ein Gut oder ein Ereignis, an dem mehr als eine Person interessiert ist, unteilbar ist. Zu solchen unteilbaren Ereignissen oder Gütern gehören diejenigen, die bei ihrer Nutzung externe Effekte erzeugen. Coase' Artikel (1960), der das Problem sozialer Kosten behandelt, enthält eine Reihe von Beispielen dafür, wie bestimmte Handlungen einer Partei externe Effekte auf eine andere Partei ausüben. Eine Kneipe mit eigener Brauerei erzeugte unangenehme Gerüche, die die Eigentümer des Nachbargrundstücks belästigten. In einem Gebäude störten die Maschinen eines Süßwarenherstellers einen Arzt in einer benachbarten Wohnung beträchtlich. In diesen Fällen hatte die bestimmte *Nutzung* eines Eigentums durch eine Person negative externe Efekte für andere, und entscheidend ist hier das Recht zu dieser Nutzung. Wie Coase hervorhebt, können solche Rechte getrennt vom allgemeinen Besitz des betreffenden Vermögens oder Gutes gekauft oder verkauft werden.

Bei anderen Ereignissen oder unteilbaren Gütern läßt sich das Recht, das Ergebnis des Ereignisses oder der Nutzung zu kontrollieren, auf vielfältige

Weise aufteilen. In einem Land, wo es für eine Person oder eine Familie zu teuer ist, ein Auto zu kaufen, kann es vielleicht in Gemeinschaftsbesitz übergehen, wobei die Nutzungsrechte zeitlich aufgeteilt werden (z.B. auf verschiedene Wochentage oder anderswie). Das Verfügungsrecht kann als Recht, über das Nutzungsrecht verfügen zu dürfen, definiert sein (d.h. man verkauft das Recht, das Auto samstags benutzen zu dürfen), oder als Recht, über das Gut verfügen zu dürfen. Im letzteren Fall besitzt man das Verfügungsrecht normalerweise gemeinschaftlich, und eine kollektive Entscheidung ist notwendig, wenn man das Gut verkaufen oder sonstwie über es verfügen möchte. Dasselbe Prinzip der zeitlichen Aufteilung von Eigentumsrechten hat sich seit kurzem auch für Urlaubsimmobilien eingebürgert. Eine Person "besitzt" das Recht, eine bestimmte Immobilie für zwei Wochen im Jahr zu nutzen, wobei dieses Recht genau wie beim Dauerbesitz gekauft oder verkauft werden kann.

Das Recht auf Kontrolle über Resultate von Ereignissen kann ebenfalls zeitlich aufgeteilt werden. Wenn sich bei einer Scheidung das gemeinsame Sorgerecht für ein Kind ergibt, wird dies normalerweise so realisiert, daß sich das Kind zeitweilig unter der Kontrolle des einen und zeitweilig unter der Kontrolle des anderen Elternteils befindet. Beim Militär darf über bestimmte Handlungen in Friedenszeiten nur kollektiv entschieden werden, während im Kriegsfall ein einzelner Frontbefehlshaber über sie entscheiden darf. Ebenso ist es möglich, Entscheidungen, die normalerweise auf höherer Ebene getroffen werden, an der Front auf einer niedrigeren Ebene zu fällen. Während des Fluges besitzt der Pilot die Kontrolle über ein Flugzeug, aber sobald sich das Flugzeug in einer bestimmten Distanz zu einem Flughafen befindet, gehen die Kontrollrechte auf Fluglotsen über. Entsprechend besitzt der Kapitän eines Schiffes während der Reise die Kontrolle über das Schiff; sobald es in einen Hafen einläuft, gehen die Kontrollrechte jedoch auf den Hafenlotsen über.

In einigen Fällen wird die Kontrolle über ein unteilbares Gut oder Ereignis aufgeteilt, indem jeder Akteur aus einer gewissen Anzahl von Akteuren die Möglichkeit der vollständigen Kontrolle erhält. Dies geschieht, wenn Rechte auf direkte Handlungen eines Kollektivs auf eine Führungsposition (die "Rolle eines Diktators") übertragen werden und dann ein Wettbewerb um die Besetzung dieser Position beginnt.[1] Dieses Phänomen tritt in seiner

---

[1] Zablocki (1980) beschreibt eine Kommune, in der so etwas wie die folgende Herrschaftsstruktur existierte: "Astar war anarchistisch in dem Sinne, daß autoritäre Regeln und Beziehungen so weit wie möglich vermieden werden sollten. Die geschäftliche Organisation der Kommune war jedoch so komplex, daß dies schwierig wurde. Den Älteren fielen häufig Autoritätspositionen zu, weil sie einfach besser wußten, wie die Farm betrieben werden mußte. Bei dem Versuch, einen kreativen Ausweg aus diesem Dilemma zu finden, entwickelte sich in der Astar-Kommune eine paradoxe Form diktatorischer Herrschaft im Dienste des Anarchismus. Danach

reinsten Form auf, wenn der Führer oder Diktator durch das Los ermittelt wird. Dasselbe Prinzip wird angewendet, wenn Chancen auf einen Gewinn beim Glücksspiel verkauft oder anderweitig verteilt werden.

Die häufigste Verteilung von Rechten auf Kontrolle über ein unteilbares Ereignis, an dem mehr als ein Akteur interessiert ist, besteht in der Verteilung von Teilkontrollen auf jeden einzelnen einer Menge von Akteuren (z.B. jeden Akteur, der an dem Ergebnis ein Interesse hat); dies kann beispielsweise in Form einer Wählerstimme bei einer kollektiven Entscheidung geschehen. Die kollektive Entscheidung wird mittels der Anwendung einer Entscheidungsregel gefällt; dies kann eine Mehrheitsregel, eine Einstimmigkeitsregel oder irgendeine komplexere Regel sein (z.b. diejenige, die bei der bundesstaatlichen Gesetzgebung (der USA) in Kraft tritt). Diese Allokation von Teilrechten auf Kontrolle über ein unteilbares Ereignis bringt zahlreiche Probleme mit sich, weil die Verknüpfung dieser Rechte auf Teilkontrolle, die eine Entscheidung zum Ziel hat, nicht unkompliziert ist.

Wie aus all dem oben Gesagten hervorgeht, hat die Allokation von Rechten eine zentrale Bedeutung für die Funktionsweise eines sozialen Systems.

Eine Hauptursache für Veränderungen in der Funktionsweise sozialer Systeme sind Neuerungen bei der Allokation von Rechten. Beispielsweise behaupten Berle und Means (1933, S. 8), daß die moderne Körperschaft mit ihrer Trennung von Besitz und Kontrolle das Atom des privaten Vermögens gespalten hat. Diese Spaltung war eine zentrale Neuerung, die die Trennung der Rechte auf Nutzung einer Menge von Kapitalressourcen von den Rechten ihrer Nutznießung und Verfügung beinhaltete. Ebenso trifft es zu, daß eine Beschneidung von Rechten die Funktionsweise eines sozialen Systems beträchtlich verändern kann; so hatten die Einfriedungsgesetze in England, mit denen die Rechte auf die gemeinsame Nutzung von Land eingeschränkt wurden, beträchtliche Änderungen für die Funktionsweise des Wirtschaftssystems zur Folge.

Für eine bestimmte Gruppe von Wirtschaftsgütern erscheint die Vorstellung, der Tauschgegenstand sei ein Recht, Handlungen auf bestimmte Weise auszuführen, umständlich und nicht allzu zweckmäßig. Hierzu gehören die klassischen privaten, teilbaren, veräußerlichen Güter ohne externe Effekte. Bei solchen Gütern schließt der Erwerb des Gutes normalerweise den Erwerb des Rechts, es nach eigenen Wünschen zu nutzen, mit ein, da seine

mußte jedes Mitglied der Kommune, egal, ob männlich oder weiblich, für jeweils eine Woche eine diktatorisch geprägte Kontrolle und Verantwortung für die gesamte Arbeit der Kommune übernehmen. Man ging davon aus, daß die Mitglieder der Kommune, nachdem jeder zwei- oder dreimal die diktatorische Führung übernommen haben würde, einen ausreichenden Einblick in die Erfordernisse der gesamten Arbeit besitzen würde, so daß anschließend jede Person die Verantwortung für ihren Beitrag selbständig übernehmen würde, und die Kommune wieder in den erwünschten anarchistischen Zustand zurückkehren könne" (S. 233).

Nutzung keine externen Effekte auf andere ausübt. Nichtsdestoweniger gibt es viele Güter, die zunächst in diese Kategorie zu gehören scheinen, die aber dennoch nicht mit uneingeschränkten Rechten verbunden sind. Der Kauf eines Gewehrs berechtigt nicht dazu, es zur Jagd zu benutzen, und der Kauf eines Autos berechtigt nicht dazu, es zu fahren. Diese Nutzungen erfordern den Erwerb der entsprechenden Lizenzen. Selbst der Kauf von Lebensmitteln berechtigt nicht dazu, die Lebensmittel an einem beliebigen Ort zu verzehren - z.B. nicht in einem Einzelhandelsgeschäft. Dieses Recht befindet sich unter Kontrolle des Geschäftsinhabers.

Somit ist es begrifflich korrekt und häufig nützlich, sich das, was erworben oder aufgegeben wird, als Handlungsrecht vorzustellen, obwohl es im Falle gewisser Güter umständlich ist.

Was sind Rechte?

Die vielleicht populärste Klassifizierung von Rechten und eine der scharfsichtigsten Untersuchungen über Rechte im allgemeinen ist die des Rechtstheoretikers Wesley Hohfeld (1923). Hohfeld hat die Unterscheidung zwischen "Anspruchsrechten" und "Freiheitsrechten" getroffen. Die Handlungsrechte, die hier analysiert werden, sind in Hohfelds Terminologie Freiheitsrechte. Das Recht auf Kontrolle über die Handlung eines anderen entspricht dagegen in Hohfelds Terminologie dem Anspruchsrecht. Wenn also das Handlungsrecht eines Akteurs durch diesen Akteur (oder durch andere, wie ein späterer Abschnitt zeigen wird) auf einen anderen Akteur oder mehrere andere Akteure übertragen wird, verliert der erste Akteur das Freiheitsrecht und der oder die anderen erwerben ihm gegenüber ein Anspruchsrecht.

Hohfelds Untersuchung über das Wesen von Rechten ist für unsere Zwecke jedoch nicht die geeignetste, da diese eine schrittweise Untersuchung erfordern. Unglücklicherweise sind die umfangreichsten Analysen von Rechten von Moralphilosophen ausgeführt worden, die die normative Frage stellen, wie Rechte verteilt sein sollten oder wie die *rechte* Verteilung von Rechten auszusehen hat. (Beachtenswerte Beiträge zu dieser Diskussion sind die von Nozick 1974, Steiner 1977 und Lomasky 1987.) Wie bald gezeigt wird, führt die hier entwickelte theoretische Position zu der Schlußfolgerung, daß diese Frage nicht zu beantworten ist.

Damit man sich vorstellen kann, daß Rechte ausgetauscht werden, muß zunächst einmal geklärt werden, was ein Recht überhaupt ist. Ein formal oder verfassungsmäßig definiertes gesetzliches Recht kann recht einfach beschrieben werden. Wenn eine Person das gesetzliche Recht besitzt, eine Handlung zu vollziehen, ein Gut oder eine Ressource zu nutzen oder darüber zu verfügen oder das Ergebnis eines Ereignisses zu kontrollieren, heißt das, daß die Person dies ohne Einschreiten einer gesetzlichen Autorität tun kann. Wenn ein Recht gesetzlich geschützt ist, wird die Einmischung eines Akteurs beim Ausüben dieses Rechts durch einen anderen Akteur behördlich eingeschränkt.

Dies alles bereitet keine Schwierigkeiten. Probleme entstehen erst bei dem großen Gebiet von Rechten, die *nicht* gesetzlich abgesichert sind. Was macht in solchen Fällen ein Recht aus? Zum einen gehört hierzu, daß der Begriff von Recht impliziert, daß mehr als eine Person beteiligt ist. Wenn Person A meint, daß sie das Recht hat, an einem bestimmten Ort zu einer bestimmten Zeit zu rauchen, Person B aber nicht dieser Meinung ist, kann man nicht davon sprechen, daß A das Recht wirklich hat, obwohl sie davon ausgeht. Es läßt sich lediglich sagen, daß das Recht zu rauchen an diesem Ort zu dieser Zeit strittig ist. Tatsächlich helfen gerade diese Fälle, in denen Rechte strittig sind, am ehesten bei der Klärung der Frage, was mit Recht gemeint ist. Wenn alle der Meinung sind, daß ein Recht besteht (wie z.B. das Recht auf ein Glas Wasser, wenn jemand in einem Restaurant ein Essen bestellt, oder daß ein Recht nicht besteht (wie z.B., wenn sich jemand in eine Schlange von Leuten drängt, die auf einen Platz in einem Restaurant warten), dann bleibt das eigentliche Wesen des Rechts unklar.

Vorläufig kann man sagen, daß ein Akteur das *Recht* hat, eine Handlung auszuführen oder ausführen zu lassen, wenn alle, die von der Ausübung dieses Rechts betroffen sind, die Handlung ohne Einwand hinnehmen. Dies aber hat äußerst gewichtige Konsequenzen für eine Handlungstheorie. Im vorhergehenden Kapitel habe ich die Strukturen der (Rechte auf) Kontrolle als objektive Strukturen behandelt, die getrennt von spezifischen Akteuren existieren. Die hier gegebene vorläufige Definition von Rechten impliziert jedoch, daß dies nicht der Fall ist, daß Rechte vielmehr einen intersubjektiven Konsens voraussetzen. Diese Vorstellung von Recht bedeutet, daß es nicht eine einzige "objektive" Struktur von Rechten auf Kontrolle gibt, sondern daß eine Struktur von Rechten auf Kontrolle existiert, die für jeden Akteur des Systems subjektiv existiert; das bedeutet auch, daß wir erst dann davon sprechen können, ein Akteur besitze das Recht auf Kontrolle über ein Ereignis, wenn dieses Recht in all den Strukturen existiert, die jedem einzelnen Akteur, den die Ausübung dieses Rechts betrifft, zugehören.

Tatsächlich gibt es so viele Privatwelten, wie Akteure existieren. Die Privatwelt eines Akteurs besteht, gemeinsam mit den Interessen des Akteurs, aus der vollständigen Verteilung von Rechten, wie der Akteur sie sieht. In einem solchen System von Privatwelten können Konflikte zweierlei Ursprung haben. Ein Ursprung liegt in der unterschiedlichen Auffassung darüber, wo die Rechte liegen. Ein Akteur geht davon aus, daß er ein bestimmtes Recht besitzt, und ein zweiter Akteur geht davon aus, daß nicht der erste Akteur, sondern er selbst über dieses Recht verfügt. Der andere Ursprung liegt in dem Interessenkonflikt, der auch dann bestehen kann, wenn sich alle über die Verteilung der Rechte einig sind. Wenn alle Akteure in einem System von ein und derselben Rechtsverteilung ausgehen, gibt es nur noch eine Verteilung von Rechten, und Konflikte sind auf den zweiten Typ, Interessenkonflikte, beschränkt.

In der theoretischen Struktur, von der wir hier ausgehen, existiert nicht ein einzelnes Handlungssystem, sondern so viele Handlungssysteme wie Akteure. Jeder Akteur besitzt eine Menge von Interessen an Ereignissen und eine subjektive Sichtweise hinsichtlich der Rechte auf Kontrolle über alle Ereignisse, an denen er auf irgendeine Weise interessiert ist (entweder direkt oder in abgeleiteter Weise direkt durch die Abhängigkeit der Ereignisse von anderen Ereignissen, an denen er direkt interessiert ist). Die Interessen verschiedener Akteure ergeben zusammengenommen eine übergeordnete Interessenstruktur.

Die Strukturen der Kontrollrechte, die für jeden einzelnen Akteur subjektiv existieren, umfassen jedoch nicht lediglich die Rechte des jeweiligen Akteurs, die mit den Rechten anderer zusammengenommen die übergeordnete Interessenstruktur erzeugen. In die subjektive Sichtweise von Rechten jedes einzelnen Akteurs gehen alle diejenigen Ereignisse ein, an denen er auf irgendeine Weise interessiert ist, und auch einige, an denen er kein Interesse hat. Dieser Teilbereich der übergeordneten Struktur von Rechten weist beträchtliche Überschneidungen mit Teilbereichen anderer Akteure auf, wobei die verschiedenen Sichtweisen auch einander widersprechen können. Ein Raucher und ein Nichtraucher, die sich im selben Raum aufhalten, können unterschiedliche Sichtweisen darüber haben, wer in dieser Situation die Rechte über das Rauchen innehat. In diesem einfachen Beispiel gibt es vier Möglichkeiten; diese werden in Tabelle 3.1 dargestellt, wo auch die Handlungen aufgeführt sind, die in den jeweiligen Fällen auftreten würden.

Es gibt eine allgemeine Tendenz, die Sichtweisen verschiedener Personen über die Verteilung von Rechten mit der Zeit in Übereinstimmung zu bringen. Die Handlungen, die in den Feldern 2 und 3 der Tabelle aufgeführt sind, tendieren dazu, eine Übereinstimmung der Sichtweisen zu erzeugen. Die Auseinandersetzung, die in Feld 2 entsteht, führt jeden einzelnen Akteur zu der Einsicht, daß seine Sichtweise hinsichtlich der Rechte nicht allgemein vertreten wird. Wenn in die Auseinandersetzung mehr als zwei Personen verwickelt sind, wird die eine Seite erkennen, daß sie sich in der Minderheit befindet, und mag sich der Mehrheit beugen. In Feld 3 ist das Bemühen um Einigung schwächer, weil keine Konfrontation stattfindet. Es wird jedoch erkannt werden, daß die eigene Sichtweise nicht allgemein geteilt wird, und so ist eine Annäherung an die vorherrschende Mehrheit zu erwarten.[2]

---

[2] Bei verschiedenen Personen, verschiedenen Familien und verschiedenen Kulturen gibt es höchst unterschiedliche Wahrscheinlichkeiten für die Durchführung der

64 *Elementare Handlungen und Beziehungen*

Tabelle 3.1 Konfiguration der Sichtweisen von Raucher und Nichtraucher über den Besitz der Rechte bezüglich des Rauchens

Sichtweise des Nichtrauchers über Rechtsverteilung

		Raucher	Nichtraucher
Sichtweise des Rauchers über Rechtsverteilung	Raucher	1	2
	Nichtraucher	3	4

Wer besitzt die Rechte bezüglich des Rauchens?

Feld	Sichtweise des Rauchers	Sichtweise des Nichtrauchers	Handlung
1	Raucher	Raucher	Raucher beginnt zu rauchen; nichts weiter geschieht.
2	Raucher	Nichtraucher	Raucher beginnt zu rauchen; Nichtraucher erhebt Einspruch.
3	Nichtraucher	Raucher	(a) Raucher raucht nicht; oder (b) Raucher bittet um Erlaubnis zu rauchen, und Nichtraucher erwidert, er habe ohnehin das Recht dazu.
4	Nichtraucher	Nichtraucher	(a) Raucher raucht nicht; oder (b) Raucher bittet um Erlaubnis zu rauchen, was Nichtraucher gewährt oder nicht.

52 Im Falle des Rauchens haben exogene Veränderungen (wie verstärktes Gesundheitsbewußtsein, das mit Nachweisen über die negativen Auswirkungen des Rauchens auf die Gesundheit von Rauchern und Mitrauchern einher-

Handlungen in den Feldern 2 und 3. Wenn beide Akteure sich im Unklaren darüber sind, wer die Rechte innehat, und beide zurückhaltend sind, werden sie aus Sicherheitsgründen so handeln, wie es Feld 3 entspricht. Wenn beide aggressiv sind, werden sie so handeln, wie es Feld 2 entspricht. Es ist unschwer zu sehen, daß die Angelegenheit länger ungeklärt bleibt, wenn beide Akteure zurückhaltend sind, als wenn beide aggressiv sind. Ist einer aggressiv und der andere zurückhaltend, beansprucht der aggressive Akteur möglicherweise ein Recht (und behauptet es dann lokal), das der zurückhaltende Akteur nicht in Frage stellen wird.

geht) bewirkt, daß die Einstellungen zu den Rechten über das Rauchen in vielen Situationen nicht mehr denen aus Feld 1, einem Gleichgewichtszustand, entsprechen, sondern sich zu Einstellungen aus Feld 2 und 3 umgewandelt haben. Wenn Nichtraucher, wie man erwarten könnte, gesundheitsbewußter sind als Raucher und eher als diese die Nachweise negativer Auswirkungen auf die Gesundheit durch Rauchen akzeptieren, wird in den meisten Fällen eine Umgewichtung von Feld 1 auf Feld 2 erfolgen. Solange die exogenen Effekte weiterhin Personen von der Sichtweise abbringen, daß Raucher das Recht auf Kontrolle über das Rauchen besitzen, und sie zu der Sichtweise hinführen, daß Nichtraucher dieses Recht besitzen, werden in Feld 2 und 3 Mehrheiten gegen ein Recht der Raucher entstehen, und dies wird ein neues Gleichgewicht des Systems herbeiführen, in dem sich alle einig sind, daß die Nichtraucher diese Rechte kontrollieren. Besteht das neue Gleichgewicht erst einmal, kann man mit Recht behaupten, daß Nichtraucher die Rechte in bezug auf das Rauchen innehaben – so wie man mit Recht behaupten kann, daß Raucher diese Rechte innehaben, wenn ein Gleichgewicht wie das in Feld 1 besteht. Es ist aber nicht sinnvoll, vom "Innehaben" eines Rechts zu sprechen, wenn die Konfiguration aus den Feldern 2 und 3 weitverbreitet ist.

Die Abhängigkeit eines Rechts sowohl von der Macht als auch von der Anerkennung anderer wird beim Beanspruchen eines Rechts deutlich. Ein Akteur kann das Recht beanspruchen, eine bestimmte Handlung ausführen zu dürfen, aber solange dieser Anspruch nicht von anderen anerkannt wird, besitzt er das Recht nicht. Unter welchen Bedingungen erkennen andere einen solchen Anspruch an? Wenn sie an den Konsequenzen der Handlung nicht interessiert sind, werden sie den Anspruch vielleicht anerkennen. Wenn sie ein Interesse an den Konsequenzen haben, erkennen sie den Anspruch möglicherweise dennoch an, wenn der Akteur ausreichende Macht hat, um ihn durchzusetzen. Selbst wenn dies nicht der Fall ist, erkennen sie den Anspruch möglicherweise als Teil eines allgemeineren Anspruchs an, der darin besteht, daß eine Anzahl von Akteuren das Recht haben, Handlungen dieser Gruppe auszuführen, falls das Interesse und die Macht dieser Akteure groß genug sind, den Anspruch durchzusetzen. Die Art und Weise, in der die Zuteilung eines Rechts sozial festgelegt wird, ist eng verbunden mit der Art und Weise, auf die eine Norm entsteht (siehe Kapitel 11), und mit dem Ergebnis kollektiver Entscheidungen aufgrund natürlicher Entscheidungsregeln (siehe Kapitel 14).

In einer formalen Organisation ist die Art und Weise, wie Macht und Interessen die Allokation von Rechten bestimmen, stärker strukturiert, als die Konsensmetaphorik im vorhergehenden Abschnitt vermuten läßt. Ein Beispiel hierzu ist ein Rundschreiben, das ein Bibliotheksverwalter an Fakultätsmitglieder verteilte, die im Herbst 1988 Arbeitsräume in der Bibliothek der Universität Chicago hatten.

Rundschreiben

Betrifft: Rauchen in Arbeitsräumen der Fakultät
Ich bin gebeten worden, darauf hinzuweisen, daß Fakultätsmitglieder, die in ihren Arbeitsräumen rauchen, bitte die Tür des Raumes geschlossen halten. Dies ist wohl eine vernünftige Forderung, und somit bitte ich darum, daß Raucher mit ihren Nachbarn kooperieren.
Ich erinnere ebenfalls jeden freundlich daran, daß Rauchen in den Gängen untersagt ist.
Vielen Dank.

Wie aus diesem Rundschreiben ersichtlich wird, besitzen Bibliotheksverwalter die formale Autorität über Handlungen von Fakultätsmitgliedern, die andere beeinträchtigen, wenn sich die Fakultätsmitglieder in Bibliotheksräumen aufhalten. Mit der Zuweisung eines Arbeitsraumes gibt ein Fakultätsmitglied implizit das Recht auf Kontrolle von Handlungen auf. Bei bestimmten Handlungen legen die Bibliotheksangestellten nicht selber die Richtlinien fest, sondern lassen entweder den Akteuren das Recht oder nehmen es ihnen, indem sie die Interessen der Akteure (in diesem Falle Raucher) und derjenigen, die von der Handlung betroffen sind, stillschweigend gegeneinander abwägen. Dies war offensichtlich der Prozeß, durch den die Rechtsverteilung, die im ersten Absatz des Rundschreibens formuliert ist, zustande gekommen war. Der zweite Absatz bezieht sich auf ein fest verankertes Recht, das den Akteuren bereits zu einem früheren Zeitpunkt genommen worden war und nicht mehr strittig ist.

Im Hinblick auf die Rechtstheorie, die auf einem von Macht bestimmten Konsens basiert, kann man danach fragen, wie Rechte verteilt werden sollten. Das heißt, welche Verteilung von Rechten ist *die richtige*? Aus unserer Theorie folgt, daß die Frage nicht allgemein zu beantworten ist; sie läßt sich nur im Kontext eines spezifischen Handlungssystems beantworten, und dort lautet die Antwort, daß die existierende Verteilung von Rechten die richtige ist. Darüber hinauszugehen, würde bedeuten, daß man einen Ansatzpunkt außerhalb des betreffenden Systems voraussetzt, und die Theorie macht explizit, daß es einen solchen Ansatzpunkt nicht gibt. Was richtig ist, wird innerhalb des Systems selbst durch die Interessen und die relative Macht der Akteure definiert. Die Theorie impliziert, daß Moralphilosophen, die die rechte Verteilung von Rechten erforschen wollen, in Wolkenkuckucksheim nach dem Stein der Weisen suchen.

Wie sich das Trittbrettfahrerproblem bei Rechten auflöst

Die Schaffung einer konjunkten Norm, wie sie in Kapitel 10 diskutiert wird, beinhaltet eine Übertragung von Rechten auf Kontrolle einer Handlung von einem Akteur in einem System auf andere Akteure. Jeder gibt das Recht auf Kontrolle über Handlungen auf, die externe Effekte auf andere ausüben, und erhält dafür im Austausch Teilrechte auf Kontrolle über die Handlungen der anderen. In Kapitel 13 wird die Bildung einer Verfassung in einem Kollektiv behandelt. Die zentrale Handlung hierbei ist ein impliziter sozialer Vertrag, der eine Übertragung von individuell behaupteten Kontrollrechten auf das Kollektiv betrifft. Dabei scheint jedoch ein Problem vorprogrammiert zu sein. Inwiefern kann ein bestimmter Akteur, wenn er ein Recht aufgibt, sichergehen, daß andere seinem Beispiel folgen? Wie kann ein Akteur in einem Zustand der Anarchie, in dem jeder Akteur das Recht auf den Versuch beansprucht, erlittenes Unrecht zu ahnden, diesen Anspruch aufgeben, ohne einen Verlust zu erleiden? Es liegt im Interesse jedes Akteurs, daß andere ihre Rechte aufgeben, ohne daß er selbst seine Rechte aufgeben muß. So besitzt jeder einen Anreiz, andere zur Übertragung ihrer Rechte auf das Kollektiv zu bewegen, aber andererseits auch einen Anreiz, seine eigenen Rechte zu wahren.

Dieses Problem ließ Hobbes (1966 [1651]) das Problem formulieren, wie sich mit Hilfe eines sozialen Vertrages eine Ordnung schaffen läßt. Hobbes sah darin jedoch ein ernsteres Problem, als es in Wirklichkeit der Fall ist. Hier erweist sich der Konsenscharakter eines Rechts als außerordentlich sinnvoll, weil sich die Entscheidung darüber, wer ein Recht besitzt, nicht unter individueller Kontrolle befindet. Wenn ein Akteur versucht, das Recht aufzugeben, Unrecht zu ahnden, verliert er dieses Recht erst dann vollständig, wenn andere seinem Beispiel folgen. Er verliert es zeitweise, wenn er von der Ahndung von Unrecht absieht; wenn er sich aber entscheidet, das Recht wieder zu beanspruchen, weil ihm ein Unrecht zugefügt worden ist, kann er dies ohne Sanktion tun – da er in den Augen der anderen, die auf ihr Recht noch nicht verzichtet haben, sein Recht noch immer behauptet. Somit erleidet er einen Verlust aus dem Nichtausüben des Rechts, aber nicht einen Verlust aufgrund einer Sanktion, wenn er versucht, es auszuüben.

Ein Recht ist inhärent ein soziales Gebilde und existiert, wie oben ausgeführt worden ist, nur dann, wenn ein hoher Grad von Konsens darüber besteht, wer das Recht innehat. Um keine Verwirrung hervorzurufen, ist es wichtig, zwischen der Kontrolle eines Rechts und dem Recht auf Kontrolle einer Handlung zu unterscheiden. Das Recht auf Kontrolle einer Handlung, die Akteur A ausübt, kann individuell von Akteur A, von einem Kollektiv oder von irgendeinem anderen Akteur behauptet werden oder strittig sein. Die Kontrolle des Rechts selber wird jedoch immer kollektiv ausgeübt.

Wenn alle Akteure, die von einer Handlung betroffen werden, darin übereinstimmen, wer das Recht besitzen soll, zu entscheiden, ob die Handlung vollzogen wird, existiert ein Recht. Wenn sie es nicht tun, ist das Recht strittig. Alle Akteure, die ihre Macht bei der Stärkung ihrer Position in einer solchen Auseinandersetzung geltend machen können, besitzen ein gewisses Maß an Kontrolle über das Recht, und alle, die an dem Ergebnis interessiert sind, werden diese Kontrolle auch ausüben.

Dieser Konsenscharakters eines Rechts resultiert darin, daß sich kein Individuum eine Blöße gibt, wenn es auf das Recht auf Kontrolle seiner Handlung verzichtet. Der individuelle Akteur besitzt von Anfang an keine vollständige Kontrolle über dieses Recht, denn er behauptet es nur nach dem Ermessen derjenigen, die von der Handlung betroffen sind und die eine gewisse Möglichkeit haben, das Recht infrage zu stellen, genau wie er eine Teilkontrolle über die Rechte anderer ausübt. So besteht das Aufgeben von Rechten auf individuelle Kontrolle über Handlungen nicht in einer Menge individueller Handlungen, die jeweils einem Trittbrettfahrerproblem unterworfen sind, sondern ist eine implizite kollektive Entscheidung über Handlungsrechte – die kollektive Entscheidung, eine Menge von Rechten von Individuen auf ein Kollektiv zu übertragen.

Inwiefern bewirken neue Informationen einen Wandel in der Allokation von Rechten?

Die Allokation von Rechten in einem sozialen System stellt einen grundlegenden Aspekt der Verfassung dieses Systems dar. Man kann sich abstrakt schwer vorstellen, wie bloße Informationen die Allokation von Rechten verändern können. Daher möchte ich dies mit einem Beispiel verdeutlichen.

In diesem Beispiel geht es wieder um ein bereits erwähntes Recht, das Recht, in der Öffentlichkeit zu rauchen. In den meisten Subsystemen innerhalb der Vereinigten Staaten hat, beginnend in den späten siebziger und beschleunigt in den achtziger Jahren, eine umfassende Übertragung dieses Rechts stattgefunden. Rechte, die einst von Rauchern behauptet wurden, sind auf Personen in der Nähe von Rauchern übertragen worden. Die Menge der Orte, in denen Raucher das Recht zu rauchen behaupten, hat während dieser Zeit stetig abgenommen. Dieser Wandel kann mehrere Gründe haben, doch am wahrscheinlichsten ist wohl die zunehmende Verbreitung von Informationen über die gesundheitsschädlichen Auswirkungen des Rauchens, die in den sechziger Jahren einsetzte und sich bis zur heutigen Zeit erstreckt. Zwei verschiedenartige Informationen haben unterschiedliche Bedeutung für die Rechtsübertragung von Rauchern auf Nichtraucher. Die erste, die zuerst der Allgemeinheit zugänglich war, war eine Information über die Auswirkungen des Rauchens auf den Raucher. Die zweite wurde der Allgemeinheit erst einige Zeit später, in den achtziger Jahren, zugänglich. Sie betraf die Auswirkungen des Rauchens auf andere, in der Nähe befindliche Personen, das sogenannte passive Rauchen. Die Information der zweiten Art ist von direkter Bedeutung für die Veränderung von Rechten.[3] Wenn eine Information über die Auswirkungen passiven Rauchens einen weitverbreiteten Wandel von Überzeugungen zur Folge hat, nämlich von der Überzeugung, daß Rauchen auf in der Nähe befindliche Personen keine Auswirkungen hat, zu der Überzeugung, daß es negative Auswirkungen hat, wird ein Konflikt von Rechten geschaffen, der vorher nicht existierte. Der Konflikt entsteht zwischen dem Recht, in der Öffentlichkeit zu rauchen, und dem Recht, nicht unwillentlich durch die Handlung eines anderen Schaden zu erleiden.

Beide Rechte sind Formen des Rechts auf Freiheit, doch das Beispiel legt nahe, daß das Recht auf Freiheit im Hinblick auf das Subjekt der Handlung und das Objekt der Handlung eine Asymmetrie aufweist. Anders ausgedrückt ergibt sich aus dem Beispiel, daß, während andere Dinge gleich bleiben, die Freiheit des Subjekts der Handlung, in einer bestimmten Weise auf seinen Vorteil hin zu handeln, von der Freiheit des Objekts der Handlung, durch die Handlung keinen Schaden zu erleiden, dominiert wird. Das Beispiel ist jedoch möglicherweise nicht ganz stichhaltig. Denn andere Dinge sind nicht gleich, wenn die Kosten der Gesundheit (die im System durch den Einfluß derjenigen bestimmt werden, die von der Handlung beeinträchtigt werden) größer sind als der Lustgewinn (der durch den Einfluß des Akteurs bestimmt wird).

Wie läßt sich bewerten, ob Kosten oder Gewinne größer sind? Eine Möglichkeit ist die Anwendung eines Tricks, bei dem man statt eines interpersonalen Vergleichs des Nutzens einen intrapersonalen Vergleich anstellt; man führt ein Gedankenexperiment durch, in dem ein und dieselbe Person das Subjekt einer Handlung und das Objekt einer von anderen vollzogenen vergleichbaren Handlung ist (siehe Hare 1981). Die beiden Freiheiten befinden sich im Gleichgewicht, wenn die Kosten (die durch die Anzahl der Akteure, die die Kosten erfahren, verstärkt werden) den Gewinnen entsprechen. Für einen Raucher muß der Rauchgenuß die subjektiven Gesundheitskosten, die ihm aus dem Einatmen des Rauchs anderer erwachsen, aufwiegen, da der Genuß ja auch die noch größeren subjektiven Gesundheitskosten des Selberrauchens überwiegt. Für den Nichtraucher ist die Lage nicht so eindeutig:

---

3 Die objektive Richtigkeit der Information ist hier ohne Bedeutung; wichtig ist die subjektive Richtigkeit, d.h. die allgemeine Bereitschaft, die Information als richtig anzuerkennen, was einen generellen Glaubenswandel in bezug auf die Auswirkungen der Handlung zur Folge hat. Daß Informationen beim Verändern von Rechten durch das Verändern von Überzeugungen eine Rolle spielen, deutet darauf hin, daß in der Kontrolle von Informationen ein enormes Machtpotential liegt.

70   *Elementare Handlungen und Beziehungen*

Die subjektiven Gesundheitskosten durch das Selberrauchen überwiegen den Rauchgenuß; wahrscheinlich, aber nicht sicher überwiegen auch die subjektiven Gesundheitskosten durch das Rauchen anderer den Genuß. Somit legt das Gedankenexperiment nahe, daß der subjektive Schaden für Nichtraucher größer ist als der Gewinn und der Gewinn für die Raucher größer als der Schaden. Mit diesem inter- versus intrapersonellen Trick wird der Interessenkonflikt also nicht gelöst. Der Konflikt ist nach wie vor ein interpersonaler, und das Ergebnis hängt davon ab, wie die Interessen, die die Handlung befürworten, gegen die Interessen, die die Handlung ablehnen, abgewogen werden. Die Informationen über das Rauchen haben dazu geführt, daß die innere Bilanz der Raucher zwischen Kosten und Nutzen Veränderungen erfahren hat; manche Raucher haben das Rauchen aufgegeben, und die Interessen der Nichtraucher gegen das Rauchen haben eine Stärkung erfahren. In vielen Situationen hat dies auch das Ergebnis des Interessenkonflikts gewandelt, so daß die Rechte nicht länger vom Akteur behauptet werden.

Dieses Beispiel für die Art und Weise, wie Informationen die Allokation von Rechten beeinflußt, zeigt eine Möglichkeit auf, wie sich ein solcher Wandel vollzieht. Informationen verändern Überzeugungen, die neuen Überzeugungen machen einen Konflikt von Rechten sichtbar, und der Konflikt von Rechten wird gelöst, indem das eine oder andere Recht geändert wird. Es mag auch andere Möglichkeiten geben, aber die hier beschriebene Möglichkeit, die in Abbildung 3.1 dargestellt wird, scheint eine allgemeine zu sein.

Ein anderes Beispiel aus einem ganz anderen Bereich verdeutlicht dieselbe Möglichkeit. Es betrifft die Rassenintegration an amerikanischen Schulen. Die Allokation von Rechten sah vor Mitte der sechziger Jahre so aus, daß die örtliche Schulbehörde das Recht besaß, Kinder auf Schulen zu verteilen, und Eltern das Recht besaßen, ihr Kind nicht einer weit entfernten Schule zuweisen zu lassen, wenn willkürliche Gründe (wie Rassenzugehörigkeit) vorlagen, und daß sie ein Recht auf gleiche Bildungschancen ihrer Kinder hatten. Letzteres war 1954 durch die Entscheidung des Obersten Bundesgerichts im Fall *Brown gegen Schulbehörde* bestätigt worden; damals hatte ein

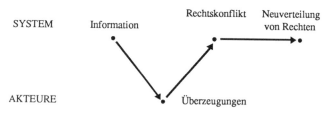

Abb. 3.1   Übergänge von der Makro- zur Mikroebene und umgekehrt als Informationen über Rechte

Schwarzer Klage erhoben, dessen Kind einer Schule für Schwarze zugewiesen worden war, obwohl diese Schule weiter entfernt lag als eine andere Schule, die von weißen Kindern besucht wurde. Ein Forschungsbericht der Regierung von 1966, *Gleichheit der Bildungsmöglichkeiten*, enthielt Informationen, durch die Überzeugungen über den schulischen Leistungsprozeß beeinflußt wurden. Der Bericht erbrachte Beweise dafür, daß Kinder mit einem niedrigeren sozio-ökonomischen Status höhere Leistungen an den Schulen erbringen, an denen ein hoher Anteil von Kindern mit einem höherem sozio-ökonomischen Status unterrichtet werden. Dies brachte einen Wandel von Überzeugungen in Gang, und es entstand ein Konflikt zwischen dem Recht auf gleiche Bildungsmöglichkeiten und dem Recht der Eltern, ihre Kinder nicht auf eine entfernte Schule schicken zu lassen, wenn willkürliche Gründe wie Rassenzugehörigkeit oder sozio-ökonomischer Status vorlagen. Der Bericht deutete darauf hin, daß Bildungschancen von den Schulkameraden eines Kindes und damit für einige Kinder vom Besuch einer weiter entfernten Schule abhängen. Das Ergebnis des Konflikts ist unklar. Entscheidungen über den Einsatz von Schulbussen, durch die Kinder bestimmten Schulen zugewiesen wurden, um eine Gleichverteilung der Rassen in den Schulbezirken zu erreichen, stützten sich zwar auf die Erkenntnisse, daß Schulbehörden Maßnahmen ergriffen hatten, mit denen das Recht auf gleiche Bildungsmöglichkeiten verletzt wurde, aber dies beseitigte den Konflikt nicht direkt. Dennoch steht fest, daß die Informationen aus dem Forschungsbericht die Argumente bekräftigten, daß Schulbusmaßnahmen ergriffen werden sollten.

Der generelle Effekt von Informationen bei der Veränderung von Rechtsverteilungen durch das Verändern von Überzeugungen, so daß ein neuer Konsens über Rechte entsteht, deutet auf die Bedeutung hin, die öffentliche Meinungsforschung für Untersuchungen von gesellschaftlichen Rechten haben kann. Die Voraussetzung hierfür liegt aber natürlich in dem Konsenscharakter von Rechten.

Wie geht ein Recht in andere Hände über?

Wenn man davon spricht, daß ein Akteur das Recht besitzt, eine bestimmte Handlung auszuführen, heißt dies gleichzeitig, daß eine Menge relevanter anderer Akteure (was dabei "relevant" bedeutet, wird später untersucht) darin übereinstimmen, daß der Akteur dieses Recht behauptet. Unter zwei Bedingungen kann man nicht davon sprechen, daß der Akteur das Recht behauptet: (1) wenn die relevanten Akteure darüber uneinig sind, ob er das Recht behauptet oder (2) wenn die relevanten Akteure darin übereinstimmen, daß das Recht von einer anderen Person behauptet wird.

Selbst wenn man behaupten kann, daß der Akteur das Recht besitzt, heißt dies noch nicht, daß er ohne Behinderungen von seiten der relevanten anderen Akteure darüber verfügen kann. Ein Akteur besitzt ein Handlungsrecht nicht in derselben Weise, wie man ein physikalisches Objekt besitzt. Dies wird am deutlichsten bei formal konzessionierten Körperschaften, deren Existenzrecht erst dann entsteht, wenn sie konzessioniert werden. Als die britische Regierung 1712 die *South Sea Company* konzessionierte, schuf sie eine Menge von Rechten und übergab sie einer tatsächlichen Körperschaft, die bis dahin noch keinerlei Rechte hatte. Diese Rechte besaßen zwar einen großen Wert (wie spätere Aktienverkäufe der *South Sea Company* zeigten), der Besitz der Rechte lag jedoch im Ermessen des Parlaments.

Wenn die Übereinkunft, die das Recht begründet, nicht mehr besteht, löst sich das Recht auch völlig ohne Zutun des Akteurs auf. Wenn in einem Dorf ein junger Mann das Recht hat, um ein Mädchen aus einer bestimmten Familie zu werben, kann er dieses Recht ganz ohne eigenes Zutun verlieren, weil die Familie (unter der Annahme, daß sie in diesem Falle die relevanten anderen Akteure stellt) ihm dieses Recht nicht länger zugesteht. Das Recht ist ihm genommen worden, ohne daß er es jemandem übertragen hat, weil er das Recht *nur nach dem Ermessen der relevanten anderen Akteure* besitzt. Wenn die britische Regierung die Konzessionierung einer Gesellschaft widerruft, werden dieser Gesellschaft alle Rechte (auch das grundlegendste, nämlich das Existenzrecht) genommen.

Wie kann man dann aber davon sprechen, daß ein Akteur die Macht über seine Handlungen einem anderen überträgt? Wie kann man davon sprechen, daß ein Akteur einem anderen das Recht übergibt, in einem bestimmten Bereich seine Handlungen zu kontrollieren? Wie kann ein Akteur ein Recht aus eigenem Entschluß übertragen, wenn er dieses Recht nur nach dem Ermessen einer Menge relevanter anderer Akteure besitzen darf? Wie kann aus einem Recht eine Ressource werden, die wie irgendeine beliebige materielle Ware ausgetauscht wird?

Wenn ein Akteur sich verpflichtet, für einen anderen zu arbeiten, und ihm damit das Recht verleiht, bestimmte Handlungen zu kontrollieren, ist offensichtlich, daß der Akteur dieses Recht als Ressource behandelt, die er gegen etwas eintauscht, das für ihn von größerem Interesse ist. Nur wenn man erkennt, daß ein Akteur dieses Recht nicht immer und überall besitzt (beispielsweise hat man normalerweise nicht das Recht, sich selbst als Sklaven zu verkaufen), wird der Konsenscharakter des Rechts offenkundig. Noch elementarer als Verbote der Übertragung von Rechten, die man *eindeutig selbst behauptet*, sind Fälle, in denen ein Akteur das Recht auf Kontrolle einer Handlung einem anderen nicht übertragen kann, weil er dieses Recht gar nicht besitzt. Wenn man in einem bestimmten Raum gar nicht das Recht hat zu rauchen, kann ich zu einer anderen Person in diesem Raum nicht sagen:

"Ich gebe Ihnen das Recht, mir zu sagen, wann ich rauchen darf." Ein Akteur besitzt ein Recht nur, wenn es ihm von den relevanten anderen Akteuren gewährt worden ist oder wenn es ihm von einem anderen übertragen worden ist, der es rechtmäßig innehatte (und auch das Recht besaß, es zu übertragen).

In einer Vielzahl von Situationen kann ein Akteur das Recht auf Kontrolle seiner eigenen Handlungen aufgeben, aber nur wenn er (1) *dieses Recht bereits besitzt* (natürlich nach dem Ermessen der relevanten anderen Akteure) und wenn er (2) *das Verfügungsrecht über das Recht besitzt*, was häufig, aber nicht immer der Fall ist, (wie das Verbot der Sklaverei verdeutlicht).

So kann ein Recht auf zweierlei Arten in andere Hände übergehen. Die einfachste Möglichkeit für einen Akteur ist, einem anderen ein Recht so zu übertragen, als sei es eine materielle Ressource. Dies kann aber nur geschehen, wenn der Akteur das Recht besitzt und auch das Recht behauptet, es zu übertragen. Da der Akteur bei der Übertragung des Rechts normalerweise etwas dafür eintauscht, was einen Wert hat, wird offensichtlich, daß diese beiden Rechte Ressourcen sind, die in dem Handlungssystem, zu dem sie gehören, einen Wert besitzen. Die weniger einfache Möglichkeit, wie ein Recht in andere Hände übergehen kann, tritt ein, wenn die relevanten anderen Akteure, in dessen Ermessen ein Akteur das Recht behauptet, ihm dieses Recht nicht länger zubilligen. Dies kann geschehen, indem sie das Recht einmütig einem anderen Akteur übertragen, wobei sie einem Akteur eine Ressource mit einem gewissen Wert nehmen und sie einem anderen geben; oder es kann geschehen, indem sie den Konsens, der die notwendige (und ausreichende) Bedingung für die Existenz des Rechts darstellt, verlieren. In diesem Falle verliert das Recht seine Existenz, und eine Ressource mit einem Wert geht verloren. Der entgegengesetzte Prozeß begründet natürlich die Existenz eines neuen Rechts.

Wer sind die relevanten anderen Akteure?

Bisher habe ich die relevanten anderen Akteure, nach deren Ermessen ein Recht behauptet wird, nicht näher spezifiziert. Im Beispiel des Dorfjungen, der ein Mädchen umwirbt, habe ich der Familie des Mädchens diese Rolle zugeschrieben. Bei der Gründung der *South Sea Company* bestanden die relevanten anderen Akteure im wesentlichen aus einem einzigen Akteur, nämlich dem britischen Parlament. Meistens läßt sich die Menge der relevanten anderen Akteure jedoch nicht so genau festlegen.

Allgemein gesehen kann man die relevanten anderen Akteure leicht definieren - sie sind diejenigen, die zusammen die Macht haben, dem Recht Wirksamkeit zu verleihen. Praktisch gesehen ist dies eine nicht voll zufriedenstellende Definition, weil sie keine Kriterien dafür angibt, worin die Macht in einem bestimmten Fall besteht. Allerdings lokalisiert sie den Ursprung der Rechte in der Macht. Die Macht selber kann durch die vorher bestehende Existenz anderer Rechte eingeschränkt werden. Wenn z.B. in einem sozialen System ein genereller Konsens zur Unterstützung von Freiheit in dem von John Stuart Mill (1974 [1859]) definierten Sinne besteht, mag ein Akteur die Macht haben, einen anderen zu zwingen, sein Recht auf Religionsfreiheit aufzugeben, doch diese Macht wird durch das bereits vorher bestehende Recht auf Freiheit eingeschränkt, welches über einen generellen Konsens Wirksamkeit erlangt hat und welches umzustürzen der erste Akteur nicht genügend Macht hat.[4]

Wie werden Rechte aufgeteilt, und wie könnten sie aufgeteilt werden?

In manchen Fällen werden Besitzrechte in einer Hand zusammengefaßt, in anderen Fällen werden sie auf verschiedene Personen aufgeteilt. In einigen Nomadenstämmen der Sahara nimmt die Aufteilung von Rechten an einem Kamel extreme Formen an. Es gibt Rechte zu reiten, Rechte zu melken, Rechte auf das Fleisch, wenn das Tier getötet wird, und Rechte auf die Haut. Wenn Eskimos Eisbären jagten, besaß jeder Jäger Rechte auf Anteile an der Beute, wobei demjenigen Jäger, der als erster mit seinem Speer den Bären getroffen hatte, Sonderrechte eingeräumt wurden.[5]

Die Rechte über verschiedene Arten von Gütern nehmen normalerweise verschiedene Formen an und werden unterschiedlich aufgeteilt. Ich werde die meiner Meinung nach grundlegendsten Unterschiede erörtern und dann für jede Klasse untersuchen, welche Form die entsprechenden Rechte typischerweise annehmen und wie sie aufgeteilt werden können.

Der Unterschied, der die grundlegendsten Auswirkungen auf die Form von Rechten nach sich zieht, ist der zwischen denjenigen Nutzungen oder Hand-

---

4 Moralphilosophen werden hier etwas entdecken, was für sogenannte externe Interessen von Bedeutung ist. Die Frage, ob externe Interessen "zählen", läßt sich anhand der in diesem Abschnitt diskutierten Gedanken leicht beantworten. Ein externes Interesse zählt, wenn der Akteur, der das Interesse hat, die Macht hat, dies zu bewirken. Dies ist natürlich für die meisten Moralphilosophen eine unakzeptable Antwort, denn in fast allen ihren Arbeiten stellt die Lösung eines Problems aufgrund der Macht der Beteiligten überhaupt keine Lösung dar.

5 Die Existenz von Sonderrechten für den Jäger, dessen Speer als erster den Bär trifft, ist ein Beispiel für eine Allokation von Rechten, die einen für die Gemeinschaft gewinnbringenden Anreiz erzeugen sollen. Es liegt im Interesse aller Dorfbewohner, daß Jäger motiviert werden, ihre Angst vor der Gefahr zu überwinden, die mit dem ersten Angriff auf einen Bären einhergeht. Die Allokation eines solchen Rechts wird wegen des gemeinschaftlichen Gewinns, das es bietet, mit gemeinschaftlichem Konsens vorgenommen.

lungen, die unabhängig und ohne externe Effekte für andere vollzogen werden können, und denjenigen, wo dies nicht möglich ist. Die Rechte über die erstgenannten Nutzungen oder Handlungen können ohne Schwierigkeit aufgeteilt und von verschiedenen Akteuren behauptet werden. Sogenannte teilbare Güter ohne externe Effekte aufgrund ihrer Nutzung gehören im allgemeinen in diese Klasse. Wenn ein teilbares Gut einen hauptsächlichen Nutzen hat (z.B. verbraucht zu werden), bedeuten seine Teilbarkeit und das Fehlen von externen Effekten, daß verschiedene Akteure verschiedene Mengen davon besitzen und es nutzen (oder verbrauchen) können, ohne daß dadurch die Rechte von anderen beeinträchtigt werden. Wenn das teilbare Gut auf vielfältige Art und Weise genutzt werden kann, sind dies alternative Nutzungen, die sich gegenseitig ausschließen. Geld kann beispielsweise als ein Gut oder Recht betrachtet werden, das eindeutig teilbar ist und auf extrem vielfältige Art und Weise genutzt werden kann - wobei die verschiedenen Nutzungen sich aber gegenseitig ausschließen. Wenn jemand Geld für eine Konzertkarte ausgibt, hat dieser Akteur das Geld verbraucht und kann es nicht mehr verwenden, um eine Squashstunde zu bezahlen.

Bei unteilbaren Handlungen können Konsequenzen nicht auf einen einzigen Akteur beschränkt bleiben. Zwei oder mehr Akteure sind unauflöslich miteinander verbunden und haben entweder widersprüchliche oder übereinstimmende Interessen an derselben Handlung, demselben Ereignis oder demselben Gut. Wenn Handlungsrechte normalerweise von einem einzigen Akteur behauptet werden, spricht man der Handlung externe Effekte zu, und andere Akteure sind daran interessiert, die Kontrolle über das Recht zu erwerben (beispielsweise haben Personen, die unter Luftverschmutzung leiden, ein Interesse daran, die Kontrolle über das Verschmutzungsrecht zu erlangen). Wenn Handlungsrechte normalerweise von einem Kollektiv behauptet werden, ist eine Aufteilung dieses kollektiven Rechts vonnöten (z.B. anhand von Wählerstimmen).

Es ist sinnvoll, das Hauptaugenmerk auf diese scharf voneinander unterscheidbaren Formen des Rechts zu richten: Geld ist der Prototyp eines Rechts auf teilbare Handlungen, das eine Vielzahl sich gegenseitig ausschließender Nutzungen ermöglicht, und eine Wählerstimme ist der Prototyp eines Teilrechts auf ein unteilbares Ereignis oder eine unteilbare Handlung. Bei der ersten Rechtsform findet eine Aufteilung in kleinere Mengen statt. Eine kleinere Menge Geldes erlaubt noch vollständige Handlungsrechte, aber mit ihr läßt sich nur eine kleinere Menge an Dingen erwerben, nutzen oder verbrauchen.[6] Bei unteilbaren Handlungen findet eine Aufteilung des

---

[6] Weil einige käufliche Güter unteilbar sind, eröffnet eine größere Menge Geldes jedoch eine größere Bandbreite an Nutzungen und bietet nicht nur die Möglichkeit, größere Mengen ein und desselben teilbaren Güter zu erwerben.

Handlungsrechts statt, bei der Teilrechte auf eine einzelne Handlung verteilt werden. Gibt es aber verschiedene Möglichkeiten, diese Rechte aufzuteilen? Es ist sinnvoll, näher auf diese Frage einzugehen, weil eine Antwort darauf vielleicht Anregungen für neue Rechtsformen in sozialen Systemen gibt. Ich werde hier die Ansätze aus einer früheren Arbeit (Coleman 1986a, Kapitel 7) weiter verfolgen.

Geld, Berechtigungsscheine und Dienstleistungen

In vielen Gesellschaften gibt es bestimmte positive Rechte, die allen Bürgern oder Bewohnern zugänglich sind, obwohl diese Rechte privat verbraucht werden. Das am weitesten verbreitete davon ist das Recht auf kostenlose Ausbildung für eine gewisse Menge an Jahren oder bis zu einem bestimmten Alter. Ein anderes Recht, das in weniger Gesellschaften existiert, ist das Recht auf kostenlose Krankenversorgung. Andere Rechte stehen Individuen oder Familien mit einem Einkommen unter einer bestimmten Grenze offen; dazu gehören Unterkunft (volle oder teilweise Unterstützung), Nahrung (volle oder teilweise Unterstützung) u.a.[7]

Solche Rechte treten typischerweise in einer von drei Formen auf:

1. Als staatliche Dienstleistungen (oder, dementsprechend, als vom Staat unterstützte Monopole, die unter Konzession betrieben werden)
2. Als Subventionen an private Dienstleistungslieferanten, die den Verbraucherpreis senken
3. Als Rechte in einer Form, die man allgemein als Berechtigungsscheine bezeichnen kann, mit deren Hilfe der Verbraucher eine Auswahl unter privat angebotenen Dienstleistungen trifft und die Dienstleistung mit einem vom Staat bereitgestellten Berechtigungsschein oder Berechtigungsschein, der vom Lieferanten der Dienstleistung eingelöst wird, bezahlt.

Ein viertes, weiter gefaßtes Recht wird manchmal Personen oder Familien mit unzureichendem Einkommen gewährt:

4. Ein Einkommenszuschuß

---

[7] Reich (1964) untersuchte die Zunahme dieser Rechte als das "neue Eigentum", d.h. als Ersatz für Eigentumsrechte im Wohlfahrtsstaat, und stellte Fragen zu ihrer Existenzfähigkeit, da sie in steigendem Ausmaß die klassischen Eigentumsrechte ersetzen.

Es gibt unzählige Beispiele für jede dieser Formen der Gewährung von Rechten. Staatliche Dienstleistungen umfassen Schulausbildung in den meisten Ländern, öffentliche Unterkünfte in vielen Ländern, staatliche Dienstleistungen zur Krankenversorgung in einigen Ländern und kostenlose Verpflegung (öffentliche Ausgabe von Nahrungsmitteln) in noch weniger Ländern. Subventionen an private Lieferanten werden häufig für Unterkunft und Verpflegung gewährt. Berechtigungsscheine gibt es für Nahrung (Lebensmittelmarken), Unterkunft (Mietzuschüsse) und Krankenversorgung (Arzt und Krankenhaus werden aus einer zugelassenen Menge ausgewählt, und ein Krankenschein wird als Berechtigungsschein für die Krankenversorgung benutzt). Mancherorts (z.B. in den Niederlanden) gibt es einen Schulgutschein oder Entsprechendes. Schließlich werden in einigen Fällen Wohlfahrtszahlungen in bar an Einzelpersonen oder Familien mit niedrigem oder fehlendem Einkommen geleistet. (Das wohlbekannte Experiment zur Erhaltung des Einkommens, das in den sechziger und siebziger Jahren in den Vereinigten Staaten durchgeführt wurde, war ein Versuch, die Durchführbarkeit einer einzigen Barzahlung an alle Familien mit niedrigem Einkommen zu beurteilen. Siehe Rivlin und Timpane 1975, Rossi und Lyall 1976.)

Am interessantesten an diesen Formen staatlicher Maßnahmen ist die Tatsache, daß von Form 4 zu 3 zu 1 jede Maßnahme die dem Geld eigene Verfügungsgewalt zunehmend beschneidet (Form 2 soll hier ausgeklammert werden, denn sie entspricht Form 3, abgesehen davon, daß die Gewährung einer Beihilfe für die Produzenten die Beschränkung auf eine bestimmte Gruppe von Verbrauchern verhindert). Form 4 beinhaltet die volle Verfügungsgewalt über das Geld, Form 3 beinhaltet die volle Verfügungsgewalt in einem eingeschränkten Auswahlbereich (Ausbildung, Nahrung oder Unterkunft), und Form 1 beinhaltet ein eingeschränkteres Recht, nämlich das Recht, eine Dienstleistung in Anspruch zu nehmen, die kollektiv zur Verfügung gestellt wird. Wenn Regierungen Form 3 statt Form 4 wählen, behalten sie sich das Recht vor, anhand einer kollektiven Handlung die Art der Dienstleistung zu bestimmen, verleihen aber den Verbrauchern das Recht, innerhalb dieses Bereichs eine Auswahl zu treffen. Wenn sie Form 1 wählen, behalten die Regierungen insgesamt die volle Verfügungsgewalt über das Geld mit Ausnahme des Rechts, die Dienstleistung in Anspruch zu nehmen.

Damit ist klar, daß für die hier erörterte Art eines Rechts, nämlich ein privat verbrauchbares, teilbares Recht, das vom Kollektiv zur Verfügung gestellt wird, in bezug auf die Aufteilung des Rechts eine große Variationsvielfalt besteht, die sich zwischen zwei Extremen bewegt. Im einen Extremfall wird alles, was die Dienstleistung betrifft, kollektiv bestimmt, wobei dem Individuum die Inanspruchnahme der Dienstleistung als das einzige Handlungsrecht bleibt. Im anderen Extremfall wird alles individuell festgelegt.

78 Elementare Handlungen und Beziehungen

Die spezifischen Merkmale, die Berechtigungsscheine sowohl von Stimmabgaben als auch von Geld unterscheiden, lassen sich durch ein Berechtigungsscheinsystem verdeutlichen, in dem der Aspekt der Umverteilung fehlt. Nehmen wir an, daß ein Kollektiv, ein Staat mit einem Währungssystem, eine kollektive Entscheidung wie die folgende trifft. Es legt eine Anzahl von Tätigkeitsbereichen fest, einschließlich derer, die nicht für den individuellen Verbrauch bestimmt sind, wie öffentliche Verwaltung und nationale Verteidigung. Dann bestimmt es die Anteile individueller Einkommen, die in Währungen erfolgen sollen, die nur in bestimmten Verbrauchsbereichen nutzbar sind – wie Gesundheit, Unterkunft, Erholung u.a. – und vielleicht einen Anteil in einer Währung, die in jedem Bereich nutzbar ist. Es erlaubt den Individuen nicht, bei der Staatsbank eine Währung gegen eine andere einzutauschen, erlaubt jedoch produzierenden Unternehmen, die nur eine Währungsart erhalten, die Angestellten aber mit einer Mischung von Währungen bezahlen, dies zu festgesetzten Kursen zu tun. In einem solchen System sind Berechtigungsscheine oder bereichsspezifische Währungen genau wie Geld zu verwenden, abgesehen von der Tatsache, daß ihr Einflußbereich auf ein bestimmtes Gebiet beschränkt ist. Der Einkommensempfänger hat etwas an Macht verloren, nämlich die Macht, sein Einkommen auf Bereiche aufzuteilen, die seinen persönlichen Wünschen entsprechen. Innerhalb jedes einzelnen Bereichs besitzen die Berechtigungsscheine jedoch die volle Macht des Geldes.

Man könnte fragen, warum den Verbrauchern auch noch dieser Machtumfang genommen werden soll. Warum sollte in einem Staat, der allen Kindern das Recht auf kostenlose Ausbildung gewährt, die Gesellschaft nicht beschließen (in einer Demokratie erlaubt der selbstverwaltende Charakter der Gesellschaft, davon zu sprechen, daß die Gesellschaft beschließt), daß jedem Kind eine Summe zugeteilt wird, die den gegenwärtigen Kosten der Ausbildung entspricht und die den Eltern oder dem Vormund des Kindes in bar ausgezahlt wird? Die Theorie der rationalen Handlung würde schließen, daß alle Familien ein größeres Maß an Befriedigung erlangen, wenn man ihnen die zusätzliche Freiheit gewährt, die ihnen eine Barzahlung anstelle eines bereichsspezifischen Berechtigungsscheins verschaffen würde. Aber die Theorie der rationalen Wahl würde auch vorhersagen (wenn man von einer rationalen Nutzenfunktion ausgeht), daß viele Familien dieses größere Maß an Befriedigung erlangen, indem sie den größten Teil des Bargeldes für andere Dinge als für die Ausbildung ausgeben (d.h. daß sie das zusätzliche Einkommen genauso aufteilen würden, wie sie ihr laufendes Einkommen aufteilen).

Warum aber entscheiden sich Mitglieder einer Gesellschaft kollektiv, sich so einzuschränken, daß die Befriedigung für sie geringer wird? Der Grund liegt wahrscheinlich teilweise darin, daß Ausbildung ein öffentliches Gut ist. Die Familie erlebt nicht viele der Kosten und Nutzen, die ein Kind als Erwachsener verursacht, und somit haben diese Kosten und Nutzen keinen Einfluß auf die gegenwärtigen Entscheidungen, die die Familie über Ausgaben trifft.

Aber selbst, wenn man davon absieht, daß Ausbildung ein öffentliches Gut ist, ist es möglich, daß sich Mitglieder einer Gesellschaft kollektiv (d.h. mittels Abgeordneter) Einschränkungen auferlegen, indem sie lieber Berechtigungsscheine als Bargeld verteilen. Ausbildung ist eine Investition, aus der Gewinne erst in fernerer Zukunft zu erwarten sind. Es mag einfacher sein, sich dieser Investition kollektiv im voraus zu verpflichten, als es individuell zu tun. Diese Eigenmanipulation durch Vorausverpflichtung ist mit der Standardtheorie der rationalen Wahl nicht zu erklären (siehe Elster 1979). Personen verpflichten sich im voraus zu zukünftigen Ausgaben, die ihnen gewinnbringend erscheinen, weil sie wissen, daß sie später, wenn keine Vorausverpflichtung mehr besteht, andere Ausgaben machen würden, die sie momentan als weniger gewinnbringend einschätzen. Die Standarderklärungen der Theorie der rationalen Wahl können für diese Umkehr von Präferenzen keine Erklärung geben, obwohl schon Modifikationen in diese Richtung versucht worden sind (Lowenstein 1985, Ainslie 1986).

Ein Berechtigungsscheinsystem ohne Umverteilung wie das oben beschriebene, in dem sämtliche Einkommen in bereichsspezifischen Währungen ausgezahlt werden, mag exotisch erscheinen, aber Ansätze hierzu existieren bereits. Sozialversicherungsabzüge vom Gehalt und spätere Auszahlung sind bereichsspezifische Währungen, die nicht von der Art des Verbrauchs her definiert sind, sondern vom Zeitpunkt des Verbrauchs. Darüber hinaus fand die ursprüngliche Zustimmung der Bevölkerung zur Sozialversicherung in einigen Ländern größtenteils auf der Grundlage einer Vorausverpflichtung statt (was man in diesem Fall auch als Zwangssparen bezeichnen kann).

Die Aufteilung von Macht oder Rechten aufgrund von Geld ist bei Regierungen und Organisationen im allgemeinen weit verbreitet. Haushaltspläne, die auf der Ebene des Kollektivs oder der Gesamtorganisation verabschiedet und auf der Ebene eines Ministeriums oder einer Abteilung realisiert werden, stellen eine Aufteilung geldlicher Macht dar, so daß diese Macht auf verschiedene Akteure (oder Agenten) aufgeteilt wird, die zu verschiedenen Ebenen des Kollektivs oder der Organisation gehören. Wenn von der Legislative ein ungeteilter Gesamthaushalt für ein Ministerium verabschiedet wird, ist dies vergleichbar mit dem Einkommen für eine Einzelperson, wenn die Legislative aber einen nach Einzelzwecken aufgeteilten Haushalt verabschiedet, dann ist dies einer gebietsspezifischen Währung für Einzelpersonen vergleichbar. Auf diese Weise sind die Prinzipien, die der Haushaltsstruktur für die Körperschaft unterliegen, und die Prinzipien, die dem bereichsspezifischen Einkommen von Einzelpersonen unterliegen, gleich: Ein Teil der Rechte, die dem Geld eigen sind, wird kollektiv beansprucht (wobei vielleicht verschiedene Teile verschiedenen Ebenen eines Kollektivs oder einer Organisation zugeordnet sind), und ein Teil wird - beim Verbrauch - individuell beansprucht.

Hieraus wird ersichtlich, daß es selbst bei Geld, dem Prototyp eines privaten teilbaren Gutes, möglich ist, Rechte aufzuteilen, so daß sie zum Teil kollektiv und zum Teil individuell besessen werden. Im einen Extrem besitzt das Individuum alle Rechte, und im anderen Extrem werden alle Rechte, mit Ausnahme des Rechts auf Verbrauch einer kollektiv bestimmten Dienstleistung, vom Kollektiv besessen. Letzteres trifft auf Personen zu, die beim Militär oder in einem religiösen Orden Dienst tun oder die in unternehmenseigenen Siedlungen leben. Die psychischen Nutzen und Kosten, die diese Systeme mit sich bringen, werden in der einschlägigen Literatur beschrieben.[8]

Entsprechend der Frage nach der Aufteilung von Rechten über teilbare Güter erhebt sich auch die Frage, wie Rechte über unteilbare Güter aufgeteilt werden können. Da dieses Problem aber nur angemessen behandelt werden kann, nachdem ich etwas ausführlicher auf Körperschaften eingegangen bin, wird die Beantwortung der Frage auf Kapitel 17 verschoben.

Die Ressourcen, die in den wirtschaftlichen, sozialen und politischen Austausch eingehen, haben eine Eigenschaft gemeinsam. Sie bestehen alle aus Handlungsrechten oder manchmal aus einer Menge verschiedener Handlungsrechte. Das wesentliche Merkmal eines Rechts ist sein soziales Fundament. Rechte entstehen und vergehen in Abhängigkeit von sozialer Anerkennung und werden auf die gleiche Weise von einem Akteur auf den anderen übertragen. Allerdings brauchen Rechte für ihre Durchsetzung Macht - entweder die Macht des Rechtsinhabers, seinen Anspruch zu schützen, oder die Macht anderer Akteure, ihre Verteilung von Rechten durchzusetzen.

Ressourcen in Form von Rechtsbündeln können genutzt, aufgeteilt und ausgetauscht werden. Der Hauptunterschied bei der Nutzung und Übertragung von Ressourcen liegt darin, ob sie teilbar sind und keine externen Effekte aufweisen, d.h. ob sie auf eine Weise aufgeteilt werden können, daß die Handlung, die an das Recht geknüpft ist (Nutzung oder Verbrauch des Gutes oder Ergebnis des Ereignisses), nur für den Akteur Konsequenzen nach sich zieht. Für solche Ressourcen gibt es ein breites Spektrum möglicher Aufteilungen der Rechtsbündel. Einige davon entsprechen den vielfältigen Möglichkeiten, nach denen die dem Geld eigenen Rechte aufgeteilt werden, wie die genannten Beispiele verdeutlicht haben. Ressourcen in Form von unteilbaren Ereignissen bringen besondere Schwierigkeiten sowohl bei ihrer Aufteilung als auch bei ihrer Übertragung und Nutzung mit sich.

---

[8] Die Tatsache, daß aus einer Wahlbeschränkung psychischer Nutzen gezogen werden kann, ist ein Phänomen, das mit der gegenwärtigen Theorie der rationalen Wahl nicht zu erklären ist.

Kapitel 4

Herrschaftsbeziehungen

In einer Arbeit über Kommunen beschreibt Zablocki (1980) den Tagesablauf einer Kommune:

> In Mandala, wie in allen östlichen spirituellen Kommunen, war das größte ideologische Problem die Restautonomie der einzelnen Mitglieder. Jedes individuelle Ich mußte von seiner illusionären Natur überzeugt und dem kollektiven Ich untergeordnet werden. Bei der allmorgendlichen Zusammenkunft mußte jede Person darüber Rechenschaft ablegen, auf welche Weise er oder sie den Tag verbringen wollte. Jede Person war dafür verantwortlich, der Vereinbarung, die am Morgen getroffen worden war, nachzukommen, und war überdies Kritik und Druck von seiten der Gruppe ausgesetzt, wenn das, was er oder sie den Tag über tun wollte, nicht den Bedürfnissen der Kommune zu dienen schien.
>
> Die Mitglieder von Mandala versuchten, sich dem Konsens unterzuordnen, so daß sich alle Individuen nach Entscheidungen zu richten hatten, die die Gruppe gefällt hatte. Zusätzlich war man an verschiedene Kommunenregeln gebunden, die in der Gründungsurkunde der Kommune enthalten waren und nicht abgeändert werden konnten. Dazu gehörten ein absolutes Verbot von Kaffee, Alkohol und Drogen, vegetarische Richtlinien für die Nahrung und strenge Zutrittsbeschränkungen für Besucher der Kommune.
>
> In ihrem Versuch, den rechten Pfad zur geistigen Erleuchtung zu entdecken, hatte sich Mandala nach außen hin der Führung eines abwesenden Gurus anvertraut, der nicht als Herrscher, sondern als beratende und lenkende Kraft fungierte. Die eigentliche Herrschaft über das tägliche Leben der Kommune lag in den Händen eines jungen, energiegeladenen charismatischen Führers, der zu den Gründern der Kommune gehörte. Direkt unter ihm in der Hierarchie standen seine Frau und mehrere andere Mitbegründer der Kommune.
>
> Diesen untergeordnet waren diejenigen, die sich der Kommune auf lange Zeit verpflichtet hatten. Die niedrigste Stufe der Hierarchie wurde von neuen Mitgliedern oder solchen Personen besetzt, die sich erst probeweise verpflichtet hatten. (S. 210)

Ein noch extremeres Beispiel für die Übertragung des Kontrollrechts auf einen einzelnen Führer bietet "die Familie", die Kommune um Charles Manson, auf dessen Geheiß später einige Mitglieder der Kommune brutale Morde verübten. Ein Mitglied hat später seine Gefühle beschrieben[1]:

66 Manchmal hatte ich das Gefühl, als sei [Manson] stets bei mir, als denke er meine Gedanken für mich – oder *seine* durch mich ... Es war, als zöge Charlie mich unaufhörlich zu sich zurück, langsam, aber beharrlich, obwohl wir doch keinen Kontakt mehr zueinander gehabt hatten, seit ich aus der Hintertür dieser Hütte im Topanga Canyon gegangen war. Ich versuchte, dagegen anzugehen, aber es hatte keinen Zweck, er ließ mich nicht los. Ich hatte die Welt gesehen, in der ich lebte, und er hatte mich gewarnt, und ich sah, daß es genauso war, wie er gesagt hatte. (Watson 1978, S. 81)

Wie diese Passagen andeuten, bestehen soziale Handlungen nicht nur aus Transaktionen unter unabhängigen Individuen innerhalb einer Wettbewerbs- oder Marktstruktur. Individuen handeln oft unter der Autorität einer anderen Person, obwohl dies im allgemeinen nicht so extreme Formen wie in den beschriebenen Kommunen annimmt. Soziale Struktur umfaßt Organisationen und Gruppen von Menschen, die als Gebilde Handlungen vollziehen. Dazu gehören Nationen, Familien, Gesellschaften, Vereine und Gewerkschaften. Diese Gebilde kann man, von außen betrachtet, genau wie Individuen als Akteure bezeichnen. Von innen betrachtet sind sie dagegen eher als Herrschaftsstrukturen zu kennzeichnen.

Die fundamentalste Frage in bezug auf Herrschaftsstrukturen ist die Frage, wie sie überhaupt existieren können – oder wie man sich innerhalb des begrifflichen Systems, das in den vorhergehenden Kapiteln entwickelt worden ist, ihre Existenz vorstellen kann. Wie kann eine Sozialstruktur entstehen, in der die Handlungen bestimmter Individuen nicht von ihnen selbst, sondern von der Herrschaft eines anderen Akteurs (eines Individuums oder einer Körperschaft) kontrolliert werden, wenn die Theorie auf der Vorstellung basiert, daß eine Menge von unabhängigen Individuen existiert, von denen jedes bestimmte Ereignisse oder Ressourcen, an denen andere interessiert sind, kontrolliert? Diese Frage läßt sich leicht beantworten, wenn man bedenkt, daß zu den Ressourcen, die Individuen kontrollieren, deren eigene Handlungen gehören. Im Falle von Drohungen oder Versprechungen oder

---

1 Trotz der großen Autorität, die Manson auf die Mitglieder der Kommune ausübte, deutet Watsons Aussage darauf hin, daß kein Zwang ausgeübt wurde. Watson sah sich in der Kommune besser aufgehoben als in der Außenwelt.

weil sie auf diese Weise ihre Interessen am besten gewahrt sehen, können Individuen das Recht auf Kontrolle über bestimmte Handlungen aufgeben. Herrschaft wird im allgemeinen als das Recht definiert, die Handlungen anderer kontrollieren zu dürfen. Und in diesem Sinne werde ich auch in diesem Buch den Begriff Herrschaft verwenden. Ein Akteur übt in einem bestimmten Handlungsbereich Herrschaft über einen anderen Akteur aus, wenn er das Recht besitzt, die Handlungen des anderen in diesem Bereich zu bestimmen.

Dieses Kapitel untersucht die Konsequenzen, die sich hieraus ergeben. Dabei möchte ich zunächst die Eigenschaften der Ereignisse oder Ressourcen wieder aufgreifen, die in Kapitel 2 besprochen worden sind. In einfachen Systemen des sozialen Austauschs sind alle Ereignisse oder Ressourcen, deren Kontrolle von Akteuren erworben oder aufgegeben werden kann, veräußerlich. Doch obwohl die klassischen privaten Güter der Volkswirtschaft normalerweise veräußerlich sind - d.h. sie sind physikalisch übertragbar, wenn ein Austausch vollzogen wird -, ist dies bei vielen kontrollierten Gütern, Ereignissen oder Ressourcen nicht der Fall. Die wichtigste Gruppe, für die dies zutrifft, sind die eigenen Handlungen des Akteurs. Unter den Handlungen eines Akteurs können sich durchaus verschiedene Fertigkeiten, Fähigkeiten oder potentielle Dienstleistungen befinden, die für andere von Interesse sind. Ein Akteur kann jedoch einem anderen Akteur nicht Handlungen physikalisch übertragen, so wie er ihm ein Pfund Zucker oder ein Paar Schuhe physikalisch übertragen kann. Übertragbar sind nur immaterielle Güter wie das Versprechen, auf eine bestimmte Weise zu handeln, oder das Recht, seine Handlungen innerhalb gewisser festgelegter Grenzen kontrollieren zu lassen. Ausgehend von dieser Vorstellung von Rechten, die die Kontrolle einer unveräußerlichen Ressource - der eigenen Handlungen - beinhaltet, läßt sich eine Herrschaftsbeziehung definieren: Eine Herrschaftsbeziehung zwischen zwei Akteuren besteht, wenn der eine Kontrollrechte über bestimmte Handlungen des anderen besitzt.

Wenn wir uns vorläufig vorstellen, daß Papiere Rechte repräsentieren können, übt Akteur 2 Herrschaft über Akteur 1 aus, wenn Akteur 2 ein Papier besitzt, auf dem etwa folgendes steht: "Der Akteur, der sich in Besitz dieses Papiers befindet, hat das Recht, gewisse Handlungen von Akteur 1 zu bestimmen. Dieses Recht unterliegt folgenden Spezifikationen (in bezug auf Klassen von Handlungen, Zeit, Ort oder andere Größen)."[2] Zu Beginn wird dieses Recht möglicherweise von Akteur 1 behauptet, der de facto die Kontrolle über seine Handlungen besitzt; in diesem Falle entsteht eine Herr-

---

[2] Dies ist natürlich eine Vereinfachung, weil Rechte, wie in Kapitel 3 dargelegt, Konsenscharakter haben. Ich werde später in diesem Kapitel noch auf diese Vereinfachung eingehen.

schaftsbeziehung nur dann, wenn Akteur 1 dieses Recht auf Akteur 2 überträgt. Zuweilen wird das Recht jedoch schon von Anfang an von Akteur 2 behauptet (wie z.B. ein Elternteil die Kontrollrechte über die Handlungen seines Kindes schon zu dessen Geburt besitzt oder wie der Staat Kontrollrechte über bestimmte, als illegal definierte Handlungen von Bürgern behauptet), und die Herrschaftsbeziehung besteht, bis sie von Akteur 1 aufgehoben wird. (Die Frage, *ob* Akteur 1 die Herrschaftsbeziehung einseitig aufheben und damit einseitig das Kontrollrecht entziehen kann, ist eine Frage, die wiederum mit dem Konsenscharakter von Rechten zu tun hat. Ich werde später in diesem Kapitel darauf eingehen.)

Es erscheint vielleicht seltsam, die Erörterung von Herrschaft, einer Beziehung, in der ein Vorgesetzter die Handlungen eines Untergebenen bestimmt oder beherrscht, mit der Beschreibung von Handlungen des Akteurs zu beginnen, der die untergeordnete Position besetzen wird. Dies ist jedoch von grundlegender Bedeutung für die Vorstellung von Herrschaft, die mit der Theorie dieses Buches in Einklang steht. Herrschaft muß einem Vorgesetzten übertragen werden, bevor dieser die Herrschaft ausüben kann. Herrschaft besteht nur, wenn der Vorgesetzte dieses Recht besitzt.

Das Recht auf Kontrolle über eigene Handlungen

Unter welcher Bedingung besitzt ein Individuum das Recht auf Kontrolle über seine eigenen Handlungen? Eine naive Antwort darauf könnte sein, daß das Individuum dieses Recht immer besitzt, es sei denn, es hat dieses Recht bereits einer anderen Person übertragen. Aber dies ist nicht der Fall, wie zahlreiche Beispiele zeigen. Ein Kind, das zur Zeit der Sklaverei in Rom oder dem Süden der Vereinigten Staaten von einer Sklavin geboren wurde, war ein Sklave und besaß nicht die Rechte freier Menschen. Jedem in unserer Gesellschaft geborenen Kind werden bestimmte Bürgerrechte verwehrt; die Kontrollrechte über bestimmte Handlungen haben die Eltern des Kindes inne. Der Bürger eines Staates, der die Bürgerrechte in vollem Umfang besitzt, besitzt dennoch nur die Rechte, die das Gesetz einräumt, und hat nicht das unbeschränkte Recht, tun zu dürfen, was er will.

Allgemeiner gesagt gibt es zwei Möglichkeiten, warum eine Person das Recht auf Kontrolle über ihre Handlungen nicht besitzt. Entweder behauptet eine andere Person dieses Recht, möglicherweise sogar ohne daß es ihr von der ersten Person übertragen worden wäre, oder das Recht existiert gar nicht. Dies ergibt sich aus der Definition eines Rechts, die in Kapitel 3 aufgestellt worden ist. Ein Recht existiert nur dann, wenn unter den relevanten Akteuren ein allgemeiner Konsens darüber besteht, welcher Akteur das Recht behauptet. Wenn dieser Konsens fehlt, existiert das Recht nicht. Und wenn dieser Konsens das Kontrollrecht über die Handlungen von Akteur A in die Hände von Akteur B legt (z.B. weist der Konsens normalerweise viele Kontrollrechte über die Handlungen von Kindern deren Eltern zu), dann besitzt Akteur B dieses Recht. Die Akteure, die für die Bestimmung des Konsens relevant sind, ergeben sich aufgrund von Macht und Interesse; denn ein Akteur ist nur dann relevant für die Bestimmung, wem das Recht zufällt, wenn er ein Interesse an der betreffenden Handlung oder dem betreffenden Ereignis hat und wenn er genügend Macht besitzt, seinen Relevanzanspruch zu behaupten. Dabei wird die Gewichtigkeit eines Akteurs von dem Ausmaß seines Interesses bestimmt, welches durch seine Macht verstärkt wird.

Wenn Personen in einem bestimmten sozialen System in gesetzlichem Sinne als "frei" betrachtet werden, heißt dies, daß es nach der Kindheit (auf die ich in Kürze eingehen werde) eine große Bandbreite von Handlungen für die Person gibt, an der kein anderer Akteur (einschließlich des Staates) ein legitimes Interesse hat. Dies träfe nicht zu, wenn die Person vom Gesetz her als "unfrei", d.h. als Eigentum einer anderen Person, betrachtet würde. Als Eigentum des anderen wären die Handlungen der ersten Person für den anderen von legitimem Interesse. Das Gesetz gäbe dem anderen das Recht auf Kontrolle der Handlungen dieser Person.

Abgesehen von Sklaverei im rechtlichen Sinne haben die Verfassungen vieler sozialer Systeme (stillschweigend oder ausdrücklich) andere Formen der unfreiwilligen Unterwerfung unter eine Autorität legitimiert. Meistens sind hiervon Frauen betroffen. In manchen Gesellschaften werden Töchter ganz der Autorität des Vaters unterstellt, der seine Tochter (für einen sogenannten Brautpreis) an einen potentiellen Ehemann verkaufen darf. Die Ehefrau geht dann in den Besitz des Ehemannes über, der das legitime Recht besitzt, eine Fülle ihrer Handlungen zu kontrollieren.[3]

Abgesehen von Sklaverei, Leibeigenschaft und Kindheit im Sinne des Gesetzes gestehen die Verfassungen vieler sozialer Systeme keinem Akteur legitime Interessen an den Handlungen einer Person zu, solange diese Handlungen keine eindeutigen Auswirkungen auf den Akteur haben. Hierzu gibt es ein Effektivitätsprinzip, das besagt, daß Kontrollrechte über Handlungen denjenigen übergeben werden, die das größte Interesse an den Handlungen und somit das größte Interesse daran haben, diese Kontrolle in einer Weise auszuüben, daß dieses Interesse befriedigt wird. Solange sich dieses Interesse nicht im Widerspruch zu einem weit verbreiteten, wenn auch geringen Interesse an den Handlungen von seiten zahlreicher anderer Akteure befindet,

---

3 Es trifft natürlich zu, daß die Interessen der Frauen in manchen dieser sozialen Systeme von der Gesellschaft insofern wahrgenommen werden, als die Ausübung der Autorität des Ehemannes gesellschaftlich eingeschränkt wird und er sozialen Sanktionen ausgesetzt ist, wenn er seine Grenzen überschreitet. Trotz dieser Beschränkung besteht aber die Autorität.

gibt es keinen ausreichenden Grund, das Recht jemand anderem als der Person selbst zu übergeben.

Aus der Sichtweise eines funktionierenden sozialen Systems bietet es einen zweiten Vorteil, wenn die Rechte auf Kontrolle von Handlungen vom Akteur selbst behauptet werden. Diese Allokation von Rechten reglementiert sich selber, weil die Kontrollrechte demjenigen Akteur zugewiesen werden, der de facto auch die Kontrolle besitzt. Dies trifft nicht für jede beliebige Allokation zu. Sklavenhalter müssen die Handlungen von Sklaven überwachen; Eltern müssen die Handlungen von Kindern beaufsichtigen; der Staat muß die Handlungen von Bürgern überwachen, über die er Kontrollrechte besitzt (z.B. Gefängnisinsassen). Anders ausgedrückt muß Herrschaft, die nicht freiwillig von einem Akteur auf den anderen übertragen worden ist, durch Zwangsmacht gestützt werden, wenn sie durchgesetzt werden soll. Dem entspricht das Phänomen, daß die Herrschaft von Eltern über ihr Kind nach und nach in dem Maße abnimmt, wie sich ihre Zwangsmacht über das Kind - d.h. die Macht, die Situation eines ungehorsamen Kindes zu verschlechtern - verringert.[4]

Das Prinzip, daß Kontrollrechte über Handlungen vom Akteur behauptet werden, wenn diese Handlungen nicht eindeutige Auswirkungen auf andere Akteure haben, läßt sich auch vom Standpunkt einer politischen Philosophie aus betrachten - nämlich dem des Liberalismus. John Stuart Mill (1974 [1859]) hat dieser Philosophie Ausdruck gegeben:

> Sobald irgend etwas in der Handlungsweise eines einzelnen den Belangen anderer Abbruch tut, hat die Gemeinschaft Rechtsgewalt über ihn, und die Frage, ob das Gemeinwohl dadurch gefördert wird oder nicht, wenn sie sich mit ihm befaßt, steht zur Debatte. Dagegen sollte man die Frage nicht erörtern, wenn die Handlung nur die Interessen des Betreffenden selbst angeht oder die anderer mit ihrem Willen (vorausgesetzt, alle Betreffenden seien volljährig und im Besitz ihres Verstandes). In allen solchen Fällen sollte vollkommene gesetzliche und gesellschaftliche Freiheit herrschen, das Vorhaben auszuführen und die Folgen zu tragen.

---

4 In Einklang damit steht auch, daß diejenigen Eltern, deren Zwangsmacht auf mehr als relativer physischer Stärke basiert, wie z.B. auf dem Eigentum von Land oder dem Besitz anderen Vermögens, die Autorität über ihre Kinder weit über das Alter hinaus behaupten können, in denen die Stärke des Kindes sich mit der des Vaters messen kann. Wenn die Familie dem Kind nichts geben oder verwehren kann, ist die familiäre Autorität fast gänzlich von physischer Stärke abhängig. Dies erklärt möglicherweise auch, warum familiäre Autorität länger gegenüber Töchtern behauptet wird als gegenüber Söhnen, vor allem in den Familien, in denen Autorität hauptsächlich auf physischer Gewalt beruht.

Mills Aussage kann als Aussage einer politischen Philosophie betrachtet werden, die (stillschweigend oder ausdrücklich) in die Verfassung eines sozialen Systems Eingang finden will. Obwohl Mills Aussage das so formuliert, als "müsse" oder "sollte" dies so sein, steht sie nur für eine bestimmte politische Philosophie unter anderen, die Eingang in eine Verfassung finden möchten.

Es besteht eine enge Verbindung zwischen der politischen Philosophie des Liberalismus und einer philosophischen Position, die im sechzehnten Jahrhundert aufkam und die Meinung vertritt, daß alle Menschen mit einer Menge natürlicher Rechte ausgestattet sind. Das bedeutet, daß alle Personen zu Beginn zumindest eine spezifische Untermenge an Ressourcen besitzen, die man als "Rechte", "natürliche Rechte" oder "unveräußerliche Rechte" bezeichnen kann. Eine solche philosophische Sichtweise hat vielleicht dieselbe Zielsetzung, mit der so etwas wie eine *Bill of Rights* in die Verfassung von Staaten aufgenommen wird, die eine Grundlage für die Zuteilung von Rechten an Individuen bieten soll. Eine solche Grundlage muß jedoch immer auf einem Kriterium oder Wert basieren, das außerhalb der Verfassung des Systems existiert. Die Verfassung verkörpert – implizit oder explizit – den sozialen Konsens, auf den sich jegliche Allokation von Rechten stützt.

Herrschaftsübertragung

Wie oben gezeigt wurde, ist es entweder der Fall oder nicht, daß ein Individuum das Kontrollrecht über eine bestimmte Klasse der eigenen Handlungen besitzt. Nur wenn das Individuum dieses Recht besitzt und zusätzlich auch das Recht, einem anderen dieses Recht übertragen zu dürfen, kann es dem anderen freiwillig Herrschaft übertragen. Der Besitz dieser beiden Rechte entspricht dem Besitz des oben erwähnten Papiers, das die Worte enthielt "Der Akteur, der sich in Besitz dieses Papiers befindet, hat das Recht, gewisse Handlungen von Akteur 1 zu bestimmen ..." Die Untersuchung von Herrschaft in diesem Kapitel geht von der Annahme aus, daß Akteure zunächst diese Ressource besitzen, die für andere von gewissem Wert sein kann und daher als Tauschgegenstand einsetzbar ist. Es ist vielleicht auch eine Ressource, die der Akteur lieber in Besitz eines anderen Akteurs sehen möchte und die er daher möglicherweise freiwillig auf einen anderen überträgt (so wie eine junge Frau die Gelübde einer Nonne ablegt und damit der Kirche die Herrschaft über eine Fülle ihrer Handlungen überträgt).

Die Annahme, daß Akteure Kontrollrechte über ihre Handlungen sowie Übertragungsrechte besitzen, trifft nie auf sämtliche Handlungen einer Person in einem sozialen System zu. Nur in bezug auf diejenigen Handlungen (die von System zu System verschieden sind), über die Akteure jene Rechte besitzen, ist das Übertragen von Herrschaft von Interesse. Bevor ich mich diesen Handlungen zuwende, werde ich kurz unfreiwillige Herrschaftsbeziehungen untersuchen, in denen Kontrollrechte nicht vom Akteur, sondern von anderen behauptet werden.

Unfreiwillige Herrschaft und Aberkennung von Herrschaft

Der Staat behält sogar Kontrollrechte über bestimmte Handlungen von erwachsenen Personen. In solchen Herrschaftsbeziehungen entsteht nicht das Problem, Herrschaft zu übertragen, sondern das Problem, Herrschaft abzuerkennen oder zu entziehen, wie es bei der Autorität geschieht, die Eltern über ihre Kinder besitzen. In beiden Fällen wird der Konsens über die Rechtszuteilung vom rechtlichen System verkörpert, das die Bürgerrechte von Personen definiert und elterliche Autorität durchsetzt. Weil das Kontrollrecht über die Handlung und das Übertragungsrecht über dieses Recht nicht vom Akteur behauptet werden, besitzt der Akteur auch nicht das Recht, Herrschaft abzuerkennen. Wenn, wie in einem solchen Fall, das Kontrollrecht über die Handlung des Akteurs verfassungsmäßig nicht vom Akteur, sondern von einem anderen behauptet wird, kann das Aberkennen von Herrschaft nicht vollzogen werden, ohne daß man die Zwangsmacht des Staates anruft, die den verfassungsmäßig definierten Konsens durchsetzt.

Dennoch versuchen Personen, sich dieser Herrschaft zu entledigen. Kinder laufen von zu Hause fort, Bürger verlassen einen Staat (oder versuchen es), und Bürgergruppen beteiligen sich manchmal an Revolten. Diese Handlungen können nur dann erfolgreich sein, wenn der Staat, der die Zwangsmacht innehat, sie zuläßt (in den meisten Staaten besitzen Bürger das Recht auf freie Emigration) oder wenn der Staat nicht die Macht hat, eigene oder elterliche Autorität durchzusetzen. (Der Herrschaftsentzug durch Umsturz der bestehenden Herrschaftsstruktur ist in sozialen Systemen von besonderer Bedeutung und wird in Kapitel 18 behandelt.) Akteure können in ihren Handlungen auch Herrschaft mißachten, indem sie autoritativen Richtlinien zuwiderhandeln, ohne der Herrschaftsgewalt Rechte entzogen zu haben. Eine solche Handlung kann die Durchsetzungsgewalt, von der Herrschaft abhängt, auf die Probe stellen.

Wie Simmel (1908) in seiner Untersuchung über Herrschaft hervorhebt, ist Zwang niemals absolut:

---

71 Selbst in den drückendsten und grausamsten Unterworfenheitsverhältnissen besteht noch immer ein erhebliches Maß persönlicher Freiheit. Wir werden uns ihrer nur nicht bewußt, weil ihre Bewährung in solchen Fällen

Opfer kostet, die auf uns zu nehmen ganz außer Frage zu stehen pflegt. (S. 102)

Selbst für Personen, die der despotischsten Herrschaft unterworfen sind, existieren immer noch Wahlmöglichkeiten.[5] So entsteht immer wieder die Frage, warum sich eine bestimmte Person einer Herrschaft beugt. In manchen Fällen lautet die Antwort einfach, daß das autoritative Gegenüber ausreichend umfangreiche Ressourcen besitzt und gewillt ist, sie zu nutzen, so daß die Alternative ernstlich negative Folgen haben würde. Wie diese Antwort nahelegt, kann man selbst Zwang als Transaktion betrachten. Wenn ein Despot, wie Simmel bemerkt, einem Befehl die Androhung einer Strafe oder das Angebot einer Belohnung folgen läßt, heißt dies, daß der Despot gewillt ist, eine Verpflichtung einzugehen, die aus den Ergebnissen resultiert. Der Untergebene hat somit einen *Anspruch* gegenüber dem Despoten, der von den Handlungen des Untergebenen abhängt. In Herrschaftsbeziehungen, die durch Zwang aufrechterhalten werden müssen, ist der Austausch in gewisser Weise ein besonderer, da der Vorgesetzte sich einverstanden erklärt, im Austausch gegen den Gehorsam des Untergebenen eine Handlung, die die Situation des Untergebenen verschlechtern würde, zurückzuhalten.

Natürlich trifft es zu, daß in vielen Herrschaftsbeziehungen, die zu ihrer Durchsetzung Zwang erfordern, die ursprüngliche Herrschaftsübertragung freiwillig erfolgt ist. Die Notwendigkeit des Zwanges ähnelt hier der Durchsetzung eines langfristigen Vertrags, der freiwillig geschlossen wurde, aber für beide Parteien bindend ist. Solche Herrschaftsbeziehungen werden eingegangen, wenn der Akteur, der in die untergebene Position gelangt, auch ohne bedroht zu werden, Kontrolle überträgt, weil er glaubt, daß sich seine Situation dann verbessert. Das Lehenssystem zur Zeit der Feudalherrschaft exemplifiziert diese Beziehung. Belehnung bestand in einem Vertrag, in dem sich ein Akteur, der zum Vasallen wurde, unter die Herrschaft eines anderen begab, der sein Lehnsherr wurde. Damit versprach der Vasall gegen die Gewährung von Schutz dem Lehnsherrn absolute Loyalität. In vielen Fällen wurde diese Beziehung hergestellt, wenn ein Mann von seinen Nachbarn als der mächtigste angesehen wurde. Aus diesem Grunde übergaben die anderen sich ihm und verliehen ihm die Herrschaft über sich als Vasallen. Dies verschaffte dem Lehnsherrn gewisse Kontrollrechte über die Handlungen der Vasallen, wie z.B. das Recht, Steuern einzutreiben und die Vasallen zum

---

5 Selbst Max Weber, der die Wahl, die eine Herrschaftsbeziehung beinhaltet, nicht unterstreicht, sagt in seiner Definition von Herrschaft: "'Herrschaft' soll ... die Chance heißen, für spezifische (oder: für alle) Befehle bei einer angebbaren Gruppe von Menschen Gehorsam zu finden ... Ein bestimmtes Minimum an Gehorchen*wollen* ... gehört zu jedem echten Herrschaftsverhältnis." (1922, S. 122)

Militärdienst heranzuziehen. Die Belehnung fand jedoch freiwillig statt, weil der potentielle Vasall glaubte, er könne seine Situation dadurch verbessern.

Es gibt noch ein anderes Phänomen, das einer Herrschaftsbeziehung, die freiwillig eingegangen wird, aber nur mit Zwang durchgesetzt werden kann, beinahe entgegengesetzt ist. Ich meine ungewollte Herrschaft (beispielsweise der Familie oder des Staates) oder pure Machtausübung, die der Untergebene dann als legitim anerkennt, wenn sie auf eine Weise ausgeübt wird, daß sie sich mit den Interessen des Untergebenen zum Teil überlappt. Daß es so etwas gibt, ist allgemein bekannt. Die spezifischen Bedingungen hierzu sind allerdings nicht gründlich erforscht.

Freiwillige Herrschaftsübertragung

Nicht alle Herrschaft resultiert aus einer freiwilligen Übertragung, wie die vorangegangene Erörterung zeigt. In den meisten sozialen Systemen gibt es jedoch eine weitgefaßte Klasse von Handlungen, bei denen der Akteur die Kontrollrechte besitzt, der auch das Recht behauptet, diese Rechte zu übertragen. Bei dieser weitgefaßten Klasse von Handlungen ist es möglich, den Konsenscharakter von Rechten zu ignorieren (es sei denn, dieser Konsens wird in Frage gestellt) und die Rechte so zu behandeln, als seien sie eine materielle Ressource, die vom Individuum besessen und genutzt wird. Auf diese Weise ergibt sich die Möglichkeit, die Übertragung von Herrschaft, wie zu Beginn des Kapitels, als die Übergabe eines Papiers, das ein Recht verkörpert, zu betrachten.

Der Grund dafür, daß Personen Kontrollrechte über ihre Handlungen auf andere übertragen, muß im Hinblick auf zwei Klassen von Herrschaftsbeziehungen strikt unterschieden werden. Im ersten Fall überträgt ein Akteur dem anderen die Herrschaft, weil der erste Akteur glaubt, daß sich seine Situation verbessert, wenn er sich der Lenkung des anderen anvertraut. Er überträgt die Kontrollrechte einseitig, ohne eine extrinsische Kompensation. Im zweiten Fall überträgt der Akteur die Kontrollrechte ohne diese Überzeugung, jedoch gegen eine extrinsische Kompensation. Im ersten Fall handelt es sich sozusagen um eine einseitige Übergabe des oben beschriebenen Papiers; im zweiten Fall ist die Übertragung nur Teil eines Austauschs.

Konjunkte und disjunkte Herrschaftsbeziehungen

Die zu Beginn des Kapitels beschriebene Herrschaft in Kommunen befindet sich nach Ansicht der Kommunenmitglieder im Einklang mit ihren grundlegenden Interessen, selbst wenn diese Herrschaft dazu benutzt wird, um ein

Mitglied zu disziplinieren, oder sich in bestimmten Fällen sogar gegen die Wünsche eines Mitglieds richtet. Wenn eine solche Herrschaftsübertragung stattfindet, geschieht dies normalerweise, weil der Akteur, der die Übertragung vornimmt, der Meinung ist, daß sich die Interessen der Einzelperson (oder der Körperschaft), auf die die Herrschaft übertragen wird, soweit mit seinen eigenen decken, daß die Ausübung der Herrschaft Gewinne mit sich bringt. Somit nimmt ein rationaler Akteur eine Übertragung in der Erwartung vor, daß sich seine Situation im Zuge der Herrschaftsausübung verbessern wird.

Neben Kommunen gibt es zahlreiche andere Herrschaftssysteme, in denen ein Akteur eine Übertragung ohne extrinsische Bezahlung und in dem Glauben vornimmt, daß die bloße Ausübung der Herrschaft durch den anderen Gewinne erbringt. Eine Gewerkschaft ist ein Beispiel hierfür. Jedes Gewerkschaftsmitglied gibt die Kontrolle über bestimmte Handlungen auf (wie z.B. das Recht, einen Vertrag mit dem Arbeitgeber zu unterzeichnen) und auch Besteuerungsrechte (Gewerkschaftsbeiträge) in der Erwartung, daß Gewerkschaftshandlungen Gewinne nach sich ziehen (z.B. erbringen Lohnverhandlungen möglicherweise ein höheres Einkommen).

Es sollte bemerkt werden, daß ich hier nicht die Unterscheidung treffe, die Max Weber (und andere) zwischen Vergesellschaftungen, die sich für ihn auf rationale gemeinschaftliche Interessen gründeten, und Vergemeinschaftungen, die für ihn auf nichtrationalen Bindungen basierten, getroffen hat. In der hier vorgestellten begrifflichen Struktur sind sowohl die sogenannten Gemeinschaften als auch die sogenannten Gesellschaften Herrschaftssysteme, in denen Akteure Herrschaft übertragen, ohne eine extrinsische Bezahlung zu erhalten. Dies ist dann eine subjektiv rationale Herrschaftsübertragung, wenn sie sich auf die Überzeugung stützt, daß sich die Ausübung der Herrschaft mit den Interessen des Akteurs deckt.

Ganz anders sieht die Sache für eine andere Klasse von Herrschaftsstrukturen aus, die sich am besten durch eine formale Organisation verdeutlichen läßt, die aus Arbeitnehmern besteht, die gegen Bezahlung arbeiten. In einer solchen Organisation wird die Übertragung des Kontrollrechts im Austausch gegen die Bezahlung eines Lohns oder eines Gehalts vorgenommen. Hierbei wird nicht angenommen, daß die Herrschaft im Interesse der Akteure (der Arbeitnehmer), die das Recht übertragen haben, ausgeübt wird - obwohl es im Wirken solcher Organisationen manchmal gefordert wird, daß sich die Ausübung der Herrschaft zum Teil mit den Interessen jener Untergebenen deckt. Beispielsweise kann gegen das Schließen einer Fabrik und dem daraus resultierenden Verlust von Arbeitsplätzen protestiert werden, und es wird häufig gefordert, daß die Unternehmensleitung die Interessen der Arbeitnehmer im Hinblick auf die Arbeitsbedingungen berücksichtigt. In solchen Beziehungen ist auch der Vorgesetzte manchmal der Meinung, daß die langfristigen Interessen des Unternehmens teilweise denen der Untergebenen entspricht.[6]

Webers Vorstellung von Bürokratie als eines Idealtyps eines Herrschaftssystems beschreibt sie als ein System, in dem jeder Beamter oder Angestellte das Kontrollrecht über seine Handlungen (in einem bestimmten Ereignisbereich) gegen Geld eintauscht und in dem alle Handlungen der Organisation auf das Interesse der zentralen Herrschaft an der Spitze ausgerichtet sind. Obwohl eine Bürokratie auch andere Eigenschaften besitzt und somit nur eine Form eines Herrschaftssystems mit extrinsischer Bezahlung der Untergebenen ist, stellt sie doch ein besonders gutes Beispiel für ein Herrschaftssystem mit extrinsischer Bezahlung dar. Das Rechtssystem (das für unsere Zwecke als eine Menge von Prinzipien betrachtet werden kann, welche die Prozesse eines zum großen Teil innerlich konsistenten sozialen Systems darstellt) liefert mit dem *law of agency* ein weiteres Beispiel. Beim *law of agency* sind drei Parteien definiert: Prinzipal, Agent und Drittpartei. Gegen eine Entschädigung übergibt der Agent dem Prinzipal das Kontrollrecht über seine Handlungen innerhalb einer wohldefinierten Menge von Ereignissen, indem er dem Prinzipal seine Dienstleistungen zur Verfügung stellt.[7] Das Recht besagt ausdrücklich, daß sich die Interessen des Agenten von denen des Prinzipals unterscheiden, und ein Großteil des *law of agency* befaßt sich mit der Rechtsprechung zwischen Prinzipal und Agent für den Fall, daß letzterer eher in seinem eigenen Interesse als im Interesse des Prinzipals Handlungen ausgeführt hat.

Die beiden Arten von Situationen, in denen Akteure Kontrollrechte über ihre Handlungen übertragen, führen zu verschiedenen Typen von Herrschaftsstrukturen, wie durch die kontrastierenden Beispiele der Kommunen und Gewerkschaften mit bürokratischen Organisationen und Agentschaftsbeziehungen gezeigt wird. Der erste der beiden Typen, bei dem die Übertragung mit der Überzeugung vorgenommen wird, daß sie für den Untergebenen von Nutzen ist, werde ich konjunkte Herrschaftsbeziehung nennen. Den zweiten Typ, wo eine derartige Überzeugung fehlt, nenne ich eine dis-

---

[6] Beispielsweise beschreibt Carl Kaufmann aus der PR-Abteilung von E. I. Du Pont de Nemours den Umbau einer Fabrik, die Zellophan hergestellt hatte, und nun andere Produkte herstellen sollte: "Du Pont hätte aus dem einen oder anderen dieser neueren Produkte ein wenig mehr Profit herausschlagen können, wenn sie an anderen Orten produziert worden wären ... Sie haben die Beziehung des Unternehmens zu lange beschäftigten Angestellten und zur Gemeinde bedacht. (Natürlich kann man darauf antworten, und ich selbst stimme dem auch zu, daß diese Politik auf lange Sicht die Profite maximiert.)" (1969, S. 237)

[7] Es gibt zwei Formen des *law of agency*: die Form des selbständigen Unternehmers und die Form von Herr und Knecht. Nur im zweiten Fall wird eine Übertragung von Kontrollrechten vorgenommen und damit eine Herrschaftsbeziehung begründet. (Siehe Mecham 1952 [1933]; siehe auch Kapitel 7, wo Agentschaft ausführlicher behandelt wird.)

junkte Herrschaftsbeziehung. Weil man davon ausgeht, daß sich Akteure rational verhalten, entstehen konjunkte Herrschaftsbeziehungen normalerweise aus einer einseitigen Übertragung von Kontrollrechten, wogegen disjunkte Herrschaftsbeziehungen nur entstehen, wenn eine Entschädigung gezahlt wird. Die Begriffe "konjunkt" und "disjunkt" beziehen sich auf die Übereinstimmung zwischen den Interessen des Untergebenen und den Anordnungen des Vorgesetzten. In einer konjunkten Herrschaftsbeziehung realisieren die Anordnungen des Vorgesetzten die Interessen des Untergebenen. In einer disjunkten Herrschaftsbeziehung ist dies nicht der Fall, sondern die Interessen des Untergebenen müssen mit extrinsischen Mitteln befriedigt werden.

Bevor ich die Eigenschaften von konjunkten und disjunkten Herrschaftsbeziehungen untersuche, möchte ich eine Unterscheidung zwischen einer Herrschaftsbeziehung und einer Herrschaftsstruktur treffen. Eine Herrschaftsstruktur kann aus einer einzelnen Herrschaftsbeziehung oder mehreren Herrschaftsbeziehungen bestehen. Eine Herrschaftsbeziehung wird begründet, indem ein Akteur einem anderen das Kontrollrecht über bestimmte Handlungen überträgt. Somit lassen sich, um es genau zu nehmen, nur individuelle Herrschaftsbeziehungen als konjunkt oder disjunkt bezeichnen. Trotz dieser Komplexität ist es zum Zwecke der Darstellung jedoch sinnvoll, die Begriffe "konjunkt" und "disjunkt" nicht nur auf Herrschaftsbeziehungen, sondern auch auf Herrschaftsstrukturen anzuwenden, wie ich es in Kapitel 7 tun werde. Viele Herrschaftsstrukturen bestehen hauptsächlich aus einer der beiden Typen von Herrschaftsbeziehungen, und dementsprechend werde ich Herrschaftsstrukturen so beschreiben, als bestünden sie nur aus einer.[8]

Die genotypische Unterscheidung zwischen konjunkten und disjunkten Herrschaftsbeziehungen wird nicht nur getroffen, weil sie phänotypisch verschiedenen Formen von Herrschaft entspricht, sondern weil die Unterscheidung zu unterschiedlichen Verhaltenstypen und insbesondere zu verschiedenerlei Problemen führt, welche aus diesen beiden Typen von Herrschaftsbeziehungen resultieren.

---

8 In einer disjunkten Herrschaftsstruktur, z.B. einem gewerblichen Unternehmen, verfolgen Untergebene auf einer bestimmten Ebene oft ähnliche Interessen. Diese Übereinstimmung der Interessen bei denen, die derselben Autorität unterworfen sind, führt zu gemeinschaftlichen Handlungen, wie dem Zusammenschluß in Gewerkschaften. Diese Übereinstimmung führt außerdem zu Bemühungen von seiten der Vorgesetzten, Interessenkonflikte herbeizuführen. Ein Beispiel ist eine möglicherweise unwahre Geschichte, die in den dreißiger Jahren unter Gewerkschaftlern kursierte; sie betraf einen Arbeitgeber, der Fließbandarbeitern in verschiedenen Schichten unterschiedlichen Lohn zahlte, um einander widersprechende Interessen hervorzurufen. (Siehe auch Dreyfuss 1952, der die hierarchische Entlohnung in Kaufhäusern untersucht hat.)

75 Das Problem konjunkter Herrschaftsbeziehungen

Wenn ein Akteur das Kontrollrecht über seine Handlungen gegen eine extrinsische Kompensation einem anderen überträgt, ist der potentielle Gewinn für den Akteur offensichtlich. Dies ist nicht so, wenn ein Akteur keine Kompensation erhält. Wenn der Vorgesetzte dem Untergebenen Handlungen aufträgt, die dieser nicht freiwillig ausführen würde, scheint der Untergebene in eine ungünstigere Situation zu geraten, als wenn er unter Eigenverantwortung handeln könnte. Wenn ihm aber der Vorgesetzte solche Handlungen nicht aufträgt, scheint es von vornherein keinen Grund dafür zu geben, Herrschaft zu übertragen.

Es gibt jedoch gewisse Beispiele für konjunkte Herrschaftsbeziehungen, wo die Gründe für die Herrschaftsübertragung auf der Hand liegen. Wenn ich mich z.B. verirrt habe und glaube, daß eine andere Person den Weg kennt, ist es für mich rational, dieser Person Herrschaft zu übertragen. Dies scheint ein zu spezieller Fall zu sein, aber er verdient weitere Beachtung. Wenn ich einem anderen Herrschaft übertrage, glaube ich, daß der andere einige Qualitäten besitzt, die ich nicht besitze, und die es ihm ermöglichen, mich zu Handlungen zu bewegen, die ein befriedigerendes Resultat für mich haben. Diese Situation kann entstehen, weil die sozialen Bedingungen stark in Unordnung geraten und verwirrend sind, oder weil ich selbst besonders aufgewühlt oder verwirrt bin (z.B. weil mir große Veränderungen bevorstehen) oder weil die Person, auf die ich Herrschaft übertrage, besondere Qualitäten zu besitzen scheint – oder auch, weil mehrere dieser Faktoren zusammenspielen.

Soziale Desorganisation, persönliche Desorganisation und besondere Qualitäten einer Person sind Bedingungen, die für Sozialtheoretiker zu einem Phänomen führen, das oft als außerhalb der Grenzen rationaler Handlung angesiedelt erscheint, dem speziellen Phänomen der charismatischen Anziehung. Max Weber betont die persönlichen Qualitäten des "charismatischen Führers" und übergeht sowohl die Merkmale der Person, welche Herrschaft überträgt, als auch die Merkmale der Situation. In Anlehnung an Weber hat es sich eingebürgert, Charisma völlig als Qualität der Person anzusehen, auf die Kontrollrechte übertragen werden.[9] Andere Theoretiker haben jedoch soziale Desorganisation als einen Ausgangspunkt für charismatische Über-

---

9 Weber, der den Begriff der charismatischen Persönlichkeit entwickelt hat, macht nicht klar, ob die charismatische Ausstrahlung der Person *eigen* ist oder ob sie ihr nur *zugeschrieben* wird. Diese Unentschiedenheit äußert sich in Webers Zwiespältigkeit gegenüber Joseph Smith, dem Mormonenführer, der, wie Weber sagt, "vielleicht, aber nicht ganz sicher, wirklich einen raffinierten Schwindlertyp" darstellt (1922, S. 140). Weil aber die Handlungen der Gefolgsleute einen charismatischen Führer bestimmen, ist es wesentlich, daß der Person die Ausstrahlung *zugeschrieben* wird.

tragung identifiziert (Zablocki 1980, Bradley 1987). Zablocki (1980) folgert aus seiner Untersuchung über Kommunen, daß "die Entfremdung von einer kohärenten Wertstruktur eine kollektive Handlung erschwert. Angesichts von Entfremdung ist Charisma eine kollektive Reaktion auf das Erfordernis zu handeln. Wenn gemeinsame formulierte Werte bestehen, können Kollektive zur Aktivierung von Handlungen Ressourcen mobilisieren" (S. 273). Der charismatische Führer ist das Instrument, durch das die Mitglieder einer Kommune sich gegenseitig zu einer kollektiven Handlung motivieren, durch die die Situation jedes einzelnen Mitglieds verbessert wird. (Doch selbst, wenn diese Aussage als richtig akzeptiert wird, suggeriert sie eine unangemessene Konkretheit. Die Mitglieder handeln nicht als Ganzes, sondern als Individuen. Unbeantwortet bleibt die Frage, warum eine Person Herrschaft überträgt, wenn ihr daraus Kosten erwachsen, selbst wenn sie erfährt, daß anderen aus der gleichen Handlung Gewinne erwachsen. Ich werde auf diese Frage, die hier unbeantwortet bleiben muß, noch zurückkommen.)

Eine andere Bedingung, die grundsätzlich zu einer umfangreichen Herrschaftsübertragung führen kann, ist persönliche Desorganisation oder umwälzende persönliche Veränderungen. Es gibt eine Anzahl zufälliger Beobachtungen, die nahelegen, daß persönliche Desorganisation und Veränderungen oft die Vorboten einer Herrschaftsübertragung sind. Religiöse Büßer (die Gott die Kontrolle über ihre Handlungen übertragen), werden bezeichnenderweise als "Verlorene" betrachtet, die für sich selbst keine befriedigende Art der Existenz finden können. Die Mitglieder der Gemeinschaft von Jonestown, die eine solch extreme Herrschaftsübertragung auf ihren Führer vorgenommen hatten, daß sie auf sein Geheiß eine tödliches Gift tranken, sind als Personen beschrieben worden, die wenig hatten, für das sie leben konnten, bevor sie sich der Gemeinschaft anschlossen. Personen, die von einer romantischen Liebe überwältigt werden und sich einem anderen "hingeben", befinden sich wohl charakteristischerweise an einem Punkt, an dem sie weitreichenden persönlichen Veränderungen ausgesetzt sind, wie z.B. vor allem beim Übergang von der Kindheit zum Erwachsensein, wo sie ihre ursprünglichen Familien verlassen und sich auf die "weite Welt" einlassen.[10]

---

10 Die Existenz solcher Stadien weitreichender persönlicher Veränderungen läßt mögliche Forschungshypothesen zu, wie z.B.: (1) wenn das Alter, in dem der psychologische Verlust der elterlichen Autorität stattfindet, abgesenkt wird, wird auch das Alter der ersten romantischen Liebe abgesenkt; (2) Kinder aus Familien mit starken sozialen Beziehungen und starker elterlicher Autorität, die sich bis in das frühe Erwachsensein erstrecken, verlieben sich nicht so früh und so intensiv (weil die physiologischen Veränderungen schon abgeschlossen sind, wenn die elterliche Autorität aufgegeben wird); (3) Männer verlieben sich wieder, wenn ihre sexuellen Kräfte schwächer werden, so wie auch Frauen, solange sie nicht in der Beschäftigung mit ihren Kindern aufgehen; (4) je eingeschränkter die sozialen Bindungen in einer Gesellschaft sind, desto eher übertragen ihre Mitglieder Herrschaft auf einen anderen Menschen, sei es auf eine charismatische Person oder ein Liebesobjekt.

96 Elementare Handlungen und Beziehungen

Diese sozialpsychologischen Phänomene können auch strategische Handlungen derjenigen Personen begünstigen, denen Herrschaft übertragen wird. Dies zeigt auch der "Entblößungsprozeß", der oft vollzogen wird, wenn eine Person in eine soziale Ordnung eintritt, die autoritär gelenkt wird, so wie ein religiöser Orden, das Militär oder eine Bruderschaft. Indem sich das neue Mitglied früherer Bindungen und Ressourcen entblößt, wird es ermutigt, eine vollständige Herrschaftsübertragung auf die Institution vorzunehmen.

Abgesehen von den verschiedenen Forschungsproblemen, die sich aus den genannten Punkten ergeben, bleibt das Problem einer offenkundigen Irrationalität. Im Falle sozialer Desorganisation, bei der die grundlegende Schwierigkeit darin besteht, zur Ausführung kollektiver Handlungen (und nicht zur Ausführung individueller Handlungen, die sich als befriedigend erweisen) unfähig zu sein, wird ein rationales Individuum, das individuell handelt, keine Herrschaft auf einen anderen übertragen, wenn Herrschaftsübertragungen durch andere auch dann zu einer kollektiven Handlung führen, wenn er dies nicht tut. Es wird aber auch keine Herrschaft übertragen, wenn Herrschaftsübertragungen durch andere auch dann nicht zu einer kollektiven Handlung führen, wenn er dies tut. Die Herrschaftsübertragung eines Individuums ist nur dann rational, wenn es das entscheidende Individuum ist, dessen Übertragung darüber bestimmt, ob sich eine kollektive Handlung ergibt oder nicht. Wenn aber alle Individuen in einem System auf diese Weise rational sind, wird jeder auf den anderen warten, und es wird keine kollektive Handlung geben.

Die Lösung dieses Problems für jeden einzelnen Fall ist offen, aber es gibt zumindest die folgenden vier Möglichkeiten:

1. Die persönliche Desorganisation des Individuums ist so groß, daß es einen Gewinn daraus zieht, die eigene Handlung von einer anderen Person bestimmen zu lassen, unabhängig davon, welche Gewinne ihm aus einer kollektiven Handlung erwachsen würden.[11] Dies bedeutet, daß als erste diejenigen Personen Herrschaft übertragen, deren persönliche Desorganisation groß ist, die Veränderungen unterworfen sind oder die "nichts zu verlieren" haben.

2. Auch ohne eine soziale Organisation, die kollektives Handeln hervorru-

---

11 Zablocki (1980) führt ein Beispiel an, das dies verdeutlicht: "Wenn Will mir aufträgt, etwas zu tun, selbst wenn ich damit nicht einverstanden bin, muß ich darauf vertrauen, daß Gott durch Will zu mir spricht ... Wenn Will irgendetwas verbietet, das ich vielleicht machen will, gibt es einen Grund, warum Gott nicht möchte, daß ich das tue ... Gott kann deine Autoritätsperson verändern, wenn deine Autoritätsperson Unrecht hat ... Gott wird Will verändern. Ich möchte Will nicht ändern ... Ich ordne mich [Will] als Autorität unter, wie ich mich Gott unterordne, weil ich weiß, daß Gott die letztendliche Kontrolle ausübt" (S. 281).

fen kann, besteht eine ausreichende Dichte sozialer Beziehungen und sozialer Netzwerke, daß Individuen gemeinsam Herrschaft übertragen, womit eine gegenseitige Abhängigkeit ihrer Herrschaftsübertragungen erzeugt wird, und sie diejenigen sanktionieren, die dies nicht tun.[12] (Die spezifischen Möglichkeiten, anhand derer dies geschehen kann, werden detaillierten empirischen Untersuchungen überlassen.)

3. Die Übertragung konjunkter Herrschaft kann "rational ansteckend" sein. Wenn, mit anderen Worten, eine Anzahl Personen einem spezifischen anderen Akteur Herrschaft übertragen haben und wenn die Herrschaftsübertragung auf *irgendeine* Person nichts oder wenig mehr kostet, als die Herrschaft selbst zu behalten und wenn darüber hinaus alles andere konstant bleibt, ist es rational, auf die gleiche Person Herrschaft zu übertragen (um damit die Wahrscheinlichkeit effektiven kollektiven Handelns zu erhöhen) statt auf eine andere.

4. In einem sozialen System kann das Kontrollrecht über die Handlung einer Person nicht von dieser Person behalten werden, wenn alle anderen einem Akteur Herrschaft übertragen haben und der Ansicht sind, daß das Kontrollrecht über die Handlung jener Person von diesem maßgebenden Akteur behauptet wird. (Wenn eine Untermenge in sozialer Isolation von dem übergeordneten System existiert, können die Mitglieder der Untermenge die Herrschaft über alle Aktivitäten außer über diejenigen behalten, die sie in Kontakt mit der übergeordneten Gesellschaft bringen.) Auf diese Weise verhindert der Konsenscharakter eines Rechts, daß eine Person einseitig das Kontrollrecht über ihre Handlung behält, wenn alle anderen der Meinung sind, daß ein anderer dieses Recht besitzt. Dieser Punkt ist natürlich nur relevant, wenn die Übertragung der Herrschaft auf einen anderen nahezu universal vollzogen wird, und ist nicht auf kleine charismatische Bewegungen in einem sozialen System übertragbar.

Der fundamentale Schwachpunkt hinsichtlich der Handlungen des Untergebenen in einer konjunkten Herrschaftsbeziehung

In einer konjunkten Herrschaftsbeziehung sieht der Untergebene eine Übereinstimmung seiner Interessen mit denen des Vorgesetzten. Wenn eine Anzahl Personen sich ein und demselben Vorgesetzten untergeordnet haben (der eine Körperschaft, wie eine Kommune, oder eine Führerperson sein kann), ist jeder der Meinung, daß sich seine Interessen mit den Interessen aller decken. Dies heißt, daß die Interessen jedes einzelnen durch die Handlungen eines anderen genauso befriedigt werden wie durch die eigenen. Es

12 Siehe Kapitel 12.

heißt auch, daß die Interessen jedes einzelnen durch die Handlungen der Autoritäten genauso befriedigt werden wie durch die eigenen. Wenn also die Handlungen des Untergebenen, die darauf abzielen, seine Interessen zu befriedigen, eine Anstrengung erfordern oder auf eine andere Art und Weise Kosten erzeugen, steht er sich möglicherweise besser, wenn er nicht selber handelt, sondern das Handeln dem Führer überläßt. Die Handlungen der Autorität oder die Handlungen anderer innerhalb derselben Herrschaft befriedigen die Interessen des Untergebenen genauso effektiv wie seine eigenen, und ihm entstehen keine Kosten daraus. Es kann natürlich sein, daß ein Untergebener das Recht, seine Handlungen zu bestimmen, übertragen hat und daher der Herrschaft unterworfen ist, die er aufgegeben hat. In vielen konjunkten Herrschaftsstrukturen wie Kommunen oder Verbänden von Personen mit ähnlichen Interessen bedeutet die gemeinschaftliche Herrschaftsübertragung nicht gleichzeitig, daß für jede Situation vorgeschrieben ist, was man zu tun hat. In jeder spezifischen Situation wird es im Interesse aller liegen, sämtliche Arbeit von der Autorität tun zu lassen.[13] Wenn Herrschaft auf ein Kollektiv wie etwa eine Kommune übertragen worden ist, wird es im Interesse jedes einzelnen liegen, die anderen sämtliche Arbeit tun zu lassen. Allerdings wird auch jeder einzelne daran interessiert sein, die anderen zu ermuntern, die kollektiven Ziele zu fördern, und diejenigen Normen zu unterstützen, die alle ermuntern, auf das gemeinschaftliche Interesse hinzuarbeiten. Somit müßten derartige Herrschaftsstrukturen die größtmögliche Divergenz zwischen gemeinschaftlichen Normen für die Verfolgung gemeinschaftlicher Ziele und privatem Verhalten, das auf diese Ziele gerichtet ist, aufweisen.

Beiläufige Beobachtungen lassen vermuten, daß diese Divergenz tatsächlich in vielen konjunkten Herrschaftsstrukturen zu finden ist. In großen konjunkten Kollektiven wie Nationalstaaten gibt es normalerweise eine weitverbreitete Norm, daß man über Politik informiert sein und wählen sollte, doch die meisten Personen bleiben uninformiert, und viele gehen nicht zu Wahlen. In Gewerkschaften, deren Mitglieder gemeinschaftliche Interessen im Hinblick auf ihre Arbeitgeber besitzen, gibt es ähnliche Normen über die Mitwirkung an gewerkschaftlichen Angelegenheiten, aber die Durchschnittsmitglieder beteiligen sich im allgemeinen wenig. Ganz allgemein kommt es in konjunkten Herrschaftsstrukturen sehr häufig zu dem sogenannten Trittbrettfahrerproblem. Wie Kapitel 11 ausführt, kann das Trittbrettfahrerproblem überwunden werden, wenn sich Normen entwickeln, die das gemeinschaftliche Interesse unterstützen. Allerdings können die Normen auch zu *exzessivem* Handeln hinsichtlich des gemeinschaftlichen Interesses führen (siehe Kapitel 11).

---

13 Dies entspricht dem Wesen einiger Religionen, in denen die Übertragung von Autorität auf Gott mit der Annahme einhergeht, daß "Gott für alle sorgen wird" und man sich somit einfach "den Händen Gottes überlassen" darf.

Es gibt einen weiteren möglichen Schwachpunkt hinsichtlich der Handlungen des Untergebenen in konjunkten Herrschaftsbeziehungen, der bisher wenig erforscht worden ist. Es besteht nämlich die Möglichkeit, daß gemeinschaftliche Interessen, die zur gegenseitigen Unterstützung von Handlungen führen, die diese Interessen fördern, jedes einzelne Individuum dazu verleiten, einer zentralen Autorität umfassendere Kontrollrechte zu übertragen, als in seinem Interesse liegt. Daher scheint es in konjunkten Herrschaftsstrukturen eine systematische Tendenz zu geben, einer zentralen Autorität mehr Rechte zu übertragen, als jedes einzelne Individuum, wenn es unabhängig handelte, es als seinen Interessen dienlich ansehen würde. (Dies wird ausführlicher in Kapitel 13 behandelt, wo die rationale Basis der Entscheidung, welche Rechte einem Kollektiv übertragen werden sollen, untersucht wird.)

Eine ernsthafte Beschränkung konjunkter Herrschaftsbeziehungen besteht darin, daß sie von einer Übereinstimmung der Ziele zwischen dem Akteur, der die Herrschaftsübertragung vornimmt, und dem Akteur, der zum Vorgesetzten wird, abhängen. Obwohl diese Übertragung für den Akteur, der durch sie zum Untergebenen wird, möglicherweise von Wert ist, hat sie auch schwerwiegende Einschränkungen. Die Bildung einer Herrschaftsstruktur, die aus vielen derartigen Beziehungen besteht, ist sowohl von der Übereinstimmung der Interessen vieler Akteure abhängig als auch von einem Konsens darüber, wer diese Interessen am besten verwirklichen kann. Laut Definition müssen die betreffenden Interessen alle Komponenten, die für die Struktur notwendig sind, bereits in sich tragen. Es werden keine extrinsischen Bezahlungen eingesetzt, um die komplexe Struktur interdependenter Handlungen aufzubauen, die in einer disjunkten Herrschaftsstruktur die Realisierung gemeinschaftlicher Interessen fördern. Daher tendieren konjunkte Herrschaftsstrukturen zur Einfachheit, da sie aus wenigen Ebenen bestehen und intern wenig differenziert sind.

Der fundamentale Schwachpunkt hinsichtlich der Handlungen des Untergebenen in einer disjunkten Herrschaftsbeziehung

In einer Herrschaftsbeziehung hat der Untergebene das Kontrollrecht über seine Handlungen auf den Vorgesetzten übertragen. Doch weil Handlungen eine unveräußerliche Ressource sind, kann der Untergebene die eigentliche Ausführung der Handlung nicht übertragen. Die Abhängigkeit von den Ergebnissen sowohl der vom Vorgesetzten gegebenen Anordnung als auch der Ausführung durch den Untergebenen unterscheidet eine Herrschaftsbeziehung von einem temporären Güteraustausch und verleiht ihr eine gewisse Dauer.

Der fundamentale Schwachpunkt der disjunkten Herrschaftsbeziehung besteht darin, daß Handlungsergebnisse zum Teil von Akteuren (Untergebenen) abhängen, die kein intrinsisches Interesse an diesen Ergebnissen haben. Der allgemeine Nutzen disjunkter Herrschaftsbeziehungen in sozialen Systemen basiert auf dieser Tatsache, aber hier liegt auch der Schwachpunkt. Denn solange nicht über jedes Handlungsdetail Herrschaft ausgeübt werden kann oder solange es keinen leicht überprüfbaren Indikator dafür gibt, wie gut die Handlungen des Untergebenen den Interessen des Vorgesetzten dienen, kann es sein, daß der Untergebene nicht im Interesse des Vorgesetzten handelt. In manchen Fällen sind die Resultate der Geschehnisse, d.h. die Produkte der Handlungen des Untergebenen, ein leicht zu überprüfender Indikator, der zur Überwachung der Handlung benutzt werden kann, doch häufig ist dies nicht der Fall. Dann ist eine Kontrolle erforderlich, die dem Vorgesetzten gewisse Kosten bereitet und unvollkommen ist.

Viele Verhaltensweisen in Bürokratien entstehen aufgrund dieses fundamentalen Schwachpunktes. Dazu gehören Bestehlen des Arbeitgebers, Bummeln bei der Arbeit, Überbesetzung von Arbeitsplätzen (wenn z.B. zwei Personen die Arbeit einer Person verrichten), Fälschen von Spesenkonten, Nutzung von organisationseigenen Ressourcen für persönliche Zwecke und Verschwendung. Es gibt noch weitere Handlungstypen, die nicht so offensichtlich den gleichen Ursprung haben, aber dennoch daher rühren. Das Verhalten der sogenannten bürokratischen Persönlichkeit, die sich mehr auf Regeln als auf Ziele der Organisation konzentriert, ist ein Beispiel hierfür (Merton 1968, S. 249). Rigidität und Beachtung von Regeln stellen für den Bürokraten eine sichere Strategie dar, weil er unabhängig vom Ergebnis dadurch geschützt ist, daß er die Regeln befolgt hat. Eine Handlung, die sich gegen die Regeln richtet, aber ein voraussichtlich besseres Ergebnis für die Organisation bringen würde, würde den Bürokraten möglicherweise seine Stellung kosten oder andere Sanktionen nach sich ziehen, wenn sie nicht erfolgreich wäre.

Hier, wie auch in den offensichtlicheren Fällen, rührt der Schwachpunkt von der Tatsache her, daß die Handlungsausführung durch den Untergebenen in seinen eigenen Händen bleibt und seine Interessen nicht ausgeschaltet worden sind, indem das Kontrollrecht über seine Handlungen auf den Vorgesetzten übertragen worden ist. Wenn diese Interessen zu einer Ausführung führen würden, die sich auf die Interessen des Vorgesetzten nachteilig auswirken würde und wenn die Überwachung durch den Vorgesetzten ineffektiv ist, dann würden die ausgeführten Handlungen nicht den Interessen des Vorgesetzten dienen. Dieses fundamentale Problem disjunkter Beziehungen, daß nämlich die Ausführung von Handlungen einem Akteur obliegt, dessen Interessen sich nicht mit denen des Vorgesetzten decken, versuchen Anreizsysteme in formalen Organisationen und ökonomische Arbeiten über die Agentschaftsproblematik zu lösen. (Arbeiten in dieser Richtung werden ausführlicher in den Kapiteln 7 und 16 behandelt.)

Die Schwachpunkte im Verhaltens eines Untergebenen in konjunkten und disjunkten Herrschaftsbeziehungen weisen einige Parallelen auf. In beiden Fällen führen die Interessen des Untergebenen, wenn spezifische Korrektive fehlen, zu reduzierter Leistung. Aber andere Aspekte des Verhaltens unterscheiden sich grundlegend. In konjunkten Herrschaftsstrukturen führen die Interessen des Untergebenen zu einer gemeinschaftlichen Unterstützung von Normen, die eine hohe Leistung fördern, selbst wenn das private Verhalten nicht diesen Normen entspricht. In disjunkten Herrschaftsstrukturen führen die Interessen der Untergebenen nur dann zu solchen Normen, wenn besondere Anreizstrukturen, wie z.B. Gruppenakkordsätze, vorhanden sind. Wenn es eine Gruppe von Untergebenen gibt, die gleiche Interessen haben und deren Leistungen der Vorgesetzte miteinander vergleicht, resultieren diese Interessen, die mit den Interessen des Vorgesetzten nicht übereinstimmen, tatsächlich oft in der Unterstützung von Normen, die eine hohe Leistung verhindern.[14] Somit erzeugen konjunkte und disjunkte Herrschaftsbeziehungen verschiedene Verhaltensweisen von Untergebenen, die die Beziehungen schwächen.

Schwachpunkte im Verhalten von Vorgesetzten

Die oben beschriebenen Schwachpunkte betreffen nur Unterlassungen auf einer Seite der Beziehung – nämlich der Seite des Untergebenen. Es gibt jedoch auch Schwachpunkte auf der Seite des Vorgesetzten. Einige sind jeder Herrschaftsbeziehung eigen, und andere sind spezifisch für konjunkte oder disjunkte Herrschaftsbeziehungen.

Die Schwachpunkte im Verhalten des Vorgesetzten rühren daher, daß Herrschaftsbeziehungen (stillschweigende oder ausdrückliche) Verträge sind, die über eine gewisse Zeit hinweg bestehen und so dem Vorgesetzten eine Menge fortdauernder Rechte gewähren. Ein Ergebnis davon ist, daß diese Kontrollrechte, wenn sie erst einmal übertragen worden sind, manchmal eingesetzt werden, um eine weitere Kontrollverstärkung zu erzielen. Wenn private Güter in einer einmaligen Transaktion ausgetauscht worden sind, sind diese Güter physikalisch übertragen worden, und es besteht keine Verbindung mehr zwischen ihnen und anderen Ressourcen, die man noch besitzt. In Herrschaftsbeziehungen aber dauert das Kontrollrecht über bestimmte

---

14 Siehe beispielsweise die umfassenden Arbeiten in der Industriesoziologie über Produktionsbeschränkung, zu denen auch die klassische Arbeit von Roethlisberger und Dickson (1939) gehört.

Handlungen eine gewisse Zeit an und kann nicht so einfach von anderen Rechten getrennt werden. Es kann manchmal eingesetzt werden, um andere Rechte gegen den Willen des Untergebenen zu erlangen. Der Untergebene befindet sich aufgrund der ursprünglichen Transaktion in gewisser Weise "in der Gewalt" des Vorgesetzten.

Dies wird beispielsweise durch sexuelle Belästigung am Arbeitsplatz verdeutlicht. Die verbreitetste Form dieser sexuellen Belästigung besteht darin, daß ein männlicher Vorgesetzter seine Autoritätsposition (in der die vom Untergebenen übertragenen Rechte ausdrücklich auf arbeitsspezifische Handlungen beschränkt sind) ausnutzt, um an eine weibliche Untergebene Forderungen außerhalb dieses Autoritätsbereichs - nämlich im Bereich sexuellen Verhaltens - zu stellen, wobei er ihr explizit oder implizit mit dem Verlust ihres Arbeitsplatzes droht. Die enge Beziehung zwischen den Handlungen, für die Rechte übertragen worden sind, und Handlungen, für die keine Rechte übertragen worden sind, erleichtert solche Forderungen. Und die Fortdauer der Herrschaftsbeziehung ermöglicht diese Drohung. Dieses Beispiel verdeutlicht nur einen sehr allgemeinen Prozeß, der sowohl in konjunkten als auch in disjunkten Herrschaftsbeziehungen auftritt. Die vom Vorgesetzten erworbenen Kontrollrechte über Handlungen geben diesem die Gelegenheit, diese Kontrolle auszudehnen.

Die Schwachpunkte, die für konjunkte und disjunkte Herrschaftsbeziehungen charakterisitisch sind, unterscheiden sich im Prinzip nicht von einer Unterlassung in anderen Transaktionstypen. In einer konjunkten Herrschaftsbeziehung kann der Vorgesetzte so handeln, daß es den Interessen des Untergebenen schadet, statt daß es diesen Interessen zuträglich ist, und in einer disjunkten Herrschaftsbeziehung versäumt es der Vorgesetzte vielleicht, die extrinsischen Zahlungen zu leisten, die zur Vereinbarung der Transaktion gehören. Diese Unterlassungen können in jeder Transaktion auftreten, die spätere Zahlungen erfordert; und weil dies auf jede Herrschaftsbeziehung zutrifft, sind solche Schwächen hier immer möglich.

Übertragung von einem oder zwei Rechten: Einfache und komplexe Herrschaftsbeziehungen

Ein zweiter grundlegender Unterschied in bezug auf verschiedene Typen von Herrschaftsbeziehungen besteht zwischen Beziehungen, in denen ein Recht übertragen wird, und Beziehungen, in denen zwei Rechte übertragen werden. Weiter oben in diesem Kapitel habe ich angedeutet, daß ein Akteur nur dann einem anderen Akteur Kontrollrechte über eine bestimmte Klasse von Handlungen übertragen kann, wenn er zwei Rechte behauptet: das Kontrollrecht über seine eigenen Handlungen innerhalb dieser Klasse und das Recht, dieses Recht zu übertragen.[15] Wenn das Kontrollrecht über gewisse eigene Handlungen auf einen anderen übertragen wird, ermöglicht dies dem neuen Vorgesetzten die *Ausübung* von Herrschaft über den Untergebenen. Wenn jedoch der Untergebene auch das zweite Recht, nämlich das Übertragungsrecht in bezug auf das erste Recht, überträgt, ergibt sich für den Vorgesetzten eine weitere mögliche Handlung, nämlich die *Delegation* des ersten Rechts auf einen anderen Akteur, einen Statthalter.

Die Möglichkeit, das Kontrollrecht über die Handlungen eines Untergebenen zu übertragen, läßt zwei Typen von Herrschaftsbeziehungen entstehen. Beim ersten wird die Herrschaft von genau dem Akteur ausgeübt, dem sie übertragen wurde. Beim zweiten wird die Herrschaft einem Akteur (dem Vorgesetzten) übertragen und von einem anderen Akteur (dem Statthalter) ausgeübt. Den ersten dieser beiden Typen, der nur zwei Akteure erfordert, werde ich als einfache Herrschaftsbeziehung und den zweiten, der drei Akteure erfordert, als komplexe Herrschaftsbeziehung bezeichnen. Einfache und komplexe Herrschaftsbeziehungen sind jeweils Untermengen von einfachen und komplexen sozialen Beziehungen, die in Kapitel 2 erörtert wurden.

Die Untersuchung der Unterschiede zwischen diesen beiden Typen von Herrschaftsbeziehungen wird bis zur Untersuchung von Herrschaftssystemen in Kapitel 7 zurückgestellt, weil die Hauptunterschiede in den Strukturformen liegen, die von diesen beiden Typen von Herrschaftsbeziehungen erzeugt werden.

Herrschaftsbeschränkungen

Obwohl bisher noch keine Herrschaftsbeschränkungen besprochen worden sind, gibt es sie in jeder Herrschaftsbeziehung, und sie können viele verschiedene Formen annehmen.

Eine erste Einschränkung, die nahezu alle Herrschaftsbeziehungen, die freiwillig aufgebaut werden, gemeinsam haben, besteht darin, daß der Untergebene das Recht behält, die vom Vorgesetzten behauptete Herrschaft über seine Handlungen diesem zu entziehen. Die Beziehungen, für die das nicht zutrifft, sind recht spezielle Fälle, wie einige Beispiele zeigen werden.

In früheren sozialen Systemen war es öfters der Fall, daß Untergebene eine Herrschaftsbeziehung nicht aufkündigen konnten. Im Mittelalter und ei-

---

15 Der Fall, daß zwar das erste, aber nicht das zweite Recht behauptet wird, tritt in einigen sozialistischen Ländern auf, in denen ein Bürger eigene Arbeitskräfte einstellen kann, aber nicht das Recht hat, diese Arbeitskräfte gegen Bezahlung einem anderen potentiellen Arbeitgeber als dem Staat zu überlassen, es sei denn, dieser Arbeitgeber besitzt weniger als eine bestimmte Anzahl von Arbeitnehmern (z.B. zwanzig).

nige Zeit später hatten die meisten Menschen weder in der Familie noch in größeren sozialen Einheiten das Recht, eine Herrschaftsübertragung zu widerrufen, sondern konnten dies nur tun, indem sie das Gesetz überschritten und somit Geächtete wurden. Heutzutage ist es in fast jeder Gesellschaft möglich, daß ein Bürger oder Staatsbürger einer Untereinheit der Gesellschaft die Herrschaft entziehen kann, indem er den Wohnsitz wechselt, oder dem Staat selbst die Herrschaft entziehen kann, indem er dessen Hoheitsgebiet verläßt.[16] Bis vor kurzem waren Frauen in den meisten Gesellschaften nicht nur der umfassenden Autorität ihrer Väter oder Ehemänner unterworfen, sondern besaßen auch nicht das Recht, die Autorität durch Beendigung der Beziehung zu entziehen. Diese Struktur findet man immer noch in weiten Teilen der Entwicklungsländer. Schon immer haben sich Kinder ihren Eltern gegenüber in einer solchen Herrschaftsbeziehung befunden, ohne das Recht zu besitzen, sie aufzuheben, obwohl das Alter, in dem diese Herrschaftsbeziehung beendet wird, immer weiter absinkt.[17] Es ist richtig, daß die elterliche Autorität über Kinder nicht unbegrenzt ist; diese Grenzen erlauben jedoch nicht, daß sich das Kind der Herrschaft bemächtigt, sondern geben der übergeordneten Gesellschaft das Recht dazu.[18]

Abgesehen von Ausnahmen, wie ich sie gerade beschrieben habe, besitzt ein Untergebener in jeder Herrschaftsbeziehung das Recht, die Herrschaft zu entziehen. Wenn dieses Recht ganz und gar fehlt, treffen die allgemeinen Prinzipien bezüglich der Aberkennung von Herrschaft, die in diesem Kapitel behandelt wurden, nicht zu.

Die Beschränkungen von Herrschaftsbeziehungen können folgende Formen annehmen:

16 Einige Nationalstaaten, zu denen vor allem diejenigen gehören, die sich auf marxistisch-leninistische Prinzipien stützen, verbieten die Ausreise gewaltsam, und einige andere verlangen von ihren Bürgern, daß sie sich bei der Ausreise Formalitäten unterziehen.

17 Ein ungewöhnlicher Fall, der dieses Phänomen illustriert, ist ein Gerichtsverfahren in Chicago, das ein zwölfjähriger Junge angestrengt hatte; er wollte entgegen den Plänen seiner Eltern, die ihn mit sich zurück in die Sowjetunion nehmen wollten, in den Vereinigten Staaten bleiben. Der Richter entschied zugunsten des Jungen und sprach ihm das Recht zu, seinen Eltern die Autorität zu entziehen und in den USA zu bleiben. Allerdings ist sehr wahrscheinlich, daß die Entscheidung des Richters sich weniger auf das allgemeine Prinzip von Eltern-Kind-Beziehungen stützte, sondern mehr damit zu tun hatte, daß der Junge die Vereinigten Staaten und seine Eltern die Sowjetunion gewählt hatten. Wenn die Wahl umgekehrt ausgefallen wäre, hätte der Richter wohl schwerlich zugunsten des Jungen entschieden.

18 Die Schwelle, an der man das Recht, sich der elterlichen Autorität zu bemächtigen, erwirbt, ist je nach Gesellschaft unterschiedlich. In westlichen Gesellschaften ist diese Schwelle in letzter Zeit immer weiter abgesenkt worden. In Schweden ist z.B. vor kurzem ein Gesetz verabschiedet worden, das Eltern das Recht entzieht, ihre Kinder körperlich zu züchtigen. Kapitel 22 untersucht diesen weitreichenden Wandel der Rechtsstruktur in Familien.

1. *Beschränkungen in bezug auf den Bereich oder die Reichweite der Aktivitäten, über die Herrschaft ausgeübt werden soll.* In einer Arbeitgeber-Arbeitnehmer-Beziehung beschränken sich die Aktivitäten, die vom Arbeitgeber bestimmt werden dürfen, normalerweise auf diejenigen Handlungen, die direkt dem Zweck der Beschäftigung dienen. Einige Tarifverträge grenzen die Aufgaben, die von Facharbeitern verlangt werden können, auf diejenigen ein, die direkt im Fachbereich der Arbeiter liegen. Im Zuge der Frauenbewegung weigern sich einige Sekretärinnen, ihren Chefs Kaffee zu bringen.

2. *Beschränkungen in bezug auf die Zeit, in der Herrschaft ausgeübt werden darf.* In den meisten Angestelltenbeziehungen wird das Recht des Arbeitgebers, über einen Arbeitnehmer Herrschaft auszuüben, auf bestimmte Zeiten oder Arbeitsstunden beschränkt. Die Herrschaft eines Schulsystems über ein Schulkind beschränkt sich auf die Tageszeit, zu der der Schulunterricht stattfindet. Im Gegensatz dazu wird die familiäre Herrschaft über ein Kind oder die staatliche Herrschaft über einen Bürger nicht auf diese Weise eingegrenzt.

3. *Beschränkungen in bezug auf den Aufenthaltsort des Untergebenen.* Die Hegemonie von Nationalstaaten wird sowohl durch ihre Bürger als auch durch ihre Hoheitsgebiete definiert. Das heißt, daß die Herrschaft eines Staates über alle Personen innerhalb seines Hoheitsgebietes ausgeübt wird, obwohl der Staat in gewissen Fällen auch über Bürger außerhalb des Hoheitsgebietes Herrschaft ausübt. Ein physikalischer oder geographischer Wirkungsbereich der Herrschaft kann in manchen Fällen eine zeitliche Begrenzung aufheben. Beispielsweise ist ein Arbeitnehmer möglicherweise auch außerhalb der Arbeitszeit einer gewissen Herrschaft seines Arbeitgebers unterworfen, wenn er sich auf dessen Grund und Boden befindet, oder ein Schüler ist möglicherweise selbst außerhalb des Unterrichts der Herrschaft des Schulsystems unterworfen, wenn er sich auf dem Schulgelände aufhält.

4. *Beschränkungen in bezug auf den präskriptiven Charakter von Herrschaft.* Im allgemeinen verleiht das Übertragen von Herrschaft dem Vorgesetzten entweder das Recht, dem Untergebenen die Befolgung bestimmter Anweisungen bindend vorzuschreiben, oder das schwächere Recht, dem Untergebenen für die Ausführung bestimmter Handlungen Richtlinien zu erteilen. Die Herrschaft einer zielgerichteten Organisation ist normalerweise präskriptiv, und die Herrschaft eines Staates über seine Bürger ist überwiegend proskriptiv. Hayek (1973, S. 124) unterscheidet zwischen der Präskriptivität von Teilen des öffentlichen Rechts, die den Bürgern bestimmte Handlungen wie das Zahlen von Steuern oder das Einschulen ihrer Kinder bindend vorschreiben, und dem Richtliniencharakter des Privatrechts, das lediglich für Ruhe und Ordnung bei den Bürgern sorgen soll.[19]

---

[19] Hayek (S. 176) zitiert J. C. Carter (1907, S. 234): "Solche legislativen Anordnungen, nach denen bestimmte Dinge getan werden müssen, sind Teil des Regierungsappa-

Obwohl von jeder der beschriebenen Quellen Herrschaftsbeschränkungen herrühren können (und auch noch von anderen, da ich hier keinen Anspruch auf Vollständigkeit erhebe), unterscheiden sich Herrschaftssysteme vor allem in bezug auf die erste und vierte Dimension, d.h. den Aktivitätsbereich, über den Herrschaft ausgeübt wird, und die Präskriptivität von Herrschaft.[20] Die Herrschaft in Organisationen, die auf ein bestimmtes Ziel ausgerichtet sind, erstreckt sich normalerweise auf einen sehr eng definierten Aktivitätsbereich, ist aber innerhalb dieses Bereichs stark präskriptiv. Im Extrem dazu deckt die Herrschaft eines Nationalstaates über seine Bürger einen sehr breiten Aktivitätsbereich ab, setzt aber größtenteils nur Richtlinien. Disjunkte Herrschaftsbeziehungen sind üblicherweise eng gefaßt und präskriptiv, wogegen konjunkte Herrschaftsbeziehungen entweder einen engen Aktivitätsbereich (wie im Falle von Kollektiven, die man als Verbände bezeichnet) oder einen sehr viel breiteren Aktivitätsbereich abdecken (wie z.b. die Richtlinien setzende Autorität innerhalb einer Gesellschaft in Gestalt von Gesetzen oder Normen, welche die gemeinschaftlichen Interessen der Mitglieder verkörpern).

Hayek (1973, S. 35-39) trennt scharf zwischen zwei Quellen sozialer Ordnung, die diesen beiden verschiedenen Formen von Herrschaftsbeschränkungen entsprechen. Die erste nennt er Organisation oder "geschaffene Ordnung" und die zweite "spontane Ordnung". Die erste soll, wie er hervorhebt, im Normalfall einem bestimmten Zweck dienen, während die zweite aus den fortlaufenden Aktivitäten verschiedener Akteure geformt wird, welche miteinander in Kontakt stehen. Obwohl für die Erfüllung eines Zwecks präskriptive Anordnungen notwendig sind, erfordert die Erhaltung einer spontanen Ordnung im allgemeinen nichts weiter, als daß sich die relevanten Akteure gewisser Handlungen enthalten. Hayeks Unterscheidung zwischen spontaner Ordnung und geschaffener Ordnung steht in enger Beziehung zu der in Kapitel 2 gemachten Differenzierung zwischen einer Organisation, die auf einfa-

---

rates, aber sehr verschieden von dem, der sich auf die Richtlinien bezieht, die das normale zwischenmenschliche Verhalten regeln. Es ist angemessen, jenen als *öffentliches Recht* zu bezeichnen, um ihn vom Privatrecht zu unterscheiden."

20 Die im Text aufgeführten Formen von Herrschaftsbeschränkungen sind Beschränkungen dessen, was ausgeübt wird, und nicht darüber, wie oder von wem es ausgeübt wird. Beschränkungen über Art und Weise der Herrschaftsausübung bestehen hauptsächlich in Beschränkungen der Sanktionen, die erwünschtes Verhalten sichern sollen, wozu im Extremfall Zwang oder Gewalt gehören können. Beschränkungen darüber, wer die Herrschaft ausüben wird, nehmen eine Vielzahl verschiedener Formen an und sollen vor allem verhindern, daß irgendeinem Akteur übertrieben viel Macht zugewiesen wird. Hierzu gehören das Machtgleichgewicht zwischen den Abteilungen vieler Regierungen sowie Beschränkungen in bezug auf den Zeitraum, in dem eine Einzelperson eine Herrschaftsposition besetzen darf. Ein weiteres Beispiel liefert die römische Republik, in dem zwei Konsuln gleichzeitig regierten, die jeder dem Veto des anderen unterstanden. Ich werde diese Beschränkungen in diesem Kapitel nicht behandeln.

chen sozialen Beziehungen aufbaut, die das natürliche soziale Umfeld ergeben, und einer Organisation, die auf komplexen sozialen Beziehungen basiert, welche das konstruierte soziale Umfeld ausmachen.

Obwohl diese zwei Formen von Herrschaftsbeschränkungen zwei phänotypisch charakteristische Arten von Herrschaftssystemen erzeugen, bedeutet die logische Unabhängigkeit der Präskriptivität als der einen Dimension und des Aktivitätsbereichs, über den Herrschaft ausgeübt wird, daß es in Wirklichkeit nicht zwei, sondern vier Extreme gibt, die in Tabelle 4.1 dargestellt werden. Herrschaftssysteme der Typen 2 und 3 weisen Beschränkungen jeweils einer Art auf. Typ 3 ist die zielgerichtete Organisation, wie sie von Hayek beschrieben wird, und Typ 2 ist Hayeks spontane Ordnung, die durch eine Gesellschaft oder einen liberalen Staat exemplifiziert wird (obwohl eine solche Gesellschaft auch Beschränkungen in bezug auf den kontrollierten Aktivitätsbereich aufweist und somit zwischen Typ 1 und Typ 2 angesiedelt ist). Die Herrschaftssysteme der Typen 1 und 4 unterscheiden sich im *Ausmaß* der Herrschaftsbeschränkungen, wobei die Herrschaft vom Typ 4 nur sehr wenig Beschränkungen erfährt und der Herrschaft aus Typ 1 Beschränkungen beider Dimensionen auferlegt werden. Ein Beispiel für Typ 4 ist eine zielgerichtete Kommune, wie sie zu Beginn des Kapitels von Zablocki beschrieben wurde, obgleich eine Gesellschaft in einem aktivistischen Staat, die nach Rousseaus Prinzip des Gemeinwillens funktioniert, sich auf dieses Extrem zubewegt. Ein Beispiel für Typ 1 ist das Herrschaftssystem, das das Verhalten eines Kunden steuert, der einen Laden betreten hat, in dem es bestimmte Verhaltensregeln zu beachten gibt.

Somit bedeutet die Existenz dieser beiden zentralen Mittel der Herrschaftsbeschränkung nicht, daß sämtliche Herrschaftssysteme ähnliche Beschränkungsgrade aufweisen und sich nur vom Typ der Beschränkung her unterscheiden. Herrschaftsbeschränkungen erfahren eine ungeheure Menge an

Tabelle 4.1 Vier Typen von Herrschaftssystemen, die zwei Arten von Herrschaftsbeschränkungen entspringen

		Aktivitätsbereich	
		Eng	Weit
Präskriptivität	Richtlinien	1	2
	Bindende Vorschriften	3	4

Variationen. Die früher zitierte Aussage von T. Watson über die Manson-Kommune zeigt, daß manche Herrschaftssysteme zugleich umfassend und präskriptiv sind. Sie können jeden Aspekt der Aktivitäten einer Person durchdringen und jede Handlung vorschreiben. Ein Novize, der einer religiösen Kommune beitritt, wird häufig zuerst einem Ritual unterzogen, mit dem symbolisch allen Interessen an Objekten der Außenwelt abgeschworen und die Selbstkontrolle völlig dem Willen Gottes unterworfen werden soll (insofern als dieser Wille durch die Gemeinschaft manifestiert wird).

Im anderen Extremfall kann eine mehrschichtige implizite Herrschaftsstruktur, die sowohl eng gefaßt als auch nichtpräskriptiv ist, Herrschaft über die Kleidung von Personen ausüben; hierunter fallen Modehäuser, Zeitschriften und andere Personen im Umfeld.[21] Die Autorität, die das Verhalten von Ärzten beim Verschreiben von Medikamenten reglementiert, entspringt ebenso einer eng gefaßten, nichtpräskriptiven vielschichtigen Struktur, zu der Arzneimittelhersteller, Lehrkrankenhäuser und andere Ärzte am Ort gehören.[22] In die Herrschaftsstruktur, die die politischen Überzeugungen eines New Yorkers bestimmt, geht möglicherweise eine Teilübertragung von Herrschaft auf die *New York Times*, den *New Yorker* und die *New York Review of Books* ein.

Die letzten drei Beispiele bestehen aus einfachen Herrschaftsstrukturen, selbst wenn diese mehrschichtig sind, weil – vielleicht sogar unabsichtlich – über das Verhalten eines Akteurs durch einen anderen Akteur Herrschaft ausgeübt wird, die ihm vom ersten Akteur übertragen worden ist. Alle diese Beispiele zeigen deutlich, daß das Ausmaß der Herrschaft über bestimmte Handlungen, die von den handelnden Personen auf andere übertragen wird, stark variiert; dies führt zu Herrschaftsstrukturen, die sich hinsichtlich ihrer Reichweite und Präskriptivität enorm unterscheiden.

Sklaverei

Warum sind bestimmte Arten von Aktivitäten, an denen sich Individuen möglicherweise beteiligen würden, gesetzlich verboten? Wenn eine Transaktion freiwillig initiiert wird, verbessert sich im allgemeinen die Situation beider beteiligter Parteien, und wenn die Transaktion für andere keine negativen externen Effekte hat, weist die Handlung ein Pareto-Optimum auf, und jegliche gesetzliche Beschränkung solcher Transaktionen verringert die Befrie-

---
21 Siehe Katz und Lazarsfeld (1955), die diese Herrschaftsstruktur in bezug auf Frauen in den USA der vierziger Jahre untersucht haben.
22 Siehe Coleman, Katz und Menzel (1966), die diese Herrschaftsstruktur in bezug auf Ärzte in vier Gemeinden des Mittelwestens in den fünfziger Jahren untersucht haben.

digung der beiden Austauschpartner, ohne daß irgendjemand einen Gewinn erzielt. Dennoch erkennt das Gesetz bestimmte Transaktionen nicht als rechtsgültig an und kann zur Erfüllung bestimmter Verträge nicht herangezogen werden. Ich will nicht die generelle Frage stellen, wie diese Klasse von Transaktionen definiert ist, sondern eher die speziellere Frage, warum bestimmte Transaktionen wie das Verkaufen der eigenen Person als Sklave fast universell als rechtsungültig erklärt werden und warum sie in früheren Gesellschaften rechtsgültig waren. Was unterscheidet diese Art der Transaktion vom Verkaufen der eigenen Arbeitskraft für einen Lohn, d.h. vom Verkauf von Kontrollrechten über eine gewisse begrenzte Menge der eigenen Handlungen?[23]

Bei der Beantwortung dieser Frage ist es hilfreich zu untersuchen, wie Sklaverei von Wissenschaftlern definiert wird, die sich damit beschäftigt haben. Patterson (1977) definiert Sklaverei als "jene Bedingung, in der eine institutionalisierte Entfremdung von den Arbeits- und Verwandtschaftsrechten auftritt" (S. 431). Diese Definition erscheint zu schwach im Hinblick auf die Handlungen, die an Sklaven durch deren Herren verübt wurden und die in Gesellschaften mit Sklavenhaltung gesetzlich gebilligt wurden. Die Herren besaßen normalerweise die sexuelle Verfügungsgewalt über Sklaven, sie durften sie körperlich, sogar brutal züchtigen, und in einigen Gesellschaften mit Sklaverei durften sie einen Sklaven sogar töten. Das zeigt, daß ein Sklave mehr Rechte als die zwei von Patterson zitierten verliert.

Finley (1983) scheint der Sache näher zu kommen, wenn er, in bezug auf die griechische und römische Sklaverei, sagt:

> Die Rechte des Sklavenhalters über sein Sklaven-Eigentum waren in mehr als einem Sinne totale Rechte. Der Sklave erlitt nicht nur den "totalen Verlust der Kontrolle über seine Arbeit", sondern auch den totalen Verlust der Kontrolle über seine Person und seine Persönlichkeit. Ich wiederhole, daß das charakteristische Merkmal der Sklaverei darin bestand, daß der Arbeiter selbst eine Ware war und nicht nur seine Arbeit oder seine Arbeitskraft. Sein Kontrollverlust erstreckte sich darüber hinaus bis in alle Ewigkeit, auf seine Kinder und Kindeskinder. (S. 74-75)

---

23 Bestimmte Marxisten betrachten letzteres als "Lohnsklaverei", die sich im Prinzip nicht von Sklaverei unterscheidet. Doch selbst sie betrachten den Verkauf der eigenen Arbeitskraft gegen Lohn an den Staat nicht als Lohnsklaverei, weil der Transaktionspartner keine private Person, sondern der Staat ist, d.h. das Volk als ganzes. (Siehe MacPherson 1964, der diese Position vehement vertritt.)

Finley sagt damit, daß in der Sklaverei die Kontrollrechte über das eigene Selbst veräußert wurden, und zwar für immer. Inwiefern unterscheidet sich dies von anderen Transaktionen?

Einen besonderen Einblick in die Problematik erhält man vielleicht dadurch, daß man sich die analoge Handlung von seiten eines Unternehmens ansieht. Normalerweise kauft ein Unternehmen Produktionsfaktoren und verkauft Produkte auf Märkten, um damit seinen Nutzen, wie auch immer dieser geartet ist, zu maximieren. Unter gewissen Umständen aber werden Unternehmen selber verkauft. Ein Unternehmen kann sich selbst an ein anderes Unternehmen verkaufen oder verkauft werden. Wenn dies geschieht, verliert die Gesellschaft ihre unabhängige Identität und die Geschäftsfähigkeit als Akteur. Sie geht in den Besitz eines anderen Akteurs über, und *alle ihre Handlungen* sollen, gemäß der Rechtsverteilung, von diesem Zeitpunkt an den Interessen des übergeordneten Unternehmens dienen.[24]

Wie kann man aber dann das Vorgehen eines Unternehmens, das sich selbst verkauft, als rationale Handlung ansehen? Laut Definition einer rationalen Handlung führt ein Akteur in Abhängigkeit von den ihm auferlegten Beschränkungen diejenige Handlung aus, die seinen Nutzen oder sein Interesse maximiert. Wenn aber ein Unternehmen sich selbst an ein anderes verkauft, ist es kein unabhängiger Akteur mehr. Nach der Transaktion existiert noch ein Akteur, aber das Handlungssubjekt, in dessen Interesse der Akteur handelt, besteht nicht mehr als ein Gebilde mit legitimen, gesetzlich geschützten Interessen. So könnte man vermuten, daß ein Unternehmen, das sich selbst verkauft, von dem Standpunkt dieser Gesellschaft als Akteur niemals rational oder vernünftig handelt. Von außen, z.B. vom Standpunkt der Anteilseigner der Gesellschaft aus betrachtet, kann die Handlung jedoch natürlich als rationale Handlung verstanden werden. *Sie* mögen als Individuen einen Gewinn daraus ziehen, selbst wenn die Gesellschaft als solche ihre unabhängige Existenz als Akteur für immer aufgeben muß.

Die Sache kann allerdings auch komplizierter sein. Wenn das Unternehmen, das sich selbst verkauft, eine selbständige Identität behält und nicht einfach zerschlagen wird, verlangt das Interesse des Besitzers möglicherweise, daß die Interessen des abhängigen Gebildes gewahrt bleiben. Wenn die Alternative für das Unternehmen, das sich selbst verkauft, darin bestünde, daß es seine Existenz gänzlich verlieren würde, ist der Verkauf und Verlust seiner Unabhängigkeit dem vorzuziehen.

---

24 Wenn die Firma als unabhängiges Gebilde weiterbesteht, ist es möglich, daß sie kraft des allgemeinen Prinzips, daß Agenten für ihre eigen Interessen Ressourcen abzweigen dürfen, nicht ganz und gar in den Interessen der Muttergesellschaft handeln. (Das Prinzip geht auf Michels (1970 [1915]) zurück, nach dem Organisationen, wenn sie entstehen, eigene Interessen entwickeln.) Ähnliches trifft auch für einen Sklaven zu.

Der Fall der Sklaverei ist meiner Meinung nach ähnlich gelagert. Es kann den Anschein haben, daß eine Transaktion, bei der eine Person in die Sklaverei verkauft wird, vom Standpunkt dieser Person aus nicht als rational empfunden werden kann, weil die Person hierdurch das unabhängige Selbst verliert, in dessen Interesse sie als Akteur handeln muß. Selbst die Entschädigung die ein Sklave vielleicht als Teil der Transaktion erhält, geht in den Besitz seines Eigentümers über, da ein Sklave und alles, was er besitzt, dem Eigentümer gehört. Wenn die Bezahlung an andere Personen geht (z.B. Sklavenjäger, Sklavenhändler oder Eltern), ist die Transaktion für sie als Akteure rational, jedoch nicht für den Sklaven.

Doch auch bei diesen Mutmaßungen wird, wie bei der Firma, nicht die Alternative bedacht. Im antiken Griechenland oder Rom war die Alternative zur Sklaverei, die überwältigten Personen zu töten. Die Sklaverei wurde dann, und würde es unter diesen Voraussetzungen auch heute, als die bessere Alternative angesehen. Sklaven hatten noch ihre Hoffnung, und ein Herr fand es aus rein eigennützigen Interessen heraus manchmal angebracht, die Interessen des Sklaven zu wahren. Es ist eine verbürgte Tatsache, daß laut Berichten von griechischen und römischen Sklaven die Sklaverei nicht als "ein Schicksal, das schlimmer ist als der Tod" empfunden wurde, sondern als ein Dasein, das häufig recht erträglich und manchmal sogar angenehm war.

Die zu Beginn dieses Abschnitts gestellte Frage lautete: Warum verbietet das Gesetz heutzutage in den meisten Gesellschaften, daß man sich in die Sklaverei verkauft, und warum war das nicht immer so? Die in diesem Buch entwickelte Theorie beantwortet den ersten Teil der Frage mit der Vermutung, daß eine solche Transaktion die grundlegende Prämisse freiwilliger Transaktionen verletzt, daß sich nämlich die Situation beider Parteien verbessern soll. Der zweite Teil der Frage erfordert jedoch auch eine Antwort. Die in diesem Buch entwickelte Theorie besagt, daß Sklaverei, falls ihre einzige Alternative der Tod wäre, wie es zur Zeit der antiken Kriege war, höchstwahrscheinlich die erstrebenswertere Alternative ist. In einem solchen Fall wird die Transaktion nicht angemessen als "Verkauf der eigenen Person in die Sklaverei" beschrieben, sondern man sollte eher vom "Erkaufen des eigenen Lebens" sprechen, wenn man Sklaverei als die Alternative zum Tod versteht.

Herrschaft ohne vorsätzliche Ausübung

Das Extrem zur Sklaverei ist Herrschaft ohne vorsätzliche Ausübung. Man überträgt das Kontrollrecht über die eigenen Handlungen und läßt damit zu, daß man von einem anderen beherrscht wird, ohne daß der andere diese Herrschaft vorsätzlich ausübt. Dies verdeutlicht der Fall der Stellvertreterin eines Führers in einer Kommune, die Zablocki (1980) analysiert hat:

112 Elementare Handlungen und Beziehungen

89
Eine kleine Gruppe wiedergeborener Christen, die der Führung eines charismatischen Pastors folgten und versuchten, mit einem Fuß innerhalb der Kirche zu bleiben und sie von außen zu erneuern, begaben sich in die Slums von Atlanta und baten den Herrn, ihnen zu sagen, was sie als nächstes tun sollten ... Zuweilen wurden diese Beziehungen so intensiv, daß die Persönlichkeiten einiger Mitglieder sich miteinander zu verschmelzen schienen. Dies zeigte sich besonders eindrucksvoll bei dem charismatischen Führer und seiner Hauptvertreterin. Man sah die beiden kaum einmal zusammen, ohne daß die Frau sich so postierte, daß sie die kleinsten Regungen in seinem Gesicht verfolgen konnte. Sie imitierte seinen Gesichtsausdruck und seine Gesten, anscheinend ohne es selbst zu bemerken. (S. 214-215)

Obwohl zu den meisten sogenannten Herrschaftsbeziehungen eine vorsätzliche Herrschaftsausübung gehört, ist dies in einer Beziehung wie der obigen nicht grundsätzlich notwendig. Wenn jemand die Kontrolle über seine politischen Handlungen auf Nachrichtenkommentatoren im Fernsehen oder die Redaktion einer Zeitung überträgt, wird er vielleicht von ihnen gelenkt oder beherrscht, ohne daß sie von seiner Existenz wissen. Wenn jemand die Kontrolle über einige seiner wissenschaftlichen Aktivitäten auf den Autoren eines Buches überträgt, das seine Aufmerksamkeit gefesselt hat, wird er von der Autorität dieses Autors gelenkt oder beherrscht. Es gibt eine große Klasse von so gearteten Herrschaftsbeziehungen, die normalerweise als Einflußstrukturen bezeichnet werden. Dieser Begriff ist hier jedoch nicht vonnöten, weil die Übertragung von Kontrolle über Handlungen, die eine Person in solchen Fällen vornimmt, in keiner Weise von derjenigen verschieden ist, die sie in jeder beliebigen disjunkten Herrschaftsbeziehung vornimmt. Eine Person nimmt eine solche Übertragung ohne extrinsische Kompensation vor, weil sie glaubt, daß sich ihre Situation verbessert, wenn sie die Autorität akzeptiert. Diese Fälle sind laut Definition einfache Herrschaftsbeziehungen, weil die Person die Autorität desjenigen Akteurs (einer Einzelperson oder Körperschaft) akzeptiert, dem sie sie übertragen hat. Das Netzwerk oder die Hierarchie der Autorität (des Einflusses), die aus diesen einfachen Herrschaftsbeziehungen entstehen, können jedoch sehr komplex sein. Die maßgebende Kontrolle (die natürlich möglicherweise nur einen sehr engen Aktivitätsbereich abdeckt, wenn die Person von mehreren Akteuren abhängt, die ihr Handeln lenken sollen) wird akzeptiert, ohne ausgeübt zu werden. In einigen dieser Fälle ginge es vielleicht zu weit zu behaupten, daß keine Herrschaftsausübung oder keine Absicht zur Ausführung vorhanden ist. Auf jeden Fall gibt es eindeutig extreme Fälle ohne eine derartige Absicht (ein Mädchen geht auf der Straße vorbei, und ein jüngeres Mädchen versucht, ihren

Gang nachzuahmen; ein Baseballspieler bevorzugt eine bestimmte Schlagposition, und ein Junge imitiert diese Position).

Daher muß man zugestehen, daß Herrschaft übertragen werden kann, ohne vorsätzlich ausgeübt zu werden, und daß der wesentliche Akteur in der Herrschaftsbeziehung weder der Vorgesetzte ist, dem Herrschaft übertragen wird, noch der Akteur, der diese Herrschaft ausübt (welcher der Vorgesetzte oder ein Statthalter sein kann), sondern der Untergebene. Die Übertragung von Kontrolle über seine Handlungen, die der Untergebene vornimmt, ist die Voraussetzung für ein funktionierendes Herrschaftssystem, und wenn außerdem noch das Übertragungsrecht übertragen wird, kann sich eine komplexe Herrschaftsstruktur entwickeln.

Die obige Erörterung ist auf die Entwicklung einer rational begründeten Theorie von Herrschaftssystemen ausgerichtet. Es muß jedoch betont werden, daß in diesem Kapitel Herrschafts*beziehungen* zwischen zwei Akteuren untersucht worden sind und nicht Herrschaftssysteme oder -strukturen. Ein Akteur besitzt Herrschaft über einen anderen, wenn der erste das Recht hat, bestimmte Handlungen des zweiten zu kontrollieren. Ein solches Recht, das Konsenscharakter hat, wird in manchen Herrschaftsbeziehungen von Anfang an vom Vorgesetzten behauptet. In der modernen Gesellschaft entstehen jedoch viele Herrschaftsbeziehungen dann, wenn das Kontrollrecht über die Handlungen eines Akteurs, welches dieser Akteur besitzt, mit dem Ziel, eine derartige Beziehung aufzubauen, freiwillig einem anderen übertragen wird.

Das Recht kann einseitig übertragen werden (was ein rationaler Akteur nur in der Erwartung tun wird, daß die durch den anderen ausgeübte Herrschaft ihm mehr Gewinn einbringt, als seine eigene Ausübung dieses Rechts ihm bringen würde), oder es kann im Austausch gegen eine extrinsische Kompensation übertragen werden. Den ersten Fall habe ich als konjunkte Herrschaftsbeziehung und den zweiten Fall als disjunkte Herrschaftsbeziehung gekennzeichnet. Konjunkte und disjunkte Herrschaftsbeziehungen weisen jeweils charakteristische Schwachpunkte auf, die in diesem Kapitel beschrieben worden sind.

In bezug auf die Übertragungsart kann eine zweite Unterscheidung getroffen werden. Im einen Fall umfaßt die Übertragung nur das Kontrollrecht über die eigenen Handlungen, und im anderen wird nicht nur das Kontrollrecht, sondern auch das Übertragungsrecht über dieses Recht übertragen. Die Übertragung beider Rechte ermöglicht eine komplexe Herrschaftsbeziehung, in der die Herrschaft von einem anderen Akteur als demjenigen ausgeübt wird, dem sie übertragen wurde. Diese komplexe Herrschaftsbeziehung ist die Grundlage eines Herrschaftssystems oder einer Herrschaftsstruktur. Herrschaftsstrukturen lassen sich aus miteinander verknüpften einfachen

Herrschaftsbeziehungen zusammenfügen, doch die meisten Herrschaftsstrukturen basieren auf komplexen Herrschaftsbeziehungen. Die Bausteine dieser Herrschaftsstrukturen oder -systeme sind die in diesem Kapitel erörterten Beziehungen. So wie sich ein Gebäude qualitativ von den Steinen, aus denen es erbaut ist, unterscheidet, unterscheidet sich jedoch auch eine Herrschaftsstruktur von den Beziehungen, aus denen sie sich zusammensetzt. Die Kapitel 7 und 16 verfolgen die Entwicklungsschritte, die bei der Bildung einer Struktur aus einzelnen Beziehungen durchlaufen werden.

Kapitel 5

Vertrauensbeziehungen

Die Transaktionen, die soziales Handeln ausmachen, unterscheiden sich von den Transaktionen im klassischen Modell eines perfekten Marktes unter anderem im Hinblick auf die Zeit. Im Modell eines perfekten Marktes erzeugen Transaktionen keine Kosten und erfolgen sofort. In der realen Welt nimmt die Abwicklung von Transaktionen jedoch immer eine gewisse Zeitspanne in Anspruch. Manchmal bedeutet dies, daß die Lieferung von Gütern oder Dienstleistungen durch eine Partei erst erfolgt, nachdem die andere Partei ihre Lieferung abgeschlossen hat. Manchmal bedeutet es, daß die Lieferungen beider Parteien über einen gewissen Zeitraum hinweg nach und nach erfolgen. Und manchmal ist es der Fall, daß der Ertrag für beide Parteien in gewisser Weise ein Produkt ihrer eigenen Handlungen ist, so daß beide Ressourcen investieren müssen, aber erst nach einer gewissen Zeit einen Ertrag erzielen. Manchmal nimmt ein Akteur eine einseitige Kontrollübertragung über bestimmte Ressourcen auf einen anderen Akteur vor, die auf der Hoffnung oder Erwartung basiert, daß die Handlungen des anderen seine Interessen besser befriedigen, als es die eigenen Handlungen tun würden. Gewißheit darüber kann er aber erst einige Zeit nach der Übertragung erlangen. Beispielsweise muß die Übertragung von Kontrolle über die eigenen Handlungen in einer konjunkten Herrschaftsbeziehung, wie sie in Kapitel 4 erörtert wurde, einige Zeit, bevor die erwarteten Gewinne erzielt werden können, erfolgen.

Bei einer einseitigen Handlung oder Transaktion erzeugen zeitliche Asymmetrien in der Lieferung ein Risiko für die Partei oder die Parteien, die vor dem Erzielen eines Ertrages Ressourcen investieren müssen. Manchmal wird das Risiko verringert, indem man gerichtlich einklagbare Verträge abschließt, aber Verträge können diesen Zweck aus einer Vielzahl von Gründen nicht immer erfüllen. Besonders in nichtökonomischen Transaktionen, in denen sich Wert nicht präzise berechnen läßt und es keine zahlenmäßige Bezugsgröße gibt (aber auch in einigen ökonomischen Transaktionen) lassen sich einklagbare Verträge nicht gut verwenden, und andere soziale Vereinbarungen sind vonnöten. Normalerweise wird bei der Entscheidung für oder gegen die Beteiligung an der Handlung das Risiko mit einkalkuliert. Dies läßt sich allgemein unter den Begriff des "Vertrauens" fassen. Situationen, in denen Vertrauen eine Rolle spielt, bilden eine Untergruppe der Situationen, die ein gewisses Risiko beinhalten. Es sind Situationen, in denen das Risiko, das man eingeht, von der Leistung eines anderen Akteurs abhängt.

Bevor ich genauer definiere, wie ich den Begriff "Vertrauen" verwenden

116 *Elementare Handlungen und Beziehungen*

werde, gebe ich einige Beispiele für diesen Situationstyp und stelle zu jedem einige Fragen. Die Beispiele werden einige empirische Probleme aufwerfen, die mit dem, was wir im allgemeinen unter Vertrauen verstehen, zu tun haben.

92 Das erste Beispiel stammt aus einem Buch mit dem Titel *Hochfinanz international* von Joseph Wechsberg (1966 [1966]). Der Ort der Handlung ist die City von London an einem Freitag nachmittag, das Finanzzentrum, in dem die Merchant Bankers ihren Geschäften nachgehen; die Szene spielt im Büro des Leiters der Norwegen-Abteilung der Merchant Bank Hambros.

Da klingelte das Telefon: die Vermittlung meldete ein dringendes, persönliches Ferngespräch aus einer großen norwegischen Stadt. Am Apparat war ein bekannter Schiffsreeder. Er brauche Hilfe; sofort. Um es genau zu sagen: er benötige 200 000 Pfund innerhalb der nächsten halben Stunde.

Er berichtete dem Abteilungsleiter, eines seiner Schiffe sei gerade auf einer großen Amsterdamer Werft repariert worden. Vor ein paar Minuten habe sein Kapitän angerufen und ihm mitgeteilt, daß die Werft das Schiff nur gegen eine Barzahlung von 200 000 Pfund freigebe; andernfalls müsse das Schiff übers Wochenende liegenbleiben und das bedeute für den Reeder einen Verlust von 20 000 Pfund - die Charterkosten und die Löhne für 22 Mann Besatzung für zwei Tage. Vom Verdienstausfall gar nicht zu reden.

Der Mann von Hambros sah auf die Uhr und meinte: "Es ist zwar schon ziemlich spät, aber ich werde sehen, ob ich in der Amsterdamer Bank noch jemand erwische ... Bleiben Sie am Apparat."

Dann diktierte er über ein zweites Telefon ein Telex an die Bank in Amsterdam: "ANWEISEN SIE BITTE TELEFONISCH 200 000 PFUND AN (NAME) UNTER DER BEDINGUNG SOFORTIGER FREIGABE (NAME DES SCHIFFES)." Er legte den zweiten Hörer wieder auf und bat den Norweger am ersten Apparat um ein wenig Geduld.

Wenige Minuten später klingelte das zweite Telefon. Irgend jemand von der Amsterdamer Bank bestätigte die telefonische Anweisung über 200 000 Pfund an die Werft. Der Hambrosianer bedankte sich, legte auf und teilte dem Norweger über das andere Telefon mit, daß die 200 000 Pfund an die Werft überwiesen seien und daß das Schiff jeden Augenblick freigegeben werde.

"Rufen Sie Ihren Kapitän an und lassen Sie klar machen zum Auslaufen", sagte der Bankmann und lächelte, während er der Stimme am andern Ende zuhörte. "Na, ich bin froh, daß wir Ihnen helfen konnten ... Nein, absolut keine Ursache."

Hier spielt ganz eindeutig Vertrauen eine Rolle. Der Leiter der Norwegen-Abteilung von Hambros setzte Vertrauen in den norwegischen Reeder, der ihn angerufen hatte – ein Vertrauen im Umfang von 200 000 Pfund der Hambros Bank. In dieser Transaktion gab es keinen unterzeichneten Vertrag und keinerlei Schriftstück, und die einzige konkrete Sicherheit bestand in der Absicht des Reeders, das Geld zurückzuzahlen, und der Überzeugung des Abteilungsleiters von der Ehrlichkeit des Reeders und dessen Zahlungsfähigkeit. Entsprechend setzte die Bank in Amsterdam wiederum nur aufgrund einer telefonisch geäußerten Bitte Vertrauen im Umfang von 200 000 Pfund in die Hambros Bank. Sie stellte 200 000 Pfund ihres Geldes aufgrund der Annahme zur Verfügung, daß Hambros die Summe am Montag morgen zurückzahlen würde.

Wo liegen hier die Probleme? Sehen wir es einmal durch die Augen eines jungen Bankkaufmanns aus Deutschland, der, wie Wechsberg berichtet, einige Zeit bei der Hambros Bank verbrachte, um sich mit ihrer Art der Geschäftsführung vertraut zu machen. Er reagierte laut Wechsberg folgendermaßen auf das Telefongespräch:

"Ich könnte Ihnen mindestens ein halbes Dutzend guter Gründe nennen, weshalb meine Bank mir fristlos kündigen würde, wenn ich das täte, was Sie da eben gemacht haben", sagte er. "Woher wissen Sie eigentlich, daß Sie wirklich mit dem Reeder in Norwegen gesprochen haben? Es ist doch überhaupt kein Problem, am Telefon eine Stimme nachzuahmen. Und wie können Sie denn wissen, ob er auch für 200 000 Pfund gut ist? Weiter: Sie haben den Zahlungsauftrag per Telex geschickt; wie leicht gibt es da Mißverständnisse. Und was das Schlimmste ist: Sie haben ja überhaupt nicht mit Ihrem Chef gesprochen. Zweihunderttausend Pfund!" 93

Somit lautet die erste Frage, warum der Abteilungsleiter der Hambros Bank dem Reeder aufgrund so unkonkreter Sicherheiten sein Vertrauen geschenkt hat. Es ergibt sich eine weitere Frage: Warum war es überhaupt notwendig, Hambros einzuschalten? Wechsberg zitiert wieder den jungen deutschen Bankkaufmann:

"Warum hat der norwegische Reeder die Amsterdamer Bank nicht direkt angerufen? Er ist doch sicher dort bekannt."

Die zweite Frage lautet somit, warum die Bank in Amsterdam auf einen Telefonanruf der Hambros Bank hin 200 000 Pfund zur Verfügung stellt, wenn sie dies auf einen Anruf des Reeders hin nicht tun würde.

Elementare Handlungen und Beziehungen

Im zweiten Beispiel geht es um Farmer.

Ein Farmer war dabei, Heu zu pressen, und ein Zinken seiner Ballenpresse war gebrochen. Das Wetter war unfreundlich, und es sah nach Regen aus. Er war ratlos. Er hatte die Farm gerade gekauft, dies war seine erste Heuernte, die er als Winterfutter für sein Vieh brauchte, und nun sah es so aus, daß er das Heu verlieren würde. Ein Nachbar, der ihm half, machte einen Vorschlag. "Ich werde gehen und (...) fragen; er hat eine Ballenpresse und könnte das Heu für Sie einbringen."

Der Farmer war erstaunt darüber, überlegte, daß ihn das einiges an Heu oder Geld kosten würde, aber weil er sein Heu retten wollte, gab er gern seine Einwilligung. Der Nachbar tat wie gesagt, und nach einer Weile kam der zweite Farmer mit Traktor und Heupresse. Er schickte sich an, das Heu zu pressen, und als der Regen schließlich einsetzte, war alles Heu in der Scheune.

Der erste Farmer, der den anderen Farmer nicht einmal gekannt hatte, war immer noch verwundert und fragte seinen Nachbarn, was er dem zweiten Farmer dafür schuldete, daß dieser ihm aus der Klemme geholfen und sein Heu eingebracht hätte. Der Nachbar erwiderte: "Oh, er möchte nichts weiter bezahlt haben als das Benzin, das er bei der Arbeit verbraucht hat."

Hier scheint der zweite Farmer in den ersten das Vertrauen gesetzt zu haben, daß ihm dieser Farmer in einer Notsituation auf seine Bitte hin genauso helfen würde, wie er ihm in diesem Falle geholfen hatte. Der zweite Farmer kannte den ersten zwar nicht, aber er kannte den Nachbarn und die Farm, die der erste gerade gekauft hatte.

Die Fragen, die sich aus diesem Fall ergeben, werden auch hier offenbar, wenn man sie aus der Sichtweise einer Person betrachtet, die mit den Gegebenheiten nicht vertraut ist; dies ist hier der erste Farmer, der sich darüber wunderte, daß der zweite Farmer einer Person, die er noch nicht einmal kannte, einen so großen Gefallen (der immerhin die Arbeit eines ganzen Nachmittags bedeutete) tun wollte. Die Frage lautet: Warum ist der zweite Farmer bereit, in einer Jahreszeit, wo es eine Menge Arbeit gibt, einen Nachmittag zu opfern, um jemandem zu helfen, den er noch nie gesehen hat - selbst wenn er die Erwartung hegt, daß ihm dies irgendwann in der Zukunft vergolten wird? Warum hat er ein solches Vertrauen?

Im dritten Beispiel geht es um ein Schulmädchen.

M. ging nicht sehr oft aus, obwohl sie hübsch war. Sie gehörte nicht zu den begehrtesten Mädchen der Schule, wahrscheinlich weil sie aus einer

Einwandererfamilie stammte. Es gab jedoch einen Jungen, den sie zwar nicht gut kannte, der aber ein Interesse an ihr zu haben schien. Eines Nachmittags fragte er, ob er sie nach Hause bringen dürfte. Erfreut über diese Aufmerksamkeit, sagte sie zu. Unterwegs kamen sie an einem Wald vorbei. Er schlug vor, den Weg zu ihrem Haus abzukürzen und durch den Wald zu gehen, und sie war einverstanden. Plötzlich wurde er zudringlich. Erschreckt lief sie davon. Er rannte hinter ihr her und holte sie ein. Sie fiel und verletzte sich den Fuß an einem Stein. Der Fuß fing an zu bluten, und sie begann zu weinen. Der Junge riß ihr die Kleider herunter, vergewaltigte sie und rannte davon.

Als sie dazu in der Lage war, stand sie auf, sammelte ihre Kleider zusammen, zog sich an und humpelte nach Hause. Als ihre Mutter sie sah, fragte sie, was los sei, aber das Mädchen war so traumatisiert und schämte sich so sehr, daß sie keine Antwort geben konnte und auf ihr Zimmer ging. Später erzählte sie die Geschichte zum ersten Mal einem Mann, zu dem sie Vertrauen gefaßt hatte, als dieser sie nach der Narbe an ihrem Fuß fragte.

Dies ist ein Beispiel für eine klassische Situation, in der es um Vertrauen geht. Ein Mädchen oder eine Frau, die normalerweise körperlich schwächer ist als ein Junge oder ein Mann, für den sie ein Interesse empfindet, muß entscheiden, ob sie ihm vertrauen soll und ihm damit im Grunde auch die Gelegenheit gibt, mit verführerischen oder gewalttätigen Mitteln Kontrolle über ihren Körper zu erlangen. Manchmal, wie in dieser Geschichte, ist das Vertrauen nicht gerechtfertigt.

Man könnte behaupten, daß dieser Fall vom soziologischen Standpunkt her keine Probleme aufwirft, weil er ein klassisches und allgemein bekanntes Interaktionsmuster widerspiegelt. Es lassen sich jedoch einige Fragen stellen: Warum war das Mädchen einverstanden, sich von einem Jungen nach Hause bringen zu lassen und mit ihm durch den Wald zu gehen, obwohl sie ihn kaum kannte? Warum wählte er gerade sie aus und nicht ein anderes Mädchen?

Im letzten Beispiel geht es um eine Reihe von Antworten auf eine Frage, die über einen Zeitraum von vierzehn Jahren einer repräsentativen Stichprobe der erwachsenen amerikanischen Bevölkerung gestellt wurde (*Public Opinion* 1979). Die betreffende Frage war (mit kleinen Abweichungen): "Würden Sie in bezug auf Personen, die [große Unternehmen] leiten, sagen, daß Sie großes Vertrauen, etwas Vertrauen oder nur wenig Vertrauen in sie setzen?" Abbildung 5.1 gibt den Anteil von Leuten wieder, die "großes Vertrauen" nicht nur in Leiter großer Unternehmen setzten, sondern auch in Personen, die jeweils die folgenden acht Institutionen leiteten:

120 Elementare Handlungen und Beziehungen

Gewerkschaften
Gesundheitswesen
Militär
Presse
Kirchen
Kongreß
Regierung
Fernsehnachrichten

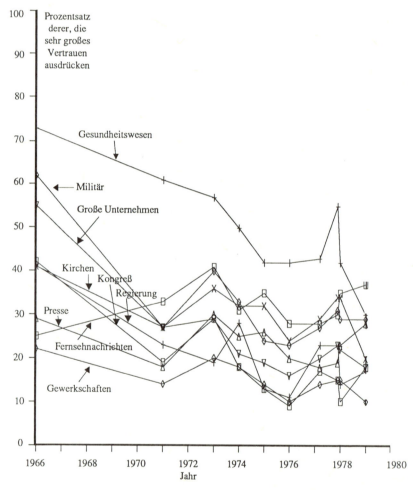

Abb. 5.1 Prozentsatz der Befragten, die "großes Vertrauen" in Personen hatten, welche zwischen 1966 und 1979 in den USA neun Institutionen leiteten

Die Grafik zeigt, daß über den betreffenden Zeitraum hinweg das Vertrauen in nur eine dieser neun Institutionen (nämlich die Fernsehnachrichten) anstieg, während das Vertrauen in eine andere Institution (die Presse) trotz einiger Auf- und Abwärtsbewegungen annähernd stabil blieb und das Vertrauen in alle übrigen Institutionen abnahm. In einigen Jahren (1966 bis 1971) und für einige Institutionen (große Unternehmen, das Militär und den Kongreß) waren die Abnahmen besonders dramatisch. In einem der institutionellen Bereiche, dem Gesundheitswesen, gab es einen weniger steilen und dafür länger andauernden Abstieg als in den anderen sechs Bereichen, die Abnahmen zu verzeichnen hatten. Es stellt sich nun die Frage: Warum gab es eine allgemeine Abnahme, die alle institutionellen Bereiche mit Ausnahme der Massenmedien gleichermaßen betraf?

Diesen vier Beispielen ist gemeinsam, daß sie auf irgendeine Weise mit Vertrauen zu tun haben. Allerdings wird im letzten Fall das Vertrauen in eine bestimmte Menge von Führungspersönlichkeiten nur verbal ausgedrückt, es gibt keine explizite Handlung. In den anderen drei Fällen gibt es jedoch eindeutige Handlungen: Hambros gewährt eine Bürgschaft für den Kredit des Reeders, und die Bank in Amsterdam akzeptiert diese Bürgschaft; der zweite Farmer vertraut dem ersten (oder vertraut dem Urteil des Nachbarn über den ersten); das Schulmädchen vertraut dem Jungen.

In diesem Kapitel werde ich einen Begriff von Vertrauen entwickeln, der ein besseres Verständnis dieser Beispiele ermöglicht, bei der Lösung der aufgeworfenen Probleme von Nutzen ist und allgemein dabei hilft, Handlungen, die Vertrauen umfassen und nichts mit den hier genannten Beispielen zu tun haben, besser zu verstehen.

In einer Vertrauensbeziehung gibt es mindestens zwei Parteien: Treugeber und Treuhänder. Ich gehe davon aus, daß beide zielgerichtet handeln, insofern als sie ihre wie auch immer gearteten Interessen realisieren wollen. Von dieser Perspektive aus kann man die Geschehnisse des dritten Beispiels nicht einfach so erklären, daß man das Mädchen als naiv und den Jungen als heimtückisch bezeichnet. Man muß davon ausgehen, daß jeder Akteur einen bestimmten Zweck verfolgt, und versuchen, die Handlungen jedes Akteurs insofern als rational anzusehen, als sie auf ein bestimmtes Ziel ausgerichtet sind, das ein Akteur in einer solchen Situation möglicherweise verfolgt. Die Entscheidung des potentiellen Treugebers ist fast immer eine problematische – denn er muß entscheiden, ob er dem potentiellen Treuhänder Vertrauen schenken soll oder nicht. Für die genannten Beispiele lassen sich die betreffenden Entscheidungen wie in Tabelle 5.1 gezeigt darstellen.

Nicht nur die Entscheidungen des potentiellen Treugebers müssen berücksichtigt werden. In vielen Fällen hat der Treuhänder die Wahl, ob er das Vertrauen rechtfertigen oder enttäuschen soll. (Dies ist nicht immer der Fall. Manchmal wird nicht der Bereitwilligkeit oder der Absicht des

Elementare Handlungen und Beziehungen

Tabelle 5.1 Beispiele potentieller Treugeber und die Art ihrer Entscheidung

Beispiel	Potentieller Treugeber	Problematische Entscheidung bei der Vertrauensvergabe
1	Abteilungsleiter der Hambros Bank	Soll er dem Reeder Vertrauen schenken oder nicht?
	Direktoren der Hambros Bank	Sollen sie dem Urteil ihres Abteilungsleiters vertrauen oder nicht?
2	Zweiter Farmer	Soll er darauf vertrauen, daß der erste Farmer ihm seinen Gefallen vergilt?
3	Oberschulmädchen	Soll sie darauf vertrauen, daß der Junge ihr Recht auf Kontrolle über die Nutzung ihres Körpers respektiert?
4	Befragte amerikanische Erwachsene	Sollen sie weiterhin vertrauen auf - gewählte Politiker (sie z.B. wiederwählen), - Gewerkschaftsführer (als Gewerkschaftsmitglied ihren Anordnungen folgen), - militärische Befehlshaber (von ihnen geforderte Ausgabenerhöhungen unterstützen), - Unternehmensleiter (sich ihren ökonomischen Beurteilungen beugen), - Religionsführer (ihren Richtlinien folgen), - Ärzte (negative medizinische Folgen als unvermeidbar akzeptieren), - die Presse (ihren Reportagen vertrauen), - Fernsehnachrichten (ihren Reportagen vertrauen)?

Treuhänders, das Vertrauen zu rechtfertigen, vertraut, sondern seiner Fähigkeit dazu.) Es ist möglich, daß es dem Treuhänder manchmal profitabler erscheint, das Vertrauen zu enttäuschen, wenn ihm sichere finanzielle oder andersartige Gewinne daraus erwachsen. Es kann natürlich sein, daß der Treuhänder dabei kurzfristig einen Gewinn erzielt, aber langfristig einen Verlust erleidet, weil ihm der betreffende Treugeber nie mehr sein Vertrauen schenken wird. Wenn der erste Farmer, dessen Heu vom zweiten Farmer eingebracht wurde, dem zweiten später ohne triftigen Grund seine Hilfe verweigert hätte, falls dieser in Not geraten wäre, hätte er kaum auf nochmalige Hilfe hoffen können, falls seine Ballenpresse wieder funktionsuntüchtig geworden wäre (oder falls eine Kuh krank geworden oder sich irgendeines der vielen Probleme von Farmern ergeben hätte). Wenn der erste Farmer andererseits die Farm gerade verkauft hätte und im Begriff stünde, die Gegend zu verlassen, hätte er wenig oder nichts zu verlieren, wenn er seine Verpflichtung nicht einlösen würde. Entsprechend hätte der Junge als Folge seines Vertrauensbruchs sicherlich einen Verlust erlitten, wenn er weiterhin ein Interesse an dem Schulmädchen gehabt hätte oder wenn er davon ausgegangen wäre, daß sie anderen erzählen würde, was vorgefallen war. Der Treuhänder kann sich auch an Handlungen beteiligen, die ausdrücklich darauf abzielen, den potentiellen Treugeber zur Vergabe von Vertrauen zu bewegen. Ich werde über diese Handlungen allerdings nicht viel zu sagen haben; ich will höchstens erwähnen, daß sie, um erfolgreich zu sein, auf einer (intuitiven oder expliziten) Kenntnis darüber basieren müssen, auf welche Grundlage sich die Entscheidung des potentiellen Treugebers, ob er Vertrauen vergeben soll oder nicht, stützen wird.[1]

In manchen Handlungsabläufen kann ein und derselbe Akteur sowohl als Treugeber als auch als Treuhänder auftreten. Beispielsweise wurde der Rückzahlungsfähigkeit und -absicht des norwergischen Reeders von dem Leiter der Norwegen-Abteilung der Hambros Bank vertraut, auf dessen Urteil die Direktoren von Hambros Vertrauen setzten, und deren Fähigkeit und Absicht, die Kreditgewährung zu decken, wiederum von der Bank in Amsterdam vertraut wurde. In einem solchen Fall kann der Treugeber-Treuhänder mit einer Entscheidung als Treugeber sowie als Treuhänder konfrontiert werden. Als Treugeber muß er entscheiden, ob er Vertrauen vergibt oder nicht, und als Treuhänder muß er entscheiden, ob er das in ihn gesetzte Vertrauen rechtfertigt oder enttäuscht. Transaktionen mit drei Parteien, in denen ein und dieselbe Partei als Treugeber und Treuhänder fungiert, spielen eine besondere Rolle in sozialen, ökonomischen und politischen Systemen, und ich werde sie später besprechen. An diesem Punkt ist die Frage zu stellen, wie man sich die jeweils vollzogene Handlung vorzustellen hat. Bei der Beantwortung dieser Frage werde ich mich zunächst auf die Vergabe von Vertrauen durch den potentiellen Treugeber konzentrieren.

Die Vertrauensvergabe

Als erstes ist festzuhalten, daß die Vertrauensvergabe vom Standpunkt des Treuhänders aus eine Handlung erlaubt, die sonst nicht möglich gewesen wäre. Für den Reeder war dies die Reparatur seines Schiffes, für den ersten Farmer, daß sein Heu gepreßt und in die Scheune gebracht wurde, für den Jungen der Geschlechtsverkehr mit dem Mädchen und für die Leiter der amerikanischen Institutionen die Verfolgung einer Politik ohne Einmischung

---

1 Diese Handlungen sind oftmals sehr weitreichend und beeinflussen möglicherweise den potentiellen Treugeber bei seiner Entscheidung, ob er Vertrauen vergeben soll. Ein Großteil der Werbung fällt in diese Rubrik von Handlungen eines potentiellen Treuhänders.

von Bürgern. Zur Vergabe von Vertrauen gehört, daß man einer Partei Ressourcen an die Hand gibt, die diese zu ihrem eigenen Gewinn, zum Gewinn des Treugebers oder zum Gewinn beider einsetzen wird.

Als zweites ist festzuhalten, daß der Treugeber seine Situation durch die Vergabe von Vertrauen verbessert, wenn der Treuhänder vertrauenswürdig ist, und seine Situation verschlechtert, wenn der Treuhänder nicht vertrauenswürdig ist. Hambros macht eventuell einen Profit im Hinblick auf die Zinsen, die ihr aus zukünftigen Transaktionen mit dem Reeder erwachsen (verliert eventuell aber auch 200 000 Pfund). Der zweite Farmer gewinnt eventuell die Hilfe des ersten Farmers, wenn er einmal darauf angewiesen sein wird (aber verliert eventuell auch die wertvolle Zeit eines Tages). Das einsame Schulmädchen gewinnt eventuell die Aufmerksamkeit eines Freundes (geht aber eventuell auch das Risiko ein, vergewaltigt zu werden). Die amerikanischen Erwachsenen können sich auf andere Dinge konzentrieren, wenn ihr Vertrauen in die Eliten gerechtfertigt ist. Wenn es nicht gerechtfertigt ist, entwickeln sich die politischen, militärischen und sozialen Angelegenheiten, an denen sie ein Interesse haben, möglicherweise ungünstiger, als wenn sie ein Auge darauf gehabt hätten.

Als drittes ist festzuhalten, daß zumindest im zweiten und dritten Beispiel die Vergabe von Vertrauen stattfindet, indem der Treugeber einer anderen Partei (dem Treuhänder) willentlich Ressourcen zur Verfügung stellt, ohne daß die andere Partei eine wirkliche Verpflichtung eingeht. Der zweite Farmer überließ dem ersten Farmer die Kontrolle über seine Zeit und seine Gerätschaften, ohne daß dieser dabei eine Verpflichtung einging. Ebenso überließ das Schulmädchen dem Jungen die Kontrolle über ihren Heimweg, ohne daß er sich in irgendeiner Weise verpflichtete. Auch ausdrückliche Tauschgeschäfte können Vertrauen beinhalten, wie z.B. bei der Gewährung eines Kredits gegen den Erhalt von Zinsen, aber Vertrauen kann auch, wie in den genannten beiden Fällen, einseitig vergeben werden. Wenn ich beispielsweise eine Straße entlanggehe und eine große Halle betreten möchte, wo ein Ereignis stattfinden soll, das viele Leute anzieht, ich aber nicht weiß, wo sich der Eingang befindet, kann ich "der Menge folgen", wobei ich mein Vertrauen darauf setze, daß sie schon weiß, wo der Eingang ist. In diesem Falle würde ich der Menge einseitig die Kontrolle über die Richtung, in der ich gehe, übertragen, ohne daß die Mitglieder der Menge eine Ahnung davon haben.

Als viertes ist festzuhalten, daß jedes dieser Beispiele eine Zeitverzögerung beinhaltet. Jedesmal geht es um zukünftige Handlungen des Treuhänders. Es gibt zahlreiche Mittel, dieses Zeitproblem zu überwinden und die Notwendigkeit der Vertrauensvergabe so zu reduzieren. Ein Mittel ist ein sogenannter Treuhandvertrag mit einer aufschiebenden Bedingung, bei dem eine dritte Partei die Bezahlung der ersten Partei hinauszögert, bis die zweite Partei bestimmte Güter geliefert hat. Ein anderes Mittel sind gezogene Wechsel, mit denen ein potentieller Treuhänder (normalerweise der Käufer in einer Handelstransaktion) dem potentiellen Treugeber (normalerweise der Zulieferer in einer Handelstransaktion) ein Zahlungsversprechen von einem anderen Handelsvertreter anbietet, dem der Käufer möglicherweise eher vertraut. Noch weiter verbreitet als diese beiden Möglichkeiten ist der Vertrag, der in vielen verschiedenen Ausprägungen vorkommt, aber immer ein Zahlungs- oder Lieferversprechen enthält, normalerweise juristisch einklagbar ist und oftmals eine Sicherheit im Falle eines Verzuges bietet. In vielen Situationen, die die Vergabe von Vertrauen beinhalten, insbesondere in politischen und sozialen Situationen, können die betroffenen Parteien solche Mittel jedoch nicht einsetzen, weil es für die Dinge, die der Treugeber aufgibt, häufig keinen vereinbarten Wertmaßstab gibt. Zum Beispiel kann der Farmer, der das Heu des anderen Farmers eingebracht hat, diesen nicht um Unterzeichnung eines Vertrages bitten, in dem er irgendeine unspezifizierte zukünftige Dienstleistung zu erbringen verspricht.

Alle diese Punkte sind ziemlich elementar, aber wichtig. Die ersten beiden verdeutlichen, daß die Entscheidung des Treugebers dem Paradigma entspricht, das Entscheidungstheoretiker Entscheidung unter Risiko nennen. Der dritte Punkt zeigt, daß die Vergabe von Vertrauen - anders als die sozialen Tauschhandlungen, die eine willentliche Handlung zweier Parteien erfordern - die willentliche Handlung einer einzelnen Partei, nämlich des Treugebers, sein kann. Der vierte Punkt gibt einige Beispiele aus dem Spektrum der Hilfsmittel, die die Notwendigkeit der Vertrauensvergabe verringern sollen.

Eine weitere Analyse dieser Beispiele und von anderen Fällen, in denen über die Vergabe von Vertrauen entschieden werden muß, zeigt, daß der potentielle Treugeber mit genau den Überlegungen konfrontiert wird, die ein rationaler Akteur anstellt, wenn er entscheidet, ob er eine Wette abschliessen soll. Der Akteur weiß, wieviel er verlieren kann (der Wetteinsatz), wieviel er gewinnen kann (die Höhe des möglichen Gewinns) und welche Gewinnchancen er hat. Dies und nur dies sind die entscheidenden Elemente. Wenn er einerseits das Risiko nicht scheut und andererseits auch nicht zu risikofreudig ist, wird ihm die Entscheidung, ob er die Wette eingehen soll, keine Schwierigkeiten bereiten. Man kann es folgendermaßen ausdrücken: Wenn die *Chance zu gewinnen* relativ zu der *Chance zu verlieren* größer ist als das *Ausmaß des Verlustes* (falls er verliert) relativ zum *Ausmaß des Gewinns* (falls er gewinnt), kann er mit dem Eingehen der Wette einen Gewinn erwarten. Und wenn er rational handelt, sollte er sie abschließen.

Diese einfache Definition basiert auf dem Postulat der Nutzenmaximierung unter Risiko. Der potentielle Treugeber entscheidet sich entweder gegen die Vergabe von Vertrauen, was keinerlei Veränderung des Nutzens nach sich zieht, oder für die Vergabe von Vertrauen, was bedeutet, daß der erwartete Nutzen relativ zu seinem jetzigen Stand dem möglichen Gewinn mal der Gewinnchance minus dem möglichen Verlust mal der Verlustchance entspricht. Ein rationaler Akteur wird Vertrauen vergeben, wenn das erste Produkt größer als das zweite ist oder wenn, anders ausgedrückt, das Verhältnis der Gewinnchance zur Verlustchance größer ist als das Verhältnis des Ausmaßes des möglichen Verlustes zum Ausmaß des möglichen Gewinns. Unten sind die drei wesentlichen Elemente und ihre Kombinationen, die einen Akteur zum Abschließen einer Wette oder einen potentiellen Treugeber zur Vergabe von Vertrauen veranlassen, aufgeführt.

p = Gewinnchance (die Wahrscheinlichkeit der Vertrauenswürdigkeit des Treuhänders)
L = möglicher Verlust (falls Treuhänder nicht vertrauenswürdig ist)
G = möglicher Gewinn (falls Treuhänder vertrauenswürdig ist)

Entscheidung: ja, wenn $\frac{p}{1-p}$ größer als $\frac{L}{G}$

unentschieden, wenn $\frac{p}{1-p}$ gleich $\frac{L}{G}$

nein, wenn $\frac{p}{1-p}$ kleiner als $\frac{L}{G}$

Es ist nützlich, den Begriff der Vergabe von Vertrauen, wie ich es hier beschrieben habe, mit der Definition von Deutsch (1962) zu vergleichen, die in der Sozialpsychologie weit verbreitet ist. Deutsch definiert vertrauensvolles Verhalten als Handlungen, die die eigene Verwundbarkeit einer anderen Person gegenüber verstärken, deren Verhalten man in einer bestimmten Art von Situation nicht kontrolliert; diese Situation beinhaltet, daß der Verlust, den man erleidet, falls der andere (der Treuhänder) die Verwundbarkeit mißbraucht, größer ist als der Gewinn, den man erzielt, wenn der andere die Verwundbarkeit nicht mißbraucht (siehe auch Zand 1972). Wenn man "Handlungen, die die eigene Verwundbarkeit einer anderen Person gegenüber verstärken" gleichsetzt mit Handlungen, in denen man Ressourcen willentlich einer anderen Person zur Verfügung stellt oder die Kontrolle über Ressourcen auf eine andere Person überträgt, dann entsprechen die Handlungen aus Deutschs Definition den hier erörterten. Deutsch beschränkt vertrauensvolles Verhalten oder die Vergabe von Vertrauen jedoch auf diejenigen Situationen, in denen der mögliche Verlust (L) größer ist als der mögliche Gewinn (G). In der von mir formulierten Definition gibt es diese Einschränkung nicht.

Es ist richtig, daß in vielen Fällen, in denen von einer Vergabe von Vertrauen die Rede sein kann, L größer ist als G. In den ersten drei der oben genannten Beispiele trifft dies zu, im vierten jedoch nicht so eindeutig. Es ließen sich einige triftige Gründe dafür finden, den Begriff der Vertrauensvergabe auf diejenigen Situationen zu beschränken, in denen L größer ist als G (bzw. in denen die Einschätzung von p durch den potentiellen Treugeber größer ist als 0,5). Allerdings stimmt eine der klassischen Situationen, die Vertrauen umfassen – nämlich die Vergabe von Vertrauen an einen Hochstapler – nicht mit Deutschs Definition überein. Ein Hochstapler stellt einem Treugeber meistens außergewöhnlich hohe Gewinne in Aussicht, die den möglichen Verlust bei weitem übersteigen. Ausgehend von den oben genannten Ungleichheiten kann man dann behaupten, daß der Treugeber, selbst wenn p kleiner ist als 0,5, dem Hochstapler wohl Vertrauen schenken und ihm damit Kontrolle über Ressourcen übertragen wird, sobald G ausreichend größer ist als L. Offenkundig beinhaltet ein solcher Fall Vergabe von Vertrauen und ebenso offenkundig wird er in Deutschs Definition nicht berücksichtigt.

Ein weiteres Beispiel für die Vergabe von Vertrauen, welche nicht mit der Definition von Deutsch übereinstimmt, stammt aus einem Kriminalroman von Raymond Chandler (1975 [1949]). Der Sprecher ist der Agent eines Schauspielers.

"Eines Tages", sagte er, "werde ich den Fehler machen, vor dem es einem Menschen in meiner Stellung am allermeisten graut. Dann werde ich mit jemandem ein Geschäft machen, auf den ich mich verlassen kann, und ich werde einfach zu clever sein, um ihm wirklich zu vertrauen" (S. 138)

Diese Aussage verblüfft mit der Umkehrung von dem, was Leute wohl im Normalfall sagen. Der Fehler, vor dem Bankiers, Liebende und Freunde Angst haben, besteht darin, jemandem Vertrauen zu schenken, dem man nicht vertrauen sollte. Der Fehler, vor dem diesem fiktionalen Agenten graut, ist jedoch, sein Vertrauen *nicht* zu vergeben, obwohl es ratsam wäre.

Im Lichte des in diesem Kapitel eingeführten Begriffes liegt der Unterschied in den Werten von L/G und p, denen sich der Agent typischerweise gegenübersieht, und den Werten von L/G und p, mit denen Bankiers, Liebende und Freunde normalerweise konfrontiert werden. Für die drei letztgenannten Treugebertypen bestehen hohe Werte des möglichen Verlustes relativ zum möglichen Gewinn und damit ein hoher kritischer Wert von p. Ungerechtfertigtes Vertrauen zieht einen bedeutenden Verlust nach sich. Der mögliche Gewinn, der geopfert wird, wenn man versäumt, einem vertrauenswürdigen Kreditnehmer, Liebhaber oder Freund zu vertrauen, ist weitaus geringer. Abbildung 5.2. zeigt die Relation zwischen dem Verlust-Gewinn-Verhältnis

128 Elementare Handlungen und Beziehungen

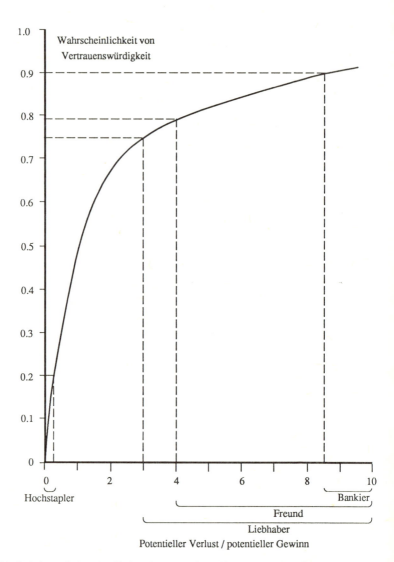

Abb. 5.2 Relation zwischen dem Verhältnis des möglichen Verlustes zum möglichen Gewinn bei der Vergabe von Vertrauen und dem kritischen Wert der Wahrscheinlichkeit von Vertrauenswürdigkeit

für diese Fälle, in denen Vertrauen vergeben wird, und dem kritischen Wert von p. Wenn ich mich nicht irre, befindet sich der Agent in einer Situation, in der der mögliche Verlust im Verhältnis zum möglichen Gewinn niedrig ist und der kritische Wert von *p* viel niedriger. In einem solchen Fall sind die Kosten eines Fehlers des ersten Typs, bei dem man Vertrauen vergibt, obwohl man es besser nicht täte, recht gering. Ein Fehler des zweiten Typs, bei dem man Vertrauen nicht vergibt, obwohl man es besser täte, zieht hohe Kosten in Form von entgangenen Gewinnen nach sich. Nach den Worten des Agenten muß man es sich in seinem Beruf nicht nur leisten können, Chancen zu ergreifen – man darf es sich ebenso nicht leisten, Chancen *nicht* zu ergreifen.

Die Informationen des Treugebers über p, L und G

Unter verschiedenen Umständen weiß man über die drei Größen *p*, *L* und *G* unterschiedlich viel. Das Ausmaß des möglichen Verlustes ist häufig gut bekannt. Im Beispiel der Hambros Bank betrug es 200 000 Pfund, im Beispiel der Farmer Zeit und Aufwand eines Nachmittags (obwohl dort auch die Möglichkeit bestand, daß die Maschine des zweiten Farmers beschädigt wurde, was aber dadurch minimiert wurde, daß er die Maschine selbst bediente). In einigen Fällen weiß man nicht viel darüber. Im Beispiel des öffentlichen Vertrauens auf verschiedene Eliten wissen die befragten Erwachsenen nicht, welchen Verlust sie möglicherweise erlitten, wenn sie ihr Vertrauen statt dem einen Präsidentschaftskandidaten dem anderen oder statt der einen Gruppe von Kongreßabgeordneten der anderen schenken würden. Auch im Falle des Schulmädchens ist der Verlust nicht eindeutig zu bestimmen. Vielleicht hat sie die Möglichkeit einer Vergewaltigung nicht vorausgesehen. Und selbst wenn sie es getan hat, wußte sie nicht, wie die physische Erfahrung sein würde, und konnte nicht wissen, welche psychologischen Folgen sie nach sich ziehen würde.

Die möglichen Vorteile oder Gewinne aus der Vergabe von Vertrauen kennt man manchmal auch genau. Wenn eine Bank einen Kredit zu einem bestimmten Zinssatz gewährt, weiß sie genau, wieviel sie verdient, wenn der Kredit zurückgezahlt wird. In vielen anderen Fällen ist das Ausmaß des möglichen Gewinns jedoch viel weniger bekannt als das Ausmaß des möglichen Verlustes, wie in den ersten beiden der oben genannten Beispiele zu sehen ist. Im ersten Beispiel kennt der Leiter der Norwegen-Abteilung der Hambros Bank genau den Verlust, den seine Bank möglicherweise erleiden wird. Der mögliche Gewinn besteht in zukünftigen Geschäften mit dem Reeder, was sich weniger präzise berechnen läßt. Die Dienstleistung, die der zweite Farmer irgendwann in der Zukunft vom ersten Farmer verlangen könnte, ist recht vage im Vergleich zu der Eindeutigkeit von dem, was er aufgibt. Das Schulmädchen kennt jedoch wahrscheinlich den möglichen Gewinn besser als den möglichen Verlust. Dieser Gewinn besteht in der Aufmerksamkeit des

130 Elementare Handlungen und Beziehungen

Jungen und in der Aussicht auf Verabredungen, die sie nun wahrnehmen könnte, statt wie bisher zu Hause zu bleiben.

Bei der Entscheidung, ob man jemandem Vertrauen schenken soll, weiß man jedoch häufig am wenigsten über die dritte Größe, nämlich darüber, ob der Treuhänder das Vertrauen rechtfertigen wird. Wenn ein Wähler den einen Kandidaten und nicht den anderen wählt, weiß er, was beide Kandidaten versprechen zu leisten, denn dies macht ihren Wahlkampf aus. Aber er weiß viel schlechter, wie wahrscheinlich es ist, daß jeder einzelne diese Leistung tatsächlich erbringt. Für Merchant Banken ist die Wahrscheinlichkeit der Rückzahlung die große Unbekannte, wie auch für Banken im allgemeinen. Wechsberg (1966 [1966]) zitiert den Abteilungsleiter der Hambros Bank, der seine schnelle Entscheidung, dem Reeder 200 000 Pfund zu leihen, erklärt:

103 Ich überlege mir sofort, was seine Anfrage für uns hier bedeutet. Eine einfache mathematische Gleichung mit nur einer Unbekannten: Wird es klappen? Das tägliche Vabanquespiel eines jeden Bankiers. Ich treffe meine Entscheidung und sage ihm entweder: 'Wir tun's' oder 'Wir tun's nicht'. (S. 29)

Dies verdeutlicht, welch zentrale Bedeutung Informationen für eine Investitionsbank haben. Der Abteilungsleiter bei Hambros sagt:

In Wirklichkeit ist das Risiko nicht so groß, wie es Ihnen scheint. Ich kenne die Reederei, ich kenne das Schiff, ja sogar die Ladung. Das ist mein Job: all diese Dinge zu wissen. Zugegeben, man muß vorsichtig sein. Andere Banken haben sich in diesem Geschäft die Finger verbrannt. Man muß eine Menge nützlicher Informationen im Kopf haben (S. 29-30).

Für einen Privatbankier ist es eine Lebensfrage, stets auf dem laufenden zu sein. Und so versuche ich, alle nur erhältliche Information aus meinem Gebiet zu sammeln (S. 36).

Die Wirkung von Informationen besteht darin, daß sie die Einschätzung der Gewinnwahrscheinlichkeit verändern, d.h. daß sie die Einschätzung der Gewinnwahrscheinlichkeit so weit wie möglich über oder unter den kritischen Punkt verschieben, an dem die Entscheidung nach beiden Richtungen erfolgen kann - den Punkt, an dem der Treugeber sich unschlüssig ist, ob er eine positive oder negative Entscheidung fällen soll. Je weiter die Einschätzung der Gewinnwahrscheinlichkeit durch den Treugeber von diesem Punkt entfernt ist, desto sicherer wird er sein, daß er die richtige Entscheidung trifft. Und je weiter sich seine subjektive Einschätzung dieser Wahrscheinlichkeit der tatsächlichen Wahrscheinlichkeit annähert, desto wahrscheinlicher wird es, daß seine Entscheidung richtig ist.

Hauptsächlich aus diesem Grunde möchten Eltern von heranwachsenden Schulmädchen die Jungen, mit denen ihre Töchter ausgehen, kennenlernen und soviel wie möglich über sie in Erfahrung bringen. Und weil ein Junge weniger zu verlieren hat, wenn er sich mit dem "falschen" Mädchen trifft, sind Eltern von heranwachsenden Jungen weniger daran interessiert, die Mädchen, mit denen sich ihre Söhne verabreden, kennzulernen und alles über sie zu erfahren. Natürlich geht es auch um Vertrauen von seiten des Jungen, denn das "falsche" Mädchen - die eine schlechte Ehefrau sein würde - könnte eine sexuelle Beziehung und Schwangerschaft dazu benutzen, einen jungen Mann zu einer Heirat zu zwingen. Dennoch bedeutet die übliche Asymmetrie der physischen Stärke, daß Mädchen mehr Vertrauen in eine Beziehung einbringen müssen.

Nicht nur, daß die Wahrscheinlichkeit der Rechtfertigung von Vertrauen oft die am wenigsten bekannte der drei Größen ist - die Wichtigkeit, sie zu kennen, hängt außerdem hauptsächlich von den anderen beiden Größen, dem möglichen Gewinn und dem möglichen Verlust, ab. Wenn die Summe von möglichem Gewinn und möglichem Verlust klein ist (wie bei der Entscheidung eines Jungen, ob er mit einem bestimmten Mädchen ausgehen soll, verglichen mit der entsprechenden Entscheidung eines Mädchens), ist es von geringerer Bedeutung, daß die Entscheidung richtig ist, und ein rationaler Akteur wird somit weniger gründlich Informationen sammeln und auch anderweitig weniger vorsichtig beim Fällen der Entscheidung sein.[2] Eine Investitionsbank wird einem unerfahrenen Angestellten beispielsweise nur Entscheidungen überlassen, die relativ geringe Geldbeträge umfassen. Erst wenn sich der Angestellte auf dieser Risikoebene "bewährt" hat, wird man ihm erlauben, Entscheidungen in bezug auf größere Investitionen zu fällen.

Somit beeinflußt nicht nur das Verhältnis von möglichem Verlust zu möglichem Gewinn, abgewogen gegen die Wahrscheinlichkeit, daß der Treuhänder das Vertrauen rechtfertigt, die Handlung. Das Ausmaß des möglichen Gewinns und des möglichen Verlustes beeinflussen ebenfalls die Intensität der Suche nach zusätzlichen Informationen. Die Suche sollte so lange anhalten, wie die Kosten einer zusätzlichen Vermehrung von Informationen

---

2 Es hat den Anschein, daß unangebracht konservative Entscheidungen aus einer derartigen Erfahrungsverarbeitung resultieren, denn in den Fällen, in denen kein Vertrauen vergeben wird, weiß man selten etwas über das Ergebnis des Risikos. Eine Ausnahme besteht dann, wenn ein anderer Treugeber dem betreffenden Treuhänder sein Vertrauen schenkt und der erste potentielle Treugeber, der kein Vertrauen vergeben wollte, das Ergebnis beobachten kann. In vielen Fällen wird jedoch von keinem Treugeber Vertrauen vergeben, und mögliche Unterlassungssünden bleiben unbemerkt; hingegen weiß man nach der Vergabe von Vertrauen, wann man es hätte unterlassen sollen.

132 Elementare Handlungen und Beziehungen

geringer sind als der Gewinn, den diese Informationen versprechen. Dieser Gewinn steigt mit der Größe des möglichen Gewinns und des möglichen Verlustes.

Warum vertraut man nur zögernd einem Freund, aber schnell einem Hochstapler?

Das in diesem Kapitel vorgestellte allgemeine Paradigma besagt, daß Individuen auf rationale Weise Vertrauen vergeben, wenn das Verhältnis der Wahrscheinlichkeit, daß der Treuhänder das Vertrauen rechtfertigt, zu der Wahrscheinlichkeit, daß er es nicht tut, größer ist als das Verhältnis des möglichen Verlustes zum möglichen Gewinn, bzw. wenn $p/(1-p)$ größer ist als L/G. Doch dann erhebt sich die Frage: Warum sagt man, daß es im allgemeinen etwas Zeit braucht, um Vertrauen zu fassen, wenn jemand eine neue Person kennenlernt, mit der er möglicherweise Freundschaft schließen könnte? Warum sollte man mit der anfänglichen Einschätzung der Wahrscheinlichkeit von Vertrauenswürdigkeit die tatsächliche Wahrscheinlichkeit eher *unterschätzen* als überschätzen? Warum braucht man Zeit, um vertrauen zu lernen, statt zu lernen zu mißtrauen?

Es gibt natürlich auch Beispiele dafür, daß die Einschätzung von p offenbar nicht immer eine Unterschätzung, sondern manchmal auch eine Überschätzung ist. Die Tatsache, daß einige Hochstapler recht erfolgreich sind, obwohl sie den Leuten, die ihnen vertrauen, völlig unbekannt sind, legt nahe, daß zumindest einige Personen gelegentlich zunächst einmal die Vertrauenswürdigkeit überschätzen, statt sie zu unterschätzen. Das Mädchen, das von dem Jungen vergewaltigt wurde, mit dem sie durch den Wald nach Hause gegangen war, gehört ebenfalls zu den Leuten, die zu vertrauensselig waren. Dennoch läßt sich die Verallgemeinerung treffen, daß man normalerweise erst das Vertrauen zu einer Person entwickeln muß, die man dabei ist kennenzulernen. Dies trifft offensichtlich vor allem für enge und intime Beziehungen zu, in denen sich Vertrauen auf einer Seite oder beiderseitig erst nach einer längeren Zeit entwickelt.

Dieses Problem läßt sich möglicherweise mit Hilfe der Werte des möglichen Verlustes und Gewinns lösen. Vorausgesetzt, daß jemand der Durchschnittsperson, mit der er zusammentrifft, eine Standardeinschätzung der Wahrscheinlichkeit ihrer Vertrauenswürdigkeit, genannt p^*, entgegenbringt, welche auf vergangenen Erfahrungen basiert, dann wird er in einer Situation, die Vertrauen in eine unbekannte Person erfordert, Vertrauen vergeben, wenn $p^*/(1-p^*)$ größer ist als L/G. Wenn man davon spricht, daß eine Person einer anderen gegenüber Vertrauen entwickeln muß, geht es jedoch dabei meistens um eine relativ enge Beziehung, und dort ist der mögliche Verlust, der entstehen kann, wenn man jemand anderen ins Vertrauen zieht oder ihm die eigenen Schwächen offenbart, besonders groß. Der mögliche Gewinn aus einer engen Beziehung kann ebenfalls groß sein, aber da es viele andere potentielle Freunde gibt, die einen nahezu äquivalenten Gewinn versprechen können, liegt der wesentliche Vergleich nicht zwischen dem absoluten möglichen Verlust und dem absoluten möglichen Gewinn, sondern zwischen dem absoluten möglichen Verlust (wie z.B. ein Vertrauensbruch oder körperlicher Mißbrauch) und der *Differenz* zwischen dem Gewinn, den man von diesem Freund erwartet, und dem Gewinn, den ein anderer Freund verspricht. Verglichen mit den üblichen Situationen, in denen sich die Möglichkeit bietet, einer anderen Person Vertrauen zu schenken, ist dieses Verhältnis bei einer engen Beziehung recht hoch. Das heißt, daß der Wert von $p/(1-p)$, der dieses Verhältnis - welches ich im Hinblick auf enge Beziehungen als $(L/G)^*$ bezeichnen werde - übersteigen soll, recht hoch sein kann, und zwar beträchtlich höher als die Standardeinschätzung $p^*/(1-p^*)$. Der Prozeß der Vertrauensentwicklung wäre dann nichts anderes als eine Bewegung vom Standardwert von $p/(1-p)$ zu einem Wert, der größer ist als $(L/G)^*$; diese Bewegung kann mit Hilfe von Erfahrungen mit der anderen Person stattfinden, bei denen man zuerst Gelegenheiten ergreift, wo L/G nicht so hoch ist oder bei denen das Ausmaß von L und G so klein ist, daß trotz der Höhe von L/G das Ausmaß des möglichen Verlustes klein bleibt. Wenn diese Vermutung stimmt, sind also die Beziehungen, in denen man zuerst Vertrauen entwickeln muß, diejenigen, in denen der mögliche Verlust relativ zum möglichen Gewinn besonders hoch ist.

Warum aber schenken Leute dann einem Hochstapler Vertrauen, den sie immerhin nie zuvor gesehen haben? Die Antwort hängt in jedem speziellen Fall natürlich davon ab, inwiefern der Hochstapler die Überzeugung einer Person von der Möglichkeit eines Verlustes und vom Ausmaß des möglichen Verlustes und Gewinns manipuliert. Üblicherweise behauptet ein Hochstapler, daß der mögliche Gewinn im Vergleich zu dem möglichen Verlust hoch ist. Der Hochstapler konfrontiert die Person mit einem Angebot, in dem L/G niedrig ist. Ich äußere hier die Vermutung, daß in seinem Angebot L/G beträchtlich niedriger ist als p^*, die Standardeinschätzung der Vertrauenswürdigkeit, wie sie ein Durchschnittsbürger vornimmt. Selbst wenn die betreffende Person ihre Einschätzung leicht modifiziert, so daß sie unter den Standardwert absinkt, wird sie sich (laut dieser Vermutung) noch immer über L/G befinden. Die Person wird daher Vertrauen vergeben, obwohl sie es nicht sollte, weil der Wert L/G bedeutet, daß ihre Einschätzung der Vertrauenswürdigkeit sich *unter* die Standardeinschätzung bewegen muß. Die Person muß in diesem Falle ein Mißtrauen entwickeln, wenn p sich einem korrekten Einschätzungswert nähern soll. Im Gegensatz dazu ist das Verhältnis von $(L/G)^*$ so hoch, wenn es um das Vertrauen zu einem Freund geht, daß die betreffende Person Vertrauen entwickeln muß, wobei p sich über seinen Standardwert bewegt.

Wenn diese Vermutungen zutreffen, lassen sich verschiedene empirische Schlußfolgerungen daraus ziehen. Dazu gehört, daß Personen, denen potentielle Freunde fehlen, denen sie alternativ Vertrauen schenken könnten (und die daher von einer bestimmten Freundschaft einen großen Gewinn erwarten), wahrscheinlich sehr viel bereitwilliger Vertrauen vergeben und sehr viel weniger Zeit benötigen, um Vertrauen in einen potentiellen Freund zu setzen, als Personen, die viele verschiedene potentielle Freunde haben. Dazu gehört auch, daß im allgemeinen Personen in Situationen, wo der mögliche Gewinn im Vergleich zum möglichen Verlust besonders groß ist, eher Vertrauenswürdigkeit überschätzen und sie unterschätzen, wenn der mögliche Gewinn im Vergleich zum möglichen Verlust besonders niedrig ist. Wenn dies empirisch belegbar ist, bietet diese Schlußfolgerung Schwindlern ein reiches Betätigungsfeld, solange der mögliche Gewinn, den sie in Aussicht stellen, verglichen mit dem möglichen Verlust hoch ist. Eine dritte empirische Schlußfolgerung (die lediglich einen Spezialfall der vorigen darstellt) lautet, daß bei Rennbahnwetten zu viel auf Außenseiter und zu wenig auf Favoriten gesetzt wird.

Vertrauensvergabe an Schauplätzen mit und ohne Marktcharakter

Wie kommt es, daß an einigen Handlungsschauplätzen Vertrauen an ganz verschiedene Treuhänder, die in unterschiedlichem Ausmaß vertrauenswürdig sind, vergeben wird, sich aber an anderen Schauplätzen die Vergabe von Vertrauen auf einen oder wenige Treuhänder konzentriert? Als Beispiel für letzteres zeigt die Entstehungsgeschichte des Geldes, wobei Geld seinen Wert nicht wie Warengeld in sich trägt, sondern dessen Wert von einer Bürgschaft Dritter abhängt, daß die Zahlungsversprechen bestimmter Goldschmiede oder Banken mit der Zeit lieber als Währung akzeptiert wurden als persönliche Zahlungsversprechen und sich schließlich mit dem Verdrängen anderer Zahlungsversprechen als allgemein anerkannte Währung durchsetzten. Dies bedeutete, daß sich aus der Überfülle von Währungen, die von einzelnen Banken in einem Land ausgegeben wurden, eine einzige Währung herauskristallierte (siehe Ashton 1945). Diese Währung scheint folgendermaßen zu entstehen: Handelstransaktionen werden vollzogen, indem der Käufer dem Verkäufer nicht Warengeld, das seinen Wert in sich trägt, übergibt, sondern ein Papier, das ein Zahlungsversprechen enthält. Nehmen wir an, A kauft von B und gibt B im Laufe der Transaktion sein Zahlungsversprechen. Wenn B dann etwas von C kauft, kann B dem C ein eigenes Zahlungsversprechen geben oder ihm das Zahlungsversprechen von A übertragen. C wird A's Zahlungsversprechen eher als B's Zahlungsversprechen akzeptieren, wenn C den A als vertrauenswürdiger ansieht als B. Auf diese Weise zirkuliert das Zahlungsversprechen von A (was auch für A von Nutzen ist, da die Zahlungsversprechen somit nicht zur Zahlung vorgelegt werden). Vor einem solchen Hintergrund werden A's Zahlungsversprechen zur einzigen Währung, falls A an genügend Transaktionen beteiligt ist, daß seine Zahlungsversprechen in ausreichendem Maße vorhanden sind.³

Ich glaube, daß die zu Beginn des Abschnitts gestellte Frage sich damit beantworten läßt, daß an manchen Handlungsschauplätzen die Vertrauensvergabe innerhalb einer Marktstruktur vollzogen wird, in der unterschiedliche potentielle Treuhänder Versprechen in Form von ein und derselben Ware (z.B. Gold) abgeben oder auch von Waren, die einen spezifizierbaren Tauschkurs aufweisen (z.B. Silber und Gold), wogegen an anderen Schauplätzen Versprechen Güter umfassen, die in einem Markt nicht vollständig oder nur unvollkommen fungibel sind (wie z.b. das Versprechen, einen Gegengefallen zu erweisen).

Wenn zwei Akteure in einem Markt mit kostenfreien Transaktionen die gleichen Güter anbieten und dabei die gleichen Bedingungen für die Lieferung haben, jedoch ein Akteur vertrauenswürdiger ist als der andere, werden rationale Akteure selbstverständlich mit dem vertrauenswürdigeren der beiden Handel treiben. Dies wird eines der folgenden Ergebnisse haben:

Der vertrauenswürdigere Akteur wird sich auf solche Versprechen spezialisieren, worauf die Versprechen möglicherweise sogar fungibel werden und in späteren Transaktionen weitergegeben werden können.

Der weniger vertrauenswürdige Akteur wird seine Versprechen nur mit einem Nachlaß, der der Vertrauenswürdigkeitsdifferenz entspricht, veräußern können.

---

3 Diese Tendenz zeigt sich auch im internationalen Handel (wo die Entwicklung zu einer einzigen Währung hin allerdings durch die nationale Souveränität eingeschränkt wird, welche die Annahme nationaler Währungen bei Transaktionen innerhalb von Staatsgrenzen gesetzlich vorschreibt). Der US-Dollar erfüllt zur Zeit die doppelte Voraussetzung, als vertrauenswürdig zu gelten und in ausreichendem Maße vorhanden zu sein, um allgemein als Verrechnungseinheit und Tauschmittel bei internationalen Transaktionen dienen zu können. Vor den fünfziger Jahren erfüllte das englische Pfund diese Funktion. Die Tendenz, daß eine gute Währung (d.h. vertrauenswürdige Treuhänder) schlechte Währungen verdrängt, steht in direktem Widerspruch zu Greshams Gesetz. Greshams Gesetz leitet sich von den Interessen der Partei her, die eine Währung in Umlauf setzt, und die hier beschriebene Tendenz leitet sich von den Interessen des Treugebers her. Greshams Gesetz kann nur funktionieren, wenn die zwei betreffenden Währungen beide gesetzliche Zahlungsmittel sind, d.h. wenn der Treugeber beide akzeptieren müßte.

Der weniger vertrauenswürdige Akteur wird sich erst dann an Transaktionen beteiligen können, wenn die Güter des vertrauenswürdigeren Akteurs erschöpft sind.

Dies wird durch den Vergleich verdeutlicht, den ein potentieller Treugeber anstellen muß, wenn er sich zwei alternativen Transaktionen gegenübersieht, deren möglicher Verlust und Gewinn jeweils gleich sind. Er wird sich an der Transaktion beteiligen, in der die Wahrscheinlichkeit der Vertrauenswürdigkeit höher ist, selbst wenn beide Wahrscheinlichkeiten größer sind als der mögliche Verlust relativ zu Verlust plus möglichem Gewinn. Wenn sich der potentielle Treugeber aber in einer Situation befindet, in der die Quellen des möglichen Gewinns und Verlustes keinen Marktwert besitzen, weil es keinen Markt gibt, dann bieten die beiden Transaktionen verschiedene Dinge. Sie unterscheiden sich in mehr als in p_1 und p_2, den Einschätzungen der Vertrauenswürdigkeit der beiden Akteure. Was in der ersten und auch in der zweiten Transaktion gewonnen und verloren werden kann, ist nicht fungibel. G_1, angeboten vom ersten Akteur, und G_2, angeboten vom zweiten Akteur, weisen keinerlei in einem Markt festgelegten Tauschkurs auf. Wenn dies der Fall wäre, würde der weniger vertrauenswürdige Akteur vom Markt verdrängt. Da es nicht der Fall ist, bleibt er auf dem Markt, und manche (für die seine Angebote von besonderem Interesse sind) schenken ihm Vertrauen, andere dagegen nicht.[4]

Die Notwendigkeit, Vertrauen zu vergeben

Manchmal ist es für Akteure dringend erforderlich, Vertrauen zu vergeben. Ein Beispiel hierfür ist das Schulmädchen, das dem Jungen Vertrauen schenkt, indem es ihm erlaubt, mit ihm durch den Wald zu gehen. Sie fühlt sich einsam in der Schule und braucht Gesellschaft. Diese Gesellschaft ist potentiell erlangbar, aber nur, wenn sie Vertrauen vergibt. Im Falle ihrer Entscheidung darüber, ob sie Vertrauen vergeben soll, ist G groß. Dies bedeutet, daß L/G sehr viel kleiner ist als für irgendein anderes Mädchen, so daß dieses Mädchen selbst dann Vertrauen vergeben wird, wenn p, die

---

4 Wenn der Akteur sich nicht zwischen Akteur 1, der G_1 anbietet, und Akteur 2, der G_2 anbietet, entscheiden kann, G_1 und G_2 fungibel sind und Akteur 1 von dem potentiellen Treugeber als weniger vertrauenswürdig empfunden wird, kann seine Unentschiedenheit nur bedeuten, daß G_1 für ihn von größerem Wert ist als G_2. Das heißt, daß Akteur 1 für die gleichen Güter mehr als Akteur 2 anbieten muß. Wenn Akteur 1 keinen Ausgleich schaffen kann, indem er diese Güter produktiver herstellt, wird er vom Markt verdrängt.

Wahrscheinlichkeit, daß das Vertrauen gerechtfertigt wird, relativ klein ist. Männer, die an sexuellen Eroberungen interessiert sind, erkennen oft, daß Frauen wie diese sehr verletzlich sind, eben weil für sie eine so große Notwendigkeit besteht, Vertrauen zu vergeben.

Die Notwendigkeit, Vertrauen zu vergeben, ist extrem hoch bei Personen, die sich in einer verzweifelten Situation befinden, aus der sie sich ohne Hilfe nicht befreien können. Falls der Person von einer anderen Hilfe angeboten wird, wäre es rational für sie, diese anzunehmen, selbst wenn sie glaubt, daß die Chance, daß die andere Person ihr tatsächlich hilft, nahezu Null ist. Dies ist einfach deshalb der Fall, weil die Person nichts zu verlieren hat. L liegt in diesem Fall bei Null, denn die Hilfe könnte die Situation nicht noch schlimmer machen, als sie ohnehin schon ist. Von Personen, die in solchen Fällen Vertrauen vergeben, sagt man manchmal, daß sie "sich an einen Strohhalm klammern". Man kann es auch so ausdrücken, daß es dann rational ist, sich an Strohhalme zu klammern, wenn nichts anderes da ist, woran man sich klammern kann und man verloren ist, wenn man sich an nichts klammert. Allgemein gesehen trifft diese extreme Bedingung für viele Situationen nicht zu, doch weisen sie ein Verhältnis von möglichem Verlust zu möglichem Gewinn auf, das so niedrig ist, daß ein rationales Individuum selbst dann noch Vertrauen vergibt, wenn die Chance der Vertrauensrechtfertigung äußerst klein ist. Unter solchen Umständen scheinen Individuen, die Vertrauen vergeben, irrational zu handeln; richtiger beschreibt man sie jedoch nicht als irrational, sondern als Personen, für die eine große Notwendigkeit, Vertrauen zu vergeben, besteht.

Handlungen des Treuhänders

Ich habe bisher noch nichts über das Verhalten des möglichen Treuhänders gesagt. Manchmal stehen die Handlungen des Treuhänders gar nicht zur Debatte - z.B. wenn das Ergebnis, an dem der Treugeber interessiert ist, nur von der Fähigkeit des Treuhänders abhängt und nicht von seiner Absicht oder seinen Bemühungen. Bei der großen Anzahl von Fällen, in denen das Ergebnis von den willentlichen Handlungen des Treuhänders abhängt, hat er jedoch die Wahl, ob er das Vertrauen rechtfertigt oder enttäuscht. Nehmen wir an, er gewinnt etwas, wenn er das Vertrauen enttäuscht. Was, außer einer internalisierten moralischen Norm, kann ihn dann davon abhalten, es zu enttäuschen? Im Falle des Schulmädchens hätte der Junge, der das Vertrauen enttäuscht hatte, vielleicht einen direkten Schaden erlitten, wenn das Mädchen seiner Mutter von dem Vorfall erzählt hätte, welche dann der Schule und den Justizbehörden Bericht erstattet hätte (oder wenn der Vater des Mädchens sich der Sache selber angenommen hätte). In einem Falle, in dem ein Kreditnehmer für einen Kredit eine Sicherheit hinterlegt hat und dann in Zahlungsverzug gerät, besitzt der Kreditgeber gesetzlich das Recht, die Sicherheit in Besitz zu nehmen. In den meisten Fällen, besonders in denen, wo es um soziales Vertrauen oder politisches Vertrauen geht, gibt es eine solche direkte Haftung jedoch nicht. Oft ist von höchster Wichtigkeit, daß es für den Treuhänder einen Gewinn bedeutet, daß ihm auch in Zukunft vertraut wird - entweder vom selben Treugeber oder von einem anderen, dem seine Handlungen vielleicht mitgeteilt worden sind. Beispielsweise kann das Vertrauen, das eine Wählerschaft einem gewählten Politiker entgegenbringt, diesem entzogen werden, und der Politiker wird möglicherweise angeklagt oder anderweitig seines Amtes enthoben (so wie Richard Nixon seines Amtes als Präsident der USA enthoben wurde und im Grunde auch Lyndon Johnson), oder er erleidet in der nächsten Wahl eine Niederlage. Aus dieser zentralen Überlegung zur Rolle des Treuhänders ergeben sich zwei wichtige Schlußfolgerungen. Erstens sind für den Treuhänder größere Verluste in der Zukunft zu erwarten, wenn die Beziehung zum Treugeber eine fortdauernde ist und es sich nicht um nur eine einzelne Transaktion handelt. Somit wird der Treuhänder um so vertrauenswürdiger sein, je länger die Beziehung zum Treugeber andauert und je größer die Gewinne sind, die der Treuhänder sich von dieser Beziehung erhofft. Zweitens wird der Treuhänder umso vertrauenswürdiger sein, je umfassender die Kommunikation zwischen dem Treugeber und den anderen Akteuren ist, von denen der Treuhänder erwarten kann, daß sie ihm in Zukunft Vertrauen schenken werden.

Diese beiden Implikationen helfen, Phänomene zu erklären, die ansonsten rätselhaft erscheinen. Beispielsweise fuhr ein junger Mann, der beim Militär Dienst tat, per Anhalter nach Hause, um bei seiner Familie seinen Urlaub zu verbringen. Ein anderer Anhalter, ebenfalls ein Armeeangehöriger, aber von einem anderen Stützpunkt, wurde von demselben Auto mitgenommen. Als der erste Soldat ausstieg, weil er in einer anderen Richtung weiterfahren mußte, fragte der zweite, ob er ihm einen Dollar borgen könne. Der erste gab ihm den Dollar; der zweite ließ sich seinen Namen und seine Adresse geben und sagte, er würde den Dollar bestimmt zurückzahlen. Als der erste Soldat zu Hause ankam und seinem Vater von dem Vorfall erzählte, sagte der Vater: "Vergiß das geliehene Geld und sei froh, daß es so wenig war. Wahrscheinlich wirst du es nie wiedersehen." Die Mutter schalt den Vater aus und meinte, er habe kein Vertrauen in die Menschen. Der Vater erwiderte, daß ihn gerade seine Menschenkenntnis bewogen habe, so zu sprechen. Der zweite Soldat, der keinerlei Gewinn daraus ziehen würde, an das geliehene Geld zu denken, würde niemals daran erinnert werden, so ehrenhaft seine Absichten auch seien, und so würde die Sache in Vergessenheit geraten.

Die Schlußfolgerung, daß eine festgefügte Gemeinschaft im Umkreis von potentiellen Treugebern zu einer größeren Vertrauenswürdigkeit führt, läßt auch gewisse andere recht verblüffende Phänomene verständlicher werden. Beispielsweise schreibt Wechsberg (1966 [1966]) über die äußerst festgefügte Gemeinschaft von Merchant Bankers in der City von London:

> Der Besucher der City ist beeindruckt von der Unbedingtheit, mit der hier das gesprochene Wort gilt. Unter einem Pressefoto von der Londoner Börse steht: "Wo ein Kopfnicken einem Vertrag gleichkommt." Im Vergleich zu dem Geschäftsvolumen ist der damit verbundene Papierkrieg minimal. Täglich werden zahllose formlose telefonische Versprechungen gegeben, bei denen es um Millionen Pfund geht. "Wie sehr es einem auch über sein mag, zu hören, das Wort eines Engländers sei sein Gebot, so bleibt doch der Londoner Usus, Verträge mündlich zu schließen, eine der Säulen von Londons Reputation", schreibt Paul Ferris. Das Geschäft des Merchant Bankers basiert auf dieser Anatomie des Vertrauens (S. 44-45).

Wechsberg zitiert auch einen Mann von der Hambros Bank, der sagt:

> Ohne einen Anwalt konsultiert zu haben, sprach und verhandelte [in New York] niemand mit mir. ... Wir müssen auch nicht erst einen Anwalt um Rat fragen, ehe wir eine Zusage geben. ... Die City ist nicht sehr groß, und man weiß eben genau, wer hier dazugehört (S. 45).

Eine noch festgefügtere Gemeinschaft ist die der Diamantenhändler, in der die Vertrauenswürdigkeit ebenfalls außerordentlich groß ist. Wechsberg beschreibt das Verhalten im Diamantenzentrum von London (was für das New Yorker Diamantenzentrum übrigens genauso gilt):

> In Hatton Garden ist es keine Seltenheit, daß ein Mann Diamanten im Wert von mehreren hunderttausend Pfund mit sich herumträgt, die ihm nur auf bloßes Vertrauen hin ausgehändigt wurden. In einem der winzigen, armseligen Büros zeigt ein Händler einem anderen einige Steine, die ein Vermögen wert sind, und dann geht er weg, während der andere die Steine in Ruhe weiter inspiziert. Verträge gibt es nicht, nichts wird schriftlich festgehalten, sondern hier werden alle Geschäfte mündlich abgeschlossen (S. 83-84).

In beiden dieser festgefügten Gemeinschaften reichen verbale Vereinbarungen aus, weil zum einen der Ruf der Vertrauenswürdigkeit in diesem Geschäft von zentraler Bedeutung ist und weil sich dieser Ruf zum anderen unter all denen schnell verbreitet, von denen der Treuhänder für zukünftige Geschäfte und damit für eine zukünftige Vertrauensvergabe abhängig ist. Von dem Bestreben um Integrität, Vertrauenswürdigkeit und guten Ruf sind die Merchant Banken in der Londoner City nahezu besessen, wie ihre eigenen Äußerungen, die Wechsberg (1966 [1966]) zitiert, beweisen:

> Und wenn ein alter Kunde zu uns kommt, dann tun wir natürlich *alles* für ihn. Selbst wenn der Markt gerade illiquide ist, nutzen wir seine Lage nicht aus, denn wir wachen sehr eifersüchtig über unseren Namen. (S. 81)
> [Das Geschäft des Privatbankiers ist gekennzeichnet durch] kaufmännische Rechtschaffenheit und Würde, eine absolute Fairneß in allen Geschäften; die Bereitschaft – wenn es sich als notwendig erweist –, eher einen finanziellen Verlust hinzunehmen, als den guten Ruf der Firma durch eine einzige unwürdige Handlung aufs Spiel zu setzen. ... Vertrauen, absolutes Vertrauen, zuerst zwischen Vater und Sohn, später zwischen den Brüdern und schließlich unter den Partnern in den verschiedenen Ländern ... (S. 20)
> Wenn Sie nur nach einer Eigenschaft allein fragen, dann muß die Antwort 'Integrität' lauten. Ohne vollkommene Integrität gibt es keine absolute Glaubwürdigkeit, und dieses absolute Vertrauen, der Good-will, ist unser größtes Aktivum (S. 349).

Dies erinnert natürlich an die offensichtlichen Platitüden, die in vielen Milieus verbreitet sind. Ihr häufiges Auftreten bei Merchant Banken legt aber nahe, daß für diese das Handeln im Sinne solcher Worte keine Frage der abstrakten Moral ist, sondern einem reinem Eigeninteresse entspringt: Einer Merchant Bank wird niemand mehr vertrauen, und sie wird nicht mehr am Kreditstrom teilhaben können, wenn man nicht auf ihre Integrität beim Erfüllen von Vereinbarungen bauen kann, und ihre Geschäfte werden drastisch zurückgehen, wenn man ihrem Urteil in bezug auf Investitionen nicht traut.

Das ansonsten schwer zu erklärende Phänomen, daß die Leitung von Merchant Banken in der Familie gehalten wird, indem Verwandte eingestellt und Ehen zwischen Familien, die beide aus dem Bankengeschäft kommen, geschlossen werden, rührt wahrscheinlich auch von der Bedeutung her, die einer fortdauernden Vertrautheit und Beständigkeit (und damit auch der Sicherstellung von Vertrauenswürdigkeit) innerhalb der Gemeinschaft beigemessen wird. Wenn dies zutrifft, müßte es noch mehr Inzucht unter Diamantenhändlern geben, für die die Vertrautheit innerhalb ihrer Gemeinschaft von noch größerem Interesse ist.

Es gibt zahlreiche Hinweise darauf, daß auch in anderen Märkten, selbst in denen, die als nahezu vollkommene Wettbewerbsmärkte angesehen werden, Vertrauen und Vertrauenswürdigkeit für das Funktionieren des Marktes von Wichtigkeit sind. Beispielsweise stellt Baker (1983) fest, daß zusammenhängende Gruppen von Händlern an der Optionsbörse in Chicago als Systeme gegenseitigen Vertrauens fungieren, was sogar dahin geht, daß Neulinge aus anderen Gruppen verdrängt werden.

In der Gesetzgebung ist ein interessantes Phänomen zu beobachten, das offensichtlich ebenfalls zeigt, wie wichtig eine festgefügte Gemeinschaft ist. Es werden Kuhhandel abgeschlossen, indem die Mehrheit für einen Gesetzentwurf stimmt, der für ein Mitglied von besonderem Interesse ist, dessen Kosten aber von der gesamten Wählerschaft getragen wird. Dieser Handel ergibt sich aus Vereinbarungen mit dem interessierten Abgeordneten, daß er für Gesetze, an denen andere interessiert sind, stimmen wird. Allgemeiner gesagt werden Wahlabkommen getroffen, um Gesetze durchzubringen, die für sich genommen nur für eine Minderheit der Wählerschaft von Nutzen wären.

Einige Politologen sind der Meinung, daß eine stabile Gesetzgebung dieser Art nicht erklärbar ist, weil eine politische Theorie, die auf dem Verhalten der rationalen Wahl aufbaut, voraussagt, daß eine solche Stabilität nicht existieren sollte. Es sollten sich verschiedene Koalitionen bilden, die auf Lossagungen von der ursprünglichen Koalition basieren und die die betreffende Gesetzgebung durch einen anderen Gesetzentwurf ersetzen. Schwartz (1981) drückt das Ergebnis folgendermaßen aus:

> Wenn man von einer Mehrheitsregel und der Trennbarkeit von Präferenzen ausgeht, muß ein Ergebnis (ein Positionspaket), für das ein verallgemeinerter Austausch wesentlich ist - d.h. das nur über einen verallgemeinerten Austausch erzielt werden kann - insofern *instabil* sein, als einige Akteure die gemeinsame Macht besitzen, es zugunsten eines Ergebnisses, das ihnen besser gefällt, umzustoßen. (S. 488)

Politikwissenschaftler finden in der Gesetzgebung jedoch ein hohes Maß an Stabilität vor. Warum? Für einige Autoren (z.B. Shepsle und Weingast 1981) rührt dies von institutionellen Beschränkungen in Wahlsystemen her, die eine Stabilität herbeiführen. Obwohl dies zweifellos vorkommt, ist es ebenfalls eine Tatsache, daß Parlamente festgefügte Gemeinschaften mit einem hohen Beständigkeitsgrad sind. Abgeordneten werden insofern Kosten ent-

142 Elementare Handlungen und Beziehungen

stehen, als ihre Kollegen in der Zukunft nicht mehr bereit sind, mit ihnen Vereinbarungen einzugehen, wenn sie Vereinbarungen (entweder bei Wahlabkommen oder in Koalitionen), in denen man ihnen vertraut hat, nicht einhalten. Folglich sollte man rationales Verhalten unter solchen Umständen so verstehen, daß es oft nicht rational ist, einen Treuebruch zu begehen und so die Gewinne zukünftiger Vereinbarungen zu verlieren (siehe Coleman 1982a).

Die Art von Handlungen und Reaktionen von potentiellen Treuhändern und Treugebern, wie sie in den vorangehenden Beispielen beschrieben wurden, läßt sich als Spiel betrachten. Ein Treugeber muß sich entscheiden, ob er einem potentiellen Treuhänder Vertrauen schenken soll. Es besteht die Möglichkeit, daß er einen Verlust erleidet, wenn er Vertrauen vergibt und der Treuhänder nicht vertrauenswürdig ist, und es besteht die Möglichkeit, daß ihm Gewinne entgehen, wenn er kein Vertrauen vergibt, der potentielle Treuhänder aber vertrauenswürdig gewesen wäre. Der Treuhänder seinerseits möchte das Vertrauen rechtfertigen, wenn dies langfristig gesehen für ihn von Vorteil ist, es aber enttäuschen, wenn dies nicht der Fall ist. Der Treugeber muß sich der Informationen bedienen, vielleicht nach weiteren Informationen suchen und seine Sichtweisen, wie in einem adaptiven Kontrollsystem, mit der Zeit revidieren. Darüber hinaus liegt es jedoch auch im Interesse des Treugebers, soziale Strukturen zu schaffen, in denen dem potentiellen Treuhänder daran gelegen ist, vertrauenswürdig zu sein.[5]

Zu solchen Strukturen gehört vor allem eine festgefügte Gemeinschaft, wie man sie in Londons Finanzzentrum oder in den Diamantenvierteln vorfindet. Die Einstellung enger Verwandter in einem Unternehmen, wie sie bei Merchant Banken üblich ist, dient einer ähnlichen Funktion. Rechtlich abgesicherte Verträge und das Vollzugspotential des Gesetzes bilden ebenfalls eine solche Struktur. Jede dieser Strukturen fordert ihre Kosten, so wie jede soziale Struktur, obwohl die Art der Kosten je nach Struktur differiert. Bei der Nutzung des Rechtssystems entstehen als eine Kostenform die zusätzlichen Bemühungen, die angestrengt werden müssen, um das gleiche Maß effektiven Handelns zu erzielen (oder, anders ausgedrückt, dieselbe Menge an Entscheidungen).

Zu den Kosten, die die Einstellung enger Verwandter nach sich zieht, gehört die schlechtere durchschnittliche Leistungsqualität, da Personen aus dem sehr kleinen Kreis enger Verwandter ausgewählt oder befördert werden und nicht aus einem sehr großen Kreis, in dem sich die Auswahl nach Fähigkeiten richtet. In der Computer- und Halbleiterindustrie würde beispielsweise niemand daran denken, verantwortungsvolle Positionen nur mit Verwandten

---

5 Die Schaffung solcher sozialen Strukturen entspricht natürlich einem Übergang von der Mikro- zur Makroebene. Kapitel 8 beschäftigt sich mit der Frage, wie sie geschaffen werden können.

zu besetzen, obwohl die Wahrung von Betriebsgeheimnissen und damit auch die Vertrauenswürdigkeit von Angestellten sehr wichtig ist. In diesem Industriezweig hängt der Erfolg eines Unternehmens von der Brillianz und Kreativität seiner Angestellten ab, und ein kleines Unternehmen, dessen Personal ausschließlich aus engen Verwandten des Geschäftsinhabers bestünde, würde von anderen Unternehmen schnell überflügelt werden. Firmen dieser Branche bedienen sich verschiedener Sicherheitsmaßnahmen, um die Notwendigkeit, Angestellten Vertrauen zu schenken, zu reduzieren. Dazu gehört, daß man einer Person, die entlassen werden soll, erst an ihrem letzten Arbeitstag, nachdem sie das Büro verlassen hat, davon unterrichtet, so daß sie kein Material mitnehmen kann, das Unternehmensgeheimnisse enthält. Dennoch erleiden Firmen in dieser Branche umfangreiche Verluste, weil Angestellte zur Konkurrenz überwechseln und ihr Geheimnisse des Unternehmens verraten.

Für eine festgefügte Gemeinschaft mit strengen Normen, wie z.B. die Londoner Finanzgemeinschaft, entstehen noch weitere Kosten. Dazu gehört der Mangel an Innovation. Beispielsweise gibt es in einigen Industriezweigen, in denen Betriebsgeheimnisse eine große Rolle spielen, eine allgemeine Regel, daß ein Angestellter, der einen verantwortungsvollen Posten bei einer Konkurrenzfirma verlassen hat, erst nach einer gewissen Zeit - z.b. nach zwei oder drei Jahren - wieder eingestellt werden darf. Diese Vorgehensweise steht einer Innovation im Wege, da viele gute Ideen unausgeschöpft in dem Unternehmen verbleiben, in dem sie ihren Ursprung genommen hatten. Wenn eine Person mit einer neuen Idee oder eine andere Person, die davon weiß, von solchen Gemeinschaftsregeln (oder von gesetzlichen Regelungen zum Berufsgeheimnis) daran gehindert werden, zu einer anderen Firma zu gehen oder ein neues Unternehmen zu gründen und die Idee dort auszuschöpfen, wird sie ungenutzt bleiben.[6]

Innovationsforschungen in der Industrie haben ergeben, daß der Wechsel technischer Angestellter von einer Firma zur anderen eine bedeutende Innovationsquelle darstellt (Baram 1968). Und gesetzliche Regelungen zum Be-

---

[6] In Industrien mit hohen fixen Kapitalkosten ist die Tasache, daß es einer Person unmöglich ist, ein Unternehmen zu verlassen und ein eigenes kleines Unternehmen zu gründen, wahrscheinlich ein Hauptgrund für den Mangel an Innovationen. Als Beispiel dient hier die Automobilindustrie, die sich aus wenigen großen Firmen zusammensetzt, die ein hohes Maß an vertikaler Integration aufweisen (außer in Japan). Wenn die vertikale Integration schwächer wäre, würden sich mehr Möglichkeiten bieten, daß Angestellte ein Unternehmen verlassen und mit dem intellektuellen Kapital, das sie sich dort erworben haben, ein neues Unternehmen gründen. (Wahrscheinlich kann man sagen, daß die meisten Ideen, die kommerziellen Erfolg versprechen würden, in dem Automobilunternehmen ungenutzt verbleiben, in denen sie ihren Ursprung genommen haben.) Die Folge ist eine Industrie, die weniger innovativ ist, als möglich wäre, wenn diese Möglichkeit erhöht würde.

triebsgeheimnis, die Angestellte davon abhalten, Betriebsgeheimnisse eines früheren Arbeitgebers in ihrer neuen Anstellung zu verwenden, behindern die Innovation noch zusätzlich (Stephenson 1980).

Es mag den Anschein haben, daß Normen wie die eben genannten für ein Unternehmen, in dem neue Ideen entstehen, von Nutzen sind, aber dem System als ganzem (nämlich der Industrie) schaden müssen. Dies kann aber falsch sein. Die Norm kann auch für die gesamte Industrie im folgenden Sinne von Nutzen sein: Wenn neue Ideen die Eigenschaft der Nichtausschließlichkeit besitzen, wie es ohne erfolgreiche Geheimhaltung oder Patente der Fall ist, dann wäre der Hauptanreiz für die Produktion solcher Ideen (nämlich einen Teil des sozialen Wertes, den sie erzeugen, zu erhalten), nicht gegeben. Somit (und das trifft auf öffentliche Güter ganz allgemein zu) wäre niemand motiviert, sie zu produzieren. In diesem Falle würde kein Unternehmen daran interessiert sein, eine Forschungsabteilung zu unterhalten, und niemand würde Zeit und Geld in die Produktion neuer Ideen investieren.

Dies verdeutlicht der Fall von Howard Head, der in der Flugzeugindustrie bei Martin Marietta beschäftigt war, dieses Unternehmen aber verließ und seine dort erworbenen Kenntnisse über Metallherstellung bei der Erfindung von Metallskiern einsetzte. Head erfand später einen übergroßen Tennisschläger aus leichten Materialien, der ein enormer kommerzieller Erfolg wurde. Um seine Idee zu verwirklichen, investierte er Geld in den Bau eines privaten Tennisplatzes, gab Geld für Tennisstunden aus und investierte Zeit, um Tennis spielen zu lernen. Er hätte dies niemals getan, wenn er nicht die Aussicht gehabt hätte, eine neue Art von Tennisschläger zu entwickeln und für sich einen Gewinn aus dem kommerziellen Wert seiner Idee zu ziehen, was ihm mit einem Patent gelang.

Ein anderer Wert solcher Normen liegt in der Erleichterung von Transaktionen. In der Gemeinschaft der Diamantenhändler erleichtern die Normen auf eindrucksvolle Weise Handelsgeschäfte mit Diamanten. In einem Industriezweig, in der Betriebsgeheimnisse eine große Rolle spielen, erleichtern die Normen, die die Weitergabe von Informationen außerhalb des Unternehmens einschränken, den freien Fluß von Ideen innerhalb des Unternehmens, weil die Vertrauenswürdigkeit der Informationsempfänger erhöht wird.

So ziehen Normen, die bei den Parteien einer Transaktion ein Interesse an Vertrauenswürdigkeit wecken können, eindeutig sowohl Gewinne als auch Kosten nach sich. Die optimale Schärfe und Art solcher Normen (oder von Gesetzen, die rechtlich einklagbar sind) kann folglich nicht problemlos festgelegt werden. In jedem spezifischen Fall ist es möglich, daß die sozialen Institutionen, die Vertrauenswürdigkeit erhöhen sollen, dies vom Standpunkt einer effizienten sozialen Funktionsweise aus zu effektiv oder nicht effektiv genug tun.

Man kann die Frage erheben, warum eine vollkommene Vertrauenswürdigkeit (wobei man nie Informationen aus dem Unternehmen enthüllt oder sie außerhalb des Unternehmens verwendet) und ein daraus resultierendes vollkommenes Vertrauen nicht notwendigerweise ein soziales Optimum erzeugen, wie es im einfachen System eines Austauschs zwischen zwei Parteien entsteht. Ein Grund hierfür liegt darin, daß in einem Unternehmen keine optimale Organisation stattfindet. Dies läßt sich an einem Gemeinschaftsunternehmen, z.B. einem Automobilhersteller, verdeutlichen, das versäumt, eine Idee zu verfolgen, die anderen durch Produkt- oder Prozeßinnovationen Gewinne verschaffen würde, wenn man sie ausschöpfte. In diesem Falle stehen sich nicht die Interessen des Unternehmens und die der Unternehmen außerhalb gegenüber, sondern das Unternehmen ist nicht angemessen organisiert, um seine eigenen Interessen maximieren zu können.

Es gibt allerdings auch andere Gründe für Suboptimalität. Obwohl Vertrauenswürdigkeit für ein Gemeinschaftsunternehmen, das aus zwei Personen besteht, ein soziales Optimum erzeugt, ziehen die Handlungen des Gemeinschaftsunternehmens möglicherweise Kosten für andere nach sich, die nicht an der Transaktion beteiligt sind. Ein Beispiel hierfür ist die kriminelle Organisation der Mafia. Verschiedene Durchsetzungsstrategien, zu denen auch Morddrohungen gehören, werden eingesetzt, um die Vertrauenswürdigkeit der Organisationsmitglieder zu gewährleisten. Die Folge davon ist ein hohes Maß an Vertrauenswürdigkeit ohne gesetzliche Hilfe. Dies bedeutet jedoch nicht, daß sich die Situation des übergeordneten sozialen Systems verschlechtern würde, wenn die Mafia nicht mehr effektiv funktionieren könnte. In Wirklichkeit ist ja wohl eher das Gegenteil der Fall.

Allgemeiner gesagt sind die Interessenkonflikte in jedem beliebigen sozialen System verantwortlich dafür, daß eine Optimierung (z.B. durch die Beseitigung von Mißtrauen) im Hinblick auf ein Paar von Akteuren, die an einem Austausch beteiligt sind, nicht auch für alle anderen von Nutzen ist, bzw. daß kein Pareto-Optimum entstehen kann. Dies zeigt sich am unmittelbarsten beim Tausch von Stimmen bei der Gesetzgebung. Abgeordneter A, der vehement gegen den Gesetzentwurf X eintritt, verspricht, gegen Gesetzentwurf Y zu stimmen, gegen den Abgeordneter B vehement eintritt und welcher dafür verspricht, gegen Gesetzentwurf X zu stimmen. Falls der Tausch insofern erfolgreich ist, als beide Gesetzentwürfe abgelehnt werden, geht der Gewinn von A und B zu Kosten derjenigen, die die Gesetzentwürfe befürworten, und an sich die Mehrheit gebildet hätten. Es gibt eine Fülle von Literatur dazu, die zeigt, daß der Tausch von Stimmen Ergebnisse zeitigen kann, die nach rationalen Kriterien schlechter sind als Ergebnisse, die ohne solche Tauschgeschäfte zustande kämen (siehe z.B. Riker und Brams 1973, Schwartz 1975, Mueller 1979).

Ein anderer institutioneller Bereich, in dem der Anstieg von Vertrauenswürdigkeit nicht das allgemeine Wohl fördert, ist eine oligopolistische Industrie. Wenn mit Hilfe von Vereinbarungen zwischen Oligopolen Preise über das Wettbewerbsniveau gehoben werden oder dort bleiben, geht Vertrauenswürdigkeit im Hinblick auf eine solche Vereinbarung auf Kosten niedrigerer Preise für Verbraucher, die an Produkten dieser Industrie interessiert sind.

Die generelle Frage, wie das Optimum an Normen, Gesetzen und Sanktionen, um die Vertrauenswürdigkeit von Treuhändern zu gewährleisten, auszusehen hat, ist eine komplexe Frage. Vom Standpunkt des sozialen Systems als ganzem gesehen hängt das Optimum von der Gesamtmenge der Kosten und Gewinne ab, die aus dem Vertrauen und der Vertrauenswürdigkeit eines bestimmten Paares von Akteuren resultieren – wobei dies nicht nur Kosten und Gewinne für die spezifischen Akteure sind, sondern für alle diejenigen, die von der Rechtfertigung oder Enttäuschung des Vertrauens betroffen sind.[7]

Das übergeordnete strategische Handlungsmuster in einem Austauschsystem, in das Mißtrauen eingehen kann, sollte nun eindeutig dargelegt sein. Der potentielle Treugeber kann zu jedem beliebigen Zeitpunkt entscheiden, ob er weiter Informationen einholen soll oder nicht und ob er, wenn die Informationssuche erst einmal beendet ist, der anderen Partei Vertrauen schenken soll, indem er auf eine Transaktion eingeht. Der potentielle Treuhänder muß zuerst entscheiden, ob er dem potentiellen Treugeber Informationen zukommen lassen soll, die eine Vertrauensvergabe begünstigen würden, und, wenn ihm Vertrauen übergeben worden ist, ob er vertrauenswürdig sein soll oder nicht. Der Treugeber kann dann anhand von Informationen aus den Handlungen des Treuhänders seine Einschätzung von der Vertrauenswürdigkeit des Treuhänders revidieren. Überdies kann der Treugeber auf der Basis der von ihm erwarteten Gewinne aus größerer Vertrauenswürdigkeit versuchen, soziale Institutionen einzurichten, die die Vertrauenswürdigkeit des Treuhänders erhöhen.

Die Situation kann so geartet sein, daß ein bestimmter Akteur nur als potentieller Treugeber fungiert, ohne die Möglichkeit zu haben, sich als nicht vertrauenswürdig zu erweisen, oder nur als potentieller Treuhänder, ohne die Möglichkeit zu haben, Vertrauen zu vergeben. Andererseits kann es auch Situationen geben, in denen dem Akteur die Möglichkeit offensteht, sowohl als Treugeber als auch als Treuhänder zu fungieren. In einem solchen Falle vergrößern die Institutionen, die sich entwickeln (z.B. soziale Normen mit Sanktionen gegen diejenigen, die nicht vertrauenswürdig sind), möglicherweise das allgemeine Wohl jedes einzelnen Akteurs auf Kosten des unmittelbaren Gewinns, den jeder einzelne erzielen würde, wenn er nicht ver-

---

7 Siehe Kapitel 10, 11 und 30, in denen die Entstehung von Normen mit Sanktionen untersucht und das Optimum von Normen erörtert wird.

trauenswürdig wäre. Die verschiedenen Industriegemeinschaften, die Normen mit Sanktionen durchsetzen konnten, verdeutlichen dies. Ein weiteres Beispiel hierfür ist ein Tauschgeschäft zwischen zwei Personen, die sich gegenseitig versprechen, ein gemeinsames Geheimnis nicht preiszugeben, auch wenn dies für jeden von ihnen auf Kosten der Fortdauer ihrer Beziehung einen Gewinn bedeuten würde. Bei beiden Situationstypen ist das Maß der Vertrauenswürdigkeit weit davon entfernt, perfekt zu sein, und zeigt, daß unmittelbare Interessen manchmal stärker sind als Sanktionen.

Konkurrierende Treugeber und Probleme mit öffentlichen Gütern

Wenn das Verhalten eines Treuhänders durch die Anwendung von Sanktionen beeinflußt wird, sollte sich die Entscheidung eines Treugebers, ob er diesem Treuhänder noch einmal vertrauen soll, nicht nur einfach darauf stützen, wie er die Wahrscheinlichkeit der Vertrauenswürdigkeit des Treuhänders einschätzt, sondern auch auf die etwaige Verwendung negativer Sanktionen. Dies soll das folgende Beispiel verdeutlichen.

Ein New Yorker Investitionsbankier, der als Intermediär beim Finden von Investoren für ein neugegründetes Unternehmen fungierte, das einen Film produzieren wollte, handelte gegen das Berufsethos, indem er die potentiellen Anleger nicht darüber informierte, daß die Filmrechte über das Buch, auf dem der Film basierte, noch umstritten waren. Nachdem Investitionen erfolgt waren, stellte sich heraus, daß das Unternehmen die Filmrechte nicht erhalten würde. Die Tatsache, daß der Investitionsbankier über das Problem unterrichtet gewesen war und es nicht bekanntgemacht hatte, wurde den Investoren mitgeteilt, welche alle einen Teil des investierten Geldes verloren. Später einmal machte derselbe Bankier einem der Investoren ein sehr attraktives Angebot. Der Anleger rechnete sich aus, daß die Gesamtwahrscheinlichkeit eines Erfolges, obwohl der Bankier früher relevante Informationen verschwiegen hatte, immer noch so hoch sein würde, daß ein Gewinn zu erzielen wäre. Sollte er die Investition wagen oder nicht?

Wenn er nicht investieren würde, entginge dem Anleger der erwartete Gewinn, aber er könnte damit disziplinierend auf den Bankier einwirken, so daß dieser in Zukunft nicht mehr das Vertrauen von Anlegern enttäuschen würde. Wenn eine Weigerung zu investieren dem Anlagebankier ernste Kosten verschaffen würde, könnte der Anleger die disziplinierende Wirkung seiner Weigerung und somit auch seine für die Zukunft erwarteten Gewinne aus der erhöhten Vertrauenswürdigkeit dieses Bankiers abschätzen. Sich für eine Anlage zu entscheiden, brächte in einer solchen Situation mehr Probleme, denn es ginge nicht nur darum, bloß den erwarteten Ertrag aus der einen Transaktion zu berechnen; der Anleger könnte seinen langfristig zu erwartenden Ertrag nur optimieren, wenn er auch die disziplinierende Wirkung in Betracht ziehen würde.

Wenn sich dem Anlagebankier ohne große Kosten jedoch auch andere Anleger bieten würden, wäre die disziplinierende Wirkung aus einer Weigerung zu investieren von einzelnen Anlegern sehr gering. Es läge dann im Interesse jedes einzelnen, *ganz unabhängig davon, was die anderen täten,* zu investieren, solange dies profitabel erscheint. Wenn auch alle anderen investierten, hätte die Weigerung eines einzelnen Anlegers nur geringe disziplinierende Wirkung und hätte lediglich die Folge, daß diesem Anleger der aus der Anlage erwartete Gewinn entginge. Wenn alle anderen Anleger sich weigerten zu investieren, würde die Weigerung eines einzelnen nur einen kleinen Teil der von dem Bankier benötigten Mittel betreffen, nur geringe zusätzliche disziplinierende Wirkung ausüben und wiederum lediglich zur Folge haben, daß dem jeweiligen Anleger die von der Anlage erwarteten Gewinne entgingen. Folglich hätte jeder Anleger ein Interesse daran, die Gewinne, die ihm aus der direkt bevorstehenden Anlage erwachsen würden, zu maximieren. Auf den Anlagebankier würde keinerlei diziplinierende Wirkung ausgeübt; allerdings würde die verminderte Wahrscheinlichkeit seiner Vertrauenswürdigkeit, wie sie jeder Anleger einschätzt, bedeuten, daß sein nächstes Angebot etwas attraktiver als normalerweise sein müßte, um diese verminderte Wahrscheinlichkeit auszugleichen. Dieses Beispiel verdeutlicht die allgemein gültige Tatsache, daß Sanktionen, die Handlungen einschränken, welche auf andere externe Effekte ausüben, nicht nur für den Sanktionsträger, sondern auch für andere von Nutzen sind. Eine solche Sanktion ist ein öffentliches Gut.

In einem System mit einer festgefügten Gemeinschaft, wie es von Wechsberg in bezug auf das Londoner Finanzzentrum beschrieben wird, kann eine Menge von Normen entstehen, die das Problem der Beschaffung dieses öffentlichen Gutes löst. Die erste Norm muß ungefähr folgendermaßen lauten: "Beteilige dich nicht an Transaktionen mit einer Partei, die den Ehrenkodex verletzt." Und diese Norm muß dann durch Sanktionen gestützt werden, welche in einer solchen informellen Gemeinschaft eine zweite Norm erfordern können, die der ersten gleicht: "Beteilige dich nicht an Transaktionen mit einer Partei, die sich an Transaktionen mit einer Partei beteiligt, die den Ehrenkodex verletzt hat."

Außerhalb des Wirtschaftssystems existiert eine Vielzahl solcher normativer Systeme, die alle ähnlich funktionieren. Wenn man darauf vertraut, daß sich Mädchen in der Gemeinschaft einer Oberschule nicht in sexuelle Beziehungen einlassen und wenn die Gemeinschaft festgefügt, die Normen streng und die Sanktionen effektiv sind, dann wird ein Mädchen, das sich in sexuelle Beziehungen einläßt, von den Mädchen, mit denen sie sonst Kontakt hätte, geächtet werden, und ein Junge, der sich mit einem solchen Mädchen trifft, wird merken, daß andere Mädchen sich nicht mit ihm verabreden wollen. Doch wenige solcher normativen Systeme in Oberschulen sind optimal effektiv, da jeder einzelne, wie in allen normativen Systemen, daran interessiert ist, die Norm zu umgehen, solange Sanktionen vermieden werden können (obwohl auch jeder einzelne daran interessiert ist, daß andere die Norm befolgen). Ein solches normatives System läßt sich nur dann aufrechterhalten, wenn es sich um eine sehr festgefügte Gemeinschaft handelt, deren Interessen äußerst homogen sind.

TEIL II

HANDLUNGSSTRUKTUREN

Kapitel 6

Soziale Austauschsysteme

Sozialer Austausch erfolgt oftmals nicht in isolierten Transaktionen zwischen zwei Personen, sondern im Kontext von Austauschsystemen, in denen ein Wettbewerb um knappe Ressourcen stattfindet. Diese sozialen Märkte ähneln manchmal Wirtschaftsmärkten, obwohl sie häufig große Unterschiede dazu aufweisen. Man kann sich sowohl von den Gemeinsamkeiten als auch von den Unterschieden eine bessere Vorstellung machen, wenn man die Rolle des Geldes in ökonomischen Systemen untersucht – denn das Nichtvorkommen von Geld ist das Merkmal, das zumindest wie jeder andere einzelne Unterschied nichtökonomische Austauschhandlungen von ökonomischen scheidet.

Was ist Geld?

Beim Tauschhandel muß es, wie Edgeworth (1881) gesagt hat, ein doppeltes Zusammentreffen von Bedürfnissen geben. Das bedeutet, daß nicht nur A etwas hat, das B gerne haben möchte, sondern auch, daß B etwas hat, das A gerne haben möchte, und jeder möchte das, was der andere hat, lieber haben als das, was er selber hat, und ist deshalb bereit, dieses im Austausch aufzugeben. Dies ist jedoch eine schwer zu erfüllende Bedingung. Geld ist ein Mittel, mit dem die Notwendigkeit des doppelten Zusammentreffens von Bedürfnissen überwunden werden kann.

Geld ist auf vielfältige Weise definiert worden: als Wertaufbewahrungsmittel, als Tauschmittel und als Verrechnungseinheit. Natürlich trifft dies alles zu. Es gibt jedoch verschiedene Formen des Geldes, die diese Funktionen erfüllen. Für die Zwecke dieses Buches ist die Differenzierung zwischen drei Formen sinnvoll: Warengeld, das seinen Wert in sich trägt, Wechsel, die einem Zahlungsversprechen entsprechen, und reines Papiergeld, das weniger ist als solch ein Versprechen. Die Währung, derer sich eine Person in einer Transaktion mit einer zweiten Person bedient, wird oft als Wechsel, als Versprechen einer dritten Partei, nämlich der Regierung, angesehen, das von der zweiten Partei anstelle eines Versprechens der ersten Partei akzeptiert wird. Dies ist jedoch nicht korrekt. Die von einer Regierung ausgegebene Währung ist nicht länger ein Zahlungsversprechen in Form einer Währung, die einen intrinsischen Wert aufweist (wie Silber oder Gold), sondern lediglich reines Papiergeld; dieses entspricht einer bloßen Festsetzung, daß die Währung ein gesetzliches Zahlungsmittel für alle Schulden innerhalb des Hoheitsbereiches der Regierung ist. Im Papiergeld zeigt sich die ganze

Blöße des Geldes. Papiergeld wird nicht akzeptiert, weil es ein Zahlungsversprechen wäre - denn dies ist es nicht -, sondern aus zweierlei Gründen:

1. Seine Annahme ist gesetzlich vorgeschrieben (obwohl der Wert des Geldes in Form der Menge von Gütern und Dienstleistungen, die man dafür erhält, nicht gesetzlich festgelegt ist).
2. Es wird zu einem bestimmten Wert gehandelt, und zwar aufgrund der Menge anderer Güter und Dienstleistungen, die man dafür erhält, bzw. weil andere es im Austausch für Güter und Dienstleistungen annehmen (obwohl sein Wert in bezug auf bestimmte Verwendungen, wie das Zahlen von Steuern, durch Regierungsermächtigung festgelegt ist).

Das bedeutet, daß B für die Güter oder Dienstleistungen, die er A zukommen läßt, eine bestimmte Menge der Währung entgegennimmt, weil er dafür wiederum von C eine bestimmte Menge an Gütern oder Dienstleistungen erhalten kann. Das explizite Versprechen der Regierung, "dem Inhaber bei Vorlage" in Warengeld zu zahlen, ist durch das implizite Versprechen ersetzt worden, Papiergeld nicht schneller auszugeben, als die Menge an Gütern und Dienstleistungen in der Wirtschaft steigt. Die Nichteinlösung dieses impliziten Versprechens läßt den Wert des Papiergeldes sinken.

Bei privaten Transaktionen ermöglicht Geld zwei Parteien, die beiden Hälften des doppelten Zusammentreffens bei einem Naturalientausch aufzuspalten. Beispielsweise kann B die eine Hälfte der Transaktion mit A durchführen, wobei er A (gegen Geld) Dienstleistungen zukommen läßt, und dann die zweite Hälfte mit C durchführen, der "gegen" die Dienstleistungen, die A von B erhalten hat (konkret gegen das Geld, das B von A erhalten hatte), B Dienstleistungen zukommen läßt. B braucht keinen D zu finden, der sowohl braucht, was B bieten kann, und hat, was B braucht. Was bei solchen Halbtransaktionen offensichtlich erforderlich ist, ist eine Menge von Personen, die alle für ungefähr dieselbe Menge an Gütern oder Dienstleistungen Geld annehmen. Ebenfalls notwendig ist eine gewisse Stabilität in der Geschwindigkeit, in der der Wert des Geldes festgesetzt wird, so daß B, wenn er zu C geht, feststellt, daß er mit dem Geld, das er von A erhalten hat, die gewünschten Güter kaufen kann. Dies erfordert ein gewisses Gleichgewicht zwischen der Menge an Gütern und Dienstleistungen, die in einer Gesellschaft pro Zeiteinheit gehandelt werden, und der Geldmenge, die pro Zeiteinheit gehandelt wird (diese entspricht dem Produkt aus dem umlaufenden Geld und dessen Durchschnittsgeschwindigkeit, d.h. dem Wert der Transaktionen pro Zeiteinheit pro Einheit der Geldmenge). Falls die Geldmenge, die pro Zeiteinheit gehandelt wird, schneller ansteigt als die Menge der Güter und Dienstleistungen, wird der Geldwert fortlaufend abnehmen (was entweder der Geldmenge oder der Umlaufgeschwindigkeit zuzurechnen ist) und somit eine Inflation auftreten.[1]

Die Rolle, die Geld bei Transaktionen mit der Regierung spielt, ist eine besondere, weil die Regierung das Papiergeld ausgibt, mit dem sie ihre eigenen Schulden bezahlt. Hier interessiert uns die Rolle, die Geld bei Transaktionen zwischen Privatparteien spielt. Indem Geld das Aufspalten der beiden Hälften einer Transaktion erlaubt, ersetzt es die Versprechen einer von beiden Parteien, die an dem Austausch beteiligt sind. Papiergeld ist die jüngste Stufe einer Entwicklung, die mit Zahlungsversprechen oder Schulden begann und über die Übertragbarkeit von Schulden (d.h. den Austausch von Versprechen einer dritten Partei) zu einem Wettbewerb unter Emittenten von Zahlungsversprechen (das heißt: Noten) führte. Nach und nach wurden die Emittenten, denen weniger Vertrauen entgegengebracht wurde, von demjenigen verdrängt, dem man am meisten vertraute, und dies war (oder wurde) dann in den meisten Bereichen die Zentralbank der Gesellschaft. Indem dies geschah, verschwand die Notwendigkeit eines Versprechens völlig, denn die dritte Partei, der man vertraute, war eine Verbindung aus Regierung und Wirtschaft. Diese Entwicklung ebnete dem Papiergeld den Weg, mit dessen Hilfe das Zahlungsversprechen zu einem (weniger expliziten) Versprechen wurde, ein Gleichgewicht zwischen der Zunahme von Gütern und Dienstleistungen einerseits und der Zunahme des Geldangebotes zu wahren. Kreditkarten sind ein wichtiger Schritt auf dem Weg zur nächsten Entwicklungsstufe. Manchmal als bargeldlose Gesellschaft bezeichnet, besteht diese Stufe lediglich aus dem, was immer schon die theoretische Alternative zum Geld war, nämlich einer zentralen Verrechnungsstelle für Verbindlichkeiten, die mit Hilfe des elektronischen Transfers von Informationen über Transaktionen betrieben werden kann. Wenn eine Halbtransaktion stattfindet, kauft ein Kunde ein Gut oder eine Dienstleistung und gibt als Ausgleich eine Kartennummer. In wen setzt der Verkäufer sein Vertrauen? Natürlich nicht mehr in den Kunden persönlich; denn nicht in dessen Versprechen setzt der Verkäufer sein Vertrauen, sondern in das Zahlungsversprechen der zentralen Verrechnungsstelle (die mit anderen Worten für ein beliebiges Restguthaben Kredit gewährt, nachdem der Verkäufer seine Tageseinkäufe getätigt hat). So ist in der bargeldlosen Gesellschaft die Identität des Treuhänders und die Art des Vertrauens dieselbe wie im Falle des Papiergelds.

Abbildung 6.1 stellt die Entwicklungsstufen ausgehend vom Tauschhandel als Diagramme dar. Abbildung 6.1(a) repräsentiert den direkten Austausch von Gütern und Dienstleistungen; alle anderen Teile der Abbildung stellen

---

1 Siehe Friedman (1956), der die Beziehung zwischen Umlaufgeschwindigkeit, Menge und Wert des Geldes untersucht.

122

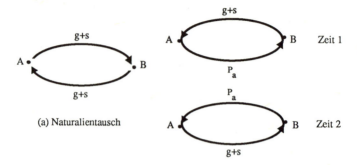

(a) Naturalientausch

(b) Austausch mit Zahlungsversprechen

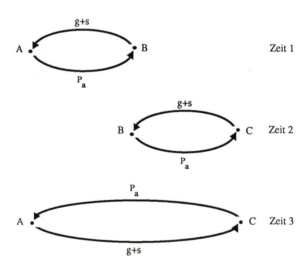

(c) Austausch mit dem Versprechen einer dritten Partei

Abb. 6.1 Austauschstrukturen

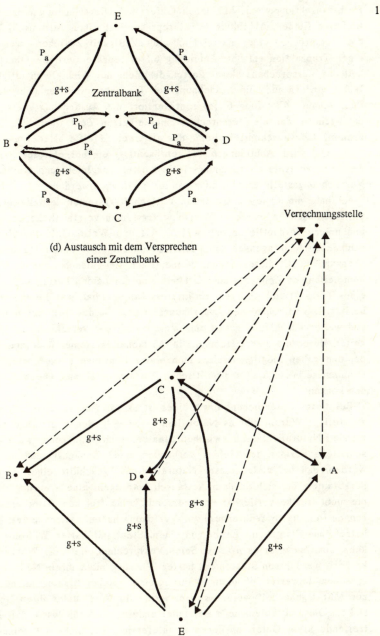

(d) Austausch mit dem Versprechen einer Zentralbank

(e) Bargeldloses System mit einer zentralen Verrechnungsstelle

158 Handlungsstrukturen

Halbtransaktionen dar, bei denen Güter und Dienstleistungen nur in eine Richtung fließen. Abbildung 6.1(b) repräsentiert einen Austausch, bei dem das Versprechen einer Partei Nichtgleichzeitigkeit zwischen zwei Hälften einer Transaktion erlaubt. Abbildung 6.1(c) repräsentiert die Übertragbarkeit des Versprechens dieser Partei, die nicht nur Nichtgleichzeitigkeit erlaubt, sondern auch die Ausdehnung der Transaktionshälften über das erste Paar hinaus. Abbildung 6.1(d) repräsentiert die Ausdehnung dieser Praxis dahingehend, daß die Versprechen einer einzigen Zentralbank (P_a im Diagramm) das Tauschmittel bilden, das als zweite Hälfte aller Transaktionen verwendet wird. Abbildung 6.1(e) repräsentiert ein bargeldloses System, in dem eine zentrale Verrechnungsstelle Konten ausgleicht und Guthaben der Verrechnungsstelle gezahlt oder von ihr empfangen werden.

Ich habe die Rolle des Geldes in Wirtschaftssystemen deshalb untersucht, um Austauschhemmnisse in Wirtschaftssystemen verständlicher zu machen und um zu verdeutlichen, auf welche Art und Weise Geld in seinen verschiedenen Ausprägungen dabei hilft, zumindest eines dieser Hemmnisse zu überwinden. Mit diesem Hemmnis meine ich die Tatsache, daß an irgendeinem beliebigen Zeitpunkt oder Ort nur einer der beiden Parteien, die sich an einer Transaktion beteiligen, ein Interesse an dem hat, was die andere Partei besitzt. Die verschiedenen Ausprägungsformen, die das Geld durchlaufen hat und weiter durchläuft, geben eine Vorstellung der verschiedenen Möglichkeiten, durch die dieses Hemmnis in Wirtschaftssystemen überwunden wurde, und geben möglicherweise auch einige Hinweise darauf, wie ähnliche Hemmnisse in sozialen und politischen Austauschsystemen überwunden werden können.

Bei dieser Untersuchung des Geldes ist es von Nutzen, eine letzte Frage zu stellen: Warum gibt es Naturalientausch, z.B. den heutzutage vorkommenden Naturalientausch zwischen Staaten, auch dann noch, wenn fortgeschrittene Formen des Geldes vorhanden sind? Zunächst muß angemerkt werden, daß bei vielen dieser Naturalientauschgeschäfte einer oder beide der Staaten, die sich an dem Austausch beteiligen, eine Währung besitzen, die nicht frei konvertierbar ist, und somit keine frei konvertierbaren Währungen (d.h. harte Währungen) zur Verfügung haben. Das bedeutet, daß der betreffende Staat keine Güter von einem Staat mit harter Währung kaufen kann, auch wenn er es möchte. Seine Versprechen, die seine Währung verkörpert, werden von Staaten mit harter Währung nicht ihrem Nennwert entsprechend bewertet. Wenn die Währung eines solchen Staates auf dem offenen Markt gehandelt werden sollte, würde ihr Wert unter ihren Nennwert sinken. Dieses Problem ließe sich unter anderem dadurch lösen, daß der betreffende Staat Güter, an denen er interessiert ist, nicht mit seinen Versprechen (d.h. seiner Währung) bezahlt, sondern mit seinen eigenen Gütern.

Ein zweiter Auslöser von Naturalientauschvereinbarungen ist vorhanden, wenn für überproduzierte Güter nationale Überschüsse zu Weltmarktpreisen bestehen und es vorgezogen wird, diese Güter nicht unter Marktpreis zu verkaufen oder den Überschuß zu behalten, sondern sie statt für Geld für andere Güter zu verkaufen. Oder wenn, anders ausgedrückt, ein Überangebot besteht, kann ein Land einem anderen als Anreiz dafür, daß es seine Güter und nicht die eines Konkurrenten kauft, die Bereitwilligkeit anbieten, beim Austausch Güter statt Geld zu akzeptieren.

Naturalientausch kann auch als eine Form der Transaktion betrachtet werden, die vorkommt, wenn ein allgemeines Tauschmittel fehlt. Obwohl sich nationale Währungssysteme in den oben beschriebenen fortgeschrittenen Stadien des Papiergelds oder noch darüber hinaus befinden, trifft dies für die internationale Ebene nicht zu. Es gibt keine einzelne Drittpartei, deren Versprechen diejenigen aller anderen verdrängen, und zwar genau wegen der Papiergeldwährungen, die von Staatsregierungen ausgegeben werden. Dominante Währungen, wie das englische Pfund vor dem Zweiten Weltkrieg oder der US-Dollar seitdem, spielen diese Rolle in vielen Transaktionen (d.h. jemand in Staat A benutzt US-Dollars, um jemanden in Staat B zu bezahlen, und weder bei A noch bei B handelt es sich um die Vereinigten Staaten). Und innerhalb des Bereichs harter Währungen werden die Währungen als Waren zu Kursen gehandelt, die mehr oder weniger das internationale Vertrauen in die Versprechen eines Landes (d.h. in dessen Produktion relativ zu seiner Ausgabe von Versprechen oder Währung) widerspiegeln. Somit sind die Beschränkungen eines Systems ökonomischen Austauschs ohne ein weit entwickeltes Währungssystem im internationalen Handel und auch in bestimmten primitiven Wirtschaftssystemen mit nur beschränkten Geldformen (siehe die ausführliche Untersuchung von Einzig 1966) offenkundig.

Tauschmittel in sozialen und politischen Systemen

Die Diskussion im vorhergehenden Abschnitt sollte deutlich gemacht haben, daß Geld sich, sobald es sich erst einmal über Warengeld hinaus entwickelt und in übertragbare Zahlungsversprechen (Versprechen Dritter) oder in ein gesetzliches Zahlungsmittel verwandelt hat oder vollständig durch eine Verrechnungsstelle von Verbindlichkeiten ersetzt worden ist, grundlegend von dem unterscheidet, was es bezahlen soll. Es bezahlt reale Güter und Dienstleistungen, d.h. Dinge mit einem intrinsischen Wert. Man kann dann die Frage erheben, ob es in sozialen und politischen Systemen irgendetwas gibt, das bei Transaktionen eine Rolle spielt und, so wie Geld, keinen eigenständigen Wert in sich trägt. Es erweist sich schnell, daß es so etwas gibt, denn Versprechen spielen, ganz abgesehen von ihrer Rolle im ökonomischen Austausch, auch in sozialen und politischen Systemen eine bedeutende Rolle.

160 Handlungsstrukturen

Eine zweite Frage betrifft den ersten Schritt zum Wechsel: Werden Versprechen Dritter gehandelt? Gibt B, der von A ein Versprechen erhalten hat, dieses an C weiter? Die Antwort scheint zu lauten, daß dies in nichtökonomischen Systemen selten geschieht. Versprechen scheinen nicht übertragen zu werden oder höchstens in einem sehr geringen Ausmaß. Warum ist das so? Auf diese Frage werde ich später noch einmal eingehen. Hier genügt es festzuhalten, daß Versprechen doch gehandelt zu werden scheinen, obzwar nur in wenigen Situationen und in einem sehr geringen Ausmaß. Beispielsweise findet man in festgefügten Gemeinschaften, die ein dichtes Netz an nichtfinanziellem Austausch aufweisen, einige Ketten von Verpflichtungen. In solchen Gemeinschaften sind Aussagen wie die folgenden an der Tagesordnung: "Peter schuldet mir einen Gefallen. Sag ihm, ich hätte dir gesagt, ihn um Hilfe zu bitten" oder "Maria hat gesagt, du würdest mir dies geben, wenn ich dir sagen würde, daß sie mich geschickt hat." Diese Ketten sind aber selbst in festgefügten Gemeinschaften im allgemeinen kurz. Manchmal gibt es bei Gesetzgebungsverhandlungen und in einigen Verhandlungen um Kabinettsitze unter Parteien in Koalitionsregierungen Handelsgeschäfte zwischen drei oder mehr Parteien, bei denen Versprechen hin- und hergehen. Beide Austauscharten treten nur in einem sehr enggefaßten und in sich geschlossenen Rahmen auf, so daß sie sich nur minimal dem Charakter übertragbarer Versprechen annähern.

Es kommt, allgemeiner gesagt, in einigen sozialen Bereichen vor, daß A und B über irgendeine Transaktion verhandeln und A dann sagt: "C hat mir versprochen, daß er X tut, wenn..." In diesem Falle benutzt A das Versprechen von C als Ressource in der Verhandlung mit B. C's Versprechen ist nicht völlig übertragbar (denn es ist selten der Fall, daß A dieses Versprechen B übertragen kann, so daß B es in einer Verhandlung mit D verwenden könnte), weil es ein spezifisch an A gerichtetes Versprechen ist und nicht für jede beliebige Person gilt. Ein solcher Tausch von Versprechen Dritter ist in einigen Gesellschaften recht weit entwickelt. In Deutschland wird diese Praxis z.B. als Ringtausch bezeichnet und ist in einigen Bereichen weit verbreitet.[2] Ein Ringtausch, an dem vier Akteure beteiligt sind, ist in Abbildung 6.2 dargestellt. Dabei werden Versprechen (P_a) in der einen Richtung um den Ring weitergegeben und Güter und Dienstleistungen (g+s) in der anderen.

Es ist wichtig festzuhalten, daß vor der Einführung von Wechseln wirtschaftliche Schulden als private Schulden angesehen wurden, die nicht übertragbar waren. Z.B. taucht in Einzigs (1966) Untersuchung primitiver Wirtschaften keine einzige auf, in der derartige Schulden als ein Tauschmittel

---

[2] Das klassische Beispiel einer Form des Ringtausches ist natürlich Malinowskis (1922) Identifikation des Kulahandels bei pazifischen Insulanern.

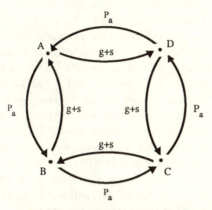

Abb. 6.2 Ringtausch mit Versprechen von Gütern und Dienstleistungen in einer festgefügten Gemeinschaft

verwendet wurden. Somit bedeutet das fast vollständige Fehlen der Übertragbarkeit von Versprechen in sozialen und politischen Systemen nicht automatisch, daß sie grundsätzlich nicht übertragbar sein können.

Darüber hinaus gibt es in einigen ländlichen Gemeinschaften offensichtlich so etwas wie eine duale Wirtschaft. Bei Transaktionen mit Gütern, die von außerhalb der Gemeinschaft eingeführt werden, wird zum Ausgleich der Halbtransaktion ein gesetzliches Zahlungsmittel verwendet. Bei allen anderen, in denen örtlich produzierte Güter (oder häufiger Dienstleistungen) gehandelt werden, wird zur Bezahlung ein Versprechen über eine spätere Lieferung von Gütern und Dienstleistungen (der eigenen Person oder einer dritten Partei) benutzt. Eine solche duale Wirtschaft gibt es anscheinend in Gemeinschaften, in denen der Wert der Zeit relativ zum Geldwert sehr gering ist, d.h. in denen Arbeitslosigkeit oder Unterbeschäftigung vorherrschen.

Abgesehen von übertragbaren Versprechen sind es anscheinend vor allem nichtübertragbare Versprechen (entsprechend Abbildung 6.1(b)), die Halbtransaktionen in sozialen und politischen Systemen ermöglichen können. In sozialen und politischen Systemen werden derartige Verpflichtungen im allgemeinen sehr häufig verwendet und in irgendeinem Konto formell oder informell vermerkt festgehalten. Hierbei muß man einen Grad an Freiheit aufgeben, den Geld ermöglicht, denn es wird zwar eine zeitliche Extension von Transaktionen erlaubt, nicht aber eine Extension auf andere Personen. Früher oder später muß die Schuldnerpartei ihre Schulden derjenigen Partei bezahlen, bei der sie sie gemacht hat. Sie kann nicht ihren Kredit, den sie bei einer anderen Partei hat, benutzen, um die Schulden bei der ersten Partei zu begleichen – wie man es z.B. in einer bargeldlosen Wirtschaft praktiziert, in der elektronische Transfers von Soll und Haben an eine zentrale Verrechnungsstelle vorgenommen werden. Warum Versprechen nicht übertragbar sind, scheint unter anderem aber eindeutig eine Ursache zu haben, mit der jedes System ohne eine allgemein gültige Verrechnungseinheit zu kämpfen hat: Es gibt keine weithin anerkannte Einheit, mit deren Hilfe sich Konten ausgleichen lassen. Dies mag den Arten von Gütern und Dienstleistungen inhärent sein, die außerhalb von ökonomischen Systemen ausgetauscht werden. Möglicherweise ist ihr Wert abhängig von der spezifischen Beziehung und verbunden mit der Identität der beiden beteiligten Parteien.[3]

Eine weitere Möglichkeit, den Austausch in sozialen und politischen Systemen zu erleichtern, wenn ein Naturalientausch zwischen zwei Parteien nicht möglich ist, bietet der Intermediär oder Mittelsmann. Ostrogorski (1964 [1902]) beschreibt, inwiefern der politische Apparat in Städten der USA um die Jahrhundertwende als Intermediär fungierte.

Für Wähler stellte der Apparat Geld und Arbeitsplätze zur Verfügung und erhielt dafür Wählerstimmen für Gesetzgeber.
Für Gesetzgeber übermittelte der Apparat Wählerstimmen von den Wählern, wofür Gesetzentwürfe verabschiedet wurden, die für die Wirtschaft von Vorteil waren.
Für die Wirtschaft erreichte der Apparat vorteilhafte Gesetzentwürfe und erhielt dafür Geld, mit dem Wählerstimmen gekauft wurden.

Dies ist erneut ein Handlungsrahmen, in dem kein doppeltes Zusammentreffen von Bedürfnissen vorhanden ist, aber dies kann hier nicht behoben werden, indem lediglich die Bezahlung durch das Eingehen von Verpflichtungen verzögert wird, weil das Hemmnis, das hier überwunden werden muß, nicht die Ungleichzeitigkeit, sondern die Unvereinbarkeit von Interessen für jedes beliebige Paar der beteiligten drei Parteien ist. Somit leistet der Apparat den Dienst, die drei Parteien zusammenzubringen, die insgesamt gesehen komplementäre Interessen haben, und ermöglicht dadurch die Transaktionen. Das Diagramm in Abbildung 6.3 stellt die betreffenden Transaktionen dar.

Verschiedene soziale und politische Unternehmer tun etwas, was dem ähnlich ist. Leute in bestimmten Positionen des amerikanischen Kongresses, wie der *Speaker* des Hauses oder der Mehrheitsführer des Senats, vollziehen ganz regulär Transaktionen mit vielen verschiedenen Parteien, obwohl

---

[3] In einigen Fällen, wie beim Kaufen und Verkaufen von Wählerstimmen oder sexuellen Diensten findet die Transaktion außerhalb des ökonomischen Systems statt, weil rechtliche Beschränkungen vorhanden sind, was mit diesem Prinzip nichts zu tun hat.

Soziale Austauschsysteme

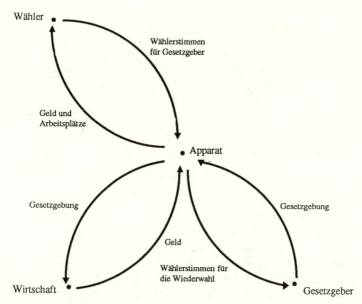

Abb. 6.3 Die Rolle des Parteienapparates im politischen Austausch

die Parteien von Transaktion zu Transaktion verschieden sind. Dies sind wohl die besten Beispiele, aber es gibt auch Beispiele für solches Unternehmertum, das sich über ganze politische Systeme erstreckt und Handelsgeschäfte ermöglicht, die mehr als zwei Parteien erfordern.

Es ist zu beachten, daß in einem System wie dem in Abbildung 6.3 dargestellten nur zu einem geringen Anteil Versprechen gehandelt werden müssen. Bei zweien der drei Transaktionen könnten beide Hälften gleichzeitig ablaufen. Wenn aber kein extensiver Gebrauch von der Übertragbarkeit von Versprechen gemacht wird, muß das System ein gewisses "Fundament" haben. Der Apparat muß bestimmte Ressourcen sammeln, die in den Transaktionen verwendet werden, da die drei Transaktionsmengen nicht zur gleichen Zeit ablaufen.

Die Struktur dieses Transaktionssystems ähnelt der in Abbildung 6.1(e), in der eine zentrale Verrechnungsstelle in einem Wirtschaftssystem Konten ausgleicht. Der Unterschied besteht allerdings darin, daß sich die zentrale Verrechnungsstelle nur mit Restguthaben beschäftigt; die meisten Transaktionen werden direkt ausgeführt. Eine entsprechende Struktur für Wähler, Gesetzgebung und Wirtschaft ist in Abbildung 6.4 dargestellt. In einer solchen Struktur beschränkt sich der Apparat darauf, Restguthaben zu verrech-

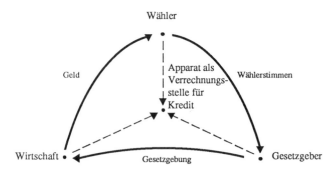

Abb. 6.4 Der Parteienapparat als eine Kreditanstalt im politischen System

nen, indem er von einer oder zweien der Parteien die Lieferung zusätzlicher Mengen an Wählerstimmen, Verabschiedungen von Gesetzentwürfen oder Geld fordert, die er benötigt, um zukünftige Zahlungen durch die anderen Parteien zu ermöglichen. Natürlich tut der Apparat viel mehr als das, da er ja die Transaktionen organisiert. Aufgrund von Trittbrettfahrerproblemen wie auch anderen Problemen könnte keine der an diesen Transaktionen beteiligten Parteien mit Leichtigkeit ihren Anteil allein ausführen, selbst dann nicht, wenn es eine Form von politischem Geld oder ein entsprechendes Kreditkonto gäbe.

Das generelle Problem, Halbtransaktionen zu ermöglichen, was in Wirtschaftssystemen durch Geld erreicht wird, kann in sozialen und politischen Systemen statt mit Geld wohl vor allem mit Hilfe der produktiven formalen Organisation gelöst werden. Ich werde hier nicht im Detail darauf eingehen, sondern einfach die Struktur beschreiben. In einer formalen Organisation vollbringt eine Person in einer bestimmten Position eine Aufgabe oder Dienstleistung für die Person oder Personen in einer anderen Position. Beispielsweise fertigt eine Person, die einen Fotokopierer bedient, Fotokopien von Dokumenten für alle Personen in einem Büro, deren Arbeit Kopien von diesen Dokumenten verlangt. Diese Personen vollbringen jedoch keine entschädigende Aufgabe oder Dienstleistung für die Person am Kopierer; dies übernimmt die Organisation, indem sie ihr ein Gehalt oder einen Lohn zahlt. Es trifft zwar zu, daß die Organisation in vielen Fällen eine direkte Gebühr für die Dienstleistung auferlegt – jedoch nicht der *Person*, sondern der Position oder der Abteilung, die Empfänger der Dienstleistung ist. Es kann z.B. sein, daß solche Ausgaben an einer Stelle als Soll und entsprechend an einer anderen Stelle als Haben geführt werden. Weil jedoch diese Saldierung normalerweise keinen Einfluß auf die Entschädigung irgendeiner Person hat, sondern nur mit der Buchführung der Organisation zu tun hat, motiviert sie

Individuen in keiner Weise, sich an Halbtransaktionen zu beteiligen. Dies besorgt die Organisation in Form eines Lohnes oder Gehalts und mit der entsprechenden Festlegung der Pflichten jeder Position. Natürlich spielt die Verwendung von Geld in dieser Struktur eine Rolle, aber Geld allein, ohne die Organisation, würde nicht dieses komplexe Netz von Halbtransaktionen erzeugen können. Die Struktur ist irgendwo zwischen der Struktur aus Abbildung 6.3 und der aus Abbildung 6.4 angesiedelt. Wie in der letzteren, werden die Halbtransaktionen direkt zwischen den Akteuren ausgetragen; aber, wie bei dem Apparat in Abbildung 6.3, ist eine Körperschaft vonnöten, um die Menge der Transaktionen zu organisieren und ihre Durchführung sicherzustellen.

Die produktive Organisation ist somit kein Geldersatz, sondern eine Ergänzung zum Geld. Geld erlaubt den Vollzug einzelner Halbtransaktionen; produktive Aktivität erfordert jedoch häufig einen organisierten Komplex von Halbtransaktionen, wofür Geld allein nicht ausreicht.[4]

Sozialer Status als Geldersatz

Ein weiteres allgemeines Mittel, das hilft, Transaktionen in sozialen und politischen Systemen auszugleichen, indem es zum einen Halbtransaktionen ermöglicht und zum anderen ansonsten ungleichgewichtige Transaktionen ausgleicht, ist das Verleihen eines gewissen Status oder das Erzeigen von Ehrerbietung von einer Partei einer anderen gegenüber. In der weiter oben schon angeführten Untersuchung zeigt Blau (1963), wie dies in einer Regierungsbehörde funktioniert. Einige Mitarbeiter besaßen mehr Kenntnisse oder Fertigkeiten als andere. Blau beobachtete dann, wie ein systematisches Transaktionsmuster ablief. Einige Mitarbeiter wandten sich regelmäßig an andere, um sie um Rat zu fragen. Diese Transaktionen waren ganz asymmetrisch, und "Schulden" wurden nicht mit der Zeit beglichen, indem die Ratschläge wechselseitig gegeben wurden. Sie wurden beglichen, indem die Ratsuchenden den Ratgebenden Ehrerbietung entgegenbrachten. Die Folge davon war eine Statushierarchie, in der verschiedenen Mitarbeitern ein verschieden hoher Status oder verschiedene Prestigeebenen zugeschrieben wurden.

---

4 Ein noch ungelöstes Problem ist, wann genau für eine spezielle produktive Aktivität nicht eine informale Organisation mit informalen Sanktionen, sondern eine formale Organisation mit den entsprechenden Sanktionen erforderlich ist. Williamson (1975) nennt einige einschlägige Faktoren. Beim Vergleich der japanischen Industrie mit der Industrie in Europa und den USA wird offensichtlich, daß technische Beschränkungen nicht völlig bestimmend sind, denn ein viel größerer Herstellungsanteil in bestimmten japanischen Industriezweigen (wie in der Automobilindustrie) wird in einem Markt und nicht innerhalb eines Unternehmens mit vertikaler Integration betrieben.

Es folgt ein weiteres Beispiel. Ein Bankier in einer Kleinstadt kann einem möglichen Kreditnehmer einen Kredit gewähren oder nicht. Auch wenn der Bankier eine solche Entscheidung hauptsächlich aufgrund des möglichen Profits fällt, berücksichtigt er dabei die Bedürfnisse und Absichten des möglichen Kreditnehmers. Hat der Kreditnehmer keine alternative Geldquelle aufzuweisen, besitzt der Bankier die vollständige Kontrolle über das Ereignis, und der Kreditnehmer hat wenig anzubieten, wenn die Kreditnachfrage größer ist als das Angebot. Das Machtverhältnis ist ganz asymmetrisch, und der mögliche Kreditnehmer befindet sich in der Position eines Bittstellers, da er von der Entscheidung des Bankiers abhängig ist. Er kann dem Bankier jedoch, gemeinsam mit seiner Zusicherung, dem Bankier den Kredit zurückzuzahlen, so etwas wie einen verallgemeinerten Kredit geben, die dem Bankier die Einflußnahme auf verschiedene Ereignisse gewährt, über die der Kreditnehmer in der Zukunft eine Kontrolle ausüben könnte. Das soll heißen, daß er dem Bankier im Grunde eine Status-Gutschrift übergibt, was bedeutet, daß er dem Bankier in verschiedenen Situationen seine Ehrerbietung zeigen oder ihm besondere Privilegien einräumen wird. Wenn er ein Ladenbesitzer ist, wird er dafür sorgen, daß der Bankier und seine Familie den bestmöglichen Service erhält. Auf der Straße und in der Kirche wird er sich dem Bankier gegenüber liebenswürdig und ehrerbietig verhalten. Er wird besonders erfreut sein, wenn seine Tochter eine Verabredung mit dem Sohn des Bankiers hat. Als Gegenleistung für den vom Bankier erhaltenen Gewinn oder um den Bankier zu bewegen, ihm Gewinne zu verschaffen, wird er dem Bankier auf vielfältige Art und Weise einen psychischen Gewinn verschaffen. Das Verleihen eines Status rührt somit von den ungleichen Ressourcen her, die die zwei Parteien in die Transaktion einbringen.

Dieses Beispiel ist ein Sonderfall, weil es ein Ereignis umfaßt, an dem die Person, die den Status verleiht, ein direktes persönliches Interesse hat. Status wird allerdings auch oft aufgrund von Ereignissen verliehen, die die Person, die den Status verleiht, nicht direkt betreffen. An einer Oberschule ist der beste Footballspieler oft auch der Junge mit dem höchsten Status. In der Gesellschaft besitzen im allgemeinen Filmstars und andere Unterhaltungskünstler einen hohen Status. In einer Gruppe von Jägern besitzt derjenige Mann einen hohen Status, der das meiste Wild erlegt. Unter Jungen haben diejenigen einen hohen Status, die besonders erfolgreich darin sind, Verabredungen zu treffen und Mädchen nach ihrem Willen handeln zu lassen. Unter Mädchen haben diejenigen einen hohen Status, die besonders erfolgreich darin sind, Verabredungen zu treffen und Jungen nach ihrem Willen handeln zu lassen.

Dieses allgemeinere Phänomen des Status ist nicht das Ergebnis spezifischer Interaktionen wie diejenige zwischen dem Bankier und dem Kreditnehmer, in der ein Teilnehmer die Asymmetrie durch die Verleihung eines Status aufhebt. Es ist möglich, daß der Statusverleiher noch nie mit dem Empfänger zusammengetroffen ist. Fälle wie die oben genannten weisen folgende allgemeine Struktur auf: Eine Person besitzt eine bestimmte Kontrolle (aufgrund von Fähigkeiten oder aus irgendeinem anderen von zahlreichen Gründen) über Ereignisse, an denen eine andere Person ein besonderes Interesse hat. Ich frage hier weder nach dem Ursprung der Kontrolle auf seiten der einen Person noch nach dem Ursprung des Interesses auf seiten der anderen. Aber wenn diese Konfiguration auftritt, übergibt die Person, die ein bestimmtes Interesse an der Aktivität hat, der Person, die sie kontrolliert, eine Status-Gutschrift. Dies ist ein Kapital, auf das der Statusinhaber zurückgreifen kann und als Ausgleich für eine mögliche Situation dient, in der der Statusinhaber dem Statusverleiher beim Erlangen der Kontrolle über die gewünschten Ereignisse behilflich sein kann. Dies kann auf zweierlei Arten geschehen. Entweder kann der Statusinhaber der anderen Person, die ihm Ehrerbietung gezeigt hat, direkt behilflich sein (z.B. hilft ein Junge, der bei Verabredungen erfolgreich ist, einem anderen, der weniger Erfolg hat), oder er hilft bei einer kollektiven Aktivität, an der die andere Partei ein Interesse hat (z.B. hilft ein Spitzensportler einer Schulmannschaft, ein Spiel zu gewinnen).

Alle diese Beispiel deuten auf einen äußerst weit verbreiteten gesellschaftlichen Prozeß hin. Unterschiedlicher sozialer Status ist in sozialen Systemen überall zu beobachten. Tatsächlich scheint das Verleihen eines Status, um ungleichgewichtige Transaktionen auszugleichen oder um Halbtransaktionen zu ermöglichen, der in sozialen und politischen Systemen am weitesten verbreitete funktionale Geldersatz zu sein. Die genannten Beispiele zeigen unterschiedliche Gewinne auf, die Status erbringen kann, aber Status oder die Anerkennung durch andere wird von Psychologen schon lange als eine zentrale Quelle der Befriedigung des Selbst angesehen. Das heißt, man kann davon ausgehen, daß jede Person ein Interesse an Status hat.

Status ist jedoch nicht mit Geld identisch, sondern weist spezifische Eigenschaften auf. Für Individuen gilt, daß Status in den Augen einer bestimmten Person einen geringen Stellenwert besitzen kann, in den Augen einer anderen jedoch einen hohen. Auch wenn ein Bettler sich sehr ehrerbietig verhält, eine Verbeugung macht und sagt: "Danke, gnädiger Herr", hat die Ehrerbietung, die er erweist, für die meisten Leute einen geringen Stellenwert. Status ist ein komplexes Phänomen, denn obwohl er ein weit verbreitetes generelles Tauschmittel ist, besitzt er keinen eigenen Nennwert, der von dem spezifischen Verleiher-Empfänger-Paar unabhängig ist. In einem gegebenen geschlossenen sozialen System gibt es die Tendenz, daß der Wert der Ehrerbietung, den eine bestimmte Person erweist, für alle Empfänger ähnlich hoch ist. Aber zwischen den sich gegenseitig durchdringenden offenen sozialen Systemen, aus denen sich die moderne Gesellschaft zusammensetzt, gibt es oft sehr große Unterschiede. Nehmen wir an, daß ein namhafter Historiker und ein namhafter Physiker im selben Restaurant zu Gast sind und jeder von beiden sich in der Aufmerksamkeit mehrerer Bewunderer an seinem Tisch sonnt. Wenn diese beiden, die jeweils einen hohen Status besitzen, die Plätze tauschten, würden die anderen Personen an den beiden Tischen ihnen jeweils wenig Ehrerbietung erweisen und jegliche Ehrerbietung, die der Physiker von den Bewunderern des Historikers erhielte, würde ihm wenig bedeuten - und umgekehrt. Keiner von beiden wäre mehr "in seinem Element". Selbst in einer Universität, die einige Eigenschaften eines kohärenten sozialen Systems aufweist, läßt sich ein ähnliches Phänomen beobachten, nur daß die Tische des Restaurants durch Universitätsabteilungen ersetzt werden.

Innerhalb eines geschlossenen sozialen Systems weist Status eine Eigenschaft auf, die gewisse Parallelen zum Geld besitzt. Der Wert eines bestimmten Aktes der Ehrerbietung von einer Person ist nämlich proportional zu ihrem eigenen Status. Es ist so, als besäße die Person eine bestimmte Menge an Status und gäbe einen Teil davon preis, wenn sie einer anderen Person Ehrerbietung entgegenbringt. Personen mit einem hohen Status werden sehr lange zögern, bevor sie solch einen Akt der Ehrerbietung ausführen, denn normalerweise wird dadurch nicht nur der Status des anderen erhöht, sondern gleichzeitig auch der eigene und man selbst sozusagen erniedrigt.

Die erfolgte Erörterung des Geldes und verschiedener Möglichkeiten, Austauschhandlungen zu erleichtern, erlaubt die Betrachtung von Transaktionsarten, die außerhalb von Wirtschaftssystemen vorkommen. Das heißt, daß Geld in Wirtschaftssystemen und die anderen hier erörterten Mittel außerhalb von Wirtschaftssystemen zwar Transaktionen erleichtern, aber nicht der "Stoff" sind, auf den die Transaktionen zielen. Vielleicht abgesehen von Status, der für sich genommen schon von Interesse sein kann, eröffnen diese Mittel lediglich die Möglichkeit, Dinge, an denen man interessiert sein kann, von einer Person zu einer anderen Person, deren Interesse daran noch größer ist, überwechseln zu lassen.

Austausch innerhalb von Systemen

Paarweiser Austausch im sozialen Leben findet nicht im luftleeren Raum statt. Er findet in einem Milieu statt, in dem ein Wettbewerb um die Ressourcen, die jeder einzelne Akteur besitzt, im Gange ist. Eine Verabredung zwischen einem Mädchen und einem Jungen an einer Oberschule hängt nicht nur von ihrem Interesse aneinander ab, sondern auch von ihrem Interesse an anderen und dem Interesse von anderen an ihnen. Ebenso hängt der Tauschkurs, der für einen bestimmten Schüler zwischen Zensuren und schulischer

Leistung besteht, nicht nur vom Interesse des Schülers an Zensuren und dem Interesse des Lehrers an der Leistung des Schülers ab, sondern auch von der Leistung anderer Schüler (dem Konkurrenzkampf der Schüler um Zensuren) und den alternativen Möglichkeiten, wie der Schüler seine Zeit verbringt (dem Konkurrieren der Aktivitäten um die Zeit des Schülers).

Eine bestimmte Menge von Aktivitäten innerhalb eines übergeordneten sozialen Systems läßt sich normalerweise untersuchen, indem man eine Menge von Akteuren und eine Menge von Ressourcen oder Ereignissen als ein relativ geschlossenes Subsystem definiert. Innerhalb des Subsystems besteht aufgrund des Wettbewerbes um Ressourcen eine Interdependenz zwischen den Tauschhandlungen. Akteure und Ressourcen außerhalb des Subsystems können als sein Umfeld behandelt werden. Beispielsweise können schulische Tauschgeschäfte zwischen der Leistung von Schülern und ihren Zensuren für analytische Zwecke als Subsystem betrachtet werden. Obwohl es einen Wettbewerb um die Zeit der Schüler von seiten der Akteure und Ressourcen außerhalb dieses Subsystems gibt, kann man diese Akteure und Ressourcen zum Zwecke der Analyse als Umfeld behandeln. (Eine weiter gefaßte Analyse könnte die externen Ansprüche an die Zeit verschiedener Schüler berücksichtigen, was teilweise erklären könnte, warum in dem Subsystem, das Zensuren und Leistung umfaßt, einige Schüler offensichtlich mehr daran interessiert sind, ihre Zeit unter Kontrolle zu haben, als andere.)

Drei Elemente sind notwendig, um für diese Analyse ein Subsystem (oder, der Einfachheit halber, ein System) zu definieren:

1. Akteure
2. Ressourcen oder Ereignisse
3. Die Verfassung, d.h. die ursprüngliche Verteilung der Kontrolle über Ressourcen unter den Akteuren

Das bedeutet, daß Akteure, Ressourcen und eine Verfassung ein System definieren.[5] Die Interessen von Akteuren bewegen diese dazu, Tauschhandlungen vorzunehmen, die die im System enthaltenen Ressourcen umverteilen. Schüler besitzen zunächst Kontrolle über ihre Zeit, und ein Lehrer besitzt zunächst Kontrolle über Zensuren. Die Schüler widmen einen Teil ihrer Zeit ihrer schulischen Leistung, und der Lehrer verteilt Zensuren. Die von den Schülern vorgenommene Allokation von Zeit auf Schularbeit ist abhängig

---

5 Wie bereits erwähnt, besteht in bestimmten Fällen eine Abhängigkeit der Ereignisse oder Ressourcen, an denen Akteure interessiert sind, von anderen Ereignissen oder Ressourcen. Unter solchen Umständen gehört auch die Abhängigkeitsstruktur zu den Komponenten, die das System definieren.

170 *Handlungsstrukturen*

von ihrem Interesse am Lernen und an Zensuren. Die vom Lehrer vorgenommene Allokation von Zensuren auf Schüler ist abhängig von seinem relativen Interesse an der Leistung verschiedener Schüler. (Wenn der Lehrer gerecht ist, heißt das, daß die gleiche Leistung verschiedener Schüler die gleiche Zensur erbringt. Die Tatsache, daß einige Lehrer nicht gerecht sind und Lieblingsschüler haben, bedeutet, daß das Interesse eines Lehrers an der Leistung schülerspezifisch sein kann.) Der allgemeine Zensurenmaßstab, nach dem ein Lehrer vorgeht, wird oft als die "Strenge" des Lehrers bezeichnet. Sofern der Lehrer sich in bezug auf die Schüler in einer Monopolstellung befindet, hat der Lehrer in einem gewissen Bereich die Kontrolle über den Zensurenmaßstab, so wie ein Monopolist in einem Wirtschaftsmarkt. Befindet der Lehrer sich in einer Konkurrenzsituation zu anderen Lehrern oder zu nichtschulischen Aktivitäten hinsichtlich der Zeit der Schüler, wird dieses Monopol natürlich durchbrochen.

In einem Verabredungssystem an einer Oberschule sind die Akteure die Jungen und Mädchen, die die Schule besuchen. Die Ressource, die jeder ursprünglich besitzt, ist Kontrolle über die eigene Aufmerksamkeit. Das Interesse verschiedener Jungen an der Aufmerksamkeit bestimmter Mädchen und umgekehrt resultiert in den Verabredungsmustern, d.h. in der Umverteilung von Aufmerksamkeit.

In einem solchen System kann man dann von der Macht jedes einzelnen Akteurs sprechen, denn Macht ist ein Maßstab für den *systeminternen* Wert der Ressourcen, die jeder Akteur ursprünglich besitzt (wobei dieser Wert selber von dem Interesse abhängt, das andere Akteure an jenen Ressourcen haben), und somit auch ein Maßstab für das Gewicht, das das System den Interessen dieses Akteurs an der aggregierten erreichten Befriedigung beimißt.[6] Expliziter gesagt gibt es in einem derartigen System komplementäre Definitionen der Macht von Akteuren und des Wertes von Ereignissen. Diese entsprechen intuitiven Vorstellungen darüber, was man in einem sozialen System unter Macht und Wert versteht:

Die Macht eines Akteurs beruht auf seiner Kontrolle wertvoller Ereignisse.

Der Wert eines Ereignisses besteht in dem Interesse, das mächtige Akteure an diesem Ereignis haben.

Obwohl dieses Definitionspaar zirkulär ist, sind die dort definierten Begriffe von Wert und Macht keine leeren Begriffe. Wie Kapitel 25 zeigen wird, ermöglicht Kenntnis über die Verteilung von Interesse an Ereignissen und die

---

6 Siehe Kapitel 25, in dem diese Eigenschaften anhand eines formalen Modells abgeleitet werden.

Verteilung von Kontrolle über Ereignisse, die Macht jedes einzelnen Akteurs und den Wert jedes einzelnen Ereignisses zu berechnen. Hiermit wird deutlich, daß die Macht eines Akteurs für jedes denkbare Handlungssystem einer der wichtigsten abgeleiteten Begriffe der Makroebene ist. Nach der oben gegebenen Definition ist Macht eine Eigenschaft *des Akteurs im System*. Sie ist keine Eigenschaft der Beziehung zwischen zwei Akteuren (man kann also in diesem Zusammenhang nicht von der Macht eines Akteurs über einen anderen sprechen, obwohl man von der relativen Macht zweier Akteure sprechen kann). Ein solches Handlungssystem, mit anfänglich individuenbezogenen Begriffen von Interesse und Kontrolle und einem abgeleiteten systembezogenen Begriff von Macht, spricht für eine Art von Sozialtheorie, in der soziale Normen nicht am Beginn einer Systembeschreibung stehen, obwohl sie Phänomene ausmachen, die durch das System erzeugt werden (siehe z.B. Kapitel 10). Diese Vermutung wird sich als wohlbegründet herausstellen, wenn sich das Wesen der Theorie und ihre Konsequenzen nach und nach herauskristallisieren.

Die Größe, die in der Theorie dieselbe Rolle für Ressourcen spielt, die die Macht für Akteure hat, ist der Wert der Ressource innerhalb des Systems. Wie oben gesagt, beruht der Wert einer Ressource in einem bestimmten System auf dem Interesse, das mächtige Akteure an ihr haben. Der Wert einer Ressource unterscheidet sich von dem Interesse, das ein bestimmter Akteur an ihr hat, denn der Wert ist eine Eigenschaft der Ressource *innerhalb des Systems als ganzem*. Der Unterschied zwischen dem Interesse einer Person an einer Ressource und dem Wert dieser Ressource ist lediglich der Unterschied zwischen dem Nutzen, den ein Gut für eine Person hat, und dem Marktwert bzw. dem Preis des Gutes. (Wie Kapitel 25 verdeutlichen wird, ist ein perfekter Wirtschaftsmarkt, in dem private Güter ausgetauscht werden, eine besondere Realisierung des hier beschriebenen Handlungssystems.) Somit beruht der Wert einer Ressource darin, welchen Gewinn ein Akteur, der sie kontrolliert, mit ihrem Austausch erzielen kann, und das Interesse, das eine Ressource für einen Akteur birgt, ergibt sich aus den Möglichkeiten, die sie hat, seine Befriedigung zu beeinflussen.

Bisher hat die Diskussion erbracht, daß sich in einem einfachen Handlungssystem, das nur einen Austauschprozeß umfaßt, vier Begriffe miteinander verknüpfen lassen: Interesse und Kontrolle, die beide die Beziehung zwischen einem Akteur und einer Ressource spezifizieren, und Macht und Wert, die Akteure und Ressourcen in Relation zu dem Handlungssystem als ganzem charakterisieren.

Dies bedeutet in der Praxis, daß man, wenn man die Verteilung von Interesse und Kontrolle in einem System kennt, anhand der definitorischen Relationen die Macht von Akteuren und den Wert von Ressourcen bestimmen kann. Jeden Tag tun Leute dies, wenn sie soziale Funktionsweisen einschätzen. Die Macht, die verschiedene Akteure in einem System besitzen, leitet sich von dem ab, was sie kontrollieren und inwieweit andere an diesen Dingen interessiert sind. Und wie wertvoll etwas ist, wird dadurch bestimmt, wie sehr diejenigen, die einige Ressourcen besitzen, daran interessiert sind, es unter ihre Kontrolle zu bringen. Ein solches System läßt aber noch andere Ableitungsmöglichkeiten zu. Wenn man weiß, welche Interessen und welche Macht ein Akteur ursprünglich besitzt und welchen Wert Ressourcen haben, läßt sich bestimmen, wieviel Kontrolle genau jeder einzelne Akteur über jedes einzelne Ereignis haben wird, wenn ein Gleichgewichtszustand erreicht ist, d.h. wenn kein weiterer Austausch von Kontrolle stattfinden kann. Im anderen Falle kann man Interessen, Macht und Wert bestimmen, wenn man sowohl die ursprüngliche Kontrollverteilung und die Kontrollverteilung im Gleichgewichtszustand kennt.

Wenn man eine Vorstellung davon hat, wieviel Kontrolle jeder einzelne Akteur über jede einzelne Ressource oder jedes Ereignis im Gleichgewichtszustand hätte, erlaubt dies in einigen Fällen (wenn Ressourcen oder Ereignisse gleichsam teilbare private Güter sind und unter denjenigen, die darum konkurrieren, aufgeteilt werden können) eine direkte Vorhersage darüber, wie das System im Gleichgewichtszustand aussehen würde. Wenn Ressourcen oder Ereignisse aber unteilbar sind (wie z.B. Ereignisse, die das eine oder andere Ergebnis haben können), verrät die Kontrollverteilung im Gleichgewichtszustand nur, welche Macht jeder einzelne Akteur letztendlich haben wird. Die diagrammartige Darstellung dieser Ergebnismenge findet sich in Abbildung 6.5, welche eine Art kausaler Struktur der Theorie wiedergibt: Akteure besitzen ursprünglich Interessen und Kontrolle über Ressourcen. Diese Verteilung führt zu Austauschhandlungen, die innerhalb einer Marktstruktur den Wert jeder einzelnen Ressource spezifizierbar ma-

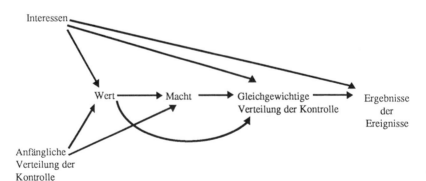

Abb. 6.5 Begriffsbestimmungen in der Theorie sozialen Handelns

chen. Dann entspricht die Macht jedes einzelnen Akteurs dem Wert all derjenigen Ressourcen, die er kontrolliert, und der Anteil jeder einzelnen Ressource, den ein Akteur im Gleichgewichtszustand besitzt, wird bestimmt durch sein Interesse an dieser Ressource, durch seine Macht (d.h. den Wert der Ressourcen, die er kontrolliert) und durch den Wert der Ressource selbst.

Einige der möglichen empirischen Anwendungen der Theorie folgen dieser Kausalkette. Das heißt, daß man von der Kenntnis der ursprünglichen Interessen und Kontrollen ausgeht und von dort aus Ergebnisse von Ereignissen vorhersagt. Ein einfaches qualitatives Beispiel ist Wallers (1938) Prinzip des geringsten Interesses, welches besagt, daß in der Liebeswerbung die Person mit dem geringeren Interesse am Gegenüber eine größere Kontrolle über die Beziehung ausübt und ihre Meinung in bezug auf Ereignisse, in der die Interessen konträr sind, durchsetzen kann. Allgemeiner gesagt hat in einer Zweierbeziehung, in der jeder seine eigenen Handlungen (d.h. die Ressourcen) kontrolliert, die Person mit dem geringeren Interesse am Gegenüber auch weniger Interesse an den Ressourcen, die der andere kontrolliert. Dies verschafft ihr einen größeren Einfluß und somit mehr Möglichkeiten, das Ergebnis neu eintretender Ereignisse, die beide Parteien der Beziehung betreffen, zu bestimmen.

Miller (1970) hat für einen anderen Bereich eine andere Art von Schlußfolgerung gezogen, wobei er ebenfalls die Interessen verschiedener Akteure und ihre Kontrolle von Ressourcen an den Anfang stellte. Miller schätzte, welches Interesse an bestimmten Themen Gruppen hatten, die so viele Ressourcen kontrollierten, daß man sie als mächtige Systemmitglieder betrachten konnte, und sagte dann die Ergebnisse von Entscheidungen hinsichtlich dieser Themen voraus.

Die von Bentley (1953 [1908]) entwickelte Theorie des Gruppeninteresses in der Politik ist ein weiteres Beispiel für die qualitative Nutzung der Kenntnis über Interesse und Kontrolle, bei dem mit ihrer Hilfe Ergebnisse von Ereignissen vorhergesagt werden. Obwohl Bentley nicht ausdrücklich über Kontrollstrukturen sprach, stand eine solche Schlußfolgerung im Mittelpunkt seiner Regierungstheorie. Laut Bentleys Theorie erzeugen soziale und wirtschaftliche Aktivitäten Interessen, und diese Interessen bestimmen in Verbindung mit verfassungsmäßiger Kontrolle (z.B. Wahlrechten) Ergebnisse politischer Strategien.[7]

---

7 Eine starke Hypothese Bentleys, daß nämlich Interessen zu Handlungen führen, mit deren Hilfe jene Interessen verfolgt werden sollen, folgt nur im Hinblick auf private Güter aus der Rationalitätsannahme. Politische Maßnahmen sind für die an ihnen interessierten Parteien jedoch öffentliche Güter. Diese Schwäche in Bentleys Theorie griff Olson (1968 [1965]) heftig an. Die Probleme hinsichtlich öffentlicher Güter, die Olson aufzeigt, werden in diesem Buch an verschiedenen Stellen aufgegriffen.

Handlungsstrukturen

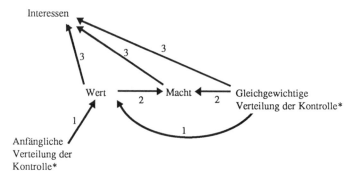

Abb. 6.6 Berechnung von Wert, Macht und Interessen aufgrund der Kenntnis von ursprünglicher Kontrollverteilung und Kontrollverteilung im Gleichgewichtszustand

Obwohl diese drei Beispiele Schlußfolgerungen umfassen, die dem kausalen Ablauf folgen, kann die empirische Nutzung der Theorie statt mit der Beobachtung von Interessen und Kontrolle auch mit der Beobachtung anderer Elemente beginnen. Wenn man beispielsweise die ursprüngliche Kontrollverteilung und die Kontrollverteilung im Gleichgewichtszustand kennt, kann man rückwärts gehen und den Wert von Ressourcen, den Einfluß von Akteuren und das Interesse der Akteure an den Ressourcen herausfinden. Abbildung 6.6 verdeutlicht die Schritte, die in einer solchen Analyse vollzogen werden. Die Sternchen kennzeichnen, was beobachtet wird, und die Zahlen an den Pfeilen geben die Reihenfolge der Analyseschritte an. Der letzte Schritt leitet die Interessen ab, die Akteure hätten haben müssen, um von der beobachteten ursprünglichen Verteilung der Kontrolle über Ressourcen zu der beobachteten Kontrollverteilung im Gleichgewichtszustand gelangen zu können.

Die Konfiguration von Daten, bei denen die ursprüngliche Kontrolle und die Kontrolle im Gleichgewichtszustand bekannt sind, ist wahrscheinlich die am häufigsten auftretende Konfiguration, von der Schlußfolgerungen ableitbar sind. In den letzten Abschnitten dieses Kapitels werde ich Anwendungen der Theorie vorstellen, in denen diese Datenkonfiguration der Ausgangspunkt ist. Die angeführten Beispiele enthalten die Ergebnisse quantitativer Analysen (die in Kapitel 26 beschrieben werden) und wurden zur Illustrierung ausgewählt. Wie Wallers Prinzip des geringsten Interesses zeigt, sind qualitative Anwendungen der Theorie ebenfalls möglich.

Tauschhandlungen im Klassenzimmer

Weiter oben in diesem Kapitel habe ich beschrieben, inwiefern man sich vorstellen kann, daß Schüler im Handlungssystem Schule Zeit und Arbeitsmühe gegen Zensuren eintauschen. Dabei wird natürlich ein einzelner Markt von der Gesamtheit der Beziehungen abstrahiert, die diese Akteure (untereinander und mit anderen) eingehen, aber eine solche Abstraktion ist für die Zwecke der Analyse vertretbar. Beispielsweise treten schon im Klassenzimmer gleichzeitig mit dem Tausch von Arbeitsmühe gegen Zensuren auch andere Tauschhandlungen auf. Schüler tauschen untereinander ihre Aufmerksamkeit aus, und die Konfiguration dieser Tauschhandlungen beeinflußt den Austausch zwischen Schüler und Lehrer. Diese Tauschhandlungen erklären möglicherweise auch, warum manche Schüler wenig Interesse an Zensuren an den Tag legen, andere jedoch sehr viel, aber der Austausch von Arbeitsmühe gegen Zensuren kann als Ausgangspunkt zunächst einmal allein untersucht werden.

Eine solche Analyse geht von der Vorstellung aus, daß jeder Schüler zunächst seine Zeit und Arbeitsmühe selbst kontrolliert und der Lehrer Kontrolle über die Zensuren ausübt. Nach Erreichen des Gleichgewichtszustands definiert man die Kontrolle über Zeit und Arbeitsmühe der Schüler und über die Zensuren als die Zeit und Arbeitsmühe, die die Schüler dem Lehrer gegeben haben, und die Zensuren, die sie dafür vom Lehrer erhalten haben.

Das folgende quantitative Beispiel stützt sich auf Beobachtungen in bezug auf die Zeit, die für Hausaufgaben und Schulbesuch aufgewendet wird (Ressourcen, die jeder Schüler aufgegeben hat); diese Beobachtungen wurden in zwei Schulen an zwanzig Schülern der zehnten Klasse gemacht, und die betreffenden Ergebnisse werden in Tabelle 6.1 gezeigt.

Wenn man davon ausgeht, daß jedem Schüler zunächst die gleiche Zeitmenge zur Verfügung steht und daß die beiden Zeitkomponenten, nämlich Schulzeit und schulfreie Zeit, voneinander verschiedene Ressourcen sind, weil der Schulbesuch gesetzlich vorgeschrieben ist, läßt sich aufgrund der Daten in den ersten beiden Spalten von Tabelle 6.1 bestimmen, welchen Anteil der Schulzeit und welchen Anteil der schulfreien Zeit jeder Schüler aufgegeben hat. In dieser Analyse werden Zensuren als die eine Ressource betrachtet, die Schüler im Austausch erhalten, obwohl es in Wirklichkeit noch andere Ressourcen gibt (wie das Lob der Eltern oder die Aufmerksamkeit des Lehrers), die in einer komplexeren Analyse ebenfalls berücksichtigt würden.

Wenn es sich hier um einfache paarweise Tauschhandlungen handeln würde, in der es keinen Wettbewerb um Zensuren gäbe, wäre der Tauschkurs zwischen der Arbeitsmühe des Schülers (die sich in der Zeit für die Hausaufgaben und den Schulbesuch niederschlägt) und den Zensuren ein für jeden

176 Handlungsstrukturen

Tabelle 6.1 Ressourcen, die von zwanzig Schülern der zehnten Klasse (Zeit für die Hausaufgaben und Schulbesuch) und von einem Lehrer (Zensuren) bei Tauschhandlungen zwischen Schüler und Lehrer an zwei Schulen aufgegeben wurden

	Schule 1			Schule 2		
Schüler	Hausaufgaben	Abwesenheit	Zensuren	Hausaufgaben	Abwesenheit	Zensuren
1	8	2	7	5	0	6
2	5	4	7	1	20	2
3	8	4	7	8	10	4
4	5	25	4	5	4	4
5	5	4	4	13	0	8
6	8	0	6	8	4	6
7	8	0	5	1	0	3
8	13	0	5	1	10	5
9	8	2	6	3	25	4
10	5	4	7	8	0	5
11	3	4	5	0	4	5
12	8	4	4	8	0	6
13	1	0	7	5	0	5
14	8	2	5	1	10	4
15	8	0	8	5	4	4
16	5	2	7	8	2	7
17	13	0	5	8	4	6
18	5	4	6	1	4	7
19	5	4	5	1	10	5
20	5	4	6	13	0	7

Quelle: Die Daten stammen aus *High School and Beyond*, Untersuchung über Schüler der unteren und oberen Klassen einer Oberschule. (Die Analyse erfolgt in Kapitel 26.) Zensuren: 8=A, 7=A/B, 6=B, 5=B/C, 4=C, 3=C/D und 2=D. Hausaufgaben berechnen sich nach Wochenstunden und Abwesenheit berechnet sich nach der Anzahl von Tagen im Herbst 1979.

Schüler speziell ausgehandelter Kurs. In einem Tauschsystem, in dem ein Wettbewerb um Zensuren stattfindet, können Zensuren jedoch als gemeinschaftliche Ressource angesehen werden, wobei die Zensuren, die einem Schüler gegeben werden, die Zahl derjenigen reduziert, die für andere verfügbar sind. Mit anderen Worten kann ein Lehrer nicht nur Bestnoten verteilen, sondern die Gesamtzahl guter Noten ist beschränkt. In einem solchen System ist auch die Arbeitsmühe (oder möglicherweise die Leistung) von Schülern eine gemeinschaftliche Ressource, und es ist für einen Lehrer von Interesse, von welchem Schüler sie aufgeboten wird.

In einem solchen System bildet sich dann ein gemeinschaftlicher Tauschkurs zwischen der Arbeitsmühe von Schülern und Zensuren heraus. Dieser gemeinschaftliche Tauschkurs entspricht genau dem relativen Preis in einem

Wirtschaftssystem oder dem relativen Wert in der Theorie, die in diesem Kapitel vorgestellt wurde. Der gemeinschaftliche Tauschkurs kann zwischen dem Lehrer und der Schülerschaft ausgehandelt werden, oder er entsteht aus dem Wettbewerb im Markt. Ist letzteres der Fall, legt die strukturelle Asymmetrie mit einem Lehrer auf der einen Seite des Marktes und zwanzig Schülern auf der anderen Seite nahe, daß der Tauschkurs eher ein Monopolkurs zugunsten des Lehrers als ein Kurs eines Wettbewerbsmarktes ist. Dies ist jedoch ein Problem, das in diesem Analysestadium nicht gelöst werden muß.

138

1. STUFE: EINSCHÄTZUNG VON WERTEN Wie auch immer der einzelne Tauschkurs oder der relative Wert in jeder der beiden Schulen erreicht wird - die Annahme eines Wettbewerbsmarktes und somit ein für alle Schüler gemeinsamer Tauschkurs bedeutet, daß eine Analyse der Daten in Tabelle 6.1 diejenige Menge von Tauschkursen oder Werten erbringen kann, die den Daten am ehesten entsprechen. In diesem System gibt es zwei voneinander unabhängige Tauschkurse, die auf verschiedene Weisen beschrieben werden können (z.B. als der Tauschkurs zwischen der Arbeitsmühe von Schülern und Zensuren und dem relativen Wert von Hausaufgaben und Schulbesuch oder, alternativ dazu, als der Tauschkurs zwischen Hausaufgaben und Zensuren bzw. der Tauschkurs zwischen Schulbesuch und Zensuren). Ich werde sie als relative Werte behandeln, die gemeinsam die Summe 1,0 ergeben.

Die in Kapitel 25 abgeleiteten und in Kapitel 26 angewandten Methoden werden verwendet, um die passendsten Werte für Schule 1 und Schule 2, die in Tabelle 6.2 festgehalten sind, zu berechnen. (Es sind drei relative Werte aufgeführt, aber nur zwei unabhängige Werte bzw. Tauschkurse, weil die aufgeführten Werte auf die Summe 1,0 hin normiert worden sind. Man könnte auch eine alternative Normierung wählen, bei der z.B. der Wert der Zensuren auf 1,0 festgesetzt würde.)

Zu diesen Ergebnissen müssen einige Bemerkungen gemacht werden. Erstens sind sie, da entsprechende Daten fehlen, abhängig von Annahmen über

Tabelle 6.2 Werte für Hausaufgaben, Schulbesuch und Zensuren in zwei Oberschulen

	Schule 1	Schule 2
Hausaufgaben	0,37	0,42
Schulbesuch	0,27	0,24
Zensuren	0,35	0,33

den Gesamtumfang der Freizeit und den Gesamtumfang der Schulzeit, der jedem Schüler zur Verfügung steht, wie auch über den Gesamtumfang der Zensuren, die jeder Lehrer vergeben kann. Wenn ich von anderen Annahmen ausgegangen wäre oder Zugang zu entsprechenden Daten gehabt hätte, hätten die Berechnungen zu anderen Ergebnissen geführt.

Zweitens ergeben sich beim Vergleich der beiden Schulen Unterschiede in der Funktionsweise. In Schule 1 sind die Tauschkurse etwas günstiger für den Lehrer. Der Lehrer erhält für eine gegebene Zensur eine bessere Kombination aus gemachten Hausaufgaben und Schulbesuch als es in Schule 2 der Fall ist. Und in Schule 2 ist der Wert der Zeit, die bei Hausaufgaben verbracht wird, um vom Lehrer gute Zensuren zu erhalten, relativ zu dem Wert des regelmäßigen Schulbesuchs höher als in Schule 1.

Drittens sind die berechneten Werte aus Tabelle 6.2 charakteristisch für das System und nicht für Individuen. Im Hinblick auf ein Diagramm wie Abbildung 1.2 würde dies bedeuten, daß diese Werte die System- oder Makroebene charakterisieren und daß die Prozesse, die sich ableiten lassen, Prozesse des sozialen Systems (d.h. Tauschhandlungen zwischen Akteuren) und nicht Prozesse innerhalb des Individuums sind. Im Gegensatz dazu sind die Koeffizienten, die man aus einer linearen Regressionsanalyse erhält, welche sich (wie in diesem Falle) auf Daten der Individualebene stützt, Parameter eines Prozesses der Individualebene, die anteilsmäßig auf alle Individuen der Stichprobe verteilt werden. In einer Regressionsanalyse, die sich auf Daten der Individualebene stützt, stellt man sich die Menge der Individuen, über die Beobachtungen gemacht werden, als eine repräsentative Stichprobe einer Population unabhängiger Individuen vor. In der hier durchgeführten Analyse hat man sich die Menge der Individuen, über die Beobachtungen gemacht werden, als repräsentative Teilnehmer (oder, wie in dem angeführten Beispiel, als sämtliche Teilnehmer) an einem Wettbewerbsmarkt mit Tauschgeschäften vorzustellen. Auf diese Weise ist der Prozeß, für den die Parameter geschätzt werden (obwohl keine Beziehungen zwischen Individuen zu beobachten sind), ein sozialer und kein individueller Prozeß.

Viertens ist zu beobachten, daß einige Schüler, obwohl die geschätzten Werte auf der Annahme basieren, daß es einen gemeinschaftlichen Tauschkurs gibt, für einen bestimmten Umfang an Hausaufgaben und Schulbesuch höhere Zensuren erhalten als andere. Dies kann man auf ungenaue Messungen der getauschten Ressourcen zurückführen oder auf eine Marktschwäche, die zu unterschiedlichen Tauschkursen bei Tauschhandlungen verschiedener Schüler führt. In jedem Fall läßt das Ergebnis Schlußfolgerungen für die Macht innerhalb des Systems zu: Die für unterschiedliche Schüler variierenden Tauschkurse bedeuten, daß einige Schüler mit dem Tauschprozeß Macht gewinnen und andere Macht verlieren.

Soziale Austauschsysteme

2. STUFE: EINSCHÄTZUNG DER MACHT VON AKTEUREN IM SYSTEM In diesem Beispiel besitzen alle Schüler zunächst die gleichen Ressourcen (den gleichen Umfang an schulfreier Zeit und den gleichen Umfang an Schulzeit). Da die Macht von Akteuren dem Wert der Ressourcen, die sie kontrollieren, entspricht, haben alle Schüler innerhalb dieses Systems zunächst die gleiche Macht. Weil aber einige für ein und denselben Umfang an Hausaufgaben und Schulbesuch bessere Zensuren erhalten als andere, werden verschiedene Schüler nach dem Austausch auch eine verschieden große Macht haben. In diesem Beispiel wurde vorausgesetzt, daß der Gesamtumfang der Freizeit für jeden einzelnen Schüler 25 Stunden pro Woche betrug, der Gesamtumfang der Schulzeit 30 Tage, und es wurde angenommen, daß die Gesamtmenge an Zensuren, die dem Lehrer zur Verfügung standen, einem B für jeden Schüler entsprach. Die relative Macht jedes einzelnen Schülers, der auf diesen Annahmen basiert, ist Tabelle 6.3 zu entnehmen (wobei die Gesamtmacht aller Schüler und des Lehrers pro Schule 1,0 ergeben soll). Diese Macht entspricht der Summe des Wertes der schulfreien Zeit, die nicht bei Hausaufgaben verbracht wurde, des Wertes der Schulzeit, in der der Schüler fehlte, und des Wertes der erzielten Zensur. Für jede der beiden Schulen entspricht die Macht des Lehrers dem Wert der Zensuren oder, entsprechend, der Summe des Wertes der Zeit, die Schüler bei den Hausaufgaben verbringen, des Wertes des Schulbesuchs und des Wertes der Zensuren, die hätten verteilt werden können, aber nicht verteilt worden sind.

Ein Vergleich von Tabelle 6.3 mit Tabelle 6.1 erbringt einige Erkenntnisse über die mächtigsten und machtlosesten Schüler. Die Schüler mit der geringsten Macht in Schule 1 sind die Schüler 8 und 17, die beide viel Zeit bei den Hausaufgaben verbrachten, nie fehlten und doch nur B/C-Zensuren erzielten. Der Schüler mit der geringsten Macht in Schule 2 ist Schüler 10, der ein

Tabelle 6.3 Macht von Schülern und Lehrern an den beiden Oberschulen

Schüler	Schule 1	Schule 2	Schüler	Schule 1	Schule 2
1	0,034	0,034	11	0,033	0,037
2	0,037	0,034	12	0,026	0,031
3	0,035	0,030	13	0,038	0,031
4	0,038	0,030	14	0,028	0,036
5	0,028	0,032	15	0,036	0,030
6	0,030	0,033	16	0,036	0,035
7	0,027	0,029	17	0,024	0,033
8	0,024	0,038	18	0,034	0,041
9	0,031	0,040	19	0,031	0,038
10	0,037	0,028	20	0,034	0,030
Lehrer	0,354	0,322			

ähnliches Profil aufzuweisen hat. Die mächtigsten Schüler weisen unterschiedliche Profile auf. Schüler 13 aus Schule 1 erhielt hohe Zensuren und machte wenig Hausaufgaben, fehlte aber nie, und Schüler 4, dessen Macht genauso groß war, fehlte häufig und erhielt schlechte Zensuren. Schüler 18 aus Schule 2, der dort die meiste Macht besaß, erhielt hohe Zensuren mit wenig Hausaufgaben und fehlte einige Male. Der Schüler mit der nächsthohen Macht, Schüler 9, weist ein Profil wie Schüler 4 aus Schule 1 auf.

In diesem Beispiel repräsentiert die unterschiedlich starke Macht der Schüler die für die verschiedenen Schüler unterschiedlichen Tauschkurse. (Im allgemeinen gehen natürlich verschiedene Akteuren mit unterschiedlichen Ressourcen in ein System ein, so daß der Tauschkurs für jeden einzelnen Akteur anhand seiner Macht im Gleichgewichtszustand relativ zu seiner ursprünglichen Macht bemessen wird.) Daß bestimmte Schüler extrem viel oder extrem wenig Macht haben, muß mit individuellen Merkmalen oder Beziehungen zum Lehrer erklärt werden.

3. STUFE: EINSCHÄTZUNG DER INTERESSEN VERSCHIEDENER AKTEURE

In bezug auf die Einschätzung der Werte von Ressourcen und der Macht von Akteuren wurden keinerlei Annahmen über die Art und Weise gemacht, wie im System der gemeinschaftliche Tauschkurs erreicht wurde, wie z.b. durch Verhandlungen, durch monopolistische Konkurrenz, durch vollständige Konkurrenz (d.h. Lehrer treten in Wettbewerb um Bemühungen der Schüler, so wie Schüler um Zensuren konkurrieren) oder durch einen anderen Prozeß. Darüber hinaus wurde keinerlei Annahme über die Form der Nutzenfunktionen von Akteuren gemacht. Aber die Annahmen, daß erstens ein Markt mit vollständiger Konkurrenz existiert, daß zweitens die Nutzenfunktionen eine bestimmte Form annehmen (nämlich die der Cobb-Douglas-Nutzenfunktion, welche besagt, daß ein Akteur, unabhängig vom Umfang seiner Ressourcen und dem Preis des Gutes, stets denselben Anteil seiner Ressourcen auf ein Gut verwendet) und daß drittens Handlungen nicht von normativen Beschränkungen betroffen sind, erlauben eine Einschätzung der Interessen von Akteuren, die auf deren Macht, dem Wert von Ressourcen und dem Umfang jeder Ressource, die jeder einzelne Akteur im Gleichgewichtszustand besitzt, basiert. Diese Annahmen werden in Kapitel 25 und 26 gründlich analysiert; die Einschätzung von Interessen wird so vorgenommen, wie in Kapitel 26 beschrieben wird.

Es ist möglich, in einem heuristischen Sinne zu beschreiben, inwiefern die Interessen eines Akteurs mit den Werten von Ressourcen und der Macht des Akteurs innerhalb des Systems verknüpft sind. Abbildung 6.6 zeigt, daß sich das Interesse eines Akteurs an einer Ressource von dem Wert der Ressource, der Macht des Akteurs und dem Umfang der Ressource, die der Akteur im Gleichgewichtszustand besitzt, herleiten läßt. Ausgehend von einer Cobb-Douglas-Nutzenfunktion und einem Markt mit vollständiger Konkurrenz entspricht das Produkt aus den Interessen des Akteurs an der Ressource und seiner Macht dem Produkt aus dem Umfang der Ressource, die er im Gleichgewichtszustand besitzt, und deren Wert. Das heißt, daß eine Nutzenmaximierung, die Budgetbeschränkungen unterliegt, bedeutet, daß ein Akteur eine Ressource erwirbt, bis der Wert der Ressource demjenigen Anteil seiner Gesamtressourcen (seiner Macht) entspricht, der wiederum seinem Interesse an der Ressource entspricht. Von diesem Ausgangspunkt aus lassen sich Interessen schätzen. Was nun die hier durchgeführte Analyse betrifft, sind die Interessen von Schülern und Lehrern der beiden Schulen an den einzelnen Ressourcen in Tabelle 6.4 aufgeführt. (Die Interessen sind normiert worden, so daß sie die Summe 1,0 ergeben, da sich lediglich *relative* Interessen an den verschiedenen Ressourcen schätzen lassen.)

Im Gegensatz zu Werten und Macht sind Interessen Eigenschaften individueller Akteure bzw. Merkmale der Mikroebene. Sie sind begrifflich unabhängig von dem betreffenden System. Daher dürfen sie mit Merkmalen des Indi-

Tabelle 6.4 Geschätzte Interessen von Schülern und Lehrern der beiden Oberschulen an Freizeit, Schulzeit und Zensuren

	Schule 1			Schule 2		
Schüler	Freizeit	Schulzeit	Zensuren	Freizeit	Schulzeit	Zensuren
1	0,37	0,03	0,61	0,50	0,00	0,50
2	0,40	0,05	0,55	0,60	0,24	0,16
3	0,36	0,05	0,59	0,49	0,14	0,38
4	0,39	0,30	0,31	0,57	0,05	0,37
5	0,52	0,06	0,42	0,31	0,00	0,69
6	0,42	0,00	0,58	0,44	0,05	0,51
7	0,46	0,00	0,54	0,71	0,00	0,29
8	0,38	0,00	0,62	0,53	0,11	0,36
9	0,40	0,03	0,57	0,47	0,25	0,28
10	0,40	0,05	0,55	0,51	0,00	0,49
11	0,49	0,06	0,45	0,58	0,04	0,38
12	0,48	0,07	0,45	0,46	0,00	0,54
13	0,46	0,00	0,54	0,55	0,00	0,45
14	0,45	0,03	0,52	0,57	0,11	0,31
15	0,35	0,00	0,65	0,57	0,05	0,37
16	0,41	0,03	0,57	0,42	0,02	0,56
17	0,38	0,00	0,62	0,44	0,05	0,51
18	0,43	0,05	0,52	0,49	0,04	0,47
19	0,47	0,06	0,47	0,53	0,11	0,36
20	0,43	0,05	0,52	0,34	0,00	0,66
Lehrer	0,28	0,69	0,03	0,26	0,60	0,14

142 viduums verknüpft und durch sie erklärt werden. Tabelle 6.4 zeigt, daß die Verteilung des Schülerinteresses an Zensuren in Schule 2 etwas breiter gestreut ist als in Schule 1. Zehn Schüler an Schule 2 weisen ein Interesse unter 0,4 auf, dagegen nur ein Schüler an Schule 1. Und zwei Schüler an Schule 2 zeigen ein stärkeres Interesse an Zensuren als irgendein Schüler an Schule 1.

ERWEITERUNGEN DER ANALYSE Obwohl dies bei dem genannten Beispiel nicht erfolgen wird, sollte aufgezeigt werden, inwiefern die Analyse über die einfache hier untersuchte Situation hinaus ausgeweitet werden kann. Es wäre möglich, vorherzusagen, inwieweit sich ein verändertes Lehrerinteresse an Zensuren (das sich darin äußert, ob ein Lehrer "härter" oder "großzügiger" zensiert) auf die Art und Weise auswirkt, wie Schüler ihre Freizeit aufteilen. Es wäre ebenfalls möglich, vorherzusagen, welche Auswirkungen es auf die Zensuren, Hausaufgaben und den Schulbesuch anderer Schüler hätte (vorausgesetzt, daß ihre Interessen dieselben blieben), wenn bestimmte Schüler (z.B. die drei mit den besten Zensuren) die Schule verließen. Wenn das System dahingehend erweitert würde, daß andere Gestaltungsmöglichkeiten der schulfreien Zeit außer Hausaufgaben (Arbeit, Sport, Fernsehen) mit einbezogen würden, dann könnte das relative Interesse an bestimmten Aktivitäten eingeschätzt werden, und es ließe sich vorhersagen, welche Auswirkungen die Bereitstellung oder Einschränkung bestimmter Aktivitäten hätte. Zu solchen Aktivitäten gehören Transaktionen, in denen man Zeit opfert und dafür andere Dinge von Interesse erhält. Entsprechende Daten würden die Eingliederung dieser Transaktionen in das analysierte System erlauben. Unter diesen Umständen würde die Analyse sehr viel gehaltvoller werden, da sie aufzeigen würde, inwiefern das System der Aktivitäten, in das Schüler verwickelt sind, deren Allokation von Ressourcen auf schulische Leistung beeinflußt. Sie würde Bemühungen um Hausaufgaben in bezug auf Merkmale des Systems und in bezug auf die Beziehung zwischen den Aktivitäten des Systems und den Interessen des Indiviuums erklären, statt nur in bezug auf Merkmale von Individuen. Einige der Aktivitäten, die um die Zeit eines Schülers konkurrieren, sind soziale Aktivitäten mit anderen Schülern. Somit würde eine mögliche Erweiterung der Analyse erlauben zu untersuchen, inwiefern das soziale und schulische System einer Oberschule miteinander verknüpft sind und sich gegenseitig beeinflussen.

Tauschhandlungen in Arbeitsmärkten

Ein Bereich, in dem sich die Anwendung einer Theorie des sozialen Austauschs innerhalb eines Wettbewerbsmarktes anbietet, sind Arbeitsmärkte.

Abhandlungen über Arbeitsmärkte behandeln im allgemeinen die Ressourcen, die ein Arbeiter in den Arbeitsmarkt einbringt, und die verschiedenartigen Anreize, die eine bestimmte Tätigkeit für Arbeiter in sich birgt. Man stellt sich in diesen Abhandlungen vor, daß sowohl Arbeiter als auch Tätigkeiten Ressourcen in den Markt einbringen und daß zwischen einem Arbeiter und einer Tätigkeit, die gleichwertige Ressourcen in den Markt eingebracht haben, eine Verbindung hergestellt wird. Natürlich laufen in tatsächlichen Arbeitsmärkten kompliziertere Prozesse ab, denen Faktoren zugrunde liegen wie Tarifverhandlungen, den zwei aufeinanderfolgenden Schritten, die aus Berufswahl und darauffolgender Arbeitsplatzwahl innerhalb des Berufes bestehen, segmentierten Märkten, lokalen Märkten und verschiedenen anderen institutionellen Modifikationen eines Marktes mit vollständiger Konkurrenz. Es trifft ebenso zu, daß auf dem Wettbewerbsmarkt spezielle Beschränkungen existieren, weil auf dem Arbeitsmarkt Verbindungen zwischen einer Person, die ein Bündel von Ressourcen verkörpert, und einer Tätigkeit, die ein anderes Bündel von Ressourcen verkörpert, entstehen. Trotz dieser institutionellen und strukturellen Modifikationen kann sich eine Analyse von Arbeitsmärkten auf die Annahme eines Marktes mit vollständiger Konkurrenz stützen. Wie sich herausstellen wird, trägt diese Analyse jedoch andere Züge als diejenige, die normalerweise von Soziologen oder Ökonomen zur Untersuchung von Arbeitsmärkten verwendet wird.

Bei dieser Methode der Untersuchung von Arbeitsmärkten nimmt man eine repräsentative Stichprobe von Arbeitern mit Arbeitsplätzen in einer bestimmten Wirtschaft und betrachtet dies als einen einzelnen Arbeitsmarkt, der sich im Gleichgewichtszustand befindet. Dabei behandelt man das Sy-

Tabelle 6.5 Personenspezifische und tätigkeitsspezifische Ressourcen von fünf Arbeitern

	Personenspezifische Ressourcen		Tätigkeitsspezifische Ressourcen	
Arbeiter	Ausbildung	Alter	Prestige	Einkünfte
1	16	32	76	$60 000
2	16	30	52	11 275
3	20	32	51	27 500
4	13	29	45	21 174
5	18	29	62	27 500

Quelle: Die Daten stammen von den ersten fünf Befragten aus dem *General Social Survey* von 1986 (Davis und Smith 1986).

184 *Handlungsstrukturen*

stem so, als bestünde "Marktauslastung", auch wenn einige Arbeitsplätze unbesetzt und einige Arbeiter unbeschäftigt bleiben. (Es wäre eine Modifikation denkbar, bei der Arbeitslosigkeit als eine separate Beschäftigungskategorie behandelt wird, wobei jeder beschäftigungslosen Person eine Menge von Ressourcen, die von ihrer Arbeitslosigkeit herrühren, zugeschrieben wird; zu diesen gehörten dann finanzielle Einkünfte aus Arbeitslosenunterstützung oder Wohlfahrtszahlungen, medizinische Versorgung, Lebensmittelmarken, mit Arbeitslosigkeit verbundenes berufliches Prestige usw.). Eine solche Stichprobe liefert dann Informationen über bestimmte Ressourcen, die jeder Arbeiter in seine Tätigkeit einbringt (wie Ausbildung, Erfahrung und Fertigkeiten) sowie über bestimmte Ressourcen, die jeder Arbeiter aus seiner Tätigkeit erhält. Tabelle 6.5 vermerkt verschiedene personenspezifische und tätigkeitsspezifische Ressourcen von fünf Arbeitern auf, die dem *General Social Survey* (Davis und Smith 1986) entnommen sind.

Bei der Anwendung der Theorie kann man von der Annahme ausgehen, daß der Wert, den der Arbeiter in den Markt einbringt (der aus den persönlichen Ressourcen dieses Arbeiters besteht) dem Wert entspricht, den der Arbeiter im Markt erhält (und der aus den Ressourcen besteht, die die Tätigkeit dieses Arbeiters erbringt). Aufgrund dieser Annahme läßt sich der relative Wert jeder einzelnen Ressource des Marktes einschätzen. Anders als in dem

Tabelle 6.6 Wert innerhalb des Arbeitsmarktes von Ausbildungs- und Erfahrungsressourcen und empfangener Wert in Form von Verdienst und Prestige für die fünf Arbeiter aus Tabelle 6.5

	Wert von personenspezifischen Ressourcen				Wert von tätigkeitsspezifischen Ressourcen		
	Ausbildung	Erfahrung	Konstante	Total	Einkünfte	Prestige	Total
Durchschnittsperson oder -tätigkeit	0,232	0,051	0,434	0,717	0,663	0,054	0,717
Arbeiter 1	0,276	0,037	0,434	0,747	0,736	0,101	0,837
2	0,276	0,032	0,434	0,742	0,624	0,069	0,693
3	0,346	0,037	0,434	0,817	0,683	0,068	0,751
4	0,225	0,035	0,434	0,694	0,666	0,064	0,730
5	0,311	0,035	0,434	0,780	0,683	0,082	0,768

Anmerkung: Der Verdienstwert ist berechnet als v_e [ln (Verdienst) / ln (Durchschnittsverdienst)]. Der Wert jeder einzelnen der anderen Ressourcen ist berechnet als v_j [(Menge der Ressource j)/(Menge der Ressource j für durchschnittliche Tätigkeit oder Arbeiter)].

Schulbeispiel wird hier davon ausgegangen, daß die Ressourcen auf jeder Seite in der Transaktion vollständig aufgegeben werden.[8]

Tabelle 6.6 basiert (wie die Daten für die fünf Arbeiter in Tabelle 6.5) auf den Daten des *General Social Survey* für 923 Arbeiter. Sie zeigt den Wert der einzelnen personenspezifischen und tätigkeitsspezifischen Ressourcen für den Durchschnittsarbeiter und die Durchschnittstätigkeit innerhalb der Arbeitsmarktanalyse an und listet die entsprechenden Werte für die fünf Arbeiter sowie den Gesamtwert der beiden Ressourcentypen für jeden einzelnen Arbeiter auf.

Tabelle 6.6 vermittelt eine Vorstellung von der Art der Ergebnisse, die dieser theoretische Ansatz für die Untersuchung von Arbeitsmärkten erbringt. Ich werde das Beispiel hier nicht weiter ausdehnen. Die Analyse wird, wie beschrieben, in Kapitel 26 ausgeführt.

---

[8] Eine alternative, vielleicht auch realistischere Annahme ist die, daß auf jeder Seite eine Ware aufgegeben wird (Zeit auf seiten des Arbeiters und eine Tätigkeit auf seiten des Arbeitgebers), und daß der Wert der Zeit des Arbeiters eine Funktion der verschiedenen persönlichen Ressourcen ist, die er in die Tätigkeit einbringt, und der Wert der Tätigkeit eine Funktion der Ressourcen der Tätigkeit darstellt. Diese Alternative kann mit dem gleichen formalen Modell beschrieben werden und wird in Kapitel 26 diskutiert.

Kapitel 7

Von Herrschaftsbeziehungen zu Herrschaftssystemen

In Kapitel 4 wurde die Übertragung von Herrschaft durch einen Akteur auf einen anderen untersucht. Indem er einem anderen Kontrollrechte über eine bestimmte Klasse von Handlungen übergibt, macht der Akteur sich selbst zum Untergebenen des anderen und erhält von diesem dafür entweder eine extrinsische Kompensation oder erwartet, daß ihm die Herrschaftsbeziehung intrinsische Gewinne erbringt. Die Schaffung dieser asymmetrischen Beziehung bedeutet einen Schritt von der Mikro- zur Makroebene; dabei wird anstelle von zwei getrennten und unabhängigen Handlungseinheiten eine einzige Handlungseinheit erzeugt, die aus zwei Individuen besteht.[1] So klein dieser Schritt auch sein kann, lohnt es sich doch zu fragen, inwiefern die sich daraus ergebende Struktur als ein Verhaltenssystem funktioniert, das sich von den Handlungen der individuellen Akteure unterscheidet, bzw. welches seine spezifischen Eigenschaften sind. Bei der Beantwortung dieser Frage werde ich auf Systeme mit disjunkten und nicht so sehr auf Systeme mit konjunkten Herrschaftsbeziehungen eingehen und mich auf Fälle beschränken, in denen die Herrschaft von dem Vorgesetzten ausgeübt wird, dem sie übertragen wurde. Dabei ist es von Nutzen, auf das *law of agency*, das Problem von Prinzipal und Agent in der Volkswirtschaft und auf Arbeiten zu Anreizsystemen in der Soziologie einzugehen.

Als erster wichtiger Punkt ist festzuhalten, daß die Struktur, die aus der Übertragung der Herrschaft resultiert, eine wesentliche Eigenschaft besitzt: Die Handlungen des Untergebenen scheinen das Prinzip der rationalen Handlung insofern zu durchbrechen, als sie nicht so sehr auf eine maximale Realisierung seiner eigenen Interessen, sondern vielmehr der Interessen des Vorgesetzten ausgerichtet sind. Dies liegt natürlich daran, daß der Vorgesetzte, der Kontrollrechte über Handlungen des Untergebenen besitzt, versucht, diese Rechte auf eine Weise auszuüben, die die Realisierung seiner eigenen Interessen maximiert. Dieser Grund sollte aber nicht den unnatürlichen Charakter der Beziehung verschleiern, der darin besteht, daß ein Akteur mit seinen Handlungen nicht die Maximierung eigener, sondern fremder Interessen verfolgt. Es überrascht nicht, daß eine solche Beziehung besondere Schwächen aufweist und besondere Probleme aufwirft.

---

1 Wie in Kapitel 4 bereits angedeutet wurde, werden manchmal durch symmetrische Verpflichtungen von seiten zweier Akteure, von denen jeder dem anderen Herrschaft über gewisse eigene Handlungen überträgt, duale Herrschaftsbeziehungen geschaffen. Diese stellt man sich aber am besten als zwei asymmetrische Beziehungen vor, die unter bestimmten Umständen ausgeglichen werden.

Um Schwächen und Probleme in verschiedenen Formen sozialer Organisation aufzudecken, ist es besonders nützlich, sich bestimmte Gesetze anzusehen. Das Zivilrecht befaßt sich mit Fällen, in denen es normalerweise um Probleme in bezug auf Handlungsrechte und die Haftung für bestimmte Handlungen geht. Somit werden mit der Untersuchung solcher Fälle zwei Dinge ans Licht gebracht: Erstens, wo sich innerhalb sozialer Organisationen Probleme ergeben, und zweitens, nach welchen Grundsätzen in einem bestimmten sozialen System Handlungsrechte und die Haftung für Handlungen allokiert werden.

146

Das *law of agency*

Eine generelle Klasse von Aktivitäten in der Gesellschaft hängt mit der disjunkten Herrschaftsbeziehung, wie ich sie beschrieben habe, zusammen. Ein Akteur, der ein bestimmtes Ziel verfolgt, aber dem einige der dafür benötigten Fertigkeiten oder Fähigkeiten fehlen, findet einen anderen Akteur mit diesen Fertigkeiten oder Fähigkeiten und erhält gegen irgendein Entgelt die Dienstleistungen des letzteren. Der erste Akteur kann den zweiten für einen gewissen Zeitraum einstellen oder ihn nur für einen bestimmten Dienst unter Vertrag nehmen. Es gibt eine Vielzahl von Möglichkeiten für die Gestaltung dieses Beziehungstyps. Alle diese Gestaltungsmöglichkeiten weisen die generelle Eigenschaft auf, daß ein Akteur (die zweite der beiden genannten Parteien) Handlungen ausführt (die oft auf eine dritte Partei hin ausgerichtet sind), mit denen die Interessen der ersten Partei wahrgenommen werden sollen.

Diese Klasse sozialer Transaktionen ist eine fundamentale, da sie ein Mittel bereitstellt, mit dessen Hilfe Interessen weit über die Möglichkeiten der ursprünglich interessierten Partei hinaus verfolgt werden können. Sie ist nicht das einzige zur Verfügung stehende Mittel, aber dieses gelangt oft zur Anwendung, wenn ein Akteur, der bestimmte Interessen verfolgen will, eine ausreichende Menge an Ressourcen besitzt, aber nicht die geeigneten, um die Interessen zu realisieren (z.B. hat er vielleicht Geld, aber nicht die benötigten Fertigkeiten). Er hat dann möglicherweise den Wunsch, diese Ressourcen für eine Art Selbsterweiterung einzusetzen.

Diese Klasse von Transaktionen wird in einem breiten Rechtsspektrum behandelt, das man als *law of agency* bezeichnet. Die Menge von Präzedenzfällen im *common law*, die in das *law of agency* Eingang gefunden haben, erlaubt die Entwicklung eines kohärenten begrifflichen Rahmens. Auch wenn das Recht in vielen Bereichen widerstreitende Präzedenzfälle enthält, läßt sich aus ihm eine intern konsistente Menge von Grundsätzen zu sozialen Beziehungen ableiten. Obwohl diese Grundsätze nirgendwo als eine Sozialtheorie zusammengefaßt worden sind, folgt die Theorie (vielleicht mit einigen Mehrdeutigkeiten) implizit aus ihnen, da sie anhand der Lösung bestimmter Fälle erzeugt worden sind. Warum sollte man das englische oder amerikanische *common law* heranziehen, um davon ausgehend Elemente sozialer Strukturen zu identifizieren, aus denen sich möglicherweise eine Theorie konstruieren läßt? Warum sollte man sich nicht auf französisches Recht oder den Code Napoléon stützen, auf dem es basiert? Warum nicht auf mohammedanisches Recht oder das Recht, das sich im östlichen Europa und der Sowjetunion entwickelt hat? Die Antwort lautet erstens, daß englisches und amerikanisches *common law*, das nach und nach aus Präzedenzfällen entsteht, stärker für sich beanspruchen kann, die tatsächliche Struktur von sozialen Beziehungen in einer Gesellschaft zu reflektieren als ein formaler Code, auf dem europäische Rechtssysteme aufbauen (siehe Pollock und Maitland 1968 [1898]), Vol. 1, S. 558-573; Hogue 1985 [1966], S. 185ff.). Zweitens ist aber vielleicht gar nicht so wichtig, welches Rechtssystem man verwendet. Man kann sich des Rechts bedienen, um zentrale Elemente einer sozialen Struktur anhand der Probleme, die vor Gericht getragen werden, herauszufinden. Man sollte natürlich nicht davon ausgehen, daß das Recht eines bestimmten Landes alle diese Probleme auf optimale Weise löst. Die Rechtssysteme verschiedener Länder werden die gleichen Probleme auf verschiedene Weise angehen, aber die Probleme, die sich ergeben, und die Elemente der sozialen Struktur, auf die sie hinweisen, weisen von einem Rechtssystem zum anderen sehr viel weniger Unterschiede auf.

Ein Beispiel soll den letzten Punkt verdeutlichen. Bevor sich das rechtliche Prinzip der beschränkten Haftung im englischen *common law* entwickelte, trugen Miteigner eines Unternehmens die Verantwortung für alle seine Verbindlichkeiten. Ihr persönliches Vermögen war vor Ansprüchen von Gläubigern nicht geschützt. Innerhalb dieses früheren Rechtssystems wurden bestimmte Fälle natürlich anders entschieden, als sie seit der Einführung der beschränkten Haftung entschieden werden. Aber die Untersuchung von Fällen in beiden Systemen zeigt, daß das zentrale Problem in der Haftung als solcher liegt, nämlich ob man das gemeinschaftliche Unternehmen als ein separates Gebilde vorstellt, das eine "selbständige" Haftung übernehmen kann, wobei die Haftung der Miteigner oder, bei einem Gemeinschaftsunternehmen, der Personen, die direkt beteiligt (und somit direkt haftbar) sind, eingeschränkt wird. Sowohl die früheren Entscheidungen, die nicht von beschränkter Haftung ausgingen, als auch die späteren, die dies taten, waren nur im Hinblick auf spezifische Ziele optimale Entscheidungen. Die späteren rechtlichen Entscheidungen führten zu einer anderen sozialen Struktur, als die früheren im Falle ihrer Fortdauer erzeugt hätten, denn dann wäre weder die öffentlich-rechtliche Körperschaft noch die große Mitgliedsvereinigung, die beide einen Großteil der Struktur moderner Gesellschaft ausmachen, denkbar gewesen. Auf diese Weise führen unterschiedliche rechtliche Entscheidungen zu verschiedenerlei sozialen Strukturen, die verschiedene Arten von Aktivitäten erleichtern. Unabhängig von der Art, wie solche Entscheidungen getroffen werden, zeigen aber die rechtlichen Probleme zentrale Elemente der sozialen Struktur auf.

Das *law of agency* im englischen und amerikanischen Recht ist aus Fällen entstanden, in denen eine Person (der Prinzipal) eine andere (den Agenten) einstellte, um ihn irgendwelche Handlungen für sich ausführen zu lassen. Häufig gehörten zu diesen Handlungen Verträge oder Verhandlungen mit einer weiteren Person (der Drittpartei), die von dem Prinzipal etwas kaufte oder ihm etwas verkaufte. So entstand das *law of agency*, um die Rechte und Verantwortlichkeiten dreier Personen zu regeln - die des Prinzipals, des Agenten und der Drittpartei.

Das minimale Herrschaftssystem besteht natürlich nur aus zwei Akteuren, nämlich dem Vorgesetzten und dem Untergebenen (oder dem Prinzipal und dem Agenten; diese Begriffe entsprechen der rechtlichen Terminologie, und diese werde ich auch im restlichen Teil dieses Kapitels verwenden). Die Notwendigkeit, in das System eine dritte Partei einzuführen, liegt darin begründet, daß in den Bereich der Ereignisse und Ressourcen, über den Herrschaft übertragen wird, oft auch Ereignisse oder Ressourcen gehören, die eine dritte Partei betreffen. (Dies traf vor allem in der frühen Geschichte des *law of agency* zu, als die Funktion des Agenten häufig darin bestand, für den Prinzipal mit einer Drittpartei einen Vertrag abzuschließen.)

Mit der Zeit deckte das *law of agency* eine immer größere Vielzahl von Fällen ab als die, in denen es zuerst zur Anwendung gelangt war. Es deckte schließlich auch die Beziehung zwischen Arbeitgeber und Arbeitnehmer ab, obwohl diese Beziehung neuerdings zum großen Teil durch statuarisches Recht abgedeckt wird.[2] Ebenso deckt es die Beziehung zwischen einem Prinzipal und den Personen ab, die, einmalig oder fortlaufend, für ein Honorar, eine Provision oder eine Hinterlegung professionelle oder andere Dienstleistungen vollbringen. Das *law of agency* tritt in Kraft, wenn der Prinzipal, der Agent und die Drittpartei alle oder zum Teil nicht natürliche Personen, sondern Körperschaften sind. Beispielsweise können sowohl der Prinzipal als auch der Agent geschäftliche Unternehmen sein. Das *law of agency* entwickelt sich zu einem Teil eines größeren Rechtsbereichs, durch den Organisationen und Verbände allgemein abgedeckt werden. So behandelt ein Hauptteil

---

2 Statuarisches Recht, das aus gesetzgebenden Statuten besteht, ist für die Entwicklung einer Sozialtheorie sehr viel weniger geeignet als das *common law*. Letzteres entwickelt sich Schritt für Schritt und damit kontinuierlich eine innere Schlüssigkeit, indem es in der Rechtsprechung auf verschiedene Fälle angewandt wird. Statuten durchlaufen eine solche Entwicklung in großen Sprüngen.

des Buches *Enterprise Organization* (Conard und Siegel 1972), das an einigen Rechtsakademien benutzt wird und sich mit Gesetzen zu Organisationen und Verbänden aller Art auseinandersetzt, das *law of agency*.

Knechte und selbständige Unternehmer

Das englische und amerikanische *common law* unterscheidet zwischen zwei Formen der Agentschaft, die im juristischen Jargon als Form des Knechtes (servant) und Form des selbständigen Unternehmers (independent contractor) bezeichnet werden. Diese beiden Formen haben sich herausgebildet, um die unterschiedlichen Rechte und Pflichten von Prinzipal und Agent unter verschiedenen Bedingungen definieren zu können. Dies ist offenbar notwendig, denn eine Agentschaftsbeziehung kann in einer Vielzahl verschiedenartiger Ausprägungen vorkommen; diese reichen von Beziehungen, in denen der Prinzipal die Handlungen des Agenten bis ins kleinste bestimmt, bis zu Beziehungen, in denen der Agent völlig frei von Kontrolle durch den Prinzipal agieren kann. Um die Frage beantworten zu können, wer für Handlungen eines Agenten gesetzlich haftet, hat das Gesetz diese ineinander übergehenden Überwachungsgrade in zwei Kategorien aufgeteilt: Wenn der Prinzipal "das Verhalten des Agenten überwacht" oder das "Kontrollrecht" über den Agenten besitzt, wird dieser als Knecht bezeichnet. Andernfalls wird der Agent unabhängiger Unternehmer genannt (Mecham 1952 [1933]). Die Bezeichnung "Knecht" stammt aus dem alten "Herr-Knecht"-Gesetz (der früheren Bezeichnung für Arbeitgeber und Arbeitnehmer) und drückt trotz des Anachronismus das wesentliche Merkmal dieser Rolle aus, denn das Verhalten des "Knechtes" unterliegt der Kontrolle durch den Prinzipal. Conard und Siegel (1972) setzen sich mit diesem Kriterium auseinander.

Aus dem Begriff des selbständigen Unternehmers haben sich eine Anzahl von Problemen ergeben. Als erstes stellte sich das Problem, das eigentliche Kriterium zu bestimmen, nach dem unabhängige Facharbeiter von abhängigen unterschieden werden können, oder wie (im Juristenjargon) "selbständige Unternehmer" von "Knechten" zu unterscheiden sind. Die ersten Fälle gaben Anlaß zu einer Reihe von Tests, zu denen die für die Tätigkeit erforderliche Sachkenntnis ebenso zählte wie die Identifizierung eines Arbeiters mit einem spezifischen Handwerk, die wiederholte oder gelegentliche Bereitstellung der Dienstleistung und die ausgeübte Kontrolle. Im Laufe der Zeit wurden alle diese sichtbaren, realen Elemente einem Begriff untergeordnet, den man "Kontrollrecht" nannte. Dieses "Recht", das von der tatsächlichen Ausübung von Kontrolle unterschieden werden muß, ist eine rechtliche Folgerung, die nicht direkt nachgewiesen oder widerlegt werden kann, sondern vom Richter gezogen werden muß. (S. 127-128)

Die Differenzierung zwischen unabhängigem Unternehmer und Knecht wird nicht einfach nur aus Gründen der Begriffsgenauigkeit getroffen (wie es oft in der akademischen Sozialwissenschaft der Fall ist). Sie ist erforderlich, weil beide Fälle verschieden gelöst werden. Ist der Agent ein Knecht, der der direkten Kontrolle oder Überwachung durch den Prinzipal untersteht, haftet der Prinzipal für Handlungen des Agenten. Ist der Agent ein unabhängiger Unternehmer, ist der Prinzipal nicht haftbar. Es gibt noch weitere Spezifizierungen, aber der wesentliche funktionale Unterschied liegt einfach in der Haftung. Für unsere Zwecke ist wichtig, daß die Tatsache, ob der Prinzipal das Kontrollrecht über Handlungen des Agenten besitzt, eine Unterscheidung zwischen denjenigen Agentschaftsfällen ermöglicht, in denen eine Herrschaftsbeziehung existiert, und denjenigen, in denen es keine gibt. Dieses Kapitel behandelt nur die Formen von Agentschaft, in denen ein Knecht vorkommt.

Die Beziehungen zwischen Prinzipal, Agent und Drittpartei

Das Recht setzt sich mit einem der zentralen Begriffe der Agentschaft, nämlich dem Kontrollrecht, auseinander, indem es die Unterscheidung zwischen unabhängigem Unternehmer und Knecht trifft, aber weitere Begriffsklärungen müssen erfolgen, indem man die verschiedenen ergangenen Urteile in Präzedenzfällen und die zugrundeliegenden Grundsätze untersucht. Die Fälle, in denen diese Grundsätze verankert sind, lassen sich in fünf Gruppen aufteilen. Diese befassen sich mit der Beziehung zwischen Prinzipal und Agent, der Beziehung zwischen Prinzipal und Drittpartei, der Beziehung zwischen Drittpartei und Agent, den Beziehungen zwischen Prinzipal, einem Agenten und einem zweiten Agenten und den Beziehungen zwischen Prinzipal, Agent und Unteragent. Da die beiden letzteren über das minimale Herrschaftssystem mit einer Beziehung zwischen Vorgesetztem und Untergebenem hinausgehen, sind sie für die gegenwärtige Untersuchung nicht von Bedeutung. Hierfür sind lediglich die ersten drei Gruppen von Agentschaftsbeziehungen von Nutzen, die zwischen Prinzipal, Agent und Drittpartei auftreten.[3]

---

[3] Hierbei habe ich hauptsächlich auf drei Quellen zurückgegriffen. Diese sind *Restatement of the law second agency 2nd* (American Law Institute 1958), der Abschnitt über Agentschaft in *Enterprise Organization* (Conard und Siegel 1972) und *Casebook on Agency* (Ivamy 1971).

192 Handlungsstrukturen

Der erste Grundsatz, den die Untersuchung von Präzedenzfällen offenlegt, betrifft die Handlungen des Agenten in dem Ereignisbereich, der von der Agentschaftsbeziehung abgedeckt wird. Diese Handlungen dürfen nicht von den Interessen des Agenten bestimmt werden, sondern müssen allein den Interessen des Prinzipals dienlich sein. Die nachfolgenden Präzedenzfälle verdeutlichen dies.

1. Ein Agent darf keinen Gebrauch von vertraulichen Informationen machen, die er im Verlauf seiner Arbeit als Agent erhalten hat. "Der Besitzer eines Handelsadreßbuches stellte zwei Handlungsreisende ein, die Kaufleute werben sollten, um Anzeigen für das Verzeichnis zu erhalten. Am Ende ihrer Beschäftigungszeit planten sie, die Informationen und Materialien, die sie während ihrer Tätigkeit als Agent erworben hatten, einer konkurrierenden Veröffentlichung zur Verfügung zu stellen. Der Besitzer beantragte eine einstweilige Verfügung, um sie davon abzuhalten" (Ivamy 1971, S. 17). Das Gericht stimmte der einstweiligen Verfügung zu.[4]

2. Ein Agent darf sich nicht in eine Position bringen, in der seine Interessen seinen Pflichten zuwiderlaufen. "Ein Aktienmakler wurde von einem Kunden beauftragt, 600 Aktien des Unternehmens *Champion Gold Reefs of West Africa, Ltd.* zu kaufen. Der Aktienmakler kaufte die Aktien nicht auf dem offenen Markt, sondern verkaufte [dem Kunden] 600 Aktien, die in seinem Besitz waren" (Ivamy 1971, S. 10). Das Gericht entschied, daß der Aktienverkauf annulliert würde, weil der Makler es zugelassen hatte, daß seine Interessen seinen Pflichten zuwidergelaufen waren.

3. Erhält ein Agent von seinem Prinzipal ausdrückliche Instruktionen, verletzt er seine Pflichten, wenn er sie mißachtet. "Die *HMS Daffodil* leistete Bergungsarbeiten für die *Hermione*, die auf eine Mine aufgelaufen war. Kapitän Noakes von der *Daffodil* beauftragte die Reedereivertreter des Schiffes, *Stillwell and Sons*, zu seinen Gunsten und zugunsten seiner Mannschaft einen Bergungsanspruch einzuklagen, der sich auf mindestens 10 000 Pfund belaufen sollte. *Stillwell and Sons* einigten sich mit den Eigentümern der *Hermione* auf eine Zahlung von lediglich 100 Pfund" (Ivamy 1971, S. 1). Das Gericht entschied, daß sich die Agenten einer Pflichtverletzung schuldig gemacht hätten.

4. Ist ein Agent bestochen worden, kann er umgehend entlassen werden. "Ein Geschäftsführer eines Unternehmens erhielt von einer Drittpartei einen

---

4 Die rechtlichen Fragen, die mit Informationen zu tun haben, welche ein Arbeitnehmer während seiner Anstellung erwirbt und schließlich zu seinem persönlichen Vorteil ausnutzt, erhalten mehr Brisanz denn je, weil der Anteil an Arbeitskräften, die Informationen produzieren, ständig ansteigt. Kapitel 17 erörtert eine mögliche Umverteilung von Rechten zu Informationen zwischen Prinzipal und Agent.

Geldbetrag, um ihn zur Bestellung von Eis zu bewegen, das in den Schiffen des Unternehmens verwendet werden sollte" (Ivamy 1971, S. 12). Das Gericht entschied, daß das Unternehmen ihn rechtmäßig fristlos entlassen hätte.

5. Ein Agent darf nur dann von den beiden Parteien einer Transaktion Zahlungen entgegennehmen, wenn er sich ihrer umfassenden Kenntnis und Zustimmung darüber sicher sein kann. "Falls die Firma *Fullwood* oder irgendein anderer öffentlicher Makler zwei Provisionen erhalten möchten, müssen sie den beiden gesetzlichen Forderungen Genüge tun, indem sie beide Parteien vollständig und präzise über ihre Interessen informieren, bevor sie die sogenannte Vereinbarung treffen" (Ivamy 1971, S. 23).

Ein zweiter Grundsatz, der in rechtlichen Präzedenzfällen offenbar wird, ist, daß der Prinzipal und nicht der Agent für alle Handlungen haftet, die der Agent im Rahmen seines Auftrags ausführt.

1. "Wenn bekannt ist, daß A als Agent von P arbeitet, hat eine [vom Agenten abgegebene] Erklärung, die zu einem Vertrag führt, die Haftbarkeit des Prinzipals zur Folge" (American Law Institute 1958, S. 640).

2. Ein Prinzipal ist gegenüber einer dritten Partei haftbar für alle Handlungen, die in den ansonsten üblichen Herrschaftsbereich des Agenten fallen. Eine stillschweigende Beschränkung der Herrschaft des Agenten bleibt ohne Wirkung. "Humble war Eigentümer des *Victoria Hotel*. Er verkaufte es an Fenwick, der ihn als Geschäftsführer einstellte und zuließ, daß sein Name über der Tür stehenblieb. Fenwick untersagte Humble, Zigarren auf Kredit zu kaufen. Doch er kaufte einige auf Kredit von Watteau, der von Fenwicks Existenz erfuhr und von diesem die Bezahlung der Zigarren forderte" (Ivamy 1971, S. 69). Das Gericht entschied, daß Fenwick, der Prinzipal, haftbar sei. Watteaus Forderung wurde stattgegeben.

3. Wenn ein Agent angibt, daß er als solcher einen Vertrag abschließt, kann er nicht für den Vertrag haftbar gemacht werden. "*Houghton & Co.* verkaufte 2000 Kisten mit Apfelsinen an Gadd. Der Lieferschein lautete: 'Wir haben Ihnen am heutigen Tage im Auftrage von *James Morand & Co.* ...' und war mit 'Houghton & Co.' unterzeichnet. Als die Waren nicht geliefert wurden, verklagte Gadd *Houghton & Co.* auf Schadenersatz wegen Nichtauslieferung" (Ivamy 1971, S. 126). Das Gericht wies die Klage zurück, weil *Houghton & Co.* als Stellvertreter gehandelt und dies auch angegeben hatten.

4. Erlaubt ein im Hintergrund bleibender Prinzipal wissentlich einem gutgläubigen Agenten, falsche Angaben zu machen, die eine Drittpartei veranlassen, einen Vertrag abzuschließen, kann die Drittpartei den Prinzipal für entstandene Schäden haftbar machen. "Love ließ es wissentlich zu, daß sein Sohn, dem nicht bekannt war, daß einige Schafe an Leberfäule litten, Lud-

gater gegenüber fälschlicherweise behauptete, sie seien in guter Verfassung. Ludgater kaufte sie und fand erst später die Wahrheit heraus. Er verklagte Love wegen wissentlich falscher Angaben auf Schadenersatz" (Ivamy 1971, S. 118). Das Gericht entschied, daß Love haftbar sei.

Diesen beiden Grundsätzen – daß der Agent nicht zulassen darf, daß seine Interessen Handlungen beeinträchtigen, die im Rahmen der Agentschaftsbeziehung liegen, und daß nicht der Agent, sondern der Prinzipal für Handlungen haftet, die der Agent im Laufe des Auftrags ausführt – liegt eine bestimmte Begriffsstruktur zugrunde. Wenn man davon ausgeht, daß Prinzipal, Agent und Drittpartei Ressourcen wie auch Interessen besitzen, gibt es zwei Beziehungen, in die Interessen von Akteuren eingehen. Dies ist die Beziehung zwischen Prinzipal und Drittpartei und die Beziehung zwischen Prinzipal und Agent. Die Interessen des Agenten können laut dieser Begriffsstruktur Interaktionen zwischen dem Agenten und der Drittpartei in keinerlei Weise berühren. Zwischen diesen beiden ist ein Austausch, der die Wahrnehmung von Interessen umfaßt, nicht möglich. In diesem strukturellen System gehen die Interessen des Agenten ganz in der Beziehung zu dem Prinzipal auf. Auf diese Weise wird aus der Verbindung Prinzipal-Agent der Außenwelt gegenüber nur noch *eine einzige* Körperschaft mit vermehrten Ressourcen, aber nur einer Interessenmenge.

Die Probleme, die im Zusammenhang mit der Agentschaftsbeziehung auftreten und zu Gerichtsverhandlungen führen, entstehen offensichtlich aufgrund von Schwierigkeiten mit dieser Konstruktion. Der Agent läßt zu, daß seine Interessen seine Handlungen im Rahmen der Beziehung beeinflussen; die Handlungen des Agenten lassen sich nicht eindeutig mit den Interessen des Prinzipals in Einklang bringen; eine dritte Partei versucht ungerechtfertigterweise, den Agenten haftbar zu machen; die Konstruktion von Prinzipal und Agent ist nicht vollständig bestimmt; der Stellvertreter mißachtet die Anordnungen des Vertretenen; der Agent gibt mißverständliche Anordnungen. Eine Anzahl dieser Probleme entsteht, weil die Außenwelt die Konstruktion zwischen Prinzipal und Agent falsch einschätzt. Einige dieser Mißverständnisse werden vorsätzlich vom Prinzipal oder Agenten gefördert, einige entstehen unabsichtlich. Alle aber werden durch die eigenartige Konstruktion ermöglicht, die Handlungen des einen und Interessen des anderen Akteurs umfaßt.

Das grundlegendste Problem liegt dagegen in der Agentschaftsbeziehung selber begründet. Weil Handlungen unveräußerlich sind und der Agent nichts weiter tun kann, als *Rechte* auf Kontrolle über seine Handlungen zu übertragen, ist eine bestimmte Handlung als solche das gemeinschaftliche Ergebnis der Ausübung dieser Rechte durch den Prinzipal und der Ausführung der Handlung durch den Agenten. Einige der Probleme, die dies mit sich bringt, können gerichtlich verfolgt werden, andere jedoch nicht. Im Rahmen jedes beliebigen Vertrages gibt es mannigfache Handlungen, die ein Agent ausführen darf, und selbst ein Agent, der direkt durch den Prinzipal kontrolliert wird, kann sich mehr oder weniger bemühen, um das vom Vertretenen gewünschte Resultat zu erzielen. Solange Prinzipal und Agent disjunkte Interessen verfolgen, werden sich die Handlungen des Agenten selbst unter Leitung des Prinzipals von denjenigen unterscheiden, die der Prinzipal ausführen würde, wenn er die Ressourcen des Agenten (z.b. Fertigkeiten oder Kenntnisse) zur Verfügung hätte und an seiner Stelle wäre. Dies schafft ein grundlegendes Problem für den Prinzipal.

Auf der anderen Seite besitzt der Prinzipal auch einen gewissen Spielraum. Gerade die Kontrollrechte, die ihm übertragen werden, erleichtern dem Prinzipal, die Kontrolle über den von der Beziehung abgedeckten Bereich hinaus auszudehnen, woran ihm überdies oft gelegen ist. Dies schafft ein grundlegendes Problem für den Agenten.

Wenn eine Transaktion eingegangen worden ist, in der der Prinzipal für die Wahrnehmung von Interessen des Agenten sorgt (z.b. anhand einer finanziellen Zuwendung) und der Agent dafür im Interesse des Prinzipals Handlungen ausführt, ist ein soziales System entstanden. Das System umfaßt zwei Akteure, die ein Eigeninteresse verfolgen und versuchen, ihren Nutzen zu maximieren; überdies lehrt das Wissen über die Funktionsweise selbständiger Systeme, daß sich Ergebnisse von Ereignissen innerhalb eines solchen Systems im allgemeinen von Ergebnissen unterscheiden, die auftreten, wenn nur ein einzelner Akteur existiert. Offenkundig hängt das Ausmaß dieser Unterschiede davon ab, wie das Zwei-Akteure-System organisiert ist.

Das Problem des Prinzipals

Der Prinzipal ist normalerweise daran interessiert, daß die Handlungen des Agenten bestimmte Ergebnisse erbringen. Weil eine extrinsische Kompensation an den Agenten Teil der Transaktion ist und weil der Prinzipal das Recht erhält, Handlungen des Agenten zu kontrollieren, ergeben sich zwei Möglichkeiten, wie der Prinzipal sein Interesse an den Handlungen des Agenten wahrnehmen kann. Die Kontrollrechte können mit dem Ziel ausgeübt werden, die Handlungen des Agenten zu steuern, oder die extrinsische Kompensation kann, gewissermaßen als Anreiz, von den Ergebnissen der Handlungen abhängig gemacht werden. (Wenn zugunsten der letzteren Möglichkeit völlig auf Kontrollrechte verzichtet wird, besteht keinerlei Herrschaftsbeziehung, und der Agent ist ein unabhängiger Unternehmer. Abgesehen davon kann jedoch eine erfolgsbedingte Kompensation gegen teilweise Kontrollrechte eingetauscht werden.) Die erste der beiden genannten Möglichkeiten kann man als handlungsorientiert und die zweite als ergebnisorientiert bezeichnen.[5] Beide Möglichkeiten weisen Mängel auf. Das Kontrollieren der Handlungen des Agenten erzeugt Überwachungskosten und ist nicht gänzlich effektiv. Ergebnisorientierung bedeutet normalerweise, daß man den Agenten für ein Ergebnis entlohnt, das nur teilweise dessen Handlungen zuzuschreiben ist (teilweise aber auch z.b. dem Zufall oder Handlungen von Mitarbeitern oder Drittparteien), und ist deshalb ein unvollkommener Anreiz.

Das Problem des Prinzipals kann innerhalb des generellen Paradigmas der rationalen Handlung als Spezialfall definiert werden, d.h. als das Problem, unter bestimmten Beschränkungen den eigenen Nutzen (oder, wie ich hier sagen möchte, die eigenen Interessen) zu maximieren. Es gibt neuerdings eine Menge ökonomischer Arbeiten, die diese Sichtweise vertreten. (Siehe Groves 1973, Jensen und Meckling 1976, Lazear und Rosen 1981, Rosen 1988.) Das Problem wird am einfachsten folgendermaßen spezifiziert: Ein Produkt wird produziert als eine Funktion des Arbeitsaufwandes des Agenten und von Störvariablen. Das Nettoeinkommen des Prinzipals ist der Wert des Produktes minus der Überwachungskosten und der Kompensation, die er an den Agenten zahlen muß. Der Nutzen des Agenten steigt mit der Kompensation, die er erhält, sinkt aber mit seinem Arbeitsaufwand. Der Arbeitsaufwand des Agenten wiederum ist eine steigende Funktion des Überwachungsniveaus. (Allgemeiner gesagt kann das Überwachungsniveau auch direkt den Nutzen des Agenten beeinflussen.) Der Nutzen des Prinzipals steigt mit seinem Nettoeinkommen. Seine Aufgabe besteht also darin, das Niveau der Überwachung und der Kompensation so festzusetzen, daß sich sein Nutzen maximiert, vorausgesetzt, daß auch der Agent seinen Arbeitsaufwand so einsetzt, daß er seinen Nutzen maximiert.

So gesehen haben wir es mit einer Struktur wechselseitiger Abhängigkeit von Handlungen zu tun, und das Problem des Prinzipals besteht darin, die Wahrnehmung seiner Interessen ausgehend von der wechselseitigen Abhängigkeit zu maximieren.[6] Diese Formulierung hat den Vorteil, daß sie einen

---

5 In komplexen Organisationen, die in Kapitel 16 diskutiert werden, benutzt man die Begriffe "vorwärts gerichtete Kontrolle" und "rückwärts gerichtete Kontrolle", um diese beiden Strategien, die einem Prinzipal offenstehen, zu beschreiben.

6 Man könnte das Problem zwischen Prinzipal und Agent mit dem Problem eines Nicht-Nullsummenspiels vergleichen. Ich möchte diese Art der Beschreibung nicht heranziehen, weil dieses Problem, wie es traditionellerweise in der Spieltheorie formuliert ist, bestimmte Beschränkungen aufweisen muß; z.B. muß ein Einzelspiel mit einer Handlungsgleichzeitigkeit vorliegen, bei dem beide Spieler die Auszahlung für den Gegner, aber nicht seine Handlung kennen. Die Tatsache, daß das ökonomische Prinzipal-Agenten-Problem nicht aus Arbeiten innerhalb der Spieltheorie entstanden ist, sondern unabhängig davon, weist auf die Auswirkungen dieser Beschränkungen hin. Bei der Formulierung des Problems sind jedoch eher Arbeiten über unterschiedene und wiederholte Spiele hilfreich.

kleinen Schritt über den Rahmen der rationalen Handlung hinausgeht, indem sie sich von der Mikroebene der individuellen Handlung in einem nichtabhängigen Milieu auf die Ebene wechselseitig abhängiger Handlungen zweier Akteure bewegt. Die Formulierung enthält im Prinzip alle drei Komponenten der Erklärung von Systemverhalten (wo das System aus einem Paar von Akteuren und den für die Transaktion relevanten Ereignissen besteht). Die rationale Handlung auf der Mikroebene entspricht der Nutzenmaximierung des Prinzipals und des Agenten. Der Übergang von der Mikro- zur Makroebene erfolgt durch die Quantität des bei den Handlungen entstehenden Produktes und der Verteilung der Erträge zwischen Prinzipal und Agent. Der Übergang von der Makro- zur Mikroebene ist der Rückkoppelungsprozeß, in dem die Quantität des Produktes und die Verteilung der Erträge (und andere Bedingungen in allen möglichen praktischen Anwendungen) in die Nutzenfunktion von Prinzipal und Agent eingehen und ihre Handlungen beeinflussen. Dies ist natürlich das kleinstmögliche Verhaltenssystem, aber die wesentlichen Elemente sind vorhanden.

Aufgrund des gegenwärtigen Standes der Forschung im Hinblick auf die vielen Variationen, die in Herrschaftsbeziehungen vorkommen - z.B. in der Art der Kontrollausübung und den Formen von Anreizsystemen, derer sich der Prinzipal beim Entlohnen des Agenten bedienen kann - liegen die Beschränkungen, die eine solche Formulierung mit sich bringt, in den praktischen Schwierigkeiten ihrer Anwendung. Es gibt jedoch bereits innerhalb der Industriesoziologie einen Bestand an Literatur über die Kompensation von Arbeitnehmern und verschiedene Arten von Leistungszulagen an Arbeitnehmer (siehe Miller und Form 1980). Der Umfang dieser Literatur läßt vermuten, daß es keine ideale Lösung gibt, in der die Handlungen des Arbeitnehmers völlig mit den Interessen des Arbeitgebers in Einklang zu bringen sind. Ich werde diese Literatur hier nicht eingehend behandeln, sondern nur einige Punkte ansprechen, die die verschiedenen Divergenzen, die sich ergeben können, verdeutlichen.

In der üblichen Angestelltenbeziehung, in der der Arbeiter vertraglich zusagt, seine Zeit und Leistungen der Kontrolle des Arbeitgebers zu unterstellen, gibt es, mit einer Reihe von Variationen, zwei grundlegende Methoden der Kompensation. Die von Arbeitgebern am häufigsten angewandte Methode der Handlungskontrolle ist die Bezahlung des Arbeitnehmers nach seiner Arbeitszeit; eine zweite Möglichkeit besteht darin, den Arbeitnehmer aufgrund der von ihm geleisteten Arbeit zu entlohnen.[7] Die erste wird strikter Zeitlohn genannt, und die zweite bezeichnet man je nachdem als Akkord-

---

[7] Interessanterweise wurden im neunzehnten Jahrhundert Arbeiter in deutschen Baumwollspinnereien nach ihrer Arbeitsleistung bezahlt, Arbeiter in England dagegen nach ihrer Produktleistung (siehe Biernacki 1988).

arbeit, Leistungszulage, Provisionen, Prämien oder anderweitig. Strikter Zeitlohn erweckt im Arbeiter kein Interesse (höchstens mittels anderer Ereignisse, die der Arbeitgeber möglicherweise kontrolliert, wie Kündigung, Beförderung oder Lohnerhöhung) an Ergebnissen, an denen der Arbeitgeber interessiert ist (d.h. an der Produktion), und kann daher zu einer unzureichenden Aufwendung von Leistungen führen, die sich in geringer Produktion und schlechter Arbeitsqualität niederschlägt.[8] Arbeitgeber wissen im allgemeinen, daß bei der Produktion eines komplexen Produktes eine Prüfung der Produktqualität die Bemühung der Arbeiter um qualitativ hochwertige Arbeit nur unzureichend ersetzen kann. Akkordarbeit oder Leistungszulagen stellen eine höhere Übereinstimmung zwischen den Interessen des Arbeitnehmers und denen des Arbeitgebers her, aber solange die Zahlungskriterien nicht in völligem Einklang mit den Kriterien stehen, die die Interessen des Arbeitgebers betreffen (z.B. Qualitäts- wie auch Quantitätsmaßstäbe) werden die Handlungen des Arbeitnehmers nicht die Interessen des Arbeitgebers maximieren.

Auf den höchsten Führungsebenen von Unternehmen und auch auf mittleren Managementebenen werden Leistungszulagen sehr häufig als Zulagen zum Grundgehalt gezahlt. Diese Zahlungen können verschiedene Formen, wie Prämien, Bezugsrechte auf neue Aktien und Zahlung in Form von Aktien, annehmen und sind eindeutig darauf ausgerichtet, die Interessen der Unternehmensführung, d.h. der Agenten, mit den Interessen der Eigner, d.h. der Prinzipale, in Einklang zu bringen. Obwohl man solchen Anreizen allgemein einen gewissen Erfolg zuschreibt, bleiben feine Interessenabweichungen bestehen. Beispielsweise versuchen höchste Führungskräfte aufgrund der besonderen Bedingungen für Bezugsrechte auf neue Aktien möglicherweise, mittels Operationen des Unternehmens die Aktienpreise so zu manipulieren, daß auf Kosten der Gewinne existierender Aktionäre ihre eigenen Gewinne maximiert werden. Prämien können ähnliche Konsequenzen zeitigen. Weitere Schwierigkeiten ergeben sich durch Übernahmeversuche, insofern als Aktionäre durch die Übernahme gewinnen und Führungskräfte verlieren würden. Und diese Situation wird weiter durch die Unzulänglichkeiten der Mehrheitsentscheidungsregel kompliziert, mit der die Interessen von Aktionären, die (zum angeboten Preis) früh verkaufen, gegen die Interessen der Aktionäre, die dies nicht tun, ausgespielt werden.

---

8 Bei einigen maschinell gesteuerten Arbeiten, wie z.B. bei der Fließbandarbeit, wird die Arbeitsgeschwindigkeit mehr von der Maschine als vom Arbeiter bestimmt. Bei solchen Arbeiten läßt sich nicht leicht eine Leistungszulage anbieten. Allerdings wird eine Leistungszulage in solchen Situationen auch als Zulage zum Normalverdienst gezahlt, die oft als Gruppenlohn der Gruppe von Arbeitnehmern zukommt, die gemeinsam eine bestimmte maschinengesteuerte Arbeit verrichten, und sich eher nach der Arbeitsqualität als nach Quantität richtet. Beispielsweise haben Automobilhersteller als Anreiz für Fließbandarbeiter Zusatzzahlungen benutzt, die auf einem Qualitätsindex für die gefertigten Fahrzeuge basierten.

Bevor ich mich im nächsten Abschnitt dem Problem des Agenten zuwende, möchte ich eine weitere mögliche Komponente der Interessen des Prinzipals erwähnen. Unter gewissen Umständen ist der Prinzipal daran interessiert, seine Kontrolle über den Herrschaftsbereich, der ihm vom Agenten übertragen worden ist, auszudehnen. Die vom Agenten übertragenen Rechte erleichtern dies möglicherweise. Im prototypischen Fall verlangt der Arbeitgeber vom Arbeitnehmer, daß er für ihn persönliche Botengänge verrichtet, oder ein Arbeitgeber dehnt die Pflichten, die er vom Arbeitnehmer verlangt, über die ursprünglich vereinbarten hinaus aus.[9] Diese Verwendung der im Herrschaftsaustausch erworbenen Kontrollrechte durch den Vorgesetzten, mit der dieser die Kontrolle über Ereignisse außerhalb des ursprünglichen Breichs erlangen will, wird im nächsten Abschnitt behandelt.

Das Problem des Agenten

Auf der höchsten Ebene der Verallgemeinerung hat der Agent dasselbe Problem wie der Prinzipal, nämlich die Realisierung der eigenen Interessen zu maximieren. Die Beschränkungen, die die Handlungen des Agenten betreffen, sind jedoch verschieden von denen, die den Prinzipal betreffen, so wie auch die Art und Weise, wie der Agent seine Interessen realisiert, eine andere ist. Die Interessen des Agenten sind abhängig von dem Umfang der Kompensation und den Kosten, die ihm seine Handlungen zugunsten des Prinzipals verursachen (was ich oben als Arbeitsaufwand bezeichnet habe). Hinzu kommt jedoch, daß, genau wie der Prinzipal daran interessiert sein kann, die Kontrolle über den Agenten über die von diesem übertragene Herrschaft hinaus auszudehnen, auch der Agent ein Interesse daran hat, diese Erweiterung der Kontrolle nicht zuzulassen bzw. sie noch zu reduzieren. Wenn man dieses Interesse des Agenten, die Kontrolle durch den Prinzipal einzugrenzen, zunächst einmal außer acht läßt, kann man das Problem des Agenten mit den gleichen Worten beschreiben, mit denen ich bereits das Problem des Prinzipals umrissen habe. Erstens kann der Agent seine Bemühungen, die Interessen des Prinzipals zu fördern, verstärken oder verringern. Die Auswirkung, die dies für den Agenten hat, hängt von der Art der Überwachung

---

9 Hier sind natürlich die Bedingungen der ursprünglichen Austauschvereinbarung von Belang. Es gibt jedoch eine klar umrissene Grenze. Wenn ein Arbeitnehmer von einer Körperschaft angestellt worden ist, die sich aus einzelnen Positionen zusammensetzt, sind die Kontrollrechte der Körperschaft übertragen worden und können nur einer Position oder einem Amt, nicht aber einer Person übergeben werden. Wenn die Person, die die leitende Position, der diese Rechte übergeben worden sind, innehat, von einem Untergebenen persönliche Dienstleistungen verlangt, die nicht in Zusammenhang mit der Position stehen, liegt dies nicht innerhalb des Ereignisbereiches, der von der Herrschaftsbeziehung abgedeckt wird.

Handlungsstrukturen

und den Folgen seiner Bemühungen für das Produkt ab, in Verbindung mit dem Ausmaß, in dem der Prinzipal die Kompensation des Agenten von der Qualität oder Quantität des Produktes abhängig gemacht hat.

Dies alles führt zu Phänomenen, die oft zu beobachten sind, wenn Individuen für andere Personen arbeiten - Bummelei, Nichterfüllung des Tagespensums und allgemein geringer Einsatz von Arbeitsaufwand. Es gibt jedoch noch andere Handlungen, die in der Praxis vorkommen, aber in der gegebenen Formulierung des Problems nicht berücksichtigt werden. Dazu gehört die Übermittlung falscher Informationen an den Prinzipal, denn der Agent besitzt häufig eine Teilkontrolle über die Informationen, die der Prinzipal über die Handlungen des Agenten oder das Produkt erhält. Außerdem kann der Agent vorgeben zu arbeiten, wenn der Prinzipal seine Handlungen unvollkommen überwacht; er kann Produktfehler verschleiern oder falsche Informationen über das Produkt liefern, wenn der Prinzipal die Kompensation vom Produkt abhängig macht.

156 Neben der Anpassung seiner Anstrengung an die eigene Interessenmaximierung gibt es für den Agenten normalerweise noch eine Möglichkeit, die Realisierung seiner Interessen zu fördern. Der wesentliche Punkt ist der, daß ein Prinzipal, um seine Ziele erreichen zu können, dem Agenten in vielen Fällen das Recht übertragen muß, bestimmte Ressourcen zu verwenden. Anders ausgedrückt behält der Prinzipal das Recht, vom Gebrauch der Ressourcen zu profitieren, also die Profitrechte, und der Agent erwirbt das Recht, sie zu verwenden, also die Gebrauchsrechte. Die Ziele, die der Prinzipal anstrebt, werden nur *gemeinsam* mit diesen Ressourcen durch die Handlungen des Agenten erreicht. Dies ermöglicht dem Agenten, die Ressourcen für seine eigenen Zwecke zu verwenden - was vielleicht den Interessen des Prinzipals schadet, vielleicht aber auch nicht, auf jeden Fall aber den Interessen des Agenten nützt. Es gibt zahlreiche Beispiele hierfür: Ein Arbeitnehmer kann einen Firmenwagen für persönliche Zwecke verwenden, er kann Werkzeug oder Büromaterial für persönliche Zwecke verwenden, er kann ein Spesenkonto zur Befriedigung persönlicher Interessen nutzen, statt damit die Unternehmensinteressen zu maximieren, und Informationen, die er als Arbeitnehmer erworben hat, zu seinem eigenen Vorteil ausnutzen. (In Kapitel 17 wird die Werteverschiebung von Prinzipal zu Agent, d.h. vom Inhaber der Profitrechte zum Inhaber der Gebrauchsrechte ausführlicher diskutiert.)

Die Verwendung der Ressourcen des Prinzipals zur Verfolgung persönlicher Ziele durch den Agenten (oder auch anderer Ziele außerhalb des Ereignisbereiches, der von der Herrschaftsbeziehung abgedeckt wird, die für den Agenten von Interesse sind) steht in direkter Analogie zu der Verwendung von Kontrollrechten über bestimmte Handlungen des Agenten, die vom Prinzipal ausgeübt werden, mit denen dieser die Kontrolle über den betreffenden Bereich hinaus ausdehnen will. In beiden Fällen versucht eine Partei der Beziehung, ihren Gewinn zu erhöhen, ohne daß ihr daraus Kosten erwachsen. Und in beiden Fällen wird dies ermöglicht, weil der Austausch über eine bestimmte Zeit hin andauert. Weil aber die ausgetauschten Ressourcen von verschiedener Art sind (Handlungen gegen Material oder Arbeitskraft gegen Kapital), nehmen die Versuche des Prinzipals und des Agenten unterschiedliche Formen an.

Wechselseitige Modifikation von Interessen durch Prinzipal und Agent

In der voraufgehenden Untersuchung der Herrschaftsbeziehung sowohl vom Standpunkt des Vorgesetzten (des Prinzipals) als auch vom Standpunkt des Untergebenen (des Agenten) aus ist bisher eine Möglichkeit der Verwirklichung eigener Ziele außer acht gelassen worden, nämlich das Modifizieren von Interessen. Wenn ich als Vorgesetzter die Interessen meines Untergebenen so verändern kann, daß die Wahrnehmung meiner Interessen für ihn befriedigend ist, wird er zu einer wahren Erweiterung meines Selbst. Der Interessenkonflikt ist beigelegt, und ich brauche mir keine Gedanken über eine Überwachung oder die Bereitstellung angemessener Anreize zu machen.

Dieselbe Möglichkeit steht auch einem Agenten offen. Wenn der Prinzipal meine Interessen als Agent als seine eigenen übernimmt, kann ich meine Interessen verfolgen und gleichzeitig den Interessen des Prinzipals dienlich sein. Letztendlich würde für beide Parteien der gleiche befriedigende Zustand erreicht, gleichgültig, ob die Interessen des Agenten oder des Prinzipals modifiziert worden sind.

Offensichtlich haben diese einfachen Lösungen einen Haken, denn sonst würde jede Herrschaftsbeziehung in beidseitiger Zufriedenheit resultieren. Es bestehen Interessenbeschränkungen, die verhindern, daß solche Lösungen leicht herbeigeführt werden. In diesem Buch gehe ich im allgemeinen – mit Ausnahme von Kapitel 19 – von der Annahme aus, daß Interessen nicht modifizierbar sind. In einer Theorie, die auf zielgerichtetem Handeln basiert, muß man Interessen als gegeben voraussetzen, bevor eine rationale Handlungsstrategie zur Verfolgung dieser Interessen entworfen werden kann.

Sympathie und Identifikation: Affine Agenten

Ich werde weiterhin den Terminus "Prinzipal" für den Vorgesetzten verwenden, der Ressourcen jenseits seiner eigenen Kapazität mobilisieren will oder muß, und den Terminus "Agent" für den Akteur, der sich in die Position eines Untergebenen begibt und dort im Interesse des Prinzipals handelt. In der Form der Handlungsorganisation, die in diesem Abschnitt behandelt wird, gibt es jedoch nicht einen solchen Austausch zwischen Prinzipal und Agent, wie er in den anderen Strukturen auftritt, die in diesem Kapitel erörtert wurden. Ich möchte den Agenten im vorliegenden Fall als affinen Agenten bezeichnen und die Organisationsform als affine Agentschaft.

Bevor ich fortfahre, sollte ein Punkt geklärt werden, der möglicherweise für Verwirrung sorgen könnte. Man kann auf zweierlei Arten davon sprechen, daß die Interessen eines Akteurs mit denen eines anderen übereinstimmen. Dies kann bedeuten, daß beide Akteure zufrieden sind, wenn sie parallel zueinander die gleichen Dinge erreichen. So gesehen haben zwei Farmer die gleichen Interessen. Es kann aber auch bedeuten, daß der zweite Akteur zufrieden ist, wenn die Interessen des ersten Akteurs befriedigt werden. Letzteres ist hier gemeint. Das extremste Beispiel wäre ein Akteur, der nichts anderes tun möchte, als die Interessen eines anderen, seines Prinzipals, zu fördern und alle anderen Interessen außer acht läßt. Das heißt, daß seine Interessen *zu den Interessen des Prinzipals geworden* sind, und er handelt als Agent für den Prinzipal so, als ob er selber der Prinzipal wäre.

In einem Beispiel aus einer Kommune, das bereits in Kapitel 4 genannt worden war, wird diese Art von Beziehung dargestellt:

Zuweilen wurden diese Beziehungen so intensiv, daß die Persönlichkeiten einiger Mitglieder sich miteinander zu verschmelzen schienen. Dies zeigte sich besonders eindrucksvoll bei dem charismatischen Führer und seiner Hauptvertreterin. Man sah die beiden kaum einmal zusammen, ohne daß die Frau sich so postierte, daß sie die kleinsten Regungen in seinem Gesicht verfolgen konnte. Sie imitierte seinen Gesichtsausdruck und seine Gesten, anscheinend ohne es selbst zu bemerken. (S. 215)

Soziale Strukturen, in denen diese Art der Interessengleichheit auftritt, sind ungewöhnlich. Dennoch finden sich in bestimmten Situationen ähnliche Phänomene. Der engste Mitarbeiter eines Staatsoberhauptes ist häufig jemand, dem dieser völlig vertrauen zu können glaubt. Er sucht sich eine solche Person aus, weil er jemandem einen großen Anteil an Kontrolle – und zwar vor allem Kontrolle darüber, welche Personen Zugang zu ihm haben – übertragen muß. Die ideale Bedingung zur Kontrollübertragung ist aber diejenige, in der die Interessen des anderen sich mit den eigenen decken, was bedeutet, daß die andere Person in einer bestimmten Situation genauso handeln würde wie man selbst.¹⁰ So zeichnet sich der engste Mitarbeiter eines Staatsoberhauptes häufig nur durch wenige offenkundige Qualifikationen aus - aber die einzig wirkliche seiner Qualifikationen, die unbemerkt bleibt, ist seine fast völlige Identifizierung mit dem Staatsoberhaupt.

In sozialen Organisationen treten Phänomene dieser Art, wenn auch nicht so extrem, außerordentlich häufig auf. Sie lassen sich anhand der Begrifflichkeit dieses Buches ganz einfach beschreiben: Ein Akteur hat die Interessen eines anderen übernommen oder sich zu eigen gemacht. Auf diese Weise handelt der erste Akteur als Agent des anderen (und von sich selbst), ohne durch den anderen (den Prinzipal) überwacht werden zu müssen, und erhält eine Bezahlung, die lediglich seine Bedürfnisse decken muß. Seine Interessen, die ja denen des Prinzipals entsprechen, führen nicht zu Handlungen, die den Interessen des Prinzipals entgegenstehen. Er trachtet genau wie der Prinzipal danach, Verschwendung, Ineffektivität, bürokratische Starrheit und all die anderen Probleme, gegen die sich Prinzipale verwahren müssen, zu vermeiden.

Diese Form der Handlungsorganisation ist nicht deshalb von großer Bedeutung, weil viele Organisationen zum großen Teil darauf basieren. Es gelingt nur wenigen Prinzipalen, Akteure zu finden, die die Interessen des Prinzipals ohne Rücksicht auf sich selbst zu ihren eigenen machen.¹¹ Es gibt jedoch einige wichtige Beispiele für diese Form. Ein Beispiel, das offensichtlich eher aufgrund von evolutionären Zwängen entstanden ist als aus rationalem Handeln, ist die Handlungsorganisation, die zustande kommt, wenn eine Frau ein Baby hat. Mittels verschiedener Prozesse, die man bisher noch nicht klar durchschaut hat, identifiziert sich die Mutter mit dem Kind. Dies bedeutet, daß im frühesten Lebensalter, wenn ein Baby seine eigenen Interessen noch nicht effektiv selbst vertreten kann, natürlicherweise ein mächtiger Agent existiert, der in diesem Interesse handelt. Offensichtlich hat sich auf diese Weise eine Handlungsstruktur, wie wir sie hier diskutieren, auf natürlichem Wege entwickelt. Es ist interessant, daß die Natur

---

10 Ein enger Vertrauter Präsident Nixons (allerdings nicht einer der allerengsten) hat einmal die Person, mit der Nixon am engsten zusammenarbeitete, als jemanden beschrieben, der wie eine "zweite Haut" des Präsidenten sei. Nach Watergate offenbarte sich jedoch, daß keine völlige Interessengleichheit vorlag, denn Nixon wurde schließlich selbst von seinen engsten Mitarbeitern und Vertrauten fallengelassen.

11 Das hier beschriebene Phänomen ist nicht dasselbe wie charismatische Herrschaft. Diese beinhaltet eine einseitige Kontrollübertragung durch die Anhänger auf den Führer, und sie folgen seiner Führung blind. Die Identifikation erfordert die Übernahme der Interessen des anderen, aber ohne daß Kontrollrechte über die eigenen Handlungen übertragen werden. Man mag das Gefühl haben, daß man besser als der andere in der Lage ist, in dessen Interesse zu handeln. Eine Mutter, die sich stark mit ihrem Baby identifiziert, hat nicht den Wunsch, dem Baby Kontrolle zu übertragen.

diese Form der Handlungsorganisation als effektivste für eine solche Situation "ausgewählt" hat. Es ist eine Organisationsform, die keine Überwachung braucht (da die Mutter mit den Interessen ihres Kindes gleichzeitig ihren eigenen Interessen schaden würde) und erfordert, daß ein Großteil der Energien der Mutter zum Nutzen des Babys eingesetzt wird.[12]

Abgesehen von speziellen sozialen Strukturen, wie ich sie gerade beschrieben habe, scheint die Handlungsorganisation mittels Identifikation, die ich affine Agentschaft nenne, gemeinsam mit und als Ergänzung zu der Agentschaftsform aufzutreten, die in den ersten Abschnitten dieses Kapitels behandelt wurde. Ich werde eine Reihe von Beispielen für affine Agentschaft anführen, in denen diese Organisationsform unterschiedlich stark zum Tragen kommt.

1. Identifikation mit einem engen Verwandten. Unter den Prozessen, die zwischen nächsten Familienangehörigen ablaufen (wie Austausch von Kontrolle, Modifikation von Interessen und einseitiger Kontrollübertragung) spielt der Prozeß der Identifikation eine bedeutende Rolle. Er ist für die Organisation der fortlaufenden und intensiven Handlungsform, die zum Familienleben gehört, offensichtlich wichtig, da er dort eine so große Rolle spielt und an verschiedenen Plätzen und in verschiedenen Mitgliedern der Familie zu finden ist.[13] Die Identifikation der Eltern mit dem Kind ist vom Zeitpunkt der Geburt an stark, und die Identifikation des Kindes mit den Eltern scheint eine bedeutende Möglichkeit zu sein, im Kind bestimmte Interessen zu wecken.

2. Identifikation mit dem Staat. Die wichtigste Art und Weise, mit der ein Staat Handlungen zu seiner Verteidigung organisieren kann, ist vielleicht die der Identifikation. In Kriegszeiten melden sich viele junge Männer trotz niedrigem Sold und akuter Gefährdung ihres Lebens freiwillig zum Militär. Im Militär melden sich einige für besonders gefährliche Missionen, aus denen man selten lebend zurückkehrt. (Diese Fälle entsprechen vielleicht stark dem von Durkheim bezeichneten "altruistischen Selbstmord", wofür die japanischen Kamikazeflieger des Zweiten Weltkriegs ein nahezu vollkommenes

---

12 Es ist nicht klar, inwieweit diese Haltung der Mutter physiologisch bedingt ist, wie hier angenommen wird, und wieviel der Interaktionsstruktur zuzuschreiben ist, die zwischen einem Baby und seiner engsten Bezugsperson zu beobachten ist. Siehe Ainsworth et al. (1965), wo ein Forschungsüberblick über dieses Gebiet vorgestellt wird.

13 Beispielsweise scheint die Identifikation einer Mutter mit ihrem Baby mit der Zeit schwächer zu werden. Dagegen beginnt ein Kind sich im Laufe seiner Sozialisation mit Vater und Mutter zu identifizieren, und die Auswirkungen dieses Prozesses verstärken sich über einen gewissen Zeitraum noch. Eine Beziehungsart mit umfassender Identifikation, die besonders interessant, aber immer noch nicht ganz durchschaut ist, ist die Beziehung zwischen Zwillingen.

Beispiel abgeben.) Identifikation mit dem Staat wird (anders als Identifikation in der Familie) eindeutig von Regierungen herbeigeführt. Dies beantwortet nicht die Frage, warum sich Bürger tatsächlich mit dem Staat identifizieren (inwiefern hilft dies ihnen, die Realisierung ihrer Interessen zu verstärken?) oder die Frage, welchen Bedingungen gemäß die Identifikation stark oder schwach ausfällt. Im nächsten Abschnitt werde ich einiges zu der ersten dieser Fragen sagen (was dann auch bei der Beantwortung der zweiten Frage helfen wird), denn dies ist eine grundlegende Frage, wenn es um diese Form der Handlungsorganisation geht. Diese Form nutzt zwar zweifellos dem Prinzipal, aber inwiefern nutzt sie dem Agenten?

3. *Identifikation mit dem Arbeitgeber.* In den meisten geschäftlichen Unternehmen gibt es von seiten der Arbeitnehmer eine Loyalität zu (d.h. eine Identikation mit) der Firma. Dies erreicht manchmal extreme Ausmaße, die an die Identifikation heranreicht, die einige Personen mit dem Staat erleben, oder sogar an die Identifikation mit Familienmitgliedern oder der Familie selber. Diese Identifikation ist der Grund dafür, daß man im Zusammenhang mit allen Mitarbeitern der Firma häufig von der "Familie" spricht. So wie beim Patriotismus liegt es im Interesse des Prinzipals, eine solche Identifikation herbeizuführen. Sie hilft viele der Probleme meistern, die in den vorhergehenden Abschnitten und in Kapitel 16 erörtert werden. Tatsächlich behaupten einige Wissenschaftler, daß Unternehmen ohne eine gewisse Identifikation auf seiten der Arbeitnehmer schwerlich effektiv arbeiten können. Ohne eine gewisse Identifikation wäre die normale Agentschaftsbeziehung nicht in der Lage, eine effektive Organisation aufrechtzuerhalten. In jedem Falle ist klar, daß beim Fehlen einer strengen Überwachung von seiten des Prinzipals oder vorgesetzter Agenten Loyalität oder Identifikation von seiten der Arbeitnehmer eine wertvolle Ressource für den Arbeitgeber darstellt. Es trifft natürlich zu, daß Arbeitnehmer manchmal eine negative Identifikation mit ihrer Firma erleben, indem sie ihre Interessen als denen der Firma entgegengesetzt sehen. Wie in einem Staat werden sich diejenigen, die aus der Organisationstruktur den meisten Nutzen ziehen, am ehesten mit ihr identifizieren, und die, die am wenigsten davon profitieren (Gruppen niedriger sozioökonomischer Schichten innerhalb des Staates oder Personen, die in einer Firma die niedrigsten Arbeiten verrichten), identifizieren sich am wenigsten damit.

4. *Identifikation mit einem "Herrn".* Obwohl die Angestelltenbeziehung teilweise im Gesetz anhand der "Herr-Knecht-Terminologie" beschrieben wird, ist die Beziehung zwischen einem Hausdiener und seinem Dienstherrn offenkundig verschieden von der Beziehung zwischen den meisten Arbeitnehmern und ihren Arbeitgebern. Die Identifikation des Dieners mit dem Herrn ist ein klassisches und schon lange erkanntes Phänomen, das in Romanen und Schauspielen beschrieben worden ist und als selbstverständlich hingenommen

wird. Genau wie bei den anderen Fällen von Identifikation und teilweise noch mehr als dort ist eine Rationalität dabei nicht unmittelbar festzustellen.

5. *Identifikation mit einem mächtigen Sieger.* Vielleicht das verblüffendste, da auch widersprüchlichste Beispiel für Identifikation ist die Identifikation mit einem mächtigen Sieger. Bettelheim (1953) beschrieb diesen Fall für eine extreme Situation, ein Konzentrationslager der Nazis, dessen Insassen sich zum Teil mit den SS-Aufsehern identifizierten. Das Verhalten von einigen amerikanischen Kriegsgefangenen in nordkoreanischen Lagern steht für das gleiche Phänomen. Obwohl zumindest für einige Psychologen ein solches Verhalten erschöpfend erklärt worden ist, scheint es nicht im entferntesten dem Verhalten zielgerichteter Akteure zu entsprechen. Oberflächlich betrachtet scheinen diese Fälle am wenigsten mit Rationalitätsmaßstäben erklärt werden zu können.

6. *Identifikation mit einer Gemeinschaft.* Einige Kommunen und zielgerichtete Gemeinschaften erzeugen in ihren Mitgliedern eine umfassende Identifikation mit der Gemeinschaft. Zablockis Schilderungen von Kommunen (die weiter oben und in Kapitel 4 angeführt wurden) enthüllen einige der Mechanismen, durch die diese Modifikation von Interessen herbeigeführt wird, die eine gewisse Ähnlichkeit mit den Mechanismen aufweisen, welche von Siegern, die Gefangene haben, benutzt werden, um in ihren Gefangenen eine Identifikation hervorzurufen. Das Endergebnis ist, daß die Mitglieder der Gemeinschaft ein völlig anderes psychisches Leben führen als Außenstehende, zu dem beispielsweise auch Zeiten überströmender kollektiver Euphorie und Freude gehören. Das Vorkommen eines solchen emotionalen Gewinns erklärt diese Identifikation vielleicht ausreichend vom rationalen Standpunkt her. Da das Phänomen aber Parallelen zu den anderen Beispielen aufweist, in denen es eine solche kollektive Euphorie nicht gibt, muß es dort ein Erklärungselement geben, das auch hier relevant ist.

7. *Identifikation einer Körperschaft mit anderen.* In allen vorangehenden Beispielen ging es um Individuen, die sich mit anderen Akteuren – entweder auch Individuen oder Körperschaften – identifizieren. Es gibt aber auch einen Mechanismus, anhand dessen eine Körperschaft die Interessen eines anderen Akteurs (normalerweise einer zweiten Körperschaft) übernimmt. Wenn eine Firma Teile einer anderen erwirbt (wobei ich hier annehmen will, daß dies ohne einen Versuch der Kontrollübernahme geschieht), wird ein Teil der Interessen der ersten Organisation mit denen der zweiten identifiziert. Somit muß die erste, um *ihre eigenen* Interessen zu verfolgen, auch die Interessen der zweiten verfolgen. Falls die erste Gesellschaft rational handelt und ihr Interesse an der zweiten Gesellschaft über ein Mindestmaß hinausgeht, wird sie ihre Handlungen so modifizieren, daß für die zweite Gesellschaft ein Gewinn erwächst. Je größer ihr Interesse an der zweiten

Gesellschaft ist, desto stärker wird sie ihre Handlungen modifizieren – und dies im Grunde nur, um selbst einen Gewinn daraus zu erzielen. Ihr Verhalten in bezug auf Ereignisse, die die zweite Gesellschaft betreffen, wird dem Verhalten von Personen ähneln, das mit Ereignissen zu tun hat, von denen andere Akteure, mit denen sie sich identifiziert haben, betroffen sind.

Warum identifiziert man sich mit einem Prinzipal? 161

Es liegt auf der Hand, daß affine Agentschaft als eine Form der Handlungsorganisation den Interessen des Prinzipals nützt. Ein Prinzipal erhält von einem affinen Agenten mehr Dienstleistungen, als er im Austausch mit einem normalen Agenten erhalten würde. Nicht direkt einsichtig ist, inwiefern diese Form dem affinen Agenten einen Gewinn verschafft, der sich mit dem Prinzipal identifiziert und auf diese Weise die Interessen des Prinzipals stärker fördert, als er es ohne Identifikation täte.

Von einem anderen Standpunkt aus beantwortet sich die Frage nahezu von selbst. Wenn man davon ausgeht, daß der Prozeß der Modifizierung eigener Interessen innere Kosten verursacht und somit langsamer voranschreitet als der Prozeß, bei dem Kontrolle über Ereignisse oder Ressourcen ausgetauscht wird, befindet sich ein Agent, der seine Interessen modifiziert, indem er sich mit einem Prinzipal identifiziert, *wenn* er diese Kosten erst einmal verarbeitet hat, subjektiv gesehen in einer besseren Position als ein Agent, der keine Identifikation vornimmt. Nach der Modifikation seiner Interessen befriedigt der Agent seine eigenen Interessen, wenn er mit seinen Handlungen die Interessen des Prinzipals zu befriedigen versucht. Und wenn die Interessen des Prinzipals befriedigt werden, verschafft die Zufriedenheit des Prinzipals dem Agenten eine weitere Befriedigung. Wenn der Agent zusätzlich noch Tauschgewinne vom Prinzipal in Form von materiellen Entlohnungen wie Lohn oder Dankbarkeit erhält, vergrößert sich sein Nutzen noch mehr (wobei diesmal Interessen von ihm befriedigt werden, die nicht mit denen des Prinzipals identisch sind). Somit ist er in einer weit besseren Situation, als wenn er seine Interessen nicht modifiziert hätte und nur diese letzte Möglichkeit zur Befriedigung seiner Interessen hätte ausschöpfen können.

Diese Wirkung läßt sich am besten an einer Kommune verdeutlichen, deren Mitglieder von Zeit zu Zeit eine überwältigende Euphorie erleben. Wenn sich jedes Mitglied mit der Gemeinschaft identifiziert, wirken die Handlungen jedes einzelnen, die auf das Wohl der Gemeinschaft ausgerichtet sind, als Selbstverstärkung und werden gleichzeitig von den anderen Mitgliedern der Gemeinschaft gewürdigt. Auf diese Weise entsteht ein System mit einer positiven Rückkoppelung, in dem jede Handlung weitere Zufriedenheit erzeugt, die sowohl innerlich als auch von der Gemeinschaft herbeigeführt wird.

Eine solche Erklärung erklärt vielleicht zu viel, denn die Frage schließt sich an, warum eine solche Identifikation nicht universell und total geübt wird. Die Antwort liegt wahrscheinlich in den Kosten, die entstehen, wenn man im Interesse eines anderen handelt. Wie man leicht feststellen kann, obwohl die Theorie dies nicht widerspiegelt, sind Interessen nicht willkürlich, die nach dem Willen des Individuums geformt werden können, sondern werden durch gewisse Beschränkungen konstant gehalten, was teilweise auch physiologische Gründe hat.

Das oben genannte Beispiel der Identifikation von seiten einer Körperschaft läßt dies möglicherweise noch deutlicher werden. Wenn eine Firma, die eine andere teilweise aufgekauft hat, ausschließlich im Interesse der zweiten Gesellschaft handeln würde, könnte sie nicht als eigenständiges Unternehmen weiterbestehen. Ihre Kosten würden die Gewinne übersteigen, und sie könnte, wenn überhaupt, nur mit Hilfe der Gewinne weiter existieren, die sie als Teileigner der anderen Gesellschaft erzielen würde. Sie müßte entweder ihre eigenen eng definierten Interessen in ihre Handlungsorganisation inkorporieren oder ihre Existenz als Unternehmen aufgeben, wobei ihre Eigner nur Teileigner des zweiten Unternehmens würden. Individuen haben diese Wahl jedoch nicht, es sei denn, sie entscheiden sich dafür, ihre Existenz zu beenden. Wenn sie dies tun (was offenkundig im Falle des altruistischen Selbstmordes der Fall ist), sind sie in derselben Situation wie die Gesellschaft, die sich entschließt, ihre Existenz aufzugeben.

Die Diskussion darüber, warum sich Personen mit anderen identifizieren, ist nur ein Einstieg in das Problem. Ich werde in Kapitel 19 weiter darauf eingehen, wo ich Veränderungen im Selbst erörtern werde.

Einfache und komplexe Herrschaftsstrukturen

In Kapitel 4 wurde unterschieden zwischen dem Übertragen von Herrschaft, bei der noch zusätzlich das Recht, die Herrschaft an einen anderen Akteur weiterzugeben, übertragen wurde, und dem Übertragen von Herrschaft ohne gleichzeitige Übertragung dieses zusätzlichen Rechts. Dies ist die Unterscheidung zwischen einfachen und komplexen Herrschaftsbeziehungen, wie ich sie in Kapitel 4 genannt habe. Der Unterschied läßt sich anhand von zwei Aspekten der Herrschaftsbeziehung beschreiben: dem Übertragen der Herrschaft und ihrer Ausübung.

In einer einfachen Herrschaftsbeziehung wird und muß die Herrschaft von dem Akteur ausgeübt werden, dem sie übertragen wurde. Der Vorgesetzte hat das Recht, Handlungen zu kontrollieren, jedoch nicht das Recht, dieses

Recht auf einen anderen zu übertragen. In einer komplexen Herrschaftsbeziehung findet sowohl eine Übertragung des Kontrollrechts (von dem zukünftigen Untergebenen auf den zukünftigen Vorgesetzten) als auch eine Übertragung des Rechtes, dieses Kontrollrecht einer anderen Person (einem Statthalter) zu übertragen, statt.

Diese Vorstellung ist unabhängig von jeglicher philosophischer Sichtweise über den Ursprung oder die ursprüngliche Verteilung von Rechten. Bei der philosophischen Betrachtungsweise des Naturrechts, gemäß der die Herrschaft als von natürlichen Personen ausgeübt angesehen wird, ist der Ausgangspunkt die Entscheidung des zukünftigen Untergebenen, das Kontrollrecht auf einen zukünftigen Vorgesetzten zu übertragen. Nach der, dem Naturrecht widersprechenden, politischen Philosophie, die im Mittelalter und in vielen sozialen Systemen davor weit verbreitet war, wird alle Herrschaft von oben aus, nämlich vom König ausgeübt (dem dieser Herrschaftsanspruch von Gott verliehen wurde). Die Prozesse sind hier die gleichen, aber die Rechte befinden sich von Anfang an in der Hand von Autoritäten. Ullman (1966) beschreibt diese beiden Vorstellungen als aufsteigende und absteigende Regierungstheorie. Diese Vorstellungen haben Abwandlungen erfahren, zu denen auch Rousseaus Gemeinwille gehört, der sich auf verschiedene Weisen im Staatssozialismus fortpflanzt; die dort vertretene Anwendung der aufsteigenden Theorie ähnelt in der Praxis oft der absteigenden. Gierkes (1913 und 1881) Herrschaftstheorie, die von intermediären natürlichen Vereinen oder *Genossenschaften* ausgeübt werden sollte, stellt eine weitere philosophische Position dar, die dem *common law* Mitteleuropas im Mittelalter entspricht.

Die Definition einfacher und komplexer Herrschaftssysteme gemäß dieser politischen Philosophien unterscheidet sich nicht von der oben genannten, solange man erkennt, daß die ursprüngliche Herrschaftsübertragung auf den Vorgesetzten auf verschiedene Weise stattfindet. Die unterschiedlichen politischen Philosophien sind natürlich intellektuelle Rechtfertigungen für verschiedene ursprüngliche Rechtsallokationen. Die Rechtsallokationen kommen jedoch nicht aufgrund von politischen Philosophien, sondern, wie in Kapitel 3 beschrieben, aufgrund eines sozialen Konsenses zustande, der durch Macht verstärkt wird.

Ein einfaches Herrschaftssystem kann auch aus einer Anzahl verschiedener Ebenen bestehen, aber die Art dieser Hierarchie unterscheidet sich von der, die man in einem komplexen Herrschaftssystem vorfindet. Das mittelalterliche Lehenswesen verdeutlicht dies. Bei der Belehnung gelobte der Vasall seinem Herrn Loyalität (und die Verrichtung entweder militärischer oder landwirtschaftlicher Dienstleistungen), und der Herr versprach, seinem Vasallen Schutz zu gewähren. Der Herr konnte sich selbst aber als Vasall einem noch mächtigeren Herrn unterordnen, dem er seinerseits Loyalität gelobte (und dabei teilweise Ressourcen einbrachte, die er von seinen eigenen Vasallen erhielt), und von diesem dafür einen noch umfassenderen Schutz erhielt. In einem solchen System besaß der höhere Herr *keine* Herrschaft über die Vasallen des ihm unterstehenden Herrn. Diese Vasallen standen in keiner Beziehung zu dem höheren Herrn, sondern nur zu dem Herrn, dem sie Loyalität versprochen hatten und von dem sie Anordnungen erhielten. Es war möglich, daß die Herrschaft des höheren Herrn über den anderen Einfluß auf diese Anordnungen hatte, aber sie waren an einen Vasallen kraft der Herrschaft desjenigen Herrn gerichtet, dem dieser Vasall Lehenstreue gelobt hatte. Diese Herrschaftsstruktur löste sich zum Ende des Mittelalters nicht vollständig auf. Auf der Ebene der Haushalte blieb die Struktur in Frankreich noch lange bestehen und wurde unter dem Code Napoléon gesetzlich verankert. Alle Mitglieder eines Haushalts unterstanden der Herrschaft des Haushaltsvorstands, der allein als Untertan und Bürger des Staates betrachtet wurde.

Diese Struktur hatte vielfache Auswirkungen. Beispielsweise hatte der Herr in einer Feudalgesellschaft völlige Macht über seine Vasallen, und diese hatten kein Recht, über den Gerichtshof ihres Herrn hinaus das Gericht eines höheren Herrn oder des Königs anzurufen.[14] Wie Simmel (1908) beschreibt, bestand die resultierende soziale Struktur, in der sich das Individuum befand, aus konzentrischen Herrschaftskreisen, wobei der innerste den Haushaltsvorstand und der äußerste den König repräsentierte. Nur die Kreise, die einem Individuum am nächsten waren, betrafen es direkt; wenn man beispielsweise nicht selbst der Haushaltsvorstand war, unterstand man diesem Vorstand und nicht direkt dem Lehnsherrn. Der Vorstand unterstand dem Herrn, dieser Herr seinem Herrn usw. bis hin zum König.

Ein solches Herrschaftssystem ist dann zu erwarten, wenn Ressourcen verstreut sind, wenig Kommunikation stattfindet und Transporte erschwert werden und wenn auf der Gesellschaftsebene anarchistische Verhältnisse vorherrschen und Schutz von großem Wert ist. Solche Bedingungen waren charakteristisch für das frühe Mittelalter, als der Handel blockiert wurde, weil die Moslems den Mittelmeerraum beherrschten, als Märkte örtlich begrenzt waren und als die Landwirtschaft der Hauptproduzent von Ressourcen war.

Diese Epoche weist ein weiteres Merkmal auf, das zu einem einfachen Herrschaftssystem paßt und möglicherweise zur Aufrechterhaltung eines solchen Systems beigetragen hat. Man differenzierte nicht zwischen Kör-

---

14 Ein solches Anrufungsrecht wurde in England erstmalig nach 1066 durch Wilhelm den Eroberer eingeführt. Damit beanspruchte er die Herrschaft, die bisher von den Lehensherren ausgeübt worden war, was eine enorme Ausweitung der königlichen Macht und ein Schwinden der Macht der Lehensherren zur Folge hatte. Diese Veränderung führte schließlich zu einem Aufstand der Lehensherren und der Verabschiedung der Magna Carta.

perschaften und natürlichen Personen, sondern hatte die Vorstellung, daß sich alle Ressourcen im Besitz von Individuen befanden. Wenn Herrschaft indirekt ausgeübt wurde, geschah das durch einen Diener, der Befehle seines Herrn übermittelte. Da man also davon ausging, daß alle produktiven Ressourcen permanent im Besitz von natürlichen Personen und auch alle Herrschaftsbeziehungen Beziehungen zwischen natürlichen Personen waren, war die Vorstellung, daß jemand kraft Autorität eines anderen handelte (was ein unabdingbares Element von komplexen Herrschaftsstrukturen ist), unkonventionell, es sei denn, man betrachtete die so handelnde Person als leibhaftige Extension des Selbst der Autoritätsperson. Diese letztere Vorstellung war in früheren Herrschaftssystemen, die mehrere Befehlsebenen erforderten, weit verbreitet.

Obwohl die feudale Sozialstruktur ein gutes Beispiel dafür ist, wie ein makrosoziales System mit mehreren Ebenen aus einfachen Herrschaftsbeziehungen entstehen kann, sind die meisten einfachen Herrschaftssysteme flache oder nahezu flache Systeme. Am häufigsten tritt dabei der allgemeine Fall der charismatischen Herrschaftsstruktur auf. Weil genau wie im Lehenswesen die Kontrollübertragung unmittelbar auf eine Person erfolgt, besteht die Herrschaftsbeziehung direkt zwischen der charismatischen Person und jedem einzelnen Anhänger.[15] Es gibt natürlich Fälle, in denen eine Übertragung auf die charismatische Person erfolgt und Herrschaft dann von Agenten (Statthaltern) ausgeübt wird; dies ist zu beobachten, wenn ein Staatsoberhaupt (z.B. Adolf Hitler) ein solches Charisma ausstrahlt. Dennoch wird in der charismatischen Beziehung eine einfache Herrschaftsstruktur angestrebt, weil das Charisma von einer ganz bestimmten Person ausgeht. Statthalter werden von Anhängern oft als Störenfriede zwischen ihnen und dem charismatischen Führer angesehen, weil Herrschaftsübertragung auf den Führer nicht das Recht einschließt, diese Herrschaft einer anderen Person zu übertragen. Die Anhänger verlangen dann nach der "Stimme ihres Herrn".

Man kann eine breit gestreute Klasse von Herrschaftsbeziehungen als charismatisch bezeichnen, obwohl nur in wenigen Fällen der extreme Fall eintritt, daß das Selbst sich völlig dem charismatischen Gegenüber ausliefert. Von einem Jünger wird eine solche totale Auslieferung vorgenommen, wie das Beispiel der Jünger Jesu zeigt. Anhänger eines Filmstars übertragen dem Star dagegen nur Herrschaft über bestimmte Aspekte ihrer Kleidung und ihres Verhaltens.

Aufgrund der Besonderheit der Herrschaftsübertragung unterhält der cha-

---

15 In Max Webers Werk gibt es einige Verwirrung über den Ursprung der charismatischen Ausstrahlung, wie in seiner Behandlung von Joseph Smith, dem Gründer der Mormonen, deutlich wird (siehe Anmerkung 9 in Kapitel 4).

rismatische Führer eine direkte Beziehung zu seinen Anhängern. Es ist durchaus denkbar, daß bei allen Übertragungen von Herrschaft auf eine natürliche Person Charisma eine gewisse Rolle spielt (d.h. daß der Anhänger der Person eine besondere Ausstrahlung zuschreibt). Wenn dies der Fall ist, entsteht eine starke Tendenz, die Herrschaftsbeziehung einfach zu halten, da man die Ausstrahlung generell als nicht übertragbar empfindet.

Ein letztes Beispiel für eine einfache Herrschaftsstruktur, die man oft nicht als solche erkennt, die aber viel mit charismatischer Herrschaft gemeinsam hat, ist Liebe. Eine Person, die sich in eine andere verliebt hat, hat sich der anderen im Grunde ausgeliefert und ihr Kontrolle über eine Anzahl der eigenen Handlungen übertragen. Diese Art der Beziehung ähnelt stark der Beziehung zwischen einem charismatischen Führer und seinem Anhänger, und wie der Anhänger glaubt auch die verliebte Person oft, daß ihr Liebesobjekt besondere Eigenschaften besitzt, die keine andere Person aufweist. Es gibt natürlich auch große Unterschiede. Beispielsweise hat ein charismatischer Führer viele Anhänger, wogegen Liebesobjekte normalerweise für verschiedene Personen verschieden sind. Darüber hinaus versucht die verliebte Person, den anderen zu sich hinzuziehen oder ihn zu vereinnahmen, wogegen der Anhänger, wenn überhaupt, versucht, von dem charismatischen Führer vereinnahmt zu werden.[16]

Wenn das Liebesobjekt sich gleichfalls in die zuerst verliebte Person verliebt, entsteht eine eigenartige Herrschaftsstruktur aus zwei Personen, die innerlich gesteuert wird, bei der sich jedoch jede Person unter der Kontrolle der anderen Person befindet. Ein isoliertes und symmetrisches Herrschaftssystem dieser Art scheint ganz unverwechselbare Eigenschaften zu haben und erzeugt oftmals ein exzentrisches und auffälliges Verhalten. Obwohl dieses Phänomen von Romanautoren ausführlich geschildert worden ist, haben Sozialwissenschaftler es leider größtenteils noch vernachlässigt.

Das Grundproblem der einfachen Herrschaftsstruktur

In einer einfachen Herrschaftsbeziehung kann die Ressource, die vom Untergebenen auf den Vorgesetzten übertragen wird, genutzt werden (indem die Herrschaft ausgeübt wird), aber sie läßt sich nicht übertragen. Dies bedeutet

---

16 Obwohl ich hier nicht auf die psychologische Komplexität der Liebe und der Herrschaftsübertragung auf einen charismatischen Führer eingehen kann, erwähne ich noch als ein Merkmal solcher Übertragungen, das für Liebe weniger charakteristisch zu sein scheint, daß nämlich der charismatische Führer als Übergang oder Weg zu einem externen Ziel (wie einer Gottheit) empfunden wird. Das Liebesobjekt wird dagegen um seiner selbst willen geliebt.

eine noch größere Beschränkung als die, denen beim ökonomischen Austausch Waren in einem Naturalientauschmarkt ausgesetzt sind. Das grundlegende Problem einer einfachen Herrschaftsstruktur besteht in der Schwierigkeit, mit dieser Beschränkung umzugehen, die im Grunde mit der Beschränkung vergleichbar ist, der primitive Tierformen aufgrund ihrer Gestalt unterworfen sind. Beispielsweise sind den Funktionen wirbelloser Tiere Grenzen gesetzt, weil ihnen eine Wirbelsäule fehlt.

Die Auswirkungen dieser Beschränkung lassen sich von der Forschung über die Kontrollspanne ablesen, die zeigt, daß in Organisationen, in denen eine solche Beschränkung fehlt (d.h. in bürokratischen Organisationen), die Anzahl von Untergebenen unter der direkten Aufsicht eines leitenden Beamten oder Unternehmensleiters recht gering ist (siehe Simon 1957 bzw. Blau und Schoenherr 1971). Somit ist eine einfache Herrschaftsstruktur, die einen Vorgesetzten und $n-1$ Untergebene umfaßt, eine verfehlte produktive Organisation, wenn n nicht sehr klein ist.

Mehrschichtige Herrschaftssysteme, die aus verschiedenen Ebenen einfacher Herrschaftsstrukturen zusammengesetzt sind, wie z.B. die mittelalterliche Institution des Vasallentums, sind ein Mittel – wenn auch kein allzu erfolgversprechendes –, die Größenbeschränkung zu überwinden. Im komplexen Herrschaftssystem, in dem die übertragene Herrschaft teilweise fungibel ist, existiert diese Beschränkung nicht mehr.

Eigenschaften einer komplexen Herrschaftsstruktur

Nach der schon früher gegebenen Definition wird in einer komplexen Herrschaftsstruktur Herrschaft über einen Untergebenen durch einen Akteur ausgeübt, dem die Herrschaft nicht ursprünglich übertragen worden ist. In einer solchen Struktur gibt es also zwangsläufig mindestens drei Akteure. Wie bereits erwähnt, weist eine komplexe Herrschaftsstruktur eine Handlungsform auf, die in einer einfachen Herrschaftsstruktur nicht vorkommt. Diese besteht in der Übertragung von Herrschaft (durch den Herrschaftsinhaber) über einen anderen (d.h. von Kontrollrechten über eine andere Person) auf eine dritte Partei, die hier als Statthalter oder Agent bezeichnet werden kann.

Somit weist eine komplexe Herrschaftsstruktur mindestens drei Ebenen auf: den Vorgesetzten, den Statthalter oder Agenten und den Untergebenen. Die Beziehungen zwischen diesen Ebenen unterscheiden sich jedoch grundlegend von denen, die in einer mehrschichtigen einfachen Herrschaftsstruktur wie dem Feudalsystem auftreten. In einer Feudalstruktur gibt es einen direkten Austausch zwischen jeweils zwei benachbarten Ebenen, nämlich eine Übertragung von Herrschaft auf die nächsthöhere Ebene und damit auf die

Ebene, auf der die Herrschaft ausgeübt wird.[17] Der Akteur auf der darüberliegenden Ebene ist für diese Beziehung irrelevant. In einer komplexen Herrschaftsstruktur mit drei Ebenen gibt es jedoch nur eine einzige Beziehung, an der drei Akteure beteiligt sind: Der Untergebene überträgt dem Vorgesetzten Herrschaft, der sie an den Statthalter weitergibt, welcher sie seinerseits dem Untergebenen gegenüber ausübt.[18] Wenn einer dieser drei Akteure fehlt, ist die Beziehung unvollständig.

Es liegt auf der Hand, daß eine komplexe Herrschaftsstruktur mit drei Ebenen den minimal erfoderlichen Grad an Komplexität aufweist. Sie enthält jedoch alle Elemente, aus denen hochkomplexe Herrschaftsstrukturen zusammengesetzt sind. Eine einfache Herrschaftsstruktur umfaßt nur zwei Handlungen, nämlich das Übertragen von Herrschaft durch S (den Untergebenen) auf A (die Autoritätsperson) und das Ausüben der Herrschaft durch A über S. Zu einer komplexen Herrschaftsstruktur gehören zwei weitere Handlungen, nämlich die von S auf A vorgenommene Übertragung des Rechts, A's Herrschaft auf eine dritte Partei, L (den Statthalter), zu übertragen, und schließlich die eigentliche Übertragung dieser Herrschaft von A auf L. Die Herrschaft über S wird dann durch L ausgeübt.

Den Rechten, die zur Erzeugung einer komplexen Herrschaftsstruktur übertragen werden, kann man eine konkrete Form geben, wie es auch in einem Spiel stattfinden könnte. Bezüglich der Übertragung von Rechten, mit der eine einfache Herrschaftsstruktur erzeugt wird, könnte ein Akteur (S) einem anderen (A) ein Papier übergeben, auf dem etwa folgendes steht: "Du (Akteur A) hast das Recht (Recht 1), unter den folgenden Bedingungen Kontrolle über meine (des Akteurs S) Handlungen auszuüben ..." Wichtig ist, daß dieses Papier einen bestimmten Akteur, nämlich Akteur A, als Vorgesetzten kennzeichnet. Wenn Akteur A dieses Papier an Akteur L weitergibt, gibt er ihm damit nichts, was für L von Wert wäre. Das Papier besagt *nicht*: "Der Inhaber dieses Papiers hat das Recht ..." Ein solches Recht kann nicht übertragen werden; es ist, um es ökonomisch auszudrücken, nicht fungibel.

---

17 Innerhalb der Feudalstruktur fand ein Austausch statt, in dem Gewinne in Form von Schutz gegen die Übertragung von Kontrolle eingetauscht wurden, aber dies muß nicht der Fall sein. Mehrschichtige einfache, konjunkte Herrschaftsstrukturen sind ebenfalls denkbar.

18 Die Mängel, die komplexe Herrschaftsstrukturen aufweisen können, werden später erörtert. Zwei Beispiele für einen Wandel von einfachen zu komplexen Herrschaftsstrukturen sollen diese Mängel jedoch kurz illustrieren. Einige Wissenschaftler vertreten die Auffassung, daß die Unzufriedenheit der Bauern in den französischen Provinzen vor der Französischen Revolution daher rührte, daß Adlige ihren Landbesitz verließen, nach Paris gingen und die Verwaltung ihrer Ländereien Vorarbeitern überließen. Ähnliches wird für den wirtschaftlichen Niedergang der Plantagen als soziale Struktur des amerikanischen Südens vermutet, der begonnen haben soll, als die zweite Generation der Plantagenbesitzer in die Städte zog und ihre Herrschaft als abwesende Grundbesitzer von Vorarbeitern ausüben ließen.

Damit sich ein komplexes Herrschaftssystem entwickeln kann, muß ein zusätzliches Recht übertragen werden, nämlich das Recht, das erste Recht übertragen zu dürfen. Dies läßt sich mit Hilfe eines Papiers konkretisieren, auf dem etwa folgendes steht: "Du (Akteur A) hast auch das Recht (Recht 2), andere Akteure zu benennen, die die in Recht 1 spezifizierte Kontrolle ganz oder teilweise ausüben dürfen, und Recht 2 auf einen anderen Akteur zu übertragen." Wenn S dieses zweite Papier gemeinsam mit dem ersten A übergibt, heißt das, daß A nicht nur Recht 1 *ausüben*, sondern auch ein weiteres Papier beschreiben darf: "Akteur L hat das Recht, Kontrolle über die Handlungen des S unter den folgenden Bedingungen auszuüben (wobei die Bedingungen denen für Recht 1 entsprechen oder enger gefaßt sind) und dieses Recht einem anderen unter den folgenden Bedingungen zu übertragen." Dies verleiht L die gleichen (oder enger gefaßte) Rechte zur Ausübung von Kontrolle über die Handlungen des S, wie S sie A verliehen hat, sowie das Recht, diese Herrschaft weiter zu übertragen.

Recht 2 kann im Grunde zwei verschiedene Formen annehmen, wovon aber nur eine zu einer komplexen Herrschaftsstruktur führt. In der einen Form wird Recht 2 wie oben formuliert. Damit wird A das Recht verliehen, Herrschaft weiter zu übertragen, wobei A aber die übergreifende Herrschaft behält. Hierdurch wird ein komplexes Herrschaftssystem erzeugt. Der Vorgesetzte, Akteur A, überträgt dieses Recht auf Akteur L, und zwar unter spezifizierten Bedingungen, mit denen L beispielsweise verpflichtet wird, bestimmte Ergebnisse zu erbringen oder die ihm so übertragene Herrschaft im Interesse von A auszuüben. Dies geschieht normalerweise im Rahmen einer disjunkten Herrschaftsbeziehung, in der L von A eine Bezahlung erhält.[19]

Die zweite Form von Recht 2 ist vom Gesichtspunkt einer Sozialstruktur aus betrachtet weniger interessant, weil sie nicht zu einer komplexen Sozialstruktur führt. Dort wird etwa mit den folgenden Worten die volle Fungibilität von Recht 1 erreicht: "Die Bezeichnung 'Akteur A' in Recht 1 soll als der Akteur interpretiert werden, der Inhaber dieses Papiers (und nur dieses Papiers) ist." Oder Recht 1 kann, einfacher gesagt, dadurch abgeändert werden, daß man den spezifischen "Akteur A" durch den "Inhaber dieses Papiers" ersetzt. Aufgrund dieses erweiterten Rechts kann Akteur A praktisch den Vertrag mit Akteur S an einen anderen Akteur verkaufen und sich damit vollständig aus der Beziehung zurückziehen. Ein solches Recht findet man im Berufssport, in einigen Bereichen des Unterhaltungssektors und in Systemen mit Sklaverei. Es taucht jedoch in den meisten Herrschaftsstrukturen nicht auf. In der üblichen Angestelltenbeziehung ist der Untergebene prak-

---

19 Eine solche Delegation von Herrschaft tritt zuweilen auch in konjunkten Herrschaftsstrukturen auf. In solchen Strukturen wird vom Statthalter erwartet, daß er die delegierte Herrschaft zum Nutzen des Gemeininteresses ausübt.

tisch nicht an eine bestimmte Beschäftigungsdauer gebunden, sondern kann die Beziehung jederzeit beenden.[20] Somit ist ein Vertrag mit einem Untergebenen, der ja nicht bindend ist, von zu geringem Wert für eine dritte Partei, als daß diese dafür zahlen würde.

Das Problem der komplexen Herrschaftsstruktur und die Entstehung von Positionen

Wenn A die ihm durch S übertragene Herrschaft an L delegiert, stellt sich ihm folgendes Problem: Wie kann er die Herrschaft delegieren, ohne daß sämtliche Befehlsgewalt auf L übergeht und für A verloren ist? Tatsächlich gibt es zwei Probleme. Wie formuliert man die Delegation der Herrschaft auf L, so daß L die Herrschaft verwenden kann, ohne Besitzansprüche darauf stellen zu können, und wie stellt man sicher, daß L die auf A übertragene Herrschaft für Zwecke verwendet, die eher mit A's Interessen übereinstimmen als mit seinen?

Das zweite Problem ist, in leichter Abwandlung, ein besonderes Beispiel für das Problem des Prinzipals in einer Beziehung zwischen Prinzipal und Agent, das in diesem Kapitel bereits behandelt worden ist. Das erste dagegen ist ein begriffliches Problem. Dies ist durch moderne Körperschaften mittels einer einfachen sozialen Erfindung gelöst worden – nämlich dadurch, daß die Vorstellung einer aus Personen zusammengesetzten Struktur ersetzt wird durch die Vorstellung einer aus Positionen zusammengesetzten Struktur, wobei Personen lediglich diese Positionen besetzen. Rechte und Ressourcen, die von der Herrschaft ausübenden Person delegiert werden, sind somit nicht Besitztum einer Person, an die sie delegiert worden sind, sondern sie sind Besitztum der Position, an die sie delegiert wurden.

Ein Hinweis auf diese Entwicklung findet sich selbst in Strukturen, die aus Personen zusammengesetzt sind, nämlich in der Etymologie des Wortes "Statthalter". Es entspricht dem Begriff "Leutnant" und bedeutet praktisch dasselbe. "Leutnant" ist ursprünglich ein französisches Wort und besteht aus zwei Gliedern, nämlich *lieu* oder Ort, Platz und *tenant* oder Halter.

---

20 Diese Asymmetrie des Angestelltenbeziehung könnte gewinnbringend analysiert werden, aber darauf werde ich hier verzichten. Der Vorgesetzte ist, entweder gesetzlich oder aufgrund von kollektiven Vereinbarungen, die gesetzlich einklagbar sind, häufig gehalten, die Beziehung nicht zu beenden, außer wenn bestimmte Gründe vorliegen, oder bei der Kündigung von Arbeitnehmern eine festgelegte Reihenfolge zu beachten, bei der beispielsweise als erstem dem gekündigt werden muß, der als letzter eingestellt worden ist. Diese Asymmetrie ist sehr wahrscheinlich eine Reaktion auf die strukturelle Asymmetrie, die mit der Entwicklung umfangreicher Körperschaften als Hauptarbeitgeber der modernen Gesellschaft entstanden ist, wie ich in Kapitel 20 beschreibe.

Somit ist ein "Leutnant" ein Platz- oder auch "Statthalter", der "anstelle" des Herrschaftsinhabers handelt.

Für den Vorgesetzten ist erforderlich, daß die Herrschaftsübertragung vom Vorgesetzten auf den Statthalter als Übertragung auf eine Position und nicht auf eine Person stattfindet. Denn andernfalls könnte der Statthalter diese Herrschaft für seine eigenen Zwecke verwenden.[21] Wird die Herrschaft an eine Position oder ein Amt delegiert, hat der Amtsinhaber nicht das Recht, sie selbständig und für seine Zwecke zu nutzen (es sei denn, er tarnt sie als die Ziele des Herrschaftsinhabers oder verknüpft sie damit).[22]

Mit der Entstehung einer komplexen Herrschaftsstruktur, die der Vorgesetzte durch die Delegation der ihm übertragenen Herrschaft herbeigeführt hat, ist diese Herrschaft nicht länger mit einer persönlichen Identifikation verbunden. Sie läßt sich möglicherweise noch mit dem Akteur (oder den Akteuren) identifizieren, über die sie ausgeübt werden soll, und sie wird mit dem Amt oder der Position identifiziert, wovon ausgehend sie ausgeübt werden soll, aber sie hat jegliche Identifikation mit der Person verloren, durch die sie ausgeübt werden soll.[23] Diese Veränderung ähnelt der Veränderung, die bei ökonomischen Transaktionen zu beobachten war, als persönliche Zahlungsversprechen als übertragbar und somit als eine Geldform akzeptiert wurden (siehe Ashton 1945).

---

21 Simmel (1908) berichtet von einem regierenden Fürsten, der einen seiner Ratgeber nach einem Statthalter befragte: "Ist uns der Mann unentbehrlich?" "Vollkommen, Hoheit." "Dann wollen wir ihn gehen lassen. Unentbehrliche Diener kann ich nicht brauchen" (S. 113). Die Episode verdeutlicht, daß Unentbehrlichkeit einem Untergebenen Macht verleiht, die wiederum die Herrschaft des Vorgesetzten schmälert.

22 Die Verwendung von positionsgebundener Herrschaft für persönliche Zwecke bleibt für komplexe Herrschaftsstrukturen ein ernstzunehmendes Problem, und zwar teilweise, weil es für einen Amtsinhaber häufig einfach ist, seine eigenen Interessen mit denen der übergeordneten Autorität (z.B. der Organisation) zu verknüpfen und es für ihn tatsächlich manchmal schwierig ist, diese von den eigenen Zielen getrennt zu halten. Charakteristischerweise ziehen Offiziere einer Militärbasis eingezogene Soldaten zu einer Vielzahl persönlicher Dienstleistungen heran, obwohl offenkundige Fälle bestraft werden. In den meisten politischen Systemen können höhere Beamte ihre Herrschaft einsetzen, um auf verschiedenartigste Weise persönlichen Nutzen daraus zu ziehen; dies reicht von Chauffeurdiensten für private Aktivitäten bis hin zu Sekretärinnen, die persönliche sowie offizielle Angelegenheiten regeln. Priester und Geistliche nehmen als "Gottesdiener" aufgrund ihrer autoritativen Position zuweilen weitreichende persönliche Dienstleistungen von Mitgliedern der Kirche in Anspruch. Dennoch besetzen sie nur eine Position in einem religiösen Herrschaftssystem, in dem die Herrschaft von den Anhängern nicht den Priestern, sondern Gott übertragen wird.

23 Die Herrschaft bleibt mit dem Akteur, dem sie übertragen wurde, identifiziert, wenn die Herrschaftsübertragung durch den Untergebenen explizit auf eine bestimmte Person erfolgt, wie es in einer charismatischen Herrschaftsstruktur der Fall ist. Dort benutzen Statthalter oft die Formulierung "Ich verlange dies im Namen von..." Das beste Beispiel hierfür ist wohl göttliche Herrschaft, die durch Statthalter oder "Diener Gottes" ausgeübt werden muß, welche "im Namen Gottes" Herrschaft über Anhänger ausüben. Dies sind Fälle, in denen das zweite Recht, das Recht, die Herrschaft zu übertragen, nicht vom Untergebenen übertragen worden ist.

218 *Handlungsstrukturen*

Unter allen Soziologen war Max Weber derjenige, der die Emergenz dieser neuen Form der Körperschaft in der modernen Gesellschaft am deutlichsten wahrgenommen hat. Seine bürokratische Organisation enthält, obwohl sie einen Idealtypus aus mehreren Dimensionen darstellt, diejenigen Elemente, anhand derer Körperschaften, deren Struktur aus Beziehungen zwischen Positionen zusammengesetzt sind, von solchen, deren Struktur aus Beziehungen zwischen Personen zusammengesetzt sind, unterschieden werden. Seine Definition umfaßt

> Den Begriff einer Amtshierarchie
> Eindeutig definierte Bereiche der Rechtsprechung für jedes Amt
> Besetzen von Ämtern über Einstellungen aufgrund von Leistung oder Ausbildungsqualifikationen
> Bezahlung in Form eines Gehalts
> Begrenzung der Herrschaft über einen Amtsinhaber auf amtsspezifische Pflichten
> Nichtbesitzerschaft des Amtes oder der Position seitens der Person, die die Stelle besetzt

Überdies beschrieb Weber (1922) die Entwicklung dieser Form der Körperschaft in der modernen Gesellschaft:

> Die Entwicklung "moderner" Verbandsformen auf *allen* Gebieten (Staat, Kirche, Heer, Partei, Wirtschaftsbetrieb, Interessentenverband, Verein, Stiftung und was immer es sei) ist schlechthin identisch mit Entwicklung und stetiger Zunahme der *bureaukratischen* Verwaltung: ihre Entstehung ist z.B. die Keimzelle des modernen okzidentalen Staats. (S. 128)

Obwohl Weber empirisch gesehen auf das gleiche Phänomen hinweist, das ich hier untersuche, führte die Tatsache, daß Bürokratie für ihn einen Idealtypus mit einer Anzahl von Dimensionen darstellte, dazu, daß er den Begriff sehr weit verwendete, wie z.B. auf das Neue Reich des antiken Ägypten und das Chinesische Kaiserreich (obwohl er in beiden starke Elemente des Patrimonialismus sah; siehe Weber (1922, S. 705-711). Diese Beispiele weisen einige Elemente des bürokratischen Idealtypus auf, aber die Unterscheidung des Amtsbegriffs von der Person waren dort erst teilweise entwickelt. Die Stellvertreter des Pharao waren seine Sklaven auf Lebenszeit, und im Ägyptischen Reich scheint es zwischen Person und Position keine Trennung gegeben zu haben, die es Personen erlaubte, Positionen zu verlassen, ohne daß die Struktur zusammenbrach. Im Chinesischen Reich gab es dagegen eine stärkere Trennung von Amt und Person; einige Teile der Struktur bestanden offensichtlich aus Positionen, andere aus Personen.

Webers Analyse weist einen weiteren wichtigen Unterschied zu der hier vorgestellten Analyse auf. Er befaßte sich mit Formen der Herrschaft und betrachtete die Struktur, und daher auch die Prozesse, die sie erzeugen und erhalten, vom Standpunkt des Akteurs aus, der die Herrschaft besitzt. Mein Standpunkt dagegen ist der von Akteuren, die auf andere Rechte oder Ressourcen übertragen und dabei anderen entweder Herrschaft über ihre Handlungen oder anderweitige Kontrollrechte für eine bestimmte Position übertragen. Begrifflich gehe ich von einem System aus, in dem keine Herrschaft existiert, sondern nur Individuen Rechte besitzen. Weber geht begrifflich von einem sozialen System aus, in dem Herrschaft existiert, und entwickelt dann Begriffe, die die Funktionsweise eines solchen Systems mit sparsamen Mitteln beschreiben.

Wie diese Einschübe nahelegen, sind die meisten komplexen Herrschaftsstrukturen aus Positionen und nicht aus Personen zusammengesetzt. Den Positionen werden delegierte Herrschaft und andere Ressourcen zugesprochen. Die Person, die eine Position besetzt, kann deren Ressourcen verwenden, um die Ziele zu erreichen, die ebenfalls der Position zugeschrieben werden. Die Übereinstimmung zwischen komplexen Herrschaftsstrukturen und Positionen als den Elementen solcher Strukturen ist nicht perfekt, weil man sich (nur mit großen Schwierigkeiten und in vielen kleinen Schritten) die Herrschaft so vorstellte, daß sie von bestimmten Personen zu trennen ist. Bis zur Erfindung der modernen Bürokratie gehörten mehrschichtige Herrschaftssysteme, die zur Regierung eines Reiches oder der Leitung der Kirche notwendig waren, entweder dem feudalen Typus an (d.h. sie bestanden aus mehreren Ebenen einfacher Herrschaftsstrukturen) oder, wenn sie komplex waren, beinhalteten sie die lebenslange Verleihung von Präbenden oder Pfründen oder ähnliche Vereinbarungen.[24]

Der Unterschied zwischen einer Herrschaftsstruktur, die sich aus Personen zusammensetzt, und einer, die aus Positionen besteht, läßt sich folgendermaßen verdeutlichen. Nehmen wir an, es gibt zwei Spiele, die diese beiden Fälle repräsentieren, und in beiden delegiert ein Vorgesetzter Herrschaft.

Spiel 1: Die Struktur ist aus Personen zusammengesetzt. Der Vorgesetzte überreicht mehreren Personen (Statthaltern) ein Papier, auf dem etwa folgendes steht: "Du (Name) hast das Recht (Recht 1), die unten bezeichneten Ressourcen zu verwenden und die unten bezeichnete Herrschaft über (Namen) auszuüben. (Spezifizierungen folgen.)" Besitzt ein Statthalter das wei-

---

24 Der Übergang von der Feudalgesellschaft zur Körperschaftsgesellschaft beinhaltete die Schaffung einer organisatorischen Struktur, die aus von Personen besetzten Ämtern bestand, anstatt einer Struktur, die aus Personen mit (permanenten) Pflichten und Ressourcen zusammengesetzt war. Dies kann man als eine der bedeutendsten sozialen Erfindungen in der Geschichte betrachten. Eine ausführlichere Diskussion enthält Coleman 1970b.

ter oben bereits spezifizierte zweite Recht, erhält er ein zweites Papier: "Du (Name) hast das Recht (Recht 2), die Rechte und Ressourcen, die für Recht 1 spezifiziert sind, nach deinem Willen einer anderen Person zu übertragen." Die Spezifizierungen können natürlich auf mannigfache Art und Weise variiert werden, indem sie die Gruppe der Akteure, auf die die Rechte übertragen werden dürfen, angeben oder, falls der Inhaber stirbt, festlegen, wie in diesem Falle über die Rechte verfügt werden soll – denn der Vertrag läßt sich auch so formulieren, daß die Rechte wieder dem Vorgesetzten zufallen, wenn der Akteur, auf den sie übertragen wurden, stirbt.

Spiel 2: Die Struktur ist aus Positionen zusammengesetzt. Das einzige Recht, das der Vorgesetzte anderen Personen übergibt, lautet ungefähr folgendermaßen: "Du (Name) hast das Recht, die Position X zu besetzen, und dieses Recht kann unter den folgenden Bedingungen entzogen werden. (Spezifizierungen folgen.)" Die eigentlichen Rechte sind jedoch mit Positionen verknüpft. Die Person, die eine Position neu besetzt, findet dort etwa die folgende Aussage vor: "Der Inhaber von Position X hat das Recht, die unten spezifizierten Ressourcen zu verwenden und die unten spezifizierte Herrschaft über die Inhaber der Positionen Y und Z auszuüben. (Spezifizierungen folgen.)"

Vom Standpunkt des Akteurs aus, der eine komplexe Herrschaftsstruktur begründet, besteht der Fehler der Ressourcenverteilung an Personen darin, daß die Ressourcen, zu denen auch das Recht gehört, über Untergebene Herrschaft auszuüben, dem Vorgesetzten genommen und in die Hände desjenigen Akteurs gelegt werden, dem sie übertragen worden sind. Dies war in der Tat eine zentrale Schwäche der Herrschaftsstrukturen im späten Mittelalter. Dort gab es den Begriff des Amtes mit besonderen Gewalten und Verpflichtungen, aber die Ämter wurden ausgewählten Personen als Pfründe verliehen, und die Besetzung der Ämter konnte später nicht mehr widerrufen werden.

Die Bedeutung der Zusammensetzung einer komplexen Herrschaftsstruktur aus Positionen, an die Herrschaft delegiert wird, liegt in der damit einhergehenden strukturellen Stabilität. Andernfalls würde eine Auflösung in eine mehrschichtige einfache Herrschaftsstruktur erfolgen, in der jede Ebene volle und unabhängige Herrschaft über die nächstuntere Ebene ausübt.

Wenn sich eine Herrschaftsstruktur aus Positionen zusammensetzt, hat dies vielfache Auswirkungen. Eine davon ist, daß eine von Personen unabhängige Beziehungsstruktur entsteht; die Personen sind lediglich notwendige Ressourcen, damit das System funktionieren kann.[25] Dies war eine bedeutende soziale Veränderung, die in diesem Buch später noch ausführlicher

---

[25] Eine wichtige Konsequenz hieraus besteht darin, daß eine Person, die eine Position in einer Struktur besetzt, überflüssig wird, wenn diese Ressource durch einen nicht-menschlichen Akteur (d.h. irgendeine Maschine) ersetzt werden kann.

behandelt wird. Momentan genügt es festzuhalten, daß komplexe Herrschaftsstrukturen, die aus Positionen bestehen, im vergangenen Jahrhundert immer stärker zugenommen haben und in der modernen Gesellschaft die zentrale Form einer stabilen Herrschaftsstruktur darstellen.

In einer disjunkten Herrschaftsstruktur, in der der Untergebene seine Gewinne extrinsisch erhält, gehört zur Herrschaftsübertragung normalerweise das Recht, diese Herrschaft einem Statthalter übertragen zu dürfen. In der Angestelltenbeziehung, dem verbreitetsten Beispiel einer disjunkten Herrschaftsstruktur, erwartet der Arbeitnehmer, der eine Übertragung von Kontrolle über seine Zeit und seinen Arbeitsaufwand vornimmt, beispielsweise nicht, daß die Herrschaft unbedingt von der Person ausgeübt wird, mit der er den Austausch vorgenommen hat. Tatsächlich nimmt er den Austausch in modernen Organisationen mit einer immateriellen Körperschaft vor, nämlich der Organisation selbst, die ihre Herrschaft mittels Personen (Unternehmensleitern, Beamten oder anderen Agenten) ausüben muß.

Wenn mit der Herrschaftsübertragung nicht das Recht, die Herrschaft einem Statthalter zu übertragen, einhergeht, wird die Herrschaft der betreffenden Person direkt übertragen. Dies geschieht normalerweise in konjunkten Herrschaftsstrukturen, wo der Untergebene glaubt, daß die Herrschaft in einer Weise ausgeübt wird, die ihm einen Gewinn verschafft. Es gibt natürlich viele konjunkte Herrschaftsstrukturen, in denen auch das Recht der Herrschaftsübertragung gewährt wird. Nationalstaaten, in denen ein Führer von den Bürgern gewählt wird oder auf andere Weise in diese Position gelangt, sind konjunkte Herrschaftsstrukturen – doch dem Führer untersteht eine komplexe Regierungsstruktur, welcher und durch welche Herrschaft übertragen wird. Ebenso werden in einer Gewerkschaft, einer weiteren konjunkten Herrschaftsstruktur, vom Gewerkschaftsführer eine Reihe von Amtsinhabern eingesetzt, denen die Gewerkschaftsautorität übertragen wird.

Obwohl solche Fälle zahlreich sind, können konjunkte Herrschaftsstrukturen nicht so leicht von einfachen in komplexe Strukturen umgewandelt werden wie disjunkte, weil in manchen konjunkten Herrschaftsstrukturen die Herrschaft direkt auf eine Person übertragen wird, welche sie nur mit Schwierigkeiten an einen Statthalter weitergeben kann. Selbst in einem Nationalstaat bedeutet die Wahl eines Führers oft, daß das Volk ausdrücklich dem charismatischen Führer Herrschaft überträgt und es verlangt, direkt regiert zu werden und Anordnungen vom Führer persönlich zu erhalten.

Die innere Integrität eines Herrschaftssystems

Wie bereits erwähnt wird einem Akteur, dem von einer Menge von Personen Kontrollrechte übertragen werden und der somit Herrschaft über bestimmte

Handlungen dieser Personen erwirbt, eine Menge von Ressourcen zur Verfügung gestellt. Die Art und Weise, wie diese Ressourcen genutzt werden, beeinflußt unter anderem die Entscheidung des Untergebenen, ob er dem Akteur weiterhin Herrschaft übertragen oder sie ihm aberkennen soll. Wie Beispiele in diesem Kapitel und auch später zeigen werden, ist es jedoch manchmal der Fall, daß diejenigen, die Herrschaft besessen haben, auch nach einem Herrschaftsentzug weiterhin an der Macht bleiben und ihre Macht sich, wenn überhaupt, nur durch Gewalt brechen läßt.

In manchen sozialen Systemen kann die Aberkennung von Herrschaft direkt zu einer Entmachtung durch die Institutionen des Herrschaftssystems selber führen, in anderen jedoch nicht. Daß ein politisches System die Wiederwahl von früheren Amtsinhabern verhindern kann, verdeutlicht, was ich meine. In vielen Herrschaftssystemen, ob sie formal demokratisch sind oder nicht, ob auf der Gesellschaftsebene oder darunter, können amtierende Amtsinhaber nicht durch die politischen Institutionen des Systems ihrer Ämter enthoben werden. Wenn es eine Menge von Institutionen gibt, die eine Amtsenthebung im Prinzip ermöglichen, mangelt es den Untergebenen des Systems möglicherweise an ausreichendem sozialen Kapital (wie in Kapitel 12 definiert), um sich dieser Institutionen zur Entmachtung der Amtsinhaber zu bedienen.[26] In einigen Systemen existieren solche Institutionen gar nicht.

Bei einem ersten Test der inneren Integrität eines Herrschaftssystems fragt man danach, ob ein umfassender Entzug der Legitimität (d.h. von Kontrollrechten) durch Untergebene im System die Entmachtung amtierender Amtsinhaber innerhalb des institutionellen Rahmens des Systems zur Folge hat. Wird dieses Kriterium erfüllt, weist das System innere Integrität auf; wird es nicht erfüllt, kann man dem System keine innere Integrität zusprechen.

Was verstehe ich unter innerer Integrität, und wie unterscheidet man sie von der übergreifenden Integrität eines Herrschaftssystems? Innere Integrität hat nichts damit zu tun, daß ein soziales System oder ein Individuum einem von außen auferlegten moralischen Standard entspricht. Das Kriterium für innere Integrität basiert auf einer strukturellen Eigenschaft des Systems. Eine innere Integrität fehlt, wenn Individuen nicht in der Lage sind, die tatsächliche Kontrolle über ihre Handlungen mit Hilfe von Institutionen innerhalb des Herrschaftssystems über einen Entzug von Kontrollrechten wiederzuerlangen.[27] Wenn der Entzug von Kontrollrechten von einem großen Prozentsatz von Untergebenen vorgenommen wird, deutet die Unfähigkeit

---

26 Dies wird in Kapitel 12 weiter ausgeführt.
27 Zwischen der inneren Integrität eines Herrschaftssystems und seiner äußeren Integrität besteht die gleiche Beziehung wie zwischen der inneren Konsistenz einer Theorie und ihrer äußeren Gültigkeit.

dieser Untergebenen, Amtsinhaber mittels systemeigener Institutionen des Amtes zu entheben, darauf hin, daß das System keine innere Integrität aufweist.[28]

Ein solcher Test würde scheinbar zeigen, daß das Herrschaftssystem des Schahregimes im Iran innere Integrität aufwies, denn der Schah wurde ohne Blutvergießen oder Gewalt aus seinem Amt vertrieben. Die extremen Verletzungen der Menschenrechte während des Schahregimes, zu denen Folter und Mißhandlungen politischer Gefangener zählten, lassen das Fehlen von innerer Integrität vermuten. Diese Anzeichen sind zutreffend, denn der Schah wurde nicht durch die Institutionen des Systems entthront. Es gab nur deswegen kein Blutvergießen, weil der Schah selber die Macht niederlegte, indem er das Land verließ. Das Kriterium ist somit nicht ein Fehlen von Blutvergießen, sondern der Rückgriff auf Institutionen des Systems.

Andere Herrschaftssysteme verdeutlichen den Unterschied zwischen innerer und äußerer Integrität. Beispielsweise erfüllen einige Gewerkschaften nicht das Kriterium für innere Integrität, da die Mitglieder ihre Offiziellen nicht des Amtes entheben können, wie ehrenhaft die nach außen gerichteten Handlungen der Gewerkschaften von einer bestimmten Perspektive aus auch scheinen mögen. Nationalstaaten, in denen amtierende Staatsoberhäupter im Amt bleiben können, auch wenn die Bevölkerung ihnen die Legitimität dazu entzieht, bestehen den Test ebensowenig.

Eine weitere Möglichkeit, wie Untergebene in einem Herrschaftssystem die Kontrolle über ihre Handlungen wiedererlangen können, nachdem sie Kontrollrechte entzogen haben, besteht darin, dem Amtsinhaber Macht zu entziehen statt ihn von der Machtposition zu entfernen.[29] Dies liefert einen zweiten Test für die innere Integrität eines Herrschaftssystems. Wenn die Institutionen des Systems dazu herangezogen werden können, die Macht der Herrschaftsinhaber einzugrenzen, ist der Test bestanden. Der Wandel von einer absoluten Monarchie zu einer eingeschränkten Monarchie ist ein Beispiel hierfür. Das englische Herrschaftssystem konnte diesem Test einmal nicht standhalten, als die Entmachtung König Karls I. nur mittels der Revolution von 1640 herbeigeführt werden konnte. Später jedoch bestand das englische System den Test, als die Monarchie ihre Macht an das Parlament abtrat.

Ein dritter Test von innerer Integrität betrifft den Rechtsentzug durch eine Einzelperson. Ist sie in der Lage, sich nach dem Rechtsentzug mit geringen Kosten aus dem Herrschaftssystem zurückzuziehen? Ist dies der Fall, besteht

---

[28] Dies setzt ein Herrschaftssystem voraus, in dem alle Untergebenen annähernd gleiche Rechte besitzen. Differenziertere Systeme, in denen verschiedene Personen unterschiedliche Rechte haben, erfordern einen komplexeren Test.

[29] Ich danke Erling Schild für diesen Hinweis.

das System den Test. Diejenigen Nationalstaaten, die die Auswanderung ihrer Bürger mit Gewalt verhindern, bestehen diesen Test dagegen nicht.

Die Tests in bezug auf innere Integrität eines komplexen Herrschaftssystems basieren auf der Widerrufbarkeit von Rechten und der Möglichkeit, zu Bedingungen zurückzukehren, die vor der Herrschaftsübertragung vorherrschten. Die ersten beiden Tests betreffen die kollektive Widerrufbarkeit von Rechten durch Entfernung des Amtsinhabers aus dem Amt oder Verringerung der Macht des Amtsinhabers. Der dritte Test betrifft die individuelle Widerrufbarkeit, indem man sich ohne große Kosten aus dem System zurückziehen kann.

Kapitel 8

Vertrauenssysteme und ihre dynamischen Eigenschaften

Es ist nützlich, solche Phänomene der Makroebene zu verstehen, die Vertrauen miteinbeziehen, denn hier sind die drei Elemente eines Handlungssystems vereinigt: die zielgerichteten Handlungen individueller Akteure, die sich entscheiden, Vertrauen zu vergeben oder zu entziehen, bzw. Vertrauen zu enttäuschen oder zu rechtfertigen; der Übergang von der Mikro- zur Makroebene, durch den diese Handlungen miteinander verknüpft werden und somit Systemverhalten erzeugen; und der Übergang von der Makro- zur Mikroebene, durch den ein bestimmter Zustand des Systems die Entscheidungen einzelner Akteure, Vertrauen zu vergeben und vertrauenswürdig zu sein, modifiziert. Einige Beispiele sollen diese Phänomene der Makroebene verdeutlichen.

1. Um 1660 ernannte sich ein Jude aus Smyrna mit Namen Sabbatai Zwi zum Messias (Scholem, 1973). Schon bald besaß er in Europa eine große jüdische Anhängerschar. Diese große Zunahme an Vertrauen in Sabbatai Zwi als Messias kam zum Stillstand und löste sich schließlich auf, als er nach einer Gefangenschaft bei den Türken zum Islam übertrat.

2. Während mehrerer Jahre, beginnend in den 60er Jahren, entzog die Bevölkerung Polens ihrer Regierung das Vertrauen und lehnte sich wiederholt gegen Preiserhöhungen, Löhne und Arbeitsbedingungen auf, was 1970 und 1976 zu revolutionsartigen Aufständen führte. Schließlich brachen zunächst im August 1980 in Danzig Streiks aus, die sich über das gesamte Land ausbreiteten und die Gründung der Gewerkschaft *Solidarität* nach sich zogen. Nachdem die Bevölkerung Polens in den 70er Jahren ihrer Regierung Vertrauen entzogen hatte, erfuhr das Vertrauen in die *Solidarität* und ihren Anführer, Lech Walesa, zwischen August 1980 und der Zusammenkunft der *Solidarität* im September 1981 in Danzig eine gewaltige Zunahme. Von der 35 Millionen Einwohner zählenden Bevölkerung traten 13 Millionen Arbeiter und Bauern der *Solidarität* bei. Polen erlebte eine Einheit, die es weder während der zwei vorhergehenden Jahrzehnte noch zu irgendeinem späteren Zeitpunkt gegeben hat.

3. 1717 bewog der Schotte John Law, der in Frankreich gerade das Papiergeld eingeführt hatte, den französischen Regenten dazu, die *Mississippi Company* zur wirtschaftlichen Nutzung des Louisiana-Territoriums zu konzessionieren (Mackay 1932 [1852]). Die Aktienspekulation nahm sprunghaft zu, und ca. 500 Börsenmakler ließen sich mit ihren Buden im Park des Hôtel

226 Handlungsstrukturen

de Soissons in Paris nieder. Die feine Gesellschaft von Paris legte ihr Vermögen samt und sonders John Law und seinem Mississippi-Plan in die Hände. Das in ihn gesetzte Vertrauen war so groß, daß er auf dem Höhepunkt des Geschehens einem Bericht zufolge die einflußreichste Person Frankreichs war.

4. 1095 und 1096 wanderte ein Mann mit dem Namen Peter der Einsiedler durch Europa und predigte, nachdem er zunächst Papst Urban II von seiner Mission überzeugt hatte, für die Rückeroberung der Heiligen Stadt Jerusalem von den türkischen Ungläubigen (Mackay 1932 [1852]). Er sammelte mehrere hunderttausend Männer, Frauen und Kinder um sich, die ihm durch Ungarn bis nach Konstantinopel und auf Jerusalem zu folgten. Fast alle von ihnen kamen unterwegs ums Leben, doch war dies der Beginn des ersten Kreuzzuges.

5. In den 60er Jahren machte in der amerikanischen Jugend der Slogan "Trau keinem über 30" die Runde, der den immensen Vertrauensentzug gegenüber der dominierenden Erwachsenenkultur widerspiegelte.

6. In und um Nürnberg in Westdeutschland haben sich einige der Handwerker, die dort Musikinstrumente herstellen, nach schmerzlichen Erfahrungen dazu entschlossen, keine Lehrlinge mehr einzustellen oder auszubilden, sondern ihr Handwerk aussterben zu lassen. Sie trauen jungen Leuten *als Klasse* nicht mehr zu, sich während der langen Ausbildungszeit der notwendigen Autorität zu fügen, bis sie das anspruchsvolle Handwerk des Instrumentenbauers erlernt haben. Als Konsequenz daraus haben sie sich entschieden, keine jungen Leute mehr einzustellen, um ihnen dieses Handwerk beizubringen.[1]

7. In den 70er Jahren erfuhren in den USA und Europa einige religiöse Gruppen und Kulte, die vor allem junge Menschen ansprachen, einen enormen Aufschwung. Zu ihnen gehörte die Hare-Krischna-Bewegung, die Moon-Sekte und der Zen-Buddhismus. Vormals weltlich orientierte junge Juden bekehrten sich und traten in Israel Jeschiwas bei. Und es gab einige örtlich festgelegte Kultbewegungen wie die von Reverend Jim Jones, der Jonestown gründete.

8. Ein Beispiel für die periodische Zu- und Abnahme von Vertrauen in einem kleinen sozialen System führt in ein Soziologieinstitut zu Anfang der fünfziger Jahre. Dort war ein seltsames Phänomen bei der Bewertung von Doktoranden durch Dozenten zu beobachten: Für eine gewisse Zeit stieg die Reputation eines Doktoranden in der Fakultät rapide an, und zwar auf eine Art und Weise, die den restlichen Doktoranden rätselhaft erschien. Dann löste sich diese Gunst eines Tages genauso rätselhaft und noch schneller

---

1 Ich danke Professor Henrik Kreutz von der Universität Erlangen-Nürnberg für dieses Beispiel.

wieder in Luft auf, und alle Dozenten schienen gleichzeitig das Vertrauen in die Fähigkeiten jenes Studenten verloren zu haben.

Alle diese Beispiele sind Phänomene der Makroebene, die mit Vertrauen zu tun haben. Typische "Erklärungen" für derartige Phänomene bleiben auf der Makroebene, sind mehr oder weniger ad hoc und basieren auf einzelnen Variablen der Makroebene. Aber solch eine Erklärung hat, selbst wenn sie die Gegebenheiten des betreffenden Falles richtig erklärt, zum einen den Fehler, daß sie zwischen der angeblichen Ursache und ihrer Auswirkung eine große Lücke läßt, und zum anderen den Fehler, daß sie einer Verallgemeinerung, die über den betreffenden Fall hinausgeht, bestenfalls ein schwaches Fundament liefert. So wird als Erklärung für das Phänomen aus Beispiel 5, der Verbreitung des Slogans "Trau keinem über 30" in den 60er Jahren in Amerika, manchmal der Babyboom genannt; dieser hatte große Kohorten von Jugendlichen zur Folge, die in den Jahren des sprunghaften Anstiegs der Geburtenrate ab 1946 geboren wurden und in der Mitte und zum Ende der 60er Jahre zwischen 20 und 30 Jahre alt waren. Aber selbst wenn dies eine Ursache in dem Sinne war, daß ohne das Wachstum der Gruppe kein Vertrauensentzug stattgefunden hätte, ist es im Sinne notwendiger Bedingungen nur eine von vielen möglichen Ursachen. Vor allem läßt es das Handlungssystem unerforscht, durch das dieser makrosoziale Wandel seine Wirkung haben konnte. Es gibt keinen Übergang von der Makro- zur Mikroebene und (was in diesem Falle weniger problematisch ist) auch keinen Übergang von der Mikro- zur Makroebene.

In diesem Kapitel will ich die Untersuchung von Handlungssystemen, die Vertrauen umfassen, einleiten und dabei mit der Vertrauensbeziehung beginnen, wie ich sie in Kapitel 5 beschrieben habe. Dieses Kapitel behandelte Vertrauensbeziehungen zwischen lediglich zwei Akteuren, von denen sich einer in der Rolle des tatsächlichen oder möglichen Treugebers und der andere in der Rolle des Treuhänders befindet. Es gibt allerdings drei Arten von Vertrauenssystemen, die über das genannte hinausgehen. Erstens können diese beiden Akteure in zweierlei Beziehung zueinanderstehen: Der erste vertraut dem zweiten und ist gleichzeitig der Treuhänder des Vertrauens, das der zweite in ihn setzt. Dies bezeichnet man als gegenseitiges Vertrauen. Zweitens kann ein- und derselbe Akteur als Treuhänder für einen Akteur und als Treugeber für einen anderen Akteur fungieren. Ein solcher Akteur ist sozusagen das intermediäre Glied in einer Vertrauensbeziehung. Drittens gibt es Situationen, in denen ein Akteur dem Versprechen eines zweiten Akteurs nicht vertraut, sondern dem Versprechen einer dritten Partei Glauben schenkt. Dieses Versprechen kann in einer Transaktion zwischen der ersten und zweiten Partei Verwendung finden. Dies wird als "Drittparteien-Vertrauen" bezeichnet. Ich werde Systeme dieser drei Typen untersuchen und dabei mit Systemen gegenseitigen Vertrauens beginnen, die für die oben genannten Beispiele der Makroebene am wenigsten relevant sind, aber wichtige systembezogene Eigenschaften aufweisen.

Gegenseitiges Vertrauen

Nehmen wir an, daß ein Mädchen, Kay, und ein Junge, Jay, in einem System gegenseitigen Vertrauens agieren. Das heißt, daß Kay Jay vertraut und umgekehrt. Gemäß der in Kapitel 5 vorgenommenen Analyse hängt Jays rationale Entscheidung, Kays Vertrauen zu rechtfertigen oder zu enttäuschen, von dem unmittelbaren Gewinn ab, den das Enttäuschen des Vertrauens ihm bringen würde (z.B. indem er Kay hintergeht, um die Beziehung zu einer anderen Person zu festigen) in Relation zu den Gewinnen, die ihm entgehen, weil Kay ihm zukünftig nicht mehr vertrauen würde. Da aber Kay auch als Treuhänder für Jays Vertrauen fungiert, würden ihm weitere mögliche Kosten entstehen, wenn er ihr Vertrauen enttäuschte. Möglicherweise würde sie nicht nur in Zukunft darauf verzichten, ihm Vertrauen zu schenken, sondern ihm seinen Vertrauensbruch damit vergelten, daß sie ihrerseits nun sein Vertrauen enttäuscht (oder es einfach nicht mehr als gewinnbringend genug erachtet, das Vertrauen zu rechtfertigen). Dies würde Jay nicht nur um zukünftige Gewinne aus Kays Vertrauen bringen, sondern ihm aus Kays Vertrauensbruch auch Verluste erwachsen lassen. Die Tatsache, daß Jay auch Kay vertraut, verschafft ihr eine Ressource, die Jay davon abhält, Kays Vertrauen zu enttäuschen.

Diese Bedingung gegenseitigen Vertrauens beeinflußt nicht nur Jays Nutzen-Kosten-Kalkulation als Treuhänder, sondern auch als Treugeber. Als Treugeber muß Jay die Wahrscheinlichkeit von Kays Vertrauenswürdigkeit mit dem Verhältnis von möglichem Verlust zu möglichem Gewinn vergleichen. Die Tatsache, daß sie ihm ebenfalls vertraut, hat Folgen für beide Seiten dieses Vergleichs. Sie erhöht sowohl die Wahrscheinlichkeit, daß sie das Vertrauen rechtfertigen wird (aus dem Grunde, der oben auch für Jay angegeben wurde) und erhöht seine möglichen Gewinne aus der Vergabe von Vertrauen, da seine Vertrauensvergabe die Wahrscheinlichkeit erhöhen wird, daß sie ihm vertraut.

In Tabelle 8.1 wird die Situation, in der sich ein Individuum befindet, in Form von Anreizen für die Rechtfertigung von Vertrauen und die Vergabe von Vertrauen dargestellt, wobei zwischen einer asymmetrischen Vertrauensbeziehung (in der das Individuum entweder nur als Treugeber oder Treuhänder fungiert) und einer Beziehung gegenseitigen Vertrauens (in der das Individuum sowohl als Treugeber als auch Treuhänder fungiert) differenziert

Tabelle 8.1 Anreize für Treuhänder und Treugeber in asymmetrischen und symmetrischen Vertrauensbeziehungen

Handlung	Anreize in einer asymmetrischen Beziehung	Zusätzliche Anreize in einer Beziehung gegenseitigen Vertrauens
Rechtfertigen oder Enttäuschen von Vertrauen	Entgangener Gewinn wegen zukünftiger Vertrauensverweigerung des anderen	Anderer wird als Treuhänder auch Vertrauen enttäuschen, wenn ich es tue
Schenken oder Verweigern von Vertrauen	Gewinnerwartung (pG) aus Vertrauenswürdigkeit des anderen ist größer als Verlusterwartung ($[1-p]L$)	p nimmt zu durch eigene Sanktionsgewalt in Form von Vertrauensbruch, wenn der andere Vertrauen enttäuscht; G nimmt bei zukünftigem Gewinn durch anderen als Treuhänder zu

(p = Wahrscheinlichkeit der Vertrauenswürdigkeit; L = Verluste; G = Gewinne)

wird. Ein System gegenseitigen Vertrauens weist eine positive Rückkoppelung auf, was besagt, daß die Dynamik zu einem erhöhten Ausmaß der Vertrauensvergabe und Vertrauenswürdigkeit führt.

Die zusätzlichen Anreize für das Schenken und Rechtfertigen von Vertrauen, die in einer Beziehung gegenseitigen Vertrauens gegeben sind, führen zu zweierlei Voraussagen. Erstens besteht für Treugeber aus einer asymmetrischen Vertrauensbeziehung der Anreiz, diese in eine Beziehung mit gegenseitigem Vertrauen umzuwandeln (wenn Kay Jay vertrauen möchte, hat sie ein Interesse daran, daß auch er ihr vertrauen wird). Zweitens sind beide Parteien in einer Beziehung gegenseitigen Vertrauens wahrscheinlich eher vertrauenswürdig als der Treuhänder in einer asymmetrischen Vertrauensbeziehung (wenn Jay und Kay beide Treugeber sind, ist es weniger wahrscheinlich, daß sie sich beide als nicht vertrauenswürdig herausstellen, als bei einem Treuhänder in einer Beziehung mit einseitiger Vertrauensvergabe der Fall wäre). Eine Möglichkeit, mit der der Treugeber, Kay, den Treuhänder, Jay, dazu bringen kann, Vertrauen in sie zu setzen, besteht darin, Situationen zu schaffen, in denen der Treuhänder zum Treugeber wird (wo dieser ihr z.B. einen Gefallen tun kann), wenn sich solche Gelegenheiten nicht von selbst ergeben. Falls dies Erfolg hat, wird eine Verpflichtung für Kay geschaffen, die sie dazu benutzen kann, Jays mögliche Vertrauensunwürdigkeit einzugrenzen. Es entsteht aber auch, wie Jay vielleicht bemerkt, eine Verpflichtung, deren Erfüllung in Kays Interesse liegen wird.

Ein weiterer Zugang bietet sich Kay als Treugeber paradoxerweise auf nahezu umgekehrtem Wege, indem sie nämlich den Nutzen, den sie Jay bieten kann, extrem erhöht. Ein Mensch, der einen anderen sehr liebt (d.h. der von der Beziehung große Gewinne erwartet), wird manchmal versuchen, für den geliebten Menschen "alles zu tun". Dies wäre für Kay eine rationale Handlungsweise, wenn sie Jay dadurch bewegen würde, "sie genauso zu brauchen, wie sie ihn braucht"; d.h. Kay würde eine Anzahl von Erwartungen in Jay erwecken, die auf eine Fortführung der Beziehung gerichtet sind (in diesem Falle nicht in Form von Verpflichtungen, die man gegenüber der anderen Person eingeht, sondern indem man ihr einseitig Gewinn verschafft).[2] Mit dem Wecken solcher Erwartungen erreicht man, daß der andere vor einem Aufgeben der Beziehung zurückschreckt. Die Gefahr liegt in der Festlegung von Austauschbedingungen für zukünftige Transaktionen, die für einen selbst extrem ungünstig sind. Damit verbunden ist eine zweite Gefahr, daß man nämlich eher Beziehungen mit Personen eingeht, die an der Fortführung einer symmetrischen Beziehung nicht interessiert sind.

Das kriecherische Verhalten mancher Untergebener ihren Vorgesetzten gegenüber resultiert vielleicht aus einer derartigen Motivation. Der kriecherische Untergebene, der auf zukünftige für ihn günstige Handlungen seines Vorgesetzten angewiesen ist (und weiß, daß er sich aus der Herrschaftsbeziehung nur mit hohen Verlusten zurückziehen kann, und darüber hinaus weiß, daß der Vorgesetzte dies ebenfalls weiß), verschafft dem Vorgesetzten einseitig Gewinne in der Hoffnung, daß letzterer eine Abhängigkeit von diesen Gewinnen entwickelt und sich auf eine dem Untergebenen dienliche Weise verhalten wird, um nicht auf sie verzichten zu müssen.

Dem Treuhänder bieten sich ebenfalls einige Strategien an. Falls der Treuhänder in einer asymmetrischen Beziehung wirklich beabsichtigt, das Vertrauen zu rechtfertigen, und Vorteile darin sieht, die Dichte der Transaktionen in dieser Beziehung zu verstärken, eröffnen sich ihm verschiedene Wege. Wenn sich Jay die Alternative bietet, entweder Kay Vertrauen zu schenken, die ihm ihrerseits schon durch andere Handlungen Vertrauen geschenkt hat, oder May, die dies nicht getan hat, wird er, falls alles andere konstant bleibt, mit größerer Wahrscheinlichkeit Kay Vertrauen schenken als May. Wie in Tabelle 1 dargestellt, wird seine Überzeugung von der Vertrauenswürdigkeit Kays dadurch verstärkt, daß er mit der Drohung, selbst nicht vertrauenswürdig zu sein, eine mögliche Sanktion gegen sie in der Hand hat.

Eine zweite Möglichkeit für den Treuhänder, die asymmetrische Beziehung in eine symmetrische umzuwandeln, liegt in der Entgeltung von Verpflichtungen. Ein Treuhänder, der eine Verpflichtung (z.B. einen persönlichen Gefallen) erwidert, muß nur wenig mehr bezahlen, als es der Erwartung des

---

2 Diese Strategie und einige ihrer Gefahren werden in Norwood (1987 [1985]) diskutiert.

Treugebers, also den Kosten, die dem Treuger durch seinen Gefallen entstanden waren, entspricht. Falls der Treuhänder aber etwas findet, was über die Erwartung des Treugebers weit hinausgeht, kann er gleichzeitig seine Verpflichtung einlösen und eine Verpflichtung auf seiten des Treugebers schaffen. Eine Verpflichtung wird sicher dann geschaffen, wenn der Gegengefallen nicht nur dem Treuger mehr wert ist, sondern den Treuhänder auch mehr kostet, als ihm der ursprüngliche Gefallen wert war. Ist dies der Fall, hat der Treuhänder zwar mit der ersten Transaktion ein Verlustgeschäft gemacht, kann aber aufgrund der Verpflichtung, die er für den ersten (den früheren Treugeber und jetzigen Treuhänder) geschaffen hat, einen Gewinn erwarten, wenn sein Gegengefallen wiederum entgolten wird. Solange aus dem Tausch zwischen diesen beiden große Gewinnmöglichkeiten erwachsen (was davon abhängt, was sie füreinander tun können und was diese Dinge sie kosten), sind die Investitionen, die durch das Einlösen einer Verpflichtung und das gleichzeitige Schaffen einer neuen Verpflichtung entstehen, sicherlich gewinnbringend. Und außerdem eröffnet es die Möglichkeit, daß der andere in Zukunft häufiger sein Vertrauen vergibt.

Das Muster des "Überbezahlens" beim Einlösen einer Verpflichtung scheint besonders für ländliche Gebiete charakteristisch zu sein. Dies scheint rationale Ursachen zu haben; denn in solchen Gebieten ist man ganz besonders auf die Hilfe anderer angewiesen, und ein "Überbezahlen" schafft Verpflichtungen, die garantieren, daß die anderen besonders bereitwillig auf solche Bitten eingehen. Anthropologen haben dieses Muster häufig in primitiven Gesellschaften feststellen können. Das bekannteste ist das *Potlatch* (= Geschenkefest) der Indianer im Nordwesten Amerikas am Pazifik.

Die Dynamik von asymmetrischen und symmetrischen Vertrauensbeziehungen zwischen Akteuren ist komplex und ist mit einer rein verbalen Analyse, wie die vorangegangene Diskussion gezeigt hat, praktisch nicht zu ergründen. Diese Dynamik wird in Kapitel 28 ausführlicher mit mathematischen Mitteln analysiert, wo die Auswirkungen anfänglicher Asymmetrie (wie z.B. die Gewinne und Verluste des einzelnen bei Beibehaltung der Beziehung) auf den letztendlichen Charakter der Beziehung untersucht werden.

Die Analyse sozialer Beziehungen als Systeme, in denen kontinuierlich und in manchen Fällen wechselseitig Vertrauen vergeben und gerechtfertigt wird, weist auf eine Fülle empirischer und theoretischer Zugänge hin, durch die unsere Kenntnis von der Statik und Dynamik solcher Beziehungen erweitert werden kann. Offensichtlich spielt das Schenken und Rechtfertigen von Vertrauen sowohl bei der Schaffung als auch bei der Auflösung sozialer Beziehungen eine bedeutende Rolle. Ebenso zeigt es sich, daß das Zusammenspiel von empirischer und theoretischer Arbeit zur Dynamik des Vertrauens in sozialen Relationen eine fruchtbringende Arbeitsrichtung darstellt.

Vertrauensintermediäre

Von den Beispielen, die zu Beginn von Kapitel 5 vorgestellt wurden, handelte eines von einem Reeder und ein anderes von zwei Farmern. In beiden Fällen beinhaltete die einzelne Transaktion eine Kette von Vertrauen. Im Beispiel mit dem Reeder besteht diese Kette je nach der Betrachtungsweise aus zwei oder drei Gliedern. Die zweigliedrige Kette läßt sich folgendermaßen beschreiben: Dem norwegischen Reeder vertraut der Merchant Banker Hambros, dem wiederum die Bank in Amsterdam vertraut. Die dreigliedrige Kette sähe so aus: Dem Reeder vertraut der Abteilungsleiter von Hambros, dem wiederum die Direktoren von Hambros vertrauen, denen wiederum die Bank in Amsterdam vertraut. Beim Beispiel mit den Farmern gibt es zwei Glieder in der Kette: Dem ersten Farmer vertraut der Nachbar, und dem Nachbarn vertraut der zweite Farmer.

In beiden Fällen wird eine Aktivität ermöglicht, die sonst nicht ausgeführt worden wäre. Der letztendliche Treugeber (die Bank in Amsterdam oder der zweite Farmer) hätten dem letztendlichen Treuhänder (dem Reeder oder dem ersten Farmer) nicht direkt vertraut, wenn kein intermediärer Akteur (Hambros oder der Nachbar) existiert hätte. Dagegen vertraute der letztendliche Treugeber bereitwillig dem Intermediär. Hambros stellte als Intermediär eine Art von Bürgschaft bereit, die einen Ressourcenfluß vom letztendlichen Treugeber, der Bank in Amsterdam, zum letztendlichen Treuhänder, dem Reeder ermöglichte. Der Nachbar als Intermediär gab keine Bürgschaft, aber lieferte zumindest eine genügend große Sicherheit, daß der zweite Farmer sich bereit erklärte, dem ersten den Gefallen zu tun.

Es ist angebracht, drei verschiedene Typen von Intermediären in Vertrauensbeziehungen zu unterscheiden, die alle im Merchant-Bankwesen, aber auch bei völlig wirtschaftsfremden Aktivitäten in politischen und sozialen Systemen anzutreffen sind. Intermediäre in Vertrauensbeziehungen lassen sich als Berater, Bürge oder Unternehmer klassifizieren. Die Rolle des Nachbarn als Intermediär kann man als Berater des Treugebers, also des Farmers ansehen, der in das Urteil des Nachbarn sein Vertrauen setzte.[3] Diese beratende Funktion findet man oft in der Politik. Beispielsweise gibt es in Washington, D. C., eine Anzahl von Personen, die gewissermaßen als Lobbyisten fungieren. Sie stellen Beamten (möglichen Treugebern) interessierte Parteien (die möglichen Treuhänder) vor. Die möglichen Treugeber (Kongreßabgeordnete oder hohe Verwaltungsbeamte) investieren Zeit und Aufmerksamkeit, den interessierten Parteien zuzuhören, da sie dem Urteil der Lobbyisten vertrauen, daß dies gewinnbringend sein wird, und setzen

---

3 Einige Merchant Bankers, wie z.B. S. M. Warburg, der auch von Wechsberg (1966 [1966]) beschrieben wird, haben sich auf diese Rolle spezialisiert.

manchmal auch Vertrauen in diese interessierten Parteien, was teilweise auch auf ihr Vertrauen in das Urteil der Lobbyisten zurückzuführen ist.

Den Intermediär als Bürgen findet man im Beispiel mit dem Reeder, denn Hambros ging der Bank in Amsterdam gegenüber eine Verpflichtung für die von ihr zur Verfügung gestellten 200 000 Pfund ein. Zwischen dem Intermediär als Bürgen und als Berater besteht ein wichtiger Unterschied. Der Berater bringt in den Handel lediglich die Glaubwürdigkeit seines Rates ein, und wenn sich dieser als schlecht herausstellt, verliert sein Urteil in den Augen derjenigen, die er beraten hat, an Glaubwürdigkeit. Der Bürge erleidet dagegen einen Verlust an Ressourcen, wenn der letztendliche Treuhänder das Vertrauen bricht, wogegen seine Vertrauenswürdigkeit in den Augen des Treugebers nicht vermindert wird.

Die Unternehmerfunktion besteht darin, daß der Intermediär das Vertrauen verschiedener Treugeber weckt und diese Ressourcen kombiniert, wobei er sie normalerweise einem oder mehreren Akteuren übergibt, von denen man erwarten kann, daß sie daraus für die ursprünglichen Investoren einen Gewinn erzielen. Einige Investitionsbanken in New York haben sich vornehmlich darauf spezialisiert; Wechsberg (1966, S. 287ff. [1966]) stellt als Beispiel Lehman Brothers vor. Auch in politischen Systemen findet man die Unternehmerfunktion häufig vor. In Legislativen wie dem Kongreß der Vereinigten Staaten, in der wenig Parteidisziplin herrscht, spezialisieren sich bestimmte Abgeordnete auf die Tätigkeit unternehmerischer Vertrauensintermediäre. Sam Rayburn, als Sprecher des Repräsentantenhauses, und Lyndon Johnson, als Mehrheitsführer des Senats, waren bekannt für ihre Integrität beim Einhalten von Versprechungen, und ihre Positionen machten sie zu natürlichen Kommunikationszentren. Als politische Unternehmer konnten sie zahlreiche Mitglieder des Repräsentantenhauses und des Senats bitten, entweder für einen Gesetzesvorschlag zu stimmen, den die Exekutive initiiert hatte, oder für einen speziellen Gesetzentwurf, an dem nur eine kleine Minderheit interessiert war. Die erfolgreiche Verabschiedung eines solchen Gesetzentwurfes schuf dann Verpflichtungen auf seiten der Exekutive bzw. auf seiten der Abgeordneten, die ein Interesse daran gehabt hatten. Geht ein solcher politischer Intermediär geschickt vor, wird der Kredit, der den Treugebern, welche ihm die Kontrolle über ihre Stimmen in einem speziellen Fall übergeben haben, gewährt werden wird, geringer sein als die Verpflichtung, die er von dem Treuhänder, dem er die Stimmen überliefert hat, erhalten wird.

Art und Umfang des Vertrauens, das in diesen drei Intermediärtypen vergeben wird, ist nicht immer gleich, wie in Abbildung 8.1 dargestellt wird. Fungiert der Intermediär als Berater, vertraut der Treugeber dem *Urteil* des Beraters, das ihn dazu bewegt, in die Fähigkeiten und die Integrität des Treuhänders Vertrauen zu setzen. Die mit J bezeichneten Pfeile stehen für

234 *Handlungsstrukturen*

(a) BERATER

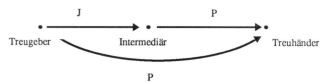

(b) BÜRGE

(c) UNTERNEHMER

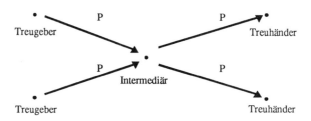

Abb. 8.1 Drei Typen von Vertrauensintermediären

Vertrauen in das Urteil des Intermediärs, die mit P bezeichneten für Vertrauen in die Leistungskapazität (d.h. Fähigkeiten und Integrität des letztendlichen Treuhänders). So führt das Vertrauen in das Urteil eines Beraters dazu, daß der Treugeber Vertrauen in die Leistungskapazität des letztendlichen Treuhänders setzt. Fungiert der Intermediär als Bürge oder als Unternehmer, setzt der Treugeber Vertrauen in die Leistungskapazität und Integrität des Intermediärs, so wie der Intermediär seinerseits dem Treuhänder vertraut. In beiden letztgenannten Fällen muß der Intermediär ein großes Vertrauen in seine eigene Urteilsfähigkeit setzen, wenn er in der Lage sein möchte, als Intermediär zu fungieren. Er muß eine gute Urteilsfähigkeit besitzen, wenn er nicht als Intermediär Ressourcen verlieren will.

Wie Abbildung 8.1 zeigt, ist der beratende Intermediär, anders als in den anderen beiden Fällen, kein hundertprozentiger Intermediär. Der Treugeber muß immer noch dem Treuhänder Vertrauen schenken, wogegen der Treugeber in den anderen Fällen nur dem Intermediär vertrauen muß. Fungiert der Intermediär als Berater und der Treuhänder stellt sich als nicht vertrauenswürdig heraus, verliert der Treugeber Ressourcen, und der Intermediär verliert an Ansehen. Fungiert der Intermediär als Bürge oder als Unternehmer und der Treuhänder stellt sich als nicht vertrauenswürdig heraus, verliert der Treugeber nichts.

In den Intermediär, der als Unternehmer fungiert, müssen schließlich mehrere Treugeber, die teilweise verschiedenartige Ressourcen besitzen, Vertrauen setzen. Dabei kann die Leistungskapazität des Unternehmers teilweise darin bestehen, daß er diese Ressourcen richtig unter den Treuhändern aufteilt, die gemeinsam die Gewinne aus der Tätigkeit produzieren. Diese letzte Funktion erinnert an die Rolle des ökonomischen Unternehmers, der eine Organisation ins Leben ruft, um ein Produkt zu produzieren, wobei seine Arbeitnehmer als die in Abbildung 8.1 auftauchenden Treuhänder fungieren.

Wie bei der Vertrauensvergabe allgemein stützt sich die Vergabe von Vertrauen in Intermediäre auf G, L und p, den antizipierten Gewinn bzw. Verlust und die Einschätzung der Vertrauenswürdigkeit des anderen durch den Treugeber. Diese Kalkulationen sind am einfachsten, wenn der Intermediär als Bürge fungiert. Für den letztendlichen Treugeber (im Beispiel mit der Hambros Bank war dies die Bank in Amsterdam) bleibt die Einschätzung des möglichen Gewinns und Verlustes gleich - unabhängig davon, ob er in den letztendlichen Treuhänder (den norwegischen Reeder) oder in den Intermediär Vertrauen setzt.Der Unterschied liegt in der Einschätzung der Vertrauenswürdigkeit. Für die Amsterdamer Bank scheint die Vertrauenswürdigkeit des letztendlichen Treuhänders nicht hoch genug, um ihm Vertrauen zu schenken. Dagegen schätzt sie die Vertrauenswürdigkeit der Hambros Bank so hoch ein, daß sie ihr Vertrauen schenkt, und Hambros wiederum schätzt die Vertrauenswürdigkeit des Reeders als hoch genug ein, um in ihn Vertrauen zu setzen.[4]

Das Hambros-Beispiel verdeutlicht auch die Voraussetzungen, die den Erfolg eines Intermediärs, der als Bürge fungiert, ermöglichen. Würde der Bürge die Leistungskapazität des letztendlichen Treuhänders nicht höher einschätzen als der letztendliche Treugeber, würde er wahrscheinlich nicht als Bürge dienen, denn er sieht sich dem gleichen möglichen Verlust wie der letztendliche Treugeber gegenüber und in vielen Fällen auch dem gleichen möglichen Gewinn. Würde er die Vertrauenswürdigkeit *ungerechtfertigterweise* höher einschätzen, würde er als Bürge dienen, aber häufig einen Verlust erleiden, wenn er einem Akteur Vertrauen schenken würde, der sich als

---

4 In diesem Falle wie auch in anderen, in denen Intermediäre als Bürgen auftreten, gewinnt der Intermediär vielleicht auch mehr durch die Vertrauensvergabe.

nicht vertrauenswürdig erweist. Um also als Bürge erfolgreich zu sein, ist der wichtigste Aktivposten eines Akteurs (außer Ressourcen, die als Bürgschaft dienen können) die Information über die Vertrauenswürdigkeit des möglichen Treuhänders. Solange seine Informationen nicht denen anderer Akteure überlegen sind, mit denen mögliche Treuhänder vielleicht Transaktionen eingehen werden, bietet ihm die Funktion als Intermediär keinerlei Gewinnchancen.

Für den letztendlichen Treugeber ergeben sich ähnliche Überlegungen wie für einen Bürgen, wenn er sich eines Intermediärs mit beratender Funktion bedient. Der Berater (der sich, wie ich voraussetze, in einer ähnlichen Position wie der Treugeber befindet) hat entweder Vertrauen vergeben oder nicht, wobei er von einer Bewertung der möglichen Gewinne und Verluste aus den Handlungen des Treuhänders ausgegangen ist, welche denen ähneln, denen sich der Treugeber gegenübersieht. Wenn der Treugeber glaubt, daß das Urteil des Intermediärs fundierter als sein eigenes ist und auch fundierter als das Urteil anderer, die eine Vertrauensvergabe entgegengesetzt bewerten, wird er Vertrauen in das Urteil des Intermediärs setzen und dessen Handlung folgen (Vertrauen vergeben oder nicht, es entziehen oder nicht). Der Intermediär selber kann in der Eigenschaft als Berater aktiv werden oder nicht, denn es kann seine eigene Handlung in bezug auf den Treuhänder sein, die ihn zum Vorbild für den Akteur werden läßt, der seinem Urteil Vertrauen schenkt.

Ein wichtiger Unterschied trennt den Intermediär als Unternehmer von den anderen beiden Typen. Obwohl dieser Unterschied von entscheidender Bedeutung für die Vertrauensdynamik in politischen Systemen sein kann, möchte ich ihn mit Hilfe eines rein sozialen Beispiels verdeutlichen, nämlich einer Gastgeberin in diplomatischen Kreisen, die eine Party plant. Die Personen, die sie einlädt, sind die möglichen Treugeber, von denen sich jeder fragen muß: "Was verliere ich, wenn ich zur Party gehe, was gewinne ich, und wie groß ist die Chance, daß ich mehr gewinne als verliere?" (Mit der in Kapitel 5 eingeführten Terminologie ausgedrückt: Wie groß ist L, wie groß ist G und wie groß ist p?) Ein entscheidendes Element zur Einschätzung von G und p, mit dem jede eingeladene Person konfrontiert wird, ist die Kenntnis darüber, wer die anderen Gäste sind. Kurz gesagt erhöhen die Ressourcen, die bestimmte voraussichtliche Gäste liefern, die Wahrscheinlichkeit, daß andere Gäste durch ihr Kommen Vertrauen vergeben, und nur, wenn die meisten kommen werden, werden alle eher einen Gewinn als einen Verlust erfahren.

Wer sind in diesem Falle die letztendlichen Treuhänder? Ein und dieselben Personen sind, als Individuen, Treugeber und, als Kollektiv, Treuhänder. Die Gastgeberin vertraut – wie ein Wirtschaftsunternehmer – darauf, daß die Gäste eine "gute Mischung" abgeben, und jeder der Gäste vertraut darauf, daß die Gastgeberin die "richtigen Leute" eingeladen hat und auch in der Lage ist, diese zum Kommen zu bewegen. Erfolgreichen Gastgeberinnen vertraut man und ihre Parties sind gut besucht, eben weil die Gäste gut besuchte Parties vorfinden und sie so genießen können. Erfolglosen Gastgeberinnen vertrauen einige Leute, indem sie ihre Parties besuchen, finden aber schlecht besuchte Parties vor, die man nicht genießen kann, und dies wiederum führt dazu, daß diejenigen, die zunächst Vertrauen vergeben haben, ihr Vertrauen nun verlieren. Erfolgreiche Gastgeberinnen wenden verschiedene Strategien an, um sicherzustellen, daß bestimmte bedeutende Personen zu ihren Parties kommen, und um andere wissen zu lassen, daß eben diese Personen Gast sein werden, und sogar auch, um eine Nachfrage unter relativ bedeutenden Personen zu erzeugen, zu ihren Parties geladen zu werden.

Wenn – um ein anderes Beispiel zu geben – eine Person der Überzeugung ist, daß eine bestimmte politische Entwicklung dem Weltfrieden schadet, und deshalb versucht, eine Demonstration zu organisieren, erhält die Demonstration genügend Unterstützung zu ihrer Veranstaltung oder nicht und verschafft, wenn sie veranstaltet wird, einem Teilnehmer einen psychischen Nettogewinn oder nicht. Die Teilnehmer haben Vertrauen in die Fähigkeit des Unternehmers gesetzt, eine Demonstration zu organisieren, die ihrer Meinung nach erfolgreich ist. Wie die vielen Beispiele für Demonstrationen mit schwacher Beteiligung veranschaulichen, haben diejenigen, die mitgemacht haben, vielleicht einem Unternehmer ihr Vertrauen geschenkt, der lieferunfähig, in diesem Sinne also nicht vertrauenswürdig war.

Die verbreitetste Form des Intermediärs in Vertrauensbeziehungen ist möglicherweise der Berater. Diesen Typ des Intermediärs trifft man in allen Bereichen sozialen Lebens an. Beispielsweise richten Professoren Empfehlungsschreiben über Studenten an mögliche Arbeitgeber, und Personen, die eine Arbeit suchen oder einen Kredit aufnehmen möchten, listen verschiedene Personen auf, die ihnen Referenzen verschaffen. Die Akzeptanz einer Empfehlung durch einen möglichen Arbeitgeber oder Gläubiger kommt der Vergabe von Vertrauen in das Urteil des Intermediärs gleich, die eine Vergabe von Vertrauen in die Fähigkeit des möglichen Treuhänders, die erwartete Leistung zu erbringen, ermöglicht. Erfüllt letzterer die Erwartung nicht, wird das Vertrauen des Treugebers in die Urteilsfähigkeit des Intermediärs vermindert.

Die Tatsache, daß in vielen Bereichen sozialen Lebens irgendwelche Formen von Empfehlungen vorkommen, weist auf die große Bandbreite dieses Typs intermediärer Aktivität bei der Vergabe von Vertrauen hin. Das Wesen des Intermediärs ist jedoch in verschiedenen Gesellschaften unterschiedlich. In prämodernen Gesellschaften, zu denen auch ländliche Gemeinschaften zählen, in denen Personen relativ feste Positionen in der Sozialstruktur besetzen und die meisten Beziehungen zwischen Personen bestehen, ist der

238 Handlungsstrukturen

Treugeber eine Person, ebenso wie der Treuhänder und der Intermediär. In modernen Gesellschaften ist der Intermediär, dessen Urteil die Grundlage für Vertrauen schafft, dagegen häufig eine Körperschaft wie z.b. eine geschäftliche Organisation oder eine Regierungsbehörde. Diese Funktion des Intermediärs wird hauptsächlich durch eine von zwei Beziehungen ermöglicht, in der sich eine Person einer Körperschaft gegenüber befinden kann, nämlich als Arbeitnehmer oder als Schuldner.

Ist eine Person Arbeitnehmer einer Organisation, bedeutet dies, daß die Organisation Vertrauen in ihre Leistung als Arbeitnehmer gesetzt hat, und je höher die Position ist, die diese Person in der Organisation einnimmt, desto größer ist normalerweise das Vertrauen, das in sie gesetzt wurde. Schuldet eine Person einer Organisation Geld, bedeutet dies, daß die Organisation Vertrauen in ihre Fähigkeit und Absicht gesetzt hat, die Schulden zurückzuzahlen. Ein möglicher anderer Treugeber, ein Individuum oder eine Körperschaft, kann diese Information verwenden; und je mehr Vertrauen dieser mögliche Treugeber in das Urteil der Organisation gesetzt hat, desto wahrscheinlicher wird die Information ihn dazu bewegen, dem Arbeitnehmer oder dem Schuldner zu vertrauen.

Die Bedeutung der Beziehung mit Arbeitnehmer oder Schuldner beim Einsetzen von Intermediären in Vertrauensbeziehungen wird ersichtlich aus der weitverbreiteten Anwendung – bei Bewerbungen, bei Kreditersuchen, bei Anträgen auf ein Telefon oder beim Mieten einer Wohnung und in anderen Bereichen – von Beschäftigungsbescheinigungen sowie Beurteilungen der Kreditwürdigkeit (Besitz von Kreditkarten, ausstehende Darlehen, Darlehensgeber usw.). Das Ergebnis ist eine schiefe Verteilung von Vertrauensvergaben an Personen, durch andere Personen und durch Körperschaften. Bestimmte Personen, die z.B. leitende Positionen in großen angesehenen Organisationen innehaben, erleben, daß ihnen Vertrauen auf jede erdenkliche Weise bereitwillig geschenkt wird. Ihr Lebensweg weist all jene Hindernisse nicht mehr auf, die durch die Vergabe von Vertrauen anderer Personen beseitigt werden. Im Gegensatz dazu gibt es eine große Anzahl anderer Personen, für die dies nicht zutrifft. Hierzu gehören junge Menschen, Unbeschäftigte, Frauen, die zu Hause arbeiten, Selbständige wie Autoren und Künstler und Personen im Ruhestand. Alle diese Leute sehen sich größeren Schwierigkeiten gegenüber, wenn sie ihren Alltagsaktivitäten nachgehen, die ein gewisses Vertrauen von seiten anderer erfordern.

In früheren Gesellschaften gab es eine andere Art von Schiefe, die selbst heute noch in einigen Gesellschaften und in einigen prämodernen Bereichen aller Gesellschaften aufzufinden ist. Dies war eine auf der Familie basierende Schiefe. Personen setzten eher Vertrauen in Familien als in Individuen, und weil Familien die Verantwortung über Handlungen ihrer Mitglieder übernahmen, umfaßte das Vertrauen in eine Familie alle ihre Mitglieder.

Verschiedene Familien wiesen verschiedene "Vertrauenseinstufungen" auf, die sich in ihrer sozialen Position widerspiegelten und auf alle Mitglieder der Familie übertragen wurden. Somit konnte selbst ein Kind oder ein Tunichtgut aus der "richtigen" Familie im Laden des Ortes auf Kredit kaufen, und schon ganz kleine Kinder aus besonders angesehenen Familien wurden mit großer Ehrerbietung behandelt. In der modernen Gesellschaft ist diese Art von Schiefe fast völlig durch eine andere Schiefe ersetzt worden, indem große Körperschaften zu Intermediären zwischen Treugeber und Treuhänder wurden.[5]

Drittparteien-Vertrauen

Eine weitere Form der Vertrauensbeziehung ähnelt der Beziehung, in der ein Intermediär als Bürge in einer Transaktion auftritt, doch die Drittpartei spielt gleichzeitig eine passivere und zentralere Rolle. Wirtschaftliche Transaktionen verdeutlichen den Prozeß am besten.

Stellen wir uns beispielsweise eine Gemeinschaft vor, in der wirtschaftliche Transaktionen verschiedener Art ablaufen. A möchte etwas haben, das B ihm gerne verkaufen oder gegen etwas anderes eintauschen würde, doch A besitzt derzeit nichts, was B interessiert. A kann B versprechen, ihn irgendwann später zu bezahlen, aber um dieses Versprechen zu akzeptieren, muß B natürlich zunächst A Vertrauen schenken. Nehmen wir jedoch an, daß es eine dritte Partei, C, gibt, mit der A und auch B bereits zahlreiche Transaktionen eingegangen sind und der sie ein großes Vertrauen entgegenbringen. Nehmen wir weiter an, daß A eine Schuldverschreibung (d.h. ein Zahlungsversprechen) von C in Händen hat. Wenn B dann C's Versprechen genauso oder mehr vertraut wie A's, kann A C's Schuldverschreibung an B weitergeben, und B wird sie bereitwillig akzeptieren.

Wie in Kapitel 6 besprochen, ist hauptsächlich auf diese Art und Weise Papiergeld in Umlauf gekommen und Goldschmiede und Kaufleute haben sich zu Bankiers entwickelt (siehe Ashton 1945, der diese Entwicklung für England verfolgt hat, und Mackay 1932 [1852], S. 10, der den entsprechenden Prozeß in Frankreich darstellt). Wenn die Schuldverschreibungen eines Kaufmanns in einer Gemeinschaft allgemein akzeptiert wurden, konnte ein Mitglied der Gemeinschaft, das sich für einen bestimmten Zweck Geld ausleihen wollte, dem Kaufmann versprechen, ihm zu einem gewissen späteren

---

5 Als ich in einer Kleinstadt im ländlichen Teil West Virginias ein Bankkonto eröffnete, fragte die Bank nach Personen aus der Gemeinde, die mir als Referenzen dienen könnten. Als ich ein Konto in Chicago eröffnete, fragte die Bank lediglich nach meinem Arbeitgeber und nach Organisationen, bei denen ich Kredit hatte.

Zeitpunkt einen bestimmten Betrag zu zahlen. Der Kaufmann gab ihm dann Papiere (d.h. Zahlungsversprechen), und der Kreditnehmer konnte diese (wenn er seine eigenen Zahlungsversprechen nicht verwenden konnte) gegen Ressourcen eintauschen, die er gerade brauchte. Wenn die Empfänger dieser Zahlungsversprechen dem Kaufmann weiter vertrauten und die Schuldverschreibungen des Kaufmanns in einem Großteil der Gemeinschaft weiterhin akzeptiert wurden, konnten die Zahlungsversprechen weiter als Tauschmittel zirkulieren – aufgrund des Vertrauens, das man dem Kaufmann, der sie ausgegeben hatte, entgegenbrachte. Somit wird in jeder Transaktion die Notwendigkeit für eine Partei, Vertrauen in das Versprechen der zweiten Partei zu setzen, durch das Vertrauen in eine dritte Partei ersetzt, die an der Transaktion überhaupt nicht direkt beteiligt ist. Heutzutage sind inkassofähige Papiere wie Wechsel oder Schecks, Schuldverschreibungen und Wertpapiere der öffentlichen Hand Beispiele für diese Art von Geld (obwohl sie natürlich oft gegen andere Geldformen statt gegen tatsächliche Güter eingetauscht werden). Was man sich heute unter Geld, d.h. Papiergeld, vorstellt, entspricht genau dieser Art von Zahlungsversprechen, die nicht von Kaufleuten oder Banken, sondern von Staatsregierungen ausgegeben werden. Die Akzeptanz solchen Geldes stützt sich auf die Vergabe von Vertrauen an die Staatsregierung.[6]

Es ist vielleicht sinnvoll, etwas näher auf den formalen Unterschied zwischen Drittparteien-Vertrauen und einer Vertrauensbeziehung mit einem Bürgen als Intermediär einzugehen. In einer Transaktion mit Drittparteien-Vertrauen möchte Partei A etwas von Partei B haben und besitzt eine Schuldverschreibung einer dritten Partei, C, die A direkt in der Transaktion mit B einsetzen kann. Die Fungibilität der Schuldverschreibung von C wird dadurch ermöglicht, daß B eher Vertrauen in C's Zahlungsversprechen setzt als in A's.

Der Bürge als Intermediär in einer Vertrauensbeziehung, wie z.B. Hambros in dem Reeder-Beispiel, ist ein Schritt auf eine solche Fungibilität hin, doch hier ist noch die direkte Beteiligung des Intermediärs erforderlich. Der letztendliche Treuhänder (im Beispiel der Reeder) besitzt keine fungible Schuldverschreibung der Drittpartei (Hambros), die er in einer beliebigen Transaktion verwenden kann, sondern er muß sich an diese Partei wenden und sie darum bitten, gegenüber dem letztendlichen Treugeber im Rahmen einer speziellen Transaktion zwischen letztendlichem Treuhänder und letzt-

---

6 Ein entscheidender Unterschied besteht jedoch darin, daß eine Staatsregierung das gesetzliche Gewaltmonopol besitzt, und alle Regierungen verlangen die Akzeptanz der offiziellen Währung zum Nennwert, um ökonomische Verpflichtungen zu begleichen. Dies verhindert natürlich nicht eine Inflation, wenn die Regierung im Verhältnis zu den Gütern und Dienstleistungen, die die wirtschaftlichen Transaktionen der Gesellschaft ausmachen, zu viel Geld in Umlauf bringt.

endlichem Treugeber eine Verpflichtung einzugehen. Wenn der Reeder dagegen eine bestimmte Menge an Kredit oder Ziehungsrechten bei Hambros gehabt hätte, hätte er diese direkt in Amsterdam einsetzen können, ohne Hambros um Hilfe zu bitten. Hambros' Zahlungsversprechen würden in diesem Falle die Funktion von staatlich in Umlauf gebrachtem Geld übernehmen, wobei Hambros als eine stille Drittpartei fungieren würde. Dies entspricht exakt der Rolle, die Kreditkartenunternehmen in der modernen Ökonomie spielen.

Der Übergang vom Bürgen als Intermediär - der Rolle, die Hambros gespielt hat - zum Drittparteien-Vertrauen, bei der sich die dritte Partei völlig passiv verhält, findet in nichtökonomischen sozialen Systemen nur selten statt. Drittparteien-Vertrauen in ökonomischen Systemen scheint nur in Verbindung mit einer allgemein akzeptierten Verrechnungseinheit existenzfähig zu sein, so daß die Schuldverschreibungen der Drittpartei einen bestimmten Wert erhalten, um sie im Austausch fungibel zu machen. Außerhalb ökonomischer Systeme bestehen die gleichen Interessen an der Nutzung von Schuldverschreibungen dritter Parteien, aber es stellt sich die Frage, welcher Art die soziale Erfindung sein muß, die zur Förderung dieser Nutzung notwendig ist.

Einer solchen Erfindung nahe kommt die formale Organisation, die auf komplexen Beziehungen basiert, welche stabile Verpflichtungen und Erwartungen umfassen. (Wie in Kapitel 2 definiert, besteht dann eine komplexe Beziehung, wenn die Anreize für beide Parteien nicht intrinsisch durch die Beziehung erzeugt werden.) In einer formalen Organisation erhält jeder Arbeitnehmer Anweisungen von einem bestimmten Vorgesetzten und vertraut darauf, daß er in regelmäßigen Abständen nicht von dem Vorgesetzten, sondern von der Organisation bezahlt wird, mit der er zu Beginn einen Arbeitsvertrag abgeschlossen hatte. (Die Tatsache, daß er mit staatlich ausgegebenen Zahlungsversprechen oder mit Geld bezahlt wird, das durch Geldschöpfung der Banken entstanden ist, und nicht mit Zahlungsversprechen, die die Organisation ausgegeben hat, ist hier irrelevant.) Somit hängt die Fortdauer der Arbeitsbeziehung von einer Vertrauensvergabe durch einen Untergebenen ab, und zwar nicht Vertrauen in die Fähigkeiten der Person, die die Position des unmittelbaren Vorgesetzten einnimmt, sondern in die Fähigkeiten der Organisation insgesamt. Wenn sein Vertrauen in die Existenzfähigkeit der Organisation schwächer wird, wird er sich nach einer anderen Arbeit umsehen und, falls er eine findet, dieser Organisation sein Vertrauen entziehen.

Die formale Organisation unterscheidet sich in ihrer Funktion als Drittpartei jedoch von einer Bank. Ihre Zahlungsversprechen werden nicht gegen Währung oder gar gegen Güter ausgegeben, sondern gegen die vom Arbeitnehmer erbrachten Dienstleistungen. Ihre Existenzfähigkeit hängt nicht, wie

242 Handlungsstrukturen

bei einer Bank, lediglich von ihrem Erfolg bei der Einschätzung von Vertrauenswürdigkeit eines möglichen Treuhänders ab. Sie beruht vielmehr auf ihrem Erfolg in einer komplexeren Menge von Aktivitäten. Erstens muß sie die Vertrauenswürdigkeit (in Form von Erbringung der erwünschten Dienstleistungen) möglicher Arbeitnehmer einschätzen, denen sie ihre Ressourcen anvertraut; zweitens muß sie die Dienstleistungen ihrer Arbeitnehmer so organisieren, daß ein Produkt (oder eine Dienstleistung) angeboten und für eine Geldmenge verkauft werden kann, die ausreicht, um die Schuldverschreibungen der Organisation zu decken. Einige der interessantesten Veränderungen von Organisationen resultierten aus Innovationen in den Arten von Ressourcen, die verschiedenen Teilen der Organisation anvertraut wurden und durch die die hierarchische Herrschaftsstruktur in manchen Fällen ersetzt worden ist (siehe Kapitel 16).

Große Systeme mit Vertrauensbeziehungen

Bei der Untersuchung von Vertrauenssystemen habe ich bisher nur die Komponenten dieser Systeme behandelt, wobei diese aus Beziehungen mit zwei oder auch drei Akteuren bestanden. Die Phänomene der Makroebene, die ich zu Beginn des Kapitels beschrieben habe, umfassen jedoch große Mengen von Individuen. Bei der Analyse dieser Phänomene muß man über die Systeme mit zwei oder drei Parteien, die in vorangehenden Abschnitten behandelt worden sind, hinausgehen, kann aber diese Komponenten gewissermaßen als Bausteine verwenden. Ich werde zwei Typen von größeren Systemen, die aus diesen Bausteinen zusammengesetzt sind, erörtern. Der erste Typ ist die Gemeinschaft, die aus miteinander verknüpften Beziehungen gegenseitigen Vertrauens besteht. Der zweite Typ ist ein System, das sich aus Beziehungen mit beratenden Intermediären zusammensetzt.

Gemeinschaften mit gegenseitigem Vertrauen

Anhand eines alltäglichen Geschehens kann ein System gegenseitigen Vertrauens entstehen, das in gewisser Weise eine Generalisierung der oben dargelegten Beziehungen mit gegenseitigem Vertrauen darstellt, in gewisser Weise aber auch ein Sonderfall ist. Es tritt auf, wenn sich eine Anzahl von Akteuren (eine Gruppe, die ich hier Gemeinschaft nennen möchte) an einer Aktivität beteiligen, an deren Ergebnis alle gleichermaßen interessiert sind. Überdies hat jeder Akteur ein Interesse daran, keine anderen Interessen zu opfern, um die Teilnahme an der gemeinschaftlichen Aktivität zu ermöglichen. Diese Sozialstruktur ist eine Verallgemeinerung des Zwei-Akteuren-

Systems gegenseitigen Vertrauens, umfaßt aber eine größere Anzahl an Akteuren. Sie ist insofern ein besonderer Fall, als die Aktivität, an der sich die einzelnen Akteure beteiligen (und die das Vertrauen anderer erforderlich macht), jeweils ein und dieselbe ist. Wenn die Gemeinschaft einen Führer hat, liegt eine Sozialstrukur vor, die ich in Kapitel 4 als konjunkte Herrschaftsstruktur bezeichnet habe. Solange nicht jeder einzelne Akteur die Handlungen aller anderen Akteure direkt und vollständig überwachen kann, muß in einem solchen System jeder in einem bestimmten Maße darauf vertrauen, daß die anderen ihren Beitrag leisten. Folglich fungiert jeder einzelne dem anderen gegenüber gleichzeitig als Treugeber und Treuhänder.

In vielen solcher Gemeinschaften nehmen die Akteure ebenfalls Anteil an einem generelleren Austauschsystem, das Güter oder Ereignisse beinhaltet, die unterschiedlich kontrolliert werden und an denen unterschiedliche Interessen bestehen. In solchen Gemeinschaften ist zu beobachten, daß Vertrauenswürdigkeit durch soziale Normen gefördert wird, die mit Sanktionen verbunden sind. Manchmal umfassen die Sanktionen Handlungen der einen oder anderen Art, aber in Gemeinschaften, die aus einer Verknüpfung vielfältiger sozialer Transaktionen bestehen, ist die verbreitetste Sanktion wahrscheinlich die Beschränkung von Austauschhandlungen mit dem zuwiderhandelnden Akteur.

Wie gesagt ist der formale Charakter dieser Sozialstruktur eine Erweiterung des Zwei-Parteien-Systems gegenseitigen Vertrauens, insofern als jeder Akteur zugleich Treugeber und Treuhänder ist. Als Treugeber leistet jeder seinen Beitrag zu der Aktivität, an der ein allgemeines Interesse besteht, und vertraut darauf, daß andere dies ebenso tun; als Treuhänder entscheidet jeder, ob er das Vertrauen der anderen rechtfertigen oder es enttäuschen soll, indem er nicht seinen Beitrag leistet. Einige dieser Systeme weisen jedoch eine besondere Eigenschaft auf (die auch von einigen Zwei-Parteien-Systemen gegenseitigen Vertrauens geteilt wird): Die Handlung, in die ein Akteur Vertrauen setzt, und die Handlung, mit der er sich als vertrauenswürdig erweist, sind ein und dieselbe. Wenn beispielsweise die Schüler einer Oberschulklasse Zeitungen sammeln, um eine Klassenfeier zu finanzieren, erweist sich ein Schüler als vertrauenswürdig, indem er Zeit opfert, um sich an dieser Aktivität zu beteiligen. Genau diese Ressource aber, nämlich die Zeit, die für die Aktivität geopfert wird, ist auch die Ressource, über die der Schüler Vertrauen in die anderen setzt, indem er sie opfert.

Diese Erweiterung von Beziehungen mit gegenseitigem Vertrauen in einer Gemeinschaft erzeugt ein Systemverhalten, das spezifische und manchmal skurrile Züge annimmt. Solche Systeme sind unverwechselbar und werden daher gesondert behandelt, wenn ich in Kapitel 11 die Phänomene des Trittbrettfahrens und des Übereifers erörtern werde.

Große Systeme mit beratenden Intermediären

Der von mir beschriebene Prozeß mit einem Berater als Intermediär scheint auf einer breiten Basis wirksam zu sein. A vertraut dem Urteil von B, B vertraut der Leistungskapazität von T, dem letztendlichen Treuhänder, und dies führt dazu, daß auch A in T's Leistungskapazität Vertrauen setzt. Es gibt jedoch noch eine weitere Möglichkeit der positiven Rückkoppelung in diesem Prozeß, die sich ergibt, wenn der Prozeß weitergeführt wird. C vertraut dem Urteil von A und wird so ebenfalls veranlaßt, in T's Leistungskapazität Vertrauen zu setzen. Und dann bemerkt B, der auch C's Urteil vertraut, C's Vertrauen in T, wodurch sein eigenes Vertrauen in T verstärkt wird. Dieser Prozeß wird in Abbildung 8.2 dargestellt. Wenn der Prozeß nicht gestört wird, führt er dazu, daß alle Mitglieder des Systems volles Vertrauen in T entwickeln. In manchen Fällen, meistens in einer Gemeinschaft mit einem stark charismatischen Führer, wird dieses Extrem erreicht. Oft werden Anstrengungen unternommen, den Verstärkungsprozeß von Störungen freizuhalten. In religiösen und politischen Bewegungen oder in Kommunen wird versucht, die Mitglieder von allen "ablenkenden", "glaubensfeindlichen" oder "weltlichen" Einflüssen fernzuhalten, indem man sie physisch in einem abgeschlossenen Ort, wie z.b. einem Kloster, isoliert.

Informationen und Vertrauensschwankungen

Die Kommunikationsstruktur, mit der mögliche Treugeber konfrontiert werden, kann sich bedeutend auf die Zu- und Abnahme von Vertrauen auswirken. Die Komponenten dieser Struktur lassen sich an einem bereits erwähnten Beispiel verdeutlichen. Es geht um das rätselhafte Schema, nach dem in den fünfziger Jahren an einem Fachbereich für Soziologie das Ansehen von Doktoranden anstieg und wieder abnahm. Die Kommunikation zwischen Dozenten und Studenten des Fachbereichs war minimal, aber es gab eine rege Kommunikation unter den Dozenten im Hinblick auf Informationen über Studenten, da diese hinsichtlich Stipendien, Arbeitsplatzempfehlungen, Studienzuschüssen und anderer Zwecke begutachtet werden mußten. So setzten die Dozenten mangels direkten Kontaktes mit den Studenten ein hohes Vertrauen in die Urteilsfähigkeit der jeweils anderen Dozenten. Professor A stützte seine Bewertung der Fähigkeiten eines Studenten auf das Urteil von Professor B; dann berief sich Professor C bei seiner Bewertung auf Professor A's Urteil; und B, der feststellte, daß C's offensichtlich unabhängige Bewertung so positiv wie seine eigene ausgefallen war, setzte noch mehr Vertrauen in die Fähigkeiten des Studenten. Der Prozeß lief oftmals in umgekehrter Richtung ab, wenn die tatsächliche Leistung eines Studenten die Beachtung

Vertrauenssysteme und ihre dynamischen Eigenschaften 245

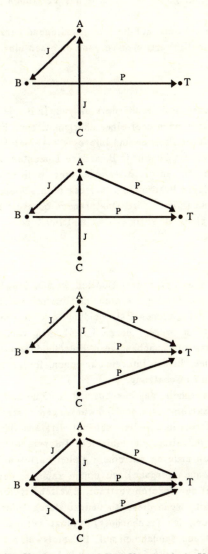

Abb. 8.2 Ausweitung eines Vertrauenssystems durch Vertrauen in das Urteil von Intermediären (j = Urteil)

eines Dozenten fand und dessen Meinung nach nicht dem in sie gesetzten Ausmaß an Vertrauen gerecht wurde. Dieses Bißchen an negativer Information wurde auf seinem Weg durch das System aufgeschaukelt und führte dazu, daß fast zur gleichen Zeit alle das Vertrauen in diesen Studenten verloren.

Dieses Beispiel weist auf die drei grundlegend verschiedenen Informationsquellen hin, die die Vertrauensvergabe an einen einzelnen Treuhänder beeinflussen:

1. Die Leistung des Treuhänders an sich (z.b. die Leistung des begutachteten Doktoranden oder eines charismatischen Führers)
2. Andere, deren Position und Interesse an einer Vertrauensvergabe denen des Treugebers ähneln (z.b. andere Dozenten, andere Mitglieder einer Kommune oder andere Mitglieder einer politischen Bewegung)
3. Andere, deren Position und Interessen verschieden von denen des Treugebers sind (z.b. andere Doktoranden oder die Personen, die von Mitgliedern einer Bewegung als "weltlich" oder "ketzerisch" angesehen werden)

Informationen aus diesen drei Quellen weisen prägnante Unterschiede auf. Informationen aus Quelle 2 führen im Hinblick auf eine Vergabe von Vertrauen häufig zur gleichen Entscheidung, wie sie von der Person oder den Personen getroffen wurde, deren Urteil man vertraut. Informationen aus Quelle 3 liefern oft unabhängigere Entscheidungshilfen. Informationen aus Quelle 1, die über keinen Intermediär gehen, führen höchstwahrscheinlich zu einer korrekten Einschätzung.

Es hat den Anschein, daß das Ausmaß der Zu- und Abnahme von Vertrauen - d.h. die Extremwerte der Schwankungen - stark von der Kombination dieser drei Informationsquellen abhängt. Erstens führen Systeme mit reger interner Kommunikation, die zahlreiche Informationen aus Quelle 2 bereitstellen (d.h. von anderen mit einem gleichgearteten Interesse an einer spezifischen Vertrauensvergabe), zu einem rapiden Vertrauenszuwachs, wenn man dem Urteil der anderen vertraut. Zweitens treten in solchen Kommunikationsstrukturen, wenn diese ab und zu durch Informationen aus Quelle 1 (d.h. der Leistung des Treuhänders) ergänzt werden, offensichtlich die drastischsten Vertrauensabnahmen auf. Beispielsweise kam es bei der Aktienspekulation um die *South Sea Company* in England und dem Mississippi-Plan in Frankreich zu einer Abnahme von Vertrauen, nachdem vereinzelte Nachrichten über Mißerfolge des Unternehmens den Weg in das Verstärkungssystem der Kommunikationsstruktur gefunden hatten.

Für einige Zu- und Abnahmen von Vertrauen scheinen bestimmte kurzfristige Veränderungen in Kommunikationsstrukturen verantwortlich zu sein. Dazu gehört der Wandel in der Kommunikationsstruktur zwischen den Generationen, der sich in den sechziger und siebziger Jahren vollzog. Wegen des Babybooms aus der Nachkriegszeit nahm das Verhältnis von Kindern zu Erwachsenen zu, und somit erfuhr der Durchschnittsjugendliche, besonders diejenigen, die nicht zu Beginn des Babybooms, sondern auf seinem Höhepunkt geboren wurden, eine verstärkte Kommunikation mit Gleichaltrigen. Überdies bedeutete der zunehmende Einfluß von Fernsehen, Film und Popmusik, daß die Kommunikation mit Erwachsenen seltener mit Eltern, Nachbarn und Verwandten stattfand, sondern vielmehr auf kommerziellen Interessen beruhte, die auf das junge Publikum abzielten. Diese veränderte Kombination von Informationsquellen scheint zum Teil sowohl den Entzug des Vertrauens in Erwachsene ("Trau keinem über 30") herbeigeführt zu haben als auch die weitreichende Vergabe von Vertrauen an spontan etablierte Vorbilder der Jugend in bezug auf Politik (wie Abby Hoffman in den USA oder Rudi Dutschke in Europa), Musik (die Beatles) und Kleidung (Mary Quant und Twiggy).

Die Veränderungen in der Kommunikationsstruktur zwischen den Generationen während dieses Zeitraums lassen sich einfach an Statistiken über die Altersstruktur der Bevölkerung ablesen. Obwohl das Phänomen nach dem Zweiten Weltkrieg in vielen Ländern zu beobachten war, genügt zur Illustration die Bevölkerungsstatistik der USA. Wieviele Personen gab es in der Gesamtbevölkerung für den durchschnittlichen Achtzehnjährigen von 1950 bis 1984, die annähernd in seinem Alter (ca. 15-24) waren, im Verhältnis zu den Personen, die annähernd so alt waren wie seine Eltern (ca. 35-44)? Wenn man die Neigung, mit Gleichaltrigen unterschiedlich stark zu kommunizieren, völlig außer acht läßt, repräsentiert dieses Verhältnis die Altersverteilung seiner Kommunikationspartner. Die als A bezeichnete Kurve in Abbildung 8.3 stellt das Größenverhältnis dieser Altersgruppen zwischen 1950 und 1984 dar. Wenn man die unterschiedlich starke Kommunikation als Faktor mitberücksichtigt und annimmt, daß Achtzehnjährige doppelt so wahrscheinlich mit Gleichaltrigen kommunizieren wie mit Personen, die so alt wie ihre Eltern sind, vorausgesetzt, daß innerhalb der Population gleichmäßige Zugangschancen bestehen, ergibt sich Kurve B, die einen noch markierteren Anstieg in den sechziger Jahren zu verzeichnen hat. Diese Graphen zeigen eine Zunahme an altershomogener Kommunikation für den durchschnittlichen Achtzehnjährigen in den sechziger Jahren. Dieser Wandel in der Kommunikationsstruktur schafft gemeinsam mit dem Vertrauen in beratende Intermediäre ein Klima, das den Ausspruch der Jugend "Trau keinem über 30" verständlich werden läßt.

Die Auswirkungen der Bevölkerungszusammensetzung auf die Vergabe von Vertrauen und somit auf den Gehalt von Urteilen und Bewertungen bieten einen wertvollen Forschungsansatz. Akteure setzen Vertrauen in die Urteilsfähigkeit und Leistung anderer und bewerten dabei die Alternativen, mit

248 Handlungsstrukturen

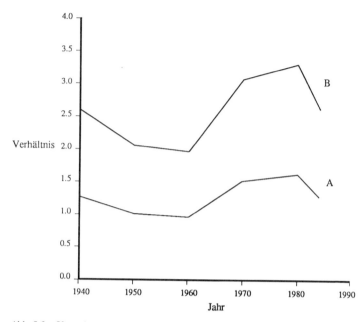

Abb. 8.3 Veränderungen in der Altersstruktur der US-Bevölkerung zwischen 1940 und 1988 und Konsequenzen für die Kommunikationsstruktur zwischen den Generationen. Kurve A bezeichnet das Verhältnis der Größe der US-Population im Alter von 15 bis 24 zur Größe der Population im Alter von 35 bis 44. Kurve B bezeichnet das Verhältnis der Kommunikationshäufigkeit der 15-24jährigen untereinander zur Häufigkeit ihrer Kommunikation mit 35-44jährigen (wobei vorausgesetzt wird, daß doppelt soviel Kommunikation mit jeder einzelnen Person der eigenen Altersstufe stattfindet als mit jeder einzelnen Person der fremden Altersstufe).

denen sie konfrontiert werden, nach rationalen Gesichtspunkten. Doch die Verteilung anhand von Alter, Geschlecht, Rasse und anderen Merkmalen der Personen, mit denen sie verkehren, und die zugrundeliegende Verteilung dieser Merkmale in der Bevölkerung bestimmen, welchen Alternativen sie sich gegenübersehen. Wenn sich z.B. die ethnische Zusammensetzung einer Bevölkerung verändert, verändert sich auch für jedes Mitglied der Bevölkerung die ethnische Verteilung von Personen, deren Urteil man vertrauen könnte - vorausgesetzt, daß sich soziale Kontakte nicht nur streng innerhalb ethnischer Gruppen ergeben. Mit wissenschaftlichen Methoden lassen sich sowohl die Verteilung sozialer Kontakte als auch die übergeordnete Bevölkerungsverteilung messen, die diese Kontakte teilweise bestimmt. Eine solche strukturelle Information kann die Vergabe von Vertrauen erklären und Veränderungen in dieser Vertrauensvergabe voraussagen helfen. Die zu Beginn dieses Kapitels ausgeführten Beispiele weisen darauf hin, daß die Auswirkungen einer differenzierten Vertrauensvergabe signifikant sein können, und unterstreichen die Wichtigkeit entsprechender Forschungen.

Darüber hinaus scheint es bei der Vergabe von Vertrauen langfristige Veränderungen zu geben, die der wachsenden Verbreitung der Telekommunikation zuzuschreiben sind. Trends, Massenverblendung und extrem hohe Vertrauensvergaben an Personen und Körperschaften scheinen vor Mitte und Ende des 19. Jahrhunderts sehr viel häufiger gewesen zu sein als später (wie einige der Beispiele aus Kapitel 9 dokumentieren). Darstellungen der Verbreitung korrekter und inkorrekter Informationen während Spekulationswellen wie im Zusammenhang mit der *South Sea Company* legen nahe, daß interpersonale Kommunikation, die von unabhängigen Quellen unbeeinflußt blieb, die Entwicklung extremer Massenverblendungen im Hinblick auf die Höhe des möglichen Gewinns ermöglichte. Auch im 20. Jahrhundert ist es zu solchen Verblendungen gekommen, doch es hat den Anschein, daß die meisten auf kleine begrenzte Gemeinschaften beschränkt geblieben sind, zum Beispiel auf Jonestown oder auf die Börsenmakler an einer Börse. Wahrscheinlich ist das Auftreten von Massenverblendungen in nicht eng begrenzten Populationen durch technologische Neuerungen wie Fernschreiber, Telefon, Radio und Fernsehen eingeschränkt worden, welche eine rasche Kommunikation ohne Intermediäre erlauben.

Obwohl die Einführung von Massenmedien das Auftreten massiver Vertrauenszunahmen aufgrund von weitreichender Verblendung reduziert haben kann, scheint sich neuerdings ein Wandel in den Medien vollzogen zu haben, die zu einem Vertrauensschwund führen. Dieser Wandel läßt sich an einem Beispiel aus Kapitel 5 verdeutlichen, in dem es um den Entzug von Vertrauen in verschiedene Institutionen durch amerikanische Erwachsene ging. Abbildung 5.1 zeigt einen drastischen Schwund öffentlichen Vertrauens in mehrere Institutionen der USA zwischen 1966 und 1976 (wobei der Schwund nicht für die Kommunikationsmedien, repräsentiert durch Fernsehnachrichten und Presse, gilt). Die Informationen über diese Institutionen, mit Ausnahme der Religion, stammen teilweise aus Quelle 2, d.h. von anderen möglichen Treugebern (in diesem Falle anderen Personen aus der Bevölkerung) und teilweise aus Quelle 3, d.h. anderen Akteuren mit abweichenden Interessen (in diesem Falle den Medien) und nur periodisch aus Quelle 1, d.h. der Leistung der Treuhänder (in diesem Falle den Leuten, die die verschiedenen Institutionen leiten). Wenn diese Leistung in dem betreffenden Zeitraum von zunehmender Erfolglosigkeit gekennzeichnet war, würde dies eine Erklärung für den umfassenden Vertrauensentzug der Öffentlichkeit bieten.

Erklärt dies aber erschöpfend den generellen Entzug von Vertrauen? Beispielsweise kann man nicht die wenig erfolgreiche Führung des Vietnam-Krieges durch die US-Regierung für die ein Jahrzehnt andauernde Abnahme von Vertrauen der Öffentlichkeit in die Regierung verantwortlich machen, welche bis 1976 anhielt. Der Vertrauenszuwachs gegenüber Fernsehnachrichten und die Stabilität des Vertrauens in die Presse läßt vermuten, daß der Vertrauensentzug gegenüber anderen Institutionen auf den steigenden Einfluß der Medien - insbesondere des Fernsehens - zurückzuführen ist, die als eine Informationsquelle vom Typ 3 und auch als Interpreten von Informationen aus Quelle 1 fungieren. Es scheint so zu sein, daß die Massenmedien in immer stärkerem Ausmaß der Intermediär sind, in dessen Urteil Personen ihr Vertrauen setzen. Dazu kommt noch eine aggressive Unabhängigkeit der Medien, wo sie nicht vom Staat kontrolliert werden. Dies wird manchmal als Ermittlungsjournalismus bezeichnet. Die Massenmedien können ihr Publikum vergrößern (und vielleicht auch das Vertrauen, das in sie gesetzt wird), wenn sie Schwächen der Eliten, denen man vertraut, aufdecken. Daher richten sie ihr Augenmerk in besonderem Maße auf solche Schwächen, was zu einem öffentlichen Vertrauensentzug gegenüber diesen Eliten führt.

In bestimmten Bereichen sozialen Lebens, wie z.b. bei staatlichen Schulen, scheint die Sozialforschung ähnliche Folgen gehabt zu haben. Seit 1966, als der erste nationale Untersuchungsbericht die Ineffektivität staatlicher Schulen in den USA im Hinblick auf gleiche Bildungschancen aufzeigte und auf ihre allgemeine Ineffektivität hinwies, hat sich das Vertrauen der Öffentlichkeit in diese Schulen stetig verringert (dies äußerte sich sowohl in Gallups jährlichen Meinungsumfragen als auch in der zunehmenden Abwahl der öffentlichen Schulschuldverschreibungen (*school bonds*) durch die Wähler seit 1966). Dies ist zum Teil der Unzufriedenheit mit direkt erfahrener Schulpolitik zuzuschreiben, zum Teil eine Übertragung des Vertrauensverlustes in andere Institutionen, doch wahrscheinlich auch teilweise auf die allgemein schlechte Leistung, die in Untersuchungsberichten dokumentiert wird, zurückzuführen. In diesem Falle stellen die Sozialforscher die beratenden Intermediäre dar, deren Urteil man vertraut. Obwohl der Sozialforscher mehr an Beweise gebunden ist, ist für ihn natürlich derselbe Anreiz vorhanden wie für den Journalisten, da die Offenlegung von Schwächen in der Funktionsweise eines Systems das Publikum der Untersuchungsberichte vergrößert. (In Kapitel 23 wird dies weiter diskutiert.)

AUSWIRKUNGEN DER ZU- UND ABNAHME VON VERTRAUEN   Wie schon gesagt verschafft eine Vertrauensvergabe dem Treuhänder Ressourcen, die seine Handlungsmacht fördern. Und falls der Treuhänder sich als vertrauenswürdig erweist, verschafft die Vertrauensvergabe auch dem Treugeber Gewinne. Ein übermäßiger Vertrauensanstieg, d.h. eine weitreichende Vergabe von Vertrauen in einen nicht vertrauenswürdigen Treuhänder, bereichert zwar den Treuhänder, beschert dem Treugeber aber eher Verluste als Gewinne. Beispiele dafür sind John Laws Mississippi-Plan im Frankreich des frühen 18. Jahrhunderts, Peter der Einsiedler und sein Kreuzzug, Hitler im Nazi-Deutschland oder Jim Jones und seine Anhänger in Jonestown.

Um die Auswirkungen eines Vertrauensentzuges zu illustrieren, werde ich zunächst einige Beispiele anführen, in denen die Handlungen von Eliten durch den Entzug von Vertrauen Einschränkungen erfahren haben - ohne darauf einzugehen, ob dieser Entzug tatsächlich auf einer korrekten Einschätzung basierte.

1. Vor 1965 behaupteten Politologen in den USA, daß die beständigste Regelmäßigkeit bei Präsidentschaftswahlen in dem Bonus bestand, den das Innehaben des Präsidentenamtes für eine Wiederwahl lieferte. Seit dieser Zeit aber scheint das Innehaben des Amtes das größte Handikap für einen Präsidentschaftskandidaten geworden zu sein. Zwischen 1968 und 1984 wurden mit einer Ausnahme alle amtierenden Präsidenten der Vereinigten Staaten entweder ihres Amtes enthoben oder nicht wiedergewählt. 1968 wurde Lyndon B. Johnson gezwungen, seine Kandidatur zur Wiederwahl niederzulegen, weil seine Vietnampolitik auf Ablehnung stieß. 1972 wurde Richard Nixon zwar wiedergewählt, aber kurz darauf wegen Watergate gezwungen, zurückzutreten. 1976 wurde Gerald Ford von einem unbekannten Politiker, Jimmy Carter, bezwungen. 1980 verhinderte der Sieg Ronald Reagans die Wiederwahl Jimmy Carters. Die einzige Ausnahme war dann Ronald Reagans Wiederwahl von 1984.

2. Der Verlust von Vertrauen in staatliche Schulen der USA in den sechziger und siebziger Jahren hat zu häufigen Niederlagen der Schulschuldverschreibungen durch Wähler und zu Schulsteuererhöhungen geführt, was die Handlungskapazität von Schulen beschränkte und eine erhöhte Inanspruchnahme von privaten Schulen nach sich zog.

3. Die Erzeugung von Atomkraft, die in den USA und Europa stetig zunahm, wurde in vielen Ländern schon vor den Unfällen in Atomkraftwerken in den achtziger Jahren fast völlig zum Stillstand gebracht, weil einige Leute das Vertrauen in Risikoberechnungen, die Wissenschaftler für politische Eliten durchgeführt hatten, verloren.

4. Die Abnahme von Vertrauen amerikanischer und westeuropäischer Bürger in die Rüstungspolitik politischer Eliten hat in den achtziger Jahren die Handlungen der Eliten gegenüber der Sowjetunion stark eingeschränkt.

5. Bei den Instrumentenbauern von Nürnberg hat deren Entzug von Vertrauen in die jüngere Generation dazu geführt, daß die Arbeitsmöglichkeiten in einer Sparte, die einige junge Leute als besonders erstrebenswert empfinden, reduziert worden sind.

Alle diese Beispiele verdeutlichen ein allgemeines Phänomen: Der von vielen Personen gleichzeitig vorgenommene Vertrauensentzug - eine Vertrauensabnahme - beschneidet drastisch das Handlungspotential derjenigen, denen vorher vertraut wurde. In einigen dieser Fälle ist der Treuhänder tatsächlich ein Unternehmer, der das Vertrauen nutzen kann, das ihm von vielen Personen zugleich entgegengebracht wird. Am oben erwähnten Beispiel der diplomatischen Gastgeberin läßt sich eine weitere Auswirkung ablesen. Die Fähigkeit einer solchen Gastgeberin, eine erfolgreiche Party zu geben, die den Teilnehmern Gewinne verschafft, ist abhängig von Ressourcen, die sie selbst mit ihrem Vertrauen zur Verfügung stellen. Allgemeiner gesagt sind es in vielen Situationen genau die Ressourcen, die ein Treuhänder braucht, um erfolgreich zu sein, welche er von den Treugebern erhält. Dazu gehören die Handlungsfreiheit eines politischen Führers, ohne zur Rechenschaft gezogen zu werden, die Fähigkeit des Geschäftsunternehmers, mit Hilfe von finanziellen Ressourcen von Investoren Profite zu erzielen, die Funktionsfähigkeit einer Bank mit Hilfe des Geldes, das die Einleger zur Verfügung stellen usw.

Es ist unmittelbar einsichtig, daß diese Art von Abhängigkeit zu Instabilität führen kann. Entweder verschafft eine Vertrauensvergabe die Macht, die Erfolg verspricht und somit eine weitere Vergabe von Vertrauen nach sich zieht (was zu weiterem Erfolg führen kann), oder ein Vertrauensentzug durch den Treugeber reduziert die Ressourcen, die für einen Erfolg vonnöten sind. Ein treffendes Beispiel ist das Vertrauen von US-Bürgern in die Führung des Vietnamkrieges durch ihre Regierung. Das von Beginn an niedrige Ausmaß an Vertrauen schränkte die Handlungsfreiheit der Regierung in bezug auf eine erfolgreiche Kriegsführung stärker ein, als es bei der Vergabe von großem Vertrauen der Fall gewesen wäre. Daraufhin zog die ineffektive Kriegsführung noch weitere Vertrauensentzüge nach sich, was zu noch geringerer Macht und somit weniger Erfolg führte usw.

Darüber hinaus hat ein Vertrauensentzug auch Auswirkungen auf den Treugeber, denn so entgehen ihm die möglichen Gewinne, die er sich von der Vertrauensvergabe erhofft hatte. Die Folge daraus scheint zu sein, daß es dann - ganz unabhängig vom jeweiligen Lebensbereich - zu einer *anderweitigen* Vergabe von Vertrauen kommt. Ich nenne hier einige Beispiele, die sich auf schon früher genannte Fälle beziehen.

1. In Polen folgte der außerordentlich rasante Zuwachs an Mitgliedern der *Solidarität* und der Anstieg von Vertrauen in Lech Walesa auf eine lange Periode des Vertrauensentzuges von der kommunistischen Partei und der Regierung.

2. Der in Abbildung 5.1 dargestellte Entzug von Vertrauen in bestimmte amerikanische Institutionen wurde durch eine Vergabe von Vertrauen be-

gleitet, die sich nicht auf eine Einzelperson oder eine Elite richtete, sondern auf eine vielfältige Anordnung anderer Institutionen, zu denen religiöse Sekten und Kommunen zählten.

3. Es scheint vielfältige Beweise dafür zu geben, daß sich der Aufstieg eines charismatischen Führers (wie Sabbatai Zwi, Peter der Einsiedler oder Adolf Hitler) mit Wahrscheinlichkeit in einer Periode vollzieht, in der bestehenden sozialen Institutionen in umfassendem Maße Vertrauen oder Legitimität entzogen worden ist. Eine Bevölkerung, die von Institutionen, denen eine Handlungsvollmacht übertragen wurde, keine Gewinne mehr zu erwarten hat, sucht intensiv nach einem potentiellen Führer mit Merkmalen, die eine weitreichende Anziehungskraft ausüben (siehe Bradley 1987, der dies an Kommunen exemplifiziert).

Insgesamt gesehen gibt es wohl drei Arten von Auswirkungen der Zu- und Abnahme von Vertrauen. Erstens führt eine Vertrauenszunahme zu einem vergrößerten Potential sozialen Handelns auf seiten derer, denen man vertraut, also Eliten oder anderen, und eine Vertrauensabnahme wirkt sich in entgegengesetzter Weise aus. Zweitens bedeutet gerade die Abhängigkeit der Erfolgsmöglichkeiten des Treuhänders von der Menge des in ihn gesetzten Vertrauens, daß eine Zunahme von Vertrauen meistens einen weiteren Vertrauenszuwachs nach sich zieht und eine Abnahme weiteren Vertrauensentzug zur Folge hat. Daher ist der Prozeß instabil. Drittens schafft ein umfassender Entzug von Vertrauen in eine Menge von Eliten ein starkes Bedürfnis, Vertrauen anderweitig zu vergeben.

Kapitel 9

Kollektives Verhalten

Der Eklektizismus – oder man könnte auch sagen, die intellektuelle Verwirrung – bezüglich der Mikrogrundlagen soziologischer Theorie offenbart sich bei einem Vergleich der allgemein anerkannten Erkenntnis über bürokratische Herrschaft mit der allgemein anerkannten Erkenntnis über kollektives Verhalten (d.h. Phänomene wie Aufstände, Mobverhalten, Paniken, Massenverhalten, Trends und Moderichtungen). Den Idealtyp der Bürokratie stellt man sich so vor, daß ein einzelner zielgerichteter Akteur an der Spitze der hierarchischen Struktur steht, während der Rest der Struktur von Gebilden besetzt ist, die sich nur geringfügig von den Teilen einer Maschine unterscheiden. *Ihre* Ziele oder Interessen spielen in der klassischen Theorie organisationeller Funktionsweisen nie eine Rolle. Den Beamten oder Angestellten in einer Bürokratie stellt man sich wie den Agenten (*agent*) in der Rechtstheorie der Agentschaft (a*gency*) vor: Die Interessen des Agenten dürfen seine Handlungen, wenn er sie als Agent ausführt, nicht beeinflussen. Max Webers Klage über den bürokratischen Menschen, die wir in Kapitel 16 wiedergeben, betrifft nicht wirklich den modernen Menschen, aber Webers Vorstellung vom modernen Menschen – nämlich als Roboter im Dienste der Bürokratie. Diese "Roboter" sind jedoch dieselben Personen, von denen Beobachter kollektiven Verhaltens eine gänzlich andere Vorstellung haben. Dort werden sie beschrieben als "erregbar", "emotional" oder "suggestiv", ihr Verhalten ist "ansteckend", und sie erliegen "der hypnotischen Wirkung der Menge". Das heißt, sie sind irrational, chaotisch, unberechenbar und spontan und somit nahezu das Gegenteil des bürokratischen Menschen, den Weber als typischen Zukunftsmenschen vor sich sah.

Soziologen haben gelernt, mit einer solchen intellektuellen Verwirrung zu leben. Die Sozialtheorie hat zu oft den einfachen Pfad beschritten, auf der Mikroebene begrifflich genau das Wesen anzusiedeln, das mittels simpler Aggregation das beobachtete Systemverhalten erzeugt – gleichgültig, ob sich dieses Systemverhalten im wohlgeordneten und abgeklärten Funktionieren einer Bürokratie oder den spontanen und emotionalen Ausbrüchen einer Menge äußert. Der richtige Weg für eine Sozialtheorie ist komplizierter. Man muß eine bestimmte Vorstellung darüber haben, wie Individuen geartet sind, und die verschiedenen Funktionsweisen von Systemen nicht von unterschiedlichen Arten von Wesen her ableiten, sondern von verschiedenen Beziehungsstrukturen ausgehen, in die diese Wesen verwickelt sind.

In diesem Kapitel behandele ich den Typ einer systemischen Funktionsweise, der mit den Mikrogrundlagen, auf denen die Theorie dieses Buches ruht, schwer in Einklang zu bringen ist. Webers Theorie der Bürokratie nahm zumindest an *einem* Punkt des Systems Rationalität an. Die meisten Theoretiker über kollektives Verhalten sind aber von einer solchen Vorstellung weit entfernt. Ihr Individuum ist geballte Emotion, ohne eine Spur von Rationalität. Der Grund hierfür ist natürlich der bereits angedeutete: Da das untersuchte Systemverhalten bestimmte Eigenschaften aufzuweisen scheint, definiert die einfachste Sozialtheorie, die dieses Verhalten erklären soll, das System als bloßes Aggregat von Personen, die dieselben Eigenschaften aufweisen. Dieses Kapitel geht bei der Erklärung eines Systems mit diesen Eigenschaften von der Vorstellung eines individuellen Akteurs aus, die auch für geordnetere und stabilere Organisationsformen postuliert wird. Wie sich herausstellen wird, ist die Art der Handlung, die bei dem Übergang von rationalen individuellen Akteuren zu dem chaotischen und ungeordneten Systemverhalten, das man kollektives Verhalten nennt, eine Rolle spielt, eine simple (und rationale) Übertragung von Kontrolle über die eigenen Handlungen auf einen anderen Akteur. Wie in manchen Herrschaftsbeziehungen wird diese Übertragung auch hier einseitig und nicht als Teil eines Austauschs vorgenommen.

198

Hiermit greife ich den Dingen jedoch vor. Ich sollte, um es einfach zu machen, zunächst lediglich sagen, was ich unter "kollektivem Verhalten" verstehe. Dabei beginne ich auf der Systemebene mit dem zu erklärenden Systemverhalten. Später werde ich mich dann auf die Mikroebene der individuellen Akteure hinabbewegen.

Allgemeine Eigenschaften kollektiven Verhaltens

Die Systemphänomene, die unter der Überschrift "kollektives Verhalten" zusammengefaßt werden können, weisen mehrere gemeinsame Elemente auf:

Sie umfassen eine Anzahl von Personen, die die gleichen oder ähnliche Handlungen zur selben Zeit ausführen.
Das gezeigte Verhalten ist vorübergehend oder wechselt ständig, befindet sich also nicht in einem Gleichgewichtszustand.
Die Handlungen weisen eine gewisse wechselseitige Abhängigkeit auf; die Individuen handeln nicht unabhängig voneinander.

Wir haben es hier mit einer breiten Klasse von Phänomenen zu tun. Zu ihnen gehören Bankruns, Paniken in einem voll besetzten Theater wegen eines Feueralarms, Modeverhalten, wie man es unter Kindern findet (wie z.B. das

Hulahoop- oder Skateboardfieber), Bereicherungsmanien wie die Aktienspekulation, die wegen John Laws Mississippi-Plan in Frankreich ausbrach (siehe Kapitel 8), aggressive unorganisierte Demonstrationen, Aufstände, Massenverhalten, Trends in der Kleidermode und religiöser Wahn oder Massenbekehrungen. Außer den drei oben genannten Elementen haben diese Phänomene wenig gemeinsam. Einige scheinen ganz spontan aufzutreten, andere benötigen Vorüberlegungen und Kalkulation. Einige sind einmalig auftretende Ereignisse, andere kehren in leicht abgewandelter Form wieder. Sie beinhalten ganz verschiedene Gefühle wie Angst, Haß, Sympathie, Enthusiasmus oder Habgier. Und doch macht es Sinn, diese Phänomene zusammen aufzulisten; es scheint, daß sie alle auf ähnlichen Prozessen basieren.

Was diese Phänomene so faszinierend und rätselhaft macht, ist, daß sie so kurzlebig, flüchtig und offenkundig unvorhersagbar sind. Sie gehen über die Grenzen stabiler Verpflichtungen und Erwartungen, aus denen ein Großteil sozialer Organisation besteht, hinaus und erfahren dabei eine systemimmanente Verstärkung, die manchmal zu "explosiven" Resultaten führt. In Perioden des Wandels, wenn institutionalisierte Strukturen sich aufgelöst haben oder sich in Auflösung befinden, treten solche kurzlebigen und emotionsgeladenen sozialen Phänomene mit besonders großer Wahrscheinlichkeit auf. Somit ist die Ergründung dieser Phänomene vor allem für die Untersuchung sozialen Wandels hilfreich. Beispielsweise sind Revolten und Revolutionen (die in Kapitel 18 erörtert werden) normalerweise durch häufiges Auftreten von kollektivem Verhalten gekennzeichnet.

Eine feste Wissensgrundlage über solche Phänomene ist zwar wichtig, aber bisher noch nicht entwickelt worden. In Zeiten sozialer Stabilität ist wildes und unkontrolliertes soziales Verhalten schwer vorstellbar und man hat das beruhigende Gefühl, daß solche Dinge "nie passieren werden". Dennoch treten sie auf, wenn auch verstreut oder selten. Wenn sie passieren, wird die Aufmerksamkeit vom aktuellen Geschehen völlig gefesselt; legt sich die Aufregung wieder, ist man erleichtert, daß wieder Ruhe herrscht und wendet sich anderen Dingen zu - bis zum nächsten Mal. Soziologen können sich von solchen Neigungen auch nicht ganz freisprechen, und so widmen sie Perioden des Ungleichgewichts weniger Aufmerksamkeit, als die Bedeutung solcher Ereignisse sowohl für die Sozialtheorie als auch für die soziale Praxis rechtfertigen würde. Somit wäre der allgemeine Bereich des kollektiven Verhaltens ein lohnendes Betätigungsfeld für die Entwicklung einer Theorie und für empirische Forschungen.

Bei der Untersuchung von Vertrauenssystemen in Kapitel 8 wurden bereits einige Vermutungen über die Prozesse geäußert, die bei kollektivem Verhalten eine Rolle spielen. Dieses Kapitel wird darauf aufbauen, aber das Augenmerk noch expliziter auf die Dynamik kollektiven Verhaltens richten und die Unterschiede zwischen verschiedenen Typen untersuchen. Die individuelle Handlung, auf der Vertrauenssysteme und Vertrauensbeziehungen (siehe Kapitel 5) aufbauen, ist die einseitige Übertragung von Kontrolle über Handlungen, und genau diese Übertragung liefert in diesem Kapitel die zentrale Erklärung für die Handlungen auf der Mikroebene, die zu kollektivem Verhalten führen. Ich werde erklären, warum Personen diese Übertragung bewußt und zielgerichtet ausführen, und auch, wie diese individuellen Verhaltensformen verknüpft werden und die zuweilen spektakulären Phänomene der Makroebene erzeugen, die die verschiedenen Formen kollektiven Verhaltens ausmachen.

Hinsichtlich der Akteure und Ereignisse ist die Mikroebene die Ebene, auf der jeder einzelne Akteur zunächst noch die Kontrolle über ein Ereignis, nämlich seine eigenen Handlungen, besitzt. Damit kollektives Verhalten entstehen kann, muß ein Wechsel von dieser Situation, in der jedes Individuum seine Handlungen kontrolliert, zu einer Situation stattfinden, in der die Kontrolle über die eigenen Handlungen anderen Personen übertragen worden ist. Das folgende Beispiel illustriert, wie so etwas vor sich gehen kann:

Als wir eines Tages in der Kirche waren, hörten wir mitten in der Predigt, wie ein Löschfahrzeug auf den Parkplatz der Kirche, genau neben den Altarraum, fuhr. Wir fühlten uns unsicher – waren wir in Gefahr? Dem naheliegenden Impuls, hinauszulaufen, stand die Tatsache entgegen, daß ein solches Verhalten der weihevollen Umgebung einer Kirche offensichtlich nicht angemessen war. Ich ertappte mich dabei, wie ich nach links und rechts spähte, um herauszufinden, ob andere Leute ängstlich aussahen und ob irgendjemand im Begriff war, irgendetwas zu tun. Ich schaute zum Pfarrer, um irgendwelche Gesten zu entdecken, die seine Gefühle verraten würden. Da sah ich, daß eine Menge anderer Leute ebenfalls umhersahen und vermutlich das gleiche dachten wie ich! (Turner und Killian, 1957, S. 59)

In dieser Situation hat jede Person versucht, andere Personen zu finden, denen sie die Kontrolle über ihre Handlungen übertragen konnte. Warum geschieht so etwas? Wenn man die Gründe dafür versteht, lassen sich die Bedingungen, unter denen es geschieht, leichter vorhersagen.

Was tut das Individuum bei kollektivem Verhalten?

Man sollte danach fragen, was Personen tun, die ein kollektives Verhalten hervorrufen. Wie lassen sich ihre Handlungen generell beschreiben? Zu diesem Zweck werde ich auf Browns (1965) umfassende Übersicht und Synthese von Arbeiten über kollektives Verhalten zurückgreifen.[1] Brown konzentriert sich auf Massenverhalten, wozu auch Flucht- oder Bereicherungspaniken und aggressive oder expressive Ausbrüche gehören. Er berücksichtigt auch Paniken, die nicht in Menschenmengen mit direktem Kontakt auftreten, wie z.b. Börsenpaniken, doch er setzt in allen Fällen voraus, daß die Personen sich gegenseitig beeinflussen müssen.

Wie Brown betont, sehen sich Analytiker von kollektivem Verhalten vor allem dem Problem gegenüber, daß die Handlungen der Mitglieder einer Menge nicht unbedingt den durchschnittlichen Handlungen entsprechen, die die Mitglieder als Einzelpersonen ausführen würden. Das Resultat ist ein neu entstehendes Verhalten. Er zitiert Le Bon:

In Widerspruch zu einer Anschauung, die sich befremdlicherweise bei einem so scharfsinnigen Philosophen wie Herbert Spencer findet, gibt es in dem Haufen, der eine Masse bildet, keineswegs eine Summe und einen Durchschnitt der Bestandteile, sondern Zusammenfassung und Bildung *neuer* Bestandteile, genau so wie in der Chemie sich bestimmte Elemente, wie z.b. die Basen und Säuren, bei ihrem Zustandekommen zur Bildung eines neuen Körpers verbinden, dessen Eigenschaften von denen der Körper, die an seinem Zustandekommen beteiligt waren, völlig verschieden sind. (Le Bon, 1951 [1895], S.14)

Die Schwierigkeit ergibt sich daraus, daß Le Bon, obwohl er die neu entstehenden Eigenschaften der Menge erkennt, das entstehende Verhalten eher analogisiert als analysiert. Brown (1965) drückt dies so aus: "Die Wissenschaft muß ... die Emergenz von primitivem emotionalen Verhalten in Mengen erklären und muß darlegen, auf welche Weise sich dieses Verhalten in der Menge fortpflanzt und eine Homogenität im Denken und Handeln entsteht" (S. 734).

Le Bon und andere haben einige Vermutungen zur Erklärung dieser Entstehung und Ansteckung geäußert, die mit der Vorstellung einer Kontrollübertragung verwandt sind. Brown faßt die Erklärungen zusammen, die verschiedene Autoren für die Homogenität von Verhalten, d.h. für die Ansteckung anbieten:

[1] Die umfassendste soziologische Theorie kollektiven Verhaltens stammt von Smelser (1963). Die Grundlage von Smelsers Theorie lehnt sich an die ökonomische Theorie an. Auf den Entwicklungsstufen in einem Phänomen kollektiven Verhaltens wird jeweils ein "Mehrwert" zugefügt, was schließlich zu einem Endprodukt, dem kollektiven Verhalten, führt.

Le Bon: "Suggestionen und hypnotische Effekte"
McDougall: Die Erregung eines Instinktes in einem Individuum durch den Ausdruck derselben Emotion in einem anderen
Allport: "Soziale Entlastung"
Miller und Dollard sowie Blumer: "Kreisförmige Reaktionen"
Park und Burgess: "Einklang"

Brown liefert selbst auch eine Erklärung, doch bevor ich mich dieser zuwende, möchte ich anmerken, daß alle diese Erklärungen auf irgendeine Auswirkung Bezug nehmen, indem sie einen deskriptiven Begriff wie soziale Entlastung, kreisförmige Reaktion oder Einklang verwenden oder von irgendeinem kausalen Prozeß ausgehen, der sich an der Grenze zwischen Psychologie und Physiologie abspielt. In keinem Fall wird das Massenverhalten als bedeutungsvolles, zielgerichtetes Handeln von seiten der Mitglieder der Menge verstanden. Im Gegensatz dazu wird das kollektive Verhalten im allgemeinen ausdrücklich als "irrational" bezeichnet. Wenn man sich aber die Begriffe Ansteckung, kreisförmige Reaktion, Suggestionen und soziale Entlastung nicht im Hinblick auf Auswirkungen, sondern auf die Orientierung des Akteurs ansieht, wird klar, daß in den Situationen, die durch diese Begriffe beschrieben werden, die Mitglieder der Menge sich in großem Umfang gegenseitig Kontrolle über ihre Handlungen übertragen haben.

Um 1950 zog z.B. eine schwarze Familie in das nur von Weißen bewohnte Cicero, Illinois. Dies führte zu einem Aufruhr, den Jugendliche, die mit Steinen auf die Wohnung der Familie warfen, entfacht hatten (Abrams 1951). Man könnte das Phänomen sicher als "soziale Ansteckung" oder "kreisförmige Reaktion" oder als "durch die Menge gehende Wellenbewegung" beschreiben, wie einige Kommentatoren es taten. Doch genausogut könnte man es so beschreiben, daß viele Mitglieder einer Gruppe in großem Umfang die Kontrolle über ihre Handlungen verschiedenen anderen Mitgliedern übertragen hatten und nun einfach darauf warteten, daß diese Mitglieder irgendeine Handlung ergreifen würden und damit bestimmten, was man selber tun würde. Wenn man das gezeigte Verhalten von dieser Warte aus betrachtet, hat man den Vorteil, daß man dann auch nach den Gründen für dieses Verhalten und den Bedingungen fragen kann, unter denen ein rationaler Akteur eine solche Übertragung vornimmt, da eine Kontrollübertragung ja eine positive Handlung ist, die von einem zielgerichteten Akteur ausgeführt wird, und keine eher passive Reaktion auf einen Stimulus oder die Auswirkung einer äußeren Ursache.[2] Dies wiederum ermöglicht es, das Auftreten von kollek-

---

[2] Darüber hinaus bietet ein solcher Ansatz mögliche Vorteile für die Entwicklung einer Theorie, weil die Kontrolle über die Handlungen eines Akteurs die Eigen-

tivem Verhalten verschiedener Arten vorherzusagen, und anzugeben, wie es kontrolliert oder verhindert werden kann.

Wenn man die Handlung vom Standpunkt des Akteurs aus betrachtet, wird außerdem deutlich, daß der Unterschied zwischen einer Gruppe, die imstande ist, extremes kollektives Verhalten wie eine Panik oder einen Krawall aufzuweisen, und einer Gruppe, die dies nicht tut, einfach darin besteht, daß sich die Mitglieder in der einen Gruppe gegenseitig in großem Umfang Kontrolle über ihre Handlungen übertragen haben, während dies in der anderen Gruppe nicht geschehen ist. Dazu kommt noch, daß Mitglieder einer Menge *im Hinblick auf manche Handlungen* umfangreiche Kontrollübertragungen vornehmen, im Hinblick auf andere jedoch nicht. Beispielsweise hat das Publikum in einem ausverkauften Theater anderen Zuschauern möglicherweise die Kontrolle über seine Bewegungen zum Ausgang hin übertragen, falls es zu einem Feueralarm kommt, und vielleicht auch eingeschränktere, aber dennoch wesentliche Kontrollübertragungen bezüglich seiner Reaktionen auf die Vorstellung vorgenommen, so daß Leute lachen, weinen, applaudieren oder rufen, wenn andere Mitglieder des Publikums dies auch tun. Es wird jedoch wahrscheinlich weniger Kontrolle in bezug auf das Verhalten zum Sitznachbarn übertragen, so daß einige Hand in Hand dasitzen, andere sich zuflüstern, wohin sie nach dem Theater gehen möchten, wieder andere sich in die Augen sehen usw.

Es ist auch wichtig festzuhalten, daß eine weitreichende Übertragung von Kontrolle auf andere Mitglieder einer Gruppe nicht zwangsläufig in eine Panik oder ein Mobverhalten münden muß. Es kann auch zu einer geordneten Auflösung der Menge führen, je nachdem, welche Handlungen als erste selbständig von denjenigen ausgeführt werden, die niemandem die Kontrolle über ihr Verhalten übertragen haben. Wenn beispielsweise in einem ausverkauften Theater ein Feuer ausbricht, ist es möglich, daß alle sich diszipliniert dem Ausgang zubewegen, und zwar nicht, weil keine Kontrollübertragungen vorgenommen worden sind, sondern weil die ersten Handlungen besonnen waren und dies von anderen, welche Kontrolle den zuerst Handelnden, wer immer dies auch sein möge, übertragen haben, imitiert worden ist. Genau diese Unwägbarkeit und Unbeständigkeit ist für kollektives Verhalten charakteristisch. Ähnliche Ausgangssituationen, die durch verschiedene Anfangshandlungen eingeleitet worden sind, können zu völlig unterschiedlichem kollektiven Verhalten führen. Aufgrund des leisesten Verdachts der Insolvenz einer Bank kann eine Bankpanik entstehen; sie kann aber auch verhin-

schaft der Erhaltung aufweist, soziale Ansteckung und Beeinflussung dagegen nicht. Die Frage, wo Kontrolle über das Handeln jedes einzelnen Akteurs zu lokalisieren ist, ist stets gegenwärtig, und die Beantwortung dieser Frage ist von entscheidender Bedeutung für das Systemverhalten. Siehe Elkana (1974), der die Entdeckung des Prinzips der Erhaltung von Energie für physikalische Systeme erörtert.

dert werden, wenn ein kluger Leiter einer Bank Abhebungen erleichtert, indem er ostentativ mehr Bankkassierer einsetzt und verlauten läßt, daß die Bank so lange geöffnet bleibt, bis jeder Kontoinhaber sein Geld abgehoben hat.

Einseitige Übertragungen und Ungleichgewicht

In gewisser Weise ist leicht einzusehen, warum die hier als kollektives Verhalten beschriebenen Phänomene nicht zu stabilen Gleichgewichten führen. Dennoch führt eine individuelle Nutzenmaximierung in zahlreichen sozialen Situationen zu einem stabilen Gleichgewicht - warum also nicht in diesen? Dieser Frage werde ich mich in Kapitel 33 ausführlicher zuwenden; dort werden die formalen Eigenschaften genannt, die diese Phänomene voneinander unterscheiden. Hier deute ich nur an, inwiefern sie sich unterscheiden.

Bei einem Austausch privater Güter maximieren rationale Akteure ihren Nutzen, indem sie einige Güter, die sie besitzen, aufgeben und dafür andere Güter erhalten, an denen sie ein größeres Interesse haben. Für die Güter besteht ein beschränktes Angebot, und jeder Akteur führt Tauschhandlungen mit anderen durch, bis kein für beide Seiten profitabler Tausch mehr möglich ist. Dies ist der Punkt ökonomischer Effizienz und damit ein Gleichgewichtszustand, in dem kein Akteur unter Berücksichtigung seiner Ressourcenbeschränkungen seine Lage noch verbessern kann. Das Individuum maximiert seinen Nutzen, indem es seine Interessen an einem Gut gegen seine Interessen an einem anderen Gut abwägt. Diese individuelle Gleichgewichtsfindung führt zu einem Gleichgewicht des Systems.

Im Ablauf der Phänomene, die in diesem Kapitel besprochen werden, ist es jedoch nicht der Fall, daß jeder Akteur im Wettbewerb mit anderen etwas aufgibt, um etwas anderes dafür zu bekommen. Jeder Akteur versucht, eine Nutzenmaximierung zu erzielen, indem er eine einseitige Übertragung von Kontrolle über seine eigenen Handlungen vornimmt. Diese Nutzenmaximierung kommt nicht zustande, weil Ressourcen eingesetzt werden, um andere Ressourcen (oder Kontrolle oder Ereignisse) zu erwerben, nach denen auch von seiten anderer Akteure eine Nachfrage besteht. Das Individuum versucht, seinen Nutzen zu maximieren, aber dies geschieht nicht, indem beschränkt vorhandene Güter gegeneinander abgewogen werden. Weil dies vielmehr mittels einer einseitigen Kontrollübertragung geschieht, führt die individuelle Nutzenmaximierung hier nicht notwendigerweise zu einem Gleichgewicht des Systems.

Fluchtpaniken

In einem klassischen Experiment von Mintz (1951) wurde die Fluchtpanik modellhaft dargestellt. Mintz, der zeigen wollte, daß dem Panikverhalten die der Situation eigene Belohnungsstruktur zugrundeliegt und nicht etwa eine mysteriöse "Mobpsychologie", schuf die folgende Situation:

Eine Flasche mit engem Hals enthielt Aluminiumkegel, an denen jeweils eine Schnur befestigt war, die aus der Flasche ragte. Jede Person in der Gruppe hielt die Schnur eines Kegels fest und wurde belohnt, wenn ihr Kegel trocken aus der Flasche herauskam, erhielt aber eine Strafe, die umso höher war, je nasser der Kegel wurde. Von unten drang nun Wasser in die Flasche ein, und der Wasserspiegel näherte sich langsam den Kegeln, die - allerdings nur einzeln - durch den Flaschenhals gezogen werden konnten. Somit war es wahrscheinlich, daß die zuletzt herausgezogenen Kegel naß wurden.

Mintz beobachtete, daß in dieser Situation, die für jede Versuchsperson eine, wie er sagte, instabile Belohnungsstruktur bedeutete, immer ein Gedränge unter den Kegeln stattfand, was zur Folge hatte, daß viele naß wurden. Ein Gedränge entstand seltener, aber immer noch ab und zu, wenn die Gruppe vorher die Möglichkeit hatte, einen geordneten Fluchtplan zu entwerfen. Brown (1965) erklärt diese Ergebnisse anhand eines Gefangenendilemmaspiels mit zwei Spielern. Dabei wird die Person, deren Entscheidung problematisch ist, als ein Spieler (A_1) klassifiziert, alle anderen als zweiter Spie-

Tabelle 9.1 Belohnungsstruktur für A_1 in einer Fluchtpanik, abhängig von seinen Handlungen und den Handlungen anderer (A_2)

		A_2			
		Sich einfädeln		Zum Ausgang stürzen	
A_1	Sich einfädeln	2	mittel	4	sehr niedrig
	Zum Ausgang stürzen	1	hoch	3	niedrig

ler (A_2). Jeder hat zwei Möglichkeiten, nämlich zum Ausgang zu stürzen oder sich einzufädeln. Die Spielmatrix ist in Tabelle 9.1 zu sehen. In den Feldern stehen die Auszahlungen für A_1, nämlich hoch, mittel, niedrig und sehr niedrig. Anders ausgedrückt vermindert sich die erwartete Belohnung für A_1 proportional zu den in Tabelle 9.2 aufgeführten Handlungskombinationen. Dies ist die Belohnungsstruktur des Spiels.

Eine eingehendere Betrachtung von Spielmatrix und Belohnungsstruktur zeigt, daß A_1 besser zum Ausgang stürzt, wenn die anderen sich einfädeln, und ebenfalls besser zum Ausgang stürzt, wenn die anderen zum Ausgang stürzen. Folglich hat es den Anschein, daß es immer besser ist, zum Ausgang zu stürzen, egal, was die anderen tun. Der paradoxe Aspekt des Spieles ist natürlich, daß jede Person mit der gleichen Belohnungstruktur konfrontiert wird, so daß jede Person sich einen Gewinn davon versprechen wird, zum Ausgang zu stürzen. Anstatt die mittlere Belohnung zu erhalten, die ein Einfädeln erbringen würde, werden daher alle zum Ausgang stürzen, wobei ein Engpaß entsteht, und die erwartete Belohnung für jeden einzelnen wird niedrig sein (z.b. kommen bei einer Panik, die von einem Brand ausgelöst wird, viele Menschen ums Leben, wie beispielsweise 1903 bei dem Feuer im Chicagoer Iroquois Theater, wo in der entstehenden Panik 602 Personen umkamen).

Spieltheoretische Analysen (z.B. auch Browns Analyse) kommen zu dem Schluß, daß die einzige rationale Handlung in einer solchen Situation darin besteht, zum Ausgang zu stürzen. Es gibt jedoch grundlegende Unterschiede zwischen der hier beschriebenen Situation und dem klassischen Gefangenendilemma. Bei letzterem sind die beiden Gefangenen voneinander getrennt und dürfen nicht miteinander kommunizieren. Jeder trifft eine einzelne bindende Entscheidung - zu gestehen (hier hieße das, zum Ausgang zu stürzen) oder auszuharren -, und beide Entscheidungen werden einseitig getroffen. Weil die Gefangenen nicht miteinander kommunizieren können, besteht keine instabile Belohnungsstruktur wie bei Mintz' Experiment. Vielmehr ist die Belohnungsstruktur durchaus stabil, denn die einzige rationale Handlung ist, zu gestehen. Dies trifft für Mintz' Experiment nicht zu, denn dabei kann jeder sehen, was die anderen tun.

Tabelle 9.2 Handlungen von A_1 und von anderen (A_2) und erwartete Belohnung für A_1

Handlungen	Erwartete Belohnung für A_1
1. Er stürzt zum Ausgang, andere fädeln sich ein.	Hoch: entkommt ganz sicher
2. Er fädelt sich ein, andere ebenso.	Mittel: entkommt wahrscheinlich
3. Er stürzt zum Ausgang, andere ebenso.	Niedrig: wird wahrscheinlich naß
4. Er fädelt sich ein, andere stürzen zum Ausgang.	Sehr niedrig: wird ganz sicher naß

Es gibt nicht nur einen Unterschied in bezug auf die Kommunikationsstruktur. In der Zeitspanne, in der die Kegel aus der Flasche gezogen werden, kommt es zu einer Abfolge von Aktionen und Reaktionen. Jeder kann genau beobachten, was die anderen tun, und entsprechend darauf reagieren. Dies bedeutet aber, daß jeder die Möglichkeit hat, den anderen eine Teilkontrolle über die eigenen Handlungen zu übertragen, entsprechend dem Prinzip, das in den Kapiteln 5 und 8 erörtert worden ist. Ist es aber rational, so zu handeln, und wenn ja, unter welchen Bedingungen ist es rational? Warum ziehen die Versuchspersonen in Mintz' Experiment, wenn sie kommunizieren und Vorüberlegungen anstellen dürfen, manchmal auch nicht so ruckartig an ihren Kegeln, daß es zu einem Gedränge kommt?

In Kapitel 33 werden die Bedingungen aufgezeigt, unter denen es rationaler ist, Kontrolle zu übertragen, als zum Ausgang zu stürzen. Ich möchte jedoch hier schon das generelle Ergebnis erwähnen, weil die Rationalität einer Kontrollübertragung dann intuitiv einsichtig wird. Nehmen wir an, A_1 weiß, daß jeder der anderen Spieler unbeeinflußt handeln wird, gleichgültig, was er oder sonst irgend jemand tut. Dann ist es für ihn von Nutzen, so hastig zu ziehen, wie er kann, und dabei seinen Kegel so schnell wie möglich aus der Flasche zu befördern, *weil er weiß, daß sein Handeln das Tun der anderen nicht beeinflussen wird.* Wenn er dagegen weiß, daß die Handlungen der anderen von seiner eigenen abhängig sind, weiß er auch, daß die anderen möglicherweise seinem Beispiel folgen, wenn er hastig an seinem Kegel zieht, was zu einem Gedränge führen würde. Nur, wenn er sich bereits sehr nahe am Ausgang befindet, wird er dem Gedränge entgehen und entkommen. Wenn die Handlungen der anderen völlig von seinen abhängen, ist es für ihn von Vorteil, einen festen Fluchtplan mit einer vorgegebenen Reihenfolge anzuordnen (es sei denn, er befindet sich wiederum nahe am Ausgang). So ist es in diesem Falle von Nutzen für ihn, sich diszipliniert zum Ausgang zu bewegen, *weil er weiß, daß die anderen eine vollständige Kontrollübertragung auf ihn vorgenommen haben und eine andere Handlung von ihm zu einem Gedränge führen würde, was für ihn von Nachteil wäre.*

Die Situation sieht dagegen anders aus, wenn er annimmt, daß zwar keiner der anderen selbständig handelt, jedoch nicht nur ihm Kontrolle übertragen hat, sondern eine gegenseitige Übertragung von Teilkontrollen stattfindet. Er kann glauben, daß es entweder besser für ihn wäre, überstürzt zu handeln, unabhängig davon, was andere tun, oder sich diszipliniert zum Ausgang zu bewegen, unabhängig davon, was andere tun, oder aber sich zunächst diszipliniert zum Ausgang zu bewegen, weitere Handlungen jedoch von den Handlungen anderer abhängig zu machen. Dies hängt davon ab, wieviel Kontrolle ihm von anderen übertragen worden ist, von der Wahrscheinlichkeit, daß sie ohnehin überstürzt handeln (aufgrund der Kontrolle, die sie sich gegenseitig übertragen haben) und von den unterschiedlichen Auszahlungen, die ihm verschiedene Ergebnisse einbringen.

Normalerweise würde er sich natürlich nicht unabhängig von den Handlungen anderer diszipliniert zum Ausgang bewegen, denn wenn andere rennen, während er geht, heißt das, daß sie ihm nicht völlig die Kontrolle übertragen haben. Eine vollständige Übertragung von Kontrolle durch die anderen auf ihn ist aber die einzige Bedingung, unter denen es rational ist, unabhängig davon, was sie gerade tun, diszipliniert zum Ausgang zu gehen. Die zwei Alternativen, die nicht dominiert werden, sind die folgenden:

1. Einseitig zu rennen, unabhängig davon, was andere tun
2. Zunächst zu gehen und weitere Handlungen von den Handlungen anderer abhängig zu machen, d.h. anderen Kontrolle zu übertragen

Unter diesen Umständen entsteht ein anderes Spiel; die entsprechenden Paare von Handlungen und Ergebnissen (wobei ich der Einfachheit halber von einer Panik mit zwei Personen ausgehe) sind in Tabelle 9.3 aufgeführt.

Die Spielmatrix wird in Tabelle 9.4 gezeigt; die Felder sind mit a, b, c, d gekennzeichnet. Die Rangfolge der Auszahlungen von extrem hoch zu extrem niedrig für A_1 und A_2 sind folgende:

A_1: a b d c (extrem niedrig)
A_2: a c d b (extrem niedrig)

Dieses Spiel weist für beide Spieler nicht die Struktur des Gefangenendilemmas auf. Für keinen der beiden Spieler gibt es eine dominierende Handlung. Wenn A_2 eine Übertragung vornimmt, ist es für A_1 besser, ebenfalls

Tabelle 9.3 Handlungen von A_1 und anderen (A_2), Ergebnisse und erwartete Belohnungen für A_1 und andere

Handlung			Erwartete Belohnung für	
A_1	A_2	Ergebnis	A_1	A_2
Übertragung[a]	Übertragung	Disziplinierter Rückzug Entkommen	Hoch	Hoch
Rennen[b]	Übertragung	Gedränge, A_1 im Vorteil	Niedrig	Sehr niedrig
Übertragung	Rennen	Gedränge, A_2 im Vorteil	Sehr niedrig	Niedrig
Rennen	Rennen	Gedränge, keiner im Vorteil	Niedriger	Niedriger

a. Übertragung = zunächst gehen und rennen, wenn andere rennen
b. Rennen = zunächst rennen und unabhängig von Handlungen anderer weiterrennen

Tabelle 9.4 Belohnungsstruktur für ein Zwei-Personen-Fluchtspiel, in dem jeder Spieler dem anderen Kontrolle übertragen oder rennen kann

	A_2 Übertragen	Rennen
A_1 Übertragen	a	c
A_1 Rennen	b	d

eine Übertragung vorzunehmen; wenn A_2 rennt, ist es für A_1 besser zu rennen.

Sollte A_1 rennen, wenn er schätzt, daß A_2 mit der Wahrscheinlichkeit p Kontrolle übertragen wird? Wenn A_1 eine Kontrollübertragung vornimmt, beträgt der erwartete Wert des Ergebnisses für ihn $pa + (1-p)c$. Wenn er rennt, beträgt der erwartete Wert $pb + (1-p)d$. Die Untersuchung dieser Quantitäten zeigt, daß A_1 Kontrolle übertragen sollte, wenn $p/(1-p)$ größer ist als $(d-c)/(a-b)$. Dies läßt sich genauso analysieren wie bei der früher erörterten Vertrauensanalyse, wenn man davon ausgeht, daß p mit der Wahrscheinlichkeit, daß der Treuhänder sich als vertrauenswürdig erweist, vergleichbar ist. Denn $d-c$ entspricht dem Betrag, den A_1, der Treugeber, durch eine Vertrauensvergabe verlieren wird, wenn der Treuhänder, A_2, nicht vertrauenswürdig ist (was in diesem Zusammenhang heißt, wenn er nicht zunächst geht, sondern rennt), und $a-b$ entspricht dem Betrag, den A_1 durch eine Vertrauensvergabe gewinnen wird, wenn der Treuhänder vertrauenswürdig ist.

Nehmen wir zum Beispiel an, daß die Ergebnisse den in Tabelle 9.5 genannten Auszahlungen entsprechen; dann gilt

$$\frac{d-c}{a-b} = \frac{1}{8}$$

Das heißt, daß A_1 eine Kontrollübertragung vornehmen sollte, wenn er glaubt, daß mindestens eine Chance von 1:9 besteht – d.h. $p/(1-p)$ sollte größer sein als 1/8 –, daß der andere zunächst geht und nur dann rennt, wenn auch A_1 rennt. Doch obwohl dies die optimale Strategie für A_1 ist, ist es ebenso (wegen der hier auftretenden Symmetrie) die optimale Strategie für A_2. So

Tabelle 9.5 Auszahlungen für beide Spieler des Zwei-Personen-Fluchtspiels aus Tabelle 9.4

A_2

	Übertragen	Rennen
A_1 Übertragen	0, 0	-11, -8
A_1 Rennen	-8, -11	-10, -10

geraten A_1 und A_2 in ein merkwürdiges Patt, wobei die rationale Handlung für beide von ihrem jeweiligen Glauben darüber abhängt, welche Handlung der andere ergreifen wird.

Die Interdependenz in dieser Situation ist als Verhaltensinterdependenz bezeichnet worden (Friedman 1977). Es besteht eine wechselseitige Abhängigkeit des Handelns, wobei die Handlung eines Akteurs nicht nur direkte Auswirkungen für ihn hat, sondern auch durch den Effekt, den sie auf die Handlung des anderen (oder anderer) ausübt. Ein zentrales Merkmal von Situationen mit Verhaltensinterdependenz ist, daß eine rationale Strategie nur definiert werden kann, wenn man Kenntnisse (oder Vermutungen) über die Strategien des Akteurs oder der Akteure hat, mit denen man konfrontiert wird. Klassische spieltheoretische Lösungen für Zwei-Personen-Spiele basieren auf der Annahme, daß der andere Spieler die optimale Reaktion auf die Handlung zeigen wird, die er für die optimale Reaktion des ersten Spielers auf jede seiner eigenen möglichen Handlungen hält. Wenn sich diese optimalen Reaktionen auf ein einziges Paar von Strategien hinbewegen, spricht man von Gleichgewichtsstrategien.

Für die in Tabelle 9.5 gezeigte Situation ergibt sich für A_1 eine ähnliche Kette von Schlußfolgerungen: "A_2, der die gleichen Berechnungen anstellt wie ich, sieht, daß es für mich von Vorteil ist, zunächst zu gehen, wenn ich glaube, daß er dies auch tun wird. Er glaubt, daß ich glaube, daß er dies tun wird, weil er mich für eine ebenso rationale Person hält, wie er selbst ist, und weil er meine Belohnungsstruktur kennt. Deshalb glaubt er, daß ich zunächst gehe. Dies wird ihn veranlassen, zunächst zu gehen. Deshalb liegt es in meinem Interesse, zunächst zu gehen." Solche Folgerungen ähneln, sind aber nicht identisch mit denen der klassischen Spieltheorie, die zu zwei Gleichgewichten in einem solchen Spiel führen würden, nämlich zu einem, in dem beide Spieler gehen, und zu einem anderen, in dem beide rennen. Beide

Folgerungsarten basieren jedoch auf Annahmen, die in bestimmten Situationen haltbar sind, in anderen jedoch nicht. Es trifft nicht immer zu, daß der andere dieselben Schlußfolgerungen wie man selbst anstellt. Wenn es Belege für das Gegenteil gibt, ist es rational, sich auf diese zu stützen.

Eine andere Argumentation, die A_1 in dieser Situation wählen könnte, wäre, daß A_2, der sich in der gleichen Situation befindet, mit hoher Wahrscheinlichkeit Kontrolle übertragen wird (d.h. er geht zunächst). Wie bei den Vertrauensanalysen vergleicht A_1 im Grunde seine Einschätzung dieser Wahrscheinlichkeit mit der kritischen Wahrscheinlichkeit, die durch das Verhältnis $(d-c)/(a-b)$ bestimmt wird. Ist erstere größer, wird A_1 Vertrauen vergeben (d.h. er wird zunächst gehen). Doch A_1 wird auch auf jeden anderen Hinweis zurückgreifen, der seine Einschätzung der Wahrscheinlichkeit, daß A_2 zunächst geht, modifizieren könnte. Diese Folgerungen führen nicht zu einer definitiven "Lösung", doch sie erlauben qualitative Vorhersagen. Je größer z.B. der mögliche Verlust für A_2 ist, wenn er geht (d.h. wenn er Vertrauen vergibt) und A_1 dann rennt (d.h. nicht vertrauenswürdig ist), desto wahrscheinlicher ist, daß A_2 rennen wird (sowohl aus direkten als auch aus Gründen zweiter Stufe) und daß auch A_1 rennt. Ähnliche Überlegungen gelten für die Auswirkung eines erhöhten möglichen Gewinns infolge von Gehen (Vertrauensvergabe). Diese Argumentation sagt auch bestimmte Handlungen voraus, die eine spieltheoretische Lösung nicht anbieten würde, z.B. daß A_1 und A_2 besonders aufmerksam auf mögliche Hinweise achten werden, die Aufschlüsse über die Handlung des anderen ermöglichen. Eine solche Art der Argumentation begründet den Nutzen von Feuerlöschübungen teilweise damit, daß sie die Erwartung jeder einzelnen Person über die Handlungen anderer verändern (das heißt, jede Person schätzt danach die Wahrscheinlichkeit, daß andere gehen werden, anders ein), was wiederum dazu führt, daß jeder einzelne mit höherer Wahrscheinlichkeit geht als rennt.

Diese Ergebnisse haben jedoch auch unbefriedigende Aspekte. Am wenigsten befriedigend ist vielleicht ihre Übertragung auf größere Gruppen. Wenn p der von A_1 vorgenommenen Einschätzung der Wahrscheinlichkeit entspricht, daß A_2 seine Handlung von der Handlung des A_2 abhängig macht, dann muß p notwendigerweise in dem Maße kleiner werden, in dem die Anzahl der Personen zunimmt. Für die in Tabelle 9.5 dargestellte Situation, in der der kritische Wert von $p/(1-p)$ $1/8$ beträgt, heißt dies, daß in einer homogenen Gruppe von neun Personen der maximale Wert von p, den jeder für jeden der anderen annehmen könnte, $1/8$ beträgt. Dies entspricht genau dem kritischen Wert. Somit würde man voraussagen, daß jede beliebige Gruppe mit mehr als neun Personen unter Voraussetzung dieser Belohnungsstruktur immer in Panik ausbrechen würde. Und für jede beliebige Situation würde diese Analyse einen drastischen und unvermeidbaren Anstieg der Wahrscheinlichkeit einer Panik voraussagen, wenn die Gruppe größer wird. Allgemein gesagt müßte der kritische Wert von p für eine Gruppe der Größe n kleiner sein als $1/(n-1)$, wenn die Mitglieder ihre Handlungen von den Handlungen anderer abhängig machen sollen. Obwohl es wahrscheinlich zutrifft, daß sich die Wahrscheinlichkeit einer Panik in einer Situation mit beschränkten Fluchtmöglichkeiten in dem Maße erhöht, wie die Anzahl der Personen zunimmt, scheint diese Verbindung kaum so direkt und unausweichlich zu sein, wie die Analyse andeutet.

Es stellt sich dann die Frage, ob eine tiefergehende Analyse einen Ausweg aus diesem Problem weisen würde. Ein möglicher Hinweis liegt darin, daß sich jedes Mitglied einer Menge wahrscheinlich weniger von den anderen als Einzelpersonen beeinflußt fühlt, sondern eher von "der Menge" als einem Gebilde, das aus mehr als einer Menge einzelner Individuen besteht. Es gibt zwei Möglichkeiten, dies von einem rationalen Standpunkt aus zu betrachten. Die erste ist, daß jedes Mitglied die Menge als ein Einzelgebilde empfindet. Die Handlung eines bestimmten Individuums (z.B. zu rennen anzufangen) wird nicht als irrelevant angesehen, wenn $(d-c)/(a-b)$ größer ist als $1/(n-1)$, wie die oben dargelegte Analyse vorhersagen würde. Sie wird vielmehr als ein Indikator oder ein Signal dafür angesehen, was die Menge tun wird. Auf diese Weise macht vielleicht jedes Mitglied seine Handlung abhängig davon, was die Menge als Einzelgebilde tut, wobei es die Handlungen von Individuen als Hinweise benutzt, die seine Einschätzung der Wahrscheinlichkeit, daß die Menge diszipliniert hinausgehen wird, beeinflussen. So zu handeln, scheint vernünftig zu sein, denn das Individuum wird nicht durch jede einzelne andere Person beeinflußt, sondern durch die Menge als ein einzelnes handelndes Gebilde, das sich entweder geordnet dem Ausgang zubewegt oder sich chaotisch und ungeordnet verhält.

Die zweite Möglichkeit der Betrachtung ist, davon auszugehen, daß Individuen weiterhin Einschätzungen vornehmen, wie andere Individuen handeln werden, und nicht, wie die Menge als Gebilde handeln wird, aber daß sie die Handlungen anderer Individuen nicht so betrachten, daß sie nur von ihren eigenen Handlungen abhängen können, sondern auch von den Handlungen anderer. So kann A_1 in einer Gruppe der Größe n annehmen, daß A_n's Handlung zum Teil von seiner eigenen Handlung abhängen kann, aber auch zum Teil von den Handlungen von A_2, A_3 oder von anderen Individuen. Wenn also sein eigenes Rennen eine entsprechende Reaktion bei A_2 und A_3 hervorrufen würde, würden auch andere, deren Handlungen stark von den Handlungen des A_2 oder des A_3 abhingen, beginnen zu rennen, und dann würde vielleicht in einer Kettenreaktion die ganze Menge losrennen.

Diese Analyse verlangt offensichtlich die technische Unterstützung eines formalen Modells, das in Kapitel 33 vorgestellt wird. Es erlaubt wahrscheinlich eine adäquatere Situationsbeschreibung als die holistische Methode, vor allem in den Fällen, in denen die Menge weit verstreut ist und Personen es für rationaler halten, ihre Handlungen von den Personen in ihrer Nähe abhängig zu machen als von Personen, von denen sie weiter entfernt sind.

Ein weiterer wichtiger Punkt ergibt sich aus der Tatsache, daß Feuerlöschübungen ganz effektiv zu sein scheinen. Im Falle eines disziplinierten Hinausgehens scheint es normative Beschränkungen zu geben, die einen Akteur von einer abweichenden Handlung wie Rennen abhält. So scheinen unter bestimmten Umständen in panikerzeugenden Situationen die Prozesse wirksam zu werden, die in Kapitel 10 und 11 besprochen werden. Weil jeder daran interessiert ist, daß andere nicht rennen, hat jeder auch ein Interesse daran, daß einer Person, die zu rennen beginnt, Sanktionen auferlegt werden. Ob solche Sanktionen auferlegt werden oder jeder zu rennen beginnt, hängt von Faktoren ab, die in Kapitel 11 erörtert werden.

Die zusätzliche Komplexität, die durch eine größere Anzahl von Personen entsteht und auch durch die Möglichkeit, daß Sanktionen auferlegt werden, damit niemand zu rennen beginnt, zeigt, daß detaillierte empirische Untersuchungen und weitere theoretische Arbeit vonnöten sind.

Man muß danach fragen, warum die Ergebnisse dieser Analyse einer Paniksituation sich von der spieltheoretischen Lösung des Gefangenendilemmas unterscheiden. Die Belohnungsstruktur für die Ergebnisse ist die gleiche, doch die Resultate bei einem Spiel mit zwei Personen sind andere.[3] Der Hauptgrund liegt in der Abhängigkeit, denn eine wechselseitige Abhängigkeit der Handlungen impliziert, daß sowohl eine Kommunikation darüber stattfindet, was der andere tut, und daß es irgendeine Handlungssequenz gibt, was beides für die Situation des Gefangenendilemmas nicht zutrifft. Wenn A_2 Kontrolle auf A_1 überträgt, heißt dies, daß die Handlung von A_2 nach der Handlung von A_1 stattfinden muß und daß A_2 wissen muß, was A_1 getan hat. Das gleiche gilt für den umgekehrten Fall, daß A_1 auf A_2 Kontrolle überträgt. Natürlich sind beide Bedingungen (Kommunikation und Handlungssequenz) charakteristisch für eine Fluchtpanik. Handlungen treten über einen bestimmten Zeitraum hinweg auf, was dazu führt, daß jedes Individuum sieht, was andere tun, und die eigenen Handlungen dementsprechend modifiziert.

In einem *iterierten* Gefangenendilemma gibt es eine Sequenz von Spiel und Kommunikation über die Handlungen jedes Akteurs, was eine Abhängig-

---

3 Die Belohnungsstruktur, die das Gefangenendilemma definiert, lautet, daß (D, C) (D = Defektion, C = Kooperation) die höchste Auszahlung erbringt, (C, C) die nächsthohe, (D, D) die nächste und (C, D) die niedrigste, wobei die Belohnungen für den Akteur spezifiziert sind, der als erster genannt wird. In einem iterierten Gefangenendilemma gibt es die weitere Beschränkung, daß die Auszahlung für (C, C) größer ist als die Hälfte der Summe der Auszahlungen für (D, C) und (C, D). Diese Beschränkung ist notwendig, um alternierende Muster von (D, C) und (C, D) zu vermeiden; auf diese Weise ist das Muster mit alternierendem (D, C) und (C, D) weniger attraktiv als (C, C).

keit der Handlungen ermöglicht. Zu dem iterierten Gefangenendilemma hat es sowohl empirische Resultate als auch theoretische Analysen gegeben. Letztere kommen zu dem Schluß, daß es rational wird, eine andere Handlung als ständige Defektion zu wählen, wenn man nicht im voraus weiß, nach welcher Runde das Spiel enden wird.[4]

Eine Gruppe der empirischen Ergebnisse ist von besonderer Bedeutung. Ich meine damit die von Axelrod (1988 [1984]) stammenden Arbeiten, der für ein iteriertes Gefangenendilemma von unbegrenzter Dauer zwei Turniere mit Partien zwischen Paaren von Computerprogrammen durchführte, welche von verschiedenen Sozialwissenschaftlern, Informatikern und Spieltheoretikern geschrieben worden waren. Jede Partie zwischen zwei Programmen bestand aus einer Sequenz von Handlungspaaren; als Handlung konnte entweder Kooperation (C) oder Defektion (D) gewählt werden. Somit hätten die ersten drei Runden einer Sequenz folgendermaßen aussehen können:

A_1: C D C
A_2: D C D

Nach jeder Runde hatten beide Programme Zugriff auf Informationen über das Ergebnis. So konnten für eine bestimmte Runde in die Strategie der Programme sämtliche Informationen über alle Spielergebnisse der vorangegangenen Runden eingehen. Für jede Runde wurden die Auszahlungen festgelegt, und das Gesamtergebnis entsprach der Summe der Auszahlungen zum Ende der Spielsequenz.

Die Spielsequenzen für die Partien ähnelten im allgemeinen den Handlungssequenzen, die in Fluchtpaniken zu beobachten sind. Beispielsweise wiesen einige Partien durchgängig Kooperation (was einem disziplinierten Hinausgehen entspricht) auf. Andere begannen mit Defektion und konnten sich in der gesamten Sequenz nicht mehr daraus befreien. Wieder andere begannen mit Kooperation, verstrickten sich aber anschließend in Defektion (was einer Panik entspricht, die sich nach einem zunächst geordneten Ablauf entwickelt). Es kam keinmal vor, daß auf eine Anfangssequenz gegenseitiger Defektion wechselseitige Kooperation folgte.[5] Die Programme, die als erstes Defektion wählten (welche Axelrod als "hinterlistige" Strategien kennzeichnete), hatten die niedrigsten Gesamtauszahlungen, wogegen diejenigen, die nicht als erstes Defektion wählten ("freundliche" Strategien) im allge-

---

[4] Siehe Kreps et al. (1982). Das erste Resultat in dieser Richtung erbrachten Luce und Raiffa (1957), die mittels starker Induktion argumentierten, daß nur bei einem endlos langen Spiel eine andere Strategie als ständige Defektion rational wäre.

[5] Es gab ein Muster, wie das oben abgebildete, in der das Abwechseln von Kooperation und Defektion jeweils imitiert wurde. Dies ist ein Artefakt der diskreten Spielform.

meinen höhere Auszahlungen aufwiesen. Die Strategie mit der höchsten Auszahlung von allen war die TIT-FOR-TAT-Strategie, was einer Übertragung von Kontrolle auf den anderen entspricht (und bei der die Handlung gewählt wird, für die sich auch der andere in der vorangehenden Runde entschieden hatte).

Besonders interessant ist, daß die TIT-FOR-TAT-Strategie in Einzelpartien nicht die höchste Auszahlung durch Siege über den Gegner erzielte. Wenn man die Partien einzeln betrachtete, führte diese Strategie entweder zu einer knappen Niederlage oder zur gleichen Auszahlung, und in keiner Partie führte sie zu einem Sieg. Doch das Gesamtergebnis aller Partien gegen andere Strategien war besser als bei jeder anderen Strategie.

Wie war das möglich? Die einfachste Erklärung lautet, daß die TIT-FOR-TAT-Strategie (oder die Kontrollübertragungsstrategie) das beste Gesamtergebnis erzielte, *indem sie kooperatives Verhalten bei ihren Gegenspielern veranlaßte*. Eine solche Erklärung scheint hier jedoch nicht anwendbar zu sein, weil die Partien von Computerprogrammen ausgetragen wurden, deren Strategien bereits vor dem Spiel festgelegt waren. Wie kann eine vorprogrammierte Strategie zu einem kooperativen Verhalten anderer vorprogrammierter Strategien führen? Die Antwort darauf liegt in der Abhängigkeit der Handlungen von voraufgegangenen Handlungen des Gegenspielers und der Vermittlung dieser Abhängigkeit, die es für den Gegenspieler, falls dieser ebenfalls eine Abhängigkeitsstrategie verfolgt, rationaler erscheinen lassen, die kooperative Handlung und nicht Defektion zu wählen. Zwei gegeneinander spielende TIT-FOR-TAT-Strategien - d.h. zwei Strategien, bei denen jeweils Kontrolle auf die vorangegangene Handlung des Gegenspielers übertragen wird - rufen gegenseitig kooperatives Verhalten hervor und vermeiden im Verlauf der gesamten Spielsequenz die Defektion.

Asymmetrie in Fluchtpaniken: Stabile und instabile Gleichgewichtszustände

Es ist sinnvoll, die sowohl im iterierten Gefangenendilemma als auch in Fluchtpaniken offensichtliche Asymmetrie weiter zu untersuchen.[6] Das Systemverhalten in einer panikerzeugenden Situation führt oft von diszipliniertem Hinausgehen bis hin zu Panik, verläuft aber selten in umgekehrter Richtung. Wir waren davon ausgegangen, daß sich diese Asymmetrie in den Tabellen 9.4 und 9.5 darin äußert, daß keine Strategie vorkommt, in der zunächst gerannt und dann die nachfolgende Handlung von der Handlung des

---

6 Asymmetrie in einem iterierten Gefangenendilemma hängt natürlich von der jeweiligen Strategie ab. Eine TIT-FOR-TAT-Strategie ist vollkommen symmetrisch, wogegen viele der Strategien, die in iterierten Gefangenendilemmaspielen angewandt werden, nicht symmetrisch sind.

anderen abhängig gemacht wird. Obwohl die Asymmetrie sicherlich verständlich ist, heißt das nicht, daß sie auch von einer in sich konsistenten Theorie erklärt werden kann. Die Frage lautet dann, warum diese Asymmetrie existiert. Wenn man sagt, daß Individuen anderen in einer Fluchtpanik "Kontrolle übertragen" haben, impliziert dies noch keine Asymmetrie, jedoch ist Asymmetrie für solche Situationen charakteristisch: Eine Panik kann leicht entstehen, aber es ist schwer, eine bestehende Panik wieder unter Kontrolle zu bringen.

Der Grund dafür läßt sich erneut verdeutlichen, wenn man von einem iterierten Gefangenendilemma ausgeht. Nehmen wir zwei Situationen an, in denen es eine Handlungssequenz gibt, wobei jeder Spieler dem anderen Kontrolle übertragen hat und einfach die Handlung wiederholt, die der andere in der letzten Runde gewählt hat. In der einen Situation wählen beide Kooperation, in der anderen Defektion. In der dritten Runde wählt A_1 plötzlich die umgekehrte Handlung. Tabelle 9.6 zeigt die Handlungssequenzen mit den Auszahlungen für jeden Spieler in Klammern und die abweichende Handlung mit einem Sternchen versehen.

Wie diese Tabelle zeigt, verschafft die Abweichung von einem Gleichgewicht der Kooperation (diszipliniertes Hinausgehen) dem Abweichenden einen sofortigen Gewinn; seine Auszahlung steigt von mittel auf hoch. Die Abweichung von einem Gleichgewicht der Defektion bringt dem Abweichenden jedoch einen sofortigen Verlust; seine Auszahlung sinkt von niedrig auf sehr niedrig. Es besteht kein Anreiz für den Nichtabweichler, diesem Beispiel zu folgen, denn das würde seine Auszahlung verringern. Es besteht also ein Anreiz, das Gleichgewicht der Kooperation zu verlassen, und ein Anreiz, das Gleichgewicht der Defektion beizubehalten. Ein Gleichgewicht der ersten Art kann man als instabil oder als nicht selbstkontrollierend bezeichnen. Ein Gleichgewicht der zweiten Art kann man dagegen als stabil oder

Tabelle 9.6 Handlungen und Auszahlungen bei einem iterierten Gefangenendilemma mit Abweichung durch A_1 in der dritten Runde. In Klammern stehen die Auszahlungen für jeden Spieler; die abweichende Handlung ist durch ein Sternchen gekennzeichnet

Abweichung von wechselseitiger Kooperation (Hinterlist)

A_1: C (mittel) C (mittel) D* (hoch)
A_2: C (mittel) C (mittel) C (sehr niedrig)

Abweichung von gegenseitiger Defektion (die Wange hinhalten)

A_1: D (niedrig) D (niedrig) C* (sehr niedrig)
A_2: D (niedrig) D (niedrig) D (hoch)

274 *Handlungsstrukturen*

selbstkontrollierend bezeichnen. Eine Panik in einem ausverkauften Theater beim Ertönen des Feueralarms führt zu einem stabilen bzw. selbstkontrollierenden Ergebnis, weil einer Person, die abweichend handelt, daraus unmittelbare Kosten erwachsen. Ein diszipliniertes Hinausgehen führt zu einem instabilen oder nicht selbstkontrollierenden Ergebnis, weil einer Person, die abweichend handelt, daraus ein unmittelbarer Gewinn erwächst.

Es ist auch von Nutzen, im Kontext einer Situation, die eine Fluchtpanik erzeugen kann, die Rolle der Zeit zu untersuchen. Gehen wir von einer Person aus, die sich beim Ertönen des Feueralarms in einem überfüllten Theater befindet. Wenn sie die Kontrolle über ihre Handlungen behält, wird sie entweder zu einem Ausgang stürzen oder langsam gehen, wozu sie sich jeweils vorher entschlossen hat (oder unabhängig von anderen spontan entscheidet). Wenn sie dagegen eine Kontrollübertragung vornimmt, wird sie erst einmal beobachten, was andere tun. Wenn diese beginnen zu rennen, muß sie unbedingt das gleiche tun, um nicht Schlußlicht zu sein – es sei denn, daß ihr Rennen das Gedränge verstärkt und damit die Chance, rechtzeitig hinauszukommen, eher verringert als vergrößert. Ihr erwarteter Verlust ist Null, wenn sie vor einem bestimmten Zeitpunkt den Ausgang erreicht. Je weiter die Zeit über diesen Punkt fortschreitet, desto höher wird der Verlust, wie in Abbildung 9.1 dargestellt ist. Wenn die Person ihre Kosten minimalisieren will, muß sie die Zeit minimalisieren, die sie erwartungsgemäß zum Hinausgehen benötigt. Wenn das Gedränge durch Rennen nicht größer wird (und sich damit auch nicht die Zeit für das Hinauskommen verlängert), wird sie mit Rennen zum Zeitpunkt t_r zum Ausgang kommen, was die erwarteten Kosten minimalisieren wird. Wenn die Handlungen

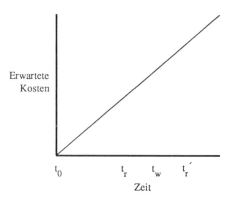

Abb. 9.1 Erwartete Kosten als eine Funktion der Zeit, die das Hinausgelangen bei einer Fluchtpanik erfordert

anderer jedoch von ihrer Handlung abhängig sind, wird die Zeit den Wert t_r überschreiten, wenn sie rennt. Wenn die Wirkung entsprechend groß ist, wird der erwartete Zeitwert t'_r betragen und damit höher liegen als t_w, der Zeitpunkt, zu dem sie hinausgelangt wäre, wenn sie langsam gegangen wäre. In diesem Fall, wenn also das Rennen anderer vom eigenen Rennen abhängt und dadurch die erwarteten Kosten durch Rennen größer werden als durch Gehen, ist es besser für sie zu gehen. Wenn aber einige andere beginnen zu rennen, vermindert dies vielleicht die Wirkung, die ihr Rennen auf andere hat. Diese verringerte Abhängigkeit kann die Situation so verändern, daß t_w größer wird als t_r, so daß Gehen nicht länger einen Gewinn verspricht.

Die Zeit wirkt sich noch auf andere Weise aus. Wenn die Person sieht, daß die Anzahl der rennenden Personen zunimmt, ist es besser für sie, sofort zu rennen, anstatt noch zu warten. Dies wird in Abbildung 9.2 dargestellt; diese zeigt die erwarteten Gewinne als eine Funktion des Anteils anderer, die rennen, wenn sie zu rennen beginnt, (einschließlich aller möglichen Auswirkungen, die ihr Rennen auf diese erwarteten Gewinne haben kann). Die Gewinne werden als negativ dargestellt, weil man in einer Fluchtpanik versucht, die eigenen Verluste zu minimalisieren. Die Abbildung zeigt auch die marginalen Gewinne. Weil die Gewinne in dem Maße abnehmen, wie sich der Anteil rennender Mitglieder der Menge erhöht, sind die marginalen Gewinne negativ. An jedem Punkt erhöhen sich die Verluste der Person proportional zu dem Anteil Rennender, was es ratsam macht, zu rennen, bevor dieser Anteil sich noch mehr erhöht. Wenn die Abnahme der Gewinne die dargestellte generelle Kontur aufweist, sind die marginalen Verluste besonders hoch, wenn der Anteil Rennender klein ist. Wenn also dieser Anteil zwar klein ist, aber zunimmt, ist der Druck besonders groß.

Abbildung 9.2 basiert auf der Annahme, daß die betreffende Person rennen sollte, auch wenn eine Abhängigkeit der Handlungen anderer von ihrer Hand-

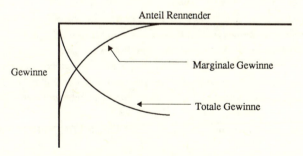

Abb. 9.2 Marginale und totale Gewinne eines Individuums, das zu rennen beginnt, als eine Funktion des Anteils anderer, die bereits rennen

lung besteht. Das muß nicht so sein. Doch was immer sie tut, sie sollte sich schnell entscheiden, denn es entstehen Verluste, wenn die Entscheidung hinausgezögert wird. Dies hat zweierlei Auswirkungen. Erstens verstärkt sich der Anreiz, anderen Kontrolle über die eigene Handlung zu übertragen, was sowohl das Potential für ein diszipliniertes Hinausgehen erhöht als auch die Instabilität des Ergebnisses verstärkt. Wenn sich zweitens die Anzahl anderer, die rennen, erhöht, ist es besser für sie, den Fehler zu machen, zu früh loszurennen, als den umgekehrten Fehler zu begehen. Die Kosten, die entstehen, wenn sie rennt, obwohl Gehen angebracht wäre, sind geringer als die Kosten, die entstehen, wenn sie geht, obwohl Rennen angebracht wäre.[7] Dies bedeutet, daß Personen zu dem Irrtum neigen, zu früh loszurennen, was diejenigen, die eine korrekte Einschätzung vorgenommen hatten, zu der Überzeugung führen kann, es läge auch in ihrem Interesse zu rennen.

Somit ist ein diszipliniertes Hinausgehen trotz der wechselseitigen Abhängigkeit von Handlungen, die es möglicherweise für alle rationaler macht zu gehen, ein instabiles Ergebnis, das schnell einer Panik weichen kann, weil einige Personen falsche Beurteilungen getroffen haben und dies wiederum dazu führt, daß es für alle rational wird zu rennen.

Heterogenität der Macht

In Situationen, die zu Fluchtpaniken führen können, gibt es unterschiedlich homogene Mengen. In einer Erzählung von Damon Runyon, in der ein Feuer in einem Varietétheater ausbricht, verhindert die Stripteasetänzerin eine Panik, weil sie ihren Striptease bis zur völligen Entblößung führt, auf diese Weise die Aufmerksamkeit auf sich zieht und die Zuschauer davon abhält, zum Ausgang zu stürzen. Im wirklichen Leben gibt es ähnliche Fälle. Bei der Panik, die 1903 im Iroquois Theater in Chicago ausbrach, versuchte der Komiker Eddie Foy, der an diesem Abend eine Vorstellung gab, lange Zeit von der Bühne aus, Ruhe in die Menge zu bringen und sie zu einem disziplinierten Hinausgehen zu bewegen. Obwohl er scheiterte, bleibt die Frage, warum er es überhaupt versuchte, während das Publikum sich zum Ausgang drängte. Vielleicht hatte er Zugang zu einem separaten Ausgang, an dem es kein Gedränge gab, so daß er ohne große Gefahr noch auf der Bühne bleiben und dabei anderen zureden konnte, diszipliniert hinauszugehen. Doch selbst wenn dies nicht der Fall gewesen wäre, wäre es möglicherweise rational für ihn gewesen, nicht zu rennen und zu versuchen, die anderen mittels eines

---

[7] Ich nehme an, daß dieser Zeitaspekt, also die hohen Kosten, die entstehen, weil man für eine Entscheidung Zeit verbraucht, unter den betreffenden Personen in einer solchen Situation das Gefühl hervorruft, das man mit "Panik" beschreibt.

Vorführungseffektes zu beruhigen, während es für die anderen rational war zu rennen. Dies folgt, wenn die Kontrollübertragung asymmetrisch genug ist. Wenn, mit anderen Worten, das gesamte Publikum ihm ein hohes Maß an Kontrolle über seine Handlungen übertragen hätte (weil er auf der Bühne am besten zu sehen war), hätte er mit Hilfe seiner eigenen Handlungen ein diszipliniertes Hinausgehen herbeiführen können und bessere eigene Fluchtmöglichkeiten gehabt. Keiner der anderen befand sich in einer vergleichbaren Position.[8]

Die Konsequenzen daraus liegen auf der Hand, sowohl was Voraussagen aus der Theorie heraus als auch die Praxis betrifft. In bezug auf Voraussagen bedeutet es: Je größer die Heterogenität in der Verteilung von Aufmerksamkeit (oder Macht) in einer Menge ist, desto wahrscheinlicher ist es, daß Kontrolle auf eine Weise übertragen wird, daß jemand ein Interesse daran gewinnt, nicht zu rennen – und desto wahrscheinlicher ist es auch, daß diesem Beispiel Folge geleistet wird, was zu einem disziplinierten Hinausgehen führt. Je gleichmäßiger die Verteilung der Aufmerksamkeit (oder die Kontrollübertragung), d.h. je homogener die Menge ist, desto wahrscheinlicher entsteht eine Panik. (Die Theorie sagt genau das Gegenteil für aggressive und expressive Mengen voraus, wie in einem späteren Abschnitt erörtert wird.) In bezug auf die Praxis bedeutet es, daß die Möglichkeit, daß es in einer potentiell panikerzeugenden Situation zu einer Panik kommt, eingeschränkt wird, indem man einen natürlichen Mittelpunkt der Aufmerksamkeit schafft, von dem Personen natürlicherweise Anweisungen erwarten, d.h. dem sie Kontrolle übertragen werden.

Bank- und Börsenpaniken

Ein Run auf eine Bank oder Panikverkäufe von Aktien, die im Kurs fallen, weisen eine Struktur auf, die der einer physischen Fluchtpanik ähnelt; die Belohnungsstruktur ist jedoch etwas anders und führt zu Unterschieden im Systemverhalten. Bei einer Bankpanik gibt es die Wahl zwischen den beiden Handlungen, Geldeinlagen abzuheben oder nicht, wobei das Abheben mit Rennen in einer physischen Fluchtpanik vergleichbar ist.

Wie abhängig ist das letztendliche Schicksal einer Bank oder einer Aktie von einem Run? Wenn der Kurs einer Aktie den Wert des Unternehmens korrekt wiedergibt, wird der Kurssturz aufgrund weitreichender Verkäufe nur vorübergehend sein. Ist die Bank so gesund, daß sie genug Bargeld leihen kann, um einer Liquiditätskrise zu begegnen, die von der Nachfrage der Ein-

---

8 Ich glaube, daß hauptsächlich aus diesem Grunde die generelle Regel entstanden ist, daß der Kapitän bei Schiffbruch das Schiff als letzter verlassen soll.

leger herbeigeführt worden ist, wird sie die Krise überstehen, und die Einleger bekommen ihr Geld, egal ob sie es abheben oder warten. Wenn das Unternehmen dagegen überbewertet ist oder die Bank der Liquiditätskrise nichts entgegensetzen kann, sind sowohl auf der Makro- als auch auf der Mikroebene Konsequenzen zu erwarten, d.h. sowohl auf der Ebene des Unternehmens oder der Bank als auch auf der Ebene des individuellen Investors oder Gläubigers.

Auf der Makroebene können weitreichende Aktienverkäufe zur Insolvenz eines Unternehmens führen, das sich vorübergehend in Schwierigkeiten befindet, aber überleben könnte, wenn der fallende Aktienkurs nicht seine Kreditfähigkeit zerstören würde. Es ist auch möglich, daß ein Unternehmen unabhängig von einer Panik ohnehin zahlungsunfähig geworden wäre. Ein Bankrun kann zur Insolvenz einer Bank führen, deren Leihgeschäfte eigentlich gedeckt sind, die aber nicht der Liquiditätskrise begegnen kann. Die Bank könnte aber auch in ihrer Substanz angeschlagen sein, und ihre Insolvenz wäre nur eine Frage der Zeit. Auf der Makroebene hätte eine Panik dann unterschiedliche Auswirkungen auf Insolvenz oder Solvenz, wenn die Bank oder das Unternehmen der mittleren Kategorie angehört, d.h. wenn sie stark genug sind zu bestehen, wenn keine Geldkrise auftritt, aber zu schwach dazu, wenn es zu einer solchen Krise kommt.

Auf der Mikroebene ist es für den individuellen Investor oder Einleger gleichgültig, ob er an dem Run teilnimmt oder nicht, solange das Unternehmen oder die Bank der ersten Kategorie angehören. Gehören sie dagegen der zweiten oder dritten Kategorie an, in denen der Run eine Insolvenz herbeiführt oder es ohnehin zu einer Insolvenz kommt, dann ist es besser für das Individuum, so schnell wie möglich seine Aktie zu verkaufen oder sein Geld abzuheben.

Das Individuum befindet sich allerdings in einer Position, in der es nicht wissen kann, welche dieser drei Möglichkeiten zutrifft. Die Belohnungsstruk-

Tabelle 9.7 Belohnungsstruktur bei einer Bankpanik

Handlung	Erwartete Belohnung für A_1
1. Er hebt ab, andere nicht.	Hoch: kein Verlust
2. Er hebt nicht ab, andere auch nicht.	Mittel: kein Verlust, wenn Bank zu Kategorie 2 gehört
3. Er hebt ab, andere auch.	Niedrig: Verlust, wenn er spät kommt und Bank zu Kategorie 2 gehört; Verlust, wenn Bank zu Kategorie 3 gehört
4. Er hebt nicht ab, aber andere.	Sehr niedrig: Verlust, wenn Bank zu Kategorie 2 oder 3 gehört

tur eines Bankruns, wie sie sich ihm darstellt, läßt sich wie in Tabelle 9.7 wiedergeben. Die Handlungen sind dort entsprechend der Tabelle 9.1 numeriert. Diese Belohnungsstruktur entspricht eindeutig der des Gefangenendilemmas oder der physischen Fluchtpanik. Auf dieser ersten Analyseebene besteht die einzige rationale Handlung für das Individuum, sein Geld abzuheben.

Auf einer tieferen Analyseebene war es für die physische Fluchtpanik (wie auch für das iterierte Gefangenendilemma) jedoch offenkundig, daß es möglicherweise nicht rational ist, zum Ausgang zu stürzen. Weil die Möglichkeit besteht, daß die Handlungen anderer von der eigenen abhängig sind - wobei die Abhängigkeit rational ist, wenn die Handlung des Individuums von den Handlungen anderer abhängt - wird es für das Individuum rational, seine Handlung von denen anderer abhängig zu machen.

Verhält es sich bei einer Bankpanik ebenso? Ich glaube nicht. Hier besteht kein Grund für das Individuum, auf die Handlungen anderer Kontrolle zu übertragen, wie es bei der physischen Fluchtpanik geschieht. Denn wenn die Bank nicht gesund ist oder aber gesund, jedoch in einer Liquiditätskrise steckt, wird es für die Person besser sein, ihre Einlagen abzuheben, gleichgültig, was die anderen tun und ob sie ihr Kontrolle übertragen und ihrer Handlung folgen oder nicht. Solange sie nicht vorher verkündet, daß sie ihr Geld abheben möchte, wird sie nicht in Gefahr geraten, das Geld wegen der "Ansteckung", die ihre Handlung auf andere ausübt, nicht zu erhalten. Sie kann die Abhebung vornehmen, bevor ihre Handlung sich auf andere auswirkt. Anders als bei der physischen Fluchtpanik und dem iterierten Gefangenendilemma gibt es bei einem Bankrun keine Handlungssequenz, in der die Handlung eines Individuums zu einem frühen Zeitpunkt die Abhängigkeiten beeinflussen kann, mit denen sie in einem späteren Stadium wieder konfrontiert wird. Die Situation des Individuums bei einer Bankpanik entspricht der des Spielers in einem einzelnen Gefangenendilemma, nicht in einem iterierten Gefangenendilemma.

Wenn also in diesem Fall keine Notwendigkeit besteht, anderen Kontrolle zu übertragen, stellt sich die Frage, warum ein Bankrun ähnliche Merkmale aufweist wie physische Fluchtpaniken, in denen es rational ist, Kontrolle zu übertragen, und für die es Belege gibt, daß solche Übertragungen in großem Umfang vorgenommen werden? Dies läßt sich beantworten, wenn man genauer untersucht, was bei einer Bankpanik geschieht. Einleger vernehmen ein Gerücht, daß ihre Bank vor dem Zusammenbruch steht und strömen, falls sie dem Gerücht Glauben schenken, *unabhängig voneinander* zur Bank, um Abhebungen vorzunehmen. Sie benutzen die Handlungen anderer als Beweis für die Gesundheit der Bank, aber nicht als Hinweis darauf, wie "die Menge" sich verhalten wird. Sie reagieren nicht auf die Handlungen anderer, außer wenn diese zusätzliche Informationen über die Gesundheit der Bank liefern. Wenn sie glauben, daß die Bank sich in einer Krise befindet, ist es für sie rational, schnellstens Abhebungen vorzunehmen, ob andere dasselbe tun oder nicht. Obwohl sie sich vielleicht besonders beeilen, weil sie glauben, daß andere dasselbe tun werden, und sich eine günstige Position sichern möchten, ist es nicht rational, Kontrolle aufgrund der Annahme zu übertragen, daß die abhängigen Handlungen anderer für einen selbst Konsequenzen haben. Das heißt, selbst wenn andere keine Abhebungen vornehmen werden, ist es für eine Person, die dem Gerücht von der drohenden Insolvenz einer Bank Glauben schenkt, rational, ihr Geld abzuheben.

Der entscheidende Unterschied zwischen den beiden Typen einer Panik besteht darin, daß bei der Bankpanik eine einzelne Handlung vorgenommen wird und bei der physischen Fluchtpanik eine fortlaufende Handlungssequenz zu beobachten ist. In letzterem Fall kann es zu einer gegenseitigen Kontrollübertragung kommen, bei der jedes Individuum seine Handlung von den voraufgehenden Handlungen anderer abhängig macht. In ersterem Fall kann jeder zulassen, daß seine Handlung durch Informationen von anderen bestimmt wird, und manche können ihre Handlung auch durch die Handlungen anderer leiten lassen. Doch da ein Individuum keine indirekten Konsequenzen aus seiner Handlung erfährt (da die nachfolgenden Handlungen anderer Personen nicht von seiner Handlung abhängig sind), braucht sich ein Individuum über indirekte Konsequenzen keine Sorgen zu machen. Seine Abhängigkeit von anderen bezieht sich lediglich auf Informationen, die ihm bei der Entscheidung helfen, ob er sein Geld abheben soll oder nicht.

Eine einfache Möglichkeit, dies begrifflich zu fassen, ist, die Vorstellung von der Vergabe von Vertrauen in das Urteil eines anderen aufzugreifen, die in Kapitel 5 und 8 vorgestellt wurde. Wenn eine einzelne Handlung, wie z.B. das Abheben von Geld in einer Bank, ausgeführt wird, ist nur die direkte Konsequenz aus dieser Handlung relevant. Man kann auf das Urteil eines anderen Vertrauen bezüglich dessen setzen, welche Handlung man wählen soll. Von der Handlung des anderen wird die eigene Einschätzung über die Wahrscheinlichkeit der Insolvenz beeinflußt, doch die eigene Handlung hat keinen Einfluß auf das, was man durch die Handlung des anderen erhält. Bei einem Bankrun kann man unmöglich sagen, ob es rational ist, dem Urteil der spezifischen Informationsquelle zu vertrauen, aus der das Gerücht über die Insolvenz stammt. Selbst wenn die eigene Überzeugung nicht sehr stark ist und man es für sehr wahrscheinlich hält, daß das Gerücht falsch ist, sind jedoch die Kosten, die durch eine Abhebung entstehen, klein im Vergleich zu den möglichen Verlusten, die durch Nichtabheben entstehen könnten, und so wäre eine Vertrauensvergabe an die Informationsquelle, aus der das Gerücht stammte, wahrscheinlich eine rationale Handlung (wie in Kapitel 5 erörtert wurde).

Hier erhebt sich die Frage, welche Verhaltensunterschiede bestehen, wenn es einerseits um eine einzelne Handlung wie bei einer Bankpanik geht oder andererseits ein fortlaufender Handlungsfluß oder eine Handlungssequenz für jedes Individuum besteht. Erstens ist im Falle einer Handlungssequenz (z.b. bei einem Feuer in einem überfüllten Theater) sehr viel mehr Variabilität oder Unvorhersagbarkeit bezüglich der Ergebnisse von objektiv ähnlichen Situationen zu erwarten. Bei dem einen Feuer gehen die Leute diszipliniert hinaus; bei dem anderen entsteht eine Panik. Das Ergebnis wird stark von den ersten Handlungen derjenigen abhängen, die selbständig gehandelt haben – gleichgültig, ob sie hinausgestürzt sind oder zur Ruhe gemahnt haben. Zweitens bedeutet eben diese Abhängigkeit von ersten Handlungen, daß es von großem Wert sein kann, geübte Kräfte zur Hand zu haben, die über die Entscheidungsgewalt verfügen. In einer Situation mit einer einzelnen Handlung (z.b. bei einem Bankrun) sind ausgebildete und strategisch postierte Führer weniger von Nutzen, und zwar nicht nur, weil ihre Wirkung weniger weitreichende indirekte Effekte hat, sondern auch, weil die Rationalität der eigenen Handlung in diesem Falle nicht davon abhängt, was andere tun. Entsprechend sollte die Schulung von Gruppen, wie bei Feuerlöschübungen, die jedes Mitglied davon überzeugt, daß die Gruppe sich diszipliniert verhalten wird, sich dahingehend auswirken, daß die Wahrscheinlichkeit einer Panik in physischen Fluchtsituationen verringert wird. Dagegen wäre die Schulung von Einlegern bei einer Bank nicht geeignet, einer Bankpanik entgegenzuwirken.

Diese und andere Unterschiede, die sich für Situationen vorhersagen lassen, die so verschieden voneinander sind wie ein Theaterbrand und ein Bankzusammenbruch, bieten einen möglichen Ausgangspunkt für die Erforschung spezieller panikerzeugender Situationstypen sowie für die Entwicklung von Techniken, bestimmte Arten von Paniken zu kontrollieren.

Bereicherungsmanien

Die Tulpenmanie im Holland des 17. Jahrhunderts (die Brown 1965 behandelt), der Landboom in Florida und andere gewagte Spekulationen weisen einige Unterschiede zu den oben erörterten Fluchtpaniken auf. Obwohl diese Manien in ihren letzten Phasen einer Börsenpanik oder einem Bankrun ähneln, scheint die Belohnungsstruktur, mit der ein Individuum in den frühen Phasen konfrontiert wird, anders zu sein, insofern als sie dem Individuum die Möglichkeit großer Gewinne statt großer Verluste in Aussicht stellt.

Die Handlungen, die dem habgierigen Anleger offenstehen, sind zu handeln – die Aktie zu kaufen, die Tulpenzwiebeln zu kaufen, das Land zu kaufen – oder nicht. Der Drang zu handeln entsteht aus der Möglichkeit, daß die Käufe, die andere tätigen, den Preis in die Höhe treiben oder das Angebot erschöpfen. Falls der vom möglichen Anleger erwartete Gewinn die Op-

282 Handlungsstrukturen

portunitätskosten, die durch den Gebrauch des Geldes entstehen, übersteigt, ist es für ihn rational zu kaufen. Was macht es für ihn rational, dem Verkäufer zu glauben? Wenn er anderen Kontrolle über seine Überzeugungen betreffs Investitionen übertragen hat und wenn diese anderen die Behauptungen des Verkäufers (normalerweise durch ihre eigenen Investitionen) bestätigen, dann ist es, falls auch jene Kontrollübertragung rational war, ebenfalls rational, dem Verkäufer Glauben zu schenken.[9] Es ist festzuhalten, daß die Investitionen durch andere auf zweierlei Weise die Behauptungen des Verkäufers bestätigen. Erstens liefern sie Beweise dafür, daß die Investition sicher ist, und zweitens bekräftigen sie, daß die Kaufgelegenheit sich möglicherweise bald nicht mehr bieten wird.

Die in Kapitel 5 durchgeführte Analyse der Vertrauensvergabe ist bei der Untersuchung der Situation, der sich der mögliche Käufer gegenübersieht, von Nutzen. Dabei handelt es sich um eine Situation, in der der mögliche Gewinn (G) im Vergleich zu dem möglichen Verlust (L) sehr groß ist. Das Kriterium für die Vertrauensvergabe lautet, daß die geschätzte Möglichkeit, daß der Gewinn erzielt wird, relativ zu der Möglichkeit, daß er nicht erzielt wird, größer sein muß als das Verhältnis von Verlust zu Gewinn. Mit anderen Worten muß $p/(1-p)$ größer sein als L/G. In diesem Falle (wie in Kapitel 5 bei der Person, die einem Hochstapler gegenübersteht) ist L/G klein. Somit ist es rational, Vertrauen zu vergeben, selbst wenn die Erfolgschance nicht sonderlich hoch ist.

Dies erklärt natürlich nicht, warum Bereicherungsmanien solche Verbreitungen erfahren, und zwar über den Punkt hinaus, an dem es für Individuen (vom Standpunkt eines Außenstehenden aus) rational ist weiterzukaufen. Eine Erklärung dafür hängt von einigen speziellen Aspekten der Kontrollübertragung in einer solchen Situation ab. Warum kommt es zu dieser übermäßigen Ausdehnung? Ein Element, welches Manien dieser Art aufweisen und das zu übermäßiger Ausdehnung und verminderter Stabilität führt, ist die Abhängigkeit p's von den Handlungen anderer. Die subjektive Gewinnwahrscheinlichkeit, die jeder Akteur einschätzt, hängt nicht nur von objektiven Umständen ab, sondern auch von den Handlungen anderer Personen. Somit ist diese subjektive Wahrscheinlichkeit hoch, solange andere fortfahren zu kaufen. Wenn die Käufe eingestellt werden, erzeugt dies Informationen, durch die viele veranlaßt werden, ihre subjektive Wahrscheinlichkeit niedriger zu bewerten.

Die Beantwortung der Frage, wie diese übermäßige Ausdehnung und der darauffolgende Rückzug zustande kommen, muß der weiteren Theorieent-

---

9 Man kann sagen, daß die Kontrollübertragung rational ist, wenn frühere Erfahrungen gezeigt haben, daß die Interessen des Anlegers infolge einer Kontrollübertragung besser realisiert worden sind als andernfalls.

wicklung und der empirischen Forschung überlassen werden. Es steht fest, daß jede Person andere Personen als beratende Intermediäre - um die Terminologie aus Kapitel 8 wieder aufzugreifen - hinzuzieht, wenn es um das Urteil darüber geht, ob eine Investition klug ist oder nicht. Wenn viele die gleiche Handlung ausführen, entsteht ein kognitiv homogenes soziales Umfeld (nachdem die Bereicherungsmanie sich entwickelt hat), das ein System der positiven Rückkoppelung bildet, in dem jede Person die Handlungen anderer als Fingerzeig für die Gewinnwahrscheinlichkeit verwendet. Dies kann natürlich das explosive Phänomen herbeiführen. Dagegen bleibt unerklärt, wie eine als rational beabsichtigte Handlung zu einem Handlungssystem führen kann, in der viel zu viel Investitionen stattfinden, um noch den tatsächlichen Gewinnmöglichkeiten zu entsprechen. Ebenso fehlt jeder Hinweis darauf, wann und wie ein solches Wagnis scheitert und sich in eine Fluchtpanik verwandelt, die Ähnlichkeiten mit einem Bankrun aufweist.

Ansteckende Überzeugungen

Ein anderer Typ kollektiven Verhaltens, der einige Elemente mit Bereicherungsmanien gemeinsam zu haben scheint, wird als ansteckende Überzeugung bezeichnet. Hierzu gehört beispielsweise der Glaube an fliegende Untertassen, Gespenster und andere seltsame, jedoch weithin als real akzeptierte Phänomene. Zu diesem Verhalten gehört offensichtlich eine Übertragung von Kontrolle über Überzeugungen. In diesen Fällen werden normalerweise keine Handlungen ausgeführt; es besteht lediglich eine bestimmte Überzeugung, die sich ganz ähnlich wie eine Epidemie ausbreitet. Was geschieht dabei? Was führt dazu, daß viele Mitglieder der Bevölkerung offensichtlich eine Übertragung von Kontrolle über eigene Überzeugungen vornehmen?

Von der experimentellen Forschung der Sozialpsychologie, die hier relevant ist, ist vor allem Sherifs (1936) Experiment mit dem autokinetischen Effekt zu nennen. Wenn man ein Individuum in einen dunklen Raum bringt, der keine visuellen Anhaltspunkte zur räumlichen Lokalisierung aufweist, und am anderen Ende des Raumes ein fester Lichtpunkt auftaucht, scheint dieser Lichtpunkt zu wandern. Die scheinbare Bewegung kommt zustande, weil ein visueller Bezugsrahmen fehlt, und wird mit autokinetischem Effekt umschrieben.

Sherif führte dieses Experiment mit zwei Individuen durch, wovon der eine eingeweiht war und laut von einer bestimmten Bewegungsrichtung des Lichtes sprach. Der autokinetische Effekt zeigte sich bei der zweiten Versuchsperson, doch die Bewegungsrichtung, die sie wahrnahm, entsprach ziemlich genau der Beschreibung der ersten Person. Man kann eindeutig sagen, daß die naive Versuchsperson in Sherifs Experiment dem Eingeweihten Kontrolle über ihre

Wahrnehmung übertragen hat, und zwar in einer Situation, in der keine physikalischen Anhaltspunkte gegeben waren. Wenn man keine Grundlage dafür hat, die Validität einer Wahrnehmung zu ermitteln, überträgt man Kontrolle auf die Wahrnehmung eines anderen. Dies könnte man als rationale Handlung bezeichnen, obwohl nicht viel dadurch gewonnen wird. Da die Handlung auf der perzeptuellen Ebene stattfindet (d.h. das Individuum ist sich seiner Abhängigkeit vom anderen nicht bewußt), werde ich einfach davon ausgehen, daß es sich um eine gegebene psychologische Tatsache handelt.

Diese Arbeit gibt einen möglichen Hinweis auf die Bedingungen, unter denen ansteckende Überzeugungen wie der Glaube an fliegende Untertassen entstehen könnten. Sie läßt vermuten, daß sie in einer Situation auftreten, in der eine Instabilität in der Herrschaftsstruktur und in der üblicherweise stabilen Struktur der Übertragung von Überzeugungen oder Vertrauen in ein Urteil besteht. Damit überein stimmt die anthropologische Forschung zu den Bedingungen, unter denen Kulte entstehen (wie die Cargo-Kulte in Neuguinea), die erbracht hat, daß Kulte sich oft zu einem Zeitpunkt entwickeln, wenn die Gesellschaft einem rapiden sozialen Wandel und einem Zusammenbruch der traditionellen Herrschaftsstruktur ausgesetzt ist.[10]

Wie bei Bereicherungsmanien sind weitere Forschungen über ansteckende Überzeugungen vonnöten, bevor eine Erklärung solcher Verhaltenssysteme in eine generelle Handlungstheorie eingegliedert werden kann.

Aggressive und expressive Mengen

Ein Verhaltenssystem, das ganz anders geartet ist als Paniken und Manien, tritt auf in einer Menge, die aggressive, destruktive oder expressive Handlungen vollzieht, an denen sich kein Mitglied beteiligt hätte, wenn es allein gewesen wäre. Dieses Verhalten läßt sich auch mit "Mobverhalten" umschreiben. Ein Beispiel hierfür sind die gewalttätigen Ausbrüche mit Plünderungen, Vergewaltigungen und Zerstörungen, an denen sich Soldaten manchmal beteiligen, wenn sie ein Dorf besetzen. Ein anderes Beispiel ist ein Lynchmob, wie er sich im Süden der Vereinigten Staaten bildete, um an einem angeklagten Schwarzen Rache zu nehmen. Weiter gehören dazu plündernde Mobs, die sich nach einer Flut, einem Tornado oder anderen Naturkatastrophen zusammentun, und Mengen, die sich an Krawallen beteiligen, so wie die Rassenkrawalle, die in den vierziger Jahren in nordamerikani-

---

10 Siehe Berndt (1965, S. 99-100) und Lawrence (1967). Im Vorwort zu Lawrence' Buch schreibt J. K. McCarthy (damals Leiter des *Department of Native Affairs* in Port Moresby, Neuguinea), daß 1963 "kaum ein Monat vergeht, ohne daß sich irgendwo im riesigen Neuguinea ein Prophet unter den 2 Millionen Seelen erhebt, der den Cargo-Kult predigt" (S. VI).

schen Städten ausbrachen, die gewalttätigen Demonstrationen an Hochschulen in den sechziger Jahren, die Ghettoaufstände der sechziger Jahre oder die Rassenunruhen in Südafrika in den achtziger Jahren.

Allen diesen kollektiven Phänomenen ist ein Element gemeinsam: Eine Gruppe beteiligt sich gemeinsam an einer Handlung, die kein Mitglied allein ausgeführt hätte. In Diskussionen über diesen Verhaltenstyp wird dieser Punkt immer wieder zur Sprache gebracht. Das Verhalten ist dadurch gekennzeichnet, daß Normen verletzt werden oder eine etablierte Autorität mißachtet wird.

221

Ein Beispiel aus den späten sechziger Jahren ist die Studentenrevolte an der Columbia University am 23. April 1968 (diese wird in Kapitel 18 noch einmal behandelt). Die Cox-Kommission (1968) berichtet von den Ereignissen:

Die Demonstration des SDS war für den Mittag an der Sonnenuhr angesetzt. Anscheinend sollte die Turnhalle an diesem Tag nicht zur Debatte stehen.

Doch als die Demonstration um den Mittag herum begann, waren auffällig viele schwarze Studenten anwesend. SAS und SDS hatten bis dahin noch nicht zusammengearbeitet. Alles in allem zählte die ungewöhnlich große Menge etwa 500 Personen, einschließlich vieler neugieriger Zuschauer und denjenigen, die die Verwaltung mit einem Marsch in die *Low Library* herausfordern wollten. Im Norden auf der *Low Plaza* befanden sich etwa hundert Studenten, die den Sonnenuhr-Demonstranten feindlich gegenüberstanden. Eine weitere Gruppe von ungefähr fünfzig Streikposten, die die "Studenten für einen freien Campus" organisiert hatten, blockierte den Weg des geplanten Marsches.

Die Kundgebung begann mit Ansprachen von Ted Gold und Nick Freudenberg über Disziplin an der Universität und IDA. Dann kritisierte SAS-Präsident Cicero Wilson den Bau der Turnhalle. Offensichtlich hatten er und die zahlreichen schwarzen Studenten in letzter Minute ihre Teilnahme an der Kundgebung beschlossen. Erst vor kurzem war die Turnhalle für die SAS zum Thema geworden.

Danach begann Mark Rudd mit seiner Rede, doch dann ertönte der Ruf: "Nach Low, nach Low." Die Menge drängte die Stufen zur *Low Library* hinauf. Niemand kann sagen, wieviele von ihnen überzeugte Demonstranten und wieviele nur Zuschauer waren.

Als die Marschierer sich der Bibliothek näherten, machten sie halt und schwenkten dann nach Osten, um jedem ernsteren Zusammenstoß mit den Gegendemonstranten, die sich oben auf der Treppe versammelt hatten, aus dem Wege zu gehen. Einige Demonstranten versuchten, sich durch den südöstlichen Notausgang gewaltsam Eintritt zu verschaffen, doch die Verwaltung hatte ihn vorsorglich abschließen lassen. Die meisten Mitglieder der Menge irrten umher und waren unschlüssig, was sie als nächstes tun sollten. Die Demonstration schienen ihren Sinn völlig verloren zu haben. Mark Rudd stieg auf eine umgestülpte Abfalltonne bei der Tür und begann eine planlose Diskussion über mögliche weitere Aktionen. Verschiedene Zeugen erinnern sich noch, daß sie daran dachten, der SDS wäre wieder einmal mit seinen Bemühungen gescheitert, die Studentenschaft zu mobilisieren.

Doch wieder half der Zufall. Eine Stimme aus der Menge forderte lautstark, zum Gelände der geplanten Turnhalle zu marschieren, und der größte Teil der Gruppe, mit schwarzen Studenten unter den Anführern, bewegte sich auf die Ausschachtungen an der *Morningside Drive* und der 114. Straße zu. Eine kleinere Anzahl, unter ihnen Gold und Rudd, gingen zur Sonnenuhr zurück, um weitere Reden zu halten.

Es war 12 Uhr 30, als die Hauptgruppe der Demonstranten, die ungefähr 300 Personen zählte, die Baugrube erreichte. Einige Studenten begannen, einen Teil des Zauns niederzureißen. Drei Polizisten tauchten auf und versuchten, den Demonstranten den Zugang zum Turnhallengelände zu verwehren, doch sie wurden schnell von den Studenten überwältigt. Noch mehr Polizisten erschienen; es kam zu einem Handgemenge, und ein Student wurde festgenommen. Die Festnahme führte zu einer Auseinandersetzung, woraufhin ein Polizist niedergeschlagen und getreten wurde, bevor die Studenten zurückgetrieben wurden.

Auf ihrem Rückweg zum Campus trafen sie auf die Sonnenuhr-Gruppe, die zum Turnhallengelände marschierte. Die beiden Gruppen taten sich zusammen und gingen zur Sonnenuhr zurück.

Bis zu diesem Zeitpunkt war der Verlauf der Demonstration völlig vom Zufall bestimmt gewesen. Die geplante Demonstration im Hause hatte nicht stattgefunden. Abgesehen von Mark Rudds erfolgreichen Bemühungen, weiteren Ärger mit der Polizei am Turnhallengelände zu vermeiden, hatte die Menge mehr auf Rufe von Unbekannten als auf ihre Anführer gehört. Nach Augenblicken der Unschlüssigkeit und Enttäuschung bei der Sonnenuhr vor der Bibliothek und erneut auf dem Turnhallengelände gab es immer noch eine Menge von etwa 500 Personen, von denen zahlreiche auf eine entscheidende Auseinandersetzung mit der Universitätsverwaltung hofften.

Wieder bei der Sonnenuhr angekommen, sprach Mark Rudd noch einmal zu den Leuten. Er bemerkte, daß einer der Demonstranten als Geisel genommen worden sei (womit er offensichtlich den Studenten meinte, den man auf dem Turnhallengelände verhaftet hatte) und schlug vor, daß die Menge nun ihrerseits eine Geisel nehmen solle. Die Bedeutung seiner

Aussagen, wie sie wiedergegeben wurden, war ziemlich unklar, doch die Menge faßte sie als Aufforderung zu einem Sitzstreik auf und brach zu einem geordneten Marsch in die nahegelegene *Hamilton Hall* auf, einem Unterrichtsgebäude, in dem auch die Verwaltungsbüros des Columbia College untergebracht sind. Zu den 450 Personen, die in das Gebäude strömten, gehörten Gegner des Protests sowie Förderer und Anhänger. Es war nun 13 Uhr 35. (S. 100-103)

Dies leitete die Besetzung der *Hamilton Hall* ein, welche zu einem Ausbruch führte, in dessen Verlauf fünf Universitätsgebäude für sieben Tage besetzt wurden und der gewalttätig endete, als die Polizei zur Räumung der Gebäude anrückte. 103 Personen wurden verletzt ins Krankenhaus gebracht und 692 wurden verhaftet.

An diesen Ereignissen war eine große Anzahl von Personen beteiligt, die die Handlungen der Universitätsverwaltung aus verschiedenen Gründen ablehnten. Der Kern des SDS richtete sich in der Hauptsache gegen Handlungen zur Unterstützung des Vietnamkrieges, wozu auch gehörte, daß Universitätsräume zum Rekrutieren von Streitkräften zur Verfügung gestellt wurden. Der Kern der schwarzen SAS opponierte hauptsächlich gegen Pläne zur Errichtung einer neuen Turnhalle der Universität. Und viele Studenten hegten irgendeinen privaten Groll gegen die Universität. Die Situationsstruktur war also dadurch gekennzeichnet, daß viele Studenten an irgendwelchen Handlungen interessiert waren, die sich gegen die Universität richteten.

Wenn ein Student keine Kontrolle über seine Handlungen auf andere übertragen hätte, hätte er dieses Interesse auf irgendeine beliebige Art und Weise kundtun können, wie z.B. durch Vandalismus, Stören des Unterrichts oder andere gegen die Universität gerichtete Handlungen. Studenten hatten jedoch Rechte auf Kontrolle ihrer Handlungen, als Teil ihrer Immatrikulation an der Universität, der Autorität der Universität und den zivilen Behörden übertragen. Auf diese Weise waren ihnen die meisten Handlungen, mit denen sie ihr Interesse hätten bekunden können, verwehrt, solange diese Kontrollübertragung aufrechterhalten wurde. Wenn sie aber als Einzelpersonen der Universität und den zivilen Behörden Kontrollrechte entzogen und ihre gegen die Universität gerichteten Interessen verfolgt hätten, wären sie bestraft worden.

Als die Studenten von anderen umgeben waren, die ebenfalls gegen die Universität gerichtete Interessen hegten, tat sich die Möglichkeit auf, ihre Interessen zu realisieren, nämlich den Entzug von Kontrollrechten von den Autoritäten, denen sie übertragen worden waren, und eine gleichzeitige Übertragung dieser Kontrolle entweder auf die Menge als Körperschaft oder auf ihre Mitglieder, wobei die meiste Kontrolle denjenigen übertragen würde, die Handlungen gegen die Universität anzuführen schienen. Der Zeitraum, in dem sich ein solcher Wandel vollzieht, ist von vielen Beobachtern solcher Mengen beschrieben worden, gleichgültig, ob es sich um Studentenunruhen, Rassenkrawalle oder Lynchjustiz handelte; er ist gekennzeichnet durch zielloses Umherirren ohne weitere Aktivitäten. Diese Zeit des Umherirrens war am 23. April in der Columbia University ganz deutlich zu beobachten.

Brown (1965) vermutet, daß in der Zeit des Umherirrens die Mitglieder der Menge "einander ausloten", um das Maß an Übereinstimmung herauszufinden. Bei dem Beispiel der Columbia University schien dies in die Zeit des Umherirrens mit einzugehen, doch gleichzeitig gab es eine Anzahl von Probehandlungen von seiten möglicher Führer. Zunächst erhielt keiner von ihnen eine positive Reaktion aus der Menge, doch dann hatte einer Erfolg.

Um dies im Hinblick auf den Begriffsrahmen dieses Buches zu formulieren, begünstigten es die Formierung der Menge und der Prozeß des Umherirrens, daß Mitglieder der Menge den Autoritäten Kontrollrechte über ihre Handlungen entzogen. Es hat den Anschein, daß sie die Kontrollrechte von neuem übertrugen, und zwar zum Teil auf die Menge selbst und teilweise auf diejenigen Führer, die Handlungen in einer Richtung initiierten, die ihre gegen die Universität gerichteten Interessen befriedigten. Dieser Entzug von Kontrollrechten, der in einer Situation vorgenommen wird, in der viele andere Personen zur gleichen Zeit dasselbe tun, verdeutlicht den Konsenscharakter eines Rechts, wie es in Kapitel 3 erörtert wurde. Wenn die Rechte, bestimmte Handlungen eines Studenten zu kontrollieren, über einen Konsens (oder über die Konkretisierung des Konsens im Recht) von universitären oder zivilen Behörden behauptet werden, kann ein Student nicht als Einzelperson diese Rechte zurückziehen, ohne damit völlig "im Unrecht" zu sein. Nur wenn es ein anderes Kollektiv gibt (in diesem Falle die Menge der Demonstranten), die einen anderen Konsens über den Besitz von Kontrollrechten entwickeln (nach dem diese Rechte z.B. vom Kollektiv selbst oder einem bestimmten Führer behauptet werden), können die individuellen Mitglieder jene Rechte wirksam übertragen. Wenn eine solche Gruppe existiert, existieren auch sich widersprechende Definitionen über den Besitz der Rechte bzw. darüber, was "recht" ist.

Kapitel 18 untersucht das Widerrufen von Herrschaft in einem längerfristigen Sinne, wie es bei einer Revolution zu beobachten ist. Die vorliegende Erörterung verdeutlicht, daß Herrschaft normalerweise nicht durch individuelles Handeln widerrufen werden kann. Erforderlich ist kollektives Handeln, das natürlich Trittbrettfahrerproblemen unterworfen ist. In einem Mob oder einer aggressiven Menge findet ein Entzug von Herrschaft statt, und die Konsequenzen für das Individuum sind, wie bei Revolutionen, in starkem Maße von den Handlungen der anderen abhängig. Es gibt eine weitverbreitete

Struktur wechselseitiger (positiver) externer Effekte: "Wenn ich als einziger handle, werde ich von Autoritäten und vielleicht sogar von anderen bestraft. Wenn ich einer von vielen bin, erhalte ich keine negativen Sanktionen, weder von Autoritäten noch von anderen." Das zu beobachtende Umherirren kann man somit als Prozeß betrachten, in dem kollektive Handlungen aus individuellen Handlungen erzeugt werden sollen, wobei Individuen die Abhängigkeiten von den Handlungen anderer abschätzen: "Wer wird mir folgen, wenn ich den ersten Schritt tue?" Da diese Abhängigkeiten für verschiedene Handlungstypen unterschiedlich sind, ist das Umherirren teilweise eine Suche nach Schauplätzen oder Handlungstypen, die erlauben, daß viele Personen einem Führer oder dem Kollektiv Kontrolle über ihre Handlungen übertragen.

Es scheint, daß bei einer aggressiven oder expressiven Menge die *Anzahl* der Teilnehmer eine andere und bedeutendere Rolle spielt als für die bereits besprochenen Formen kollektiven Verhaltens. Brown (1965) führt an, daß bei solchen Phänomenen allgemein unter den Teilnehmern ein Gefühl der "Universalität" zu beobachten ist. Je mehr die Anzahl der Personen mit gemeinsamen Gefühlen wächst, desto weniger fühlt sich jede Einzelperson durch vorher bestehende Normen kontrolliert, welche ihr Verhalten gesteuert haben, und meint in zunehmendem Maße, daß das neue Verhalten das normale sei. Die Zustimmung, die ihre Handlungen von einer großen Anzahl anderer Personen finden, scheinen ihr Mut zum Handeln zu verleihen, und zwar offensichtlich indem sie sie von der Kontrolle entbinden, die vorher bestehende Autoritäten oder Normen ausgeübt haben. Und jede hinzukommende Person, die sich mit ihr an der gemeinsamen Handlung beteiligt, verringert die möglichen Kosten, da eine Bestrafung durch die Autoritäten weniger wahrscheinlich wird.

Wie bereits schon für andere Formen kollektiven Verhaltens kann man auch hier eine Tabelle entwerfen, die die Belohnungsstruktur wiedergibt, der sich das Mitglied einer Menge gegenübersieht, falls es sich an der aggressiven oder expressiven Handlung beteiligt oder nicht. Weil die Handlungen der anderen das Mitglied vor strafender Autorität schützen und dies immer wahrscheinlicher wird, je stärker die Anzahl der Beteiligten wächst, sollte die Tabelle in diesem Falle zeigen, wie die Belohnungen je nach der Anzahl variieren.[11] Wenn man eine solche Tabelle anlegt, sollte man auch berück-

---

11 Es mag sein, daß, wie im vorherigen Absatz angedeutet, zwei Personentypen wichtig sind: diejenigen, die sich tatsächlich an der Handlung beteiligen, und diejenigen, die Herrschaft ausüben und die Handlung stillschweigend billigen (oder zumindest bekunden, daß keine Sanktionen angewandt werden). Untersuchungen von Lynchjustiz haben ergeben, daß letztere Gruppe, die sich aus führenden Mitgliedern der Gemeinschaft zusammensetzen, die den Lynchvorgang stillschweigend billigen, für die Durchführung der Handlung von entscheidender Bedeutung sind.

290 Handlungsstrukturen

Tabelle 9.8 Belohnungsstruktur für Mitglied einer aggressiven Menge

Anzahl anderer, die handeln

		0	1	2	3	4	5	6
Mitglied der Menge	handelt nicht	0	0	0	0	0	0	0
	handelt	-4	-3	-2	-1	0	1	2

sichtigen, daß das einzelne Mitglied aus bestimmten Gründen (Widerstand gegen die Universität, Wut auf die weiße Autorität im Ghetto, Wut auf den angeklagten Schwarzen bei einem Fall von Lynchjustiz, freie Verfügbarkeit von Gütern in einem unbeaufsichtigten, hochwassergeschädigten Laden bei einer Plünderung) ein starkes Interesse daran hat, gegen die Normen oder Gesetze zu verstoßen. In Tabelle 9.8 wird dies durch eine Null-Belohnung für Nichthandeln und eine positive Belohnung für Handeln bei fehlenden beschränkenden Normen oder Autoritäten ausgedrückt. Weist ein Feld eine negative Zahl auf, bedeutet das, daß die Handlung eine Bestrafung in Form einer Sanktion (wie z.B. Ausschluß aus der Universität) nach sich ziehen wird. Erfolgt keine Bestrafung, ist eine positive Zahl eingesetzt.

Wenn andere nicht handeln, erhält das individuelle Mitglied der Menge, wie Tabelle 9.8 zeigt, für Nichthandeln keine Belohnung und bleibt frustriert.[12] Falls es in dieser Situation handelt, wird es mit hoher Wahrscheinlichkeit bestraft und erhält so eine Nettobelohnung von -4. In dem Maße, wie die Anzahl der anderen Handelnden zunimmt, nimmt die Wahrscheinlichkeit, daß es bestraft wird, ab, bis eine bestimmte Anzahl anderer Handelnder (in dieser Tabelle vier) erreicht ist und das Nettoergebnis, falls es handelt, psychisch gesehen nicht ungünstiger ausfällt, als wenn es nicht handelt. Bei jeder Anzahl, die darüber hinausgeht, ist ein Handlungsanreiz vorhanden, weil die Wahrscheinlichkeit der Bestrafung, wie sie vom Mitglied der Menge eingeschätzt wird, so gering ist, daß die Befriedigung, die die Handlung erbringt, den erwarteten Verlust aus einer möglichen Bestrafung überwiegt.

Auf diese Weise ist die Situation, wie im Falle einer physischen Fluchtpanik (obwohl die Belohnungsstruktur dort ganz anders aussieht), für das

---

12 Die Nullen in der ersten Zeile der Tabelle spiegeln die Annahme wieder, daß diejenigen, die handeln, keine negativen Sanktionen auf diejenigen ausüben, die nicht handeln.

Tabelle 9.9 Belohnungsstruktur für Mitglied (A_1) einer aggressiven Menge in Form einer Spielmatrix für zwei Spieler

		A_2 (anderer) handelt nicht	handelt	handelt abhängig von A_1
A_1	handelt nicht	0	0	0
	handelt	-10	10	10
	handelt abhängig von A_2	0	0	10

Mitglied der Menge weder dann am günstigsten, wenn es handelt, noch dann, wenn es nicht handelt, sondern dann, wenn es seine Handlung von der anderer abhängig macht. Mit anderen Worten liegt es in seinem Interesse, bis zu einem bestimmten Grad anderen Personen Kontrolle zu übertragen. Im vorliegenden Beispiel handelt das Mitglied nicht, wenn drei andere Mitglieder der Menge oder noch weniger handeln, sondern erst dann, wenn fünf oder mehr Handlungen ergreifen.

Aggressive oder expressive Mengen unterscheiden sich jedoch von physischen Fluchtpaniken insofern, als es bei ersteren im Interesse des Individuums liegt, seine Handlung von denen anderer abhängig zu machen, gleichgültig, ob deren Handlungen von seinen eigenen abhängig sind. Dies kann in stilisierter Form als Spielmatrix für zwei Spieler dargestellt werden, in der A_1 das Individuum ist und A_2 die anderen Personen. Die Belohnungsstruktur in Tabelle 9.9 unterscheidet sich grundlegend von der eines Gefangenendilemmas. Wie die Tabelle für A_1 zeigt, bestimmt die Strategie, die eigene Handlung von denen anderer abhängig zu machen, sowohl die Strategie des Nichthandelns als auch des Handelns.

Die Tabellen 9.8 und 9.9 verdeutlichen zwei weitere wichtige Punkte. Wenn erstens die Mitglieder der Menge im Hinblick auf ihre Belohnungsstrukturen heterogen sind (d.h. daß eine Person die Schwelle der Nettogewinne überschreitet, selbst wenn keine anderen Personen handeln, eine zweite sie in Abhängigkeit von der Handlung einer anderen Person überschreitet, eine dritte dagegen erst, wenn zwei andere handeln usw.), wird die Menge mit größerer Wahrscheinlichkeit handeln, als wenn die Mitglieder homogene Belohnungsstrukturen aufweisen, selbst wenn die heterogene Menge eine höhere Durchschnittsschwelle aufweist. So können einige "Rowdies" in einer

292 Handlungsstrukturen

heterogenen Menge diese aufwiegeln, auch wenn die meisten Personen in der Menge eine beträchtliche Anzahl anderer Handelnder benötigen, um sie vor der strafenden Autorität zu schützen.[13] Die Voraussage, daß es in einer aggressiven und expressiven Menge mit größerer Wahrscheinlichkeit zum Ausbruch kommt, wenn sie heterogen ist, scheint der Voraussage bezüglich Heterogenität bei Fluchtpaniken entgegenzustehen. Die Hintergründe dieses Unterschieds werden im nächsten Abschnitt untersucht.

Wie Tabelle 9.8 zeigt, liegt es zweitens nicht nur im Interesse des individuellen Mitglieds der Menge, auf die oben beschriebene Art und Weise anderen Kontrolle zu übertragen. Es ist ebenso daran interessiert, alles zu tun, um die Anzahl anderer Handelnder zu erhöhen. Wie aus der Tabelle ersichtlich ist, erhöhen sich seine möglichen Nettobelohnungen in dem Maße, wie die Anzahl anderer Handelnder ansteigt. Folglich sieht es *ganz unabhängig von* seiner eigenen Handlung einen Anreiz darin, andere zum Handeln zu animieren. Dieser Aspekt der Belohnungsstruktur führt zu der Art von Ermunterung, die man in solchen Situationen von sich gibt: "Geh voran und tu es. Ich folge dir auf dem Fuße." Wahrscheinlich ist es auch so, daß in der Phase des Umherirrens, die solchen Handlungen oft vorangeht, diese wechselseitige Ermunterung erfolgt.

In Abbildung 9.3 werden die Gewinne aus der Handlung eines Individuums in einer expressiven Menge diagrammartig als Funktion der Anzahl bereits handelnder Personen dargestellt. Obwohl das Diagramm der Abbildung 9.2 für Fluchtpaniken entspricht, weist es ein völlig anderes Gewinnmuster als Funktion der Anzahl von Personen, die sich an der Handlung beteiligen, auf.[14] Hier erhöhen sich die Gewinne mit der Anzahl der Beteiligten, doch sie beginnen unter Null. Die Zahl n^* bezeichnet die Gewinnschwelle, über der die Mitglieder der Menge es vorteilhaft finden zu handeln. Die marginalen Gewinne sind immer positiv, obwohl sie abnehmen (unter der Annahme, daß die Gewinnkurve vom Nullpunkt aus gesehen, wie abgebildet, konvex verläuft).

Das Verhalten einer aggressiven Menge entspricht dem in einer physischen Fluchtpanik und widerspricht dem in einer Bankpanik, insofern als es bei ihm

---

13 Granovetter (1978) hat kollektives Verhalten dieser Art untersucht, indem er ebenfalls den hier erörterten Begriff verschiedener individueller Schwellen verwendet (jedoch ohne den generellen begrifflichen Rahmen der Kontrollübertragung, der diesem Kapitel zugrundeliegt). Er hat die epidemiologischen Konsequenzen aus Variationen in Schwellenverteilungen untersucht und gezeigt, daß schwerwiegende Konsequenzen aus minimalen Verteilungsunterschieden resultieren können.

14 Bei Fluchtpaniken habe ich mich mehr auf den Anteil der Menge als auf die Anzahl von Personen gestützt. Daß ich bei aggressiven Mengen von der Anzahl der Beteiligten ausgehe, hängt damit zusammen, daß diese Anzahl ein bedeutenderer Faktor bei der Festlegung von Gewinnen ist als ein Mengenanteil. Im Falle von Fluchtpaniken ist dies weniger eindeutig.

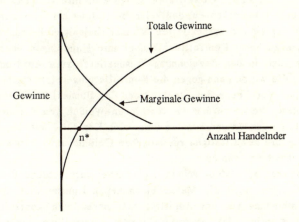

Abb. 9.3 Marginale und totale Gewinne der Handlung eines Individuums in einer expressiven Menge als Funktion der Anzahl bereits Handelnder

eine Handlungssequenz gibt. Dies bedeutet, daß die frühen Handlungen des individuellen Mitglieds der Menge einige Auswirkungen auf nachfolgende Handlungen von anderen haben können, wodurch seine Gewinne in späteren Phasen beeinflußt werden können. Somit ist es für das Mitglied nicht nur rational, seine Handlung unabhängig davon, was andere tun, von den ihren abhängig zu machen, sondern es ist auch rational, zu versuchen, andere zum Handeln zu bewegen. Tabelle 9.9 oder Abbildung 9.3 zeigen, daß es für das Mitglied besser ist, wenn andere und es selbst handeln, als wenn auf beiden Seiten keine Handlung erfolgt.

So unterscheidet sich die Belohnungsstruktur dieser Form kollektiven Verhaltens grundlegend von den bereits beschriebenen. Hier taucht etwas neues auf, nämlich die Zwischenschaltung anderer Personen, eines Kollektivs mit einem neuen Konsens, zwischen einer Person und der Autorität, der sie früher Rechte auf Kontrolle über ihre Handlungen übertragen hatte. Diese Zwischenschaltung schützt die Person im Grunde vor dieser Autorität und erlaubt ihr, die Kontrollrechte zu widerrufen und sie einem anderen Akteur zu übertragen, dessen Handlungen ihren augenblicklichen Interessen entsprechen. In manchen Fällen wird diese Mittlerrolle von einer anderen Partei als der gespielt, der die Kontrolle letztendlich übergeben wird, wenn der Mob beginnt zu handeln. Beispielsweise war bei gewalttätigen Mobhandlungen, die gegen Schwarze im Süden der Vereinigten Staaten gerichtet waren, zu beobachten, daß es zwei Rollen gab, die von verschiedenen Gruppen von Weißen gespielt wurden. Verrufene Männer aus der unteren Schicht führten die Gewalttaten aus, und in der Gemeinde respektierte, gut situierte Männer beteiligten sich zwar nicht an den Gewalttaten, gaben aber ihre stillschweigende Zustimmung und ließen erkennen, daß keine Bestrafung erfolgen würde. In diesem Falle waren die respektierten Männer diejenigen Personen, denen die verrufenen zunächst Kontrollrechte über ihre Handlungen übertragen hatten (was auch in der Bezeichnung "respektiert" zum Ausdruck kommt); diese Kontrolle wurde dann gegen die Kontrolle eingesetzt, die höheren Autoritäten (auf der Ebene der Staaten oder des Bundes) übergeben worden war. Auf diese Weise wurden die verrufenen Weißen von der behördlichen Kontrolle entbunden und konnten unter sich Kontrolle auf diejenigen übertragen, die ihre gewalttätigen rassistischen Gefühle am wirkungsvollsten in die Tat umsetzen konnten.

In aggressiven Mengen oder Mobs scheinen also zwei verschiedene Prozesse abzulaufen: Erstens stellt die Menge einen neuen Konsens her und führt somit eine Entbindung von der Autorität oder normativen Kontrolle herbei, die kraft der stabilen oder institutionalisierten Kontrollübertragung, die Personen bezüglich ihrer Handlungen vorgenommen hatten, existierte. Zweitens führen eine oder mehrere Personen eine Handlung aus, die Mitglieder der Menge veranlaßt, diesen Personen die Kontrolle zu übertragen. Manchmal werden diese beiden Tätigkeiten von denselben Personen (der Menge oder dem Mob) ausgeführt, manchmal aber auch von verschiedenen Personengruppen.

Der Entzug der Kontrollrechte von den Autoritäten resultiert nicht immer aus der Handlung irgendeiner Person, sondern kann auch das Ergebnis völlig externer Ereignisse sein. In diesem Falle begründen die Ereignisse nicht einen neuen Konsens und somit eine neue (d.h. konkurrierende) Rechtsallokation. Stattdessen zerstören sie die bestehende Allokation von Rechten auf die Autoritäten, was zu einem Zustand führt, in dem keine Kontrolle über Handlungsrechte besteht; hierdurch wiederum wird ermöglicht, daß Individuen der Befriedigung ihrer Interessen gemäß handeln können. Die Ereignisse machen es für die Inhaber der Autorität schwierig oder unmöglich, Sanktionen anzuwenden, anhand derer sich die Rechte durchsetzen ließen und die Kontrolle beibehalten werden könnte. Nach einer Naturkatastrophe wie einem Tornado, einer Überschwemmung oder einem Brand beispielsweise kommt es oft zu ausgedehnten Plünderungen. In diesen Fällen hat die Katastrophe selbst die behördliche Autorität außer Kraft gesetzt, die vorher Plünderei verhindert hatte. Es handelt sich nicht um die Handlung einer Person oder Menge. (Daß Plünderei durch dieses Außerkraftsetzen von Autorität gefördert wird, belegt die Schwere der Bestrafungen, mit denen Plünderern nach einer Katastrophe gedroht wird und die mit der Schwere des Verbrechens nicht in Einklang zu bringen ist. So heißt es häufig: "Plünderer werden sofort erschossen!" Damit soll die Autorität wiederhergestellt bzw. verhindert werden, daß die Kontrollrechte ihre Wirkung verlieren.)

In dieses allgemeine Muster passen auch Formen kollektiven Verhaltens, die zwar expressiv und antinormativ, aber nicht destruktiv oder aggressiv sind. Kissenschlachten in Studentenwohnheimen sind ein Beispiel hierfür. Die ablaufenden Prozesse sind immer gleich. Mit der Unterstützung durch andere wird der bestehenden Autorität Kontrolle entzogen, und anschließend wird diese Kontrolle, die vorübergehend niemandem zugewiesen worden ist, auf bestimmte Führer übertragen.

Weitere Einblicke in die Prozesse, die in aggressivem, destruktivem und expressivem Verhalten eine Rolle spielen, bietet die Beschäftigung mit rituellen Orgien oder andere ritualisierte kollektive Verletzungen von Normen, die in einer Anzahl von Gesellschaften praktiziert worden sind. Dabei findet die gleiche Entbindung von der Kontrolle durch Alltagsnormen statt, allerdings auf eine andere Art und Weise. Es kommt nicht vor, daß Gruppenmitglieder die Kontrolle über ihre Handlungen, die sie in die Hände von Autoritäten gelegt haben, widerrufen. Vielmehr behaupten die Autoritäten weiterhin die Kontrolle, transformieren den Gehalt der Normen aber innerhalb eines streng definierten zeitlichen und räumlichen Rahmens. Obwohl das sichtbare Verhalten also Ähnlichkeit mit dem Verhalten spontan entstandener Mobs aufweist, geht ihm kein Kontrollentzug von einer bestehenden Autorität voraus; es wird vielmehr tatsächlich von einer bestehenden Autorität gelenkt und gesteuert.[15] Ein entsprechender Vergleich kann in bezug auf den Drogenkonsum in Kommunen angestellt werden. Obwohl der Gebrauch von Halluzigenen unter neu eintretenden Kommunenmitgliedern zurückgeht, ist der in einigen Kommunen noch vorkommende Gebrauch stark institutionalisiert und findet unter der ausdrücklichen Kontrolle der Kommunenautorität statt.

Warum hat Heterogenität unterschiedliche Auswirkungen auf expressive Mengen und Fluchtpaniken?

Die Voraussage, daß es in einer heterogenen Menge eher zum Ausbruch expressiver Handlungen kommt als in einer homogenen, stützt sich auf eine spezifische Definition von Heterogenität; hier wird Heterogenität auf indivi-

---

15 Man könnte daraus folgern, daß solche rituellen Orgien nur in Bevölkerungen auftreten können, in denen Normen nicht internalisiert, sondern mit Hilfe von externen Kontrollen aufrechterhalten werden. Denn wenn sie internalisiert wären, wären die Autoritäten, denen Kontrolle übertragen wurde, wahrscheinlich nicht in der Lage, den Gehalt vorgeschriebenen (oder erlaubten) Handelns so umzuwandeln, daß damit bestehende Normen verletzt würden. Dies ist eine spekulative Vermutung, bietet aber einen möglichen Forschungsansatz. Es scheint empirischen Belegen zu widersprechen, denn rituelle Orgien und ähnliche Phänomene treten in Stammesgesellschaften auf, wo die Internalisierung des Gehalts von Normen ganz besonders stark ausgeprägt zu sein scheint.

296 Handlungsstrukturen

duelle Unterschiede in der Stärke der normativen Beschränkungen bezogen, welche von bestehenden Autoritäten aus auf die Individuen einwirken. Die Voraussage in bezug auf Fluchtpaniken stützt sich auf eine andere Art von Heterogenität, die sich auf die Verteilung von Aufmerksamkeit oder übertragener Kontrolle bezieht, welche die Wahrscheinlichkeit einer Panik voraussichtlich verringert. Somit befinden sich die beiden Voraussagen nicht in direkter Opposition zueinander.

Die hier entwickelte Theorie würde jedoch auch voraussagen, daß in einer expressiven Menge die zweite Art von Heterogenität, d.h. die Heterogenität in der Verteilung von Aufmerksamkeit, mit größerer Wahrscheinlichkeit zu Handlungen führt als eine gleichmacherische oder homogene Verteilung von Aufmerksamkeit oder übertragener Kontrolle. In einer aggressiven Menge, die Anführer hat, kommt es eher zu einem Ausbruch von Handlungen als in einer führerlosen Menge, aber in einer panikerzeugenden Situation wird es in einer Menge mit einem Führer weniger wahrscheinlich zu einer Panik kommen als in einer führerlosen.

Wiederum widersprechen sich die beiden Voraussagen nicht unbedingt. Diesmal unterscheiden sich nicht die unabhängigen Variablen voneinander, sondern die abhängigen Handlungen. Eine Panik, die aus einer panikerzeugenden Situation entsteht, bedeutet völliges Chaos, in dem jede Person nichts anderes als ihr eigenes Heil in der Flucht sucht. Wenn es in einer aggressiven Menge unter einem Anführer zum Ausbruch kommt, mag die Handlung gewalttätig und extrem sein, doch sie ist normalerweise kohärent und auf ein gemeinsames Ziel gerichtet. Wenn es in einer führerlosen aggressiven Menge zum Ausbruch kommt, wie bei einem Krawall oder einer Plünderei, ist *diese* Handlung am ehesten mit den individualistischen Handlungen bei einer Fluchtpanik zu vergleichen.

Bei einer Fluchtpanik fördert der Einfluß eines Führers Handlungen (wie diszipliniertes Hinausgehen), die in Einklang mit der normalen Autorität stehen. In einer aggressiven Menge fördert der Einfluß eines Führers Handlungen (wie Demonstrationen oder organisierte Gewalt), die der normalen Autorität entgegenstehen. Für beide Fälle sagt die in diesem Buch entwickelte Theorie voraus, daß die Kontrollübertragung umfassender und effektiver sein wird, wenn sie sich auf einen einzelnen Führer oder einige wenige Personen konzentriert. Im Falle einer Fluchtpanik führt diese Effektivität jedoch fort von kollektivem Verhalten, wogegen sie im Falle einer aggressiven Menge zu kollektivem Verhalten hinführt. In beiden Fällen hilft die Führung bei der Wahrnehmung von Interessen, indem sie die Handlungen koordiniert. Bei der Fluchtpanik geschieht dies, indem Handlungen verhindert werden, die von normalen Tätigkeiten abweichen. Bei der aggressiven Menge geschieht dies, indem Handlungen erleichtert werden, die von normalen Tätigkeiten abweichen. Dies verdeutlicht die Richtung, in der normative Sanktionen (wenn überhaupt) von Mitgliedern der Menge wechselseitig angewendet werden. Bei der Fluchtpanik werden dies negative Sanktionen gegen die Handlung sein, die zum Ausbrechen der Panik beigetragen hat; in der aggressiven Menge werden es positive Sanktionen sein, die die Handlung bestärken, die zum Ausbrechen von Gewalt beiträgt.

Bei dieser Untersuchung aggressiver und expressiver Mengen bleiben viele Fragen offen, wie auch schon bei der obigen Analyse von Paniken und Manien. Eine der wichtigsten Fragen betrifft die Bedingungen, die den Kontrollentzug von institutioneller Autorität erleichtern oder bewirken. Solche offenen Fragen zeigen, daß die Arbeit auf diesem Gebiet noch in den Kinderschuhen steckt.

Trends und Moden

Eine Form kollektiven Verhaltens, die sich sowohl von Paniken als auch von aggressiven Mengen abhebt, ist die breite Kategorie der Trends und Moden. Trends (wie ich sie nennen werde) weisen ein bestimmtes zeitliches Muster auf. Sie entwickeln sich, indem sie sich langsam ausbreiten und an Bedeutung gewinnen, bis sie ihren Zenit erreichen; dann gehen sie zurück und sind schließlich wieder verschwunden. Es gibt eine Wachstums- und eine Verfallskurve, doch ich werde hier nicht auf die genauen Formen dieser Kurven eingehen. Es ist nützlich, ganz einfach festzuhalten, daß dieser Typ kollektiven Verhaltens zeitlich gesehen anders verläuft als das Verhalten einer Menge bei einer Fluchtpanik oder das Verhalten einer aggressiven Menge.

Einige Trends entstehen und vergehen als distinkte und unverwechselbare Phänomene, wie z.B. das Hulahoop-Fieber in den USA während der späten fünfziger Jahre. Andere, wie Popmusik und Kleidermode für Frauen sind Teil eines fortlaufenden Zyklus, in dem ein Schlager oder eine Mode aufkommt, den Vorgänger ersetzt und wiederum von einem Nachfolger verdrängt wird. Einige Modewörter, durch die ein neuer Begriff geprägt wird, weithin Verwendung findet und wieder verschwindet, sind wie das Hulahoop-Fieber. Einige Begriffe behaupten sich jedoch, nachdem sie über diesen Weg Eingang in die Sprache gefunden haben. Beispielsweise führt Mackay (1932 [1852], S. 623) den Begriff "flare up" (= "Aufflackern) auf die Beschreibung des brennenden Bristol bei Krawallen zurück. Der Begriff breitete sich dann explosionsartig in ganz England aus und fand seinen Platz in der Alltagssprache. Anders als viele Modewörter starb er nicht aus, sondern ist auch heute noch in der Alltagssprache zu finden.

Bei der Behandlung von Modewörtern und Kleidermoden tritt ein Element zutage, das mit großer Wahrscheinlichkeit in allen Trends zu beobachten ist. Ich meine damit, daß man immer die Reaktionen von anderen berücksichtigt, wenn man sich sprachlich ausdrückt oder auf bestimmte Weise kleidet. Dies kann sich dahingehend auswirken, daß man sich bemüht, von anderen akzeptiert oder verstanden zu werden. Man kleidet sich so, daß andere ihre Zustimmung bekunden, oder spricht auf eine Weise, die andere akzeptieren und verstehen. In einem solchen Fall sagt man häufig, daß das Verhalten durch Normen kontrolliert wird. In anderen Fällen sollen der Stil oder der Sprachgebrauch vielleicht verblüffen, die Aufmerksamkeit der anderen auf die Handlung (und somit auf den Akteur) lenken oder eine besondere Wirkung hervorrufen. Man spricht manchmal davon, daß eine Person, die so handelt, die Konventionen sprengt.

Diese beiden Verhaltensmuster scheinen für den Akteur einen unterschiedlichen Dienst zu erfüllen. Das erste ermöglicht, daß die Handlung des Akteurs vonstatten geht, ohne andere ablaufende Handlungen zu stören und ohne die Aufmerksamkeit von anderen Handlungen innerhalb des Systems fort und auf sich zu ziehen. Es werden Worte gewählt, die ein Höchstmaß an Verständlichkeit und Klarheit garantieren. Die gewählte Kleidung soll unauffällig und akzeptabel sein. Mit dem zweiten Muster wird genau das Gegenteil beabsichtigt, denn hierbei wird die Aufmerksamkeit auf die Handlung oder den Akteur gelenkt und die anderen, die das Geschehen verfolgen, veranlaßt, auf eben diese Handlung zu reagieren.

In einer Arbeit über die Entstehung von Meinungen über Mode und andere Bereiche haben Katz und Lazarsfeld (1955) zwei Verhaltensformen festgemacht, die mit dieser Vorstellung kompatibel sind. Sie prägten den Begriff "Meinungsmacher" für diejenigen Personen, die versuchten, die ersten zu sein, die sich nach der neuesten Mode kleideten oder von den aktuellsten politischen Neuigkeiten wußten oder die immer Auskunft über die populärsten zehn oder vierzig Schlager geben konnten. Diese Meinungsmacher (die es in verschiedenen Fachbereichen gibt) werden durch andere Personen ergänzt, die ihre Anhänger sind. Sie machen umfassenden Gebrauch von denjenigen Massenmedien, die Informationen aus ihrem Fachbereich liefern, ihre Anhänger dagegen nicht. Ausgehend von diesem Muster definierten Katz und Lazarsfeld den Begriff des zweistufigen Kommunikationsflusses, der seinen Weg von den Medien über die Meinungsmacher zu den Anhängern findet.

Dieses Verhalten befindet sich auf der Grenze dessen, was sich mit kollektivem Verhalten umschreiben läßt, denn es ist in hohem Maße institutionalisiert. Die Meinungsmacher behaupten ihre Position über einen angemessenen Zeitraum, und die Anhänger halten eine stabile Beziehung zu ihren Meinungsmachern in jedem Fach- oder Modebereich aufrecht. Doch trotz seiner fast vollständigen Institutionalisierung scheint das Verhalten Ähnlichkeiten mit dem Verhalten aufzuweisen, das, manchmal mit weniger stabilen Rollen für Führer und Anhänger, in den Phänomenen, die ich als Trends bezeichnet habe, zu beobachten ist. Auch wenn die Führer und Anhänger dieselben bleiben, bilden sich immer wieder neue Trends und Moden heraus und durchwandern das System. In den institutionalisierten Bereichen der Kleidermode und Popmusik gelingt es den Führern, sich die Aufmerksamkeit ihrer Anhänger zu sichern (und zwar in Konkurrenz zu anderen, die sie ausstechen könnten), indem sie die ersten sind, die das neue Verhalten zur Schau stellen (die z.B. als erste eine neue Art von Kleid tragen, eine neue Frisur oder ein neues Make-up tragen oder einen neuen Schlager kennen). So müssen sie eine Mode, die sich immer mehr ausbreitet, zugunsten einer neuen Mode aufgeben, um ihre Position zu behaupten.

Im Begriffsrahmen dieses Kapitels ausgedrückt haben einige Personen, nämlich die Anhänger, umfassende Kontrolle auf bestimmte andere Personen, ihre Meinungsmacher, übertragen. In verschiedenen Handlungs- und Meinungsfeldern haben sie in unterschiedlichem Ausmaß Kontrolle auf verschiedene Führer übertragen. Doch nicht jeder hat innerhalb des Systems so umfassende Kontrollübertragungen auf andere vorgenommen. Die Meinungsmacher haben Teilkontrollen auf andere außerhalb des betreffenden Systems übertragen, d.h. auf verschiedene Massenmedien, die sich auf Themen spezialisiert haben, die für die jeweiligen Fachbereiche relevant sind. In einem negativen Sinne übertragen sie jedoch auch Teilkontrollen auf andere innerhalb des lokalen Systems. Es gibt bestimmte Anhänger (oder Personen, die einen anderen Stil haben), von denen sie sich *abgrenzen* möchten. Beispielsweise könnte eine Frau sagen: "Ich möchte lieber tot umfallen als die Kleider tragen, die (...) trägt." Wenn die Tatsache, daß eine Person sich in einer bestimmten Weise verhält, es weniger wahrscheinlich macht, daß eine andere ebenso handelt, kann man durchaus davon sprechen, daß die zweite Person der ersten (im negativen Sinne) eine gewisse Kontrolle über ihr Handeln übertragen hat.

Betrachtet man das beschriebene System in Gestalt einer Spielmatrix, unterscheidet sich die Belohnungsstruktur von der einer Fluchtpanik. Erstens bestehen (auf der einfachsten Ebene) zwei verschiedene Belohnungsstrukturen: eine für diejenigen, deren Interessen so strukturiert sind, daß sie eher zu Anhängern werden, und eine für diejenigen, deren Interessen so strukturiert sind, daß sie eher zu Führern werden. Für einen Führer stellt sich das Spiel jedoch als ein Drei-Personen-Spiel dar, in dem die beiden anderen Spieler die Anhänger (in ihrer Gesamtheit) und die Massenmedien sind. In Tabelle 9.10 erhalten die Ergebnisse gemäß den Interessen der Führer die Werte 0, 1, 2 oder 3, wobei es eine Spannbreite von einem sehr niedrig bewerteten Ergebnis zu einem hoch bewerteten Ergebnis gibt. Für die Anhänger werden die Ergebnisse mit 0 (niedriger Wert) und 2 (hoher Wert) bewertet. Weil die Massenmedien für die Anhänger ohne Bedeutung sind, sind die Ergebniswerte für die Anhänger unabhängig von den Handlungen der Medien. Es wird davon ausgegangen, daß jeder der drei Spieler

Tabelle 9.10 Belohnungsstruktur für Führer (A_1) und Anhänger (A_2) in einem Modespiel für drei Personen

		A_3 (Massenmedien)			
		Mode 1		Mode 2	
		A_2 (Anhänger)			
		Mode 1	Mode 2	Mode 1	Mode 2
A_1 (Führer)	Mode 1	2, 2	3, 0	0, 2	1, 0
	Mode 2	1, 0	0, 2	3, 0	2, 2

eine von zwei Handlungen vollzieht, die als Mode 1 und Mode 2 bezeichnet werden. Wie die Spielmatrix zeigt, haben die Anhänger ein Interesse daran, zu tun, was ihr Führer tut. Ihre Belohnungen sind immer dann hoch, wenn ihre Mode der des Führers entspricht.[16] Es liegt also im Interesse des Anhängers, dem Führer Kontrolle zu übertragen. Der Führer hegt zweierlei Interessen. Erstens möchte er dieselbe Mode präsentieren wie die Medien, und zweitens möchte er sich in seiner Mode von den Anhängern unterscheiden. (In der Realität trifft es wahrscheinlich noch eher zu, daß Führer zwar gerne sehen möchten, daß die Anhänger ihre Mode übernehmen, aber auch daran interessiert sind, sich von ihnen abzuheben, sobald eine größere Fraktion der Anhänger die Mode übernommen hat. Tabelle 9.10 gibt nur das letztere Interesse wieder.)

Gemäß den so beschriebenen Interessen besteht die rationale Strategie für den Führer darin, eine Teilkontrolle (im positiven Sinne) den Medien und eine Teilkontrolle (im negativen Sinne) den Anhängern zu übertragen. Man kann sich eine Handlungssequenz wie die folgende vorstellen: Die Medien übernehmen Mode 2, während die Anhänger noch Mode 1 zur Schau stellen.

16 Das Interesse, das dem zugrundeliegt, ist der Gewinn, den man erfährt, wenn man sich nicht von anderen (dem Führer und anderen Anhängern) unterscheidet. Dieses Interesse kann daher rühren, daß man wünscht, unauffällig zu sein oder die Aufmerksamkeit anderer in eine andere Richtung zu lenken, indem man sich akzeptabel kleidet oder ebenso spricht, ohne Kosten durch das Fällen von Entscheidungen einzugehen, oder es kann noch andere Gründe haben.

Dies verschiebt die Ergebnisse von einem Ergebnis, das für den Führer mittlere und für die Anhänger hohe Gewinne erbringt, zu einem Ergebnis, das für den Führer niedrige Gewinne erbringt, für die Anhänger jedoch weiterhin hohe. Der Führer stellt dann fest, daß es in seinem Interesse liegt, Mode 2 zu übernehmen, weil er sich damit den Medien anschließen und zugleich von den Anhängern abgrenzen kann. Laut Tabelle 9.10 hat er dann eine hohe Belohnung zu erwarten. Daraufhin übernehmen seine Anhänger, die von den in der Tabelle gezeigten Belohnungen geleitet werden, ebenfalls Mode 2. Dies verschafft ihnen hohe Gewinne, reduziert aber die Belohnungen des Führers auf mittlere Werte. (Wenn die Medien erneut einen neuen Stil propagieren, verringert sich die Belohnung des Führers von mittel zu sehr niedrig, und er muß sich wiederum dem neuen Stil anpassen, um wieder einen hohen Gewinn zu erzielen. Dies hat wieder einen Wandel auf seiten der Anhänger zu Folge usw.)

Solange die externen Quellen aus irgendwelchen Gründen ihre Handlungen ändern, wird der Prozeß wie beschrieben eine Sequenz von Veränderungen innerhalb des sozialen Systems herbeiführen. Die Struktur einer einzelnen Führer-Anhänger-Beziehung ist sicherlich eine Vereinfachung der Realität; es können verschiedene Strukturtypen auftreten. Ebenso ist die Zweiteilung zwischen Führer und Anhänger eine Vereinfachung der Realität. Es gibt verschiedene Grade der Führerschaft und Anhängerschaft bzw. verschiedene Grade, in denen Kontrolle übertragen wird. Und selbst wenn man nur die Extremfälle berücksichtigt, gibt es logisch gesehen vier Personentypen, die in Tabelle 9.11 aufgeführt sind. In den Feldern der Tabelle stehen Begriffe, durch die die Rollen der Personen im System beschrieben werden. Außer Führern und Anhängern gibt es diejenigen, denen andere Kontrolle übertragen haben, die aber selbst auch Kontrollübertragungen vorgenommen haben.

Tabelle 9.11 Rollen in einem sozialen System, die durch verschiedene Kombinationen von Kontrollübertragungen zustande kommen

		Kontrollübertragung anderer auf einen selbst	
		Ja	Nein
Eigene Kontrollübertragung auf andere	Ja	Verstärker	Anhänger
	Nein	Führer	Unabhängige

Diese Personen fungieren lediglich als Verstärker für bestehende Meinungen oder Trends im System. Und es gibt diejenigen, die die Kontrolle über ihre Handlungen selbst behaupten, so wie auch die Führer, nach denen sich aber niemand richtet – d.h. denen niemand Kontrolle übertragen hat. Dies sind die Unabhängigen.

Die Frage, nach welchen Gesichtspunkten rationale Personen Kontrolle übertragen oder nicht, läßt sich beantworten, wenn man berücksichtigt, daß ein Verzicht auf Kontrollübertragung mögliche Kosten, aber auch mögliche Gewinne nach sich zieht. Die möglichen Kosten liegen teilweise in dem Aufwand an Zeit und Mühe, den es erfordert, in bestimmten Bereichen immer up to date zu sein. Um sich fachkundig zu machen und eine führende Position zu behaupten, muß man möglicherweise stundenlang Zeitschriften wälzen, Schallplatten hören, Baseballtabellen auswendig lernen, die *New York Times* und die *Washington Post* lesen, Hulahoop-Schwünge üben oder ein esoterisches Vokabular kultivieren. Mit Kontrollübertragungen auf andere läßt sich eine Menge Zeit und Mühe sparen, die man andernfalls für Bereiche opfern müßte, an denen man zwar kein großes, aber auch kein Nullinteresse hat. Eine Frau kann eben kurz registrieren, wie sich eine bestimmte Frau kleidet; ein Mädchen kann sich schnell bei einer Freundin erkundigen, welcher Schlager gerade ganz oben auf der Hitliste steht; ein Mann kann einen Arbeitskollegen nebenbei danach fragen, auf welchem Tabellenplatz das lokale Baseballteam gerade steht.[17] In manchen Bereichen können aus der Selbstbehauptung der Kontrolle auch größere Kosten entstehen, weil das Anderssein einer Person möglicherweise Mißfallen erregt. Beispielsweise kann das Tragen eines Kleides, das als altmodisch empfunden wird, Geringschätzung hervorrufen. Im anderen Extremfall können auch gewagte Abweichungen von der gegenwärtigen Mode Mißbilligung wecken, wie es bei den ersten Miniröcken der Fall war. Die demonstrative Verwendung eines ungewöhnlichen Wortes wird vielleicht als Vornehmtuerei betrachtet und somit mißbilligt. Selbst wenn das Mißfallen nicht ausdrücklich artikuliert wird, fühlt sich eine Person möglicherweise unsicher bezüglich der Reaktion der anderen auf eine Handlung oder Meinung, die anders ist und entweder als altmodisch, unkonventionell oder neu betrachtet wird. Manche Menschen empfinden diese Unsicherheit als hohe Kosten. Sie kann beispielsweise ausreichen, um eine Person davon abzuhalten, in einer Unterhaltung eine bis dahin nicht vertretene Meinung zu äußern.[18]

Auf der anderen Seite können auch die Gewinne aus der Nichtübertragung

---

17 In Kapitel 33 zeige ich, daß es, unter der Voraussetzung, daß alles andere konstant bleibt, größere Befriedigung verschafft, wenn man sich auf seine eigenen Interessen konzentriert.

18 In Kapitel 10 wird diskutiert, auf welche Weise sich Normen in einer Menge rationaler Akteure entwickeln können.

von Kontrolle beträchtlich sein. Eine neue oder unkonventionelle Handlung kann Anhänger finden und, wenn sie eine bestimmte Zeitlang fortgeführt wird, eine Menge von Anhängern anziehen, die den Handlungen ihres Vorbilds mit großer Aufmerksamkeit folgen und ihm Ehrerbietung entgegenbringen. Eine solche ehrerbietige Aufmerksamkeit von anderen bereitet den meisten Personen direkte Genugtuung. Wenn man im Gegensatz dazu einem anderen in einem bestimmten Bereich Kontrolle überträgt, fühlt man sich möglicherweise genötigt, dem anderen Ehrerbietung entgegenzubringen oder sich "dumm zu stellen", um ihm die gewünschte Information zu entlocken ("Oh, tatsächlich? Ich wußte ja gar nicht, daß die meisten Ostjuden in Israel die Likud-Partei unterstützen. Erzählen Sie mehr darüber.").

Von daher wird verständlich, daß aufgrund unterschiedlicher Interessen für einige Personen die Kosten der Selbstbehauptung von Kontrolle die Gewinne überwiegen und sie daher anderen Kontrolle über ihre Handlungen übertragen. Für andere wiederum wiegen die Gewinne schwerer als die Kosten. Und abhängig davon, wessen Führerschaft in der Vergangenheit gewinnbringend für sie war, übertragen verschiedene Personen Kontrolle auf unterschiedliche andere Personen. Somit sollte sowohl eine Verteilung der Menge an Kontrolle, die einer bestimmten Handlung übertragen wird, feststellbar sein, als auch eine Verteilung der Zielpunkte, auf die sie übertragen wird.[19]

Bisher bin ich auf eine Frage noch nicht eingegangen: Unter welchen Bedingungen entstehen Trends? Es ist eine Sache, Trends und damit verbundenes Verhalten im Hinblick auf die Kontrolle über Handlungen oder Überzeugungen, die anderen übertragen wird, zu beschreiben. Eine ganz andere Sache ist es, einen Trend zu erklären. Wie muß die strukturelle Bedingung geartet sein, die zur explosionsartigen Verbreitung von Trends führt? Die Antwort lautet ganz eindeutig, daß das System viele Personen des Verstärkertyps aufweisen muß (siehe Tabelle 9.10) - d.h Personen, die anderen Kontrolle übertragen und daher einen Trend aufgreifen und denen gleichzeitig andere Kontrolle übertragen haben. Hat ein Verstärker erst einmal einen Trend aufgegriffen, wird er weiter verbreitet. Wenn es eine große Anzahl

---

19 Über die Kontrollübertragung auf nichtpersonale Akteure, insbesondere verschiedene Medien wie Zeitungen, Fernsehen und Zeitschriften, habe ich bisher nichts gesagt und werde über diese Fußnote hinaus auch nichts weiter sagen. Eine solche Übertragung beeinflußt jedoch offensichtlich die Dynamik von Meinungen, Überzeugungen, Modeverhalten und anderen Tätigkeiten, für die umfassend Kontrolle übertragen wird. (In Kapitel 33 werde ich hierauf eingehen.) Wegen der möglichen Bedeutung dieser Medien bei der Erzeugung von Meinungen, Moden und Trends und bei der Kontrollierung dieser Phänomene ist es wichtig, empirische Forschungen zur Kontrollübertragung auf diese Akteure anzustellen sowie mathematische Untersuchungen darüber durchzuführen, welche Auswirkungen diejenige Art struktureller Intervention hat, welche diese Akteure in der Epidemiologie von Trends verkörpern.

solcher Personen gibt, wird jede erdenkliche neue Tätigkeit, auf welchem Wege sie auch Eingang in das System findet, durch die Struktur der übertragenen Kontrolle in hohem Maße verstärkt.

In den privaten Internatsschulen Englands im 19. Jahrhundert entstanden viele neue Spiele, die sich später auch jenseits der Schulmauern ausbreiteten, und auch manche, die dies nicht taten. *Harrow fives* und *Eton fives* fanden den Weg nach Oxford und Cambridge und sind die Vorläufer des Handballspiels. *Racquets* fand nur minimale Verbreitung, war aber der Vorgänger des Squash. Rugby wurde zuerst in der gleichnamigen Schule gespielt. Etons *field game* und *wall game* und noch einige andere sind auf diese Schule beschränkt geblieben. Internatsschulen sind einer der wenigen Kontexte, in denen ein neues Spiel ausreichend Verstärkung erfahren und sich, ohne Störung von außen, entwickeln und Anhänger finden kann.[20] Die Entscheidung, ein Spiel zu spielen, erfordert eine ziemlich umfassende Kontrollübertragung, weil ein Konsens über die Regeln gefunden werden muß. Solange diese Übertragung nicht über die Grenzen einer nahezu geschlossenen Gruppe hinausgeht, kann das Spiel viele Male gespielt und seine Beliebtheit verstärkt werden.

Diese Beispiele verdeutlichen, daß eine weitverbreitete Kontrollübertragung nicht ausreicht, um einer neuen Handlung innerhalb eines sozialen Systems den ersten Impuls zu verleihen, der notwendig ist, damit sie sich zu einem Trend entwickeln kann. Die Übertragung muß in einer Gruppe stattfinden, die ein hohes Maß an Abgeschlossenheit aufweist, damit die Tätigkeit nicht von einem Widersacher, der von außen kommt, verdrängt wird. Es ist allerdings festzuhalten, daß das Subsystem, in dem sich die Tätigkeit entwickelt, nicht völlig von der Außenwelt abgeschnitten sein darf, damit sie auch Verbreitung finden kann. Es muß zwar zur Außenwelt hin relativ abgeschlossen sein, doch Außenstehende müssen eine gewisse Kontrolle darauf übertragen haben. Es ist zum Beispiel wahrscheinlich kein Zufall, daß *Eton fives*, *Harrow fives* und Rugby in dreien der renommiertesten englischen Internatsschulen entstanden sind. Es liegt nahe, daß Jungen von anderen Schulen mehr Kontrolle über Spiele und andere Tätigkeiten auf Jungen dieser Schulen übertragen haben als auf Altersgenossen, die nicht dort waren.

So lautet die Vermutung hier, daß sich ein Trend oder eine soziale Neuerung am besten in einem System entwickeln kann, dessen Struktur ein hohes Ausmaß an Kontrollübertragungen aufweist und das Nischen oder Subsysteme mit zwei Eigenschaften besitzt: Die Subsysteme müssen in einem hohen

---

20 Eine physikalische Manifestation dieser Verstärkung ist in Eton zu sehen. Sie besteht in fünfzig merkwürdig aussehenden Spielfeldern für *Eton fives*, die Nachbildungen eines asymmetrischen Teils der Eton-Kapelle aus dem 15. Jahrhundert sind, in der das Spiel zum ersten Mal gespielt wurde. *Eton fives* wird auch außerhalb von Eton gespielt, jedoch nur an einigen wenigen Orten.

Grade vor Kontrolle von außen abgeschirmt sein, und es muß ein großes Ausmaß an Kontrolle von außen auf sie übertragen werden.

Vielleicht gibt es eine Parallele zwischen dem nach innen ausgerichteten Subsystem, das als Geburtsstätte einer neuen Tätigkeit oder eines Trends dient, und der individuellen Person als System. Wenn die Person fast keine Kontrolle über ihre Handlungen auf andere überträgt, sondern sich ganz von einer völlig separaten Quelle beeinflussen läßt (wie ihr eigenes Selbst, ihre Träume, göttliche Offenbarungen), kann sie der Ausgangspunkt einer Bewegung sein. Sabbatai Zwi, der Initiator der Sabbatianismus-Bewegung, der im 17. Jahrhundert viele Juden folgten, die ihm glaubten, daß er der Messias sei, war eine solche Person. Tatsächlich zeigt Scholem (1973) aufgrund zeitgenössischer Belege wie Augenzeugenberichten überzeugend, daß Zwi manisch-depressiv war. Während der manischen Perioden stellte er ein übermäßig starkes Selbstvertrauen zur Schau, das die Überzeugungen bestärkte, die von anderen aufgegriffen wurden. Eine Passage aus Scholems Bericht verdeutlicht, wie dies ablief:

Coenen berichtet, daß sich laut Sabbatais Mitbürgern aus Smyrna in der Zeit vor seiner Hochzeit gewisse manische Zustände zu manifestieren begannen. "Er zitierte Jesaja 14,14: 'Ich will zu Wolkenhöhen mich erheben, gleich sein dem Allerhöchsten ... ', und einmal geschah es, daß er diesen Vers so ekstatisch rezitierte, daß er glaubte, in der Luft zu schweben. Als er einmal seine Freunde fragte, ob sie gesehen hätten, wie er schwebte, und sie dies wahrheitsgemäß verneinten, erwiderte er scharf: 'Ihr wart dieses glorreichen Anblicks nicht würdig, weil ihr nicht wie ich geläutert wurdet.'" ... Laut Coenen geschah dies mehrmals mit Sabbatai, bevor er sich zum ersten Mal selbst als Messias offenbarte. Kurze Zeit darauf verriet er den Mitgliedern seines Zirkels, die seine Betrachtungen und asketischen Übungen mit ihm teilten, daß von ihm große Dinge zu erwarten seien. Die Hinweise verdichteten sich, bis er sich schließlich als der von Gott gesalbte Sohn Davids zu erkennen gab. (S. 127)

Scholem fährt fort:

Nach dem Beginn der Massenbewegung von 1666 sprachen die Gläubigen nicht länger von einer "Krankheit". Dieser Ausdruck verschwand. In ihren Augen waren beide Phasen der Krankheit göttliche Gaben, die sie mit theologischen Begriffen - sowohl traditionellen als auch neu geprägten - umschrieben, welche genau den modernen Begriffen "Depression" und "Manie" entsprechen. Das neue Vokabular ... beschreibt Perioden der "Erleuchtung" sowie des "Verbergens des Gesichts". (S. 130)

Der Fall Sabbatai Zwis läßt vermuten, daß der als Manie bezeichnete psychische Zustand ein Extremfall der Nichtübertragung von Kontrolle ist, wodurch eine Person zu einem möglichen Initiator eines Trends oder einer Bewegung wird. Die innere Funktionsweise einer Person mit einer manisch-depressiven Persönlichkeit könnte in gewisser Weise die innere Struktur einer Gruppe widerspiegeln, innerhalb derer viele Kontrollübertragungen stattfinden, die aber keine Übertragungen nach außen vornimmt.

Es leuchtet ein, daß Personen es lohnenswerter finden, anderen Personen unter bestimmten sozialen Bedingungen Kontrolle zu übertragen als unter anderen Bedingungen. In seiner Erörterung der sabbatianischen Bewegung vermutet Scholem (1973), warum Juden für messianische Bewegungen besonders empfänglich sind bzw. sehr schnell bereit sind, Kontrolle über ihr religiöses Leben vom Rabbinat auf einen selbsternannten Messias zu übertragen.

Unter den spezifischen Bedingungen der jüdischen Existenz war der Messianismus nicht so sehr Ausdruck innerer jüdischer Konflikte - seien sie klassenspezifisch oder anderer Art - als vielmehr Ausdruck der abnormen Situation einer Paria-Nation. Das Gefühl der Unsicherheit und der ständigen Gefährdung von Leben und Eigentum ... (S. 462)

Selbst wenn diese Vermutung korrekt ist, sagt sie nicht, warum eine solche Bewegung ausgerechnet im 17. Jahrhundert stattgefunden hat.

Wenn die Theorie kollektiven Verhaltens weiter entwickelt werden soll, sind Forschungen über die Emergenz und Entstehung von Trends, messianischen Bewegungen und anderen Phänomenen, die umfassende Kontrollübertragungen beinhalten, vonnöten. An dieser Stelle kann ich nur darauf hinweisen, daß die Frage, welche sozialen Bedingungen zu umfassenden Kontrollübertragungen führen, ein Hauptgebiet dieser Forschungstätigkeit sein müßte.

Einflußprozesse bei Kaufentscheidungen, Wahlen und öffentlicher Meinung

Ein Bereich auf der Grenze kollektiven Verhaltens ist der der individuellen Entscheidungsfindung in unstrukturierten Situationstypen, die auch andere Akteure, die ähnliche Entscheidungen treffen, umfassen. Die Kaufentscheidungen von Verbrauchern ist wahrscheinlich das gängigste Beispiel. Ein anderes Beispiel ist die Entscheidung, wie man bei einer Wahl wählen soll.[21]

---

21 Ich werde hier nicht auf die Entscheidung eingehen, ob man wählen soll oder nicht. Dies ist ein besonderes Problem, denn die Stimme einer einzelnen Person wirkt sich höchstwahrscheinlich nicht auf das Wahlergebnis aus. Wenn einer Per-

Ein noch anderes ist die Meinungsbildung zu aktuellen Ereignissen. Der allgemeine Bereich des Verhaltens, in den solche Entscheidungen fallen, ist nur einen Schritt von Trends und Moden entfernt. Obwohl das Verhalten nicht notwendigerweise den zyklischen Charakter oder starke Fluktuationen aufweist, die für Trends und Modeerscheinungen typisch sind,[22] ist die individuelle Entscheidungsfindung in beiden Situationstypen ähnlich. Auf einem Kontinuum zwischen flüchtigen Trends und fortdauernden stabilen Systemen individueller Entscheidungsfindung lassen sich verschiedene Punkte festlegen. Beispielsweise gibt es sicherlich gewisse Trends für Kinderspielzeug und zyklische Muster in der Kleidermode, jedoch weniger bei Kinderkleidung und Lebensmittelkäufen, obwohl dies alles Kaufentscheidungen in einem sozialen Kontext erfordert. Wahrscheinlich spielt bei der Festlegung, auf welchem Punkt des Kontinuums eine bestimmte Art von Kaufentscheidung liegt, die Erschöpfbarkeit des Marktes in bezug auf das spezielle Produkt eine Rolle (z.B. hat ein bestimmtes Spielzeug einen begrenzten Markt, da es nicht für dieselben Kinder wieder verkauft wird, sondern entweder das Heranwachsen einer neuen Kohorte abwarten muß oder von einem anderen Spielzeug verdrängt wird). Ebenso spielt eine Rolle, in welchem Ausmaß die Verwendung des Produkts Belohnungen für eine Abgrenzung von anderen verspricht (so scheint es - wie im vorangehenden Abschnitt besprochen - für Damenkleidung in bezug auf Trendsetter in der Mode der Fall zu sein). Eine solche Belohnungsstruktur (verknüpft mit der komplementären Belohnungsstruktur für Anhänger) läßt ein System entstehen, in dem sich ein zyklischer Wandel entwickeln kann. Ohne diese Struktur würde dem System ein wesentlicher Bestandteil fehlen.

In diesem Abschnitt wende ich mich Systemen der Entscheidungsfindung zu, in denen eine beträchtliche Fraktion der Bevölkerung in einem begrenzten Zeitraum Auswahlen aus den gleichen Alternativen trifft. Diese Entscheidungen können häufig wiederholt werden, wie es bei kurzfristigen Konsumgütern wie Lebensmitteln der Fall ist. Oder sie werden nur selten wiederholt, wie es bei langfristigen Konsumgütern wie Waschmaschinen oder Autos oder auch bei Präsidentschaftswahlen der Fall ist.

In diesen Systemen der Entscheidungsfindung kann eine Kontrollübertragung manchmal genau die gleichen Gewinne erbringen, die bereits erörtert wurden. Nehmen wir z.B. an, daß eine Person eine Kaufentscheidung treffen muß und nicht weiß, welche Konsequenzen die jeweilige Entscheidungsalternative haben wird. Sie kann sich nun auf eine umfassende Suche nach Infor-

---

son also aufgrund des Wählens irgendwelche Kosten entstehen, scheint es irrational zu sein, es trotzdem zu tun. Dieses Problem wird in den Kapiteln 11 und 30 behandelt.

22 Siehe Kroeber (1973), der das zyklische Muster von Fluktuationen in der Länge von Frauenkleidern untersucht.

308 Handlungsstrukturen

mationen begeben, insbesondere, wenn die Entscheidung bedeutsame Folgen für die Person haben wird, weil es sich z.b. um den Kauf eines langfristigen Konsumgutes - beispielsweise eines Autos - handelt. Wenn die Entscheidung keine bedeutsamen Folgen nach sich zieht und es z.b. darum geht, ob man einen Joghurt für 79 Pfennig oder 89 Pfennig kaufen soll, bzw. wenn es allgemeiner gesagt um den Kauf eines kurzfristigen Konsumgutes geht, bei dem man sich beim nächsten Mal für die andere Marke entscheiden kann, dann sollte man nicht erst lange Informationen einholen, weil dies Kosten macht und die kostenwirksamste Methode, sich zu informieren, darin besteht, den Artikel zu kaufen (oder vielleicht sogar beide) und aus der eigenen Erfahrung zu lernen.

Bei Käufen, in denen eine falsche Entscheidung hohe Kosten nach sich zieht, wird ein rationaler Akteur vor der Entscheidung erst Informationen einholen. Gemeinsam mit dieser Informationssuche wird er in das Urteil anderer Vertrauen setzen. Wenn es andere gibt, deren Urteil er vertraut (wie in Kapitel 8 beschrieben), wird er ihnen Teilkontrollen über seine Entscheidung übertragen. In einer Situation, in der viele Personen Vertrauen in das Urteil anderer gesetzt haben, wird sich das Systemverhalten vom Verhalten eines Systems unterscheiden, in dem nur wenige Personen Vertrauen in andere gesetzt haben. Es wird unbeständiger sein als ein System unabhängiger Meinungen (weil alle dazu neigen, sich zur gleichen Zeit in die gleiche Richtung zu bewegen), und wenn ein System geschlossen ist (d.h. A vertraut B's Urteil, B vertraut C's Urteil, und C vertraut A's Urteil), können extreme Fehlurteile enstehen, die im besten Glauben getroffen wurden, wie ich schon in Kapitel 8 erörtert habe. Da der spezielle Charakter solcher Systeme eine mathematische Analyse erfordert, werden sie ziemlich ausführlich in Kapitel 33 behandelt.

Es ist möglich, sich für ein Handlungssystem, in dem viele Akteure vergleichbare Entscheidungen treffen, die teilweise von gegenseitigen Informationen und Urteilen abhängen, teilweise auch von anderen Akteuren wie (im Falle von Konsumgütern) den Herstellern, die Werbung betreiben, oder Verkäufern, eine Verteilung der letztendlichen Kontrolle über die Ergebnisse vorzustellen oder, anders ausgedrückt, des Einflusses auf Ergebnisse. Da die Entscheidung von A_1 teilweise durch A_2 und A_3 kontrolliert wird und deren Entscheidung wiederum teilweise durch andere usw., liegt es nahe, sich ein geschlossenes Handlungssystem vorzustellen, in dem jeder Akteur, inklusive Akteure wie Hersteller von Konsumgütern, ein gewisses Maß an Macht hat, Ergebnisse zu bestimmen. Wenn man messen könnte, in welchem Ausmaß die Handlung jedes einzelnen Akteurs durch jeden anderen einzelnen Akteur kontrolliert wird, ist unmittelbar einsichtig, daß die letztendliche Macht jedes Akteurs im System bestimmt werden könnte. Dies wäre eine reizvolle und nützliche Möglichkeit, denn so könnte ein Akteur eine optimale

Strategie entwerfen, mit der er die Verteilung von Ergebnissen beeinflussen könnte.

Besondere Voraussagen über kollektives Verhalten

Die in diesem Kapitel untersuchten Formen kollektiven Verhaltens weisen offenkundig unterschiedliche Eigenschaften auf. Ausgehend von der Analyse auf der Mikroebene der Struktur dieser Systeme lassen sich Voraussagen über das Systemverhalten, d.h. die Makroebene, machen. Insbesondere die Analyse von Fluchtpaniken und aggressiven Mengen ließ mehrere Voraussagen zu, auf die ich in diesem Kapitel bereits eingegangen bin. Ich sollte sie hier mit verschiedenen Ergänzungen noch einmal wiederholen.

1. Je mehr sich bei einer physischen Fluchtpanik die Aufmerksamkeit auf eine oder wenige Personen richtet (d.h. je größer die Heterogenität in bezug auf den Brennpunkt der Aufmerksamkeit ist), desto geringer ist die Wahrscheinlichkeit einer Panik.
2. Bei einer Bankpanik (mit einem einzelnen Handlungsschritt) tritt dieser Effekt normalerweise nicht auf.
3. Je mehr sich in einer aggressiven Menge die Aufmerksamkeit auf eine oder wenige Personen richtet, desto größer ist die Wahrscheinlichkeit, daß die Menge irgendeine aggressive oder expressive Handlung ergreift, und desto durchorganisierter wird die Handlung sein.
4. Je größer in einer aggressiven Menge die Heterogenität unter den Individuen in bezug auf ihre normativen Beschränkungen ist (wobei das durchschnittliche Ausmaß an normativer Beschränkung und der Gemeinsamkeit von Interessen konstant bleibt), desto wahrscheinlicher ist es, daß die Menge aggressive oder expressive kollektive Handlungen ergreift.
5. Personen zu trainieren, sich diszipliniert zum Ausgang zu bewegen und die Aufmerksamkeit auf einen ausgewählten Führer zu richten, ist sinnvoll, um Fluchtpaniken (Handlungssequenz) zu verhindern, nicht aber, um Bankpaniken (einzelner Handlungsschritt) zu verhindern.
6. Je auffälliger bei einer Fluchtpanik die Position eines Individuums innerhalb der Menge ist (je größer die ihm zugewandte Aufmerksamkeit ist), desto wahrscheinlicher wird das Individuum sich diszipliniert zum Ausgang bewegen.
7. Je größer eine Menge in absoluten Zahlen ist, desto wahrscheinlicher ist ein Ausbruch von aggressiven oder expressiven kollektiven Handlungen.

8. Je größer eine Menge in absoluten Zahlen ist, desto wahrscheinlicher bricht in einer physischen Fluchtsituation eine Panik aus.
9. Ein solcher Zusammenhang gilt nicht für Bankpaniken.
10. Physische Fluchtpaniken (Handlungssequenzen) weisen unter jeweils ähnlichen Umständen wahrscheinlich variablere Ergebnisse auf als Bankpaniken (Einzelhandlung).
11. Ansteckende Überzeugungen entstehen wahrscheinlich zu Zeiten umfassenden sozialen Wandels, wenn den machthabenden Institutionen Kontrollrechte entzogen worden sind.

Kapitel 10

Das Bedürfnis nach wirksamen Normen

Ein Großteil soziologischer Theorie nimmt soziale Normen als gegeben an und geht angesichts der Existenz von Normen zur Untersuchung von individuellem Verhalten oder dem Verhalten sozialer Systeme über. Dies zu tun, ohne an irgendeinem Punkt die Frage zu stellen, wie und warum Normen entstehen, hieße jedoch, das wichtigere soziologische Problem zugunsten des weniger wichtigen hintanzustellen. Wie auch immer die Gründe sind, diese Frage zu vernachlässigen (und diese sind von Theoretiker zu Theoretiker verschieden), werde ich in diesem und im nächsten Kapitel zeigen, daß zwei einfache Bedingungen zusammengenommen bereits die Emergenz von Normen bewirken können. Die erste dieser Bedingungen, welche im vorliegenden Kapitel untersucht wird, ist die Voraussetzung für das Bedürfnis nach wirksamen Normen. Die zweite, welche im folgenden Kapitel untersucht wird, ist die Voraussetzung für die Befriedigung dieses Bedürfnisses. Beide Bedingungen können als sozialstrukturell beschrieben werden.

Genau wie bei jedem anderen sozialwissenschaftlichen Begriff ist eine Norm die Eigenschaft eines sozialen Systems, nicht eines Akteurs in diesem System. Sie ist ein Begriff, der in den Theorien, die von manchen Soziologen entwickelt worden sind, eine immer bedeutendere Rolle gespielt hat. Die Gründe hierfür sind fundamental. Die Vorstellung einer Norm, die auf einer makrosozialen Ebene existiert und das Verhalten von Individuen auf einer mikrosozialen Ebene steuert, ist ein geeignetes Mittel, individuelles Verhalten zu erklären und dabei das soziale System als gegeben anzunehmen. Dieses Mittel ist vor allem für diejenigen Soziologen von Nutzen gewesen, die Sorokin (1928) als zur soziologistischen Schule der Sozialtheoretiker zugehörig charakterisiert, deren bekanntester Vertreter Emile Durkheim war. Durkheim ging von sozialer Organisation aus und stellte in einem Teil seines Werkes die Frage: "Inwiefern wird das Verhalten eines Individuums von dem sozialen System beeinflußt, in dem es sich befindet?" Die Beantwortung dieser Frage erfordert nicht alle drei Komponenten der Sozialtheorie, die ich im ersten Kapitel dieses Buches herausgearbeitet habe, sondern nur eine – nämlich den Übergang von der Makro- zur Mikroebene. Für viele Sozialtheoretiker, Durkheim eingeschlossen, stellt der Begriff einer Norm ein Mittel dar, um diesen Übergang zu vollziehen.

Für eine andere Schule der Sozialtheorie, deren bekanntester Vertreter Talcott Parsons ist, bietet der Begriff einer Norm die Grundlage für ein Handlungsprinzip, dessen Rolle in der Theorie mit dem der Nutzenmaximierung in der Theorie der rationalen Wahl zu vergleichen ist. Das Prinzip, welches in etwa lautet "Personen verhalten sich in Übereinstimmung mit sozialen Normen", beläßt die Untersuchung des Gehalts von Normen als theoretische Aufgabe auf der Makroebene. Während die Theorie der rationalen Wahl individuelle Interessen als gegeben hinnimmt und versucht, die Funktionsweise sozialer Systeme zu erklären, nimmt die Normentheorie soziale Normen als gegeben an und versucht, individuelles Verhalten zu erklären.

Abgesehen von ihrer Rolle in der Sozialtheorie ist die Verwendung des Normenbegriffs von Wichtigkeit für die Beschreibung der Funktionsweisen von Gesellschaften. Dies trifft besonders auf die Beschreibung traditioneller stabiler Gesellschaften zu. Eine Beschreibung der Funktionsweise des Kastensystems in Indien ohne Verwendung des Begriffes "Dharma", was so etwas wie "Gesetz", "angemessenes Verhalten" oder "Verhalten in Übereinstimmung mit akzeptierten Normen" bedeutet, wäre kaum vorstellbar.[1] Stabile oder sich nur langsam verändernde Normen sind ein wichtiger Bestandteil der selbstregulierenden Mechanismen einer stabilen Gesellschaft.

Sowohl die offenkundige Bedeutung von Normen für die Funktionsweisen von Systemen und die Bedeutung einer Norm als Begriff in der gesamten Geschichte der Sozialtheorie machen die Bedeutung dieses Begriffs für die zeitgenössische Sozialtheorie aus. Es hat nicht nur einen, sondern zwei Einträge in der *Encyclopedia of the Social Sciences* (die beide von Soziologen geschrieben wurden), und einer der beiden beginnt mit dem Satz: "Bei der Erklärung von menschlichem Verhalten wird von Soziologen kein Begriff so oft bemüht wie der Begriff der 'Norm'." Zum Beispiel sagt Dahrendorf (der nicht im entferntesten zu den Soziologen zählt, die sich dem Begriff am stärksten verbunden fühlen), in einem Aufsatz über den Ursprung sozialer Ungleichheit: "Der Ursprung der Ungleichheit unter den Menschen liegt also in der Existenz von mit Sanktionen versehenen Normen des Verhaltens in allen menschlichen Gesellschaften ... Die hier vorgeschlagene Ableitung hat darüber hinaus den Vorzug, daß die Voraussetzungen, auf die sie zurückführt, nämlich die Existenz von Normen und die Notwendigkeit von Sanktionen, zumindest im Rahmen der soziologischen Theorie als axiomatisch angesehen werden können ... " (1961, S. 21-24).

Es mag sein, daß viele Soziologen Normen als axiomatisch ansehen, doch für andere sind sie ein unannehmbarer *Deus ex machina* – ein Begriff, der zwar auf der makrosozialen Ebene eingeführt wird, um soziales Verhalten zu erklären, der aber selber unerklärt bleibt.

Einige Vertreter der Theorie der rationalen Wahl, die sich auf die Nutzenmaximierung als ein Handlungsprinzip stützen, betrachten den Begriff einer Norm als ganz und gar überflüssig. Diese Einstellung bedeutet jedoch, wichtige Prozesse in der Funktionsweise sozialer Systeme zu ignorieren und

---

[1] Siehe O'Flaherty und Derrett (1978).

Das Bedürfnis nach wirksamen Normen

die Theorie somit einzuengen. Es ist eine Sache, Normen nicht als Ausgangspunkt der Sozialtheorie betrachten zu wollen; eine ganz andere Sache ist es, ihre Existenz grundlegend zu leugnen. In diesem Buch wehre ich mich dagegen, Normen als gegeben anzunehmen, und in diesem Kapitel stelle ich die Frage, wie Normen entstehen und sich in einer Menge rationaler Individiuen behaupten können.

Soziale Normen finden auf die folgende Art und Weise Eingang in die hier entwickelte Theorie: Sie spezifizieren, welche Handlungen von einer Menge von Personen als angemessen oder korrekt oder als unangemessen oder inkorrekt angesehen werden. Sie werden bewußt erzeugt, insofern als diejenigen Personen, die eine Norm ins Leben rufen oder sie unterstützen, sich einen Gewinn versprechen, solange die Norm befolgt wird, und sich beeinträchtigt fühlen, wenn sie verletzt wird. Normen werden normalerweise mit Hilfe von Sanktionen durchgesetzt; diese werden entweder als Belohnungen für die Ausführung der als korrekt betrachteten Handlungen eingesetzt oder als Bestrafungen für die Ausführung der als inkorrekt betrachteten Handlungen. Diejenigen, die eine Norm gutheißen bzw. die, wie ich sagen möchte, eine Norm behaupten, erheben Anspruch auf das Recht, Sanktionen anzuwenden, und erkennen dieses Recht auch anderen zu, die die Norm ebenfalls behaupten. Personen, deren Handlungen Normen unterworfen sind (die selbst die Norm behaupten oder auch nicht), berücksichtigen die Normen und die damit verbundenen möglichen Belohnungen oder Bestrafungen - nicht, indem sie ihre Handlungen völlig von ihnen bestimmt sehen, sondern indem sie sie als Elemente anerkennen, die ihre Entscheidungen darüber beeinflussen, welche Handlungen sie in ihrem Interesse ergreifen sollten.

Im vorigen Absatz habe ich Normen nicht explizit definiert, sondern nur ihre Funktion aufgezeigt. Die explizite Definition ist jedoch von Wichtigkeit, weil sie sich von der in Kapitel 3 diskutierten Vorstellung von Rechten herleitet und weil sie vielleicht nicht alles beinhaltet, was man sich normalerweise unter dem Begriff einer Norm vorstellt. Ich möchte sagen, daß in bezug auf eine spezifische Handlung eine Norm existiert, wenn das sozial definierte Recht auf Kontrolle der Handlung nicht vom Akteur, sondern von anderen behauptet wird. Wie in Kapitel 3 dargestellt wurde, impliziert dies, daß in dem sozialen System oder Subsystem ein Konsens besteht, daß andere das Kontrollrecht über die Handlung innehaben. Im Hinblick auf die Definition von Herrschaft heißt dies, daß andere Herrschaft über die Handlung ausüben, und zwar Herrschaft, die ihnen weder einseitig noch als Teil eines Austauschs willentlich übertragen wird, sondern die kraft des sozialen Konsenses besteht, welcher ihr das Recht überantwortet hat. Das Recht, das für die Definition einer Norm relevant ist, ist nicht ein gesetzlich definiertes Recht oder ein Recht, das auf einer formalen Regel basiert, die von einem Akteur, der eine gewisse Herrschaft ausübt, festgesetzt wurde. Es ist vielmehr ein informelles oder sozial definiertes Recht. Es kann durchaus in Abwesenheit eines gesetzlich definierten Rechts existieren oder auch in Opposition zu einem gesetzlich definierten Recht, wie es der Fall ist, wenn eine Norm sich in Konflikt mit dem Gesetz befindet.

Aufgrund dieser Definition wandelt sich die Frage nach den Bedingungen, unter denen eine wirksame Norm entsteht, zu der Frage nach den Bedingungen, unter denen es zu einem Konsens kommt, daß das Kontrollrecht über die Handlung von anderen Personen als dem Akteur behauptet wird, und der Frage nach den Bedingungen, unter denen dieser Konsens sich durchsetzen kann.

Es ist festzuhalten, daß dies eine sehr spezifische und möglicherweise auch enge Definition ist. Es existiert keine Norm, solange der individuelle Akteur das Recht hat, seine eigene Handlung zu kontrollieren, und es existiert keine Norm, wenn kein Recht entstanden ist. Eine Norm existiert nur dann, wenn andere sich das Recht anmaßen, die Richtung, die die Handlung eines Akteurs nehmen wird, zu beeinflussen. Doch *wann* geschieht das? Dieses Kapitel soll diese Frage beantworten. Es müssen jedoch noch weitere Fragen beantwortet werden, wenn man das Wesen von Normen völlig verstehen will.

Eine Norm kann auf eine noch grundlegendere Art und Weise in ein soziales System eingebettet sein. Es ist möglich, daß das handelnde Individuum die Norm in sich trägt und seine eigenen Handlungen selbst mit Sanktionen belegt. In einem solchen Fall spricht man davon, daß die Norm internalisiert ist. Ein Individuum empfindet intrinsische Belohnungen, wenn es Handlungen ausführt, die mit einer internalisierten Norm in Einklang stehen, oder intrinsische Bestrafungen, wenn es Handlungen ausführt, die nicht mit einer internalisierten Norm in Einklang stehen. Wie und wann kommt so etwas zustande?

Zwischen Normen besteht eine Interdependenz, insofern als viele Normen Teil einer Normenstruktur sind. Zu den differenziertesten dieser Strukturen gehört das erwähnte System des Dharma in Indien und entsprechende Systeme in anderen Gesellschaften, die eine lange kulturelle Tradition aufzuweisen haben. Wie entstehen solche Strukturen?

Diese Fragen stellen den Theoretiker vor gewichtige Aufgaben. Die erste Aufgabe besteht darin, die Bedingungen zu bestimmen, unter denen sich eine Norm mit einem spezifischen Gehalt entwickelt. Dazu gehört, herauszufinden, warum eine Norm nicht immer dann entsteht, wenn alle oder die meisten Personen ein Interesse an der Existenz einer wirksamen Norm besitzen. Damit verbunden ist die Aufgabe, zu spezifizieren, wer die Norm behaupten wird und auf wessen Handlungen die Norm ausgerichtet ist. Eine andere Aufgabe besteht darin, die Stärke und die Gültigkeit von Sanktionen zu ermitteln und dabei zu berücksichtigen, daß das Anwenden einer Sanktion Kosten für den Sanktionsträger nach sich ziehen kann. Damit verbunden ist die Frage, welche Arten von Sanktionen angewendet werden, da es eine Vielfalt möglicher Sanktionen gibt (und es empirisch gesehen auf der Hand liegt, daß verschiedene Sanktionsarten angewendet werden, die von der Herabsetzung oder Steigerung des Ansehens bis zur Zufügung physischen Schadens oder zur Bereitstellung materieller Gewinne reichen). Hinzu kommen theoretische Aufgaben im Hinblick auf die Internalisierung einer Norm. Warum versuchen Personen überhaupt, andere zu einer Internalisierung zu bewegen? Unter welchen Bedingungen werden diejenigen, die eine Norm behaupten, versuchen, eine Internalisierung herbeizuführen, und unter welchen Umständen werden sie lediglich von externen Sanktionen Gebrauch machen? Warum ist eine bestimmte Person für solche Internalisierungsversuche von seiten anderer empfänglich? Schließlich müssen noch Querverbindungen zwischen Normen beschrieben und erklärt werden. Welche Arten von Beziehungen bestehen zwischen Normen, wie entstehen diese Beziehungen und welche Rolle spielen Normen in einem sozialen System, das von diesen Beziehungen beeinflußt wird?

Es ist sinnvoll, den Begriff einer Norm und auch die Theorie, die in diesem Kapitel entwickelt wird, zu bestimmen, indem man sie zuerst in den Kontext der drei Komponenten stellt, die ich als Voraussetzungen für eine Sozialtheorie bezeichnet habe. Ich meine den Übergang von der Makro- zur Mikroebene, zielgerichtete Handlung auf der Mikroebene und den Übergang von der Mikro- zur Makroebene. Normen sind Konstruktionen der Makroebene, die auf zielgerichteten Handlungen auf der Mikroebene basieren, jedoch unter bestimmten Bedingungen mittels eines Überganges von der Mikro- zur Makroebene entstehen. Wenn sie erst einmal existieren, führen sie unter bestimmten Umständen zu Handlungen von Individuen (d.h. zu Sanktionen oder Androhungen von Sanktionen), die den Nutzen und damit die Handlungen derjenigen Individuen beeinflussen, auf die die Sanktionen angewendet worden sind oder werden könnten. Somit begründen Normen eine soziale

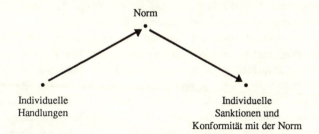

Abb. 10.1 Beziehungen zwischen Mikro- und Makroebene bei der Entstehung einer Norm

Struktur, die Teil eines Rückkoppelungsprozesses ist, in dem entweder eine negative Rückkoppelung erfolgt, die, falls erfolgreich, bestimmte Handlungen verhindert oder abschwächt, oder aber eine positive Rückkoppelung, die, falls erfolgreich, die Fortführung bestimmter Handlungen fördert. Die Emergenz von Normen ist in mancherlei Hinsicht ein prototypischer Mikro-Makro-Übergang, weil der Prozeß in individuellen Handlungen seinen Ursprung nehmen muß, die Norm selbst jedoch eine Eigenschaft der Systemebene ist, die die weiteren Handlungen von Individuen beeinflußt, und zwar sowohl die Sanktionen, die von Individuen angewendet werden, als auch die Handlungen, die mit der Norm in Einklang stehen. Abbildung 10.1 ist ein Diagramm, das analog zu Abbildung 1.2 von der Mikroebene ausgeht und dorthin zurückführt, jedoch die Entstehung einer Norm mit individuellen Sanktionen und Konformität mit der Norm darstellt.

Beispiele für Normen und Sanktionen

Die folgenden Beispiele vermitteln einen Eindruck davon, was mit Normen und Sanktionen gemeint ist.

1. Ein dreijähriges Kind, das mit seiner Mutter in Berlin über einen Bürgersteig geht, wickelt ein kleines Bonbon aus und wirft das Bonbonpapier auf den Boden. Eine ältere Frau, die vorbeigeht, schimpft das Kind aus, weil es das Papier hingeworfen hat, und macht der Mutter Vorhaltungen, weil sie ihr Kind nicht dafür bestraft hat. Ein dreijähriges Kind, das mit seiner Mutter in New York über einen Bürgersteig geht, wickelt ein Bonbon aus und wirft das Papier auf den Boden. Eine ältere Frau geht vorbei, sagt aber nichts, ja bemerkt nicht einmal, was das Kind tut. Dieses Beispiel wirft mehrere Fragen auf: Woher nimmt die Frau in Berlin das Recht, mit dem Kind zu schimpfen und die Mutter zur Rede zu stellen? Warum handelt eine Frau in New York unter ähnlichen Umständen nicht genauso? Ist die Frau in New York nicht der Überzeugung, daß sie ein Recht hat, mit dem Kind zu schimpfen, oder hat ihre Passivität andere Gründe?
2. In einer Organisation, die den Mitarbeitern kostenlos Kaffee und Tee zur Verfügung stellt, geht ein Angestellter, der Tee trinken möchte, mit seiner Tasse zum Heißwassergerät. Es sind keine Teebeutel mehr da, doch er ärgert sich nicht, sondern sagt zu einer anderen Person, die dort steht: "Das passiert oft, aber ich habe mir für solche Fälle ein paar Teebeutel mit in mein Büro genommen." Die andere Person erwidert mißbilligend: "Leute wie Sie, die Teebeutel hamstern, schaffen ja gerade erst das Problem." Dieses Beispiel wirft ebenfalls einige Fragen auf: Woher nimmt die zweite Person das Recht, Mißbilligung auszudrücken? Warum gibt die erste Person der

zweiten mit ihrer Bemerkung die Gelegenheit zu einem solchen Kommentar? Und warum nimmt sie überdies die Mißbilligung der zweiten Person hin, wobei sie ihr offenkundig das Recht zu dieser Sanktion zugesteht?

3. Eine Oberschülerin, die sich in einem Strandhaus mit einem Jungen verabredet hat, findet dort eine Gruppe vor, in der die anderen - auch der Junge, mit dem sie verabredet war - Marihuana rauchen. Die anderen reden ihr zu mitzumachen und drücken ihre Mißbilligung und Verachtung aus, als sie zögert. Das Mädchen wiederum zögert, weil sie weiß, daß ihre Eltern nicht einverstanden wären. Dieses Beispiel wirft Fragen über Konflikte auf: Kann es vorkommen, daß zwei in Konflikt stehende Normen ein und dieselbe Handlung bestimmen? Wenn ja, was gibt den Ausschlag, welche der beiden Normen, wenn überhaupt, die Handlung steuern wird? Und in welchen Situationen kommt es vor, daß in Konflikt stehende Normen auftreten?

4. Bei den Sarakatschan-Nomaden im Nordwesten Griechenlands existieren sehr strenge Normen. Campbell berichtet (auch zitiert von Merry 1984, S. 283): "In einer sehr armen Familie versäumte der Vater, seinen Sohn vor der Schmach zu schützen, von einem anderen kleinen Jungen mit Mist beworfen zu werden, womit er Beobachtern gegenüber seine Unfähigkeit demonstrierte, die Ehre seiner Familie in wichtigeren Fragen zu wahren. Derselbe Mann sieht schmutzig und ungehobelt aus, obwohl man schon über sein ungepflegtes Äußeres spricht, und seine Frau wird kritisiert, weil sie lacht und Witze macht, was ihr als Unzüchtigkeit ausgelegt wird. Obwohl ihre Tochter offensichtlich tugendhaft und keusch ist, wirkt sie durch die Unzüchtigkeit ihrer Mutter befleckt, und kein ehrbarer Mann hält um ihre Hand an." Dieses Beispiel wirft die Frage nach der Wirksamkeit von Normen auf. Offensichtlich werden dieser Familie für gewisse Handlungen von anderen normative Sanktionen auferlegt, doch die Sanktionen scheinen weniger wirksam zu sein, als man erwarten könnte.

5. In Gush Emunim-Siedlungen auf der West Bank in Israel verlangen strenge Normen von den Männern der Gemeinschaft, täglich zu zehnt oder mehr Personen ein Minjan zu bilden und in der Synagoge zu beten. Einige Männer tun das, einige nicht. Diejenigen, die nicht mitmachen, behaupten, arbeiten zu müssen. Sie bleiben im Haus, wenn die anderen beten gehen. Dieses Beispiel wirft das Problem des Konflikts zwischen den Anforderungen des täglichen Lebens und den Anforderungen von Normen auf. Wie werden Normen angesichts solcher Konflikte behauptet? Die Anforderungen des täglichen Lebens sind stets gegenwärtig und mit Interessen verknüpft, die materielle Konsequenzen haben. Normen verlangen, wie in diesem Fall, häufig Handlungen, die mit Konsequenzen für das Individuum oder gar die ganze Gruppe nicht in Zusammenhang stehen. Wie behaupten sich solche Normen?

6. Elias (1969) verfolgt die Entwicklung von Normen in bezug auf Tischmanieren in französischen Provinzen, indem er sich auf Schriften zur Etikette

beruft. Er zeigt, wie diese Normen sich von Verboten der anstößigsten Handlungen (wie das Ausspucken eines Fleischstücks am Tisch) zu extrem detaillierten Vorschriften für das Benehmen zu Tische gewandelt haben. Darüber hinaus wiesen die Normen in verschiedenen sozialen Gruppen Unterschiede auf, und es gab eine Hierarchie der Differenzierung, die dem sozialen Status entsprach und im Königshofe gipfelte. Dieses Beispiel wirft die Fragen auf, wie und warum Normen im Laufe der Zeit mehr und mehr kompliziert werden, und auch, warum in Gruppen mit höherem sozialen Status die Anstandsregeln detaillierter sind.

Unterscheidungen zwischen Normen

Die Vielgestaltigkeit der genannten Beispiele legt nahe, daß man die Normen auf irgendeine Weise klassifizieren sollte. Obwohl das in diesem Stadium meiner Ausführungen noch nicht vollständig möglich ist, werde ich einen Anfang machen.

Erstens richten sich Normen auf bestimmte Handlungen, die ich Fokalhandlungen nennen werde. Im Beispiel des dreijährigen Kindes mit dem Bonbonpapier besteht die Fokalhandlung im Fallenlassen des Papiers auf den Bürgersteig (oder allgemeiner gesagt in jeder erdenklichen Handlung, durch die der Bürgersteig verunreinigt wird).

Einige Normen verhindern oder verbieten eine Fokalhandlung, und ich werde diese Normen proskriptive Normen nennen. Andere Normen, wie die Norm unter den jungen Leuten im Strandhaus, Marihuana zu rauchen, oder die Norm unter Mitgliedern der Gush Emunim-Siedlungen, ein Minjan zu bilden und täglich in der Synagoge zu beten, begünstigen eine Fokalhandlung oder schreiben sie vor. Diese Normen werde ich als präskriptiv bezeichnen. Proskriptive Normen führen zu einer negativen Rückkoppelung im System, indem sie die Fokalhandlung unterdrücken. Präskriptive Normen führen zu einer positiven Rückkoppelung, indem sie die Fokalhandlung verbreiten. Wenn es nur zwei mögliche Handlungen gibt, werden sie natürlich von ein und derselben Norm jeweils vorgeschrieben bzw. verboten. Beispielsweise ist die Norm, auf der rechten Seite zu gehen, wenn einem jemand entgegenkommt, zugleich präskriptiv und proskriptiv. Die Unterscheidung hat nur dann einen Sinn, wenn mehr als zwei Handlungsalternativen vorhanden sind.

Für jede Norm gibt es eine bestimmte Klasse von Akteuren, deren Handlungen oder mögliche Handlungen die Fokalhandlungen sind. Die Aussage "Kinder sollte man sehen, aber nicht hören" umschreibt eine Norm, die auf die Klasse der Kinder abzielt. Ich werde die Mitglieder einer solchen Klasse als Ziele der Norm oder Zielakteure bezeichnen. Ebenso gibt es eine Klasse von Akteuren, die von der Norm profitieren, potentielle Behaupter der Norm und mögliche Sanktionierer der Zielakteure sind. Das sind Akteure, die nach Entstehen einer Norm das Recht in Anspruch nehmen, die Fokalhandlung teilweise zu kontrollieren und von anderen, die von der Norm ebenfalls profitieren, als Inhaber dieses Rechts anerkannt werden. So behaupten z.B. Eltern oder Erwachsene im allgemeinen die Norm, die in der obigen Aussage spezifiziert wird. Es ist möglich, daß Kinder die Norm ebenfalls behaupten, doch die Funktion der Norm und die Sanktionen, die sie stützen, sind nicht davon abhängig. Ich werde die Personen, die von der Norm profitieren und so das Recht in Anspruch nehmen, die Zielhandlung zu kontrollieren (die also normalerweise die möglichen Sanktionsträger sind), als Nutznießer der Norm bezeichnen. Die gegenwärtigen Nutznießer der Norm können ihre Initiatoren gewesen sein; es ist aber auch möglich, daß sie die Durchsetzung einer Norm, die von Personen vor ihnen begründet worden ist, lediglich fortführen.

Bei einigen Normen, wie z.B. bei der sich auf Kinder beziehenden oben genannten Norm, sind die Zielakteure und die Nutznießer nicht ein und dieselben Personen. Die Norm verschafft der einen Gruppe von Akteuren einen Gewinn und ist auf Handlungen einer anderen Gruppe ausgerichtet. Ich werde solche Normen als disjunkte Normen kennzeichnen, weil die Menge der Nutznießer und die Menge der Zielakteure disjunkte Mengen sind, die zu einer physischen Trennung einander gegenüberstehender Interessen führen. Die Nutznießer haben ein Interesse daran, daß die Norm befolgt wird, und die Zielakteure sind daran interessiert, daß die Fokalhandlung nicht von der Norm beeinträchtigt wird.

Bei vielen Normen, inklusive aller Normen, die in den obigen Beispielen beschrieben wurden (mit Ausnahme der Norm, die das Nichtrauchen von Marihuana betraf, welche von den Eltern des Schulmädchens behauptet wurde), stimmt die Menge der Nutznießer der Norm mit der Menge der Zielakteure überein. In diesen Fällen werden die Interessen zugunsten einer Befolgung der Norm und die Interessen, die dieser Befolgung entgegenstehen, von ein und denselben Akteuren behauptet. Jeder Akteur ist zugleich Nutznießer und Ziel der Norm. Ich werde Normen dieser Art als konjunkte Normen bezeichnen.

Die Unterscheidung zwischen disjunkten und konjunkten Normen spiegelt lediglich die Extremfälle der Variationen wider, die sich ergeben können. Abbildung 10.2 stellt diese Extremfälle und auch dazwischenliegende Fälle dar. In den Fällen b, c und d sind einige Personen sowohl Nutznießer als auch Zielakteure. In Fall b gibt es dazu noch einige Nutznießer, die nicht Zielakteure sind. Ein Beispiel hierfür ist die Norm, die sich gegen sexuelle Beziehungen vor der Ehe richtet, die nicht nur von unverheirateten Personen, also den Zielakteuren, sondern auch von verheirateten behauptet wird. In Fall c gibt es Zielakteure, die keine Nutznießer sind. Beispielsweise rich-

320 Handlungsstrukturen

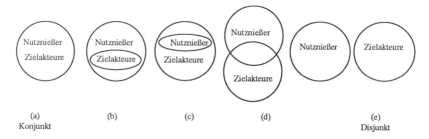

Abb. 10.2 Inklusionsbeziehungen von Nutznießern und Zielakteuren einer Norm für verschiedene Normtypen

ten sich Normen über angemessenes Verhalten, die von Mitgliedern einer Gemeinschaft behauptet werden, nicht nur auf diese Mitglieder als Zielakteure, sondern auch auf Fremde. In Fall d sind einige Nutznießer keine Zielakteure und umgekehrt.

Es ist ebenfalls von Nutzen, den Begriff "Sanktion" zu erläutern. Wenn das Behaupten einer Norm zum einen die Inanspruchnahme des Rechts ist, eine Fokalhandlung teilweise zu kontrollieren, und zum anderen die Anerkennung der Tatsache, daß andere Personen, die die Norm behaupten, das gleiche Recht besitzen, dann ist eine Sanktion die Ausübung dieses Rechts. Eine Sanktion kann negativ sein, d.h. sie kann darauf abzielen, eine Fokalhandlung, die durch eine Norm verboten wird, zu verhindern, oder kann positiv sein, d.h. darauf abzielen, eine Fokalhandlung, die durch eine Norm vorgeschrieben wird, zu fördern. Ich werde abwechselnd die Begriffe "Sanktion" und "wirksame Sanktion" verwenden und mit beiden die Handlung eines Nutznießers bezeichnen, die sich auf irgendeine Weise dahingehend auswirkt, die Fokalhandlung in die vom Sanktionsträger gewünschte Richtung zu lenken.

Eine letzte Unterscheidung betrifft die Auswahl einer Fokalhandlung aus einer Menge sich gegenseitig ausschließender Handlungen, wobei die betreffende Handlung durch eine Norm erschwert oder gefördert werden kann. In manchen Fällen ist die Wahl der Fokalhandlung großenteils willkürlich, in anderen dagegen nicht. Das erstere wird durch die Konvention verdeutlicht, auf der rechten Straßenseite zu fahren (oder, wie in Großbritannien oder Australien, auf der linken). Es wird willkürlich festgesetzt, ob das Fahren auf der rechten oder auf der linken Seite die als korrekt definierte Handlung ist. Ist die Konvention aber erst einmal festgelegt worden, ist es für alle besser, sich der Konvention entsprechend zu verhalten. Das Interesse an einer bestimmten Handlungsrichtung ist davon abhängig, ob es sich dabei um die Handlung handelt, die auch von anderen ausgeführt wird. Wenn eine

Konvention die Richtung einer Norm festgelegt hat, werde ich die Norm als konventionelle Norm bezeichnen.[2]

Für viele Normen ist die Fokalhandlung nicht willkürlich bestimmt worden. Das Interesse der Zielakteure liegt in der Handlungsrichtung, die der Befolgung der Norm zuwiderläuft, und das Interesse der Nutznießer liegt in der Handlungsrichtung, die die Befolgung der Norm befürwortet. Dieses Interesse an bestimmten Handlungsrichtungen bleibt bestehen, gleichgültig, ob die Norm existiert oder nicht und unabhängig von Handlungsrichtungen, die von anderen gewählt werden. In diesem Falle hängt die Zielrichtung der Norm von mehr als Konventionen ab. Ich werde solche Normen als essentielle Normen bezeichnen. Diese letzte Unterscheidung läßt sich mit Hilfe von einfachen Auszahlungsmatrizen aus der Spieltheorie verdeutlichen, wie es Ullmann-Margalit (1977) getan hat und was auch ich bald vorführen werde.[3]

Die erste Bedingung: Externe Effekte von Handlungen und das Bedürfnis nach einer Norm

In Kapitel 2 habe ich ausgeführt, daß für die Funktionsweise sozialer Systeme eine bestimmte Unterscheidung von Bedeutung ist, nämlich die Unterscheidung zwischen Ereignissen, die nur für die Personen, die sie kontrollieren, Konsequenzen haben, und Ereignissen, die auch nach außen hin Konsequenzen (d.h. externe Effekte) auf Akteure haben, die keine Kontrolle über sie ausüben. Die letzteren Ereignisse sind für die Akteure ohne Kontrolle von intrinsischem Interesse. Handelt es sich bei solchen Ereignissen um Handlungen, können zwei Arten von externen Effekten dieser Handlungen auftreten: Wenn eine Handlung für andere gewinnbringend ist, hat sie positive externe Effekte; wenn eine Handlung anderen schadet, hat sie negative externe Effekte. Wenn eine Handlung einigen Personen einen Gewinn verschafft und einigen schadet, sind ihre externen Effekte für die erste Gruppe von Akteuren positiv und für die zweite negativ.

Eine Handlung mit externen Effekten erzeugt in den Akteuren, die diese Effekte erfahren, ein Interesse an der Handlung. Es gibt jedoch keinen all-

---

2 Ullmann-Margalit (1977, S. 97) nennt diese Normen Koordinationsnormen und differenziert zwischen jenen, die aufgrund einer Konvention entstehen, und jenen, die durch Beschlußfassung übernommen werden. Ich werde diese Unterscheidung nicht treffen.

3 Ullmann-Margalit unterscheidet drei Normtypen, die sie Gefangenendilemmanormen, Koordinationsnormen und Parteilichkeitsnormen nennt. Diese entsprechen in etwa meinen essentiellen, konventionellen und disjunkten Normen. Jedoch können essentielle Normen, um bei meiner Terminologie zu bleiben, disjunkt oder auch konjunkt sein, wogegen Ullmann-Margalits drei Typen sich gegenseitig ausschließen.

gemein gültigen Weg, auf dem die Folgen der Handlung für diese betroffenen Akteure in die Nutzenfunktion des Akteurs eingehen, der die Handlung ausführt. Akteure, denen aus einer Handlung Schaden entsteht, welche dem Akteur, der die Handlung kontrolliert, einen Gewinn verschafft, und die damit negative externe Effekte erfahren, sind beispielsweise Nichtraucher, die in der Nähe eines Rauchers sitzen. Personen, die aus einer Handlung profitieren, die auch dem Akteur, der sie kontrolliert, einen Gewinn verschafft, und die damit positive externe Effekte erfahren, sind beispielsweise Fußgänger, die einen Bürgersteig vor einem Haus benutzen, den der Hausbesitzer vom Schnee befreit hat. In der ersten Situation besteht das Problem für jene anderen Akteure darin, wie sie die Handlung, die ihnen schadet, begrenzen können (und wieweit sie sie begrenzen). In der zweiten Situation besteht das Problem darin, die betreffende Handlung zu fördern und zu verstärken (und zu entscheiden, wie sehr sie gefördert werden soll).

Ein Spezialfall des letzteren Problems besteht im Bezahlen der Kosten eines öffentlichen Gutes, wenn die Handlung jedes einzelnen Akteurs für andere gewinnbringende Folgen hat, indem sie das öffentliche Gut mit herbeiführt, die Gewinne für den einzelnen Akteur jedoch geringer sind als die Kosten, die ihm erwachsen. Nur wenn genügend Akteure gemeinsam dazu gewonnen werden, die Handlung auszuführen, so daß die Gewinne für jeden einzelnen die eigenen Kosten übersteigen, wird das öffentliche Gut schließlich zur Verfügung stehen. Ein paralleles Problem ergibt sich durch ein öffentliches "Ungut". Wenn z.b. ein Stück Weideland übermäßig begrast wird, wird jeder Herdenbesitzer umso größere Gewinne erzielen, desto mehr Fläche seine Herde abgrast, doch für die anderen entstehen dadurch Kosten. Erst wenn alle Herdenbesitzer, die Zugang zu dem Weideland haben, dazu gebracht werden können, das Grasen ihrer Tiere einzuschränken, wird das Land so abgegrast, daß es einen maximalen Nahrungsertrag erbringt.

Wenn eine Handlung für andere externe Effekte zeitigt, können diese anderen ihre Interessen vielleicht völlig individuell zum Ausdruck bringen. Zum Beispiel tritt einer von ihnen in Austausch mit dem Akteur, dessen Handlung die externen Effekte erzeugt, indem er ihm etwas anbietet oder androht, um das von ihm gewünschte Ergebnis zu erzielen. Doch dies ist vielleicht nicht möglich, wenn die externen Effekte unter verschiedenen Akteuren aufgeteilt sind, von denen keiner gewinnbringend einen solchen Austausch vornehmen kann.

Wenn ein Austausch möglich ist, ist dies ein Spezialfall der Lösung, die Coase in "The Problem of Social Cost" (1960) beschreibt. Diese generelle Lösung ist ein Markt für Kontrollrechte, in dem die Akteure, die die Handlung nicht kontrollieren, Kontrollrechte von denjenigen kaufen können, die die Kontrolle besitzen, wobei ersteren lediglich durch ihr Interesse an der Handlung und ihre Ressourcen Grenzen gesetzt sind. Wenn in einem solchen

Markt keine Transaktionskosten entstehen, ist klar, daß das Ergebnis einem sozialen Optimum gleichkommt (welches nur relativ zu den anfänglichen Verteilungen an Ressourcen auf die verschiedenen Parteien des Marktes definiert ist), wo keine weiteren Austauschhandlungen mehr gegenseitigen Gewinn erbringen. Diejenigen, denen durch das letztendliche Ausmaß der Handlung Schaden erwächst, würden einen noch größeren Schaden erleiden, wenn sie sich von den Ressourcen trennten, die der Akteur, der die Handlung kontrolliert, zur weiteren Einschränkung der Handlung verlangen würde.

Handelt es sich um ein öffentliches Gut, tauscht jeder der Akteure, die von den Handlungen anderer profitieren, Kontrollrechte über seine eigene Handlung gegen Rechte auf Teilkontrolle über die jeweiligen Handlungen der anderen. Beispielsweise ist vielleicht jeder Bewohner einer Stadt damit einverstanden, daß ein öffentlicher Park angelegt wird und daß er einen für alle Beteiligten gleichen Anteil der entstehenden Kosten trägt. Dies begründet einen vielseitigen Austausch, in dem jeder einzelne das Recht aufgibt, keinen Beitrag zu leisten, und alle anderen als Gegenleistung ebenfalls ihr entsprechendes Recht aufgeben. (Ich werde hier nicht darauf eingehen, wie ein solcher vielseitiger Austausch organisiert werden könnte.)

Ähnliche Märkte sind zur Regulierung von Umweltverschmutzung entwickelt worden. Das Ausmaß der erlaubten Gesamtverschmutzung wird nicht durch Marktkräfte bestimmt, aber es gibt unter den Betreibern von Fabriken, die die Umwelt verschmutzen, einen Markt für Verschmutzungsrechte (siehe Noll 1983). Es gibt jedoch viele Tätigkeiten in einer Gesellschaft, für die aus dem einen oder anderen Grunde nicht einfach Märkte für Kontrollrechte entstehen können. In einer Situation, in der eine Person raucht und eine zweite Person sich dadurch gestört fühlt, kann die zweite schwerlich zur ersten sagen: "Wieviel muß ich Ihnen geben, damit Sie aufhören zu rauchen?" Und eine Schülerin, die auf einer Party von allen anderen bedrängt wird, Marihuana zu rauchen, aber weiß, daß ihre Eltern damit nicht einverstanden wären, kann kaum von den beiden konkurrierenden Parteien Angebote einholen und den Meistbietenden die Kontrolle über ihre Handlung übertragen. So gibt es eine große Bandbreite von Situationen, in denen eine Handlung weitreichende externe Effekte aufweist, ein Markt für Kontrollrechte über die Handlung jedoch nicht praktizierbar oder illegal ist.

Die Bedingung, unter der sich ein Interesse an einer Norm und somit das Bedürfnis nach einer Norm entwickelt, ist, daß eine Handlung für eine Menge anderer Personen ähnliche externe Effekte aufweist, Märkte für Kontrollrechte über die Handlung jedoch nur mit Schwierigkeiten einzurichten sind und kein einzelner Akteur sich gewinnbringend an einem Austausch beteiligen kann, um Kontrollrechte zu erhalten. Ein solches Interesse begründet nicht direkt eine Norm, es garantiert nicht einmal, daß eine Norm entstehen wird. Vielmehr schafft es eine Grundlage, nämlich das *Bedürfnis* nach einer Norm auf seiten derjenigen, die bestimmte externe Effekte erfahren.

Die externen Effekte, die die Handlung erzeugt, können, wie gesagt, positiver oder negativer Natur sein. Beispielsweise werden an Oberschulen positive externe Effekte durch Sportler erzeugt, die zum Erfolg eines Teams beitragen, was wiederum zum allgemeinen Ansehen der Schule in der Gemeinschaft beiträgt (und dies wiederum trägt dazu bei, daß die anderen Schüler sich wohlfühlen oder Stolz empfinden). Oft bildet sich eine Norm heraus, durch die potentiell gute Sportler motiviert werden, ihre Energien interschulischen Sportveranstaltungen zu widmen. Im Gegensatz dazu erzeugen Schüler mit besonders guten Zensuren negative externe Effekte für andere Schüler, insofern als die Lehrer nach der Normalverteilung zensieren. Schüler, die besonders gute Leistungen vollbringen, erhöhen die Anforderungen für die anderen Schüler, die für gute Zensuren erforderlich sind, und machen ihnen damit das Leben schwerer. Häufig entsteht unter diesen Umständen ebenfalls eine von den Schülern auferlegte Norm, die den Umfang der Arbeitsmühe, die für die Schulaufgaben aufgewendet wird, beschränkt.[4]

In Kapitel 11 werde ich untersuchen, wie eine Norm tatsächlich entsteht, nachdem externe Effekte erst einmal ein Bedürfnis geschaffen haben. Doch die Emergenz einer Norm basiert auf den externen Effekten einer Handlung, die nicht durch einfache Transaktionen überwunden werden können, anhand derer die Kontrolle über die Handlung denjenigen überantwortet würde, die diesen Effekten ausgesetzt sind.

Aus dieser zentralen Prämisse lassen sich mehrere Punkte ableiten. Eine Schlußfolgerung ist, daß die möglichen Nutznießer der Norm alle diejenigen sind, die von der Handlung auf gleiche Art und Weise betroffen sind. Wenn eine Norm sich entwickelt, werden genau diese Personen ein Recht auf Teilkontrolle über die Handlung beanspruchen und ihren Anspruch dadurch geltend machen, indem sie versuchen, dem Akteur, der die Handlung ausführt, normative Sanktionen aufzuerlegen, um – oft auf Kosten dieses Akteurs – die Richtung herbeizuführen, die ihnen einen Gewinn einbringt. Eine weitere Schlußfolgerung lautet, daß ein möglicher Normenkonflikt entsteht, wenn eine Handlung für eine Menge von Personen positive externe Effekte und für eine andere Menge negative externe Effekte zur Folge hat. Solche einander gegenüberstehenden externen Effekte bestehen in dem Beispiel der Schülerin, denn dort hängt die Anerkennung der Freunde davon ab, daß sie Mari-

---

4 Wenn akademische Aktivitäten interschulisch organisiert werden, kann dies natürlich eine präskriptive Norm in bezug auf das Lernen erzeugen. Dies zeigt sich besonders drastisch in der Beschreibung staatenweiter Konkurrenz in Schulfächern zwischen ländlichen Schulen in Kentucky (Stuart 1950, S. 90).

Tabelle 10.1 Auszahlungsmatrix für ein gemeinschaftliches Zwei-Personen-Projekt

	A_2 leistet einen Beitrag	A_2 leistet keinen Beitrag
A_1 leistet einen Beitrag	3, 3	-3, 6
A_1 leistet keinen Beitrag	6, -3	0, 0

huana raucht, die Anerkennung der Eltern dagegen davon, daß sie dies nicht tut (oder auch davon, daß sie nichts davon erfahren). Raucht sie nicht, setzt sie der Partystimmung einen Dämpfer auf, durchbricht den Konsens und erinnert möglicherweise einige der Anwesenden an deren eigene ähnlich gearteten Normenkonflikte. Raucht sie aber und ihre Eltern erfahren davon, macht sie sie unglücklich, da ihr Stolz und das Vertrauen in ihre Tochter untergraben werden.

Die Interessenstruktur, die durch externe Effekte, aus denen Normen entstehen, erzeugt wird, kann anhand einfacher Situationen systematischer beschrieben werden, deren Ergebnisse sich mit Hilfe von Auszahlungsmatrizen, wie sie in der Spieltheorie verwendet werden, darstellen lassen. Nehmen wir z.B. an, daß man zwei Personen unabhängig voneinander sagt: "Du kannst zwischen zwei Handlungen wählen: Beteilige dich mit 9 Dollar an einem gemeinschaftlichen Projekt oder beteilige dich nicht. Für jeweils 3 Dollar Beteiligung verdient man durch das Projekt zusätzlich 1 Dollar (d.h. ein Beitrag von 3 Dollar bringt einen Ertrag von 4 Dollar). Die letztendliche Gesamtsumme wird unter euch beiden gleichmäßig aufgeteilt, gleichgültig, wer einen Beitrag geleistet hat." Jeder kann nun für sich und für den anderen für jede mögliche Handlungskombination die Nettogewinne oder -verluste einschätzen. Diese sind in Tabelle 10.1 aufgeführt, deren Felder die Ergebniswerte (in Dollar) für beide Personen (A_1 und A_2) wiedergeben.[5]

Wenn keiner einen Beitrag leistet, hat keiner von beiden einen Gewinn oder Verlust zu verzeichnen. Beteiligt sich A_1, A_2 aber nicht, wird der Beitrag von A_1 von 9 Dollar plus den dazuverdienten 3 Dollar gleichmäßig auf-

---

[5] Diese Auszahlungsstruktur entspricht der eines Gefangenendilemmas. Siehe Luce und Raiffa (1957) oder Rapoport und Chammah (1965), die dieses Spiel erörtern.

geteilt, so daß jeder 6 Dollar erhält. Für A_2 ist dies ein Nettogewinn, wie im Tabellenfeld oben rechts zu sehen ist. A_1 jedoch hat einen Nettoverlust von 3 Dollar zu verzeichnen, da sein anfänglicher Beitrag von 9 Dollar abgezogen werden muß. Der umgekehrte Fall gilt, wenn A_2 den Beitrag leistet, aber nicht A_1.

Diese Situation erzeugt ein Paar von Handlungen, die beide externe Effekte für den anderen Akteur aufweisen. Wie Tabelle 10.1 verdeutlicht, ergibt sich aus der Handlung von A_1 (ob er den Beitrag leistet oder nicht) für A_2 eine Auszahlungsdifferenz von 6 Dollar (zwischen 3 und -3 oder zwischen 6 und 0), und die Handlung von A_2 wirkt sich auf die gleiche Weise auf A_1 aus. Darüber hinaus wirken sich die externen Effekte in beiden Fällen nachteilig auf die Interessen des Akteurs aus. Jeder Akteur steht sich besser, wenn er selbst keinen Beitrag leistet (unabhängig davon, für welche Handlung der andere sich entscheidet), verschlechtert aber damit gleichzeitig die Situation des anderen Akteurs. Schließlich wirken sich die externen Effekte aus der Handlung des anderen immer stärker aus als die direkten Folgen aus der eigenen Handlung. Je nachdem, für welche Handlung sich A_1 entscheidet, bewirkt dies für ihn eine Differenz von nur 3 Dollar, wogegen die Handlungen von A_2 einen Unterschied von 6 Dollar ausmachen – und für A_2 gilt dasselbe.

Das Ergebnis dieser Situation ist, daß für jeden Akteur ein Anreiz besteht, keinen Beitrag zu leisten (da er damit 3 Dollar verlieren wird), und wenn beide keinen Beitrag leisten, bekommen beide nichts. Wenn sich aber beide beteiligen, gewinnt jeder 3 Dollar. Die optimale Handlung für den einzelnen Akteur führt zu einem sozialen Ergebnis, das keinem Optimum entspricht. Beide würden sich besser stehen, wenn sich beide für die Handlung entschieden, die individuell gesehen *nicht* optimal ist, d.h. wenn beide sich an dem Projekt beteiligten.

Über diese Ergebnisstruktur ist bereits viel geschrieben worden, aber das meiste davon ist hier nicht von Interesse. (Axelrod (1988 [1984]) gibt einige Literaturhinweise hierzu.) Interessant ist hier Ullmann-Margalits (1977) Behandlung dieser Struktur, die ihrer Meinung nach einen Normtyp verlangt oder erzeugt, den sie als Gefangenendilemmanorm (oder PD-Norm) bezeichnet. Sie argumentiert, daß eine solche Ergebnisstruktur für alle beteiligten Parteien den Anreiz schafft, eine Norm aufzustellen, die das Verhalten jedes einzelnen in die Richtung lenkt, die für die anderen von Vorteil ist (in dem oben genannten Beispiel bedeutete das die Beteiligung an dem gemeinschaftlichen Projekt). Um die oben eingeführte Terminologie zu verwenden, erzeugt eine solche Struktur der Interdependenz von Handlungen für jeden einzelnen externe Effekte und somit ein Interesse auf seiten jedes einzelnen, eine Norm zu schaffen.

In derartigen Situationen, in denen sich die Handlungen zweier Personen gegenseitig so beeinflussen, wie in Tabelle 10.1 gezeigt wird, ist eine Norm jedoch überhaupt nicht erforderlich. Jede Person kann einen Austausch vorschlagen, in dem jeder dem anderen Kontrollrechte über seine eigene Handlung überträgt und dafür vom anderen Kontrollrechte über dessen Handlung erhält.[6] Jeder von beiden hat Ressourcen (seine eigene Handlung), die für den anderen von größerem Wert sind als die Ressourcen, die der andere selbst besitzt (nämlich die Handlung des anderen). Durch den Austausch von Kontrollrechten erhält somit jeder etwas, das ihm mehr wert ist als das, was er aufgibt. Jeder wird die Kontrolle über die Handlung des anderen auf eine Weise ausüben, die ihm Gewinn verschafft, und wird so ein soziales Optimum herbeiführen. Im obigen Beispiel wird A_1 die 9 Dollar von A_2 beisteuern, A_2 steuert die 9 Dollar von A_1 bei, und beide werden 3 Dollar verdienen.

Wenn es ein Paar interdependenter Handlungen gibt, bei dem die eigennützige Handlung jedes einzelnen negative (oder positive) externe Effekte für den anderen hat, die größer sind als die Gewinne (oder Kosten), die die eigennützige Handlung des anderen bringt, dann ist ein beidseitig gewinnbringender Austausch prinzipiell immer möglich. Die Logistik kann einen solchen Austausch natürlich auch unmöglich machen. In der spieltheoretischen Analyse des Gefangenendilemmas wird die Möglichkeit eines Austauschs ausgeschlossen, weil vorausgesetzt wird, daß die Spieler nicht miteinander kommunizieren können. Eine solche Einschränkung ist hier aber nicht erforderlich. Normen können nur entstehen, wenn eine Kommunikation stattfindet. Somit ist ein zweiseitiger Austausch in all den Fällen mit zwei Akteuren möglich, in denen eine Norm entstehen kann. Eine offenkundige Ausnahme besteht in den Fällen, in denen eine Kommunikation vor und nach der Handlung stattfindet, jedoch nicht während der Handlung selbst. Allerdings brauchen vor der Handlung getroffene Vereinbarungen oder anschließend ergriffene Vergeltungsmaßnahmen in keiner Weise in Bezug zu einer Norm zu stehen, sondern können völlig im Rahmen des beiderseitigen Austauschs behandelt werden – obwohl sie natürlich möglicherweise die Einführung von Begriffen des Vertrauens und gegenseitigen Vertrauens erforderlich machen, wie in Kapitel 5 besprochen wurde.[7]

---

6 Soweit ich weiß, haben Erling Schild und Gudmund Hernes (1971) unabhängig voneinander als erste darauf hingewiesen, daß die einfachste soziale Lösung für das Gefangenendilemma im Kontrollaustausch zwischen den beiden Spielern besteht, einer Handlung, die für beide rational ist. Bernholz (1987) hat gezeigt, daß Sens Paradox eines Pareto-Liberalen (eingehender behandelt in Kapitel 13), in dem die Auszahlungsstruktur derjenigen eines Gefangenendilemmas entspricht, auf die gleiche Art und Weise gelöst wird. Ist der Austausch nicht auf einen Zeitpunkt beschränkt, sondern erfordert ein Versprechen oder seiten einer oder beider Parteien, ergibt sich natürlich die Notwendigkeit, irgendeine Form von Vergeltung einzuführen.

7 Ob man solche zweiseitigen Austauschhandlungen als Normen ansieht oder nicht, hängt von nichts anderem als von Konventionen ab. Ich möchte sie nicht als Nor-

328 Handlungsstrukturen

Die einzige wirkliche Ausnahme, wo das soziale Optimum nicht mit Hilfe einer individualistischen Lösung oder eines zweiseitigen Austauschs erreicht wird, besteht, wenn die Handlungen paarweise sind, aber die beiden Akteure weder vor noch nach der Handlung miteinander in Kontakt treten (oder sich erst in ferner Zukunft begegnen) und somit keine Gelegenheit haben, eine Vereinbarung zu treffen oder die Bedingungen einer früheren Vereinbarung zu erfüllen.[8] In diesem Falle kann eine Norm, bei der Sanktionen durch andere Personen auferlegt werden, die nach der Handlung Kontakt mit den Akteuren aufnehmen, ein soziales Optimum zustandebringen. Ein zweiseitiger Austausch ist dazu nicht in der Lage.

Es ist am besten, die Implikationen des Wortes "Austausch" im gegenwärtigen Kontext zu klären, denn sonst könnten die Beispiele irreführend sein. Im Kontext dieses Beispiels liegt dem Begriff Austausch die Vorstellung zugrunde, daß ein Akteur einem anderen ein Angebot unterbreitet, das etwa lautet "Du läßt mich deine Entscheidung treffen, und ich lasse dich meine treffen" oder "Laß uns gemeinsam einen Beitrag leisten" oder ähnlich. Genau das geschieht sicherlich in einigen Fällen. Bei der Untersuchung der Emergenz von Normen ist es dagegen angemessen, sich eine Abfolge vergleichbarer Projekte vorzustellen, die eine gewisse Zeit in Anspruch nehmen, wobei jedes Mal eine neue Entscheidung getroffen wird. Dies weitet die Möglichkeiten auf explizite oder implizite miteinander verbundene Austauschhandlungen aus, die zwei oder mehr Projekte betreffen (z.B. "Wenn du dieses Mal keinen Beitrag leistest, werde ich beim nächsten Mal keinen Beitrag leisten"). Diese Vorstellung ist von besonderer Bedeutung für diejenigen Fälle, in denen es logistisch gesehen nicht möglich ist, Kontrollrechte gegen die Kontrolle in einer bestimmten Situation einzutauschen. Sie ist ebenfalls von Bedeutung für Fälle, in denen ein Projekt nicht gleichzeitige Beteiligung erfordert, sondern voneinander getrennte Handlungen der ein-

---

men behandeln, denn sie schaffen nicht das grundlegende Problem, das überwunden werden muß, wenn kein beidseitig gewinnbringender Zwei-Personen-Austausch möglich ist, sondern ein n-Personen-Austausch, bei dem n größer ist als 2. Dieses grundlegende Problem, das Trittbrettfahrerproblem zweiter Ordnung genannt wird, wird in Kapitel 11 erörtert.

[8] Dies ist ein fundamentaler Punkt, den Axelrod (1988 [1984, S. 49]), der die Zunahme der Kooperation zwischen zwei Spielern in einem iterierten Gefangenendilemma untersucht, etwas verwirrend behandelt. An manchen Stellen scheint er zu behaupten, daß paarweise Interaktionen in großen Populationen, wo ein und dasselbe Paar von Parteien nur höchst selten aufeinandertrifft, die gleiche Kooperation hervorrufen, die man auch in seinen paarweisen "Turnieren" vorfindet. Im allgemeinen bestätigt Axelrods Arbeit in jenem Buch die hier getroffene Aussage, daß nämlich zweiseitige Austauschhandlungen, ob explizit oder implizit, ohne Einführung einer Norm ausreichen, um ein soziales Optimum in paarweisen Interaktionen mit externen Effekten herbeizuführen. In Coleman 1986b werden die sozialstrukturellen Bedingungen untersucht, unter denen ein Kontakt zwischen Individuen es nicht erlaubt, daß solche Vereinbarungen, implizit oder explizit, gelten.

zelnen Akteure, die das gleiche Muster interner und externer Effekte aufweisen. Beispielsweise muß eine Person sich entscheiden, ob sie das Nachbarhaus hüten möchte, während der Nachbar auf Reisen ist, denn dann würde sie eine Handlung ausführen, die für sie Nettokosten erzeugt, dem Nachbarn aber einen Gewinn verschafft. Der Nachbar müßte in einer ähnlichen Situation die gleiche Entscheidung treffen.

Ein anderer Typ eines impliziten Austauschs, der empirisch gesehen vielleicht verbreiteter ist, entspricht nicht genau den oben beschriebenen. Wenn zwischen zwei Akteuren eine soziale Beziehung existiert, die, wie in Kapitel 12 dargelegt wird, aus einer Menge von Verpflichtungen und Erwartungen besteht (die wir uns vorläufig als symmetrisch vorstellen), können verschiedene Handlungen jedes einzelnen das Ergebnis eines Austauschs beeinflussen. Wenn A_1 eine Handlung von A_2 verhindern möchte, die für ihn Kosten von 6 Dollar erzeugt, A_2 jedoch nur einen Gewinn von 3 Dollar verschafft, muß A_1 in die Verhandlungen lediglich ein anderes von ihm kontrolliertes Ereignis einfließen lassen, das ihn weniger als 6 Dollar kostet und A_2 mehr als 3 Dollar einbringt. Ein Versprechen oder eine Drohung bezüglich dieses Ereignisses leistet A_1 möglicherweise genauso gute oder bessere Dienste als die Handlung, die analog zu derjenigen Handlung von A_2 ist, welche A_1 kontrollieren möchte. Anders ausgedrückt braucht ein Akteur als Sanktion für einen anderen Akteur nicht die gleiche Art von Handlung wie diejenige zu verwenden, die er sanktioniert. Wenn sich ein Akteur beispielsweise bei einem Treffen verspätet, braucht der andere nicht auch beim nächsten Treffen zu spät zu kommen. Er kann sein Mißfallen ausdrücken oder er kann damit drohen, zukünftige Treffen überhaupt nicht einzuhalten (falls die Treffen für den ersten Akteur von genügend großem Interesse sind, um die Drohung wirkungsvoll zu machen). Zu diesen anderen Ereignissen gehören möglicherweise einige, die dem sanktionierenden Akteur nur sehr geringe Kosten bereiten, die aber für den anderen Akteur so interessant sind, daß die Sanktion wirksam ist.

Es ist wichtig, diese zusätzlichen Sanktionierungsmöglichkeiten für Akteure zu berücksichtigen, denn durch sie erhalten auch andere Ereignisse an Bedeutung, die die Akteure miteinander verbinden. Sie zu beachten, ist auch wichtig wegen der möglichen Sanktionsasymmetrien, die daraus resultieren können, daß Akteure Ereignisse, die für andere von Interesse sind, unterschiedlich stark kontrollieren.[9]

---

9 Hinter der Symmetrie dieses Beispiels verbirgt sich eine weitere Ursache für Asymmetrie. Selbst bei Tätigkeiten, bei denen ähnliche Handlungen aller Akteure externe Effekte auf die anderen ausüben, können diese Effekte Unterschiede aufweisen und damit für einige Akteure Sanktionsmöglichkeiten bereitstellen, die für andere nicht existieren. Dies hängt mit interpersonalen Vergleichen des jeweiligen Nutzens zusammens, und es ist, wie sich später herausstellen wird, von Wichtigkeit für die Analyse von Normen wie auch anderer Aspekte des sozialen Systems, dieses Problem genau zu klären.

Systeme mit mehr als zwei Akteuren

Wenn paarweise Austauschhandlungen nicht zu einem sozialen Optimum führen können, entsteht ein Interesse an einer Norm. Dies läßt sich verdeutlichen, wenn man das früher beschriebene gemeinschaftliche Projekt auf drei Akteure ausdehnt. Wieder besitzt jeder einzelne die Möglichkeit, einen Beitrag von 9 Dollar oder keinen Beitrag zu leisten. Beiträge von je 3 Dollar erbringen jeweils 4 Dollar. Die Gesamtsumme wird zu gleichen Teilen unter den drei Akteuren verteilt. Tabelle 10.2 führt die Ergebnisse für jede mögliche Handlungskombination auf. Da die Situation für die drei Akteure symmetrisch ist, lassen sich diese Ergebnisse, wie in Tabelle 10.3 gezeigt wird, auch gedrängter zusammenfassen.

Die Situation hier ist von der in Tabelle 10.1 grundlegend verschieden. Es ist nicht möglich, daß zwei der drei Akteure die Kontrolle über ihre Handlungen austauschen und dadurch profitieren. Wenn keine Beiträge geleistet werden und somit für keinen ein Nettogewinn oder -verlust entsteht und A_1 dann mit A_2 einen Kontrollaustausch vornimmt, wonach jeder für den anderen den Beitrag leistet, verlieren sie schließlich 1 Dollar, während A_3 8 Dollar gewinnt. Wenn A_3 den Beitrag leistet, gewinnen A_1 und A_2 ohne einen Austausch jeweils 4 Dollar. Wenn sie einen Kontrollaustausch vornehmen und jeder für den anderen den Beitrag leistet, gewinnt jeder 3 Dollar, was heißt, daß jeder 1 Dollar weniger verdient, als er ohne den Austausch gewinnen würde.

Nur wenn A_2 und A_3 *beide* dazu bewegt werden können, abhängig von der Beteiligung von A_1, einen Beitrag zu leisten, wäre es für A_1 gewinnbringend, sich an einer solchen Vereinbarung zu beteiligen. In diesem Falle wandelt

Tabelle 10.2 Auszahlungsmatrix für ein Gemeinschaftsprojekt von drei Personen

		A_3			
		leistet einen Beitrag		leistet keinen Beitrag	
		A_2		A_2	
		leistet einen Beitrag	leistet keinen Beitrag	leistet einen Beitrag	leistet keinen Beitrag
A_1	leistet einen Beitrag	3, 3, 3	-1, 8, -1	-1, -1, 8	-5, 4, 4
	leistet keinen Beitrag	8, -1, -1	4, 4, -5	4, -5, 4	0, 0, 0

Tabelle 10.3 Zusammenfassung der Ergebnisse für ein Gemeinschaftsprojekt von drei Personen

Anzahl der Beiträge	Gewinne oder Verluste für	
	Beitragsleistende	Nicht-Beitragsleistende
0	—	0
1	-5	4
2	-1	8
3	3	—

sich das Ergebnis für jeden einzelnen von einem Nullgewinn zu einem Gewinn von 3 Dollar. So ist es erforderlich, daß die drei Akteure eine gemeinsame Vereinbarung treffen, damit alle drei einen Gewinn erzielen. Eine Form einer solchen Vereinbarung ist eine Norm, die besagt, daß das Recht, einen Beitrag zu leisten oder nicht, nicht mehr von jedem einzelnen Akteur selbst behauptet wird, sondern daß die jeweils beiden anderen das Recht für jeden einzelnen behaupten. In diesem Falle könnte man davon sprechen, daß jeder ein Interesse am Entstehen einer Norm entwickelt.

Was die Interdependenzstruktur betrifft, würde es sich hier, falls überhaupt eine Norm entstünde, um eine konjunkte Norm handeln, wobei ein und dieselben Akteure Zielakteure und Nutznießer wären. Es wäre eine essentielle und keine konventionelle Norm, weil es eine Handlungsrichtung gibt, von der alle profitieren (nämlich, den Beitrag zu leisten) und eine, für die dies nicht zutrifft. Es wäre möglich, ein ähnlich künstliches Beispiel und eine Ergebnismatrix zu konstruieren, bei der die Interdependenz ein Interesse an einer konventionellen Norm wecken würde. Dies ist aber ein so einfacher und einleuchtender Fall, daß ich hier darauf verzichten werde.[10] Bei einer dis-

---

[10] Die folgende Tabelle zeigt Auszahlungen, die eine konventionelle Norm erzeugen können, am Beispiel der Norm über das Gehen auf der rechten oder linken Seite, wenn man auf dem Bürgersteig an jemandem vorbeigeht:

		A_3			
		Links		Rechts	
		A_2		A_2	
		Links	Rechts	Links	Rechts
A_1	Links	0, 0, 0	-4, -6, -4	-4, -4, 6	-6, -4, -4
	Rechts	-6, -4, -4	0, 0, 0	-4, -6, -4	0, 0, 0

junkten Norm liegt die Sache etwas anders, und ich werde die Untersuchung solcher Normen auf einen späteren Zeitpunkt verschieben. Es ist jedoch nützlich, eine Frage zu behandeln, die im Hinblick auf bestimmte konventionelle Normen auftaucht, wenn die externen Effekte, die die Handlung eines Akteurs auf andere hat, nicht unmittelbar offensichtlich sind.

Entstehen Normen nur, wenn Handlungen externe Effekte aufweisen?

Es gibt einige Normen, die anscheinend nicht erzeugt werden, weil eine Handlung auf andere externe Effekte ausübt. Beispielsweise existieren an Oberschulen strikte Normen darüber, wie sich die Mitglieder bestimmter Untergruppen von Mädchen oder Jungen anzuziehen haben.[11] In den fünfziger Jahren signalisierten bestimmte Jungengruppen durch eine Schmalzfrisur, daß sie der Gruppennorm folgten. Bestimmte Mädchengruppen trugen Söckchen (oder sogar eine bestimmte Söckchenfarbe). In einigen Gruppen trugen Jungen weiße Windjacken und in anderen schwarze Lederjacken. In Jerusalem halten einige Frauen Kopf und Arme bedeckt, und einige Männer tragen schwarze Käppchen, was die Mitgliedschaft in einer orthodoxen jüdischen Gemeinschaft signalisiert, die sich durch die Befolgung einer bestimmten Menge religiöser Regeln auszeichnet. In Kairo kleiden sich einige Frauen ganz in Schwarz und tragen dichte schwarze Schleier vor dem Gesicht, was die Mitgliedschaft in einer moslemischen Gemeinschaft signalisiert, die durch die Befolgung einer bestimmten Anzahl religiöser Regeln gekennzeichnet ist. Im ländlichen Bereich Pennsylvaniens tragen einige Frauen Hauben und schlichte Kleider ohne Knöpfe, was die Mitgliedschaft in einer Gemeinschaft der Amish signalisiert, die sich durch die Befolgung einer bestimmten Anzahl religiöser Regeln auszeichnet.

Alle diese Normen über Kleidung sind konventionelle Normen, trotz der dogmatischen Begründung für die Richtung, die einige von ihnen einschlagen. Doch inwiefern erzeugt die Handlung eines Gruppenmitglieds, die sich in Übereinstimmung mit der spezifischen Norm befindet, einen positiven externen Effekt auf andere Mitglieder der Gruppe? Für Personen, die sich in einer Gruppe zusammengefunden haben und sich von anderen abgrenzen wollen, ist die einheitliche Kleidung ein äußerst wirkungsvolles Mittel, um dieses Ziel zu erreichen. Jedes Mitglied, das sich der Norm unterordnet, unterstreicht damit die Gruppensolidarität und die Abgrenzung von anderen. Die Befolgung von Regeln bezüglich der Kleidung ähnelt der Befolgung von Ernährungsnormen, Regeln der Etikette und anderer Merkmale, die einer Differenzierung

---

11 In *The Adolescent Society* (Coleman 1961) werden verschiedene Beispiele von Schülern an einer Oberschule aufgeführt.

dienen (siehe Goode 1960, 1978).[12] Wenn Mitglieder einer Gruppe Normen befolgen, dienen sie damit jedem anderen Mitglied, und ein Nichtbefolgen bedroht die Gruppensolidarität. In diesem Falle kann eine theoretische Ableitung der empirischen Forschung die Richtung weisen. Wenn sich messen läßt, wie streng die Kleidungsvorschriften in einer bestimmten Untergruppe sind und wie genau sie befolgt werden, kann man daraus schließen, wie stark das Interesse der Mitglieder an der Mitgliedschaft in dieser Untergruppe ist.

Kleidungsvorschriften sind eine Form konventioneller Normen, für die vor Entstehung der Norm und unabhängig von ihr keine externen Effekte bestehen. Sie unterscheiden sich von Konventionen wie dem Fahren auf der rechten Fahrbahn, denn dort bestehen negative externe Effekte ohne die Norm, und die Norm reduziert diese Effekte und wirkt sich somit gewinnbringend aus. Kleidungsvorschriften entstehen, wenn das Interesse der Mitglieder an der Mitgliedschaft in der Gruppe so groß ist, daß sich die Gelegenheit für positive externe Effekte ergibt. Die Kleidungsvorschrift ermöglicht diese positiven Effekte, indem sie eine Kleidung vorschreibt, die die Gruppenidentität gegenüber anderen Mitgliedern und Nichtmitgliedern unterstreicht.

Statusgruppen, Anstandsregeln und Sprachstandards

Anstandsregeln, wie sie von Elias (1969) untersucht wurden und die ich in diesem Kapitel bereits erwähnt habe, unterscheiden sich in gewisser Weise von Kleidungsnormen, die z.B. von einer religiösen Gruppe befolgt werden. Wie Elias gezeigt hat, sind die grundlegenden Anstandsregeln essentielle Normen, die das Verhalten des Zielakteurs so einschränken, daß es die Interessen der Personen, die mit dem Akteur zu tun haben, berücksichtigt. Gleichzeitig aber bildet sich aufgrund von Anstandsregeln eine Statusgruppe, deren Mitglieder diejenigen Personen sind, die diese Normen befolgen. Weil ihre Handlungen die Interessen anderer in der Umgebung berücksichtigen, können sie den Anspruch erheben, "besser" als jene zu sein, die die Normen nicht beachten. Das Handeln in Konformität mit einer Anstandsregel schafft einen positiven externen Effekt für Mitglieder der Statusgruppe, die die Norm behaupten, indem sie sich so von denjenigen, die sie nicht behaupten, abgrenzen können - genau wie im Falle der aus religiösen Gründen vorgeschriebenen Kleiderregeln. Da die Mitgliedschaft in der Statusgruppe durch Konformität mit der Norm definiert ist, kann jedoch jeder, der in Konformi-

---

12 Ernährungsbeschränkungen können mehr als konventionelle Normen sein. Einige sind aus Gesundheitsgründen oder aufgrund von Mangel entstanden. Elias (1969) untersucht den Gebrauch von Anstandsregeln zur Differenzierung verschiedener Gruppen.

tät mit der Norm handelt, in die Gruppe aufgenommen werden. So entsteht durch die Norm erst dann ein positiver externer Effekt für die Gruppenmitglieder, wenn die Konformität mit der Norm mit so großen Schwierigkeiten erreichbar ist, daß es für Außenstehende nicht leicht ist, in die Gruppe aufgenommen zu werden.

259 Somit hat die Norm, die zunächst einmal nur Handlungen eingrenzt, die negative externe Effekte haben, das Potential, Handlungen mit positiven externen Effekten zu fördern, indem sie eine Statusgruppe schafft, zu der die Behaupter der Norm gehören. Dieses Potential kann allerdings nur ausgeschöpft werden, wenn die Norm so elaboriert ist, daß sie die Aufnahme in die Statusgruppe erschwert. Wenn eine Menge von Akteuren in der Lage ist, eine Anstandsregel aufzustellen, um dem Bedürfnis nach Reduzierung negativer externer Effekte in der Interaktion zu begegnen, dann ist diese Menge von Akteuren, die eine Statusgruppe bilden, auch in der Lage, die Norm so zu spezifizieren, daß die Besonderheit dieser Gruppe gewahrt bleibt. (Die Frage, ob die Menge der Akteure in der Lage sein wird, eine Anstandsregel aufzustellen, ist natürlich eine offene Frage, die man nicht einfach damit beantworten kann, daß man festhält, daß Personen ein gemeinsames Interesse daran haben, negative externe Effekte auszuschalten oder positive zu fördern. Ich werde auf diese Frage in Kapitel 11 zurückkommen.)

Nicht nur Anstandsregeln können, wie oben beschrieben, von Statusgruppen erzeugt und benutzt werden. Sprachstandards, differenzierte Kleidungsnormen oder Modenormen werden auf die gleiche Art und Weise verwendet. Ein soziales System kann eine Hierarchie von Statusgruppen beinhalten, in der Mitglieder einer Gruppe, die sich weder an der Spitze noch am unteren Ende der Hierarchie befindet, versuchen, den Normen der nächsthöheren Gruppe entsprechend zu handeln und die Normen der eigenen Gruppe aufrechtzuerhalten, um die Mitglieder der nächstunteren Gruppe auszuschließen.

Die Ausführungen in diesem Abschnitt deuten darauf hin, daß Mengen von Personen nicht nur deshalb Normen entwickeln, damit diese als Schutz gegen Handlungen mit negativen externen Effekten fungieren, sondern auch, damit sie positive Auswirkungen für sie zeitigen. Diese Behauptung stützt sich stärker auf Vermutungen als ein großer Teil der in diesem Buch entwickelten Theorie und erfordert eindeutig empirische Untersuchungen, um die Theorie zu prüfen und in ihren Details auszuarbeiten.

Eine Bemerkung zum Funktionsbegriff in der Sozialtheorie

In der voraufgehenden Untersuchung der Verwendung von Normen durch Mengen von Akteuren habe ich den Begriff "Funktion" vermieden, obwohl es beispielsweise natürlich gewesen wäre, zu schreiben, daß "Mengen von Personen nicht nur deshalb Normen entwickeln, damit diese eine schützende Funktion gegenüber Handlungen mit negativen externen Effekten ausüben, sondern auch, damit sie positive Funktionen für sie erfüllen." Ich habe den Begriff vermieden, weil seine Verwendung in der Sozialtheorie mit einiger Verwirrung verbunden ist. Insbesondere haben radikale Versionen der Funktionsanalyse behauptet, daß die Existenz eines Phänomens aufgrund seiner Funktion zu erklären ist. In diesem Kontext würde das bedeuten, daß die Emergenz einer Norm über die Funktionen erklärt wird, die sie für die Menge der Akteure, die sie behaupten, erfüllt.

Es sollte jedoch klar sein, daß die Funktionen, die eine Norm für ihre Behaupter erfüllt, oder, um es in meiner Terminologie auszudrücken, deren Interessen an der Norm nicht ausreichen, um ihre Emergenz oder Aufrechterhaltung zu erklären. Die Tatsache, daß eine Menge von Akteuren daran interessiert ist, die Kontrollrechte über die Handlungen individueller Akteure zu erwerben, erklärt nicht vollständig, wie sie tatsächlich in den Besitz dieses Rechts gelangen. In der Erklärung für die Emergenz von Normen, die in diesem Buch gegeben wird, ist dies nur die erste von zwei notwendigen Bedingungen. Die zweite Hälfte der Erklärung, nämlich die Bedingung, unter der jene Interessen realisiert werden, wird Gegenstand des nächsten Kapitels sein.

In der verbreiteten Neigung vieler Theoretiker, "Funktionsanalysen" durchzuführen, um ein Phänomen lediglich aufgrund seiner Funktion zu erklären, besteht die Hauptschwäche der Funktionsanalyse als theoretischem Paradigma. Darüber hinauszugehen und zu untersuchen, wie ein Phänomen entstanden ist, erfordert von einem Theoretiker, sich von der makrosozialen Ebene auf die Ebene der Akteure hinunterzubegeben und somit das Paradigma der Funktionsanalyse zugunsten eines Paradigmas aufzugeben, das, wie das in diesem Buch benutzte, Akteure und eine Handlungstheorie umfaßt.[13]

Was macht soziale Wirksamkeit aus?

Der größte Teil der Analyse aus den vorhergehenden Abschnitten hat sich mit konjunkten Normen befaßt; dort deckt sich die Menge der Personen, die externe Effekte aus der Fokalhandlung erfahren, mit der Menge der Personen, die die Fokalhandlung ausführen und damit externe Effekte auf andere ausüben. Unter solchen Umständen und bei einer homogenen Gruppe, wie in Tabelle 10.2 exemplifiziert, ist der Begriff der sozialen Wirksamkeit oder eines sozialen Optimums einfach zu definieren, weil ein und dieselben Ak-

---

13 Siehe Nagel (1970) und Stinchcombe (1968), die die Logik der Funktionsanalyse untersuchen.

teure zugleich ein Interesse an der Handlung und ein gegen sie gerichtetes Interesse hegen. Sind die Gewinne, die jeder durch sein eigenes Handeln erzielt, geringer als die Kosten, die die entsprechende Handlung, welche von allen anderen ausgeführt wird, erzeugt, dann ist die Emergenz einer Norm sozial wirksam. Alle stehen sich besser, wenn eine Norm existiert.[14] Man erreicht die soziale Wirksamkeit in diesem Falle dadurch, daß Kontrollrechte über jede einzelne Handlung auf die gesamte Gruppe umverteilt werden.[15] Ist eine Gruppe jedoch nicht homogen, wird es problematischer, soziale Wirksamkeit zu definieren. Das Abwägen des positiven und negativen Interesses an der Handlung jedes einzelnen Akteurs ist nicht mehr so einfach vorzunehmen. Die Schwierigkeit zeigt sich am ehesten, wenn man sich disjunkten Normen zuwendet, wo die externen Effekte von einer Menge von Akteuren ausgeübt werden, die sich nicht mit denjenigen decken, die diese externen Effekte erfahren und die möglichen Behaupter der Norm sind.

Wann kann man sagen, daß eine Norm sozial wirksam ist? Im Falle einer konjunkten Norm innerhalb einer homogenen Gruppe verschafft das Aufstellen einer Norm entweder jedem einzelnen Mitglied einen Gewinn und ist sozial wirksam, oder es bringt jedem einzelnen einen Verlust und ist somit unwirksam. Das Aufstellen einer disjunkten Norm verbessert jedoch die Lage der Nutznießer (mittels der Rechte, die sie erwerben) und verschlechtert die Lage der Zielakteure (mittels der Rechte, die sie verlieren). An diesem Punkt erhält Coase' Artikel von 1960 über das Problem sozialer Kosten unmittelbare Relevanz. Coase hat sich nicht mit Normen befaßt, sondern mit der Frage, wie Fälle gerichtlich entschieden werden sollten, die externe Effekte umfassen, die vom einen Akteur auf einen anderen ausgeübt werden. Wer sollte die sozialen Kosten tragen? Dieses Problem hat mit dem Problem disjunkter Normen mehr zu tun, als es zunächst den Anschein hat, denn Gesetze und soziale Normen sind innerhalb der Familie sozialer Kontrollmechanismen eng miteinander verwandt, und die von Coase untersuchte Situationsstruktur (daß nämlich ein Akteur oder eine Menge von Akteuren auf eine andere Menge externe Effekte ausübt) entspricht, analog zu der in diesem Kapitel vorgestellten Theorie, genau derjenigen, in der sich das Bedürfnis nach einer disjunkten Norm entwickelt.

Coase (1960) vertrat die Behauptung, daß die Fortdauer einer Tätigkeit

---

14 Ein sozial wirksames Stadium oder ein soziales Optimum verstehe ich analog zu dem ökonomischen Begriff der ökonomischen Wirksamkeit. Ich meine damit nicht den viel schwächeren Begriff eines Pareto-Optimums. Im Falle einer disjunkten Norm stellen sowohl die Existenz der Norm als auch ihr Fehlen pareto-optimale Punkte dar, da keine Bewegung von einem Zustand zum anderen stattfinden kann, ohne entweder den Nutznießern der Norm oder ihren Zielakteuren einen Schaden zuzufügen. Nur einer der beiden Zustände ist jedoch sozial wirksam. In Kapitel 2 und Kapitel 29 wird soziale Wirksamkeit eingehender behandelt.

15 Diese Behauptung wird in Kapitel 30 präzisiert.

davon unabhängig ist, ob eine gesetzliche Allokation von Rechten auf den Akteur oder die Akteure stattfindet, die die Tätigkeit, welche die externen Effekte erzeugt, ausführen, oder auf den Akteur oder die Akteure, die diese Effekte erfahren (das Coase-Theorem). Die Tätigkeit wird von Dauer sein, wenn sie ökonomisch wirksam ist (und zwar, wenn nötig, mit dem Recht, die externen Effekte aufzuerlegen, die der Akteur, der die Effekte erzeugt, gekauft hat); die Tätigkeit wird nicht von Dauer sein, wenn sie nicht ökonomisch wirksam ist (und zwar, wenn nötig, mit Rechten, die externen Effekte zu erzeugen, die man vom Akteur, der die Effekte erzeugt, gekauft hat). In Verbindung mit dem Coase-Theorem existieren Bedingungen, wie das Fehlen von Transaktionskosten, die Existenz eines Marktwertes für die Kosten, die durch die Tätigkeit entstehen und unwesentliche Auswirkungen der gesetzlichen Allokation von Rechten auf die Verteilung von Ressourcen, innerhalb derer ökonomische Wirksamkeit definiert werden muß. Das Theorem ist jedoch von unmittelbarer Relevanz für disjunkte Normen, denn Coase argumentiert, daß die Tätigkeit, die die externen Effekte erzeugt, einen ökonomischen Wert hat, daß jedoch auch durch die externen Effekte ökonomische Kosten entstehen, und wenn (aber nur dann, wenn) der Wert die Kosten übersteigt, wird die Tätigkeit andauern, unabhängig davon, wer die Kosten bezahlt. Dies wird dadurch ermöglicht, daß Transaktionen außerhalb des Kontextes der externen Effekte selber denkbar sind (d.h. es ist möglich, daß Rechte von der einen oder der anderen Partei gekauft werden).

Dieses Theorem hat in bezug auf disjunkte Normen folgende Bedeutung: Wenn die externen Effekte, die durch die Tätigkeit entstehen, so groß sind, daß die Personen, die sie erfahren, ein Motiv haben, den Akteur zur Aufgabe der Handlung zu veranlassen, und wenn diese Personen die nötigen Ressourcen besitzen, um dies zu bewirken, dann werden sie es tun, gleichgültig, ob eine Norm existiert oder nicht (d.h. gleichgültig, ob sie die informellen Kontrollrechte über die Handlung behaupten oder nicht). Dies heißt, daß eine Norm (oder ein Gesetz) überflüssig ist und die Existenz von Normen oder Gesetzen nicht erklärbar wäre.

Inwiefern läßt sich die Logik der Coase-Argumentation mit der Existenz von Normen und Gesetzen vereinbaren? Die Antwort liegt in der Annahme, auf die sich das Coase-Theorem stützt - daß es keine Transaktionskosten verursacht, den Akteur zur Aufgabe der Handlung zu bewegen, wenn er die Rechte besitzt.[16] In realen sozialen Systemen bestehen jedoch Transaktions-

---

16 Das Coase-Theorem wirft noch andere Probleme auf. Wenn die Allokation von Rechten keine Rolle spielt, dann müßte das Recht zu stehlen oder zu töten, ohne Sanktionen befürchten zu müssen, zu Ergebnissen führen, die sich in keiner Weise von den Ergebnissen unterscheiden, die ohne solche Rechte erzielt würden. Das mögliche Opfer müßte den Räuber lediglich zu einem beiderseitig zufriedenstellenden Preis abfinden. In einem solchen sozialen System werden physische Stärke

338 *Handlungsstrukturen*

kosten, und eine Norm kann die Transaktionen reduzieren, die zum Erzielen sozial wirksamer Ergebnisse notwendig sind. Wenn diejenigen, die die externen Effekte erfahren, Rechte behaupten und diese Rechte vom Zielakteur anerkannt werden, dann wird die Handlung unterbunden, ohne daß irgendwelche Transaktionskosten entstehen. Sanktionen sind nicht erforderlich und werden nur in zwei Situationen angewandt: erstens, wenn ein Zielakteur die Situation falsch interpretiert und unrechtmäßigerweise denkt, seine Macht sei so groß, daß er die Norm erfolgreich ignorieren dürfe, und zweitens, wenn die Macht des Zielakteurs groß genug ist, die Behaupter der Norm aber die Situation falsch interpretieren und glauben, daß sie die Handlung erfolgreich sanktionieren dürfen.

Die Bedeutung anderer Ressourcen für disjunkte Normen

Die Durchsetzung von sozial optimalen Ereignissen über die Umverteilung von Rechten und die Drohung mit Sanktionen impliziert die Möglichkeit, daß die Akteure, die den externen Effekten ausgesetzt sind, Kontrolle über Ereignisse einsetzen können, die *nicht* den Handlungen, die die externen Effekte erzeugen, entsprechen – nämlich Ereignisse, an denen die Zielakteure ein Interesse haben. Die Kontrolle über solche Ereignisse ermöglicht deren Einsatz als Sanktionen oder potentielle Sanktionen, und die Relevanz (oder der "Wert") dieser Ereignisse bestimmt, ob die Sanktionen wirksam sein werden.

Wenn das soziale Optimum bedeutet, daß eine bestimmte Handlung nicht stattfindet, werden der Handlung nur dann Beschränkungen auferlegt und das soziale Optimum nur dann erreicht, wenn diejenigen, die die externen Effekte erfahren, die erforderlichen sozialen Beziehungen besitzen, um eine potentiell wirksame Norm ins Leben zu rufen und sie tatsächlich wirksam werden zu lassen. Ich werde dieses Problem im nächsten Kapitel besprechen und einige Wege aufzeigen, wie sich das potentiell wirksame Bedürfnis nach einer Norm in die Tat umsetzen läßt. Wenn unter denjenigen, die den externen Effekten ausgesetzt sind, keine sozialen Beziehungen bestehen, läßt sich das soziale Optimum nicht erreichen, sofern dieses Optimum in der Beachtung der relevanten Norm besteht.

Es gibt jedoch eine noch wichtigere Voraussetzung, die die aktuelle Verteilung von Rechten und Ressourcen und damit die von Akteuren ausgeübte

und der Zugang zu Waffen zu den wertvollsten Ressourcen. Allgemeiner gesagt ignoriert das Coase-Theorem die Tatsache, daß Allokationen von Rechten Einfluß auf den Anreiz nehmen kann, auf andere externe Effekte auszuüben (beispielsweise in Form von Drohungen); es behandelt externe Effekte als notwendige Nebenprodukte von Tätigkeiten, die zu anderen Zwecken ausgeführt werden.

Kontrolle über Ereignisse betrifft. Genau wie im Falle ökonomischer Wirksamkeit wird das soziale Optimum relativ zu einer bestehenden Verteilung von Rechten und Ressourcen definiert (siehe Kapitel 30). Wenn diese Verteilung stark ungleichgewichtig ist, heißt dies, daß die Interessen einiger Akteure einen sehr viel höheren Stellenwert haben als die Interessen anderer Akteure. Die Akteure mit der größeren Macht sind in der Lage, disjunkte Normen einzusetzen, um die Handlungen derjenigen zu steuern, die weniger Macht haben, und sie sind in der Lage, den Normen erfolgreich entgegenzuwirken, die eingesetzt werden, um ihre Handlungen zu steuern, und Sanktionen zu trotzen, die zur Durchsetzung dieser Normen angewandt werden.

Dies kann anhand zweier Beispiele aus traditionellen Gesellschaften verdeutlicht werden. Das eine Beispiel betrifft Normen, die die Handlungen von Frauen bestimmen. In vielen solcher Gesellschaften existieren strikte und wirksame Normen, die das Verhalten lediger Frauen, verheirateter Frauen und verwitweter Frauen steuern, jedoch keine entsprechenden Normen, durch die das Verhalten von Männern gesteuert wird. Die Zielakteure sind Frauen, doch die Akteure, die von den Beschränkungen profitieren und dafür sorgen, daß Verletzer der Normen mit Sanktionen bedacht werden, sind im allgemeinen Männer aller Altersstufen und Frauen, die älter als die Zielakteure sind, mit anderen Worten Akteure, die nicht den Zielakteuren entsprechen. Führen diese Normen, gemeinsam mit ihrer Befolgung, zu einem sozialen Optimum? Funktionalistisch orientierte Sozialanthropologen behaupten dies (siehe Gluckman 1955, 1963). Diese Antwort ist zwar korrekt, doch nur im Zusammenhang mit der in solchen Gesellschaften bestehenden Machtverteilung, denn in dieser Verteilung besitzen Männer und ältere Frauen eine große Macht. Würde man nicht von dieser hochgradig ungleichmäßigen Machtverteilung ausgehen, ließe sich nicht behaupten, daß die Normen zu einem sozialen Optimum führen. (In Kapitel 30 wird dies weiter behandelt.)

Das zweite Beispiel, das diesen Punkt verdeutlicht, ist die Tatsache, daß selbst in den Fällen, wo eine Norm existiert, für die wohlhabende und einflußreiche Mitglieder traditioneller Gesellschaften unter den Zielakteuren sind, diese oft von wirksamen Sanktionen unberührt bleiben. Ihre Handlungen werden in geringerem Maße von der Norm eingeschränkt, weil, ausgehend von der Machtverteilung, der oder die Sanktionsträger die Sanktionen nicht anwenden kann oder können, ohne mehr zu verlieren, als mit dem Durchsetzen der Normenbefolgung gewonnen werden kann. Dieses Ergebnis rührt nicht von der Unmöglichkeit her, die Kosten der Sanktion aufzuteilen. Es kommt vielmehr zustande, weil die totalen Kosten, die das Anwenden der Sanktion auf einen mächtigen Akteur verursacht, größer sind als die Gewinne, die durch die Sanktion erreicht werden, und zwar einfach aufgrund der unterschiedlich starken Macht.

340 *Handlungsstrukturen*

Treffen ähnliche Ergebnisse auf konjunkte Normen zu?

Bei disjunkten Normen ist die Kontrolle über Ereignisse, die nicht der Fokalhandlung entsprechen, von Bedeutung. Ist dies auch bei konjunkten Normen der Fall? Bei der Untersuchung dieser Normen habe ich unter Verwendung des Beispiels eines gemeinschaftlichen Projekts vor allem auf die Fokalhandlung selbst Bezug genommen, wobei das soziale Optimum nur im Hinblick auf diejenigen Handlungen definiert wurde, die in einem öffentlichen Gut oder einem öffentlichen Ungut resultieren. Aus dem vorhergehenden Abschnitt ergibt sich jedoch, daß *alle* Ereignisse, die von Zielakteuren oder Nutznießern der Norm kontrolliert werden und an denen Akteure des Systems interessiert sind, für die Definition eines sozialen Optimums von Bedeutung sind. Analysiert man konjunkte Normen so, als sei die Handlung der Beitragsleistung oder Beitragsverweigerung in bezug auf ein gemeinschaftliches Projekt die einzige Ressource, die einem Akteur zur Verfügung steht, ignoriert man diese anderen Ereignisse.

Die Ressourcen, die für die Definition des wirksamen Bedürfnisses nach einer Norm relevant sind, bestehen aus Handlungen, die mit der Norm nichts zu tun haben. Es sind vor allem mißbilligende Äußerungen und Entzug von Respekt und gleichzeitig Handlungen, die für Zielakteure von unterschiedlichem Interesse sind, je nachdem, wer der Sanktionsträger und wer der Zielakteur ist.

Kehren wir zu einem bereits genannten Beispiel, nämlich dem Beispiel mit den Teebeuteln, zurück. Nehmen wir an, daß die Beachtung einer Norm gegen das Horten (von Teebeuteln) dafür sorgt, daß sich die Situation jeder einzelnen Person verbessert.[17] Die Norm ist eine konjunkte Norm. Gehen wir davon aus, daß es in der Organisation eine Person gibt, die so mächtig ist (z.B. der Chef), daß ihre Mißbilligung einer Sanktion die Gewinne aufgrund der Sanktion überwiegen würde; es gibt dann keine Verteilung der Sanktionskosten, aufgrund derer die Gewinne für jeden einzelnen die Kosten für jeden einzelnen überwiegen würden. Wäre das der Fall, könnte dieser Akteur, also der Chef, Teebeutel horten, ohne sanktioniert zu werden, alle anderen Teetrinker der Organisation würden sich jedoch gegenseitig sanktionieren. Nur wenn der Chef eine Norm gegen eine derartige Handlung internalisiert hätte, würde er keine Teebeutel horten. Diese Konstellation weist auffallende Ähnlichkeiten zu jenen traditionellen Gesellschaften auf, in denen die Wohlhabenden und Mächtigen bestimmte Normen ignorieren können, ohne sanktioniert zu werden.

---

17 Dies muß nicht unbedingt der Fall sein. Durch das Horten wird lediglich der gemeinsame Vorrat in individuelle Vorräte umgewandelt. Das Fehlen der Norm kann jedoch die Verfügbarkeit auf andere Weise reduzieren, da die Individuen den von ihnen gehorteten Vorrat anderswo benutzen können.

Es stellt sich dann die folgende Frage: Wird ein soziales Optimum erreicht, wenn die Norm durch diesen einen Akteur verletzt wird, indem er eine unsanktionierte Handlung begeht, die die Verfügbarkeit von Teebeuteln für alle anderen einschränkt? Genau wie im oben besprochenen Falle einer disjunkten Norm muß man dies bejahen. Das soziale Optimum ist der Zustand, in dem der mächtige Akteur bei keiner Gelegenheit mit einer eingeschränkten Verfügbarkeit von Teebeuteln konfrontiert wird, sondern sogar zu Zeiten, in denen Teebeutel knapp sind, welche besitzt und alle anderen nur eine leicht eingeschränkte Verfügbarkeit erfahren. Dieses soziale Optimum basiert jedoch, wie in dem Beispiel der traditionellen Gesellschaften, auf der bestehenden Verteilung von Rechten und Ressourcen (d.h. der Kontrolle über Ereignisse), die von Mitgliedern der Organisation behauptet werden. Die Behauptung, daß ein soziales Optimum erreicht ist, wenn die Verfügbarkeit von Teebeuteln für den Durchschnittsakteur maximiert ist, ist inkorrekt, falls dabei implizit davon ausgegangen wird, daß die Verfügbarkeit von Teebeuteln für jeden einzelnen Akteur gleich gewichtet werden sollte, so daß sich die Verfügbarkeit für den Durchschnittsakteur errechnen läßt. Nur wenn der mächtige Akteur eine zu seiner Macht im System proportionale Gewichtung erhält, wird die Verfügbarkeit korrekt definiert. In dem in Teil V vorgestellten mathematischen Modell ergeben sich die unterschiedlichen Gewichtungen aus der Macht verschiedener Akteure; das Gleichgewicht (bzw. der sozial wirksame Zustand oder das soziale Optimum) basiert auf der ursprünglichen Verteilung von Ressourcen.

Aus der unterschiedlichen Macht von Akteuren, Sanktionen auszuüben und eine Norm zu durchbrechen, lassen sich bestimmte Schlußfolgerungen ableiten, die nicht offenkundig sind. Die vielleicht einfachste Schlußfolgerung lautet, daß diejenigen, die aufgrund von größerer Macht am ehesten andere sanktionieren (weil eine gleichermaßen wirksame Sanktion sie weniger kosten würde), ebenfalls diejenigen sind, die am ehesten die Norm durchbrechen (weil andere weniger Macht hätten, um sie zu sanktionieren). Die gleiche Schlußfolgerung gilt für unterschiedliches Interesse an der Fokalhandlung. Zum Beispiel sollte es der Fall sein, daß eine Person, für die die Verfügbarkeit von Teebeuteln besonders wichtig ist, mit größerer Wahrscheinlichkeit eine Norm gegen das Horten von Teebeuteln verletzt und gleichzeitig mit größerer Wahrscheinlichkeit andere sanktioniert, die eine derartige Norm verletzen. Andererseits ist es auch der Fall, daß es für jemanden von Nachteil sein kann, selber eine Norm zu verletzen, wenn es darum geht, andere zu sanktionieren, so daß sich Normverletzung und Sanktionierung oft gegenseitig ausschließen. Somit ist es wahrscheinlich korrekter, diese Schlußfolgerungen wie folgt zu formulieren. Normverletzung und Sanktionierung sollten beide mit Macht innerhalb des Systems positiv korrelieren, allerdings möglicherweise nicht miteinander. Und Normverletzung und Sanktionierung sollten beide mit Interesse an der Fokalhandlung positiv korrelieren, allerdings möglicherweise nicht miteinander. Es ist schwierig, die in diesem Kapitel diskutierten verschiedenen Probleme, die die Emergenz und Beachtung von Normen und Sanktionen betreffen, präzise mit Worten zu umschreiben. Dies trifft in besonderem Maße auf Probleme bezüglich relativer Macht und der Verwendung von Ressourcen zu, die über die Fokalhandlung hinausgehen. Die hier genannten Ergebnisse werden gemeinsam mit anderen Ergebnissen, die eine formale Ableitung erfordern, differenzierter in Kapitel 30 aufgezeigt, wo diese Fragen mit Hilfe eines formalen Modells erneut untersucht werden.

265 Normensysteme

Im Verlauf dieses Kapitels habe ich Normen einzeln untersucht, so als existierten sie unabhängig voneinander. Einige Normen sind relativ unabhängig, doch dies läßt sich nicht verallgemeinern. Normen sind, so wie Gesetze, miteinander verknüpft. In manchen Fällen sind diese Beziehungen hierarchisch und in manchen Fällen sind sie aus sich überschneidenden Rechtsprechungsfällen entstanden. Die Analyse solcher Beziehungen stellt eine eigenständige große Aufgabe dar, die über die Grenzen der Behandlung von den Grundlagen sozialer Systeme hinausgeht.

In einer solchen Untersuchung stellt sich zwangsläufig die Frage, ob eine Analyse der systemischen Beziehungen von Normen es erforderlich macht, sich von der Makro- auf die Mikroebene hinabzubewegen und umgekehrt. Müssen, mit anderen Worten, Akteure als Zwischenelemente berücksichtigt werden, oder kann man ein Normensystem als Beziehungen zwischen Normen an sich analysieren? Eine vergleichbare Frage läßt sich zu den Beziehungen stellen, die zwischen Gesetzen existieren, welche ein System des *common law* ausmachen. Muß eine Untersuchung des *common law* über die Gesetze selbst hinausgehen und auf die Handlungen individueller Akteure eingehen? Diese Frage läßt sich beispielsweise beantworten, wenn man sich ansieht, wie die Konstruktion einer rechtlichen Theorie tatsächlich vonstatten geht. Sie vollzieht sich mittels der Untersuchung von Fällen, die Akteure umfassen, welche Handlungen ausführen, andere Akteure, die die Folgen jener Handlungen erfahren, und Richter, die die Lösungen von Streitigkeiten über die Haftbarkeit dieser Folgen rechtfertigen müssen. Bei einer solchen Untersuchung leiten Rechtswissenschaftler ein allgemeines Prinzip (d.h. das *common law*) von der Lösung spezieller Fälle ab. In jedem dieser Fälle bewegt man sich auf die Mikroebene hinab, auch wenn das Gesetz selbst, also das daraus entstandene Prinzip, eine Eigenschaft der Systemebene ist.

Bei der Untersuchung von Fragen der Rechtsprechung und Konflikten zwischen verschiedenen Gesetzen verfahren Rechtswissenschaftler auf die gleiche Art und Weise, indem sie Untersuchungen auf der Mikroebene spezieller Fälle von Akteuren und Ergebnissen, Kontrolle und Interesse anstellen, um Verallgemeinerungen über die Beziehungen zwischen Gesetzen zu treffen.

Diese rein methodologischen Punkte berühren nicht die Substanz der Theorie über Rechts- oder Normensysteme. Aus der Natur der Rechtswissenschaft ziehe ich den Schluß, daß auch Forschungen über systemische Beziehungen zwischen Normen am besten nicht anhand von (formalen oder nicht-formalen) Analysen des abstrakten Gehalts von Normen durchgeführt werden, sondern indem man sich zwischen Mikro- und Makroebene an allen Schnittstellen zwischen zwei Normen hin- und herbewegt und dabei untersucht, wie Konflikte (oder andere Kontakte) zwischen Normen entstehen und wie Akteure normative Konflikte lösen.

Kapitel 11

Die Realisierung wirksamer Normen

Im vorhergehenden Kapitel habe ich die Bedingungen untersucht, unter denen das Bedürfnis nach einer Norm entsteht bzw. das Interesse an der Schaffung einer Norm und an der Auferlegung von Sanktionen, die die Befolgung der Norm gewährleisten sollen. Ich habe nichts über die Bedingungen gesagt, unter denen dieses Bedürfnis in die Tat umgesetzt wird, indem man eine Norm und Sanktionen aufstellt. Die noch zu beantwortende Frage lautet: Was ist erforderlich, damit aus dem Interesse an einer Norm eine tatsächliche Norm entsteht, die durch Sanktionen gestützt wird?

Ich sollte klarstellen, was ich unter der Formulierung "durch Sanktionen gestützt" verstehe. Im vorigen Kapitel habe ich die Existenz einer Norm als den Zustand definiert, in dem ein sozial definiertes Recht auf Kontrolle über die Handlung eines Akteurs nicht vom Akteur selbst, sondern von anderen behauptet wird. Wenn eine Norm existiert, wird sie vielleicht im allgemeinen von Zielakteuren befolgt, auch wenn dies deren unmittelbaren Interessen entgegensteht. Es kann sein, daß Sanktionen selten erforderlich sind. Doch solange die Nutznießer einer Norm nicht die Möglichkeit haben, wirksame Sanktionen anzuwenden, wenn es nötig ist, kann man nicht davon sprechen, daß sie das Kontrollrecht über die Handlung besitzen. (Von einer wirksamen Sanktion zu sprechen, heißt nicht, daß die Sanktion immer oder in bezug auf alle Zielakteure wirksam ist, sondern zumindest in bezug auf einige Zielakteure zu gewissen Zeiten.) Wenn ich also die Begriffe "wirksame Norm" und "wirksame Sanktionen" verwende, meine ich damit, daß sie in bezug auf zumindest einige der Fokalhandlungen durchgesetzt werden können.

Das grundlegende Problem, das im Beispiel des gemeinschaftlichen Projektes von drei Akteuren zum Ausdruck kam, welches ich im vorigen Kapitel behandelt habe, ist ein Problem sozialer Organisation. In dem Zwei-Personen-Projekt (Tabelle 10.1) besitzt jede Person die Ressourcen, um den anderen von der Ausübung negativer externer Effekte abzuhalten (oder, was in diesem Falle äquivalent ist, um den anderen zu einer Handlungsweise zu bewegen, die positive externe Effekte zeitigt).[1] In dem Drei-Personen-Projekt (Tabelle 10.2) ist dies nicht der Fall. Kein einzelner Akteur ist in der Lage, zu beiderseitigem Nutzen Kontrolle mit einem einzelnen anderen Akteur auszutauschen. Die externen Effekte, die die Handlungen jedes

---

[1] Wenn es, wie hier, nur zwei alternative Handlungen gibt, existiert, wie bereits früher gesagt, keine Differenzierung zwischen präskriptiven und proskriptiven Normen.

einzelnen für jeden der beiden anderen haben, sind geringer als der Effekt, den jeder einzelne Akteur auf seinen eigenen Gewinn ausüben kann. Wenn in einem solchen Fall ein soziales Optimum erreicht werden soll, ist etwas erforderlich, das über paarweise Tauschhandlungen hinausgeht.

Eine Lösung für ein Projekt wie in Tabelle 10.2 wäre eine Kette paarweiser Tauschhandlungen zwischen den drei Akteuren (A_1, A_2 und A_3), bei der zuerst A_1 und A_2 Kontrollrechte austauschen und dann A_2, der das Kontrollrecht über die Handlung von A_1 besitzt, *dieses* gegen das Kontrollrecht über die Handlung von A_3 eintauscht. Danach sind die Kontrollrechte folgendermaßen verteilt (wobei sich E_i auf den Beitrag von A_i bezieht):

A_3 kontrolliert E_1
A_2 kontrolliert E_3
A_1 kontrolliert E_2

Nach diesen Tauschhandlungen würde jeder Akteur die von ihm behauptete Kontrolle auf eine Weise ausüben, die ihm (und jeweils einem der anderen beiden) einen Gewinn verschafft: A_3 würde A_1 zu einem Beitrag verpflichten, A_2 den A_3 und A_1 den A_2. Der erste Austausch – zwischen A_1 und A_2 – würde jedoch nur dann erfolgen, wenn beide Akteure wüßten, daß ein zweiter Austausch möglich ist, denn ohne diesen weiteren Austausch würde jeder etwas aufgeben, was für ihn von größerem Wert ist als das, was er erhält. Nach dem Austausch zwischen A_1 und A_2 würde es A_3 überdies *nicht* in seinem Interesse finden, mit irgendeinem der beiden anderen einen Kontrollaustausch vorzunehmen. So würden die Transaktionen nach dem Austausch zwischen A_1 und A_2 beendet sein, und beide würden einen Verlust erleiden, während A_3 einen Gewinn erzielen würde.

Diese Lösung hängt nicht nur von der Bereitschaft von A_3 zur Durchführung des zweiten Austauschs ab, sondern auch von einer Bedingung, die man oft nicht vorfindet, nämlich dem Wissen von A_1 und A_2, daß weitere Transaktionen möglich sind, so daß sich ein ursprünglich unprofitabler Austausch zu einem profitablen wandelt. Wie Untersuchungen primitiver Systeme ökonomischen Austauschs ergeben, ist die Entwicklung einer solchen Kette von Tauschhandlungen (in der Objekte abgesehen von ihrem Nutzen für den Akteur einen Tauschwert erhalten, der den Akteur veranlaßt, sie für spätere Tauschhandlungen zu erwerben) nicht einfach herbeizuführen (siehe Einzig 1966).

Eine Bank für Handlungsrechte

Die Ähnlichkeit des grundlegenden Problems des Drei-Akteure-Projekts mit einem Problem, dem man sich in Wirtschaftsmärkten gegenübersieht, wo es kein Tauschmittel bzw. keine Zentralbank gibt, führt zu der Frage, ob nicht andere Lösungen analog zu Lösungen in Wirtschaftsmärkten möglich sind. Eine Möglichkeit ergibt sich aus der Tatsache, daß die Kontrollrechte über die Handlungen der einzelnen Akteure für den jeweiligen Akteur und auch für andere Akteure des Systems einen bestimmten Wert besitzen. In dem Projekt aus Tabelle 10.2 hat der Beitrag von A_1 für ihn beispielsweise einen Wert von (minus) 5 Dollar und für die beiden anderen Akteure zusammengenommen einen Wert von 8 Dollar. Nehmen wir an, daß alle Akteure sich einig sind, daß jeder einzelne Akteur in einer zentralen "Bank" das Kontrollrecht über seine Handlung in diesem speziellen Falle einzahlt. Daraufhin gibt diese Bank für Handlungsrechte zwei Typen von Anteilen an dem Recht, die Handlung von A_1 zu bestimmen, heraus, die sie zu 1 Dollar pro Anteil verkauft. Es handelt sich dabei um Anteile auf das Recht, von ihm in positiver Weise Gebrauch zu machen, d.h. einen Beitrag zu leisten, und um Anteile auf das Recht, von ihm in negativer Weise Gebrauch zu machen, d.h. keinen Beitrag zu leisten. Jeder Akteur des Systems kann anbieten, eine beliebige Anzahl von Anteilen an jedem Recht zu erwerben. Die Menge von Anteilen, ob positiv oder negativ, die mit dem größeren Betrag gezeichnet ist, wird den Anbietern verkauft, welche an die zentrale Bank zahlen und dafür das positive oder negative Recht erhalten (den Akteuren auf der anderen Seite wird ihr Geld zurückerstattet).

Im vorliegenden Fall besitzt das Recht, die Handlung von A_1 in positiver Weise zu kontrollieren, für A_2 einen Wert von 4 Dollar und auch für A_3 einen Wert von 4 Dollar. Nehmen wir an, daß A_2 und A_3 übereinkommen, jeweils ein Kaufangebot über Anteile im Wert von 3 Dollar zu machen. Diese 6 Dollar übersteigen den Wert, den ein Angebot über negative Anteile für A_1 hätte; diese wären ihm nur 5 Dollar wert. Wenn er also negative Anteile im Wert von 5 Dollar gekauft hat, werden ihm seine 5 Dollar zurückerstattet, A_2 oder A_3 erhält das positive Recht (wer von beiden, ist gleichgültig, da es nur dazu eingesetzt werden muß, eine positive Handlung herbeizuführen), und A_1 erhält die 6 Dollar. Darauf muß A_1, da A_2 oder A_3 das positive Recht ausüben, 9 Dollar beisteuern. Dann erhält jeder Akteur als Ertrag aus diesem Beitrag 4 Dollar zurück. Letztendlich gewinnen A_2 und A_3 jeweils 1 Dollar, da sie 3 Dollar bezahlt und 4 Dollar erhalten haben, und A_1 gewinnt 1 Dollar (6 Dollar - 9 Dollar + 4 Dollar). Die entsprechenden Transaktionen im Hinblick auf die Kontrollrechte über die Beiträge von A_2 und A_3 resultieren schließlich in einem jeweiligen Gesamterlös von 3 Dollar für A_1, A_2 und A_3.

Die Einrichtung, die in einem solchen System ein soziales Optimum erzeugt, ist mit einer Zentralbank und einem Markt mit einem Tauschmittel vergleichbar. Die Operationen der Bank für Handlungsrechte haben letztendlich das Problem öffentlicher Güter überwunden, mit dem A_1, A_2 und A_3

konfrontiert waren. Die abstrakte Konstruktion einer solchen Einrichtung verschafft einige Einblicke in die Art des Problems, auf das Normen gerichtet sind.

Obwohl eine derartige Bank für Handlungsrechte vielleicht seltsam anmutet, weist ein Mehrheitswahlsystem, in dem Akteure für oder gegen ein Projekt stimmen, auffallende Ähnlichkeiten damit auf. In beiden Fällen hat jeder Akteur Teilrechte auf Kontrolle über die betreffende Handlung. Das Einzahlen von Kontrollrechten über eine Handlung in die Bank für Handlungsrechte ist analog zu der verfassungsmäßigen Entscheidung, daß bestimmte Rechte eher kollektiv als individuell behauptet werden sollen. Diese Kontrollrechte werden dann in Wählerstimmen bzw. in Teilkontrollanteile aufgeteilt. Beim Abgeben seiner Wählerstimme übt ein Wähler ein Recht auf ein positives oder negatives Ergebnis hin aus, wie es auch bei der Bank für Handlungsrechte der Fall ist.

Es gibt natürlich auch Unterschiede. In Kollektiven, wo mittels Mehrheitsentscheidungen über Handlungen entschieden wird, werden Anteile am Kontrollrecht über die Handlung nicht durch Verkauf verteilt, sondern so, daß alle qualifizierten Mitglieder oder Bürger einen Anteil erhalten. Ein Mitglied oder ein Bürger kann seinen Anteil an Kontrolle über das Ereignis nicht modifizieren, wie es ein Akteur im Falle der Bank für Handlungsrechte tun kann, es sei denn, durch Abgeben oder Nichtabgeben seiner Stimme, was ihm geringfügige Kosten beschert. Daraus lassen sich zweierlei Schlüsse ziehen. Seine Kontrolle über das Ereignis ist unabhängig von seinen Ressourcen, d.h. von seinem Reichtum; und seine Kontrolle über das Ereignis ist unabhängig von seinem Interesse daran. (In bestimmten Fällen sind die Zeitkosten nicht unerheblich. Dadurch werden Wahlen abhängig von Interessen [in positiver Weise] und vom Verdienst [in negativer Weise]. Goel (1975) untersucht einen solchen Fall in Indien.) Hierdurch bieten sich Möglichkeiten zur Modifikation von Wahlsystemen an, so daß die Kontrolle jedes einzelnen Wählers über das Ereignis von seinen Interessen abhängig gemacht wird, von seinem Reichtum jedoch unabhängig bleibt. (Tideman und Tullock 1976 und Groves und Ledyard 1977 haben eine Methode zur "Bedürfnisaufdeckung" vorgeschlagen, mit der sich eine soziale Wahl herbeiführen läßt, die die erste der genannten Eigenschaften aufweist. Siehe Margolis 1982, der ihren Vorschlag kritisch beleuchtet.) Alle diese Punkte gehen jedoch über das hier angesprochene Thema der Emergenz von Normen hinaus.

Es gibt eine Alternative, die manchmal von Individuen angewandt wird, die von einer gemeinschaftlichen Tätigkeit Gewinne erwarten, jedoch Schwierigkeiten haben, das Trittbrettfahrerproblem zu meistern. Sie können dann Kontrollrechte über ihre Handlungen einem Führer übertragen und damit ein konjunktes Herrschaftssystem schaffen. Dies erfordert natürlich ein hohes Maß an Vertrauen in den Führer, der im Interesse der Anhänger handeln soll; einem solchen Vertrauen begegnet man manchmal, wenn einem möglichen Führer charismatische Eigenschaften zugeschrieben werden.

Soziale Beziehungen zur Unterstützung von Sanktionen

Wenn für das Problem öffentlicher Güter keine Lösung von außen bereitgestellt wird, ist so etwas wie eine Kombination von Handlungen erforderlich, wenn ein soziales Optimum erreicht werden soll. Die Kombination von Handlungen kann in einer gegenseitigen Rechtsübertragung bestehen, die eine Norm begründet. Damit die Norm wirksam ist, muß es jedoch auch eine wirksame Sanktion zu ihrer Durchsetzung geben, falls irgendwelche der Akteure signalisieren, daß sie keinen Beitrag leisten wollen. Dies wiederum hängt von der Existenz einer sozialen Beziehung zwischen zwei Akteuren ab, die von den Handlungen eines dritten Akteurs betroffen sind. In Abbildung 11.1 werden zwei Fälle dargestellt. In (a) wirkt sich die Handlung von A_1 auf A_2 und A_3 aus (wie man an den Pfeilen sehen kann), die keine soziale Beziehung zueinander haben. Sie haben soziale Beziehungen zu anderen Akteuren, nämlich A_4 und A_5. In (b) wirkt sich die Handlung von A_1 auf dieselbe Weise aus, doch zwischen den Akteuren A_2 und A_3 besteht eine soziale Beziehung (auf deren Wesen ich bald noch eingehen werde).

In dem Fall, der in 11.1 (a) abgebildet ist, müssen A_2 oder A_3 Sanktionen, die so auf die Handlung von A_1 abzielen, daß sie den Interessen von A_2 oder A_3 nicht zuwiderläuft, von beiden unabhängig voneinander angewendet werden. Wie das Drei-Akteure-Projekt aus Tabelle 10.2 zeigt, sind beide nicht dazu in der Lage. Eine von A_2 an A_1 gerichtete Drohung, keinen Beitrag zu leisten, falls auch A_1 keinen leistet, verschafft A_1 nur Kosten in Höhe von

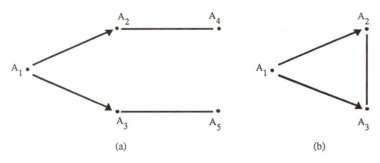

Abb. 11.1 Beziehungsstruktur zwischen Akteuren, die verschiedene Potentiale für die Emergenz einer Norm aufweisen

4 Dollar, während A_1 gleichzeitig 5 Dollar gewinnt, wenn er keinen Beitrag leistet. Wie man dagegen in 11.1 (b) sehen kann, kann eine soziale Beziehung zwischen A_2 und A_3 es ermöglichen, anhand irgendeiner gemeinsamen Handlung A_1 mit einer Sanktion zu belegen, die weder A_2 noch A_3 allein hätten anwenden können. Wenn eine soziale Beziehung zwischen A_1 und A_2 bestünde, könnten diese entsprechend A_3 mit einer Sanktion belegen, und für A_1 und A_3 gälte das gleiche.

Es ergeben sich jedoch zwei miteinander verknüpfte Fragen. Erstens: Welche Art von Sanktion könnte angewendet werden, die keiner der beiden Akteure allein anwenden könnte? Und zweitens: Was ist mit dem nicht weiter spezifizierten Begriff "soziale Beziehung" gemeint?

Es gibt zwei Aspekte einer sozialen Beziehung, die zu einer wirksamen Sanktion führen können. Der eine ist einfach Kommunikation, die die Möglichkeit einer gemeinsamen Handlung eröffnet. Wenn A_2 und A_3 ihre Beiträge zusammenlegen, können sie gemeinsam eine Sanktion anwenden, die A_1 gegenüber wirksam ist. Ihr gemeinsamer Beitrag macht für A_1 eine Differenz von 8 Dollar, während seine Weigerung, den Beitrag zu leisten, ihm lediglich 5 Dollar einbringt. Somit reicht die gemeinsame Drohung von A_2 und A_3, keinen Beitrag zu leisten, aus, um A_1 zur Leistung des Beitrags zu bewegen.

Zweitens kann die soziale Beziehung zwischen A_2 und A_3 noch einige andere Möglichkeiten in Form von Interesse und Kontrolle bieten, die einem oder beiden Akteuren die Hebelwirkung über den anderen erlaubt. Ich meine damit die Verpflichtungen und Erwartungen, die in Kapitel 8 als Komponenten einer bestimmten Art von Vertrauenssystem untersucht worden sind. Weil soziale Beziehungen aus asymmetrisch oder symmetrisch existierenden Verpflichtungen und Erwartungen bestehen und weil jeder Akteur immer einige Ereignisse kontrolliert, an denen der andere interessiert ist, besteht in jeder sozialen Beziehung die Möglichkeit der Hebelwirkung, die zur Entwicklung von Sanktionen eingesetzt werden kann. Wenn, wie in Abbildung 11.1 (b), A_2 gegenüber A_3 Verpflichtungen hat, kann A_2 einen Teil dieser Verpflichtungen abbezahlen, indem er A_1 sanktioniert. Er kann dies aber nur tun, wenn er A_1 mit einem Ereignis drohen kann, das für A_1 eine Differenz von 5 Dollar oder mehr bedeuten würde. Der eigene Beitrag von A_2 ergibt eine Differenz von lediglich 4 Dollar, was nicht ausreichend ist. A_2 muß A_1 gegenüber eine bestimmte Verpflichtung haben, die er droht, nicht einzuhalten, wenn seine Sanktion wirksam sein soll. Sogar eine Drohung, die ihn mehr kostet, als ihm der Beitrag von A_1 einbringen würde, könnte sich aufgrund der Kompensation, die er von A_3 erhält, auszahlen. Oder wenn A_2 ein bestimmtes Ereignis kontrolliert, an dem A_3 interessiert ist (was z.B. einfach die Zustimmung von A_2 sein könnte), können A_2 und A_3 einen impliziten Tausch vornehmen, in dem A_3 die Kosten für die Sanktion von A_1 übernimmt und dafür die Kontrolle über das von A_2 kontrollierte Ereignis erhält.

Dieser Einsatz sozialer Beziehungen zur Erleichterung der Anwendung von Sanktionen stellt eine Lösung für ein allgemeines Problem dar, dem ich mich nun zuwenden werde.

Das Problem öffentlicher Güter zweiter Ordnung für Normen

Das Sanktionsproblem hat man als Problem öffentlicher Güter zweiter Ordnung oder als Trittbrettfahrerproblem zweiter Ordnung bezeichnet. Das Problem läßt sich an einer von Äsops Fabeln verdeutlichen, welche als "Der Rat der Mäuse" bekannt ist. Es wird eine Ratsversammlung einberufen, in der ein Problem diskutiert werden soll, mit dem die Mäusegesellschaft konfrontiert wird; dabei geht es um die Frage, wie man Kontrolle über die Katze erlangen kann, die nach und nach die Mäusepopulation dezimiert. Mit den in diesem Buch eingeführten Termini ausgedrückt, verursacht das Handeln der Katze gravierende externe Effekte auf die Mäuse und stellt letztendlich ein öffentliches Ungut mit ständiger Gefahr für jede Maus dar. Dies ist das Problem des öffentlichen Gutes erster Ordnung (oder, in diesem Falle, des öffentlichen Ungutes).

Auf das Problem öffentlicher Güter zweiter Ordnung weist die kluge alte Maus hin, die sich schließlich in der Versammlung erhebt, nachdem ein Lösungsvorschlag (daß der Katze nämlich ein Halsband mit einer Glocke umgebunden werden soll, damit sie sich den Mäusen nicht ungehört nähern kann) allgemeinen Beifall gefunden hat. Sie gibt der Versammlung zu bedenken, daß es ein Problem sei, wie die Glocke am Hals der Katze befestigt werden soll und wer diese Aufgabe auf sich nehmen wolle. Das Problem öffentlicher Güter zweiter Ordnung besteht nun darin, daß - so wie das Handeln der Katze externe Effekte auf alle ausübt - eine wirksame Sanktion ihrer Handlungen ebenfalls externe Effekte (in diesem Falle positive) für alle zur Folge hat, die von der Sanktion profitieren, daß aber der Gewinn für die Maus, die es auf sich nehmen würde, der Katze die Glocke umzuhängen, geringer wäre als die ihr entstehenden Kosten.

Im Falle des Drei-Akteure-Projekts in Tabelle 10.2 besteht das Problem öffentlicher Güter erster Ordnung darin, daß jeder einzelne nur von den Beiträgen der anderen profitiert, während das Problem öffentlicher Güter zweiter Ordnung folgendermaßen formuliert werden kann: Wenn A_1 keinen Beitrag leistet, stellt die Sanktion von A_1 für A_2 und A_3 ein öffentliches Gut dar, doch keiner von beiden erhält aus seiner eigenen Sanktionshandlung genügend Gewinne, um die Kosten der Sanktion von A_1 zu kompensieren. Dies scheint für das Drei-Akteure-Projekt kein schwerwiegendes Problem zu sein. Das Problem öffentlicher Güter zweiter Ordnung der Sanktion eines Akteurs, der sich weigert, einen Beitrag zu einem gemeinschaftlichen Pro-

Tabelle 11.1 Auszahlungsmatrix für zwei mögliche Sanktionsträger im gemeinschaftlichen Projekt für drei Personen

		A_3	
		Sanktion	Keine Sanktion
A_2	Sanktion	0,5, 0,5	-2, 3
	Keine Sanktion	3, -2	-1, -1

jekt von drei Akteuren zu leisten, schrumpft zu einem gemeinschaftlichen Projekt für zwei Akteure. Dies kann immer dann gelöst werden, wenn ein Austausch zwischen den beiden Akteuren möglich ist, die externe Effekte von seiten des dritten erfahren. Einer kann den anderen für die Nettokosten, die bei der Anwendung der Sanktion entstehen, entschädigen (in diesem Falle wären das die Kosten, die A_2 aus dem Sanktionieren von A_1 erwachsen, minus die Gewinne, die A_2 unmittelbar als Ergebnis der Sanktion erhält). Allgemeiner gesagt umfaßt das Problem öffentlicher Güter zweiter Ordnung des Sanktionierens immer einen Akteur weniger als das Problem öffentlicher Güter erster Ordnung.

Tabelle 11.1 gibt das Sanktionsproblem für den Fall aus Tabelle 10.2 wieder, wo davon ausgegangen wird, daß A_1 beabsichtigt, keinen Beitrag zu leisten, und A_2 und A_3 ihren Beitrag geleistet haben. Da A_1 5 Dollar gewinnt, wenn er keinen Beitrag leistet (dies entspricht der Differenz zwischen 3 Dollar und 8 Dollar), entstehen für A_2 oder A_3 (oder beide zusammen) Kosten, die für A_1 einen Wert von 5 Dollar haben müssen. Innerhalb des Rahmens des gemeinschaftlichen Projekts ist weder A_2 noch A_3 in der Lage, A_1 für die 5 Dollar zu entschädigen, da einer allein durch Leistung oder Verweigerung des Beitrags lediglich eine Differenz von 4 Dollar für A_1 bewirken kann. Für Tabelle 11.1 wird daher weiter vorausgesetzt, daß sowohl A_2 als auch A_3 eine Beziehung zu A_1 hat, die es ermöglicht, A_1 mit einer Sanktion in Höhe von 5 Dollar zu belegen, und daß die Kosten einer solchen Sanktion entweder für A_2 oder A_3 5 Dollar entsprechen.[2]

---

[2] Daß die Sanktionskosten für A_2 oder A_3 und ihr Gewinn für A_1 gleich sind, impliziert einen interpersonalen Vergleich des Nutzens, welchen ich hier willkürlich festgesetzt habe, indem ich von einer Homogenität unter den Akteuren ausgegangen bin. Wenn jedoch, allgemeiner gesehen, A_2 mächtiger ist als A_1, stehen ihm vielleicht Mittel zur Sanktion (d.h. die Kontrolle über ein anderes Ereignis)

Diese Annahmen ermöglichen es, für A_2 und A_3 eine Menge von Auszahlungen in bezug auf das Problem öffentlicher Güter zweiter Ordnung zu spezifizieren, welches durch die Frage nach dem Sanktionieren von A_1 aufgeworfen wurde. Wenn weder A_2 noch A_3 eine Sanktion vornimmt, verlieren beide 1 Dollar (vgl. Tabelle 10.2). Wenn nur A_2 sanktioniert, kostet es ihn 5 Dollar, A_1 zur Leistung des Beitrags zu bewegen (was wiederum der Differenz zwischen 8 Dollar und 3 Dollar entspricht). In diesem Falle gewinnt A_3 4 Dollar (die Differenz zwischen -1 Dollar und 3 Dollar) und hat schließlich 3 Dollar. Wenn entsprechend nur A_3 sanktioniert, kostet es ihn 5 Dollar, und A_2 gewinnt 4 Dollar. Wenn beide eine Sanktion vornehmen, kostet es jeden 2,50 Dollar und jeder gewinnt 4 Dollar, wonach ein Nettobetrag von 1,50 Dollar nach Abzug der Sanktionskosten zu verzeichnen ist und somit jeder letztendlich 0,50 Dollar für das Gesamtprojekt erzielt.

Zu diesem Sanktionsproblem sind vier wichtige Dinge zu sagen. Erstens macht die Auszahlungsstruktur deutlich, daß die Notwendigkeit des Sanktionierens für die Sanktionsträger hohe Kosten verursacht. Auch wenn das Kontrollrecht über die Handlung von A_1 von A_2 und A_3 behauptet wird, ist die Durchsetzung dieses Rechts kostspielig. Aufgrund der Tatsache, daß eine Durchsetzung möglich ist, und zwar mit Unkosten für A_2 und A_3, die geringer sind als der Gewinn, den die Sanktion nach sich zieht, wird die Drohung der Sanktion glaubwürdig und die Norm existenzfähig.

Zweitens umfaßt das Sanktionsproblem, wie bereits erwähnt, einen Akteur weniger als das ursprüngliche Problem öffentlicher Güter. Wenn das ursprüngliche Problem drei Akteure umfaßt, umfaßt das Sanktionsproblem zwei Akteure und läßt sich normalerweise über einen Austausch lösen. Bei einer großen Anzahl von Akteuren ist der Gewinn aufgrund dieser Reduzierung allerdings gering.

Drittens bereitet das Sanktionsproblem den beteiligten Akteuren geringere Kosten als das ursprüngliche Problem. Dies kann man auf zweierlei Arten betrachten. Die Differenz zwischen dem sozialen Optimum als einer Auszahlung von jeweils 0,50 Dollar und dem Ergebnis von -1 Dollar, das daraus resultiert, daß jeder die für ihn optimale Handlung wählt, beträgt nur 1,50 Dollar; diese Differenz beträgt beim ursprünglichen Problem 3 Dollar. Ebenso beträgt die Differenz, wenn A_3 eine Sanktion vornimmt, für ihn lediglich 2,50 Dollar, falls auch A_2 sanktioniert, wogegen sie beim ursprünglichen Problem 4 Dollar beträgt. Somit ist das Sanktionsproblem weniger kostenaufwendig als das ursprüngliche Problem.

Wenn viertens die Sanktion zweiter Ordnung eine positive ist, die den

zur Verfügung, was für ihn von geringem und für A_1 von hohem Wert ist, wodurch ihm die Möglichkeit erwächst, A_1 mit geringen Kosten zu sanktionieren. Diese Unterschiede werden in späteren Abschnitten behandelt.

Sanktionsträger belohnt, muß sie, selbst wenn sie weniger kostspielig ist als die Sanktion erster Ordnung, immer dann angewendet werden, wenn die richtige Handlung (das Sanktionieren des ursprünglich Zuwiderhandelnden) stattfindet. Eine negative Sanktion darf nur angewendet werden, wenn die falsche Handlung stattfindet. Diese Kostenreduzierung für Normnutznießer verschafft ihnen möglicherweise ein Interesse am Aufstellen einer Sanktionsnorm.

Es ist nun möglich geworden, die zweite Bedingung für die Emergenz einer wirksamen Norm zu formulieren, die Bedingung nämlich, unter der das Bedürfnis nach einer wirksamen Norm erfüllt wird. Einfach gesagt ist diese Bedingung diejenige, unter der rationale Behaupter einer Norm das Trittbrettfahrerproblem zweiter Ordnung überwinden können. Anders ausgedrückt sind rational handelnde Nutznießer einer Norm unter dieser Bedingung entweder in der Lage, die durch die Sanktion der Zielakteure entstehenden Kosten gleichmäßig aufzuteilen, oder in der Lage, für die Menge der Nutznießer Sanktionen zweiter Ordnung zu schaffen, die ausreichen, einen oder mehrere Nutznießer zu wirksamen Sanktionen der Zielakteure zu veranlassen. Diese Bedingung ist von der Existenz sozialer Beziehungen zwischen den Nutznießern abhängig.

Trittbrettfahren und Übereifer[3]

Anhand der in diesem und vorangehenden Kapiteln entwickelten Theorie läßt sich ein empirisches Problem lösen. Als erstes muß ich dabei das Problem des Trittbrettfahrers noch einmal formulieren: Wenn eine Anzahl von Personen mit Eigeninteresse an ein und demselben Ergebnis interessiert sind, welches nur mit Anstrengungen zuwege gebracht werden kann, deren Kosten höher sind als die Gewinne, die es für den einzelnen bereithält, wird dieses Ergebnis ohne eine explizite Organisation nicht erzielt werden können, auch wenn eine angemessene Verteilung der Anstrengungen die Kosten des einzelnen so reduzieren würde, daß sie seine Gewinne nicht übersteigen.

Das Problem besteht darin, daß in vielen empirischen Situationen Tätigkeiten zu beobachten sind, die dem Gegenteil von Trittbrettfahrer-Aktivität entsprechen, obwohl die Umstände eher ein starkes Vorkommen von Trittbrettfahrern vermuten ließen. Es gibt, mit anderen Worten, ein Ergebnis, an denen eine Anzahl Personen interessiert ist und welches Anstrengungen erfordert, deren Kosten nicht völlig durch die Gewinne, die das Ergebnis für jede der Personen erbringt, wettgemacht werden. In manchen Situationen findet man jedoch das Gegenteil von Trittbrettfahren, d.h. ein Übermaß an

---

3 Eine frühere Version dieses Abschnitts ist in *Sociological Theory* (Coleman 1988a) erschienen.

354 Handlungsstrukturen

Übereifer. Voll glühendem Patriotismus melden sich Männer zu Kriegszeiten freiwillig zum Militär; im Militär melden sie sich freiwillig zu Fronteinsätzen; und an der Front melden sie sich freiwillig für gefährliche Missionen. Selbst von denjenigen, die Gewalt ablehnen, melden sich einige zu Fronteinsätzen, um Verwundete medizinisch zu versorgen. In allen diesen Fällen sind die Kosten, die man auf sich nimmt, extrem hoch, wobei sogar die stark erhöhte Wahrscheinlichkeit, getötet zu werden, mit einkalkuliert wird.

Ähnlich extrem hohe Kosten nehmen Menschen in kleinen Gruppen auf sich, die sich an militanten oder sogar terroristischen Handlungen beteiligen, weil sie für ein nach ihrer Meinung öffentliches Gut kämpfen. Beispiele hierfür sind Mitglieder der nordirischen IRA, die in einen Hungerstreik traten, der einige von ihnen sogar das Leben kostete, Mohandas Gandhi und seine Anhänger in Indien, die für ihre Ziele extremes Leid auf sich nahmen, die Rotgardisten in Italien, die sich an Terroranschlägen beteiligten, um das System zu stürzen, PLO-Aktivisten im Nahen Osten und Anführer und Aktivisten der *Solidarität* in Polen. In allen diesen Fällen nahm eine Anzahl von Personen extrem hohe Kosten in Kauf, um ein Ergebnis herbeizuführen, das ihrer persönlichen Erwartung zufolge kaum so hohe Gewinne erbringen konnte, daß die Kosten gerechtfertigt würden.

Mannschaftssportarten sind ein weiterer Bereich, in dem man Trittbrettfahrverhalten erwarten könnte, wo aber stattdessen oft Übereifer zu beobachten ist. Da die Gewinne aus einem Sieg allen Mitgliedern der Mannschaft zufallen, wäre, wie ein Trittbrettfahrer argumentieren könnte, zu erwarten, daß die Mannschaftsmitglieder keine oder nur sehr geringe Aktivitäten zeigten. Doch sowohl im Training als auch beim Wettkampf arbeiten Mitglieder einer Mannschaft oft härter als Einzelwettkämpfer (wie in der Leichtathletik). Selbst wenn man einräumt, daß Trittbrettfahren nicht in kleinen Gruppen auftritt – was oft in bezug auf Trittbrettfahrer-Aktivität vorausgesagt wird –, erklärt dies nicht, warum Sportler in Mannschaftsdisziplinen größere Anstrengungen auf sich nehmen. Man würde gleich starke Anstrengungen erwarten. Stattdessen scheint es in Mannschaftsdisziplinen gewisse Trittbrettfahrer-Handlungen zu geben (d.h. mehr Drückebergerei als in Einzelsportarten) aber auch mehr Übereifer, als in Einzelsportarten zu beobachten ist. Das durchschnittliche Gesamtniveau von Anstrengungen ist in Mannschaftssportarten wahrscheinlich größer als in Einzelsportarten.

Die Rationalität von Trittbrettfahren und Übereifer

Wie können diese beiden Phänomene, Trittbrettfahren und Übereifer, nebeneinander existieren? Wie können in vergleichbaren Situationen Trittbrettfahren und Übereifer auftreten?

Die Rationalität des Trittbrettfahrens ist leicht nachzuvollziehen. Wenn die Interessen einer Anzahl Personen durch ein und dasselbe Ergebnis befriedigt werden und wenn die Gewinne, die jeder aufgrund seiner eigenen Handlungen, die zu dem Ergebnis beitragen, erfährt, geringer sind als die Kosten, die aus diesen Handlungen erwachsen, wird er, wenn er rational handelt, keinen Beitrag leisten. Wenn andere einen Beitrag leisten, wird er in den Genuß der Gewinne kommen, ohne Kosten einzugehen. Wenn andere keinen Beitrag leisten, werden seine Kosten die Gewinne überwiegen. Doch in einer ganz ähnlichen Situation führt eine andere Art von Rationalität zu übereifrigen Handlungen. Wenn die Interessen einer Anzahl Personen durch ein und dasselbe Ergebnis befriedigt werden, hat jede einen Anreiz, die anderen dafür zu belohnen, daß sie auf das Ergebnis hinarbeiten. Jede findet es möglicherweise in ihrem Interesse, eine Norm zu erstellen, die das Erzielen dieses Ergebnisses begünstigt, wobei auf Drückeberger negative Sanktionen und auf Personen, die für das gemeinschaftliche Ziel arbeiten, positive Sanktionen angewendet werden können. Wenn die Norm mit den Sanktionen tatsächlich realisiert wird, ist es für jede Person aus zweierlei Gründen befriedigend, auf das Ergebnis hinzuarbeiten; zum einen trägt der eigene Beitrag zur objektiven Realisierung der eigenen Interessen bei, und zum anderen sind von den anderen Akteuren Belohnungen für diese Mitwirkung zu erwarten. Auf diese Weise helfen die eigenen Anstrengungen unmittelbar dabei, die eigenen Interessen zu verwirklichen (wenn die Kosten dieser Anstrengungen damit auch noch nicht ausreichend gedeckt werden), und sie erbringen Gewinne von anderen, weil sie diesen helfen, *ihre* Interessen zu befriedigen. Die Kombination dieser beiden Gewinne ist möglicherweise größer als die Kosten, die die eigenen Anstrengungen verursachen.

Die Rationalität des Trittbrettfahrens und die Rationalität des Übereifers finden sich in ein und derselben Interessenstruktur. Dies ist nicht die Interessenstruktur, die man in den meisten Situationen vorfindet, in denen die Interessen verschiedener Personen komplementär sind und über irgendeine Art des sozialen Austauschs realisiert werden. Es ist auch nicht diejenige Struktur, in der sich Interessen einander gegenüberstehen, so daß die Interessen der einen Person auf Kosten der Interessen einer anderen Person wahrgenommen werden. Es ist vielmehr eine Struktur gemeinsamer Interessen, d.h. die Interessen aller (oder zumindest aller in der unmittelbaren Umgebung) werden mit demselben Ergebnis realisiert (wie Gewinn eines Krieges oder eines Spiels oder Erreichen eines politischen oder gemeinschaftlichen Zieles). In diesen Situationstypen findet man sowohl Trittbrettfahrer als auch Übereifrige.

Wie läßt sich zwischen diesen beiden Arten von Rationalität eine Verbindung herstellen, so daß sich voraussagen läßt, wann die eine oder die andere vorherrschend ist? Um dies beantworten zu können, muß man sich die betreffenden Parallelen und Unterschiede ansehen. Die Rationalität des Übereifers hat als Ausgangspunkt den gleichen Anreiz, der auch zu Trittbrettfahren führt, doch wird er von einem zweiten Anreiz überlagert. Der zweite Anreiz wird allerdings nur durch eine zwischengeschaltete Handlung wirksam; erforderlich ist hier nämlich die Motivation durch andere bzw. positive Sanktionen, die die Mängel des ersten Anreizes überwiegen. Genau diese zwischengeschaltete Handlung bewirkt den Unterschied zwischen dem zu schwachen Anreiz, der Trittbrettfahren hervorruft, und dem übermäßigen Anreiz, der Übereifer hervorruft. Somit wird die Bedingung, unter der Trittbrettfahren bzw. Übereifer entsteht, durch das Fehlen bzw. das Vorkommen dieser zwischengeschalteten Tätigkeit charakterisiert.

Was aber sind die Bedingungen, unter denen es zu der zwischengeschalteten Tätigkeit kommt? Bei der näheren Untersuchung der Tätigkeit, die ich als Motivation durch andere beschrieben habe, wird sich herausstellen, daß sie zu einer generellen Klasse von Tätigkeiten gehört, die man als Sanktionen zur Durchsetzung einer Norm bezeichnen kann. (Wie ich später zeigen werde, können Personen auch ohne bestehende Norm zu bestimmten Tätigkeiten veranlaßt werden, doch dies ist nur möglich, wenn bestimmte Umstände erfüllt sind, die ich noch spezifizieren werde.) Mit anderen Worten ist die Tätigkeit eine Art von Sanktion, die eher *ermutigenden* als *entmutigenden* Charakter hat, und die Norm ist eine spezielle Norm, die eine bestimmte Handlung eher *vorschreibt*, als sie zu verbieten. Wenn man allerdings behauptet, eine Norm entstünde unter diesen beiden Bedingungen, bliebe die Frage zur Hälfte unbeantwortet. Die Existenz externer Effekte ist eine notwendige Bedingung für die Entstehung einer wirksamen Norm, jedoch noch keine hinreichende – wenn es so wäre, würde Trittbrettfahren nie auftreten, wenn Akteure gemeinsame Interessen hegen.

Die Geschlossenheit von Netzwerken und das Entstehen von Übereifer

In einem früheren Abschnitt wurde gezeigt, wie sehr die Sozialstruktur eine Anwendung von Sanktionen unterstützen kann. Ich habe auch behauptet, daß sich aufgrund der Sozialstruktur Trittbrettfahren in Übereifer umwandeln kann. Dies läßt sich bei einer Untersuchung von Unterschieden zwischen sozialen Netzwerken verdeutlichen, wie sie in Abbildung 11.2 dargestellt sind. In Teil (a) der Abbildung gehören A_1, A_2 und A_3 nicht ein und demselben Netzwerk an. Wie auch immer ihre sozialen Beziehungen geartet sein mögen – zwischen diesen drei Akteuren existieren keine. In den Teilen (b) und (c) besteht eine Verbindung von A_1 zu den Akteuren A_2 und A_3. In Teil (c) besteht eine Verbindung zwischen A_2 und A_3, in Teil (b) dagegen nicht.

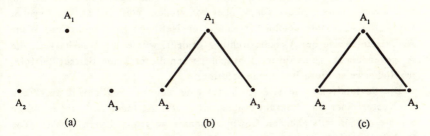

Abb. 11.2 Beziehungsstrukturen zwischen Akteuren, die verschiedene Potentiale für die Entstehung von Übereifer aufweisen

Gehen wir von einer Situation aus, die als Anreizstruktur sowohl für Trittbrettfahren als auch für Übereifer dienen kann. Das heißt, es gibt eine Tätigkeit, in deren Rahmen die Handlung jedes einzelnen Akteurs für alle drei Akteure einen Gewinn erbringt, obwohl die Gewinne, die jeder Akteur aufgrund seiner eigenen Handlung erzielt, nicht ausreichen, um die Kosten seiner Handlung zu decken. Das in Tabelle 10.2 vorgestellte gemeinschaftliche Projekt, das in Kapitel 10 und in diesem Kapitel diskutiert wurde, ist ein Beispiel für eine solche Tätigkeit.

In einer Sozialstruktur wie in 11.2 (a) hat kein Akteur die Möglichkeit, die Beitragsleistung der beiden anderen zu beeinflussen. Sie haben keine Beziehungen zueinander und können somit die anderen weder motivieren noch sanktionieren, um sie zur Leistung eines Beitrags zu bewegen. Für keinen der drei wäre es rational, einen Beitrag zu leisten.

In einer Sozialstruktur wie in 11.2 (b) sind die Verhältnisse schon problematischer. Wenn A_1 die Absicht hegt, keinen Beitrag zu leisten, sondern als Trittbrettfahrer von den Beiträgen von A_2 oder A_3 zu profitieren, würde A_2 ihn gerne zu einer Beitragsleistung veranlassen. In (b) befindet sich A_2 (und auch A_3), anders als in (a), in einer sozialstrukturellen Position, die dies begünstigt. Wie ich bereits in Verbindung mit Abbildung 11.1 aufgezeigt habe, kann A_2 dies unter bestimmten Umständen jedoch nicht tun, wenn er A_1 mit einem allgemein gebräuchlichen Tauschmittel entschädigen muß, um ihn zu einem Beitrag zu bewegen. Es gibt natürlich öffentliche Güter, bei denen ein Anreiz durch A_2 ausreichen würde, A_1 zur Beitragsleistung zu bewegen, und A_2 gleichzeitig einen Nettogewinn erzielt. (Nehmen wir z.B. an, daß der Beitrag von 9 Dollar, den A_1 in dem gemeinschaftlichen Projekt von drei Akteuren leistet, jedem einen Gewinn von 6 Dollar bringen würde. Dann könnte A_2 den A_1 zu einer Beitragsleistung veranlassen, indem er ihm einen beliebigen Betrag über 3 Dollar anbieten würde, und würde selbst einen Gewinn erzielen, wenn dieser Betrag 6 Dollar nicht übersteigen würde.) Es ist auch möglich, daß A_2 den A_1 mit etwas entschädigen kann, das für ihn selbst von geringem Wert, für A_1 aber von großem Wert ist. Dieses Angebot von A_2 an A_1 könnte beiden Parteien einen Nettogewinn verschaffen. Wenn A_2 beispielsweise bei A_1 hohe Achtung genießt, würde die Dankbarkeit, die A_2 gegenüber A_1 zum Ausdruck brächte, wenn dieser einen Beitrag leistete, möglicherweise diese Bedingung erfüllen.

Die Sozialstruktur in 11.2 (c) bietet eine weitere Möglichkeit an. Wenn die Kosten einer Sanktionsanwendung auf A_1 für A_2 (oder A_3) größer wären als die daraus entstehenden Gewinne, könnte aufgrund dieser Struktur das Sanktionsproblem zweiter Ordnung überwunden werden, wie ich es im Zusammenhang mit der Diskussion von Abbildung 11.1 beschrieben habe.

277 Ist ein Übermaß an Übereifer denkbar?

In der obigen Erörterung wird lediglich das frühere Ergebnis neu formuliert, daß die Geschlossenheit sozialer Netzwerke Trittbrettfahren durch die Schaffung von Normen und Sanktionssystemen überwinden kann. Die Erörterung beantwortet jedoch nicht die Frage, inwiefern die Beiträge (in Form von Geld, Anstrengungen oder Zeit) *umfangreicher* sein können, als es der Fall wäre, wenn die drei Akteure jeweils die Schaffung eines privaten Gutes verfolgen würden. In dem gemeinschaftlichen Projekt sorgte die Norm dafür, daß die Beiträge auf das Maß schrumpften, das sie auch erreicht hätten, wenn die Erträge rein private Güter gewesen wären, d.h. wenn jeder aus seiner Investition von 9 Dollar 12 Dollar zurückbekommen hätte, jedoch nichts aus den Investitionen der anderen. Im Prinzip tut die Existenz einer Norm mit Sanktionen dasselbe, was eine formale Organisation tut, wenn externe Effekte auftreten: Sie internalisiert die externen Effekte.

Soziale Netzwerke und die Normen, deren Entstehung sie begünstigen, tun jedoch mehr als nur dies. Unter gewissen Umständen erzeugen sie das übermäßig übereifrige Handeln, das nicht auf ein Zuwenig, sondern ein Zuviel an Anreizen zur Beitragsleistung hinweist. Was veranlaßt Mitglieder einer Gruppe, die miteinander verbunden sind, Handlungen auszuführen, die dem Trittbrettfahren entgegengesetzt sind?

Ich habe bereits erwähnt, daß A_2, falls er etwas besitzt, das für ihn von geringem, für A_1 aber von hohem Wert ist, A_1 ohne Verlust zu einer Beitragsleistung bewegen könnte, und zwar selbst innerhalb der Sozialstruktur, die Abbildung 11.2 (b) darstellt. In der Sozialstruktur aus Abbildung 11.2 (c) ergibt sich überdies die zusätzliche Möglichkeit, Gewinne zu erzielen, weil A_3 vielleicht etwas besitzt, das für A_2 von größerem Wert ist als für ihn selbst und was er dann statt Geld für die Sanktionsanwendung zweiter Ordnung auf A_2 verwenden könnte. Die Beziehungen, aus denen Sozialstrukturen bestehen, bieten eine Fülle solcher Möglichkeiten. Eine Ermunterung oder eine Dankesbezeugung bezüglich der Handlung eines anderen kostet den Akteur möglicherweise nur sehr wenig, stellt aber für den anderen eine große Belohnung dar. Die Anfeuerungsrufe von Mannschaftskameraden an einen Sportler bereiten diesen geringe Kosten, sind für den Sportler aber Belohnungen, die ihn zu noch größeren Leistungen anspornen. Es mag auch sein, daß das Lächeln, das ein Mädchen einem Sportler schenkt, sie selbst wenig kostet, ihn jedoch zu größten Anstrengungen anspornt.

Wenn solche Unterschiede auftreten, tut die Sozialstruktur mehr, als nur externe Effekte zu internalisieren. Das soziale System birgt ein Potential, das mit dem Potential eines elektrischen Systems vergleichbar ist. Das heißt, wenn ein Akteur eine Handlung ausführt, dadurch Kosten erfährt und andere die Gewinne erhalten, besteht der Ertrag für den Akteur nicht nur in diesen Gewinnen, die über die Sozialstruktur an ihn zurückgeleitet werden, sondern in einer Vervielfachung dieser Gewinne aufgrund des Potentials, das die Struktur aufweist.[4] Wenn sich also die Intensität der Tätigkeit eines Akteurs an dem Punkt nicht weiter steigert, an dem die marginalen Kosten dem marginalen Ertrag entsprechen, befindet sich dieser Punkt auf einer höheren Ebene, weil der Akteur die vervielfachten Erträge erhalten hat, die ihrerseits durch das Potential erzeugt wurden, das der Struktur innewohnt. Das Potential besteht in der Differenz zwischen den Kosten für den Sanktionsträger, und zwar in jeder der Beziehungen, die Belohnungen an einen Akteur zurück übermitteln, und den Gewinnen, die der Sanktionsträger aufgrund der verstärkten Aktivität des Akteurs erhält, der (positiv) sanktioniert wird.

Die Bedeutung der Sozialstruktur

Die Netzwerke in Abbildung 11.2 zeigen zwei Komponenten einer Sozialstruktur auf, die für die Existenz von Normen wichtig sind, welche einen Anreizmangel in ein Übermaß an Anreizen umwandeln können. Die erste dieser beiden Komponenten ist die Existenz sozialer Beziehungen zwischen einem Akteur und den Personen, auf die er externe Effekte ausübt. Selbst wenn es sich dabei um von ihm getrennte Mitglieder eines Publikums handelt, die Zeugen seiner Handlungen sind, kann dennoch eine Verbindung von ihnen zu dem Akteur bestehen, insofern als sie ihm Belohnungen bieten

---

4 Obwohl diese Vervielfachung von Sozialwissenschaftlern bisher kaum untersucht worden ist, scheint sie die Lösung für verschiedene sozialpsychologische Phänomene anbieten zu können, wie z.B. dafür, daß man neue Beziehungen oft sehr viel stärker genießt als alte.

können, deren Kosten für sie geringer sind als die Gewinne, die seine Handlungen für sie ergeben, und die den Akteur zu größeren Anstrengungen anspornen. Aus diesem Grunde erfahren Sportler, Musiker oder Schauspieler bei Ausübung ihrer Tätigkeiten möglicherweise eine weitaus stärkere Motivation als Buchautoren, die die Reaktionen ihres Publikums nicht miterleben können.

Die zweite Komponente einer Sozialstruktur, die für die Existenz von Normen von Bedeutung ist, verdeutlicht der Unterschied zwischen 11.2 (a) und 11.2 (b). Es handelt sich um die Geschlossenheit des Netzwerks und damit um die Existenz von Beziehungen zwischen den Personen, die externe Effekte aus der Handlung eines anderen erfahren. Das Beispiel des gemeinschaftlichen Projektes in Verbindung mit Abbildung 11.1 hat gezeigt, inwiefern diese Beziehungen einen Unterschied bewirken können zwischen einem System, in dem ein mangelhafter Handlungsanreiz und somit ein suboptimales Handlungsniveau besteht, und einem System, in dem ein übermäßiger Handlungsanreiz besteht, der Übereifer zur Folge hat. Allgemeiner gesagt bietet die Geschlossenheit des Netzwerks ein vergrößertes Potential für höhere Erträge des Akteurs. Somit weist ein System, in dem Verbindungen zwischen dem Akteur und anderen bestehen, ein starkes Potential zur Motivation von größerer Tätigkeitsintensität auf; ein System mit hoher Geschlossenheit hat jedoch zusätzlich noch ein weiteres Potential, welches aus den Gewinnen herrührt, die sämtliche Personen, die externe Effekte aus der Handlung des Akteurs erfahren, voneinander erhalten. Es kommt zu einer Verstärkung, noch bevor die Belohnungen den Akteur selbst wieder erreicht haben.

Heroische versus inkrementelle Sanktion

Die Art und Weise, in der Normen typischerweise durchgesetzt werden, läßt sich als inkrementelle Sanktion bezeichnen. Ein Beispiel hierfür sind Gewerkschaften, in denen Streikbrecher und andere Personen, die schwerwiegend gegen Gewerkschaftsnormen verstoßen haben, "geschnitten" werden; das heißt, andere Mitglieder sprechen nicht mehr mit dem Missetäter (Lipset, Trow und Coleman 1956). Ein weiteres Beispiel ist die Entwicklung eines schlechten Rufes, die Meidung und verächtliche Behandlung der betreffenden Person nach sich zieht. Die Kosten, die jeder Sanktionsträger bei inkrementeller Sanktion eingeht, sind gering, ebenso wie die Wirkung jeder einzelnen Sanktion, doch die Wirkungen sind additiv und ergeben eine beträchtliche Gesamtwirkung.

Äsops Fabel vom "Rat der Mäuse" erinnert jedoch daran, daß eine inkrementelle Sanktion nicht immer möglich ist. Der Katze die Glocke umzuhängen, ist keine Tätigkeit, an der man sich in Form von additiven Inkrementen beteiligen kann. Diese Tätigkeit erfordert eine heroische Sanktion, wie ich sie nennen möchte, d.h. eine Sanktion, deren Gesamteffekt von der Handlung eines einzelnen Akteurs hervorgerufen wird. In den in diesem Kapitel bereits genannten Beispielen für Normen und Sanktionen wurden die Sanktionen von Einzelpersonen auferlegt.

In diesem Abschnitt werde ich anhand des gemeinschaftlichen Projektes für drei Akteure die unterschiedlichen Handlungsstrukturen untersuchen, wenn Sanktionen heroisch und wenn sie inkrementell sind, wobei sie von allen Akteuren des Kollektivs außer dem jeweils sanktionierten Akteur angewendet werden.

Tabelle 11.1 geht davon aus, daß eine Sanktion alles oder nichts umfaßt. Der Sanktionsträger (wenn man nur von einem ausgeht) muß die Gesamtkosten dafür tragen, A_1 zur Beitragsleistung zu veranlassen, d.h. er muß etwas bezahlen, das für A_1 einen Wert von 5 Dollar hat (und in diesem homogenen Fall bedeutet das, daß A_2 oder A_3 Kosten entstehen, die dem Wert von 5 Dollar entsprechen). A_2 als Sanktionsträger gewinnt aus dem Beitrag von A_1 4 Dollar, doch durch seine Kosten von 5 Dollar ergibt sich ein Nettoverlust von 1 Dollar. Dies ist eine heroische Sanktion, weil A_2 den Gesamteffekt allein durch seine Handlung bewirkt. Solange es nicht möglich ist, die Kosten mit A_3 zu teilen, indem beide gleichzeitig sanktionieren (siehe das Feld oben links in Tabelle 11.1), verliert A_2 durch die Sanktion 1 Dollar. Dieser Verlust kann in Form einer Belohnung von A_3 an A_2 ausgeglichen werden, da A_3 aus der Sanktion durch A_2 einen Gewinn von 4 Dollar erzielt hat. Somit sind, falls nur eine heroische Sanktion möglich ist, zwei Schritte erforderlich, wenn der heroische Sanktionsträger einen Nettogewinn aus seiner Sanktion erzielen möchte. Zuerst muß A_2 den A_1 sanktionieren, und danach muß A_3 dem A_2 eine Belohnung zukommen lassen, um ihn für den ihm entstandenen Verlust zu entschädigen.

Wenn Sanktionen jedoch additive Auswirkungen haben können, was nach empirischen Ergebnissen offensichtlich oftmals der Fall ist, kann A_2 den A_1 zu einem Beitrag bewegen, der nur noch der Hälfte der ursprünglichen 9 Dollar entspricht, indem er eine Sanktion durchführt, die ihn 2,50 Dollar kostet und sowohl A_2 als auch A_3 einen Gewinn von 2 Dollar einbringt. So betragen die Nettokosten für A_2 nur 0,50 Dollar. Tabelle 11.2 gibt diese Auszahlungsstruktur wieder. Es handelt sich hierbei um eine Gefangenendilemmastruktur, die jedoch umfangreiche Möglichkeiten für beiderseitig gewinnbringende Übereinkünfte bietet, was der Differenz zwischen dem Nettoverlust des Sanktionträgers (lediglich 0,50 Dollar) und dem Gewinn, den der andere aus der Sanktion zieht (2 Dollar), zu verdanken ist.

Dieses Beispiel zeigt die Unterschiede zwischen heroischen und inkrementellen Sanktionen in einer Handlungsstruktur nicht so deutlich auf wie das

Tabelle 11.2 Auszahlungsmatrix für zwei mögliche inkrementelle Sanktionsträger in einem gemeinschaftlichen Projekt für drei Personen

		A_3	
		Sanktion	Keine Sanktion
A_2	Sanktion	0,5, 0,5	-1,5, 1
	Keine Sanktion	1, -1,5	-1, -1

280 Beispiel eines Falles mit einer größeren Anzahl von Akteuren. Gehen wir von dem gleichen gemeinschaftlichen Projekt aus, an dem jedoch nicht drei, sondern sechs Akteure beteiligt sind. Jeder leistet entweder keinen Beitrag oder einen Beitrag von 9 Dollar, und für jeweils 3 Dollar, die man beisteuert, erhält man 1 Dollar. Der Gesamterlös wird gleichmäßig unter den sechs Teilnehmern aufgeteilt. In Tabelle 11.3 werden die Nettogewinne aller Beitragsleistenden und Nicht-Beitragsleistenden für jede Beitragskonstellation aufgeführt. Der Nettoverlust, der entsteht, wenn man einen Beitrag leistet, beträgt nicht mehr 5 Dollar, sondern 7 Dollar. (Wenn beispielsweise fünf Akteure einen Beitrag leisten, beträgt der Gewinn für den Nicht-Beitragsleistenden 10 Dollar. Leistet er einen Beitrag, leisten insgesamt sechs Personen Beiträge, und er hat letztendlich 3 Dollar, was eine Differenz von 7 Dollar ausmacht.) Der Nettogewinn, den die anderen von der Sanktion eines Nicht-Beitragsleistenden durch einen Akteur erwarten dürfen, beträgt nicht mehr 4 Dollar, sondern 2 Dollar. (Wenn z.B. der sechste Akteur einen

Tabelle 11.3 Nettogewinne für jeden Akteur aus einem gemeinschaftlichen Projekt mit sechs Personen

	Nettogewinn (in Dollar) für	
Anzahl der Beiträge	Nicht-Beitragsleistende	Beitragsleistende
6	—	3
5	10	1
4	8	-1
3	6	-3
2	4	-5
1	2	-7
0	0	—

Beitrag leistet, erhöht sich der Nettogewinn der anderen von 1 Dollar auf 3 Dollar.)

Wenn es keine Möglichkeit zu inkrementellen Sanktionen gibt, muß der heroische Sanktionsträger in diesem Sechs-Akteure-Projekt Kosten in Höhe von 7 Dollar auf sich nehmen, um einen Gewinn von lediglich 2 Dollar zu machen. Er erleidet einen Nettoverlust von 5 Dollar, während der heroische Sanktionsträger im Drei-Akteure-Projekt einen Nettoverlust von 1 Dollar hinnehmen muß. Darüber hinaus kann dieser Nettoverlust von 5 Dollar nicht von einer anderen Person ausgeglichen werden, die ohne Erleiden eines Nettoverlustes einen Gewinn erzielt hat, weil der Gewinn jedes einzelnen Akteurs aus der heroischen Handlung nur 2 Dollar beträgt. Selbst zwei der anderen könnten keine ausreichenden Belohnungen für den heroischen Sanktionsträger bereitstellen, so daß seine Handlung nicht länger eine waghalsige Aktion wäre. Würden sie ihn mit ihren Gewinnen belohnen, hätte er immer noch einen Nettoverlust von 1 Dollar. Drei andere, d.h. alle bis auf einen der vier Akteure, die von der heroischen Sanktion profitierten, wären vonnöten, um den Nettoverlust des heroischen Sanktionsträgers wettzumachen.

Falls die Sanktionen inkrementell sein können, geht der Sanktionsträger ein sehr viel geringeres Risiko ein. Für A_2 als Sanktionsträger entstehen z.B. Kosten von 7/5 Dollar, d.h. 1,40 Dollar, und er gewinnt allein aufgrund seiner Sanktion 0,40 Dollar aus dem inkrementellen Beitrag von A_1, dem sanktionierten Akteur (obwohl A_2 insgesamt 2 Dollar gewinnt, wenn auch andere eine Sanktion vornehmen). Somit erfährt jeder Akteur durch seine Sanktionshandlung einen Nettoverlust von 1 Dollar. Auch dieser kann durch eine Reihe von Belohnungen in Höhe von jeweils 0,40 Dollar durch andere ausgeglichen werden, wobei sich mindestens drei der anderen vier beteiligen müßten. Als Alternative können zusätzliche inkrementelle Sanktionen durch die anderen den Verlust von A_2 wettmachen, wobei jede inkrementelle Sanktion den Verlust um 0,40 Dollar reduziert. Wenn alle Akteure inkrementelle Sanktionen vornehmen, gewinnt A_2 0,60 Dollar. Wenn sich also inkrementelle Sanktionen für den Sanktionsträger rentieren sollen, ist eine vorauf gehende kollektive Entscheidung erforderlich, daß alle (oder zumindest viele) eine Sanktion vornehmen werden (wie im Falle des Konsenses, den Merry 1984, S. 279, als zweite Phase des Klatsches beschreibt).

Nehmen wir z.B. an, daß von allen Mitgliedern eines Clubs erwartet wird, daß sie nach ihren Zusammenkünften aufräumen, doch daß ein Mitglied dies regelmäßig umgeht. Wenn eine Person ihr Mißfallen darüber zum Ausdruck bringt, hat dies möglicherweise nur eine geringe Wirkung auf den Sanktionierten, würde sich aber auch negativ auf die Beziehung zwischen diesen beiden auswirken, was für den möglichen Sanktionsträger vielleicht von größerer Bedeutung wäre als der Gewinn aus den anschließenden Anstrengungen des Sanktionierten. Wenn aber alle gemeinsam ihre Mißbilligung ausdrücken und den Missetäter zur Leistung seines Beitrags bewegen würden, würden die Gewinne für jeden einzelnen die Kosten aus der verschlechterten Beziehung zu dem Missetäter überwiegen.[5]

Nehmen wir, jetzt wieder in bezug auf das gemeinschaftliche Projekt für sechs Akteure, an, daß es keine bindende kollektive Entscheidung gibt und daß alle außer einem eine Sanktion vorgenommen haben. Dann können die Sanktionen noch eine Stufe weiter gehen. Gehen wir von der Annahme aus, daß A_1 keinen Beitrag leistet und A_2 sich nicht an der inkrementellen Sanktion beteiligt. Alle anderen haben eine inkrementelle Sanktion vorgenommen, und A_1 hat hat vier Fünftel seines Gesamtbeitrags geleistet. A_2, der einen Gewinn von 1 Dollar macht, wenn er nicht sanktioniert, kann entweder mit einer heroischen Sanktion zweiter Ordnung von 1 Dollar zu einer Sanktion veranlaßt werden, was für den Sanktionsträger zweiter Ordnung einen Nettoverlust von 0,60 Dollar ergibt, oder mit inkrementellen Sanktionen von 0,25 Dollar, die für jeden der Sanktionsträger Nettokosten von 0,15 Dollar verursachen.

Insgesamt gesehen liegt der Unterschied zwischen heroischer und inkrementeller Sanktion in der Höhe der Kosten, die die Sanktionsträger auf jeder Stufe eingehen. Auf der ersten Stufe des Sechs-Akteure-Projektes muß A_2, der heroische Sanktionsträger, Nettokosten von 5 Dollar auf sich nehmen, ein Verlust, der fünfmal so hoch ist wie der, den jeweils ein inkrementeller Sanktionsträger eingehen würde. Auf der zweiten Stufe würde es A_3 Nettokosten in Höhe von 3 Dollar verursachen, den heroischen Sanktionsträger allein zu belohnen. Bei inkrementeller Sanktion bleibt das Trittbrettfahrerproblem zwar bestehen, nimmt aber dort längst nicht solche Ausmaße an. Die Nettokosten für jeden Sanktionsträger betragen dann 1 Dollar statt 5 Dollar. Handelt es sich bei der Sanktion der zweiten Stufe (der Belohnung für den inkrementellen Sanktionsträger) um eine heroische Sanktion, geht dieser heroische Sanktionsträger Nettokosten von lediglich 0,60 Dollar statt 3 Dollar ein. Handelt es sich bei der Sanktion der zweiten Stufe um eine inkrementelle Sanktion, belaufen sich die Nettokosten für jeden der vier Sanktionsträger auf lediglich 0,15 Dollar.

Für die Praxis heißt dies, daß in vielen Fällen, in denen die Ressourcen der Sanktionsträger eine heroische Sanktion nicht erlauben, die Ressourcen für eine inkrementelle Sanktion jedoch viel eher zur Verfügung stehen. Diese Ressourcen können, wie bereits in diesem Kapitel erwähnt wurde, andere

---

5 Empirisch gesehen könnten sich die Kosten ebenfalls reduzieren, da eine von allen ausgedrückte Mißbilligung den Missetäter dazu bewegen könnte, das kollektive Urteil zu akzeptieren und nicht ungehalten auf diese Mitglieder zu reagieren. Im Beispiel aus Tabelle 11.3 hängt der Nettogewinn aus einer inkrementellen Sanktion durch alle Akteure nicht von solchen reduzierten Kosten ab.

Ereignisse sein, die jeweils von den möglichen Sanktionsträgern kontrolliert werden. Die oben spezifizierten Werte benennen nur die Kosten, die für den Sanktionsträger aufgrund seiner Sanktion entstehen, wenn die Kosten für den Sanktionsträger den Kosten für die sanktionierte Person entsprechen (wie im Falle eines Elternteils, der seinem Kind sagt, daß eine Strafe "mir genauso wehtut wie dir"). Wenn die Sanktionen so wenig kosten wie inkrementelle Sanktionen in Gruppen mit beliebiger Größe, ist es möglich, daß eine positive Sanktion nichts weiter ist als eine Gutschrift in Form von Dankbarkeit für das, was der andere getan hat, und eine negative Sanktion kann ein Entzug des Kredits in Form einer Mißfallensäußerung sein ("Glaub nur nicht, daß ich dir später einmal helfen werde!").

Die inkrementelle Sanktion bietet noch weitere Möglichkeiten. Wenn unter den möglichen Sanktionsträgern eine gewisse Heterogenität besteht, kann das Trittbrettfahrerproblem, wie Kapitel 30 zeigt, auf irgendeiner Stufe überwunden werden und wird in jedem Fall ein kleineres Hindernis sein.[6] Die komplexen Möglichkeiten, die sich ergeben, kann ich hier nur andeuten. In Kapitel 30 werden sie etwas detaillierter behandelt, und zwar mit Hilfe eines formalen Modells, das die Einbeziehung der Gesamtmenge von Ressourcen, die jedem Akteur zur Verfügung stehen, erleichtert, so daß nicht nur Ressourcen im Rahmen des gemeinschaftlichen Projektes berücksichtigt werden.

Ich muß betonen, daß der Begriff "heroisch" sich hier auf eine einzelne Sanktionshandlung durch einen Sanktionsträger bezieht, die ausreicht, den Nicht-Beitragsleistenden zu einem Beitrag zu bewegen. Wenn die Menge der fünf Beitragsleistenden (oder eine Untermenge, die groß genug ist) als ein einzelner Akteur handeln kann, ist eine einzelne Sanktion dieser Menge in der Lage, die Beitragsleistung hervorzurufen, und dennoch jedem Sanktionsträger einen Gewinn zu verschaffen. Viele Kommunen halten einmal wöchentlich oder in regelmäßigen Abständen Zusammenkünfte ab, auf denen sich alle Mitglieder versammeln, um Selbstkritik zu üben oder zu hören, welche Kritiken von anderen vorgebracht werden. Dieses Phänomen legt nahe, daß diese Methode der Sanktion unter solchen Umständen leichter zu organisieren ist als heroische Sanktionen oder Sanktionen in Form von unabhängigen Inkrementen.

Wie werden Sanktionen in der Gesellschaft angewandt?

Die vorhergehende Analyse hat die logischen Zusammenhänge des Sanktionsproblems deutlich werden lassen. Die theoretische Konstruktion läßt sich

---

6 Wenn andererseits der Zielakteur mächtiger ist als der Sanktionsträger, wird eine Sanktion, die dem Zielakteur geringen Schaden zufügt, dem Sanktionsträger großen Schaden zufügen, wodurch sich das Sanktionsproblem verschärft.

stützen, wenn man einige Möglichkeiten betrachtet, wie Sanktionen im allgemeinen vorgenommen werden. Dieser Überblick ist nicht vollständig, sondern lediglich ein Mittel zu untersuchen, wie das Problem der öffentlichen Güter zweiter Ordnung gelöst werden kann.

Dabei bietet es sich an, zunächst einige der Beispiele aufzugreifen, die zu Beginn von Kapitel 10 eingeführt wurden. In dem Beispiel, in dem auf einem Bürgersteig in Berlin ein Bonbonpapier hingeworfen wurde, wurde die Sanktion ohne erkennbare soziale Unterstützung von einer einzelnen Frau vorgenommen. In dem Beispiel, in dem Teebeutel gehortet wurden, ging die Sanktion erneut von einer Einzelperson, nämlich von einem anderen Teetrinker in derselben Organisation, aus. Brauchte keiner dieser Sanktionsträger soziale Unterstützung? Waren die Kosten der Sanktion so geringfügig, daß sie ohne Schwierigkeiten angewendet werden konnte, ungeachtet der Tatsache, daß die direkten Gewinne für den Sanktionsträger unsicher und im günstigsten Falle gering waren, und trotz der Unstimmigkeiten, die die Mißfallensäußerung hätte zur Folge haben können?

Ohne empirische Belege kann diese Frage natürlich nicht beantwortet werden, aber es lassen sich zwei Beobachtungen treffen. Erstens können die Sanktionsträger in beiden Fällen paradoxerweise auf eine Art innere Unterstützung durch die sanktionierte Person vertraut haben; d.h. die Sanktionsträger hatten vielleicht das Gefühl, daß die Person die normative Definition, welche Handlung richtig sei, akzeptierte und erkannte, daß die ausgeführte Handlung falsch war. Zweitens waren vielleicht beide Sanktionsträger in der Lage, das Ereignis anschließend mit anderen zu erörtern, die in bezug auf das Ereignis ähnlich dachten oder fühlten und die Sanktionsträger in ihrer maßregelnden Handlungsweise bestärken würden. In diesem Falle würde ein dritter Akteur eingeführt, der mit Akteur A_3 aus Abbildung 11.2 (c) vergleichbar wäre, zu dem der Sanktionsträger eine Beziehung hat und an dessen Anerkennung ihm gelegen ist. So kann es, wenn es auch den Anschein hat, daß von einer Einzelperson ohne soziale Unterstützung eine heroische Sanktion vorgenommen wird, durchaus der Fall sein, daß sie in Wirklichkeit von anderen Akteuren unterstützt wird, auf die die Handlungen des Zielakteurs externe Effekte ausüben. Es ist weiter festzuhalten, daß eine solche Unterstützung der Sanktion weniger kostenaufwendig ist als die Sanktion selbst und somit kein Potential für Unannehmlichkeiten birgt, die für den Sanktionsträger aus der ursprünglichen Sanktion entstehen könnten.

Ein generelles Resultat hieraus wäre: Wenn zur Unterstützung einer proskriptiven Norm Sanktionen – d.h. negative Sanktionen – angewandt werden, wird das Problem öffentlicher Güter zweiter Ordnung, dem Sanktionsträger positive Sanktionen zu bieten, leichter überwunden, weil positive Sanktionen geringere Kosten verursachen als negative.

Eine weitere Beobachtung zu diesen beiden Beispielen ist, daß immer schon vorausgesetzt wird, daß eine bestimmte Handlung die richtige ist – gleichgültig, ob der Sanktionsträger von einer stillschweigenden Unterstützung durch den Zielakteur oder von der anschließenden Zustimmung eines dritten Akteurs abhängig ist. Mit anderen Worten stützen sich beide Mechanismen, von denen sich der Sanktionsträger Unterstützung erhofft haben mag, auf eine Norm, die definiert, welches die richtige – oder, wie in diesen Fällen, die falsche – Handlung ist. Die Norm, die das Richtige vorschreibt oder das Falsche verbietet, läßt den Sanktionsträger mit einiger Sicherheit vermuten, daß seine Handlung bei den Behauptern der Norm auf Zustimmung stoßen wird. Er besitzt das mutmaßliche Recht zur Sanktion. Somit darf ein möglicher Sanktionsträger, wenn eine diesbezügliche Norm existiert, gewissermaßen darauf vertrauen, von den Behauptern der Norm Zustimmung zu erhalten. Dieses Vertrauen ist jedoch in hohem Maße abhängig von den sozialen Beziehungen zwischen dem möglichen Sanktionsträger und anderen Behauptern der Norm, weil die Begründung der Norm und die Übertragung des Sanktionsrechts nur mittels einer implizit oder explizit gefällten kollektiven Entscheidung erfolgen kann. Es wäre denkbar, daß die alte Frau in Berlin mehrere Abende mit Gleichgesinnten verbracht hatte, mit denen sie die Pflichtversäumnisse der jüngeren Generation bei der Kindererziehung diskutieren und zu einem Konsens darüber gelangen konnte, was rechtens ist, und die alte Frau in New York mehrere Abende allein in ihrer Wohnung gewesen war.

In einem weiteren Beispiel aus Kapitel 10 kommt eine andere Art der Sanktionsausübung zum Tragen wie in den beiden obigen Beispielen. Im Falle der armen Familie unter den Sarakatschanen in Griechenland scheint Klatsch bei der Erzeugung von Sanktionen eine wichtige Rolle gespielt zu haben. In einem Überblick über Arbeiten zur Rolle des Klatsches bei der sozialen Kontrolle behauptet Merry (1984), daß es drei voneinander getrennte Phasen gibt.

Die erste besteht in der Verbreitung von Informationen über ein Ereignis oder eine Handlung. Die zweite besteht in der Bildung irgendeines Konsenses über die moralische Bedeutung dieses Ereignisses – wie man es interpretieren soll und welche Regeln zur Anwendung zu gelangen haben ... In der dritten Phase wird der Konsens in die Tat umgesetzt, wobei sich gemeinsame Auffassungen in irgendeiner Handlung äußern. Diese Handlung kann von individueller Mißbilligung bis hin zu kollektiven Entscheidungen, jemanden auszustoßen, reichen. (S. 279)

Klatsch scheint in vielen Kontexten eine bedeutende Rolle bei der Durchsetzung von Normen zu spielen. Warum? Es hat den Anschein, daß Klatsch ein Mittel zur Erzeugung von Sanktionen ist, die von Individuen ohne den Klatsch oder vor seinem Auftreten nicht angewendet werden könnten. Falls es, wie Merry behauptet, drei Phasen des Klatsches gibt, scheinen die beiden ersten Phasen durch die potentielle Unterstützung motiviert zu sein, die ein Konsens für die Anwendung einer Sanktion bietet. Der Konsens stellt entweder eine Norm auf (d.h. definiert, was recht ist und was nicht, und weist Rechte auf Teilkontrolle einer Handlung zu) oder ermöglicht die Anwendung einer bestehenden Norm auf die entsprechende Handlung.

Jede Person, die daran interessiert ist, daß Normen behauptet und Normverletzern Sanktionen auferlegt werden, entwickelt daher auch ein Interesse an der Verbreitung von Informationen, die zu einem Konsens über legitime Sanktionen führen können. Dies bedeutet, daß eine solche Person daran interessiert sein wird, Klatsch zu erfahren und weiterzuverbreiten. Führt der Konsens zu der kollektiven Entscheidung, den Missetäter aus der Gemeinschaft auszuschließen oder die Kommunikation mit ihm abzubrechen, wie es in einigen Kommunen geschieht (siehe Zablocki 1971), dann ist das Problem der öffentlichen Güter zweiter Ordnung überwunden. Geschieht so etwas nicht, bietet der Konsens dennoch eine Grundlage, von der aus Mitglieder der Gemeinschaft heroische Sanktionen, die von Einzelpersonen angewendet werden, unterstützen können. Somit wird das Problem zweiter Ordnung in einem zweiten Schritt überwunden, die positive Sanktionen für den heroischen Sanktionsträger umfaßt. Der Konsens erhöht auch die Wirksamkeit inkrementeller Sanktionen, die so gering sind, daß die Kosten für jeden Sanktionsträger minimal sind – denn diese Sanktionen können zusammengenommen großen Einfluß ausüben. Wenn eine Person von vielen Individuen gleichzeitig gemieden wird, kann das eine Isolierung der Person zur Folge haben, wogegen die Ächtung durch eine Einzelperson eine unwirksame Sanktion darstellen würde.[7]

Somit ist Klatsch ein Mittel, das hilft, eine Norm aufzustellen, und das Problem der öffentlichen Güter zweiter Ordnung der Sanktionsausübung überwindet. Es führt zu Sanktionen, die dem Nutznießer der Norm, also der Person, die Klatsch verbreitet oder erfährt, möglicherweise geringe Kosten verursachen, und verschafft ihr dazu mögliche Gewinne. Die Gewinne ergeben sich daraus, daß Klatsch über den Konsens, den er erzeugt, die Entstehung von Sanktionen erleichtert, die ansonsten vielleicht nicht denkbar wären. Die folgende typische Aussage verdeutlicht dies: "Jetzt, wo ich weiß, daß Sie über seine Handlung genauso denken wie ich, habe ich den Mut, ihn

---

7 Obwohl innere Sanktionen erst später behandelt werden, sollte schon hier festgehalten werden, daß sich ein Zielakteur, der die Bewertungen anderer über ihn internalisiert hat, schon dann stark sanktioniert fühlt, wenn er weiß, daß über ihn geklatscht wird.

darauf anzusprechen." Wenn ein solcher Konsens von vielen anderen Gleichgesinnten verstärkt wird, läßt sich für jeden einzelnen daraus möglicherweise viel "Mut" schöpfen.

Klatsch ist jedoch von zwei Bedingungen abhängig: Erstens müssen ähnliche externe Effekte von einer Anzahl von Akteuren erfahren werden, die damit zu Nutznießern ein und derselben Norm werden. Wenn sie alle die Verbreitung von Klatsch und den Konsens, der so entstehen kann, gewinnbringend finden sollen, müssen sie gemeinsame Interessen am Verbieten oder Vorschreiben der Handlung haben. Zweitens ist Klatsch davon abhängig, daß unter den Personen, die von der Handlung eines Akteurs auf ähnliche Weise betroffen sind (und die somit an der Verbreitung von Klatsch ein Interesse haben) relativ häufige Kontakte bestehen. Der Gewinn, den ein individueller Nutznießer aus dem Verbreiten oder Empfangen von Klatsch erwarten kann, ist relativ gering. Die dabei entstehenden Kosten müssen entsprechend gering sein, wenn Individuen zur Verbreitung von Klatsch motiviert sein sollen. Normalerweise sind diese Kosten aber nur dann gering, wenn die Gelegenheit, Klatsch weiterzugeben, ein Nebenprodukt von Beziehungen ist, die aus anderen Gründen begründet und beibehalten werden.

Diese zweite Bedingung umfaßt nicht nur die Ausdehnung sozialer Beziehungen, sondern auch das Ausmaß der Geschlossenheit dieser Beziehungen. Ein Vergleich von 11.2 (b) und 11.2 (c) zeigt, daß sich die beiden in der Geschlossenheit der Struktur unterscheiden. Genauer gesagt meine ich mit Geschlossenheit die Kommunikationshäufigkeit zwischen zwei Akteuren, auf die sich die Handlung eines anderen Akteurs auf die gleiche Art und Weise auswirkt.

Empirische Untersuchungen über Klatsch bekräftigen die Relevanz der Geschlossenheit. In einer Übersicht über Arbeiten in diesem Bereich formuliert Merry (1984) folgende Generalisierung:

Klatsch verbreitet sich am ehesten in stark miteinander verknüpften, moralisch homogenen sozialen Netzwerken, und dort ist seine Bedeutung auch am größten. Damit Klatsch möglich wird, müssen die beiden Beteiligten gemeinsam eine dritte Partei kennen. Je mehr gemeinsame Freunde sie haben, desto mehr Personen gibt es, über die sie reden können. Jedes Individuum befindet sich im Zentrum eines Netzwerks von Personen, die er oder sie kennt. Das Ausmaß, in dem die Mitglieder des Netzwerks - unabhängig von ihrer Beziehung zum Ego - einander kennen, läßt sich als ihr "Verknüpftheitsgrad" bezeichnen. Der Klatsch blüht in festgefügten, stark miteinander verknüpften sozialen Netzwerken, führt in nicht festgefügten, unverknüpften Netzwerken jedoch ein kümmerliches Dasein.

Darüber hinaus sind die idealen Voraussetzungen für das Gedeihen von

Klatsch nur dann gegeben, wenn die Klatschenden die gleichen moralischen Ansichten vertreten. Die Person, die eine pikante Anekdote zum besten gibt, erwartet vom Zuhörer, daß dieser das betreffende Verhalten entsprechend verurteilt und nicht etwa billigt. Bestehen nur geringfügige Unterschiede in den Normen, kann Klatsch einen Konsens erzeugen, doch wenn die fundamentalen Ansichten über angemessenes Verhalten auseinandergehen, wird dem Klatsch die Lebensgrundlage entzogen. (S. 277)

Es liegt auf der Hand, daß Sanktionen, die auf Klatsch begründet sind, sowie Sanktionen, bei denen dies nicht der Fall ist, mit größerer Wahrscheinlichkeit in Sozialstrukturen angewendet werden, die das Merkmal der Geschlossenheit aufweisen. Dies wird durch empirische Arbeiten bestätigt, und ein solcher Schluß ist auch theoretisch fundiert. Geschlossenheit verringert die Nettokosten, die bei der Anwendung einer Sanktion entstehen, weil der Konsens, der in geschlossenen Strukturen auftritt, Akteuren die Legitimität (d.h. das Recht) verleiht, Sanktionen anzuwenden. So ist gesichert, daß es für die Kosten einer Sanktion eine gewisse Entschädigung (in Form von Zustimmung) gibt.

Es ist jedoch klar, daß Klatsch an sich noch keine Sanktion darstellt. Auch wenn Klatsch in zwei Elemente aufspaltbar ist (die den ersten beiden Phasen bei Merry entsprechen), nämlich in Kommunikation über eine Handlung und den Konsens darüber, stellt keine dieser beiden Elemente zwangsläufig eine Sanktion für den Zielakteur dar. Manche Personen in manchen Gesellschaften fühlen sich bereits stark sanktioniert, wenn sie wissen, daß "hinter ihrem Rücken" über sie gesprochen wird. Klatsch kann jedoch auch verbreitet werden, ohne daß die Person, über die geklatscht wird, davon weiß. Wie bereits erwähnt, senkt der Konsens die Kosten der Anwendung einer Sanktion für alle Behaupter der Norm, garantiert aber noch nicht, daß die Sanktion tatsächlich angewendet wird.

Es gibt ein soziales Merkmal, das mögliche Zielakteure besitzen können, welches laut Anthropologen und Soziologen die Wahrscheinlichkeit der Anwendung von Sanktionen herabsetzt. Ich meine damit einen besonders hohen Status oder große Macht innerhalb des sozialen Systems, dem die Normbehaupter angehören (siehe z.B. Frankenberg 1951, S. 156, Bailey 1971, S. 283). Dies bestätigt den Standpunkt, daß der Akt der Sanktionsausübung dem Sanktionsträger Kosten bereitet, da solche Kosten wahrscheinlich besonders hoch sind, wenn der Sanktionsträger an einer fortdauernden Beziehung zu dem Ziel der Sanktion interessiert ist. Ein schönes Beispiel für diese Situation findet sich in Hans Christian Andersens Märchen "Des Kaisers neue Kleider". Fast alle Bewohner des Reiches standen so unter der Herrschaft des Kaisers, daß sie Angst hatten, ihn auf seine fehlenden Kleider hinzuweisen.

Nur ein Kind fühlte sich frei von dieser Abhängigkeit und konnte so die Wahrheit sagen.

Dies bedeutet, daß selbst eine konjunkte Norm, deren Ziele und Behaupter ein und dieselben Personen sind, unterschiedlich angewandt werden kann, weil die Sanktionsanwendung auf verschiedene Akteure unterschiedliche Kosten mit sich bringt. Daraus folgt, daß die Akteure mit der größeren Macht in einem sozialen System weniger von Normen eingeschränkt werden als diejenigen mit der geringeren Macht. Es gibt tatsächlich institutionalisierte Entschuldigungen und Vergünstigungen für Personen mit hohem Status, die Normen umgehen. Von einer Person mit hohem Status kann man behaupten, daß sie nur exzentrisch ist, während das entsprechende Verhalten für eine Person mit niedrigerem Status schwerwiegende Sanktionen nach sich ziehen würde.

Im anderen Extremfall bereitet es wenig Kosten, Personen zu sanktionieren, deren Status beträchtlich unter dem eigenen Status liegt. Black (1976, S. 57) behauptet, daß Rechtssysteme Personen mit niedrigem Status oft mit drastischeren Strafen belegen als Personen mit höherem Status, die dieselben Straftaten begehen. Garnsey (1973, S. 162-164) belegt dies an mehreren Beispielen aus dem Römischen Reich. Wenn die Sanktion einer Person mit niedrigem Status oder des Angehörigen einer kleinen Minderheit ohne Kosten erfolgen kann, braucht man dafür ebensowenig Verantwortung zu übernehmen, wie bei dem Fall, wo man sich einen Sündenbock sucht.

Ein Exkurs über die Befolgung von Normen

Im allgemeinen werde ich wenig über die Befolgung von Normen sagen, weil die Befolgung oder Nichtbefolgung im Rahmen dieser Theorie lediglich das Ergebnis aus der Anwendung des Prinzips der Nutzenmaximierung unter verschiedenen Beschränkungen ist. Es gibt jedoch einige empirische Resultate zur Befolgung von Normen, die mit den oben erörterten strukturellen und positionellen Faktoren in engem Zusammenhang stehen. Die relevanten Punkte sind folgende:

1. Mächtige Personen in einer Gemeinschaft werden nicht nur mit geringerer Wahrscheinlichkeit sanktioniert, sondern befolgen Normen auch mit geringerer Wahrscheinlichkeit als weniger mächtige Personen (Bailey 1971, S. 20, Starr 1978, S. 59).
2. Obwohl über Personen, die sich innerhalb der sozialen Hierarchie ganz unten befinden, nicht mit geringerer Wahrscheinlichkeit geklatscht wird und sie nicht mit geringerer Wahrscheinlichkeit mit negativen Sanktionen

belegt werden wie Personen, die sozial höher gestellt sind, ordnen sie sich Normen und Sanktionen weniger stark unter (Pitt-Rivers 1971).

3. Unabhängig davon, wie stark die Geschlossenheit unter den Behauptern einer Norm ist, ordnen sich diejenigen Zielakteure, die mit Außenstehenden, welche die Norm nicht behaupten, Kontakt haben, mit geringerer Wahrscheinlichkeit Sanktionen unter (Bott 1971, Pitt-Rivers 1971, Merry 1981).

Das erste dieser empirischen Ergebnisse hängt damit zusammen, daß weniger mächtige Personen davon abgehalten werden, Personen mit größerer Macht zu sanktionieren. Letztere erkennen dies und können so mit weniger Angst vor Sanktionen gegen Normen verstoßen als Personen mit niedrigerem Status. Obwohl ihre Position bedeutet, daß sie viel zu verlieren haben, hat sie auch zur Folge, daß sie für abweichende Handlungen mit geringerer Wahrscheinlichkeit zur Rechenschaft gezogen werden.

Das zweite empirische Ergebnis ist so zu erklären, daß negative Sanktionen, die mit sozialem Ansehen zu tun haben, keine Wirkung auf Personen haben können, die sich auf den untersten Sprossen der sozialen Leiter befinden, da diese nichts zu verlieren haben. Diese relative Mißachtung negativer Sanktionen von seiten derer, die keine einflußreiche soziale Position innehaben, ist wahrscheinlich auf bestimmte Sanktionsarten, wie z.B. Mißbilligung, beschränkt. Andere Arten, wie körperliche Züchtigung, werden wahrscheinlich keine geringere Wirkung haben.

Das dritte empirische Ergebnis, daß sich nämlich Personen gegen Normen sperren, die auch außerhalb der Gruppe von Normenbehauptern Kontakte pflegen, ergibt sich nahezu von selbst. Personen mit größerer Mobilität können Sanktionen entweder physisch entgehen (wie im Falle eines jungen Mannes aus Merrys Untersuchung einer städtischen Umgebung [1984, S. 292], der einfach einige Wohnblöcke weiter zog) oder auch psychisch, indem sie ihr Interesse an der Gemeinschaft, in der ihnen Sanktionen auferlegt werden, verringern und es in Lebensbereiche verlagern, die außerhalb dieser Gemeinschaft liegen.

Dieses letzte empirische Ergebnis ist auch von Relevanz für die Bedingungen, unter denen Normen entstehen. Normen entwickeln sich als Resultat zielgerichteter Handlungen von Akteuren, die externe Effekte von anderen erfahren und somit mögliche Nutznießer der Norm sind. Selbst wenn also ein soziales Netzwerk möglicher Nutznießer eine ausreichend hohe Geschlossenheit aufweist, besteht nur ein geringer Anreiz für die Aufstellung einer Norm, falls die möglichen Zielakteure so mobil sind, daß sie der Wirksamkeit von Sanktionen entgehen können. Diese strukturelle Bedingung existiert in einigen desorganisierten städtischen Umgebungen der Unterschicht (sowie bei sehr mobilen Personen mit hohem Status).

Warum wird eine Norm als legitim anerkannt?

Ich wende mich nun einer Frage zu, die expliziter als bisher auf die unterschiedlichen Interessen eingeht, die verschiedene Akteure entwickeln, wenn eine gewisse Heterogenität in ihrer Kontrolle und ihren Interessen besteht. Warum erkennen Personen den Anspruch anderer auf das Recht, ihr Handeln zu kontrollieren, als legitim an, wenn dies für sie unmittelbare Nachteile mit sich bringt? Es ist möglich, daß eine solche Anerkennung nicht in allen Fällen mit der Theorie der rationalen Wahl erklärt werden kann, wie sie zur Zeit formuliert ist. Beispielsweise zeigen Sozialpsychologen wie Asch (1956), daß sogar die Wahrnehmungen einer Person verändert werden können, wenn andere Personen behaupten, daß sie dieselben Objekte anders wahrnehmen. Außerdem hat Sherif (1936) gezeigt, daß Beurteilungen aufgrund des Bezugsrahmens, den ein anderer liefert, leicht modifizierbar sind. Zumindest in einigen Fällen läßt sich eine Anerkennung jedoch über Prinzipien der rationalen Wahl erklären. Obwohl es eine Person als *unmittelbaren* Nachteil empfinden mag, wenn jedem das Recht zugestanden wird, die Handlungen anderer teilweise zu kontrollieren, sieht sie vielleicht doch ein, daß ihr dies langfristig gesehen zum Vorteil gereicht. Handelt es sich um eine konjunkte Norm, ist die Person möglicherweise in einigen Fällen in der Position desjenigen, der dieses Recht in Anspruch nimmt, d.h. in der Position desjenigen, der von der ähnlich gearteten Handlung eines anderen beeinträchtigt wird. Um die Norm aufzustellen, die der Person selbst das legitime Recht verleiht, vergleichbare Handlungen anderer zu kontrollieren, muß diese Person auch anderen das legitime Recht auf Teilkontrolle über die eigene Handlung zugestehen. Die Zurückweisung dieser Legitimität ist gleichbedeutend mit einer Zurückweisung der Norm und damit mit einer Handlung, die sich gegen die Legitimität des eigenen Rechts bei entsprechenden Gelegenheiten richtet. Wenn beispielsweise Bewohner eines Wohnheims eine Norm aufstellen möchten, die besagt, daß man das öffentliche Telefon nicht länger als zehn Minuten benutzen darf, falls andere warten, und wenn dann ein Mitbewohner die Legitimität einer solchen Kontrolle zurückweist, weist er damit auch die Norm zurück und kann nicht das Recht in Anspruch nehmen, andere zu sanktionieren, wenn diese lange Telefongespräche führen. Im Falle einer konjunkten Norm kann es für eine Person also rational sein, den Anspruch der anderen auf Teilkontrolle der eigenen Handlung anzuerkennen, weil sie dann auch selbst die Erlaubnis hat, die Handlungen anderer zu sanktionieren. Die Anerkennung des Anspruchs der anderen ist notwendig zur Aufstellung der Norm, die der Person hilft, die Handlungen der anderen, die sie beeinträchtigen, zu kontrollieren.

Es steht jedoch außer Frage, daß selbst bei konjunkten Normen, wie bei der Aufstellung von Regeln für das Telefonieren in einem Wohnheim, Asymmetrien auftreten. Personen, die viele kurze Telefonanrufe führen, werden sich oft in der Position des Sanktionsträgers befinden, wogegen andere, die wenige lange Gespräche führen, oft in der Position des Zielakteurs sind. Abhängig davon, wie oft sich eine Person in einer der beiden Rollen sieht, wird sie es langfristig gesehen von Vorteil finden, die Norm anzuerkennen, oder auch nicht.

Wenn man berücksichtigt, daß sich verschiedene Personen mit unterschiedlicher relativer Häufigkeit in der Rolle des Sanktionsträgers oder des Zielakteurs befinden, läßt sich leichter voraussagen, wer eine Norm als legitim anerkennen wird und wer nicht. Eine Person, die sich oft in der Position des Zielakteurs befindet, der durch die Norm Beschränkungen erfährt, wird wahrscheinlich ein geringeres Interesse daran haben, die Norm als legitim anzuerkennen. Die Person wird mit geringerer Wahrscheinlichkeit langfristig von der Norm profitieren. Nehmen wir an, daß in einer Gemeinschaft der Rechtsanspruch diskutiert wird, anhand von Mißfallensäußerungen zu reglementieren, welche Badeanzüge am gemeinsamen Swimmingpool getragen werden dürfen; wahrscheinlich wird dieser Anspruch eher von den älteren und weniger attraktiven Mitgliedern der Gemeinschaft als legitim anerkannt, welche selten anstößige Badeanzüge tragen würden, als von den jungen und attraktiven Mitgliedern, deren Badeanzüge eher Anstoß erregen würden.

Ebenso ergibt sich aus rationalen Erwägungen, daß diejenigen, die eine Norm mißachten, mit geringerer Wahrscheinlichkeit darauf drängen, daß andere diese Norm befolgen, denn eine Person, die die Norm mißachtet, geht ein erhöhtes Risiko ein, sanktioniert zu werden, wenn sie andere für die Mißachtung der Norm sanktioniert. Ein Mädchen, das einen herausfordernden Badeanzug trägt, der die Norm verletzt, wird wahrscheinlich nicht den ebenfalls herausfordernden Badeanzug eines anderen Mädchens anprangern; dies täte sie mit größerer Wahrscheinlichkeit, wenn sie selbst einen konventionellen Badeanzug tragen würde. Ein Mann, der sich in einer Gruppe von Männern befindet, die alle eine Krawatte tragen, weil dies in der betreffenden Situation normativ vorgeschrieben ist, wird auf die Tatsache, ob ein Neuankömmling eine Krawatte trägt oder nicht, jeweils anders reagieren, wenn er selbst eine Krawatte oder keine Krawatte trägt.

Handelt es sich um eine disjunkte Norm - deren Zielakteure nicht gleichzeitig Nutznießer der Norm sind, wie z.B. Kinder, deren Handlungen von Erwachsenen sanktioniert werden, oder Raucher, deren Handlungen von Nichtrauchern sanktioniert werden - gründet sich der Entschluß, das Kontrollrecht über die eigene Handlung aufzugeben, auf Überlegungen, die über die Fokalhandlung hinausgehen. Die Aufgabe dieses Rechts muß das Ergebnis einer Transaktion sein, die stattfinden kann, weil die Nutznießer der Norm (oder eine Untermenge davon) mächtig sind; das heißt, sie kontrollieren Ereignisse, an denen die Zielakteure ein Interesse haben, und sie können diese Kontrolle austauschen (wozu auch Austauschhandlungen gehören, die Drohungen umfassen), um Kontrollrechte über die Fokalhandlung zu erlangen.

Internalisierte Normen weisen gewisse Parallelen zu konjunkten Normen auf. Wenn eine Person sich mit einem Sozialisationsagenten *identifiziert* und damit ihre Interessen mit denen des Agenten gleichsetzt, wird der Anspruch dieses Agenten auf ein Kontrollrecht als legitim anerkannt, weil dieser Anspruch aus Interessen erwächst, die die Person als ihre eigenen erachtet.

Die Emergenz von Wahlnormen

Der Akt des Wählens stellt Wissenschaftler, die das rationale Kalkül des Verhaltens erforschen, vor ein schwerwiegendes Problem. Wenn man einen Wähler als rationalen Akteur betrachtet, der ein Interesse am Ausgang der Wahl hat, für den aber der Akt des Wählens selbst mit geringem Zeitaufwand und wenig Mühe verbunden ist, muß der Wahlakt nicht zwangsläufig erfolgen, selbst wenn der Akteur ein sehr großes Interesse am Wahlergebnis hat. Einfache Überlegungen werden den Wähler davon überzeugen, daß seine eigene Stimme, falls viele andere ebenfalls ihre Stimme abgeben, nur mit einer äußerst geringen Wahrscheinlichkeit das Wahlergebnis beeinflussen wird. Die geringfügigen Kosten an Zeit und Mühe, die das Wählen erfordert, werden mit Sicherheit größer sein als die minimale Chance, daß das Abgeben der Wählerstimme gewinnbringend sein wird. Wenn also ein Wähler darüber nachdenkt, was ihn bewegt, zur Wahl zu gehen, muß er zu dem Schluß gelangen, daß es nicht die Bedeutung seiner Stimme für das Endergebnis sein kann.

Entsprechende Schlußfolgerungen sind von vielen Wissenschaftlern, die sich mit dem rationalen Kalkül des Wählens auseinandersetzen, gezogen worden. Downs (1968 [1957]) diskutiert das Problem, Riker und Ordeshook (1973) erörtern es ausführlich, ebenso wie Ferejohn und Fiorina (1974), Margolis (1982) und viele andere. Zu erklären bleibt natürlich die empirisch belegte Tatsache, daß sich viele Personen, obwohl die genannten Überlegungen schlüssig zu sein scheinen, an Wahlen teilnehmen, selbst wenn große Mengen von Wählern beteiligt sind. In der Tat scheint selbst eine schwächere Voraussage aufgrund rationaler Überlegungen nicht zuzutreffen, die besagt, daß die Wahlbeteiligung, gleichgültig, wie hoch sie ist, mit Sicherheit in dem Maße absinkt, wie die Anzahl der Wahlberechtigten steigt. Dieses Problem gibt solch unlösbare Rätsel auf, daß es als das Wahlparadox bezeichnet worden ist (und in der ihm geschenkten Beachtung nur noch von Arrow's Paradox oder Condorcet's Paradox übertroffen wird). Das Paradox ist im vorliegenden Falle nicht logischer, sondern empirischer Natur: Warum beteiligen sich soviele Personen an Wahlen, obwohl es eindeutig irrational ist, dies zu tun?

Das Problem läßt sich präziser formulieren, wenn man es auf einfache Weise mathematisch ausdrückt. Nehmen wir an, daß der Akt des Wählens für eine Person die Kosten c verursacht. Nehmen wir weiter an, daß ein Wahlausgang nach ihrem Wunsch für sie den Gewinn b erbringt. Und nehmen wir außerdem an, daß die Person davon ausgeht, daß dieses Ergebnis mit der Wahrscheinlichkeit p eintrifft, wenn sie nicht wählen geht, und mit der Wahrscheinlichkeit $p+\Delta p$, wenn sie an der Wahl teilnimmt. Dann kann sie den erwarteten Ertrag für den Fall errechnen, daß sie wählen geht, und auch für den Fall, daß sie es nicht tut. Der erwartete Ertrag bei ihrer Wahlteilnahme ist $b(p+\Delta p)-c$. Der erwartete Ertrag ist bp, wenn sie nicht teilnimmt. Wenn die Person im üblichen Sinne rational handelt, wird sie dann und nur dann wählen gehen, wenn der erste dieser beiden erwarteten Erträge höher ist als der zweite, d.h. wenn $b(p+\Delta p)-c$ größer ist als bp. Dies reduziert sich auf $b\Delta p$ ist größer als c, oder Δp ist größer als c/b. Das heißt, die Person sollte sich nur dann an der Wahl beteiligen, wenn das Inkrement in der Wahrscheinlichkeit des erwünschten Ergebnisses abhängig von seiner Wählerstimme größer ist als das Verhältnis der Wahlkosten zu den Gewinnen aus dem erwünschten Ergebnis.

Es ist offenkundig, daß Δp recht gering ist, sobald die Anzahl der Wähler groß ist, so daß man die Wahlhandlung eines Individuums nur dann als rational bezeichnen kann, wenn seine Wahlkosten (c) fast Null oder die Gewinne (b) extrem hoch sind.[8] Es gibt wohl nur wenige Staatswissenschaftler, die behaupten, daß beide Bedingungen für die meisten Wähler erfüllt sind, und so bleibt das Rätsel des offensichtlich nichtrationalen Wählens bestehen.

Verschiedene Autoren haben versucht, das Wählen auf vielfache Weise zu "rationalisieren". Eine mögliche Erklärung ist, daß der Akt des Wählens nicht nur Kosten, sondern auch Gewinne nach sich zieht. Wenn zum Beispiel die Teilnahme an einer Wahl bei den Freunden einer bestimmten Person große Zustimmung findet und eine Nichtteilnahme mißbilligt wird, muß das Ergebnis der Wahl nicht ausschlaggebend für den Entschluß der Person sein, an der Wahl teilzunehmen, und sie braucht auch nicht zu glauben, daß ihre Stimme für den Wahlausgang von entscheidender Bedeutung ist. Wenn die psychischen Gewinne aus der Anerkennung der Freunde b^* betragen und die Kosten aufgrund der Mißbilligung c^*, ist der erwartete Ertrag aus der Wahlteilnahme in diesem Falle $b(p+\Delta p)-c+b^*$ und aus der Nichtteilnahme $bp-c^*$. Dies verändert die Ungleichheit, die eingehalten werden muß, wenn sich die Person an der Wahl beteiligen soll, denn $b\Delta p+b^*+c^*$ muß größer

---

8 Eine andere Definition von Rationalität, das Minimax-Prinzip der Reue, kann eine Person auch veranlassen, wählen zu gehen, wie Ferejohn und Fiorina (1974) aufgezeigt haben. Dieses Prinzip kann man jedoch nur in Spielen mit einem strategischen Anderen als rational bewerten. Die hier behandelte Situation ist dagegen ein Spiel gegen die Umstände, also gegen einen nichtstrategischen Anderen.

sein als *c*. Diese Ungleichheit wird möglicherweise selbst dann eingehalten, wenn die Person glaubt, daß ihre Stimme den Wahlausgang nicht beeinflussen wird, d.h. selbst dann, wenn Δp Null ist. Notwendig ist nur, daß die Summe der psychischen Gewinne aufgrund von Anerkennung und der psychischen Kosten aufgrund von Mißbilligung größer sind als die direkten Kosten aus der Wahlteilnahme.[9]

Diese Erklärung von Wählerverhalten hat gewisse Vorzüge. Zum Beispiel erlaubt sie unterschiedliche Voraussagen darüber, ob Personen unter verschiedenen Umständen wählen gehen, und kann somit empirisch fundiert oder entkräftet werden. So würde eine Voraussage lauten, daß Personen mit sehr viel geringerer Wahrscheinlichkeit an einer Wahl teilnehmen als andere Personen, wenn sie sich nicht in der Gesellschaft ihrer Freunde befinden oder in der Gesellschaft von Personen, die Wählen gehen nicht befürworten und Nichtwählen nicht mißbilligen.

Diese Erklärung weist jedoch auch einige unbefriedigende Aspekte auf. Dazu gehört vor allem, daß sie nicht erklärt, warum andere eine Wahlteilnahme begrüßen oder eine Nichtteilnahme mißbilligen. Diese anderen sind wahrscheinlich den gleichen rationalen Überlegungen unterworfen, die sie dazu bewegen sollten, nicht zu wählen bzw. nicht andere zu sanktionieren, die nicht an der Wahl teilnehmen. Somit wird das Problem bei obiger Erklärung nur einen Schritt zurück verlagert: Warum drücken andere ihre Zustimmung aus, wenn jemand wählen geht, und ihre Mißbilligung, wenn er nicht wählen geht?

Erforderlich ist eine Erklärung von Wählerverhalten, die mit der genannten übereinstimmt, aber darüber hinaus auch erklärt, warum andere trotz ihrer vergleichbaren Situation Zustimmung und Mißbilligung ausdrücken. Eine solche Erklärung wird in Kapitel 30 gegeben; sie stützt sich dort auf ein mathematisches Modell, welches bestimmte Ergebnisse erbringt, die über die Möglichkeiten verbaler Ausführungen hinausgehen. Die generellen Ideen lassen sich jedoch auch ohne Hilfe der Mathematik formulieren.

Setzen wir ein System von Akteuren voraus, von denen jeder ein Interesse am Ausgang einer Wahl hat (was in der obigen Diskussion dem *b* entspricht) sowie ein negatives Interesse am Akt des Wählens selbst (was dem oben genannten *c* entspricht). Letzteres kann in Relation zu ersterem natürlich sehr gering sein. Jeder Akteur kontrolliert mittels seiner Stimme zu einem klei-

---

[9] Der Entscheidung, wählen zu gehen, kann ein weiterer Prozeß zugrunde liegen, der in einem späteren Abschnitt dieses Kapitels und in den Kapiteln 7 und 19 behandelt wird, nämlich der Prozeß der Identifikation mit einem Staat oder einer politischen Partei. Dies kann sich dahingehend auswirken, daß man den Akt des Wählens selbst trotz seiner minimalen Auswirkung und sogar ohne die Zustimmung von Freunden als gewinnbringend empfindet. Diese Analyse von Wählerverhalten würde zu etwas anderen Voraussagen führen als denen, die in diesem Abschnitt diskutiert werden. Eine Variante dieser Argumentation entwickelt Margolis (1982).

378 Handlungsstrukturen

nen Teil das Wahlergebnis. Unter solchen Umständen ist die Handlung jedes einzelnen Akteurs von Interesse für jeden anderen Akteur, oder, anders ausgedrückt, die Handlungen haben externe Effekte. Dem in Kapitel 10 erörterten Prinzip gemäß wird ein Bedürfnis nach einer Wahlnorm bestehen. Und die Befriedigung dieses Bedürfnisses ist, dem Prinzip gemäß, das in diesem Kapitel vorgestellt wurde, abhängig von der Existenz sozialer Beziehungen zwischen möglichen Nutznießern der Norm, falls das Problem des Trittbrettfahrers zweiter Ordnung überwunden werden soll. Wenn diese Bedingungen erfüllt sind, wird eine allgemeine Übertragung von Kontrollrechten über die Handlung des Wählens oder Nichtwählens zwischen sämtlichen Akteuren erfolgen.

Das Endergebnis dieser Übertragung von Kontrollrechten ist ein System, in dem jeder Akteur einen Großteil von Kontrollrechten über seine eigene Handlung (d.h. Wählen oder Nichtwählen) aufgegeben und dafür einen kleinen Anteil an Kontrollrechten über die jeweilige Handlung der anderen Akteure gewonnen hat. Dies bedeutet, wie ich in einem früheren Abschnitt dargelegt habe, die Emergenz einer konjunkten Norm. Jeder Akteur wird die erworbenen Rechte dahingehend ausüben, daß andere wählen gehen, doch aufgrund der ihm verbliebenen Kontrolle über die eigene Handlung nimmt er vielleicht für sich das Recht in Anspruch, nicht wählen zu gehen (wegen der Kosten, die ihm daraus erwachsen). Er kann seine Kontrollrechte über das Wahlverhalten anderer ausüben, indem er seine Zustimmung oder Mißbilligung zum Ausdruck bringt. Wenn jeder Akteur den größten Teil der Kontrolle über seine eigene Handlung anderen übertragen hat, kann das potentielle Ausmaß der Zustimmung oder Mißbilligung für Wahlteilnahme bzw. Nichtteilnahme möglicherweise ausreichen, um die Kosten auszugleichen, die jedem durch das Wählen entstehen.

292   Man könnte argumentieren, daß diese konjunkte Norm auf eine Untergruppe innerhalb des Systems beschränkt ist, deren Mitglieder alle denselben Kandidaten unterstützen, da Wählerstimmen zugunsten eines Oppositionskandidaten negative externe Effekte nach sich ziehen. Da Personen sich im allgemeinen mit denjenigen Personen zusammenschließen, deren politische Einstellungen ihren eigenen entsprechen, wird die Anwendung einer solchen Norm (mit Sanktionen in Form von Zustimmung oder Mißbilligung für Wahlteilnahme bzw. Nichtteilnahme) dahin zielen, diejenigen, die in die gleiche Richtung tendieren wie man selbst, zur Teilnahme an der Wahl zu bewegen. Daß Personen, die dem sogenannten *cross-pressure* ausgesetzt sind, d.h. die aus mehreren Richtungen gleichzeitig beeinflußt werden, mit geringerer Wahrscheinlichkeit wählen gehen, wie Wahlforscher beobachtet haben, rührt vielleicht von einer differenzierten Anwendung der Norm her. (Eine Diskussion von solchem *cross-pressure* findet sich bei Berelson, Lazarsfeld und McPhee 1954.) Die Tatsache, daß sich Personen mit geringerer

Wahrscheinlichkeit an einer Wahl beteiligen, wenn sie sich in einer Umgebung befinden, die sich nicht mit ihrem Hintergrund oder ihren Interessen deckt, ist möglicherweise darauf zurückzuführen, daß normative Sanktionen, die zu einer Wahlteilnahme führen würden, in geringerem Maße angewendet werden.

Es läßt sich noch eine weitere Schlußfolgerung ziehen. Da diese normativen Systeme aus Anhängern jedes einzelnen Kandidaten bestehen, hängt ihre Stärke vom Grad ihrer jeweiligen Geschlossenheit ab. Solange die sozialen Netzwerke, die Personen miteinander verbinden, nicht einigermaßen distinkt sind, so daß eine Korrelation zwischen den politischen Präferenzen von Freunden besteht, können diese normativen Systeme nicht funktionieren. Eine Voraussage, die aus dieser Theorie folgt, lautet daher, daß der Anteil der Wähler in der Population um so geringer ist, je schwächer diese Korrelation ausfällt, so daß in diesem Fall soziale Netzwerke nur einen zufälligen Bezug zu politischen Präferenzen haben. Ein weiterer kleiner Schritt würde sein, daß eine schwache Korrelation zwischen sozialen Beziehungen und politischen Präferenzen vor allem diejenigen Kandidaten um Stimmen brächte, die in dem betreffenden System (z.B. einer Großstadt oder Kleinstadt) eine Minderheitsposition einnehmen.

Das zentrale Element dieser Erklärung, das der früheren fehlte, ist die Aufgabe von Teilkontrollrechten über die eigene Handlung und der Erhalt von Teilkontrollrechten über die Handlungen anderer und damit die Emergenz einer Norm. Letztendlich wird damit die Kontrolle über das Wahlverhalten jedes einzelnen, die zunächst von der jeweiligen Person allein behauptet wurde, über die Gesamtmenge der Akteure verteilt, die diese Kontrolle mittels Zustimmung oder Mißbilligung für Wahlteilnahme bzw. Nichtteilnahme ausüben - und dies ungeachtet der Tatsache, daß jeder ein gewisses Widerstreben empfindet, selbst wählen zu gehen.

Die Internalisierung von Normen

Den Prozeß zu untersuchen, über den Normen internalisiert werden, ist ein riskantes Unterfangen im Rahmen einer Theorie, die von der Vorstellung einer rationalen Wahl ausgeht. Bei der Konstruktion einer solchen Theorie ist es normalerweise nicht möglich, die Frage zu stellen, wie Individuen die von ihnen vertretenen Interessen entwickeln. Ungeachtet der Tatsache, daß jeder weiß, und sei es auch nur durch Introspektion, daß Interessen einem Wandel unterworfen sind, muß eine Theorie, die zielgerichtetes Handeln voraussetzt, von einer Zielsetzung ausgehen, und der theoretische Apparat wird angewandt, um diese Zielsetzung, wie immer diese auch geartet sein mag, zu realisieren. Eine Theorie, die von rationalem Handeln ausgeht, weist somit auf der Individualebene (die hier als System betrachtet wird) den gleichen Nachteil auf, den auch eine Theorie, die gesellschaftliche Zielsetzungen oder soziale Normen an den Anfang stellt, auf der Ebene des sozialen Systems aufweist. Dieser Nachteil der Individualebene schwächt aber eine Sozialtheorie, wie ich in Kapitel 1 ausgeführt habe, sehr viel weniger als der resultierende Nachteil, wenn man von einer sozialen Zielsetzung oder einer Menge von sozialen Normen ausgeht.

Ein Nachteil ist es dennoch, weil sich individuelle Interessen eben doch verändern und Individuen Normen internalisieren. Man könnte letzteres ignorieren und eine Theorie entwerfen, die annimmt, daß alle Sanktionen von außen auferlegt werden. Eine solche Theorie wäre aber schwächer, weil sie nicht voraussagen könnte, unter welchen Bedingungen und in welchem Ausmaß Normen internalisiert würden, und sie wäre weniger korrekt, weil auf sie gestützte Voraussagen die Internalisierung von Normen nicht berücksichtigen würden. Daher werde ich in diesem Abschnitt einige Probleme bezüglich der Internalisierung von Normen untersuchen, obwohl ich zugebe, daß es riskant ist, über die üblichen Grenzen von Theorien, die rationales Handeln voraussetzen, hinauszugehen.

Mit "Internalisieren einer Norm" meine ich nicht nur, daß eine Norm als legitim anerkannt wird bzw. daß anderen das Recht zugestanden wird, Teilkontrollen über die eigenen Handlungen auszuüben — dies entspräche auch nicht der üblichen Verwendung dieses Begriffs. Würde Internalisierung einer Norm nichts weiter als das bedeuten, wäre es nicht möglich, daß abweichende Handlungen des Individuums, die von anderen unbeobachtet bleiben, reglementiert werden. In dieser Erörterung bedeutet Internalisierung einer Norm, daß ein Individuum ein inneres Sanktionssystem entwickelt, das mit einer Bestrafung reagiert, wenn das Individuum eine durch die Norm verbotene Handlung ausführt oder eine von der Norm vorgeschriebene Handlung nicht ausführt.

Es ergibt sich dann die Frage, wie ein solches inneres Sanktionssystem entsteht. Diese Frage läßt sich wiederum in zwei Teilfragen aufspalten: Erstens, wie lauten die Bedingungen, unter denen andere Akteure zu bewirken versuchen, daß ein bestimmter Akteur eine Norm internalisiert, vorausgesetzt, daß eine Internalisierung stattfinden kann? Zweitens, wie lauten die Bedingungen, unter denen ein Akteur auf diese Versuche mit Internalisierung der Norm reagiert? Lediglich bei der zweiten Frage muß man über die üblichen Grenzen einer Theorie, die rationales Handeln voraussetzt, hinausgehen, denn um sie zu beantworten, muß man untersuchen, warum und wie Individuen ihre innere Motivationsstruktur verändern (wobei Motivation dem Begriff des Nutzens in einer Theorie der rationalen Wahl entspricht). Diese zweite Frage wird auf Kapitel 19 verschoben. Die erste Frage, die die Sozialisationsagenten betrifft, wird dagegen im folgenden Abschnitt behandelt.

Unter welchen Bedingungen versuchen Akteure, eine Internalisierung herbeizuführen?

Hier muß nun also die Frage beantwortet werden, warum der Nutznießer einer Norm oder, allgemeiner gesagt, ein Akteur, der daran interessiert ist, über die Handlung eines anderen Kontrolle auszuüben, versucht, in einem Zielakteur ein inneres Sanktionssystem wachzurufen, statt lediglich äußere Sanktionen anzuwenden, die die betreffende Situation erlaubt. Die Antwort liegt sofort auf der Hand, wenn man sich in die Eltern eines kleinen Kindes hineinversetzt oder in einen Polizeibeamten, der Verbrechen in einem Viertel bekämpft. Wenn das kleine Kind oder jede Person des Viertels über ein inneres Sanktionssystem verfügt, wird die kontinuierliche äußere Überwachung von Handlungen überflüssig. Wenn also eine Internalisierung Kosten erzeugt, die gering genug sind, ist sie ein wirksameres Mittel sozialer Kontrolle als die äußere Überwachung von Handlungen. Die nächste Frage lautet dann: Wie sehen die Bedingungen aus, unter denen die Schaffung eines inneren Sanktionssystems wahrscheinlich wirksamer ist als die Durchführung einer äußeren Handlungskontrolle?

Als erstes ist folgendes festzuhalten. Da Normen helfen, Handlungen im Interesse von Personen, die nicht mit dem Akteur identisch sind, zu kontrollieren, ermöglichen innere und äußere Sanktionen zwei Arten der Überwachung, nämlich innere und äußere Überwachung. Der Prozeß der Erzeugung eines inneren Überwachungssystems ist Teil eines breiter gefaßten Prozesses, den man normalerweise als Sozialisation bezeichnet. Dabei wird im Individuum gleichsam ein Gewissen oder ein Über-Ich angesiedelt; ich werde es als inneres Sanktionssystem bezeichnen. Personen, deren Sozialisation in dem Sinne ineffektiv war, daß sie viele soziale Normen nicht internalisiert haben, werden als Soziopathen bezeichnet. Die hervorstechendsten Typen von Individuen, welche extrem wenig Normen internalisiert haben, sind vielleicht diejenigen Erwachsenen und Kinder, deren Handlungen nur einer schwachen oder gar keiner inneren Kontrolle unterzogen werden.

Unter welchen Bedingungen ist es rational zu versuchen, ein inneres Sanktionssystem hervorzurufen? Als erstes ist festzuhalten, daß ein solcher Versuch rational ist, wenn er Effektivität zu einem annehmbaren Preis verspricht. Somit muß man zunächst einmal wissen, unter welchen Bedingungen Versuche, eine Internalisierung hervorzurufen, wirksam sind. Zum Teil läßt sich die Frage aber auch beantworten, indem man eine gewisse Empfänglichkeit auf seiten des Individuums voraussetzt. Bei der Untersuchung dieses Aspekts werde ich mich zwischen empirischen Beobachtungen und theoretischer Argumentation hin- und herbewegen, wobei erstere beim Verstehen von Prozessen helfen sollen, die sich nicht direkt aus einem Prinzip des rationalen Handelns herleiten lassen.

Zunächst sind noch einige generelle Punkte festzuhalten. Bei der Entscheidung, ob es rational ist, in einem anderen Akteur eine Internalisierung zu bewirken, müssen die Kosten, die das Hervorrufen der Internalisierung zu einem bestimmten Wirkungsgrad verursacht, gegen die diskontierten zukünftigen Kosten der Überwachung abgewogen werden, die notwendig wäre, um den gleichen Grad der Befolgung zu gewährleisten; dabei wird der Grad der Befolgung festgelegt, indem man die Kosten der Nichtbefolgung gegen die Kosten einer möglichst wirksamen Sanktion (intern oder extern) abwägt.

Natürlich ist es auch wichtig zu wissen, ob zwischen verschiedenen Sozialisationsstrategien eine klare Differenzierung zu treffen ist, insofern als einige mehr Gewicht auf externe und andere mehr Gewicht auf interne Sanktionen legen. Die Literatur über Sozialisationspraktiken zeigt wohl eindeutig, daß diese Differenzierung möglich ist (siehe z.b. Miller und Swanson 1958 und Kohn 1977), wobei die Unterschiede durchaus nicht nur von Eingeweihten feststellbar sind. Es ist relativ einfach, äußere Sanktionen von Versuchen, jemandem ein inneres Sanktionssystem zu vermitteln, zu unterscheiden. Ein Elternteil, der einem Kind einen Klaps auf die Finger gibt oder ihm etwas entzieht, was ihm Freude macht, um es für eine Handlung zu bestrafen, oder der dem Kind z.B. eine Süßigkeit gibt, um es für eine Handlung zu belohnen, wendet eine äußere Sanktion an. Ein Elternteil, der zeigt, daß die Handlung eines Kindes ihn verletzt oder enttäuscht hat, oder der Zufriedenheit äußert und seine Liebe zu dem Kind zum Ausdruck bringt, wenn es eine bestimmte Handlung ausgeführt hat, wendet eine Sanktion an, die davon ausgeht, daß ein inneres Sanktionssystem vorhanden ist, und zugleich versucht, dieses System zu stärken.

Ich wende mich nun wieder der Frage nach den Bedingungen zu, unter denen versucht wird, eine Internalisierung zu bewirken, und beginne dabei mit einer empirischen Beobachtung. Es hat den Anschein, daß Sozialisationsagenten nicht einfach versuchen, anderen Personen bestimmte Normen einzuimpfen. Ein Hauptbestandteil der Sozialisation ist der Versuch, das Individuum zur *Identifizierung* mit dem Sozialisationsagenten zu bewegen. Dies geschieht nicht nur, wenn Eltern ihre Kinder sozialisieren, sondern auch in anderen Fällen. Nationalstaaten bedienen sich öffentlicher Bildung sowie verschiedener nationalistischer Ereignisse und patriotischer Propaganda, um im Individuum eine Identifikation mit dem Staat hervorzurufen, damit es die Interessen des Staates als seine eigenen übernimmt. Einige gewerbliche Unternehmen (vor allem in Japan, aber auch anderswo) versuchen, ihre Angestellten zu einer starken Identifizierung mit dem Unternehmen zu bewegen. Berufsausbildende Hochschulen sozialisieren einen Anwärter in einen Beruf oder ein Fach hinein, wobei sie ihn dazu bringen, sich mit dem Beruf oder dem Fach zu identifizieren (damit er z.B. "ein Soziologe wird"). Religiöse Orden, die Armee und andere Institutionen verwenden verschiedene Techniken zur Sozialisierung neu eintretender Individuen, um jedem eine neue Identität zu verleihen. In allen diesen Fällen scheinen die Sozialisationshandlungen Versuche zu sein, ein neues Selbst zu schaffen, so daß die Handlungen des Individuums durch den gedachten Willen oder die Zielsetzung des Akteurs bestimmt werden, mit dem es sich identifiziert hat, wie z.B. mit Eltern, Staat, Unternehmen, religiösem Orden, Beruf oder akademischem Fach. Dieser Wille erzeugt dann die inneren Sanktionen für zukünftige Handlungen.

Empirische Belege sprechen demzufolge dafür, daß eine Hauptstrategie bei dem Versuch, bei einem anderen Akteur die Internalisierung von Normen zu bewirken, darin besteht, das Selbst zu modifizieren, dessen Interessen der Akteur durch seine Handlungen zu maximieren versuchen wird. Dies ist eine indirekte Strategie, denn sie versucht nicht, auf direktem Wege die Überzeugung einzuimpfen, daß bestimmte Handlungen richtig und andere falsch sind. Die Strategie besteht darin, das Selbst zu verändern und dem Selbst die Entscheidung zu überlassen, was richtig und was falsch ist (indem man sich z.B. vorstellt, was die eigene Mutter zu einer bestimmten Handlung sagen würde).

Man kann diese Strategie noch aus einem anderen Blickwinkel betrachten, wenn man auf das Problem von Körperschaften eingeht, die ihre Agenten dazu motivieren wollen, in ihrem Interesse zu handeln. Dies wurde in Kapitel 7 als das Problem beschrieben, dem sich ein Prinzipal gegenübersieht, der seinen Agenten dazu bewegen möchte, seine Interessen wahrzunehmen. Dabei wird der Prinzipal vor allem mit dem Problem konfrontiert, ob er sich für eine äußere Kontrolle bzw. Überwachung entscheidet oder ob er versucht zu bewirken, daß der Agent selbst eine innere Kontrolle vornimmt. Letzteres ist auf vielfältige Weise möglich. Verwendet werden beispielsweise unmittelbar ökonomische Anreize wie Bezugsrechte auf neue Aktien, Aktienbesitz, Akkordarbeit, Leistungsprämien, Provisionen u.a. Die ersten beiden Anreizarten zielen darauf ab, die Interessen des Agenten größtenteils mit denen des Prinzipals in Einklang zu bringen (insofern als die Interessen des Agenten durch das Ergebnis oder Produkt befriedigt werden, welche auch die Interessen des Prinzipals befriedigen). Die anderen drei stellen eine Verbindung zwischen den Interessen des Agenten und den Handlungen her, die er für den Prinzipal ausführt. Zusätzlich zu ökonomischen Anreizen bedienen sich Unternehmen anderer Mittel, die, wie Aktienbesitz, Agenten bewegen, sich direkt mit dem Unternehmen zu identifizieren. Kollektive Aktivitäten wie Sportvereine, Betriebsausflüge und verschiedene vom Unternehmen finanzierte Unterhaltungsangebote sind Beispiele hierfür. Ein weiteres Mittel besteht darin, die Erwartung auf eine langfristige Einstellung bei dem Unternehmen zu wecken.

Diese Handlungen von Körperschaften, die in ihren Agenten eine Identifikation erzeugen oder sie dazu bringen möchten, so zu handeln, daß es den Interessen der Körperschaft am stärksten entspricht, scheinen einer ähnlichen Strategie zu folgen wie Akteure, die mit der Sozialisation von Individuen zu tun haben. Die Strategie besteht darin zu versuchen, die Interessen des Agenten so vollständig an die des Prinzipals anzupassen, daß das Eigeninteresse des Agenten mit den Interessen des Prinzipals übereinstimmt. Einige der dabei verwendeten Mittel scheinen diese Anpassung grundlegender als andere vorzunehmen. Die Strategie des Sozialisationsagenten und die Strategie des Prinzipals stimmen darin überein, daß keine versucht, innere Sanktionen für eine spezielle Handlung zu erzeugen, d.h. Fall für Fall vorzugehen und der betreffenden Person für jede einzelne Handlung eine separate Norm einzuimpfen. Beide Strategien gehen eine Ebene tiefer, indem sie die Interessen des Sozialisationsobjektes oder des Agenten modifizieren. Die Sozialisationsstrategie und auch einige der ökonomischen und nicht-ökonomischen Mittel, die von Körperschaften verwendet werden, scheinen sogar noch eine Ebene weiter nach unten zu gehen, indem sie ein neues Selbst schaffen, das den gedachten Willen eines anderen als Handlungsgrundlage wählt. Die Ähnlichkeit dieser beiden Strategien, von denen die eine Veränderungen in einem individuellen Akteur bewirkt und die andere Veränderungen in einer Körperschaft (teilweise auch über Veränderungen in individuellen Agenten), läßt vermuten, daß eine umfassende Strategie unter gewissen Umständen wirksamer ist als eine Strategie, die Fall für Fall vorgeht. Wenn man davon ausgeht, kann man nach den Bedingungen fragen, die die Wirksamkeit einer Internalisierung beeinflussen.

Erstens wird eine Internalisierung umso wirksamer, je größer die Anzahl verschiedener Handlungstypen ist, die der Sozialisationsagent, beispielsweise ein Elternteil, mit der Hilfe von Normen kontrollieren möchte. Der grundlegende Prozeß, durch den die Identifikation mit dem Sozialisationsagenten erreicht wird, bedeutet letztendlich Kapitalkosten, und zusätzliche marginale Kosten entstehen für alle verschiedenen Handlungen, die einer normativen Beschränkung unterliegen sollen. Die Kapitalkosten machen bei weitem den größten Anteil der beiden Kostentypen aus, so daß dem Sozialisationsagenten nur wenig mehr Gesamtkosten entstehen, wenn er eine große Menge von Handlungen mit normativen Beschränkungen belegt, als wenn er dies mit einer kleinen Menge von Handlungen tut. Hat eine Mutter beispielsweise erst einmal die Bedingung geschaffen, daß ihre Tochter die Wünsche der Mutter internalisiert hat, kann die Mutter die Anzahl der Gebote und Verbote, die ihren Wünschen entsprechen, ohne große Kosten erweitern.

Das bedeutet, daß Herrschaftssysteme, die, wie religiöse Orden, das Ziel haben, das Leben des Mitglieds oder des Untergebenen in allen Aspekten zu durchdringen, eher versuchen, eine Identifikation über die Schaffung eines neuen Selbst herbeizuführen, als Herrschaftssysteme, die eine weniger breit gestreute soziale Kontrolle ausüben wollen. Eine ähnliche, jedoch weniger offenkundige Voraussage lautet, daß Eltern, die eine weitreichende Autorität über ihre Kinder ausüben möchten, mehr Gebrauch von Internalisierung machen als Eltern, die ihre Autorität auf einen engeren Bereich ausgedehnt sehen möchten. Genauer gesagt werden es Eltern, die in der Kindererziehung einer gleichmacherischen Ideologie folgen, die zu einem elterlichen Herrschaftssystem mit Laisser-faire-Haltung (wenig Gebote und Verbote) führt, für weniger wirksam halten, eine Identifikation und die Internalisierung von Normen herbeizuführen, als Eltern, die eine umfassendere und strengere Herrschaft über ihre Kinder ausüben möchten. Daher internalisieren Kinder gleichmacherischer Eltern wahrscheinlich weniger Normen oder sind eher Soziopathen als Kinder autoritärer Eltern. Diese Voraussage widerspricht der *common sense*-Annahme, daß "aufgeklärte" Eltern zugleich egalitärer sind und mit größerer Wahrscheinlichkeit innere Sanktionen verwenden als äußere. Diese Annnahme führt zu der Voraussage, daß die Korrelation zwischen elterlichem Egalitarismus und der Verwendung innerer Sanktionen positiv ist.

Ein zweiter Punkt ist, daß Eltern (oder andere Akteure), die in der Lage sind, ein inneres Sanktionssystem zu begründen, nicht in den Genuß aller Gewinne kommen, die dies zur Folge hat. Die Eltern müssen die Kosten der Internalisierung bezahlen, doch andere Personen werden einige der zukünftigen Gewinne ernten. Es trifft natürlich zu, daß in der Zeit, in der das Kind noch zu Hause wohnt, an Eltern auch einige der Gewinne abfallen. Da diese aber nur einen geringen Teil der Gewinne ausmachen, ist von der Gesamtmenge an Gewinnen her, die die Internalisierung für andere erbringt (wie reduzierte Überwachung und weniger negative externe Effekte) eine zu geringe, das heißt eine Unterinvestition in die Internalisierung zu erwarten. Diese Unterinvestition betrifft wahrscheinlich in besonderem Ausmaß die Internalisierung von Normen, die mit Handlungen des Kindes im Elternhaus am wenigsten zu tun haben und vor allem auf Handlungen abzielen, die andere Personen betreffen, mit denen man später im Leben zu tun hat.

Ähnliche Interessen, wie sie dieser Unterinvestition in die Internalisierung zugrunde liegen, liegen auch Unterinvestitionen von gewerblichen Unternehmen in Humankapital zugrunde (siehe Becker 1976, der die Unterinvestition in Humankapital erörtert). Ein Unternehmen gewinnt nur einen Teil seiner Investitionen in Humankapital zurück, und zwar in Abhängigkeit von der Beschäftigungsdauer des Arbeitnehmers.[10] In der Literatur über Humankapital

---

10 Es besteht zumindest folgender Unterschied: Die Investition in Humankapital erhöht den Wert des Arbeitnehmers am Arbeitsmarkt, wodurch die Chance größer wird, daß er das Unternehmen verläßt und den Ertrag des Unternehmens aus dessen Investitionen noch weiter vermindert. In bezug auf die Sozialisation von Kindern gibt es keine analoge Situation.

wird zwischen spezifischem und generellem Humankapital differenziert. Ein Unternehmen kann sich sämtliche Gewinne aus Investitionen in spezifisches Humankapital (unternehmensspezifisches Wissen oder Fertigkeiten) sichern, jedoch nicht die Gewinne aus generellem Humankapital, das in anderen Unternehmen, zu denen ein Arbeitnehmer möglicherweise überwechselt, Verwendung finden kann. Diese Differenzierung ähnelt der Unterscheidung zwischen Normen, die die Handlungen eines Kindes im Elternhaus betreffen, und Normen, die sich auf Handlungen außerhalb des Elternhauses oder im späteren Leben beziehen. Aus dieser Differenzierung folgt, daß weniger Unterinvestitionen bei der Internalisierung einer Norm auftreten, die Ehrlichkeit vorschreibt, wodurch die Handlungen eines Kindes im Elternhaus betroffen sind, als bei der Internalisierung einer Norm, die eine gerechte Behandlung Gleichaltriger vorschreibt, was hauptsächlich außerhalb des Elternhauses, auf dem Spielplatz und in der Schule zum Tragen kommt. Wahrscheinlich erfolgt sogar eine geringere Investition in die Internalisierung von Normen, die betrügerische Handlungen verbieten, welche vor allem im späteren Berufsleben auftreten.

Eine weitere Voraussage lautet, daß Unterinvestitionen in die Internalisierung von Normen häufiger in Kulturen oder Umgebungen vorkommen, in denen Kinder ihr Elternhaus schon früh verlassen. Hier erfahren Eltern, die ihre Kinder sozialisieren, daß sie einen geringeren Anteil der Gesamtgewinne erhalten, und gelangen so zu der Einsicht, daß sich Investitionen in die Internalisierung weniger rentieren. Eine spezifische Voraussage lautet, daß in modernen Gesellschaften, wo der typische Haushalt zwei Generationen umfaßt, mehr Unterinvestitionen auftreten als in traditionellen Gesellschaften, in denen Haushalte mit drei Generationen oder Großfamilien vorherrschen. Eine zweite spezifische Voraussage lautet, daß ein Anstieg der Scheidungsrate eine Reduzierung der Investitionen in die Internalisierung zur Folge hat und daß Kinder geschiedener Eltern ein geringeres Maß an Internalisierung aufweisen. Beide geschiedene Elternteile gehen davon aus, daß sie mit dem Kind weniger Zeit verbringen, und finden es daher weniger kostspielig, äußere Sanktionen in Situationen anzuwenden, in denen die Schaffung innerer Sanktionen im Falle eines längeren Amortisationszeitraums wirksamer wäre.

Ein dritter Punkt ist, daß Eltern den Ertrag aus ihren Investitionen in die Internalisierung von Normen erhöhen können, indem sie sich mit dem Kind identifizieren und sich auch in seinem späteren Leben über die Handlungen des Kindes informieren. Eine solche Identifikation kann, gemeinsam mit den Informationen über die Handlungen des Kindes, die mit den Wünschen der Eltern in Einklang stehen und auch die Zustimmung anderer finden, den Eltern Befriedigung verschaffen und eine Investition in Internalisierung rentabel machen. Dies führt zu der Voraussage, daß Eltern eher auf innere als auf äußere Sanktionen zurückgreifen, wenn die Eltern die Erwartung hegen, daß ihr Kind sich in Kreisen bewegen wird, in denen Werte gelten, die ihren eigenen entsprechen (wie es z.B. in einer stabilen Gesellschaft der Fall ist).

Aus diesem generellen Punkt folgt die spezifische Voraussage, daß Personen aus Amerika und Europa, die in den sechziger Jahren heranwuchsen und eine große Kluft zwischen den eigenen Werten und den Werten der Eltern erfuhren, eine Identifikation mit ihren eigenen heranwachsenden Kindern wahrscheinlich als weniger rentable Investition ansehen und somit weniger Interesse daran haben, die Investitionen in die Erzeugung innerer Sanktionen in ihren Kindern zu erhöhen.

Ein vierter Punkt betrifft verschiedene Familien in ein und derselben Gesellschaft. Einige Familien sind sehr an ihrem Status in der Gemeinschaft interessiert und betrachten die Handlungen von Familienmitgliedern ihr Leben lang als Ereignisse, die diesen Status beeinflussen. Andere Familien haben einen geringeren Status in der Gemeinschaft und haben daher aufgrund des abweichenden Verhaltens von Familienmitgliedern wenig zu verlieren. Von Eltern des letztgenannten Familientyps ist zu erwarten, daß sie bei der Schaffung innerer Sanktionen gravierend unterinvestieren, und von Eltern des erstgenannten Typs ist zu erwarten, daß sie bei der Erzeugung solcher Sanktionen sehr viel umfangreichere Investitionen tätigen. Untersuchungen über die Sozialisationspraktiken verschiedener sozialer Gruppen stimmen mit dieser Voraussage weitgehend überein und zeigen, daß um so weniger innere Sanktionen angewendet werden, je niedriger der soziale Status ist (siehe Kohn 1977). Weitere Voraussagen ließen sich ebenfalls überprüfen. Jeder Aspekt der Sozialstruktur, der den – gewinnbringenden oder schädigenden – Einfluß späterer Handlungen des Kindes auf die Familieninteressen reduziert (wie das Wohnen in einer anonymeren städtischen Umgebung im Vergleich zu einer Kleinstadt oder eine geographische Mobilität und eine Diskontinuität im Familienleben) schwächt wahrscheinlich die Beziehung zwischen dem Interesse der Familie an ihrem Status und der Intensität, mit der innere Sanktionen mit Hilfe von Sozialisationspraktiken vermittelt werden. Je stärker also diese Bedingungen vorherrschen, desto seltener bedienen sich Familien mit dem gleichen sozialen Status innerer Sanktionen und wenden häufiger äußere Sanktionen an. So nimmt die Sozialisation von Personen zukünftiger Generationen fortlaufend ab.

Ein fünfter Punkt stützt sich auf ein Ergebnis aus der Literatur zur Ökonomie des Agenten. Die Wirksamkeit einer Überwachung (d.h. äußerer Kontrolle) relativ zu einem Anreizsystem, das innere Kontrolle herbeiführt, verringert sich in dem Maße, in dem die Kosten für die Überwachung der betreffenden Handlungen kostspieliger werden. So erhält ein Arbeiter für Heimarbeit wahrscheinlich eher einen Stücklohn und wird mit geringerer Wahrscheinlichkeit überwacht als ein Werksarbeiter, der das gleiche Produkt herstellt, und ein reisender Handelsvertreter erhält wahrscheinlich eine höhere Entschädigung in Form von Provisionen und wird weniger überwacht als ein interner Verkäufer. Dieses Prinzip erlaubt die Voraussage, daß der Charakterzug der Ehrlichkeit, der oft schwer zu beobachten ist, mit größerer Wahrscheinlichkeit internalisiert wird als der Charakterzug der Reinlichkeit oder Ordnungsliebe, die beide leichter zu beobachten sind und somit eher äußeren Sanktionen unterworfen werden.

Diese fünf Punkte, die Bedingungen betreffen, unter denen Eltern ihren Kindern eher innere Sanktionen vermitteln, als äußere Sanktionen anzuwenden, führen zu Voraussagen, die alles andere als trivial sind. Einige der Voraussagen sind, wenn sie durch die Forschung bestätigt werden, von großer Bedeutung für die soziale Kontrolle in der Zukunft, denn sie deuten auf absinkende Niveaus der Internalisierung von Normen in zukünftigen Generationen hin, vorausgesetzt, daß die Familie weiterhin als zentraler Sozialisationsagent fungiert. Dies bedeutet, daß entweder mehr Systeme äußerer Kontrolle zur Anwendung kommen oder daß die soziale Kontrolle schwächer wird.[11]

---

[11] Diese Voraussagen und die Feststellungen, aus denen sie sich ergeben, lassen die Naivität bestimmter Annahmen offenkundig werden, die etwa lauten "Ein höheres Bildungsniveau erhöht die Existenzfähigkeit der Demokratie" oder "Zunehmende Aufklärung durch Bildung hat zur Folge, daß Eltern besser sozialisierte Kinder aufziehen".

Kapitel 12

Soziales Kapital

In voraufgehenden Kapiteln habe ich bestimmte Beziehungstypen zwischen Akteuren in der Gesellschaft untersucht. Es wird davon ausgegangen, daß Akteure ursprünglich im Besitz von Ressourcen sind, über die sie eine (möglicherweise vollständige) Kontrolle ausüben und an denen sie ein Interesse haben. Soziale Interdependenz und systemische Funktionsweisen ergeben sich aus der Tatsache, daß Akteure an Ereignissen interessiert sind, die vollständig oder teilweise von anderen Akteuren kontrolliert werden. Die verschiedenen Arten von Tauschhandlungen und einseitigen Kontrollübertragungen, die von Akteuren zur Realisierung ihrer Interessen vorgenommen werden, resultieren, wie in vorangehenden Kapiteln gezeigt wurde, in der Entwicklung sozialer Beziehungen, die von gewisser Dauer sind. Herrschaftsbeziehungen, Vertrauensbeziehungen und Rechtsallokationen per Konsens sind die hauptsächlichen Phänomene, die hier untersucht wurden.

Diese sozialen Beziehungen, die entstehen, wenn Individuen versuchen, ihre Ressourcen auf bestmögliche Art und Weise einzusetzen, müssen jedoch nicht nur als Komponenten sozialer Strukturen betrachtet werden. Man kann sie auch als Ressourcen für die Individuen ansehen. Loury (1977, 1987) hat den Begriff "soziales Kapital" (*social capital*) zur Beschreibung dieser Ressourcen eingeführt. In Lourys Terminologie ist mit sozialem Kapital die Menge der Ressourcen gemeint, die in Familienbeziehungen und in sozialer Organisation der Gemeinschaft enthalten sind und die die kognitive oder soziale Entwicklung eines Kindes oder Jugendlichen fördern. Diese Ressourcen sind von Person zu Person unterschiedlich und können für Kinder und Heranwachsende im Hinblick auf die Entwicklung ihres Humankapitals von großem Vorteil sein. (Siehe auch Bourdieu 1980 und Flap und De Graaf 1986, die diesen Begriff ähnlich verwenden.) Die Herrschafts- und Vertrauensbeziehungen und die Normen, die in voraufgehenden Kapiteln untersucht worden sind, stellen Formen des sozialen Kapitals dar. In diesem Kapitel werden verschiedene Formen von sozialem Kapital und die Art und Weise, wie sie erzeugt werden, direkter untersucht.

In der modernen Gesellschaft existiert eine von vielen kolportierte Vision, die in Einklang mit der Entwicklung der politischen Philosophie der Naturrechte steht, sowie mit klassischer und neoklassischer ökonomischer Theorie und mit vielen der intellektuellen Entwicklungen (und sozialen Veränderungen, die sie hervorgebracht haben), welche seit dem 17. Jahrhundert aufgetreten sind. Diese Vision ist, daß die Gesellschaft aus einer Menge unabhängiger Individuen besteht, die alle nach Zielen streben, die unabhängig

voneinander erreicht werden, und daß die Funktionsweise des sozialen Systems sich aus der Kombination dieser Handlungen unabhängiger Individuen ergibt. Diese Vision wird in der ökonomischen Theorie der vollständigen Konkurrenz in einem Markt zum Ausdruck gebracht und fand ihre bildhafteste Darstellung in Adam Smiths Metapher der "unsichtbaren Hand".
Die Vision ist zum Teil auf die Tatsache zurückzuführen, daß die einzigen realen Akteure der Gesellschaft Individuen sind, und zum Teil auf die außerordentliche Bedeutung, die Adam Smith und andere Vertreter der klassischen ökonomischen Theorie sowie auch politische Philosophen des 17. und 18. Jahrhunderts für unsere Sichtweise sozialen und wirtschaftlichen Lebens gehabt haben. Teilweise ist sie auch darauf zurückzuführen, daß soziale Veränderungen die Struktur der modernen Gesellschaft dahingehend gewandelt haben, daß Individuen unabhängiger handeln als in der Vergangenheit, daß die Ziele von Individuen unabhängiger erreicht werden als in der Vergangenheit und daß die Interessen von Individuen eigennütziger sind als in der Vergangenheit.

Hobbes und seine Anhänger, politische Philosophen des 17. und 18. Jahrhunderts, rühmten das Eigeninteresse ob seiner Vorzüge als Gegenmittel gegen die Leidenschaften, die durch religiöse und ethnische Identität hervorgerufen wurden, wie Hirschman (1980 [1977]) beschreibt.[1] Das Eigeninteresse wurde nicht nur als eine wohltuende Kraft betrachtet, die fanatische Gruppenloyalität milderte, es wurde von einer Philosophie gerechtfertigt, die besagte, daß jeder Person gewisse Naturrechte eigen seien. Diese philosophische Position wird bis in die Gegenwart hinein vertreten.[2] Der philosophischen und ökonomischen Argumentation des 17. und 18. Jahrhunderts folgten weitreichende soziale Veränderungen auf einen Individualismus hin, und diese Veränderungen haben noch nichts von ihrer Intensität eingebüßt.

Trotz dieser Veränderungen ist die Vision eine solche geblieben - denn Individuen handeln nicht unabhängig voneinander, Ziele werden nicht unabhängig erreicht und Interessen sind nicht völlig eigennützig.

Nachdem diese individualistische Tendenz in der neoklassischen Wirtschaftswissenschaft erkannt wurde, haben eine Reihe von Ökonomen versucht, eine andere Richtung einzuschlagen. Wie erwähnt führte Loury den

---

1 Holmes (1989) baut Hirschmans Untersuchung weiter aus, indem er aufzeigt, welche Rolle diese philosophischen Positionen bei der Modifikation der allgemeinen Sichtweise über die grundlegende Natur des Menschen gespielt haben.

2 Natürlich geht die Gegenüberstellung der philosophischen Ideale von Selbständigkeit, Eigeninteresse und Individualismus einerseits und sozialer Verantwortlichkeit, Wohltätigkeit, Nächstenliebe und humanitärem Verhalten andererseits auf die Griechen zurück. Die Epikureer folgten der ersten Menge an Tugenden. Die zweite Gruppe wurde während der hellenistischen Periode von den Stoikern behauptet und von den Römern während des Aufbaus des Römischen Reiches übernommen (siehe Sabine 1937, S. 132-153).

Begriff des sozialen Kapitals in die Wirtschaftswissenschaften ein, um die sozialen Ressourcen zu identifizieren, die für die Entwicklung von Humankapital von Nutzen sind. Ebenso hat Ben-Porath (1980) Ideen entwickelt, die das Funktionieren der von ihm benannten F-Verbindung in Austauschsystemen betreffen. Die F-Verbindung besteht aus Familien, Freunden und Firmen, und Ben-Porath, der sich auf Quellen aus der Anthropologie, Soziologie und Ökonomie beruft, zeigt auf, inwieweit diese Formen sozialer Organisation den ökonomischen Austausch beeinflussen. Williamson hat in einer Reihe von Veröffentlichungen (z.B. 1975 und 1981) die Bedingungen untersucht, unter denen ökonomische Aktivitäten in verschiedenen institutionellen Formen, d.h. in Unternehmen oder Märkten, organisiert werden. Es gibt eine ganze Gruppe ökonomischer Arbeiten, die als neuer ökonomischer Institutionalismus (*new institutional economics*) bezeichnet werden, welcher im Rahmen der neoklassischen Theorie sowohl die Bedingungen aufzuzeigen versucht, unter denen bestimmte ökonomische Institutionen entstehen, als auch die Auswirkungen dieser Institutionen (d.h. der sozialen Organisation) auf die Funktionsweise des Systems.

Überdies haben Soziologen kürzlich versucht herauszufinden, inwiefern die Funktionsweisen ökonomischer Institutionen von sozialer Organisation beeinflußt werden. Baker (1983) hat gezeigt, wie sich unter freien Börsenmaklern im stark rationalisierten Markt der *Chicago Mercantile Exchange* Beziehungen entwickeln, beibehalten werden und die Börsengeschäfte beeinflussen. Granovetter (1985) hat ganz allgemein einen Großangriff auf den "untersozialisierten Begriff des Menschen" gestartet, der ökonomischen Analysen von wirtschaftlicher Aktivität zugrunde liegt. Granovetter kritisiert einen Großteil des neuen Institutionalismus als grob funktionalistisch, weil er die Existenz einer ökonomischen Institution oft lediglich anhand der Funktionen erklärt, die sie für das ökonomische System erfüllt. Er behauptet, daß im neuen Institutionalismus nicht einmal erkannt wird, wie wichtig konkrete persönliche Beziehungen und Netzwerke von Beziehungen - was er als die Einbettung ökonomischer Transaktionen in soziale Beziehungen bezeichnet - bei der Entwicklung von Vertrauen, beim Wecken von Erwartungen und bei der Schaffung und Durchsetzung von Normen sind.

Mit dem Begriff der Einbettung versucht Granovetter wohl, in die Analyse ökonomischer Systeme soziale und organisatorische Beziehungen einzuflechten, und zwar nicht nur als eine Struktur, die plötzlich vorhanden ist, um eine ökonomische Funktion zu erfüllen, sondern als eine Struktur, die eine Geschichte hat und von Dauer ist und die so eine unabhängige Bedeutung für die Funktionsweise des Systems erhält.

Lin hat in einer Reihe von Aufsätzen (Lin und Vaughn 1981, Lin 1982, 1988) auf Granovetters Arbeiten aufgebaut und gezeigt, wie Personen soziale Ressourcen einsetzen, um ihre Ziele, vor allem bei der Stellensuche, zu verwirklichen. Lin hat gezeigt, daß Personen sozusagen instrumentell handeln, indem sie ihre sozialen Bindungen (insbesondere ausgedehntere oder "schwache" Bindungen) nutzen, um eine fachliche Mobilität zu erlangen, die über diejenige hinausgeht, welche durch ihre Position in der Struktur vorhersagbar ist. Flap und De Graaf (1986) haben diese Arbeit in ihrer vergleichenden Untersuchung der USA, der BRD und der Niederlande fortgesetzt.

Ich möchte diese allgemein gefaßten Ideen in den theoretischen Rahmen eingliedern, den ich in voraufgehenden Kapiteln vorgestellt habe. Ich werde diese sozialstrukturellen Ressourcen als Kapitalvermögen für das Individuum bzw. als soziales Kapital behandeln. Soziales Kapital wird über seine Funktion definiert. Es ist kein Einzelgebilde, sondern ist aus einer Vielzahl verschiedener Gebilde zusammengesetzt, die zwei Merkmale gemeinsam haben. Sie alle bestehen nämlich aus irgendeinem Aspekt einer Sozialstruktur, und sie begünstigen bestimmte Handlungen von Individuen, die sich innerhalb der Struktur befinden. Wie andere Kapitalformen ist soziales Kapital produktiv, denn es ermöglicht die Verwirklichung bestimmter Ziele, die ohne es nicht zu verwirklichen wären. Wie auch physisches Kapital und Humankapital ist soziales Kapital nicht völlig fungibel, sondern nur fungibel im Hinblick auf bestimmte Tätigkeiten. Eine bestimmte Form von sozialem Kapital, die bestimmte Handlungen begünstigt, kann für andere Handlungen nutzlos oder sogar schädlich sein. Anders als andere Kapitalformen wohnt soziales Kapital den Beziehungsstrukturen zwischen zwei und mehr Personen inne. Es ist weder Individuen noch materiellen Produktionsgeräten eigen.

Es wird einfacher sein, soziales Kapital genauer zu definieren, wenn man zunächst einige Beispiele für seine verschiedenen Ausprägungen betrachtet.

1. Auf der Titelseite des *International Herald Tribune* (21. - 22. Juni 1986) stand ein Artikel über radikale Studenten in Südkorea. Der Artikel beschrieb die Entwicklung eines solchen Aktivismus: "Radikales Gedankengut wird in heimlich abgehaltenen 'Studiengruppen' weitergegeben, also in Gruppen von Studenten, die derselben Oberschule, Heimatstadt oder Kirche entstammen. Diese Studiengruppen ... dienen als die fundamentelle Organisationseinheit für Demonstrationen und andere Proteste. Um nicht entdeckt zu werden, treffen Mitglieder verschiedener Gruppen nie zusammen, sondern kommunizieren über einen vorher bestimmten Vertreter miteinander." In dieser Beschreibung der Organisationsbasis einer Form von Aktivismus sind zwei Arten von sozialem Kapital erkennbar. "Dieselbe Oberschule, Heimatstadt oder Kirche" ermöglicht soziale Beziehungen, auf denen die Studiengruppen später aufbauen. Die Studiengruppen selbst sind eine Form von sozialem Kapital - eine zelluläre Organisationsform, die vor allem die Opposition gegen ein politisches System unterstützen kann, das keine Anders-

denkenden duldet. Jede Organisation, die solche oppositionellen Aktivitäten ermöglicht, stellt für die Individuen, die der Organisation angehören, eine besonders wertvolle Form von sozialem Kapital dar.

2. Üblicherweise hat zwischen Arzt und Patient immer eine Beziehung bestanden, in der der Patient dem Arzt Vertrauen schenkt und der Arzt seine medizinischen Fertigkeiten im Interesse des Patienten anwendet. In den Vereinigten Staaten ist dieses Verhältnis seit kurzem erschüttert worden, wofür die stark gestiegene Anzahl von Gerichtsverfahren Zeugnis gibt, die Patienten wegen Fahrlässigkeit gegen ihre Ärzte angestrengt haben. Dies hat zu einer Verteuerung bestimmter medizinischer Behandlungen geführt, da erstens die Haftpflichtversicherung für Ärzte Kosten verursacht, zweitens einige Ärzte ihre Privatpraxis aufgegeben haben und weil sich drittens zumindest in einer Stadt Geburtshelfer geweigert haben, Rechtsanwältinnen oder Ehefrauen von Rechtsanwälten als Patienten zu behandeln. Diese Vertrauensabnahme und die erhöhte Bereitschaft, gegen einen Arzt Klage zu erheben, wenn eine medizinische Behandlung einen negativen Ausgang findet, resultiert aus einem Mangel an den sozialen Beziehungen, auf denen Vertrauen aufbaut, und führt zu vermehrten Kosten und reduzierter medizinischer Versorgung.

3. Eine Mutter von sechs Kindern, die mit den Kindern und ihrem Mann von einem Vorort Detroits nach Jerusalem umgezogen war, begründet ihren Umzug unter anderem mit der größeren Freiheit, die ihre kleinen Kinder in Jerusalem haben. Sie glaubt, daß es ungefährlich ist, wenn ihr achtjähriges Kind das sechsjährige mit dem Linienbus quer durch die Stadt zur Schule bringt und wenn die Kinder ohne Begleitung im Stadtpark spielen, was sie in ihrem früheren Wohnort beides nicht erlaubt hätte. Dieser Unterschied ist vielleicht dem unterschiedlichen sozialen Kapital zuzuschreiben, das sich in Jerusalem und in Außenbezirken von Detroit bietet. In Jerusalem stellt die normative Struktur sicher, daß Kinder, die ohne Begleitung sind, von Erwachsenen der engeren Umgebung beaufsichtigt werden, wogegen eine solche normative Struktur in den meisten großstädtischen Bereichen der Vereinigten Staaten nicht existiert. Man kann sagen, daß Familien in Jerusalem ein soziales Kapital zur Verfügung steht, daß man in großstädtischen Gebieten der Vereinigten Staaten nicht vorfindet.

4. Auf dem zentralen Markt Kairos sind die Grenzen zwischen den einzelnen Kaufleuten für einen Außenstehenden schwer zu erkennen. Der Besitzer eines Ladens, in dem Lederwaren angeboten werden, wird sich plötzlich auch als Schmuckhändler entpuppen, wenn man fragt, wo man eine bestimmte Art von Schmuck findet, oder er wird - was dem praktisch gleichkommt - einen engen Mitarbeiter haben, der den Schmuck verkauft, zu dem er den Kunden unverzüglich hinbegleitet. Oder ein Ladenbesitzer verwandelt sich im Handumdrehen in einen Geldwechsler, indem er sich an einen Kol-

legen wendet, der ein paar Läden weiter arbeitet. Für manche Tätigkeiten -
wenn man z.b. einen Kunden zum Laden eines Freundes bringt - gibt es
Provisionen. Andere Tätigkeiten, wie Geld wechseln, schaffen lediglich Verpflichtungen. Auf dem Markt sind familiäre Beziehungen von Bedeutung,
ebenso wie die Stabilität der Eigentümerschaft. Der ganze Markt ist von
einem Netz von Beziehungen durchzogen, so daß er - nicht weniger als ein
Kaufhaus - als eine Organisation betrachtet werden kann. Andererseits besteht der Markt aus einer Menge individueller Kaufleute, die alle auf einen
umfangreichen Grundstock an sozialem Kapital zurückgreifen können, welcher auf den Beziehungen innerhalb des Marktes basiert.

Wie diese Beispiele zeigen, stellt soziale Organisation ein soziales Kapital dar, mit dessen Hilfe Ziele erreicht werden können, die sich andernfalls gar nicht oder nur zu höheren Kosten verwirklichen ließen. Soziales
Kapital weist allerdings bestimmte Eigenschaften auf, die eine Rolle spielen, wenn man verstehen will, wie es sich entwickelt und wie es zerstört
wird oder verlorengeht. Ein Vergleich zwischen Humankapital und sozialem
Kapital, dem eine Untersuchung verschiedener Formen von sozialem Kapital
folgt, wird dabei hilfreich sein.

Humankapital und soziales Kapital

Die wichtigste und originellste Entwicklung in der Bildungsökonomie der
vergangenen dreißig Jahre war wahrscheinlich die Idee, den Begriff des physischen Kapitals, das sich in Werkzeug, Maschinen und anderen Produktionsanlagen manifestiert, so auszudehnen, daß es auch Humankapital umfaßt
(siehe Schultz 1961, Becker 1964). Physisches Kapital wird geschaffen, indem
Material so verändert wird, daß daraus Werkzeug entsteht, das die Produktion erleichtert; dementsprechend wird Humankapital geschaffen, indem Personen so verändert werden, daß sie Fertigkeiten und Fähigkeiten erlangen,
die ihnen erlauben, auf neue Art und Weise zu handeln.

Soziales Kapital dagegen entsteht, wenn sich die Beziehungen zwischen
Personen so verändern, daß bestimmte Handlungen erleichtert werden. Physisches Kapital ist völlig konkret, da es eine sichtbare materielle Form besitzt. Humankapital ist weniger konkret, da es durch die Fertigkeiten und
das Wissen verkörpert wird, die ein Individuum erwirbt. Soziales Kapital ist
noch weniger konkret, denn es wird durch die *Beziehungen* zwischen Personen verkörpert. Physisches Kapital und Humankapital erleichtern die Produktion, und soziales Kapital tut dies ebenso. Beispielsweise wird eine
Gruppe, deren Mitglieder vertrauenswürdig sind und sich gegenseitig stark
vertrauen, sehr viel mehr erreichen können als eine vergleichbare Gruppe,
der diese Vertrauenswürdigkeit und das Vertrauen fehlt.

Soziales Kapital

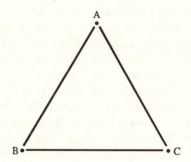

Abb. 12.1 Drei-Personen-Struktur: Humankapital als Knoten und soziales Kapital als Beziehungen

Der Unterschied zwischen Humankapital und sozialem Kapital läßt sich in einem Diagramm wie Abbildung 12.1 verdeutlichen, in dem die Beziehungen zwischen drei Personen (A, B und C) dargestellt sind. Dem Humankapital entsprechen die Knoten und dem sozialen Kapital entsprechen die Linien, die die Knoten verbinden. Soziales Kapital und Humankapital sind oft komplementär. Ist A z.B. ein Erwachsener und B ein Kind von A, muß für A sowohl in dem Knoten als auch in der Verbindung Kapital vorhanden sein, um die kognitive Entwicklung von B zu fördern. A muß Humankapital und auch soziales Kapital in der Beziehung zwischen A und B besitzen.

Formen des sozialen Kapitals

Mit dem Begriff des sozialen Kapitals werden keine Prozesse aufgedeckt, die sich in grundlegender Weise von Prozessen unterscheiden, die in anderen Kapiteln behandelt worden sind. Der Begriff faßt einige dieser Prozesse zusammen und verwischt Unterschiede zwischen Formen sozialer Beziehungen, die in anderen Zusammenhängen relevant sind. Der Begriff ist vor allem deshalb von Nutzen, weil er bestimmte Aspekte der Sozialstruktur über ihre Funktion identifiziert, so wie auch der Begriff "Stuhl" bestimmte physikalische Objekte über ihre Funktion kennzeichnet, wobei Unterschiede in Form, Design und Bauweise außer acht gelassen werden. Die Funktion, die der Begriff "soziales Kapital" identifiziert, ist der Wert, den diese Aspekte der Sozialstruktur für Akteure haben, und zwar in Gestalt von Ressourcen, die von den Akteuren dazu benutzt werden können, ihre Interessen zu realisieren.

Indem er die Funktion bestimmter Aspekte der Sozialstruktur identifiziert, hilft der Begriff des sozialen Kapitals dabei, unterschiedliche Ergebnisse auf der Ebene individueller Akteure zu erklären und den Übergang von der Mikro- zur Makroebene vorzunehmen, ohne näher auf die sozialstrukturellen Einzelheiten einzugehen, die ihn ermöglichen. Wenn man beispielsweise die geheimen Studiengruppen radikaler Studenten in Südkorea als soziales Kapital kennzeichnet, auf das diese Studenten bei ihren revolutionären Aktivitäten zurückgreifen können, behauptet man damit, daß die Gruppen eine Ressource darstellen, die die Studenten dabei unterstützt, den Weg von individuellem Protest zu einer organisierten Revolte zu gehen. Wenn man davon ausgeht, daß eine Ressource, die diese Aufgabe erfüllt, in eine Theorie der Revolte eingehen muß (vgl. Kapitel 18), dann lassen sich die Studiengruppen mit anderen Organisationsstrukturen unterschiedlichen Ursprungs zusammenfassen, die in anderen Situationen für Individuen mit revolutionären Zielen die gleiche Funktion erfüllt haben, wie z.B. die *comités d'action lycéen* der französischen Studentenrevolte von 1968 oder die von Lenin (1978 [1902]) beschriebenen und befürworteten Arbeiterzellen im zaristischen Rußland.

Natürlich möchte man für andere Zwecke die Einzelheiten solcher organisationeller Ressourcen erforschen, man möchte die Elemente verstehen, die für deren Nutzen als Ressourcen für einen bestimmten Zweck entscheidend sind, und untersuchen, wie sie in einem speziellen Fall entstanden sind. Mit dem Begriff des sozialen Kapitals läßt sich jedoch aufzeigen, wie solche Ressourcen mit anderen kombiniert werden können, um unterschiedliches Verhalten der Systemebene oder, in anderen Fällen, unterschiedliche Ergebnisse für Individuen zu erzeugen. Ob sich soziales Kapital innerhalb der Sozialwissenschaften als ein ebenso nützlicher quantitativer Begriff erweist wie der Begriff des Finanzkapitals, des physischen Kapitals und des Humankapitals, wird sich noch herausstellen müssen. Sein gegenwärtiger Wert besteht vor allem in seinem Nutzen für qualitative Analysen von sozialen Systemen und für diejenigen quantitativen Analysen, die qualitative Indikatoren verwenden.

In anderen Kapiteln (insbesondere in Teil III) wird der Begriff des sozialen Kapitals unanalysiert verwendet (wie auch in den oben geschilderten Beispielen). In diesem Kapitel werde ich jedoch untersuchen, welche Eigenschaften soziale Beziehungen haben, die sie dazu befähigen, für Individuen nützliche Kapitalressourcen zu sein.

Verpflichtungen und Erwartungen

Wenn, wie ich in Kapitel 5 dargelegt habe, A etwas für B tut und in B das Vertrauen setzt, daß er in der Zukunft eine Gegenleistung erbringt, wird damit in A eine Erwartung hervorgerufen und für B eine Verpflichtung geschaffen, das Vertrauen zu rechtfertigen. Diese Verpflichtung kann man als eine "Gutschrift" betrachten, die A besitzt und die von B mit irgendeiner Leistung eingelöst werden muß. Besitzt A eine Anzahl dieser Gutschriften von einer Anzahl von Personen, zu denen er Beziehungen unterhält, ergibt sich eine direkte Analogie zum Finanzkapital. Die Gutschriften stellen eine große Kreditmasse dar, auf die A nötigenfalls zurückgreifen kann - natürlich nur dann, wenn es nicht unklug war, die Vertrauensvergabe vorzunehmen, und die Gutschriften uneinbringliche Forderungen darstellen, die nicht zurückgezahlt werden. Von manchen Sozialstrukturen (wie z.B. den von Willmott und Young, 1967, erörterten Nachbarschaften) wird behauptet, daß die Leute dort "ständig etwas füreinander tun". Es gibt eine große Anzahl von Gutschriften - und dies oft auf beiden Seiten einer Beziehung -, die noch eingelöst werden müssen (denn diese Gutschriften sind oft nicht über verschiedene Tätigkeitsbereiche hinweg fungibel, so daß sich Gutschriften, die A von B besitzt, und Gutschriften, die B von A besitzt, gegenseitig nicht völlig aufheben). Der in diesem Kapitel bereits beschriebene Markt in Kairo ist ein extremes Beispiel einer solchen Sozialstruktur. In anderen Sozialstrukturen, in denen die Individuen selbständiger und weniger voneinander abhängig sind, stehen weniger Gutschriften zur gleichen Zeit aus.

Zwei Elemente sind für diese Form von sozialem Kapital von besonderer Bedeutung: das Maß der Vertrauenswürdigkeit des sozialen Umfeldes, was bedeutet, daß Verpflichtungen eingelöst werden, und die tatsächliche Menge der einzulösenden Verpflichtungen. Sozialstrukturen unterscheiden sich in beiderlei Hinsicht voneinander, und Akteure innerhalb einer bestimmten Struktur unterscheiden sich auf die zweite Art und Weise.

Der Wert der Vertrauenswürdigkeit wird am Beispiel der Vereinigung für rotierende Kredite verdeutlicht, die man unter anderem in Südostasien vorfindet. Diese Vereinigungen bestehen aus Gruppen von Freunden und Nachbarn, die sich meistens einmal monatlich treffen. Jede Person steuert den gleichen Geldbetrag zu einem zentralen Fonds bei, der dann (meistbietend oder durch Losentscheid) an ein Mitglied geht. Nach n Monaten hat jeder der n Personen n Beiträge geleistet und eine Auszahlung erhalten. Wie Geertz (1962) herausstellt, fungieren diese Vereinigungen als effiziente Institutionen zur Ansammlung von Sparguthaben für kleine Kapitalausgaben, wodurch die ökonomische Entwicklung eine wichtige Unterstützung erfährt. Ohne ein hohes Maß an Vertrauenswürdigkeit könnte eine solche Kreditvereinigung nicht bestehen, denn eine Person, die schon zu Beginn der Zusammenkünfte eine Auszahlung erhalten hat, könnte ihre Mitgliedschaft aufkündigen und den anderen damit einen Verlust zufügen. Es ist nicht vorstellbar, daß eine solche Vereinigung rotierender Kredite mit Erfolg in städtischen Gebieten operieren könnte, die durch ein hohes Maß an sozialer Desorganisation - oder, mit anderen Worten, die durch einen Mangel an sozialem Kapital - gekennzeichnet sind.

Auch Staatsoberhäupter befinden sich in einer Situation, in der ein extremes Maß an Vertrauenswürdigkeit Handlungen ermöglicht, die sonst nicht möglich wären. Verschiedene Erfahrungsberichte von Staatsoberhäuptern legen nahe, daß es für Personen in dieser Position von unschätzbarem Wert ist, eine Erweiterung des eigenen Selbst zu besitzen, einen Agenten, dem man völlig vertrauen kann, daß er so handelt, wie man selber handeln würde. Für viele Staatsoberhäupter existiert eine solche Person, die formal gesehen vielleicht gar keine Machtposition innehat, sondern ein persönlicher Mitarbeiter sein kann. Die Tatsache, daß diese Personen oft alte Freunde oder Weggefährten sind und nicht unbedingt Personen, die sich in politischer Hinsicht einen Namen gemacht haben, läßt sich folgendermaßen begründen. Das wichtigste Attribut einer solchen Person besteht darin, daß man ihr vertrauen kann, und dies erfordert häufig, daß man einen altbewährten persönlichen Freund auswählt. Solche Personen erwerben oft große Macht, da sie einem Staatsoberhaupt sehr nahestehen und ihnen daher viel Vertrauen geschenkt wird. Es gibt zahlreiche Belege für den Gebrauch dieser Macht. Von Interesse ist hierbei das soziale Kapital, das dem Staatsoberhaupt aus dieser Beziehung erwächst, vorausgesetzt, daß sein Vertrauen gerechtfertigt ist. Der Andere, dem vertraut wird, ist tatsächlich eine Erweiterung des Selbst, die es dem Staatsoberhaupt erlaubt, seine Handlungskapazität zu erweitern.

Ein weiterer Fall, der die Bedeutung der Vertrauenswürdigkeit als eine Form von sozialem Kapital illustriert, ist ein System gegenseitigen Vertrauens. Das Extrembeispiel eines solchen Systems ist ein Paar, bei dem beide einander ein großes Maß an Vertrauen schenken, unabhängig davon, ob sie eine tiefe Liebe verbindet oder nicht. Für beide ist die Beziehung von außerordentlich hohem psychologischen Wert. Jeder kann sich auf den anderen verlassen, kann innere Zweifel zum Ausdruck bringen, kann dem anderen gegenüber völlig offen sein, kann heikle Themen anschneiden – und dies alles, ohne Angst haben zu müssen, daß der andere das Vertrauen mißbraucht.

Unterschiede in Sozialstrukturen im Hinblick auf das Ausmaß ausstehender Verpflichtungen ergeben sich aus einer Anzahl verschiedener Gründe. Dazu gehören, neben dem allgemeinen Maß von Vertrauenswürdigkeit, das dazu führt, daß Verpflichtungen eingelöst werden, das jeweilige Bedürfnis nach Hilfe, die Existenz anderer Hilfsquellen (wie staatliche Wohlfahrtsleistungen), der Grad des Wohlstandes (wodurch die Abhängigkeit von der Unterstützung durch andere verringert wird), kulturelle Unterschiede in der Neigung, Hilfe anzubieten und zu erbitten (siehe Banfield 1967), der Grad der Geschlossenheit sozialer Netzwerke, die Logistik sozialer Kontakte (siehe Festinger, Schachter und Back 1963) und andere Faktoren. Individuen in Sozialstrukturen, die sich jederzeit auf eine große Anzahl ausstehender

Verpflichtungen berufen können, gleichgültig, welcher Art diese Verpflichtungen sind, können auf ein größeres soziales Kapital zurückgreifen. Die Dichte ausstehender Verpflichtungen bedeutet letztendlich, daß der gesamte Nutzen konkreter Ressourcen, die im Besitz von Akteuren innerhalb dieser Sozialstruktur sind, vervielfacht wird, wenn die Ressourcen im Notfall anderen Akteuren zur Verfügung stehen.

In einer Gemeinschaft von Farmern, wie sie in Kapitel 5 beschrieben wurde, in der ein Farmer das Heu eines anderen Farmers einbringt und Gerätschaften ständig verliehen werden, erlaubt das soziale Kapital jedem Farmer, seine Arbeit mit geringerem physischen Kapital in Form von Werkzeugen und Geräten zu tun. Eine solche Sozialstruktur ist analog zu einer industriellen Gemeinschaft, in der Wechsel (d.h. Schulden) kursieren, die als Geld fungieren und das Finanzkapital, das zur Ausführung einer bestimmten Menge von Fabrikationstätigkeiten erforderlich ist, auf wirksame Weise reduzieren. (Siehe Ashton 1945, der dies an einem Beispiel aus Lancashire in den neunziger Jahren des 18. Jahrhunderts beschreibt, bevor ein zentrales Währungssystem in England eingeführt wurde.)

Individuelle Akteure in einem sozialen System unterscheiden sich auch im Hinblick auf die Menge der Gutschriften, auf die sie jederzeit zurückgreifen können. Bei hierarchisch strukturierten ausgedehnten Familienzusammenkünften beispielsweise besitzt das Familienoberhaupt oft eine außerordentlich große Menge solcher Gutschriften, die es jederzeit einfordern kann, damit nach seinen Wünschen gehandelt wird. Ein weiteres einleuchtendes Beispiel findet sich in Dörfern mit traditionellen Strukturen, die zahlreiche verschiedene Schichten aufweisen und wo bestimmte wohlhabende Familien aufgrund ihres Reichtums umfangreiche Kreditguthaben angehäuft haben, auf die sie sich jederzeit berufen können. (Aufgrund solcher Asymmetrien kann es sein, daß manche Familien Sanktionen gegenüber immun sind, mit denen Handlungen anderer Mitglieder der Gemeinschaft reglementiert werden, wie es im Beispiel der Sarakatschan-Nomaden in Griechenland aus Kapitel 10 der Fall war.)

Ein ähnlicher Fall kann in einem politischen Kontext wie einer Legislative auftreten; dort kann ein Gesetzgeber, der eine Position innehat, die zusätzliche Ressourcen bereitstellt (wie z.B. Sprecher des Repräsentantenhauses oder Mehrheitsführer des Senats im amerikanischen Kongreß), durch wirksame Anwendung dieser Ressourcen eine Menge von Krediten von anderen Gesetzgebern ansammeln, so daß er in die Lage versetzt wird, Gesetzentwürfe durchzubringen, die sonst abgelehnt würden. Diese Konzentration von Verpflichtungen stellt ein soziales Kapital dar, das nicht nur für den mächtigen Gesetzgeber, sondern auch allgemein von Nutzen ist, indem es den Handlungsspielraum der Legislative erweitert. Somit haben diejenigen Mitglieder gesetzgebender Körperschaften, die auf zahlreiche Gutschriften zurückgreifen können, wahrscheinlich mehr Macht als andere, weil sie die Gutschriften einsetzen können, um in vielen Fällen ein geschlossenes Abstimmungsverhalten zu erreichen. Es ist zum Beispiel allgemein bekannt, daß einige Senatoren des amerikanischen Senats dem sogenannten Senatsclub angehören, andere dagegen nicht. Dies bedeutet im Grunde, daß einige Senatoren in ein System von Krediten und Schulden eingebettet sind, andere (die nicht dem Club angehören) aber nicht. Es ist außerdem bekannt, daß die Senatoren, die dem Club angehören, mächtiger sind als die anderen.

Ein weiteres Beispiel, das eine Asymmetrie in bezug auf die Mengen von Verpflichtungen und Erwartungen aufweist, ist die bereits erwähnte Krise in der medizinischen Versorgung in den USA, die auf Klagen aufgrund von Fahrlässigkeit zurückzuführen ist. Früher besaßen Ärzte die Kontrolle über Ereignisse, die buchstäblich über Leben und Tod von Patienten entschieden, welche sich ihrerseits häufig außerstande fühlten, die Ärzte für die ihnen erbrachten außerordentlich hohen Gewinne angemessen zu entschädigen. Ein Teil der Bezahlung für einen Arzt bestand in Dankbarkeit, Ehrerbietung und hohem beruflichen Prestige. Diese stellten dem Arzt gegenüber eine innere Verpflichtung dar, eine Form von sozialem Kapital, die Personen, die mit dem Ergebnis ärztlicher Behandlungen unzufrieden waren, davon abhielt, dagegen vorzugehen.

Mehrere Faktoren haben sich jedoch gewandelt. So hat eine umfassendere Bildung dazu beigetragen, daß das medizinische Wissensmonopol der Ärzte geschwächt worden ist. Zweitens ist es unwahrscheinlicher geworden, daß zwischen Arzt und Patient eine persönliche Bindung besteht, da sich ein Patient wahrscheinlich eher wegen spezifischer medizinischer Probleme von Spezialisten behandeln läßt, als von einem Hausarzt oder selbst von einem praktischen Arzt. Drittens haben viele Ärzte ein hohes Einkommen, was die subjektiv empfundene Asymmetrie zwischen Dienstleistung und Entschädigung verringert hat. Viertens wird verstärkt von Haftpflichtversicherungen Gebrauch gemacht, was die finanziellen Kosten einer Gerichtsverhandlung vom Arzt auf die Versicherung abwälzt. Die Kombination dieser Sachverhalte und weitere Faktoren haben das soziale Kapital vermindert, das den Arzt davor schützte, zur Zielscheibe zu werden, wenn Patienten sich mit unerwünschten medizinischen Behandlungsresultaten auseinandersetzen mußten.

WARUM SCHAFFEN RATIONALE AKTEURE VERPFLICHTUNGEN? Obwohl es teilweise sozialen Veränderungen wie den oben genannten zuzuschreiben ist, daß das Ausmaß an ausstehenden Verpflichtungen variieren kann, rührt dies anscheinend manchmal auch daher, daß eine Person, die für eine andere Person etwas tut, damit absichtlich eine Verpflichtung schafft. So beschreibt

Turnbull (1977), der Untersuchungen über die Ik, einen afrikanischen Stamm, der in großer Armut lebt, durchgeführt hat, folgende Situation. Ein Mann kommt nach Hause und sieht, wie seine Nachbarn ungefragt das Dach seines Hauses reparieren. Obwohl er ihre Hilfe nicht will, kann er sie nicht davon abbringen. In diesem und ähnlichen Fällen scheint es nicht um die Schaffung von Verpflichtungen aus einer Notwendigkeit heraus zu gehen, sondern um eine bewußte Schaffung von Verpflichtungen. In diesem Sinne ist auch das Verteilen von Geschenken interpretiert worden (siehe Mauss 1968 [1954]) wie auch das *Potlatch* im Stamm der Kwakiutl an der Pazifikküste im Nordwesten Amerikas. In ländlichen Gebieten scheinen es Personen, die anderen einen Gefallen tun, oft vorzuziehen, daß diese Gefallen nicht umgehend erwidert werden, und Personen, denen man von Zeit zu Zeit einen Gefallen tut, scheinen bestrebt zu sein, sich der Verpflichtung zu entledigen.

Während die Motive dafür, sich von Verpflichtungen zu befreien, auf der Hand liegen (besonders wenn bestehende Verpflichtungen die Aufmerksamkeit einer Person in Anspruch nehmen), sind die Motive für das Schaffen von Verpflichtungen sich selbst gegenüber weniger klar verständlich. Falls die Wahrscheinlichkeit, daß die Verpflichtung nicht eingelöst wird, nicht Null ist, scheint es rational zu sein, daß Personen einen entsprechenden Kredit nur dann gewähren, wenn sie erwarten, im Gegenzug etwas Wertvolleres zu erhalten – so wie eine Bank einen Kredit zu so hohen Zinsen gewährt, daß sie einen Gewinn machen kann, nachdem sie das Risiko eingegangen ist. Dann erhebt sich die Frage, was soziale Verpflichtungen bieten können, so daß eine rationale Person möglicherweise ein Interesse daran entwickelt, für andere solche Verpflichtungen gegenüber der eigenen Person zu schaffen und aufrechtzuerhalten.

Eine mögliche Antwort wäre: Wenn ich dir einen Gefallen tue, geschieht dies normalerweise, wenn du Hilfe brauchst und mir keine großen Kosten daraus erwachsen. Wenn ich rational bin und ganz eigennützig handle, achte ich darauf, daß dieser Gefallen für dich so wichtig ist, daß du bereit sein wirst, mir einen Gegengefallen zu erweisen, wenn ich Hilfe brauche, welcher mir einen größeren Gewinn verschafft, als dieser Gefallen mich kostet – natürlich nur, wenn du zu diesem Zeitpunkt nicht selber Hilfe brauchst. Dies trifft nicht zu, wenn der Gefallen lediglich im Verleihen von Geld besteht, denn eine Geldsumme behält für eine Person im Verlauf der Zeit ungefähr ihren Wert.[3] Wenn der Gefallen jedoch aus Dienstleistungen, Zeit-

---

[3] Interessanterweise wird ein derartiger Austausch möglich, wenn das Interesse, das Personen am Geld haben, im Laufe der Zeit starken Schwankungen unterworfen ist. In einem Landbezirk West Virginias pflegte der Bezirksverwalter den drei Säufern des Ortes Geld zu leihen, wenn sie es sehr nötig hatten, und es zu Wucherzinsen wieder einzutreiben, wenn sie ihre Wohlfahrtszahlungen erhielten und Geld für sie von geringerem Interesse war.

aufwand oder irgendeiner anderen nicht fungiblen Ressource besteht oder wenn er einen intrinsisch höheren Wert für den Empfänger als für den Geber hat (wie die Hilfe bei einer Aufgabe, die von zwei Personen bewältigt werden kann, aber nicht von einer allein) ist diese Art eines beiderseitig gewinnbringenden Austauschs durchaus denkbar. Die Rentabilität für den Geber besteht darin, daß der Empfänger den Gefallen erst dann erwidert, wenn der Geber selber Hilfe braucht.

Auf diese Weise kann das Schaffen von Verpflichtungen, indem man anderen Personen Gefallen erweist, einer Art Versicherungspolice gleichkommen, deren Prämien in einer schwachen Währung bezahlt werden und der Gewinn in einer starken Währung ausbezahlt wird. Somit läßt sich leicht ein positiver Gewinn erwarten.

Ein weiterer Punkt ist folgender: Eine rationale, eigennützig handelnde Person kann versuchen, andere davon abzuhalten, ihr Gefallen zu erweisen, oder kann versuchen, sich einer Verpflichtung zu einem von ihr gewählten Zeitpunkt zu entledigen (d.h. wenn der Gegengefallen ihr wenig Kosten verursacht), statt dies zu tun, wenn der Geber Hilfe braucht, denn das könnte zu einem ungelegenen Zeitpunkt geschehen (wenn der Gegengefallen größere Kosten verursachen würde). So kann im Prinzip zwischen einer Person, die einer anderen einen Gefallen tun möchte, und dieser anderen Person, die das nicht möchte, ein Streit entstehen oder auch ein Streit zwischen einer Person, die versucht, einen Gefallen zu erwidern, und ihrem Gläubiger, der dies zu verhindern sucht.

Das Informationspotential

Eine wichtige Form von sozialem Kapital ist das Informationspotential, das soziale Beziehungen in sich bergen. Informationen sind wichtig zur Schaffung einer Handlungsgrundlage. Der Erwerb von Informationen ist jedoch kostenaufwendig. Er erfordert zumindest Aufmerksamkeit, welche immer knapp bemessen ist. Eine Möglichkeit, sich Informationen zu beschaffen, besteht im Rückgriff auf soziale Beziehungen, die für andere Zwecke aufrechterhalten werden. Katz und Lazarsfeld (1955) zeigen dies am Beispiel von Frauen in verschiedenen Lebensbereichen. Möchte eine Frau zum Beispiel mit der Mode gehen, aber nicht zu den Trendsettern gehören, kann sie sich bestimmter Freunde, die Trendsetter sind, als Informationsquellen bedienen. Auch kann eine Person, die sich für die Tagesereignisse nicht brennend interessiert, jedoch über wichtige Entwicklungen auf dem laufenden sein möchte, die Zeit sparen, die das Lesen einer Zeitung erfordern würde, wenn sie die gewünschten Informationen von einem Freund erhalten kann, der solchen Ereignissen seine Aufmerksamkeit widmet. Ein Sozialwissenschaftler, der über laufende Forschungen in benachbarten Bereichen informiert sein möchte, kann dies bei seinen täglichen Kontakten mit Kollegen tun, solange er davon ausgehen kann, daß sie in ihren Fachgebieten auf dem laufenden sind. Dies alles sind Beispiele für soziale Beziehungen, die eine Art von sozialem Kapital darstellen, weil sie Informationen liefern, die bestimmte Handlungen begünstigen. In diesem Falle sind die Beziehungen wertvoll wegen der Informationen, die sie bieten, und nicht wegen der Gutschriften, mit denen jemand zu einer bestimmten Leistung einer anderen Person gegenüber verpflichtet wird.

Normen und wirksame Sanktionen

In Kapitel 10 wurden die Probleme erörtert, die beim Aufstellen und Aufrechterhalten einer Norm und der Sanktionen, die ihr Wirksamkeit verleihen, entstehen. Wenn eine wirksame Norm existiert, ist sie eine mächtige, doch manchmal auch labile Form von sozialem Kapital. Wirksame Normen, die Verbrechen in einer Stadt verbieten, erlauben es Frauen, nachts ungehindert nach draußen zu gehen, und alten Menschen, ihre Wohnungen ohne Angst zu verlassen. Normen in einer Gemeinschaft, die wirksame Belohnungen für eine hohe schulische Leistung fördern und bieten, erleichtern die Aufgabe einer Schule ungemein. Eine präskriptive Norm, die eine besonders wichtige Form von sozialem Kapital innerhalb eines Kollektivs darstellt, ist die Norm, daß man Eigeninteressen zurückstellen sollte, um im Interesse des Kollektivs zu handeln. Eine Norm dieser Art, die durch soziale Unterstützung, Status, Ansehen und andere Belohnungen untermauert wird, ist das soziale Kapital, aus dem junge Nationen aufgebaut werden (und das sich im Laufe der Zeit auflöst), das Familien in Gestalt von führenden Familienmitgliedern bestärkt, selbstlos im Interesse der Familie zu handeln, das die Entwicklung neu entstehender sozialer Bewegungen aus einer kleinen Gruppe engagierter, nach innen orientierter und sich gegenseitig belohnender Personen begünstigt und im allgemeinen Personen dazu bringt, für das öffentliche Wohl zu arbeiten. In einigen dieser Fälle sind die Normen internalisiert; in anderen werden sie hauptsächlich durch äußere Belohnungen für selbstlose Handlungen und durch Mißbilligung eigennütziger Handlungen unterstützt. Doch abgesehen davon, ob sie durch innere oder äußere Sanktionen bekräftigt werden, sind Normen dieser Art wichtig, um das Problem öffentlicher Güter zu überwinden, das in konjunkten Kollektiven auftritt.

Wie aus allen diesen Beispielen deutlich wird, können wirksame Normen eine einflußreiche Form von sozialem Kapital sein. Wie die bereits beschriebenen Formen erleichtert dieses soziale Kapital jedoch nicht nur bestimmte Handlungen, sondern schränkt auch andere ein. Strenge und wirksame

Normen bezüglich des Verhaltens junger Leute innerhalb einer Gemeinschaft können diese daran hindern, sich zu amüsieren. Normen, die es ermöglichen, daß Frauen nachts allein auf die Straße gehen können, schränken auch die Aktivitäten von Kriminellen ein (und vielleicht auch die einiger Nichtkrimineller). Selbst präskriptive Normen, die bestimmte Handlungen belohnen, wie z.b. eine Norm, die besagt, daß ein Junge, der ein guter Sportler ist, Football spielen sollte, lenken letztendlich Energie von anderen Aktivitäten ab. Wirksame Normen in einem bestimmten Bereich können die Innovationsbereitschaft dort verringern und können nicht nur abweichende Handlungen einschränken, die anderen Schaden zufügen, sondern auch abweichende Handlungen, die für jeden gewinnbringend sind. (Siehe Merton 1968, S. 195-203, der darlegt, wie dies geschehen kann.)

Herrschaftsbeziehungen

Wenn Akteur A Kontrollrechte über bestimmte Handlungen auf einen anderen Akteur, B, übertragen hat, steht B soziales Kapital in Form dieser Kontrollrechte zur Verfügung. Wenn mehrere Akteure ähnliche Kontrollrechte auf B übertragen haben, steht B ein umfangreicher Fundus an sozialem Kapital zur Verfügung, der auf bestimmte Aktivitäten konzentriert werden kann. Natürlich verschafft dies B große Macht. Nicht ganz so offenkundig ist die Tatsache, daß eben diese Konzentration der Rechte auf einen einzelnen Akteur das gesamte soziale Kapital vergrößert, indem (zumindest im Prinzip) das Problem des Trittbrettfahrens überwunden wird, dem sich Individuen mit ähnlichen Interessen, doch ohne eine gemeinsame Autorität, gegenübersehen. Tatsächlich scheint es genau der Wunsch zu sein, das soziale Kapital, das zur Lösung gemeinschaftlicher Probleme notwendig ist, zu beschaffen, welcher Personen unter bestimmten Umständen dazu bewegt, einem charismatischen Führer Herrschaft zu übertragen (siehe Kapitel 4, Zablocki 1980 und Scholem 1973).

Übereignungsfähige soziale Organisation

Freiwillige Organisationen werden gegründet, um den Zielen ihrer Initiatoren dienlich zu sein. Bei einem Wohnungsbauprojekt, das während des Zweiten Weltkriegs im Osten der USA durchgeführt wurde, gab es viele materielle Probleme aufgrund mangelhafter Bauweise, wie fehlerhafte Installationsarbeiten, zerbröckelnde Bürgersteige und andere Schäden (Merton, o.J.). Anwohner organisierten sich, um sich an die Bauherren zu wenden und die Probleme auf neue Art und Weise anzugehen. Später, als die Probleme gelöst waren, blieb die Organisation der Anwohner aktiv und stellte ein verfügbares soziales Kapital dar, das die Lebensqualität innerhalb des Projektes verbesserte. Die Anwohner hatten nun Ressourcen zu ihrer Verfügung, die ihnen an ihrem früheren Wohnort nicht zugänglich gewesen waren. (Beispielsweise drückten die Bewohner, obwohl es *weniger* Jugendliche in der Nachbarschaft gab, *öfter* ihre Zufriedenheit darüber aus, daß ihnen viele Babysitter zur Verfügung standen.)

Mitglieder der *New York Typographical Union*, die Monotypen bedienten, gründeten einen Club, den sie *Monotype Club* nannten (Lipset, Trow und Coleman 1956). Als später Arbeitgeber nach Fachleuten für Monotypen und die entsprechenden Fachleute nach Stellen suchten, erwies sich diese Organisation als eine wirksame Stellenvermittlung und wurde von beiden Seiten zu diesem Zweck in Anspruch genommen. Noch später, als die *Progressive Party* in der *New York Typographical Union* an die Macht kam, fungierte der *Monotype Club* als eine organisatorische Ressource für die verdrängte *Independent Party*. Der *Monotype Club* war danach ein wichtiger Zuträger von sozialem Kapital für diese Partei und unterstützte sie in der Zeit, während sie entmachtet war, in ihrer Funktion als organisierte Opposition.

In dem früher erwähnten Beispiel der Studiengruppen aus südkoreanischen radikalen Studenten wurden diese als Studentengruppen beschrieben, die von ein und derselben Oberschule, Heimatstadt oder Kirche stammten. Auch in diesem Falle ist eine Organisation, die für einen bestimmten Zweck ins Leben gerufen wurde, für andere Zwecke übereignungsfähig und stellt so ein bedeutendes soziales Kapital für die Individuen dar, denen die Ressourcen aus der Organisation zur Verfügung stehen.

Diese Beispiele verdeutlichen den generellen Sachverhalt, daß eine Organisation, die im Hinblick auf eine bestimmte Menge von Zielen gegründet worden ist, auch anderen Zielen dienlich sein kann und somit soziales Kapital darstellt, das nutzbar ist.[4] Es kommt vor, daß sich diese Form von sozialem Kapital vollständig in Elemente auflöst, die in diesem Abschnitt unter anderen Stichworten behandelt worden sind, wie z.B. Verpflichtungen und Erwartungen, Informationspotential, Normen und Herrschaftsbeziehungen. Ist dies der Fall, ist es überflüssig, diese Form von sozialem Kapital aufzuführen. Das Phänomen, daß eine soziale Organisation als existierendes soziales Kapital für neue Zwecke wiederverwendet wird, ist jedoch so häufig zu beobachten, daß eine separate Erwähnung gerechtfertigt erscheint.

---

4 Ein klassisches Beispiel hierfür wird von Sills (1957) beschrieben. Der *March of Dimes* sollte ursprünglich die Ausrottung der Kinderlähmung unterstützen. Als mit Hilfe von Salks Impfstoff die Kinderlähmung tatsächlich ausgemerzt wurde, blieb die *March of Dimes*-Organisation bestehen und widmete sich der Bekämpfung anderer Krankheiten.

Zielgerichtete Organisation

Eine wichtige Funktion erfüllt der Begriff des sozialen Kapitals als Nebenprodukt von Aktivitäten, an denen man sich im Hinblick auf andere Zwecke beteiligt hat. In einem späteren Abschnitt werde ich aufzeigen, wieso das so ist und warum oft wenig oder gar nicht in soziales Kapital investiert wird. Es gibt jedoch auch Formen von sozialem Kapital, die direkt aus Investitionen von Akteuren entspringen, welche sich von ihrer Investition einen Gewinn erhoffen.

Das beste Beispiel ist eine gewerbliche Organisation, die Besitzer von Finanzkapital ins Leben rufen, damit sie ihnen Geld einbringt. Diese Organisationen bestehen normalerweise aus Herrschaftsstrukturen, die sich aus Positionen zusammensetzen, welche durch Verpflichtungen und Erwartungen miteinander verknüpft sind und von Personen besetzt werden (wie in Kapitel 4 beschrieben wurde). Bei der Gründung einer solchen Organisation wandelt ein Unternehmer oder Kapitalist Finanzkapital in physisches Kapital in Form von Gebäuden und Geräten um oder auch in soziales Kapital, das in der Organisation von Positionen besteht, und in Humankapital in Form von Personen, die die Positionen besetzen. Wie die anderen Kapitalformen erfordert soziales Kapital Investitionen in die Planung der Struktur von Verpflichtungen und Erwartungen, Verantwortung und Herrschaft sowie Normen (oder Regeln) und Sanktionen, die eine effektiv funktionierende Organisation entstehen lassen.

Eine andere Form einer zielgerichteten Organisation ist eine freiwillige Vereinigung, die ein öffentliches Gut produziert. Zum Beispiel gründen Eltern, deren Kinder dieselbe Schule besuchen, eine Untergruppe einer Eltern-Lehrer-Vereinigung, wo vorher keine bestand. Diese Organisation stellt nicht nur für die Mitglieder der Organisation, sondern für die Schule, die Schüler und andere Eltern soziales Kapital dar. Selbst wenn die Organisation nur ihren ursprünglich beabsichtigten Zweck erfüllt und nicht für andere Zwecke verwendet wird, wie es bereits für andere Organisationen geschildert wurde, erfüllt sie diesen Zweck einfach aufgrund ihrer Eigenart für eine größere Anzahl von Akteuren als nur diejenigen, die sie ins Leben gerufen hatten. Es handelt sich hierbei im Grunde um eine Organisation der gleichen Art, wie ich sie bereits beschrieben habe. Die Eltern-Lehrer-Vereinigung entspricht von ihrer Art her dem *Monotype Club*, der Anwohnervereinigung, die sich mit fehlerhaften Installationen auseinandersetzen sollte, und den kirchlichen Gruppen südkoreanischer junger Leute. Alle sind freiwillige Vereinigungen. Tritt die Organisation jedoch in Kraft, erzeugt sie zwei Arten von Nebenprodukten als soziales Kapital. Zum einen entsteht das im voraufgehenden Abschnitt behandelte Nebenprodukt, nämlich die Übereignungsfähigkeit der Organisation für andere Zwecke. Bei dem anderen handelt es sich um das hier beschriebene Nebenprodukt: Weil die Organisation ein öffentliches Gut erzeugt, stehen die Gewinne, die sie hervorbringt, nicht nur der Untergruppe der Initiatoren zur Verfügung, sondern auch anderen, gleichgültig, ob sie sich beteiligen oder nicht. Beispielsweise verändern die erzieherischen Standards, die über eine aktive Eltern-Lehrer-Vereinigung verbreitet werden, eine Schule auf eine Art und Weise, die für Nichtbeteiligte sowie für Beteiligte gewinnbringend ist.

Relative Quantitäten von sozialem Kapital

Man kann die Ressourcen, die soziales Kapital seinen Besitzern bietet, präziser benennen. Dies werde ich in Kapitel 30 tun, doch schon hier werde ich einige der Ergebnisse aus diesem Kapitel aufführen. In Abbildung 12.1 repräsentieren die Knoten A, B und C Personen, und die Linien, die sie verbinden, repräsentieren Beziehungen. Humankapital findet sich in den Knoten und soziales Kapital in den Linien. Wie in früheren Kapiteln gezeigt wurde, soll die "Beziehung zwischen A und B" jedoch heißen, daß A einige Ereignisse kontrolliert, die für B von Interesse sind, und B einige Ereignisse kontrolliert, die A interessieren. Wenn man davon ausgeht, daß die Ereignisse, die jeder Akteur kontrolliert, Gutschriften sind, die sich im Besitz des Akteurs befinden und Verpflichtungen der jeweils anderen repräsentieren, ist dieses Diagramm eine direkte Abbildung der ersten bereits erörterten Form von sozialem Kapital, die Verpflichtungen und Erwartungen umfaßte. Andere Interpretationen der Ereignisse entsprechen anderen Formen von sozialem Kapital, obwohl die Entsprechung dann nicht vollkommen ist.

Wenn ein Pfeil, der von A_1 und A_2 ausgeht, das Interesse von A_2 an Ereignissen bezeichnet, die von A_1 kontrolliert werden, oder auch die Abhängig-

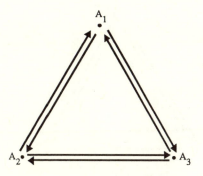

Abb. 12.2 Vollständig geschlossenes System mit drei Akteuren

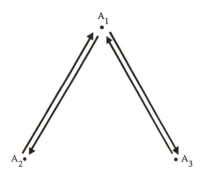

Abb. 12.3 Nicht geschlossenes System mit drei Akteuren

keit des A_2 von A_1, stellt Abbildung 12.2 ein vollständig geschlossenes Drei-Akteure-System dar.

Wenn zwischen A_2 und A_3 keine Beziehung besteht, lassen sich die bestehenden Beziehungen zwischen den drei Akteuren wie in Abbildung 12.3 darstellen.

Wenn A_3 von A_2 abhängig ist, A_2 jedoch nicht von A_3, ergibt sich mit Abbildung 12.4 eine leicht modifizierte Form von Abbildung 12.3.

Wenn, wie in Abbildung 12.2, jeder Akteur Ereignisse kontrolliert, für die sich die jeweils anderen beiden gleich stark interessieren, wird die Macht aller, wie in Kapitel 25 ausgerechnet wird, aufgrund der Symmetrie gleich groß sein. In Abbildung 12.3 bestehen wechselseitige Beziehungen von A_2 und A_3 zu A_1, doch es besteht keine Beziehung zwischen A_2 und A_3. Wenn man sich diese Beziehungen als Gutschriften (d.h. Erwartungen und Ver-

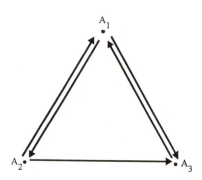

Abb. 12.4 Fast geschlossenes System mit drei Akteuren

pflichtungen) vorstellt, läßt sich die in Abbildung 12.3 dargestellte Situation so beschreiben, daß sich Soll und Haben für jedes einzelne Paar von Akteuren im Gleichgewicht befinden, daß aber A_1 über doppelt soviele Belastungen und Guthaben wie A_2 und A_3 verfügt. Abbildung 12.3 stellt somit eine Situation dar, in der A_1 mehr soziales Kapital zur Verfügung hat als jeder einzelne der beiden anderen. Anhand des in Kapitel 25 verwendeten Gleichgewichtszustands des linearen Handlungssystems wird deutlich, daß die Macht, die A_1 innerhalb des Systems besitzt, dies widerspiegelt. Die in diesem Kapitel angestellten Berechnungen zeigen, daß die Macht, die A_2 und A_3 in diesem System besitzen, nur 0,707 mal so groß ist wie die von A_1, wenn die von A_1 und A_2 kontrollierten Ereignisse beide Akteure gleich stark interessieren und auch die von A_1 und A_3 kontrollierten Ereignisse für diese beiden von gleichem Interesse sind.

In bezug auf Abbildung 12.4, die bis auf die Tatsache, daß A_2 gegenüber A_3 keinerlei Verpflichtungen hat, Abbildung 12.2 entspricht, zeigen die Berechnungen in Kapitel 25, daß A_2 einen gleich hohen Einfluß hat wie A_1; A_2 steht also das gleiche soziale Kapital wie A_1 zur Verfügung. Daß A_2 keine Verpflichtungen gegenüber A_3 hat, hat zur Folge, daß die Macht, die A_3 besitzt, nur noch 0,618 mal so groß ist wie die von A_1 oder A_2 behauptete.[5] Somit ist die Macht eines Akteurs im linearen Handlungssystem, das sich im Gleichgewicht befindet, ein direkter Maßstab für das soziale Kapital, das dem Akteur innerhalb dieses Systems zur Verfügung steht. Im weiteren Verlauf dieses Kapitels und auch in anderen Kapiteln (siehe Abbildung 11.1) wird aufgezeigt, auf welche Weise die Geschlossenheit eines Systems die Macht von Akteuren in diesem System beeinflußt.

Der Aspekt des öffentlichen Gutes beim sozialen Kapital

Soziales Kapital besitzt einige Eigenschaften, die es von den privaten, teilbaren und veräußerlichen Gütern unterscheiden, welche in der neoklassischen Wirtschaftstheorie behandelt werden. Eine dieser Eigenschaften, die von Loury (1987) erörtert worden ist, ist seine faktische Unveräußerlichkeit. Obwohl es eine Ressource mit einem Gebrauchswert darstellt, kann es nicht ohne Schwierigkeiten ausgetauscht werden. Da soziales Kapital ein Merkmal der Sozialstruktur darstellt, in die eine Person eingebettet ist, kann keiner der Personen, die von ihm profitieren, es als Privateigentum betrachten.

Ein weiterer Unterschied, der sich aus dem Aspekt des öffentlichen Gutes

---

5 Cook et al. (1983) haben ähnliche Maßstäbe benutzt, um die Macht von Akteuren in verschiedenen Strukturen mit eingeschränkter Kommunikation aufzuzeigen.

beim sozialem Kapital herleitet, tritt zutage, wenn man es mit physischem Kapital vergleicht. Physisches Kapital ist normalerweise ein privates Gut, und Eigentumsrechte ermöglichen der Person, die in physisches Kapital investiert, in den Genuß der daraus entstehenden Gewinne zu kommen. Auf diese Weise wird der Anreiz, in physisches Kapital zu investieren, nicht unterdrückt. Es ergibt sich, wie ein Ökonom sagen würde, keine suboptimale Investition in materielles Kapital, weil die Investoren in den Genuß der Gewinne aus ihren Investitionen kommen. Für Humankapital - zumindest Humankapital von der Art, das an Schulen hervorgebracht wird - gilt das gleiche; die Person, die die Zeit und die Ressourcen investiert, welche zur Schaffung dieses Kapitals nötig sind, erntet auch die Gewinne, die man von der schulischen Ausbildung erwartet: eine besser bezahlte Stelle, befriedigendere Arbeit oder Arbeit, die mit einem höheren Status verbunden ist, oder auch nur die Freude daran, die Umwelt besser begreifen zu können.

Doch für die meisten seiner verschiedenen Ausprägungen trifft dies bei sozialem Kapital nicht zu. Beispielsweise verschaffen die verschiedenen Sozialstrukturen, die soziale Normen und die dazugehörenden Sanktionen ermöglichen, nicht primär denjenigen Personen einen Gewinn, deren Bemühungen die Normen und Sanktionen ins Leben gerufen haben, sondern all denen, die der betreffenden Struktur angehören. Wenn zum Beispiel zwischen Eltern von Kindern, die eine bestimmte Schule besuchen, eine dichtes Verbindungsnetz besteht, ist dabei auch eine kleine Anzahl von Personen, normalerweise Mütter, die außerhalb ihrer Familie keine Ganztagsstellung haben. Diesen Müttern kommt jedoch nur eine Untermenge der Gewinne aus diesem sozialen Kapital zu, das zugunsten der Schule erzeugt wird. Wenn eine von ihnen sich beispielsweise entschließt, diese Aktivitäten zugunsten einer Ganztagsstellung aufzugeben, kann dies von ihrem Standpunkt und selbst vom Standpunkt ihres Haushalts und ihrer Kinder aus eine völlig vernünftige Handlung sein. Die Gewinne aus dieser neuen Tätigkeit überwiegen möglicherweise bei weitem die Verluste, die aus der Schwächung der Verbindungen mit anderen Eltern resultieren, deren Kinder die Schule besuchen. Jedoch bedeutet ihr Rückzug von diesen Aktivitäten ein Verlust für alle die anderen Eltern, deren Verbindungen und Kontakte davon abhängig sind.

Um ein anderes Beispiel zu geben, kann auch die Entscheidung einer Familie, wegen eines Stellenangebots andernorts aus einer Gemeinde wegzuziehen, vom Standpunkt dieser Familie aus völlig korrekt sein. Weil aber soziales Kapital aus Beziehungen zwischen Personen besteht, erfahren andere möglicherweise große Verluste, weil die Beziehungen zu Mitgliedern dieser Familie gekappt werden, ein Vorgang, über den sie keine Kontrolle hatten. Solche Verluste können die Schwächung von Normen und Sanktionen zur Folge haben, die die Durchsetzung von Recht und Gesetz unterstützen, und auch von Normen, die Eltern und Schulen bei der Sozialisierung von Kindern helfen. Die Gesamtsumme der Kosten, die jede einzelne Familie als Folge von Entscheidungen erfährt, die sie und andere Familien treffen, mögen die Gewinne aus den wenigen Entscheidungen, über die sie Kontrolle hat, überwiegen; doch die gewinnbringenden Konsequenzen für die Familie aus denjenigen Entscheidungen, die sie kontrolliert, überwiegen vielleicht bei weitem die geringfügigen Verluste, die ihr allein aus ihnen erwachsen.

Unterinvestitionen dieser Art treten nicht nur in freiwilligen Vereinigungen wie einer Eltern-Lehrer-Vereinigung oder dem *Monotype Club* auf. Wenn eine Einzelperson eine andere Person um einen Gefallen bittet und damit eine Verpflichtung eingeht, geschieht dies, weil ihr das einen Gewinn verschafft, den sie nötig hat. Sie bedenkt dabei nicht, daß die andere Person auch davon profitiert, indem ihr die Möglichkeit erwächst, ihr Sparguthaben an sozialem Kapital aufzustocken, der ihr für späteren Bedarf zur Verfügung steht. Kann die erste Person ihr Bedürfnis befriedigen, indem sie selbsttätig handelt oder ihr von einer externen Quelle (z.B. einer Regierungsbehörde) aus geholfen wird, ohne daß sie eine Verpflichtung eingehen muß, darf sie dies tun - und unterläßt damit, das soziale Kapital der Gemeinschaft zu vergrößern. Entsprechend fällt ein Akteur die Entscheidung, ob er Vertrauen rechtfertigen soll oder nicht (bzw. ob er Ressourcen für den Versuch, Vertrauen zu rechtfertigen, einsetzen soll), ausgehend von den Kosten und Gewinnen, die ihm selbst daraus erwachsen werden. Die Tatsache, daß seine Vertrauenswürdigkeit die Handlungen anderer begünstigen oder sein Mangel an Vertrauenswürdigkeit die Handlungen anderer behindern kann, geht nicht in seine Entscheidungsfindung ein.

Ähnliches läßt sich, wenn auch in eingeschränkterer Form, in bezug auf Informationen als eine Form von sozialem Kapital behaupten. Ein Individuum, das für ein anderes Individuum als Informationsquelle dient, weil es gut informiert ist, erwirbt diese Informationen normalerweise zu seinem eigenen Nutzen und nicht für irgendjemand anderen, der sich seiner vielleicht bedient. Dies trifft allerdings nicht immer zu. Wie Katz und Lazarsfeld (1955) zeigen, sammeln Meinungsbildner in einem bestimmten Bereich Informationen zum Teil deswegen, um ihre Position als solche zu behaupten. Dies ist zu erwarten, wenn die anderen, die sie als Informationsquellen benutzen, ihnen für die erhaltene Information Ehrerbietung oder Dankbarkeit erweisen, selbst wenn die Meinungsbildner ursprünglich nur für den Eigengebrauch Informationen erworben haben.

Normen leiden ebenfalls nur teilweise unter der Unterinvestition in öffentliche Güter. Normen werden vorsätzlich, zur Reduzierung von externen Effekten, aufgestellt, und die Gewinne, die sie mit sich bringen, kommen normalerweise auch denjenigen zugute, die für die Entstehung der Normen verantwortlich sind. Wie aber Kapitel 11 gezeigt hat, hängt die Fähigkeit, wirksame Normen aufzustellen und aufrechtzuerhalten, von Eigenschaften der Sozialstruktur (wie z.b. Geschlossenheit) ab, über die ein einzelner Akteur keine Kontrolle hat, welche aber durch die Handlung eines einzelnen Akteurs beeinflußt werden können. Diese Eigenschaften haben Einfluß auf die Möglichkeiten der Struktur, wirksame Normen zu unterstützen. Individuen berücksichtigen diese Tatsache jedoch selten, wenn sie Handlungen ausführen, die diese strukturellen Eigenschaften zerstören können.

Einige Formen von sozialem Kapital weisen die Eigenschaft auf, daß ihre Gewinne denjenigen zugute kommen, die in sie investiert haben; folglich werden rationale Akteure in diese Formen des sozialen Kapitals nicht unterinvestieren. Wie bereits erwähnt bilden Organisationen, die ein privates Gut produzieren, das herausragendste Beispiel. Als Folge daraus ergibt sich in der Gesellschaft ein Ungleichgewicht zwischen der relativen Investition in Organisationen, die private Güter für einen Markt produzieren, und der Investition in Organisationen (oftmals freiwillige Vereinigungen), wo die Gewinne nicht uneingeschränkt den Investoren zugute kommen; dies ist ein Ungleichgewicht in dem Sinne, daß dieses soziale Kapital in größeren Mengen in Umlauf gebracht würde, wenn die positiven externen Effekte, die es erzeugt, internalisiert werden könnten.

Der Aspekt des öffentlichen Gutes, den das meiste soziale Kapital besitzt, bedeutet, daß es eine grundlegend andere Position im Hinblick auf zielgerichtetes Handeln als die meisten anderen Kapitalformen einnimmt. Soziales Kapital stellt eine bedeutende Ressource für Individuen dar und kann ihre Handlungsmöglichkeiten und ihre subjektive Lebensqualität stark beeinflussen. Sie besitzen die Fähigkeit, solches Kapital zu erzeugen. Da aber viele der Gewinne aus Handlungen, aus denen soziales Kapital sich entwickelt, von anderen Personen als der handelnden erfahren werden, liegt es nicht im Interesse dieser Person, es entstehen zu lassen. Die Folge daraus ist, daß die meisten Formen von sozialem Kapital als ein Nebenprodukt anderer Tätigkeiten erzeugt oder zerstört werden. Ein Großteil an sozialem Kapital entsteht oder vergeht, ohne daß irgend jemand bewußt dazu beiträgt. Daher wird diese Art von Kapital innerhalb der Sozialforschung unverhältnismäßig weniger anerkannt und in Betracht gezogen, als sein nicht konkreter Charakter rechtfertigen würde.

Die Schaffung, Aufrechterhaltung und Zerstörung von sozialem Kapital

In diesem Abschnitt werde ich auf einige Faktoren hinweisen, die sich aus Entscheidungen von Individuen ergeben und die dazu beitragen, soziales Kapital zu erzeugen oder zu zerstören. Weil einiges bereits in früheren Kapiteln gesagt worden ist, kann ich mich kurz fassen.

Geschlossenheit

In Kapitel 11 habe ich aufgezeigt, daß die Geschlossenheit sozialer Netzwerke für die Emergenz von Normen eine wichtige Rolle spielt. Ebenso ist Geschlossenheit von Bedeutung, wenn Vertrauen das Ausmaß erreichen soll, das durch die Vertrauenswürdigkeit der möglichen Treuhänder gerechtfertigt wäre. Dies liegt vor allem bei Vertrauenssystemen mit Intermediären auf der Hand, die in Kapitel 8 und Abbildung 8.2 vorgestellt wurden. A's Vertrauensvergabe in T's Leistung stützt sich zum Teil auf A's Vertrauen in B's Urteil. B's Vertrauensvergabe hängt zum Teil von seinem Vertrauen in C's Urteil ab, und C's Vertrauensvergabe ist wiederum teilweise abhängig von seinem Vertrauen in A's Urteil. Diese geschlossenen Systeme können natürlich zu inflationären und deflationären Spiralen der Vertrauensvergabe führen. Trotz dieser Instabilität, die sich aus extremer Geschlossenheit ergeben kann, ist ein gewisses Maß an Geschlossenheit jedoch von hohem Wert für Individuen, die sich entscheiden müssen, ob sie Vertrauen vergeben sollen oder nicht.

In manchen Vertrauenssystemen können Intermediäre Geschlossenheit ersetzen. Wenn A entscheiden muß, ob er T Vertrauen schenken soll, jedoch keine Beziehung zu T hat, ermöglicht vielleicht B's Beziehung zu T gemeinsam mit A's Vertrauen in B's Urteil, daß A die Vertrauenswürdigkeit von T exakter einschätzen und somit eine bessere Entscheidung fällen kann.

Die Auswirkungen von Geschlossenheit lassen sich besonders deutlich an einem System mit Eltern und Kindern aufzeigen. In einer Nachbarschaft, in der die Erwachsenen über eine umfangreiche Menge an Erwartungen und Verpflichtungen miteinander verknüpft sind, kann jeder Erwachsene sein Sparguthaben bei anderen Erwachsenen dazu einsetzen, um seine Kinder überwachen und kontrollieren zu lassen. Sind A und B Erwachsene in einer Nachbarschaft und a und b dementsprechend ihre Kinder, läßt sich Geschlossenheit innerhalb der Nachbarschaft wie in Abbildung 12.5(a) darstellen, wobei Pfeile, die vom einen Akteur zum anderen führen, wieder die Abhängigkeit des zweiten vom ersten aufgrund von Ereignissen, die der erste kontrolliert, repräsentieren. Fehlende Geschlossenheit wird in Abbildung 12.5(b) dargestellt, wo die Eltern, A und B, Freunde außerhalb der Nachbarschaft haben. In einer Nachbarschaft, wie sie in Abbildung 12.5(a) dargestellt wird, können A und B beide ihre gegenseitigen Verpflichtungen einsetzen, um bei der Erziehung ihrer Kinder Unterstützung zu erfahren, und können Normen für das Verhalten ihrer Kinder entwickeln. Die Handlungen beider Kinder, ob a oder b, erzeugen, direkt oder indirekt, in beiden Nachbarschaften externe Effekte für A und auch B. Doch nur in der Nachbarschaft aus Abbildung 12.5(a) besteht die Geschlossenheit, die es A und B erlaubt, Normen aufzustellen und die wechselseitige Sanktion der Kinder zu bekräftigen.

414 Handlungsstrukturen

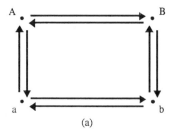 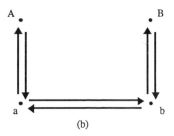

Abb. 12.5 Darstellung zweier Nachbarschaften: (a) mit und (b) ohne Inter-Generationen-Geschlossenheit

Vorausgesetzt, daß sich alle Verpflichtungen im Gleichgewicht befinden und alle Interessen gleich sind, läßt sich - wie bereits für die Abbildungen 12.2, 12.3 und 12.4 - auch für Abbildung 12.5 der relative Nachteil errechnen, dem sich Eltern in der Nachbarschaft ohne Geschlossenheit gegenübersehen. In der Nachbarschaft in Abbildung 12.5(a) besitzt jedes Kind und jeder Elternteil aufgrund von Symmetrie die gleiche Macht. In der Nachbarschaft in Abbildung 12.5(b), besitzen die Eltern, obwohl sie weiterhin das gleiche Ausmaß an direkter Kontrolle über Ereignisse, die ihre Kinder jeweils interessieren, haben, nur noch 0,618 mal soviel Macht wie ihre Kinder - einfach nur deswegen, weil zwischen den Kindern Beziehungen bestehen, zwischen den Eltern dagegen nicht. Anders ausgedrückt besitzen die Eltern aus der nicht geschlossenen Nachbarschaft nur 0,618 mal soviel Macht relativ zu ihren Kindern, wie die Eltern in der geschlossenen Nachbarschaft besitzen, wobei der Mangel an Macht auf die fehlenden Beziehungen zwischen den Eltern zurückzuführen ist.

Sozialstrukturen mit einem unterschiedlichen Grad an Geschlossenheit, wie in Abbildung 12.5 dargestellt ist, sind immer dann vorstellbar, wenn Akteure in zwei verschiedene Gruppen eingeteilt werden können und Beziehungen zu Akteuren der anderen sowie zu Akteuren der eigenen Gruppe haben. Anstelle von Eltern und Kinder könnten die beiden Gruppen beispielsweise auch aus ledigen Männern und ledigen Frauen bestehen. Die Männer und Frauen werden sich miteinander verabreden und darüber hinaus bestehen möglicherweise unter den Männern umfangreiche Netzwerke von Beziehungen und unter den Frauen auch, wie in Abbildung 12.5(a) zu sehen ist. Es kann aber auch sein, daß unter den Frauen umfangreiche Netzwerke von Beziehungen mit innerer Geschlossenheit bestehen, unter den Männern jedoch nicht, wie in Abbildung 12.5(b) dargestellt wird. In diesem Falle besäßen die Frauen mehr soziales Kapital als die Männer. Sie können die Männer mit einem (guten oder schlechten) Ruf versehen, können Regeln oder Normen aufstellen, die Frauen in bezug auf Verabredungen größere Macht als Männern verschaffen, und können ihr soziales Kapital auf andere Art und Weise nutzen.

Aus diesem Beispiel läßt sich, wie auch aus dem Eltern-Kinder-Beispiel, folgender Schluß ziehen: Wenn ein Typ von Akteuren in einer Beziehung die schwächere Position einnimmt (wie z.b. Kinder in bezug auf Eltern, Frauen in bezug auf Männer oder Studenten in bezug auf die Dozenten), werden die Akteure dieses Typs wahrscheinlich soziale Netzwerke aufbauen, die Geschlossenheit aufweisen, um ihre Position im Verhältnis zu dem mächtigeren Typ von Akteuren zu stärken. Es gibt natürlich auch andere Faktoren, die die Geschlossenheit in solchen Netzwerken forcieren, wie z.b. die soziale Nähe, die Schulen für Kinder bieten.

Ein Kontext, in dem die Geschlossenheit eines Netzwerks von besonderer Bedeutung ist, sind bestimmte Gemeinschaften von Körperschaften. Wenn Unternehmen aus einer Branche (die in Abbildung 12.5 A und B entsprechen) als Zulieferer für Unternehmen in einer zweiten Branche fungieren (welche in Abbildung 12.5 als a und b bezeichnet werden), bestehen erstens Zulieferer-Kunden-Beziehungen (analog zu Eltern-Kinder-Beziehungen), zweitens möglicherweise Beziehungen zwischen Unternehmen innerhalb der ersten Branche und drittens möglicherweise Beziehungen zwischen Unternehmen innerhalb der zweiten Branche. Beziehungen zwischen Zuliefererunternehmen stellen eine potentiell wertvolle Form von sozialem Kapital dar, die manchmal zu Kollusion führt und die Festsetzung gleicher Preise nach sich ziehen kann. Beziehungen zwischen Kundenunternehmen sind ebenfalls wertvolles soziales Kapital, das manchmal Boykotts oder Embargos bewirkt.

In Abbildung 12.5 werden unterschiedlich geschlossene Sozialstrukturen mit Rollendifferenzierung dargestellt. Abbildungen 12.2, 12.3 und 12.4 stellen unterschiedlich geschlossene Sozialstrukturen ohne Rollendifferenzierung dar. Wenn letztere Strukturen, wie in Abbildung 12.2, Geschlossenheit aufweisen, können sich Normen und Reputationen entwickeln, die die Akteure des Systems davon abhalten, externe Effekte aufeinander auszuüben. Wenn, wie in Abbildung 12.3, keine Geschlossenheit besteht, können sich Normen und Reputationen nicht entwickeln.

Stabilität

Ein zweiter Faktor, der die Schaffung und Zerstörung von sozialem Kapital beeinflußt, ist die Stabilität der Sozialstruktur. Jede Form des sozialen Kapitals, mit Ausnahme des Kapitals, das sich aus formalen Organisationen herleitet, deren Strukturen auf Positionen gestützt sind, ist von Stabilität abhängig. Das Zerbrechen von sozialen Organisationen oder sozialen Beziehungen kann auch soziales Kapital in hohem Maße zerstören. Mit der sozialen Erfindung der Organisation, deren Strukturelemente nicht aus Personen, sondern aus Positionen bestehen, ist eine Form von sozialem Kapital geschaffen worden, die ihre Stabilität auch angesichts instabiler Individuen bewahren kann. Wo Individuen dazu bestimmt werden, lediglich Inhaber von Positionen zu sein, wird mit der Mobilität von Individuen nur die Leistung der Inhaber und nicht die Struktur selbst zerstört. Für jede andere Form von sozialem Kapital aber verbindet sich mit individueller Mobilität die Gefahr, daß die Struktur an sich zerstört wird - und mit ihr auch das soziale Kapital, das von ihr abhängt.

Ideologie

Ein dritter Faktor, der auf die Schaffung und Zerstörung von sozialem Kapital Einfluß nimmt, ist Ideologie. Eine Ideologie kann soziales Kapital hervorrufen, indem sie in einem Individuum, das ihr folgt, das Bedürfnis weckt, im Interesse von etwas anderem oder jemand anderem, als es selbst ist, zu handeln. Dies zeigt sich in den Wirkungen einer religiösen Lehre, indem sie Personen dazu veranlaßt, auf die Interessen anderer Personen Rücksicht zu nehmen. Eine indirekte und etwas überraschende Folgerung hat sich aus Vergleichen von konfessionellen mit weltlichen Schulen ergeben. Konfessionsgebundene Privatschulen in den Vereinigten Staaten weisen trotz ihrer strengeren erzieherischen Standards sehr viel weniger vorzeitige Schulabgänger auf als weltliche Privatschulen oder staatliche Schulen (Coleman und Hoffer 1987). Anscheinend besteht der Grund dafür in der Menge des sozialen Kapitals, das der konfessionsgebundenen Schule zur Verfügung steht, jedoch für die meisten anderen Schulen, ob privat oder staatlich, nicht verfügbar ist. Dies ist zum Teil abhängig von den sozialstrukturellen Verbindungen zwischen Schule und Eltern, die aufgrund der religiösen Gemeinschaft bestehen. Teilweise ist es aber auch der Lehre, die sich aus der religiösen Doktrin herleitet, zuzuschreiben, daß jedes Individuum in den Augen Gottes wichtig ist. Aus dieser Lehre folgt unter anderem, daß junge Leute mit geringerer Wahrscheinlichkeit aufgrund der Unaufmerksamkeit der Schulleitung "verloren gehen". Man reagiert schneller auf Anzeichen der Entfremdung und des Rückzuges, weil der Schuldirektor, die Mitarbeiter und die erwachsenen Mitglieder der religiösen Gemeinschaft, die mit der Schule verknüpft ist, der religiösen Ideologie anhängen.

Es ist auch möglich, daß Ideologie die Schaffung von sozialem Kapital auf negative Weise beeinflußt. Eine Ideologie der Eigenständigkeit, die im antiken Griechenland von den Epikureern vertreten wurde, oder eine Ideologie, die betont, daß jedes Individuum eine separate Beziehung zu Gott hat, worauf ein Großteil der protestantischen Lehre basiert, kann die Erzeugung von sozialem Kapital behindern. Durkheim (1983 [1897]) hat die Faktoren untersucht, die zum Individualismus führen (was ungefähr seinem *égoïsme* gleichkommt), sowie seine Auswirkungen auf eine Neigung zum Selbstmord.

Andere Faktoren

Obwohl es noch verschiedene andere Faktoren gibt, die die Schaffung und Zerstörung von sozialem Kapital beeinflussen, ist nur eine große Klasse dieser Faktoren von besonderer Bedeutung. Dies ist die Klasse der Faktoren, die die gegenseitige Abhängigkeit von Personen verringern. Wohlstand ist ein wichtiges Beispiel hierfür; ein weiteres sind offizielle Unterstützungen in Notfällen (z.b. verschiedene Formen staatlicher Unterstützung). Sind diese Alternativen vorhanden, kann vorhandenes soziales Kapital, wie immer es auch geartet ist, entwertet werden, ohne erneuert zu werden. Denn ungeachtet des Aspektes des öffentlichen Gutes von sozialem Kapital wird die Menge an sozialem Kapital, das geschaffen wird, um so größer sein, je mehr Personen sich gegenseitig um Hilfe bitten. Wenn, aufgrund von Wohlstand, staatlicher Unterstützung oder irgendeines anderen Faktors, Personen weniger aufeinander angewiesen sind, wird weniger soziales Kapital geschaffen.

Schließlich sollte ich noch erwähnen, daß soziales Kapital zu den Kapitalformen zählt, die mit der Zeit an Wert verlieren. Wie Humankapital und physisches Kapital sinkt soziales Kapital im Wert, wenn es nicht erneuert wird. Soziale Beziehungen zerbrechen, wenn sie nicht aufrechterhalten werden. Erwartungen und Verpflichtungen verlieren mit der Zeit an Bedeutung. Und Normen sind abhängig von regelmäßiger Kommunikation.

ANHANG

Gesamtes Literaturverzeichnis

Abrams, C. 1951. The time bomb that exploded in Cicero. *Commentary* 12:407–414.
Adcock, F. E. 1964. *Roman political ideas and practice.* Ann Arbor: Ann Arbor Paperbacks.
Ainslie, G. 1984. Behavioral economics II: motivated involuntary behavior. *Social Science Information* 23:247–274.
———. 1986. Beyond microeconomics: conflict among interests in a multiple self as a determinant of value. In *The multiple self,* ed. J. Elster, pp. 133–176. Cambridge: Cambridge University Press.
Ainslie, G., and R. J. Herrnstein. 1981. Preference reversal and delayed reinforcement. *Animal Learning and Behavior* 9:476–482.
Ainsworth, M. D., R. G. Andry, R. G. Harlow, S. Lebovici, M. Mead, D. G. Prugh, and B. Wooten. 1965. *Deprivation of maternal care.* New York: Schocken Books.
Allport, G. W. 1937. The functional autonomy of motives. *American Journal of Psychology* 50:141–156.
Alwin, D. 1988. From obedience to autonomy. *Public Opinion Quarterly* 52:33–52.
American Law Institute. 1958. *Restatement of the law second agency 2nd.* St. Paul: American Law Institute.
Ariès, P. 1962. *Centuries of childhood.* New York: Knopf.
Arrow, K. J. 1951. *Social choice and individual values.* Cowles Commission Monograph 12. New York: John Wiley.
Arrow, K. J., and F. H. Hahn. 1971. *General competitive analysis.* San Francisco: Holden Day.
Asch, S. 1956. *Studies of independence and conformity.* Washington, D.C.: American Psychological Association.
Ashton, T. S. 1945. The bill of exchange and private banks in Lancashire, 1790–1830. *Economic History Review* 15, nos. 1, 2:25–35.
Avorn, J. 1970. *Up against the ivy wall.* New York: Atheneum.
Axelrod, R. 1984. *The evolution of cooperation.* New York: Basic Books.
Bailey, F. G., ed. 1971. *Gifts and poisons: the politics of reputation.* New York: Schocken Books.
Bailey, N. T. J. 1963. The simple stochastic epidemic: a complete solution in terms of known functions. *Biometrika* 50:235–240.
Baker, W. 1983. Floor trading and crowd dynamics. In *The social dynamics of*

(Dieses Verzeichnis gilt für alle drei Bände. Ein gesondertes Verzeichnis der für diesen Band maßgebenden Titel, die in Deutsch erschienen sind, steht im Anschluß.)

financial markets, ed. P. Adler and P. Adler, pp. 107-128. Greenwich, Conn.: JAI Press.

Balbus, I. 1971. The concept of interest in pluralist and Marxian analysis. *Politics and Society* 1 (February):151-177.

Bandura, A. 1982. The self and mechanisms of agency. In *Psychological perspectives in the self* 1:3-40, ed. J. Suls. Hillsdale, N.J.: Lawrence Erlbaum Associates.

———. 1986. *Social foundations of thought and action: a social cognitive theory.* Englewood Cliffs, N.J.: Prentice-Hall.

Banfield, E. 1967. *The moral basis of a backward society.* New York: Free Press.

Banfield, E. C., and J. Q. Wilson. 1963. *City politics.* Cambridge, Mass.: Harvard University Press.

Baram, M. S. 1968. Trade secrets: what price loyalty? *Harvard Business Review* 46:66-74.

———. 1982. *Alternatives to regulation.* Lexington, Mass.: Lexington Books.

Barnard, C. 1938. *The functions of the executive.* Cambridge, Mass.: Harvard University Press.

Bartholomew, D. 1973. *Stochastic models of social processes.* 2nd ed. London: Wiley.

Baumrin, B. 1988. Hobbes's egalitarianism: the laws of natural equality. In *Thomas Hobbes: proceedings of the second Franco-American conference of the International Hobbes Association.* Nantes: University Press of Nantes.

Becker, G. 1964. *Human capital.* New York: National Bureau of Economic Research, Columbia University Press.

———. 1973. The theory of marriage, part 1. *Journal of Political Economy* 81, no. 4:813-846.

———. 1974. The theory of marriage, part 2. *Journal of Political Economy* 82, no. 2:511-526.

———. 1976. *The economic approach to human behavior.* Chicago: University of Chicago Press.

———. 1981. *A treatise on the family.* Cambridge, Mass.: Harvard University Press.

Becker, G. S., and K. M. Murphy. 1988. A theory of rational addiction. *Journal of Political Economy* 96, no. 4: 675-700.

Becker, G. S., and N. Tomes. 1979. An equilibrium theory of the distribution of income and intergenerational mobility. *Journal of Political Economy* 87:1153-1189.

———. 1986. Human capital and the rise and fall of families. In *Approaches to social theory*, ed. S. Lindenberg, J. S. Coleman, and S. Nowak, pp. 129-143. New York: Russell Sage Foundation.

Ben-Porath, Y. 1980. The F-connection: families, friends, and firms, and the organization of exchange. *Population and Development Review* 6:1-29.

Bentham, J. 1983 (1841). *The collected works of Jeremy Bentham: constitutional code, vol. 1.* Oxford: Clarendon Press.

Bentley, A. E. 1953 (1908). *Process of government.* Chicago: University of Chicago Press.

Berelson, B., P. Lazarsfeld, and W. McPhee. 1954. *Voting.* Chicago: University of Chicago Press.

(Dieses Verzeichnis gilt für alle drei Bände. Ein gesondertes Verzeichnis der für diesen Band maßgebenden Titel, die in Deutsch erschienen sind, steht im Anschluß.)

Berle, A. A., and G. C. Means. 1933. *The modern corporation and private property.* New York: Macmillan.
Berndt, R. M. 1965. The kamano, usurufa, jate and fore of the eastern highlands. In *Gods, ghosts and men in Melanesia,* ed. P. Lawrence and M. J. Meggitt, pp. 78–104. London: Oxford University Press.
Berne, E. 1964. *Games people play.* New York: Grove Press.
Bernholz, P. 1987. A general constitutional possibility theorem. In *Economic imperialism,* ed. G. Radnitzky and P. Bernholz, pp. 383–400. New York: Paragon House.
Bettelheim, B. 1953. Individual and mass behavior in extreme situations. *Journal of Abnormal and Social Psychology* 38:417–452.
———. 1982. *Freud and man's soul.* New York: Knopf.
Biernacki, R. 1988. A comparative study of culture in nineteenth century German and British textile mills. Ph.D. dissertation, University of California, Berkeley.
Black, D. J. 1958. *The theory of committees and elections.* Cambridge: Cambridge University Press.
———. 1970. Lewis Carroll and the Cambridge mathematical school of P.R.: Arthur Cohen and Edith Denman. *Public Choice* 8:1–28.
———. 1976. *The behavior of law.* New York: Academic Press.
Black, R. D., A. W. Coats, and C. D. W. Goodwin, eds. 1973. *The marginal revolution in economics.* Durham: Duke University Press.
Blau, P. 1963. *The dynamics of bureaucracy.* 2nd ed. Chicago: University of Chicago Press.
———. 1964. *Exchange and power in social life.* New York: Wiley.
Blau, P., and R. Schoenherr. 1971. *The structure of organizations.* New York: Basic Books.
Booth, C. 1891. *Life and labour of the people in London.* 4 vols. London: Macmillan.
Bott, E. 1971. *Family and social network.* 2nd ed. New York: Free Press.
Boudon, R. 1974. *Education, opportunity, and social inequality.* New York: Wiley.
Bourdieu, P. 1980. Le capital social. Notes provisaires. *Actes de la Recherche en Sciences Sociales* 3:2–3.
Bowlby, J. 1965. *Child care and the growth of love.* Baltimore: Penguin Books.
———. 1966. *Maternal care and mental health.* New York: Schocken Books.
———. 1969. *Attachment and loss.* London: Hogarth Press.
Bowles, S., and H. Levin. 1968. The determinants of scholastic achievement—an appraisal of some recent evidence. *Journal of Human Resources* 3:3–24.
Bradley, R. T. 1987. *Charisma and social structure.* New York: Paragon House.
Brams, S. J., and P. C. Fishburn. 1978. Approval voting. *American Political Science Review* 72, no. 3:831–847.
———. 1983. *Approval voting.* Boston: Birkhauser.
Braun, N. 1990. Dynamics and comparative statics of Coleman's exchange model. *Journal of Mathematical Sociology* 15.
Brennan, G., and J. M. Buchanan. 1985. *The reason of rules.* Cambridge: Cambridge University Press.

(Dieses Verzeichnis gilt für alle drei Bände. Ein gesondertes Verzeichnis der für diesen Band maßgebenden Titel, die in Deutsch erschienen sind, steht im Anschluß.)

Breton, A. 1974. *The economic theory of representative government.* Chicago: Aldine.
Breton, A., and A. Scott. 1978. *The economic constitution of federal states.* Toronto: University of Toronto Press.
Brinton, C. 1965. *The anatomy of revolution.* 2nd ed. New York: Vintage Books.
Brown, R. 1965. *Social psychology.* New York: Free Press.
Buchanan, J. 1975. *The limits of liberty.* Chicago: University of Chicago Press.
Buchanan, J., and G. Tullock. 1962. *The calculus of consent.* Ann Arbor: University of Michigan Press.
Bulmer, M. 1984. *The Chicago school of sociology: institutionalization, diversity, and the rise of sociological research.* Chicago: University of Chicago Press.
Burns, A. F., and W. C. Mitchell. 1946. *Measuring business cycles.* New York: National Bureau of Economic Research.
Cain, G., and H. Watts. 1970. Problems in making policy inferences from the Coleman report. *American Sociological Review* 35:228–242.
Campbell, J. 1964. *Honor, family, and patronage.* Oxford: Clarendon Press.
Carter, J. C. 1907. *Law, its origin, growth, and function.* New York and London: G. P. Putnam's.
Chandler, A. D. 1962. *Strategy and structure: chapters in the history of the industrial enterprise.* Cambridge, Mass.: Harvard University Press.
Chandler, R. 1955. *The little sister.* Harmondsworth: Penguin Books.
Charnes, A., and A. C. Stedry. 1966. The attainment of organizational goals. In *Operational research and the social sciences,* ed. J. R. Lawrence. London: Tavistock Publications.
Clark, R. 1979. *The Japanese company.* New Haven: Yale University Press.
Clements, K. W. 1987. Alternative approaches to consumption theory. Chapter 1 of *Applied Demand Analysis,* ed. H. Theil and K. W. Clements. Cambridge, Mass.: Ballinger.
Coase, R. H. 1960. The problem of social cost. *Journal of Law and Economics* 3:1–44.
Coleman, James Samuel. 1956. Social cleavage and religious conflict. *Journal of Social Issues* 12, no. 3:44–56.
———. 1957. *Community conflict.* New York: Free Press.
———. 1961. *The adolescent society.* New York: Free Press.
———. 1964. *Introduction to mathematical sociology.* New York: Free Press.
———. 1966. The possibility of a social welfare function. *American Economic Review* 56, no. 5:1105–1122.
———. 1968a. Equality of educational opportunity: reply to Bowles and Levin. *Journal of Human Resources* 3, no. 2:237–246.
———. 1968b. The marginal utility of a vote commitment. *Public Choice* 5 (Fall):39–58.
———. 1969. The symmetry principle in college choice. *College Board Review* 73:5–10.
———. 1970a. Reply to Cain and Watts. *American Sociological Review* 35, no. 2:242–249.
———. 1970b. Social inventions. *Social Forces* 49, no. 2:163–173.

(Dieses Verzeichnis gilt für alle drei Bände. Ein gesondertes Verzeichnis der für diesen Band maßgebenden Titel, die in Deutsch erschienen sind, steht im Anschluß.)

———. 1971. Internal processes governing party positions in elections. *Public Choice* 11:35–60.

———. 1972a. The evaluation of equality of educational opportunity. In *On equality of educational opportunity*, ed. F. Mosteller and D. P. Moynihan, pp. 146–167. New York: Random House.

———. 1972b. Policy research in the social sciences. Morristown, N.J.: General Learning Press.

———. 1973. The university and society's new demands upon it. In *Content and context: essays on college education*, ed. C. Kaysen, pp. 359–399. New York: McGraw-Hill.

———. 1974a. Inequality, sociology, and moral philosophy. *American Journal of Sociology* 80:739–764.

———. 1974b. *Power and the structure of society.* New York: Norton.

———. 1978a. A theory of revolt within an authority structure. *Papers of the Peace Science Society* 28:15–25.

———. 1978b. Sociological analysis and social policy. In *A history of sociological analysis*, ed. T. Bottomore and R. Nisbet, pp. 677–700. New York: Basic Books.

———. 1980. The structure of society and the nature of social research. *Knowledge: Creation, Diffusion, Utilization* 1:333–350.

———. 1981. *Longitudinal data analysis.* New York: Basic Books.

———. 1982a. Recontracting, trustworthiness, and the stability of vote exchanges. *Public Choice* 40:89–94.

———. 1982b. *The asymmetric society.* Syracuse: Syracuse University Press.

———. 1983. Predicting the consequences of policy changes: the case of public and private schools. In *Evaluating the welfare state: social and political perspectives*, pp. 273–293. New York: Academic Press.

———. 1985. Schools and the community they serve. *Phi Delta Kappan* 66 (April):527–532.

———. 1986a. *Individual interests and collective action.* Cambridge: Cambridge University Press.

———. 1986b. Social structure and the emergence of norms among rational actors. In *Paradoxical effects of social behavior: essays in honor of Anatol Rapoport*, ed. A. Diekmann and P. Mitter, pp. 55–83. Vienna: Physica-Verlag.

———. 1988a. Free riders and zealots: the role of social networks. *Sociological Theory* 6:52–57.

———. 1988b. Social capital in the creation of human capital. *American Journal of Sociology* 94:S95–S120.

———. 1988c. The family's move from center to periphery, and its implications for schooling. In *Center Ideas and Institutions*, ed. L. Greenfield and M. Martin. Chicago: University of Chicago Press.

Coleman, J. S., and T. B. Hoffer. 1987. *Public and private high schools: the impact of communities.* New York: Basic Books.

Coleman, J. S., V. Bartot, N. Lewin-Epstein, and L. Olson. 1979. *Policy issues and research design.* Report to National Center for Education Statistics. Chicago: NORC, University of Chicago.

(Dieses Verzeichnis gilt für alle drei Bände. Ein gesondertes Verzeichnis der für diesen Band maßgebenden Titel, die in Deutsch erschienen sind, steht im Anschluß.)

Coleman, J. S., E. Q. Campbell, C. J. Hobson, J. McPartland, A. M. Mood, F. D. Weinfeld, and R. L. York. 1966. *Equality of educational opportunity.* Washington, D.C.: U.S. Government Printing Office.

Coleman, J. S., T. B. Hoffer, and S. Kilgore. 1982. *High school achievement.* New York: Basic Books.

Coleman, J. S., E. Katz, and H. Menzel. 1966. *Medical innovation.* Indianapolis: Bobbs-Merrill.

Coleman, James Smoot. 1958. *Nigeria: background to nationalism.* Berkeley: University of California Press.

Commons, J. R. 1951. *The economics of collective action.* New York: Macmillan.

Conard, A. F., and S. Siegel. 1972. *Enterprise organization.* Mineola, N.Y.: Foundation Press.

Cook, K. S. 1982. Network structure from an exchange perspective. In *Social structure and network analysis,* ed. P. V. Marsden and N. Lin, pp. 177–199. Beverly Hills, Calif.: Sage Publications.

Cook, K. S., R. M. Emerson, M. R. G. Gillmore, and T. Yamagishi. 1983. The distributive power in exchange networks: theory and experimental results. *American Journal of Sociology* 89:275–305.

Cooley, C. H. 1902. *Human nature and the social order.* New York: Scribner's.

Cox, D. R., and H. D. Miller. 1965. *The theory of stochastic processes.* London: Chapman and Hall.

Cox Commission. 1968. *The crisis at Columbia.* New York: Random House.

Cressey, P. G. 1932. *The taxi-dance hall.* Chicago: University of Chicago Press.

Crozier, M. 1964. *The bureaucratic phenomenon.* Chicago: University of Chicago Press.

Dahl, R. 1961. *Who governs?* New Haven: Yale University Press.

Dahrendorf, R. 1968. *Essays in the theory of society.* Stanford: Stanford University Press.

Davies, J. C. 1962. Toward a theory of revolution. *American Sociological Review* 27, no. 1:5–19.

Davis, J. A., and T. W. Smith. 1986. *General social survey, 1986* (machine-readable data file). Chicago: National Opinion Research Center.

Debreu, G. 1960. Review of R. D. Luce, *Individual choice behavior: a theoretical analysis. American Economic Review* 50:186–188.

Debreu, G., and H. Scarf. 1963. A limit theorem on the core of an economy. *International Economic Review* 4:235–246.

Denman, D. R. 1958. *Origins of ownership.* London: Allen and Unwin.

Deutsch, M. 1962. Cooperation and trust: some theoretical notes. In *Nebraska symposium on motivation,* ed. M. R. Jones, pp. 275–319. Lincoln: University of Nebraska Press.

Dorfman, R., P. Samuelson, and R. Solow. 1958. *Linear programming and economic analysis.* New York: McGraw-Hill.

Downs, A. 1957. *An economic theory of democracy.* New York: Harper.

Drake, S., and H. Cayton. 1946. *Black metropolis.* New York: Harcourt Brace.

Dreyfuss, C. 1952. Prestige grading as a mechanism of control. In *Reader in bureaucracy,* ed. R. K. Merton, A. P. Gray, B. Hockey, and H. C. Selvin, pp. 258–265. New York: Free Press.

(Dieses Verzeichnis gilt für alle drei Bände. Ein gesondertes Verzeichnis der für diesen Band maßgebenden Titel, die in Deutsch erschienen sind, steht im Anschluß.)

Durkheim, E. 1947 (1893). *Division of labor*, trans. G. Simpson. New York: Free Press.
———. 1951 (1897). *Suicide*. Glencoe, Ill.: Free Press.
Eccles, R. G., and H. C. White. 1986. Firm and market interfaces of profit center control. In *Approaches to social theory*, ed. S. Lindenberg, J. S. Coleman, and S. Nowak, pp. 203–220. New York: Russell Sage Foundation.
Edgeworth, F. Y. 1881. *Mathematical psychics*. London: Kegan Paul.
Einzig, P. 1966. *Primitive money*. 2nd ed. London: Pergamon Press.
Eisenstadt, S. N. 1978. *Revolution and the transformation of societies*. New York: Free Press.
Eisenstadt, S. N., and M. Curelaru. 1976. *The form of sociology: paradigms and crises*. New York: Wiley.
El Hakim, S. 1972. Collective decisions in a south Saharan village. Ph.D. dissertation, Johns Hopkins University.
Elias, N. 1982. *The history of manners*. New York: Pantheon.
Elkana, Y. 1974. *The discovery of the conservation of energy*. London: Hutchinson Educational.
Elster, J. 1979. *Ulysses and the Sirens*. Cambridge: Cambridge University Press.
———. 1983. *Sour grapes*. Cambridge: Cambridge University Press.
———. 1985. *Making sense of Marx*. Cambridge: Cambridge University Press.
Esch, J. 1950. A study of judgments of social situations. Unpublished term paper, University of Kansas.
Fama, E. F. 1980. Agency problems and the theory of the firm. *Journal of Political Economy* 88:288–307.
Fanon, F. 1967. *The wretched of the earth*. London: Penguin Books.
Faris, R. E., and H. W. Dunham. 1939. *Mental disorders in urban areas*. Chicago: University of Chicago Press.
Ferejohn, J. A., and M. P. Fiorina. 1974. The paradox of not voting: a decision theoretic analysis. *American Political Science Review* 68:525–536.
Festinger, L., S. Schachter, and K. Back. 1963. *Social pressures in informal groups*. Stanford: Stanford University Press.
Fiester, K. 1980. How labor unions view and use codes of ethics. In *The ethical basis of economic freedom*, ed. I. Hill. New York: Praeger.
Finley, M. I. 1983. *Ancient slavery and modern ideology*. New York: Penguin Books.
Fishburn, P. C. 1977. Condorcet social choice functions. *SIAM Journal of Applied Mathematics* 33:469–489.
Flap, H. D., and N. D. De Graaf. 1986. Social capital and attained occupational status. *The Netherlands' Journal of Sociology* 22:145–161.
Form, W. H., and D. C. Miller. 1960. *Industry, labor, and community*. New York: Harper.
Frank, R. H. 1985. *Choosing the right pond*. New York: Oxford University Press.
———. 1988. *Passions within reason*. New York: Norton.
Frankenberg, R. 1951. *Village on the border: a social study of religion, politics, and football in a North Wales community*. London: Cohen and West.
Friedman, J. W. 1977. *Oligopoly and the theory of games*. Amsterdam: North Holland.

(Dieses Verzeichnis gilt für alle drei Bände. Ein gesondertes Verzeichnis der für diesen Band maßgebenden Titel, die in Deutsch erschienen sind, steht im Anschluß.)

Friedman, M. 1956. *Studies in the quantity theory of money.* Chicago: Chicago University Press.

Friedman, M., and L. J. Savage. 1952. The expected utility hypothesis and the measurement of utility. *Journal of Political Economy* 60:463–474.

Friedrichs, R. 1972. *A sociology of sociology.* New York: Free Press.

Fromm, E. 1941. *Escape from freedom.* New York: Farrar and Rinehart.

Galaskiewicz, J. 1985. *Social organization of an urban grants economy: a study of business philanthropy and nonprofit organizations.* Orlando, Fla.: Academic Press.

Gale, D., and L. Shapley. 1962. College admissions and the stability of marriage. *American Mathematical Monthly* 69:9–15.

Garfinkel, I., ed. 1982. *Income-tested transfer programs: the case for and against.* New York: Academic Press.

Garnsey, P. 1973. Legal privileges in the Roman Empire. In *The social organization of law*, ed. D. Black and M. Mileski, pp. 146–166. New York: Seminar Press.

Gauthier, D. P. 1986. *Morals by agreement.* Oxford: Clarendon Press.

Geertz, C. 1962. The rotating credit association: a "middle rung" in development. *Economic Development and Cultural Change* 10:240–263.

Gibbard, A. 1973. Manifestation of voting schemes: a general result. *Econometrica* 41, no. 4:581–601.

Gierke, O. von. 1868–1913. *Das deutsche genossenschaftsrecht.* Berlin: Weidmann.

———. 1934 (1913). *Natural law and the theory of society 1500–1800*, trans. E. Barker. Cambridge: Cambridge University Press.

———. 1968 (1900). *Political theories of the Middle Ages*, trans. F. W. Maitland. Cambridge: Cambridge University Press.

Glasstone, S. 1946. *Textbook of physical chemistry.* 2nd ed. New York: Van Nostrand.

Gluckman, M. 1955. *Custom and conflict in Africa.* New York: Free Press.

———. 1963. Gossip and scandal. *Current Anthropology* 4:307–316.

Goel, M. L. 1975. *Political participation in a developing nation.* New York: Asia Publishing House.

Goldberg, A. J. 1971. Debate on outside directors. *New York Times*, October 29, 1971, p. 1.

Goldstone, J. A., ed. 1986. *Revolutions: theoretical, comparative, and historical studies.* Orlando, Fla.: Harcourt Brace Jovanovich.

———. 1989. Deterrence in rebellion and revolutions. In *Perspectives on deterrence*, ed. R. Axelrod, R. Jervis, R. Radner, and P. Stern. Oxford: Oxford University Press.

Goode, W. J. 1960. Norm commitment and conformity to role-status obligations. *American Journal of Sociology* 66:246–258.

———. 1978. *The celebration of heroes.* Berkeley: University of California Press.

Granovetter, M. 1978. Threshold models of collective behavior. *American Journal of Sociology* 83:1420–1443.

———. 1985. Economic action, social structure, and embeddedness. *American Journal of Sociology* 91:481–510.

Grant, G. 1973. Shaping social policy: the politics of the Coleman report. *Teachers College Record* 75:17–54.

(Dieses Verzeichnis gilt für alle drei Bände. Ein gesondertes Verzeichnis der für diesen Band maßgebenden Titel, die in Deutsch erschienen sind, steht im Anschluß.)

Groves, T. 1973. Incentives in teams. *Econometrica* 41:617–633.
Groves, T., and J. Ledyard. 1977. Optimal allocation of public goods: a solution to the "free rider problem." *Econometrica* 45:783–809.
Gurr, T. R. 1970. *Why men rebel*. Princeton: Princeton University Press.
———. 1986. Persisting patterns of repression and rebellion: foundations for a general theory of political coercion. In *Persistent patterns and emergent structures in a waning century*, ed. M. Karns. New York: Praeger.
Guttentag, M., and P. F. Secord. 1983. *Too many women? The sex ratio question*. Beverly Hills, Calif.: Sage Publications.
Habermas, J. 1971. *Toward a rational society*. London: Heinemann.
Hacker, A., ed. 1964. *The corporation take-over*. New York: Harper and Row.
Hanushek, E. A. 1986. The economics of schooling: production and efficiency in public schools. *Journal of Economic Literature* 24:1141–1177.
Hanushek, E. A., and J. F. Kain. 1972. On the value of equality of educational opportunity as a guide to public policy. In *On equality of educational opportunity*, ed. F. Mosteller and D. P. Moynihan, pp. 116–145. New York: Random House.
Hardin, G. 1968. The tragedy of the commons. *Science* 162:1243–1248.
Hare, R. M. 1981. *Moral thinking*. Oxford: Clarendon Press.
Harrod, R. F. 1938. Scope and method of economics. *Economic Journal* 48:383–412.
Haworth, L. 1960. The experimenting society: Dewey and Jordan. *Ethics* 71:27–40.
Hayek, F. A. von. 1973. *Law, legislation and liberty*, vol. 1. London: Routledge and Kegan Paul.
———. 1976. *Law, legislation and liberty*, vol. 2. London: Routledge and Kegan Paul.
Hechter, M. 1983. *Microfoundations of macrosociology*. Philadelphia: Temple University Press.
Heider, F. 1958. *The psychology of interpersonal relations*. New York: Wiley.
Hernes, G. 1971. Interest, influence, and cooperation: a study of the Norwegian parliament. Ph.D. dissertation, Johns Hopkins University.
Herrnstein, R. J. 1981. Self-control as response strength. In *Quantification of steady-state operant behavior*, ed. E. Szabadi and C. Lowe. Amsterdam: Elsevier/North Holland.
———. 1982. Melioration as behavioral dynamism. In *Quantitative analyses of behavior*, vol. II: *Matching and maximizing accounts*, ed. M. L. Commons, R. J. Herrnstein, and H. Rachlin. Cambridge, Mass.: Ballinger.
Herzog, D. 1985. *Without foundations: justification in political theory*. Ithaca: Cornell University Press.
Hicks, J. R. 1939. The foundation of welfare economics. *Economic Journal* 49:696–712.
———. 1957 (1932). *The theory of wages*. Gloucester, Mass.: Peter Smith.
Hilgard, E. O. 1956. *Theories of learning*. 2nd ed. New York: Appleton-Century-Crofts.
Hirschman, A. O. 1970. *Exit, voice, and loyalty: responses to decline in firms, organizations, and states*. Cambridge, Mass.: Harvard University Press.
———. 1977. *The passions and the interests: political arguments for capitalism before its triumph*. Princeton: Princeton University Press.

(Dieses Verzeichnis gilt für alle drei Bände. Ein gesondertes Verzeichnis der für diesen Band maßgebenden Titel, die in Deutsch erschienen sind, steht im Anschluß.)

———. 1986. The concept of interest: from euphemism to tautology. In *Rival views of market society and other recent essays*, pp. 35–55. New York: Viking Penguin.
Hirshleifer, J. 1978. Exchange theory: the missing chapter. *Western Economic Journal* 16:129–146.
———. 1987. On the emotions as guarantors of threats and premises. In *The latest on the best: essays in evolution and optimality*, ed. John Dupré. Cambridge, Mass.: MIT Press.
Hobbes, T. 1960 (1651). *Leviathan*. Oxford: Blackwell.
Hoffer, T. B. 1986. *Educational outcomes in public and private high schools*. Ph.D. dissertation, University of Chicago.
Hogue, A. 1985 (1966). *Origins of the common law*. Indianapolis, Ind.: Liberty Press.
Hohfeld, W. 1923. *Fundamental legal conceptions as applied in judicial reasoning*. New Haven: Yale University Press.
Hollingshead, A. B. 1949. *Elmtown's youth*. New York: Wiley.
Holmes, S. 1989. The secret history of self interest. In *Against self interest*, ed. J. Mansbridge. Chicago: University of Chicago Press.
Homans, G. 1950. *The human group*. New York: Harcourt Brace.
———. 1958. Social behavior as exchange. *American Journal of Sociology* 65:597–606.
Honoré, A. M. 1961. Ownership. In *Oxford essays in jurisprudence*, ed. A. G. Guest. Oxford: Clarendon Press.
Hume, D. 1985 (1778). *The history of England*. Indianapolis, Ind.: Liberty Press.
Hurlburd, D. 1950. *This happened in Pasadena*. New York: Macmillan.
Ivamy, E. R. H. 1971. *Casebook on agency*. London: Butterworth's.
Janis, I. 1972. *Victims of groupthink*. Boston: Houghton Mifflin.
Jensen, M. C., and W. H. Meckling. 1976. Theory of the firm: managerial behavior, agency costs and ownership structure. *Journal of Financial Economics* 3, no. 4:305–360.
Jevons, W. S. 1875. *Money and the mechanism of exchange*. London: D. Appleton.
Kahneman, D., and A. Tversky. 1979. Prospect theory: an analysis of decision under risk. *Econometrica* 47:263–291.
Kahneman, D., P. Slovic, and A. Tversky. 1982. *Judgment under uncertainty; heuristics and biases*. Cambridge: Cambridge University Press.
Kaldor, N. 1939. Welfare propositions of economics and interpersonal comparisons of utility. *Economic Journal* 49:549–552.
Kanter, R. M. 1973. *Communes: creating and managing the collective life*. New York: Harper and Row.
Kantorowicz, E. H. 1957. *The king's two bodies*. Princeton: Princeton University Press.
Kappelhoff, P., and F. U. Pappi. 1982. *Restricted exchange in Altneustadt*. Kiel: Institut für Soziologie der Universität Kiel.
Kardiner, A. 1945. *The psychological frontiers of society*. New York: Columbia University Press.
Katz, E., and S. Eisenstadt. 1960. Some sociological observations on the response of

(Dieses Verzeichnis gilt für alle drei Bände. Ein gesondertes Verzeichnis der für diesen Band maßgebenden Titel, die in Deutsch erschienen sind, steht im Anschluß.)

Israeli organizations to new immigrants. *Administrative Science Quarterly* 5:113–133.

Katz, E., and P. F. Lazarsfeld. 1955. *Personal influence.* New York: Free Press.

Kaufmann, C. B. 1969. *Man incorporate.* New York: Doubleday/Anchor Books.

Kim, Y. H. 1986. Resource mobilization and deployment in the national policy domains. Ph.D. dissertation, University of Chicago.

Klein, L. R., and H. Rubin. 1948. A constant-utility index of the cost of living. *Review of Economic Studies* 15:84–87.

Kohn, M. L. 1977. *Class and conformity.* 2nd ed. Chicago: University of Chicago Press.

Kramer, G. H. 1972. On a class of equilibrium conditions for majority rule. *Econometrica* 41:285–297.

Kreps, D., P. Milgrom, J. Roberts, and R. Wilson. 1982. Rational cooperation in the finitely repeated prisoner's dilemma. *Journal of Economic Theory* 27:245–252.

Kroeber, A. L. 1973 (1957). *Style and civilizations.* Westport, Conn.: Greenwood Press.

Lancaster, K. 1966. A new approach to consumer theory. *Journal of Political Economy* 74:132–157.

Laqueur, W. 1976. *Guerrilla: a historical and critical study.* Boston: Little, Brown.

Laumann, E. O., and F. U. Pappi. 1976. *Networks of collective action: a perspective on community influence systems.* New York: Academic Press.

Laver, M. 1976. *The theory and practice of party competition: Ulster 1973–75.* Beverly Hills, Calif.: Sage Publications.

Lawrence, P. 1967. *Road belong cargo.* Melbourne: Melbourne University Press.

Lazarsfeld, P., M. Jahoda, and H. Ziesel. 1933. *Die arbeitslosen von Marienthal.* Leipzig: S. Hirzel.

Lazear, E. P., and S. Rosen. 1981. Rank order tournaments as optimum labor contracts. *Journal of Political Economy* 89:841–864.

Le Bon, G. 1960 (1895). *The crowd.* New York: Viking.

Lecky, P. 1945. *Self-consistency: a theory of personality.* New York: Island Press.

Lederer, E. 1940. *State of the masses.* New York: Norton.

Leites, N., and C. Wolf, Jr. 1970. *Rebellion and authority.* Chicago: Markham.

Lenin, V. I. 1973 (1902). *What is to be done?* Peking: Foreign Language Press.

Lenski, G. E. 1954. Status crystallization: a non-vertical dimension of social status. *American Sociological Review* 19:405–413.

Leontief, W. W. 1951. *The structure of the American economy, 1919–1939.* New York: Oxford University Press.

Lévi-Strauss, C. 1964. *Structural anthropology,* vol. 1. New York: Basic Books.

Lewis, J. D. 1935. The Genossenschaft theory of Otto von Gierke. University of Wisconsin Studies in the Social Sciences and History, no. 25. Madison: University of Wisconsin Press.

Lifton, R. J. 1961. *Thought reform and the psychology of totalism.* New York: Norton.

Lin, N. 1982. Social resources and instrumental action. In *Social structure and network analysis,* ed. P. Marsden and N. Lin, pp. 131–145. Beverly Hills, Calif.: Sage Publications.

(Dieses Verzeichnis gilt für alle drei Bände. Ein gesondertes Verzeichnis der für diesen Band maßgebenden Titel, die in Deutsch erschienen sind, steht im Anschluß.)

———. 1988. Social resources and social mobility: a structural theory of status attainment. In *Social mobility and social structure*, ed. R. L. Breiger. Cambridge: Cambridge University Press.

Lin, N., W. M. Ensel, and J. C. Vaughn. 1981. Social resources and strength of ties: structural factors in occupational status attainment. *American Sociological Review* 46:393–405.

Lindenberg, S. 1982. Sharing groups: theory and suggested applications. *Journal of Mathematical Sociology* 9:33–62.

———. 1986. The paradox of privatization in consumption. In *Paradoxical effects of social behavior: essays in honor of Anatol Rapoport*, ed. A. Diekmann and P. Mitter, pp. 297–310. Vienna: Physica Verlag.

Lipset, M., M. A. Trow, and J. S. Coleman. 1956. *Union democracy*. New York: Free Press.

Little, I. M. D. 1952. Social choice and individual values. *Journal of Political Economy* 60:422–432.

Locke, J. 1965 (1690). *Two treatises of government*. New York: New American Library.

Loewenstein, G. F. 1985. Expectations and intertemporal choice. Ph.D. dissertation, Yale University.

Lomasky, L. E. 1987. *Persons, rights, and the moral community*. New York: Oxford University Press.

Loury, G. 1977. A dynamic theory of racial income differences. Chapter 8 of *Women, minorities, and employment discrimination*, ed. P. A. Wallace and A. Le Mund. Lexington, Mass.: Lexington Books.

———. 1981. Intergenerational transfers and the distribution of earnings. *Econometrica* 49:843–867.

———. 1987. Why should we care about group inequality? *Social Philosophy and Policy* 5:249–271.

Luce, R. D., and H. Raiffa. 1957. *Games and decisions*. New York: John Wiley and Sons.

Lynd, R. 1939. *Knowledge for what?* Princeton: Princeton University Press.

Lynd, R., and H. Lynd. 1929. *Middletown*. New York: Harcourt.

Machina, M. J. 1983. Generalized expected utility analysis and the nature of observed violations of the independence axiom. In *Foundations of utility and risk theory with applications*, ed. B. P. Stigum and F. Wenstop, pp. 263–293. Dordrecht: D. Reidel.

Mackay, C. 1932 (1852). *Extraordinary popular delusions and the madness of crowds*. New York: Farrar, Straus, and Cudahy.

Macpherson, C. B. 1964. *The political theory of possessive individualism*. Oxford: Oxford University Press.

MacRae, D., Jr. 1976. *The social function of social science*. New Haven: Yale University Press.

———. 1985. *Policy indicators*. Chapel Hill: University of North Carolina Press.

Maitland, F. W. 1904. *Trust and corporation*. Cambridge: Cambridge University Press.

(Dieses Verzeichnis gilt für alle drei Bände. Ein gesondertes Verzeichnis der für diesen Band maßgebenden Titel, die in Deutsch erschienen sind, steht im Anschluß.)

———. 1908. *The constitutional history of England*. Cambridge: Cambridge University Press.
———. 1936. Moral personality and legal personality. In *Maitland: selected essays*, ed. H. D. Haseltine, G. Lapsley, and P. H. Winfield. Cambridge: Cambridge University Press.
Malinowski, B. 1922. *Argonauts of Western Pacific*. London: Routledge.
Malinvaud, E. 1972. *Lectures on microeconomic theory*, trans. A. Silvey. Amsterdam: North-Holland.
Mandeville, B. de. 1772 (1714). *The fable of the bees: or, private vices, public benefits*. Edinburgh: J. Wood.
March, J. G., and H. A. Simon. 1958. *Organizations*. New York: Wiley.
Margolis, H. 1982. *Selfishness, altruism, and rationality: a theory of social choice*. Cambridge: Cambridge University Press.
Markoff, J., and G. Shapiro. 1985. Consensus and conflict at the onset of revolution. *American Journal of Sociology* 91:28–53.
Marsden, P. V. 1981. Introducing influence processes into a system of collective decisions. *American Journal of Sociology* 86:1203–1235.
———. 1983. Restricted access in networks and models of power. *American Journal of Sociology* 88:686–717.
Marsden, P. V., and E. O. Laumann. 1977. Collective action in a community elite: exchange, influence resources and issue resolution. In *Power, paradigms and community research*, ed. R. J. Liebert and A. W. Imershein. London and Beverly Hills, Calif.: Sage Publications.
Marx, K. 1963 (1847). *The poverty of philosophy*. New York: International Publishers.
———. 1973 (1858). *Grundrisse*, trans. M. Nicolaus. London: Allan Lane.
Mauss, M. 1954. *The gift*. New York: Free Press.
Mayer, P. J. 1944. *Max Weber and German politics*. London: Faber and Faber.
Mayhew, H. 1861. *London labour and the London poor*. London: Griffin.
Maynard Smith, J. 1974. *Models in ecology*. Cambridge: Cambridge University Press.
Mead, G. H. 1934. *Mind, self and society*. Chicago: University of Chicago Press.
Mecham, F. R. 1952 (1933). *Outlines of the law of agency*. 4th ed. Chicago: Callaghan.
Merry, S. E. 1981. *Urban danger: life in a neighborhood of strangers*. Philadelphia: Temple University Press.
———. 1984. Rethinking gossip and scandal. In volume 1 of *Toward a general theory of social control*, ed. D. Black, pp. 271–302. New York: Academic Press.
Merton, R. K. 1940. Bureaucratic structure and personality. *Social Forces* 18:560–568.
———. 1968. *Social theory and social structure*. 3rd ed. New York: Free Press.
———. n.d. Study of World War II housing projects. Unpublished manuscript. Columbia University, Department of Sociology.
Merton, R. K., and A. S. Rossi. 1950. Contributions to the theory of reference group behavior. In *Continuities in social research*, ed. R. K. Merton and P. F. Lazarsfeld, pp. 40–105. New York: Free Press.

(Dieses Verzeichnis gilt für alle drei Bände. Ein gesondertes Verzeichnis der für diesen Band maßgebenden Titel, die in Deutsch erschienen sind, steht im Anschluß.)

Michels, R. 1949 (1915). *Political parties*. New York: Free Press.
Mill, J. S. 1926 (1859). *On liberty*. New York: Macmillan.
Miller, D. C. 1970. *International community power structures*. Bloomington: Indiana University Press.
Miller, D. C., and W. H. Form. 1980. *Industrial sociology*. 3rd ed. New York: Harper and Row.
Miller, D. R., and G. E. Swanson. 1958. *The changing American parent*. New York: Wiley.
Mills, C. W. 1959. *The sociological imagination*. New York: Oxford University Press.
Mintz, A. 1951. Non-adaptive group behavior. *Journal of Abnormal Social Psychology* 36:506–524.
Mogi, S. 1935. *Otto von Gierke*. London: King and Son.
Montesquieu, C. L. de S. 1977 (1748). *The spirit of laws*. Berkeley: University of California Press.
Mosteller, F., and P. Nogee. 1951. An experimental measurement of utility. *Journal of Political Economy* 59:371–404.
Mueller, D. C. 1979. *Public choice*. Cambridge: Cambridge University Press.
Muller, E. N. 1985. Income inequality, regime repressiveness, and political violence. *American Sociological Review* 50:47–61.
Murray, C. 1984. *Losing ground*. New York: Basic Books.
———. 1988. *In pursuit: of happiness and good government*. New York: Simon and Schuster.
Nagel, E. 1970. A formalization of functionalism. In *Systems thinking*, ed. F. E. Emery, pp. 297–329. Harmondsworth: Penguin.
Nanson, E. J. 1883. Methods of election. *Transactions and Proceedings of the Royal Society of Victoria* 19:197–240.
National Research Council (Committee on Youth Employment Programs of the Commission on Behavioral and Social Sciences and Education). 1985. *Youth employment and training programs: the YEDPA years*. Washington, D.C.: National Academy Press.
Newell, A., and H. A. Simon. 1972. *Human problem solving*. Englewood Cliffs, N.J.: Prentice-Hall.
Niou, E. M. S. 1987. A note on Nanson's rule. *Public Choice* 54:191–193.
Noll, R. 1983. The feasibility of marketable emissions permits in the United States. In *Public sector economics*, ed. J. Finsinger, pp. 189–225. London: Macmillan.
Norwood, R. 1985. *Women who love too much*. Los Angeles: J. P. Tarcher.
Nozick, R. 1974. *Anarchy, state and utopia*. New York: Basic Books.
Nurmi, H. 1987. *Comparing voting systems*. Dordrecht: D. Reidel.
Oberschall, A. 1973. *Social conflict and social movements*. Englewood Cliffs, N.J.: Prentice-Hall.
———. 1978. Theories of social conflict. In *Annual Review of Sociology* 4:291–315.
O'Flaherty, W. D., and J. D. M. Derrett, eds. 1978. *The concept of duty in South Asia*. New Delhi: Vikas Publishing.
Okun, A. M. 1975. *Equality and efficiency: the big tradeoff*. Washington, D.C.: Brookings Institution.

(Dieses Verzeichnis gilt für alle drei Bände. Ein gesondertes Verzeichnis der für diesen Band maßgebenden Titel, die in Deutsch erschienen sind, steht im Anschluß.)

Olson, M., Jr. 1965. *The logic of collective action.* Cambridge, Mass.: Harvard University Press.

Ostrogorski, M. 1964 (1902). *Democracy and the organization of political parties,* vol. 2: *The United States.* Chicago: Quadrangle Books.

Ostroy, J. M., and R. M. Starr. 1974. Money and the decentralization of exchange. *Econometrica* 42:1093–1113.

Pace, C. R. 1964. *The influence of academic and student subcultures in college and university environments.* Los Angeles: University of California at Los Angeles Press.

Pappi, F. U., and P. Kappelhoff. 1984. Abhängigkeit, tausch, und kollective entscheidung in einer gemeindeelite. *Zeitschrift für Soziologie* 13:87–117.

Park, G. K. 1974. *The idea of social structure.* New York: Anchor Books.

Park, R. E. 1967. The possibility of a social welfare function: comment. *American Economic Review* 57:1300–1304.

Patterson, O. 1977. The study of slavery. *Annual Review of Sociology* 3:407–449.

Payne, J. 1976. Task complexity and contingent processing in decision making: an information search and protocol analysis. *Organizational Behavior and Human Performance* 16:366–387.

Pitt-Rivers, J. A. 1971. *The people of the Sierra.* 2nd ed. Chicago: University of Chicago Press.

Plott, C. R., and M. E. Levine. 1978. A model of agenda influence on committee decisions. *American Economic Review* 68:146–160.

Plott, C. R., and V. L. Smith. 1978. An experimental examination of two exchange institutions. *Review of Economic Studies* 45:133–153.

Pollock, F., and F. W. Maitland. 1968 (1898). *History of English law.* 2 vols. Cambridge: Cambridge University Press.

Popper, K. R. 1963. *The open society and its enemies.* 4th ed. Princeton: Princeton University Press.

Posner, R. A. 1986. *The economic analysis of law.* 3rd ed. Boston: Little, Brown.

———. 1987. The constitution as an economic document. *George Washington Law Review* 56 (November):4–38.

Pryor, E. J., Jr. 1972. Rhode Island family structure, 1875–1960. In *Household and family in past time,* ed. P. Laslett, pp. 571–589. Cambridge: Cambridge University Press.

Public Opinion. 1979. October/November,p. 30.

Rapoport, A., and A. Chammah. 1965. *Prisoner's dilemma.* Ann Arbor: University of Michigan Press.

Raub, W., and T. Voss. 1986. Conditions for cooperation in problematic social situations. In *Paradoxical effects of social behavior: essays in honor of Anatol Rapoport,* ed. A. Diekmann and P. Mitter. Vienna: Physica Verlag.

Rawls, J. 1958. Justice as fairness. *Philosophical Review* 67:164–194.

———. 1971. *A theory of justice.* Cambridge, Mass.: Harvard University Press.

Reich, C. 1964. The new property. *Yale Law Journal* 73:733–787.

Reitz, J. 1973a. The gap between knowledge and decision in the utilization of research. Bureau of Applied Social Research, Columbia University. Mimeographed.

(Dieses Verzeichnis gilt für alle drei Bände. Ein gesondertes Verzeichnis der für diesen Band maßgebenden Titel, die in Deutsch erschienen sind, steht im Anschluß.)

———. 1973b. Social interaction between policy makers and social scientists. Bureau of Applied Social Research, Columbia University. Mimeographed.
Riesman, D., N. Glazer, and R. Denney. 1953. *The lonely crowd.* Garden City, N.Y.: Doubleday.
Riker, W. H., and S. J. Brams. 1973. The paradox of vote trading. *American Political Science Review* 67:1235–1247.
Riker, W. H., and P. C. Ordeshook. 1973. *An introduction to positive political theory.* Englewood Cliffs, N.J.: Prentice-Hall.
Rivlin, A., and P. M. Timpane. 1975. *Planned variation in education.* Washington, D.C.: Brookings Institution.
Robbins, L. 1935. *An essay in the nature and significance of economic science.* 2nd ed. London: Macmillan.
———. 1938. Inter-personal comparisons of utility. *Economic Journal* 48:635–641.
Robinson, J. 1956. The industry and the market. *Economic Journal* 66:360–361.
Roethlisberger, F., and W. Dickson. 1939. *Management and the worker.* Cambridge, Mass.: Harvard University Press.
Rosen, S. 1986. Prizes and incentives in elimination tournaments. *American Economic Review* 76:701–715.
———. 1988. Promotions, elections, and other contests. *Journal of Institutional and Theoretical Economics* 144:73–90.
Rossi, P. H., and K. C. Lyall. 1976. *Reforming public welfare: a critique of the negative income tax experiment.* New York: Russell Sage Foundation.
Roth, A. E. 1984a. Misrepresentation and stability in the marriage problem. *Journal of Economic Theory* 34:383–387.
———. 1984b. The evolution of the labor market for medical interns and residents: a case study in game theory. *Journal of Political Economy* 92:991–1016.
———. 1985a. The college admissions problem is not equivalent to the marriage problem. *Journal of Economic Theory* 36:277–288.
———. 1985b. Common and conflicting interests in two-sided matching markets. *European Economic Review* 27:75–96.
Rotter, J. B. 1966. Generalized expectancies for internal vs. external control of reinforcement. *Psychological Monographs: General and Applied* 80:1–28.
———. 1971. External control and internal control. *Psychology Today* 5:37–59.
Rousseau, J. J. 1950 (1756). *The social contract.* New York: E. P. Dutton.
Runciman, W. G. 1966. *Relative deprivation and social justice.* Berkeley: University of California Press.
Sabine, G. H. 1937. *A history of political theory.* New York: H. Holt.
Samuelson, P. A. 1950. Evaluation of real national income. *Oxford Economic Papers* 2:1–29.
———. 1954. The pure theory of public expenditures. *Review of Economics and Statistics* 36:387–389.
Satterthwaite, M. 1975. Strategy-proofness and Arrow's conditions: existence and correspondence theorems for voting procedures and social welfare functions. *Journal of Economic Theory* 10, no. 2 (April):187–217.

(Dieses Verzeichnis gilt für alle drei Bände. Ein gesondertes Verzeichnis der für diesen Band maßgebenden Titel, die in Deutsch erschienen sind, steht im Anschluß.)

Sattinger, M. 1984. Factor pricing in the assignment problem. *Scandinavian Journal of Economics* 86, no. 1:17-34.
Schmeikal, B. 1976. The internalization of collective values and bounds of interest matrices. *Quality and Quantity* 10:225-240.
Schoen, R. 1983. Measuring the tightness of a marriage squeeze. *Demography* 20, no. 1 (February):61-78.
Scholem, G. 1973. *Sabbatai Sevi, the mystical messiah.* Princeton: Princeton University Press.
Schon, D. 1970. The future of American industry. *The Listener* 2 July 84: 8-12.
Schultz, T. 1961. Investment in human capital. *American Economic Review* 51 (March):1-17.
Schultze, C. T. 1977. *The public use of private interest.* Washington, D.C.: Brookings Institution.
Schumpeter, J. 1954. *History of economic analysis.* London: Allen and Unwin.
Schwartz, T. 1975. Vote trading and pareto efficiency. *Public Choice* 24:101-109.
———. 1981. The universal-instability theorem. *Public Choice* 37, no. 3:487-501.
Scitovsky, T. 1941. A note on welfare propositions in economics. *Review of Economic Studies* 9:77-88.
Seeman, M. 1963. Alienation and social learning in a reformatory. *American Sociological Review* 69:270-284.
———. 1971. The urban alienations: some dubious theses from Marx to Marcuse. *Journal of Personality and Social Psychology* 19:135-143.
Selznick, P. 1957. *Leadership in administration.* Evanston, Ill.: Row, Peterson.
Sen, A. 1970. The impossibility of a Paretian liberal. *Journal of Political Economy* 78:152-157.
———. 1979. Interpersonal comparisons of welfare. In *Economics and human welfare: essays in honor of Tibor Scitovsky*, ed. M. Boskin, pp. 183-201. New York: Academic Press.
Shaplen, R. 1950. Scarsdale's battle of the books. *Commentary* 10:530-540.
Shapley, L. 1967. *Utility comparison and the theory of games.* Paper no. 582. Santa Monica, Calif.: Rand Corporation.
Shepsle, K. A., and B. R. Weingast. 1981. Structure-induced equilibrium and legislative choice. *Public Choice* 37, no. 3:503-520.
———. 1984. Uncovered sets and sophisticated voting outcomes with implications for agenda institutions. *American Journal of Political Science* 28:49-74.
Sherif, M. 1936. *The psychology of social norms.* New York: Harper.
Sigelman, L., and M. Simpson. 1977. A cross-national test of the linkage between economic inequality and political violence. *Journal of Conflict Resolution* 21:105-128.
Sills, D. 1957. *The volunteers, means and ends in a national organization.* New York: Free Press.
Simmel, G. 1908. *Soziologie.* Leipzig: Dunker und Humblot.
———. 1950. *The sociology of Georg Simmel*, ed. K. Wolff. New York and Glencoe, Ill.: Free Press.
Simon, H. A. 1947. *Administrative behavior.* New York: Macmillan.

(Dieses Verzeichnis gilt für alle drei Bände. Ein gesondertes Verzeichnis der für diesen Band maßgebenden Titel, die in Deutsch erschienen sind, steht im Anschluß.)

———. 1955. A behavioral model of rational choice. *Quarterly Journal of Economics* 59:99–118.

———. 1957. The compensation of executives. *Sociometry* 20:32–35.

Simon, H. A., D. W. Smithburg, and V. A. Thompson. 1951. *Public administration.* New York: Knopf.

Simpson, D. 1975. *General equilibrium analysis.* Oxford: Basil Blackwell.

Skocpol, T. 1979. *States and social revolutions.* Cambridge: Cambridge University Press.

Skocpol, T., and A. S. Orloff. 1986. Explaining the origins of welfare states: a comparison of Britain and the United States, 1880s–1920s. In *Approaches to social theory,* ed. S. Lindenberg, J. S. Coleman, and S. Nowak. New York: Russell Sage Foundation.

Smelser, N. J. 1959. *Social change in the industrial revolution.* Chicago: University of Chicago Press.

———. 1963. *Theory of collective behavior.* London: Routledge and Kegan Paul.

Smith, A. 1937 (1776). *The wealth of nations.* New York: Random House, Modern Library.

———. 1976 (1753). *The theory of moral sentiments.* Indianapolis, Ind.: Liberty Classics.

Smith, V. L. 1982. Economic systems as an experimental science. *American Economic Review* 72:923–955.

Snow, C. P. 1951. *The masters.* Garden City, N.Y.: Doubleday/Anchor Books.

Sorokin, P. 1928. *Contemporary sociological theories.* New York: Harper.

Starr, J. 1978. *Dispute and settlement in rural Turkey.* Leiden: E. J. Brill.

Steiner, H. 1977. The natural right to means of production. *Philosophical Quarterly* 27:41–49.

Stene, E. K., and G. K. Floro. 1953. *Abandonment of the manager plan.* Lawrence: University of Kansas.

Stephenson, R. B., Jr. 1980. *Corporations and information.* Baltimore: Johns Hopkins University Press.

Stevens, S. S., ed. 1951. *Handbook of experimental psychology.* New York: Wiley.

———. 1957. On the psychophysical law. *The Psychological Review* 64:153–181.

Stigler, G., and G. Becker. 1977. De gustibus non est disputandum. *American Economic Review* 67:76–90.

Stinchcombe, A. 1968. *Constructing social theories.* New York: Harcourt Brace and World.

Stone, C. 1975. *Where the law ends: the social control of corporate behavior.* New York: Harper.

Stone, L. 1970. The English revolution. In *Preconditions of revolutions in early modern Europe,* ed. R. Forster and J. P. Greene. Baltimore: Johns Hopkins University Press.

Stouffer, S. A., E. A. Suchman, L. C. DeVinney, S. A. Star, R. M. Williams, Jr., A. A. Lumsdaine, M. H. Lumsdaine, M. B. Smith, I. L. Janis, and L. S. Cottrell, Jr. 1949. *The American soldier,* vols. I and II. Princeton: Princeton University Press.

Stuart, J. 1950. *The thread that runs true.* New York: Scribner's.

(Dieses Verzeichnis gilt für alle drei Bände. Ein gesondertes Verzeichnis der für diesen Band maßgebenden Titel, die in Deutsch erschienen sind, steht im Anschluß.)

Swann, W. B., Jr., and S. J. Read. 1981. Self-verification processes: how we sustain our self-conceptions. *Journal of Experimental Social Psychology* 17:351-372.
Swistak, P. 1987. *Theory of models and the social sciences.* Ph.D. dissertation, University of Chicago.
Talmon, J. L. 1952. *The origins of totalitarian democracy.* London: Secker and Warburg.
Tawney, R. H. 1947. *Religion and the rise of capitalism.* New York: Penguin Books.
Thaler, R. H. 1980. Towards a positive theory of consumer behavior. *Journal of Economic Behavior and Organization* 1:39-60.
Thaler, R. H., and H. M. Shefrin. 1981. An economic theory of self-control. *Journal of Political Economy* 89:392-406.
Thrasher, F. M. 1936. *The gang.* 2nd ed. Chicago: University of Chicago Press.
Tideman, N., and G. Tullock. 1976. A new and superior process for making social choices. *Journal of Political Economy* 84:1145-59.
Tilly, C. 1978. *From mobilization to revolution.* Reading, Mass.: Addison-Wesley.
Tilly, C., L. Tilly, and R. Tilly. 1975. *The rebellious century: 1830-1930.* Cambridge, Mass.: Harvard University Press.
Tocqueville, A. de. 1955 (1860). *The old regime and the French revolution,* trans. S. Gilbert. Garden City, N.Y.: Doubleday.
Tullock, G. 1974. *The social dilemma: the economics of war and revolution.* Blacksburg, Va.: University Publications.
———. 1981. Why so much stability? *Public Choice* 37, no. 2:189-204.
Tuma, N., and M. Hannan. 1984. *Social dynamics.* New York: Academic Press.
Turnbull, C. 1972. *The mountain people.* New York: Simon and Schuster.
Turner, R. H., and L. M. Killian. 1957. *Collective behavior.* Englewood Cliffs, N.J.: Prentice-Hall.
Tversky, A. 1972. Choice by elimination. *Journal of Mathematical Psychology* 9:341-367.
Tversky, A., and D. Kahneman. 1981. The framing of decisions and the rationality of choice. *Science* 211:453-458.
Ullmann, W. 1966. *The individual and society in the Middle Ages.* Baltimore: Johns Hopkins University Press.
Ullmann-Margalit, E. 1977. *The emergence of norms.* Oxford: Clarendon Press.
U.S. Bureau of the Census. 1931. *Census of population, 1930.* Washington, D.C.: U.S. Government Printing Office.
———. 1940, 1947, 1949, 1951, 1980, 1984. *Statistical abstracts of the United States: 1940, 1947, 1949, 1951, 1980, 1984.* Washington, D.C.: U.S. Government Printing Office.
———. 1975. *Historical statistics of the United States, colonial times to 1970.* Washington, D.C.: U.S. Government Printing Office.
U.S. Bureau of Labor Statistics. 1972. *Handbook of labor statistics.* Washington, D.C.: U.S. Government Printing Office.
Vanberg, V. 1986. De moribus est disputandum. George Mason University, Fairfax, Va. Mimeographed.
von Neumann, J., and O. Morgenstern. 1947. *The theory of games and economic behavior.* 2nd ed. Princeton: Princeton University Press.

(Dieses Verzeichnis gilt für alle drei Bände. Ein gesondertes Verzeichnis der für diesen Band maßgebenden Titel, die in Deutsch erschienen sind, steht im Anschluß.)

Walaszek, Z. 1977. Use of simulation games in development of formal theory. In *Problems of formalization in the social sciences*, pp. 51–76. Warsaw: Ossolineum.
Waller, W. 1938. *The family, a dynamic interpretation*. New York: Cordon.
Walras, L. 1954. *Elements of pure economics*. London: Allen and Unwin.
Walzer, M. 1977. *Just and unjust wars*. New York: Basic Books.
Watson, T. 1978. *Will you die for me?* Old Tappan, N.J.: Fleming H. Revell.
Weber, Marianne. 1926. *Max Weber: ein lebensbild*. Tübingen: Paul Siebeck.
Weber, Max. 1947 (1922). *The theory and social and economic organization*, trans. A. M. Henderson and T. Parsons. New York: Oxford University Press.
———. 1958 (1904). *The Protestant ethic and the spirit of capitalism*. New York: Scribner's.
———. 1968. *Economy and society*. New York: Bedminster Press.
Wechsberg, J. 1966. *The merchant bankers*. Boston: Little, Brown.
Weede, E. 1981. Income inequality, average income, and domestic violence. *Journal of Conflict Resolution* 25:639–653.
———. 1986. Income inequality and political violence reconsidered. Comment on Muller. *American Sociological Review* 51:438–441.
———. 1987. Some new evidence on correlates of political violence: income inequality, regime repressiveness, and economic development. *European Sociological Review* 3:97–108.
Weesie, J. 1987. On Coleman's theory of collective action. University of Utrecht, The Netherlands. Mimeographed.
Weiszacker, C. C. von. 1971. Notes on endogenous change of tastes. *Journal of Economic Theory* 3:345–372.
White, H. 1970. *Chains of opportunity*. Cambridge, Mass.: Harvard University Press.
Whiting, B. B., and J. W. M. Whiting. 1975. *Children of six cultures*. Cambridge, Mass.: Harvard University Press.
Whyte, W. H. 1956. *The organization man*. New York: Simon and Schuster.
Wicksell, K. 1958 (1896). A new principle of just taxation. In *Classics in the theory of public finance*, ed. R. A. Musgrave and A. T. Peacock, pp. 72–118. New York: St. Martin's Press.
Williamson, O. E. 1975. *Markets and hierarchies, analysis and antitrust implications*. New York: Free Press.
———. 1981. The economics of organization: the transaction cost approach. *American Journal of Sociology* 87:548–577.
Willmott, P., and M. Young. 1967. *Family and class in a London suburb*. London: New English Library.
Wirth, L. 1928. *The ghetto*. Chicago: University of Chicago Press.
Wood, R. C. 1961. *1400 governments: the political economy of the New York metropolitan region*. Cambridge, Mass.: Harvard University Press.
Wu, S. C. 1974. *Distribution of economic resources in the United States*. Chicago: National Opinion Research Center.
Yoors, J. 1967. *The gypsies*. New York: Simon and Schuster.

(Dieses Verzeichnis gilt für alle drei Bände. Ein gesondertes Verzeichnis der für diesen Band maßgebenden Titel, die in Deutsch erschienen sind, steht im Anschluß.)

Young, H. P. 1987. Condorcet. In *The new Palgrave*, pp. 566–567. New York: Stockton Press.

Young, H. P., and A. Levenglich. 1978. A consistent extension of Condorcet's election principle. *SIAM Journal of Applied Mathematics* 35:285–300.

Zablocki, B. 1971. *The joyful community*. Baltimore: Penguin Books.

———. 1980. *Alienation and charisma*. New York: Free Press.

Zagorin, P. 1982. *Rebels and riders 1500–1660*, vol. 1. Cambridge: Cambridge University Press.

Zand, D. E. 1972. Trust and managerial problem solving. *Administrative Science Quarterly* 17:29–39.

Zorbaugh, H. W. 1929. *The gold coast and the slum*. Chicago: University of Chicago Press.

(Dieses Verzeichnis gilt für alle drei Bände. Ein gesondertes Verzeichnis der für diesen Band maßgebenden Titel, die in Deutsch erschienen sind, steht im Anschluß.)

Deutsches Literaturverzeichnis

Axelrod, R. 1988 (1984). *Die Evolution der Kooperation.* München: Oldenbourg.
Berne, E. 1967 (1964). *Spiele der Erwachsenen. Psychologie der menschlichen Beziehungen.* 8. Aufl. Reinbek: Rowohlt.
Dahrendorf, R. 1961. *Über den Ursprung der Ungleichheit unter den Menschen.* Tübingen: Mohr.
Downs, A. 1968 (1957). *Ökonomische Theorie der Demokratie.* Hrg. Rudolf Wildenmann. Tübingen: Mohr.
Durkheim, E. 1983 (1897). *Der Selbstmord.* Frankfurt am Main: Suhrkamp.
Elias, N. 1969. *Über den Prozeß der Zivilisation.* 2. Aufl. München: Francke.
Gierke, O. von. 1881. *Die Staats- und Korporationslehre des Alterthums und des Mittelalters und ihre Aufnahme in Deutschland.* In: *Das deutsche Genossenschaftsrecht,* 1868-1913, Bd. 3. Berlin: Weidmann.
Gierke, O. von. 1913. *Die Staats- und Korporationslehre der Neuzeit. Durchgeführt bis zur Mitte des 17., für das Naturrecht bis zum Beginn des 19. Jh.* In: *Das deutsche Genossenschaftsrecht,* 1868-1913, Bd. 4. Berlin: Weidmann.
Hirschman, A. O. 1980 (1977). *Leidenschaften und Interessen. Politische Begründungen des Kapitalismus vor seinem Sieg.* Frankfurt am Main: Suhrkamp.
Hobbes, T. 1966 (1651). *Leviathan oder Stoff, Form und Gewalt eines bürgerlichen und kirchlichen Staates.* Neuwied: Luchterhand.
Le Bon, G. 1951 (1895). *Psychologie der Masse.* Stuttgart: Kröner.
Lenin, W. I. 1978 (1902). *Was tun?* In: Lenin, W. I., *Werke, Band V.* Berlin: Dietz.

(Dieses Verzeichnis nennt diejenigen Titel des auf den Seiten 421 bis 441 abgedruckten Gesamtverzeichnisses, die in Deutsch erschienen sind und in diesem Bande zitiert werden.)

Mauss, M. 1968 (1954). *Die Gabe. Form und Funktion des Austauschs in archaischen Gesellschaften.* Frankfurt am Main: Suhrkamp.

Michels, R. 1970 (1915). *Zur Soziologie des Parteiwesens in der modernen Demokratie.* Stuttgart: Kröner.

Mill, J. S. 1974 (1859). *Über die Freiheit.* Stuttgart: Philipp Reclam jun.

Norwood, R. 1987 (1985). *Wenn Frauen zu sehr lieben: Die heimliche Sucht, gebraucht zu werden.* Reinbek: Rowohlt.

Olson, M. Jr. 1968 (1965). *Die Logik des kollektiven Handelns. Kollektivgüter und die Theorie der Gruppen.* Tübingen: Mohr.

Popper, K. R. 1977 (1963). *Die offene Gesellschaft und ihre Feinde.* München: Francke.

Riesman, D., N. Glazer & R. Denney. 1977 (1953). *Die einsame Masse. Eine Untersuchung der Wandlungen des amerikanischen Charakters.* Reinbek: Rowohlt.

Simmel, G. 1908. *Soziologie. Untersuchungen über die Formen der Vergesellschaftung.* Berlin.

Smith, A. 1978 (1776). *Der Wohlstand der Nationen. Eine Untersuchung seiner Natur und seiner Ursachen.* München: Deutscher Taschenbuch Verlag.

von Neumann, J. & O. Morgenstern. 1967 (1947). *Spieltheorie und wirtschaftliches Verhalten.* 2. Aufl. Würzburg: Physica-Verlag.

Weber, M. 1972 (1904). *Die protestantische Ethik und der Geist des Kapitalismus.* In: *Gesammelte Aufsätze zur Religionssoziologie,* 1972 (1920). Tübingen: Mohr.

Weber, M. 1922. *Wirtschaft und Gesellschaft.* Tübingen: Mohr.

Wechsberg, J. 1966 (1966). *Hochfinanz international.* München: Droemer Knaur.

(Dieses Verzeichnis nennt diejenigen Titel des auf den Seiten 421 bis 441 abgedruckten Gesamtverzeichnisses, die in Deutsch erschienen sind und in diesem Bande zitiert werden.)

Personenregister

Abrams, C., 201
Adcock, F. E., 363n
Aesop, 270, 278
Ainslie, G., 62, 505, 525, 527, 548
Ainsworth, M. D., 654
Allende, Salvatore, 469
Allport, G. W., 516
Alwin, D., 659
American Law Institute, 150
Andersen, Hans Christian, 286
Aquinas, Thomas, 365
Aquino, Corazon, 467, 469
Ariès, P., 580
Arrow, Kenneth J., 374–375, 378, 383, 398, 686, 771–772, 899
Asch, S., 288
Ashton, T. S., 106, 169, 186, 308
Avorn, J., 494n
Axelrod, R., 210–211, 253, 254n, 506, 902, 930–931
Ayatollah Khomeini. *See* Khomeini, Ayatollah

Back, K., 307
Bailey, N. T. J., 286, 908
Baker, W., 110, 302, 892
Balbus, I., 511–512, 513n
Bandura, A., 507
Banfield, Edward, 307, 369
Barnard, C., 423, 429
Bartholomew, D., 907, 909
Bartot, V., 637n
Baumrin, B., 333
Beatles, the, 192
Becker, Gary S., 22, 297, 304, 505, 516n, 587, 668n, 669n
Beethoven, Ludwig von, 399–400, 402, 404
Begin, Menachem, 349
Benedict, Ruth, 9

Ben-Porath, Y., 301
Bentham, Jeremy, 17, 338, 373, 590, 769
Bentley, Arthur, 135, 512–513
Berelson, B., 292, 828
Bergson, Abram, 769
Berle, A. A., 48, 441, 451, 456–457, 462, 509, 510, 562, 569
Berndt, R. M., 220n
Berne, E., 16n
Bernholz, P., 253n, 337
Bettelheim, Bruno, 160, 507n, 519
Biernacki, R., 154n
Bismarck, Otto von, 584, 621
Black, D. J., 286, 377, 398n
Black, R. D., 668
Blau, P., 37, 39, 129, 165, 424, 543
Booth, C., 617n, 626
Borda, Jean Charles de, 377, 411–414
Bott, E., 287
Boudon, R., 714
Bourdieu, P., 300
Bowlby, J., 654
Bowles, S., 640n
Bradley, R. T., 75, 196, 515
Brams, S. J., 114, 415
Braun, N., 875
Brennan, G., 11n
Breton, A., 366, 448, 852
Brinton, C., 473, 477
Brown, R., 200–201, 203–204, 218, 223, 224
Buchanan, James, 11n, 364, 365, 830
Bulmer, M., 630n
Burns, Arthur F., 2
Byrne, Jane, 400–402

Cain, G., 640n
Campbell, J., 246, 814
Carroll, Lewis, 377
Carter, J. C., 84n

(Dieses Register gilt für alle drei Bände. Die Seitenangaben beziehen sich auf das englische Original und werden in der Übersetzung am Rand aufgeführt.)

Personenregister

Carter, Jimmy, 195
Cayton, H., 617
Chammah, A., 252n
Chandler, A. D., 430
Chandler, Raymond, 100
Charles I (king of England), 173, 498, 540
Charnes, A., 446-447
Clark, R., 575
Clements, K. W., 675, 685n
Coase, Ronald H., 47, 250, 260-262, 386, 571, 785n, 786, 787, 792, 809
Coats, A. W., 668
Coleman, James Smoot, 488
Comte, Auguste, 613-614, 784
Conard, A. F., 148, 149n
Condorcet, Marquis de, 377, 378, 383, 397-398, 408n, 410-411, 938
Cook, K. S., 315n, 673n
Cooley, C. H., 385, 525-526, 617
Cox, D. R., 903
Cox Commission, 221-222, 489, 490
Cressey, P. G., 617
Crozier, M., 424
Curelaru, M., 470

Dahl, R., 38, 369
Dahrendorf, R., 242
Daley, Ritchie, 400-402
Davies, J. C., 474
Davis, J. A., 143, 715
Debreu, G., 399, 681
Debussy, Claude, 399-400, 402, 404
De Gaulle, Charles, 455-456
De Graaf, N. D., 300, 302
Denman, D. R., 46, 433
Denny, R., 5
Derrett, J. D. M., 242n
Deutsch, M., 100
Dickson, W., 80n
Downs, A., 289, 388-389
Drake, S., 617
Dreyfuss, C., 74n
Dunham, H. W., 592
Dunlop, John, 565
Durkheim, Emile, 13, 15, 241, 321, 474, 592, 611, 613, 814n
Dutschke, Rudi, 192

Eastman, George, 559
Eccles, R. G., 431
Edgeworth, F. Y., 119, 428, 671
Edward IV (king of England), 540

Einzig, P., 124, 125, 267
Eisenhower, Dwight D., 497, 514
Eisenstadt, S. N., 468-469n, 470, 547
El Hakim, S., 580, 718, 831
Elias, N., 246, 258
Elkana, Y., 201n
Elster, J., 14, 62, 505, 548, 926
Engels, Friedrich, 5
Esch, J., 521

Fama, Eugene, 577
Fanon, F., 480
Faris, R. E., 592
Fast, Howard, 392
Faulkner, William, 607
Ferejohn, J. A., 289, 290n
Festinger, L., 307
Fiester, K., 565
Finley, M. I., 87
Fiorina, M. P., 289, 290n
Fishburn, P. C., 375n, 411, 415
Flap, H. D., 300, 302
Floro, G. K., 498
Ford, Gerald, 195
Form, W. H., 153
Foy, Eddie, 214-215
Frank, R. H., 431n, 510n
Frankenberg, R., 286
Franklin, Benjamin, 7
Freud, Sigmund, 507n
Freudenberg, Nick, 221
Friedman, J. W., 29-31, 207
Friedman, Milton, 120n, 505
Friedrichs, R., 535n
Fromm, Erich, 5

Galaskiewicz, J., 559, 565
Gale, D., 22
Garfinkel, I., 609n
Garnsey, P., 286
Gauthier, D. P., 41
Geertz, Clifford, 306
Ghandi, Mohandas, 274
Gibbard, A., 398
Giddings, Franklin H., 617
Gierke, O. von, 162, 532, 533
Glasstone, S., 18n
Glazer, Nathan, 5
Gluckman, M., 263
Goel, M. L., 268
Gold, Ted, 221
Goldberg, A. J., 457-458

(Dieses Register gilt für alle drei Bände. Die Seitenangaben beziehen sich auf das englische Original und werden in der Übersetzung am Rand aufgeführt.)

Goldstone, J. A., 470, 479
Gomulka, W., 475
Goode, W. J., 258
Goodwin, C. D. W., 668
Granovetter, M., 226n, 302
Grant, G., 639
Groves, T., 153, 268, 864n
Gurr, T. R., 475, 478–479
Guttentag, M., 22n

Habermas, J., 636
Hacker, A., 554, 564
Hahn, F. H., 686, 899
Hannan, M., 903
Hanushek, E. A., 640n
Hardin, G., 20
Hare, R. M., 55, 411, 415
Harrod, R. F., 770–771, 774, 781
Haworth, L., 636
Hayek, Friedrich A. von, 17, 84, 85, 343, 344
Head, Howard, 113
Heider, F., 520–522
Helvetius, 28–29
Henderson, Charles, 617
Hernes, Gudmund, 253n, 718
Herrnstein, R. J., 505, 506
Herzog, D., 384n
Hicks, John, 429, 771
Hilgard, E. O., 516
Hirschman, A. O., 28, 301, 457, 458, 660
Hirshleifer, Jack, 510n, 673n
Hitler, Adolph, 4, 164, 195, 196
Hobbes, Thomas, 5, 54, 301, 332–333, 385, 533, 830–831
Hoffer, T. B., 320, 366n, 584n
Hoffman, Abby, 192
Hogue, A., 146
Hohfeld, Wesley, 49
Holmes, S., 301n, 660
Homans, G., 37, 543
Honorace, A. M., 45
Hotelling, Harold, 388
Hume, David, 488
Hurlburd, D., 390

Ivamy, E. R. H., 149, 150, 151

Jackson, Andrew, 349
Jahoda, M., 619n
Janis, I., 388n
Jensen, M. C., 153

Jesus, 164
Jevons, W. Stanley, 668, 686, 740, 774
Johnson, Lyndon, 108, 181, 195, 481, 622
Jones, Jim, 5, 176, 387

Kahneman, D., 145
Kain, J. F., 640n
Kaldor, Nicholas, 358, 382, 771–772
Kant, Immanuel, 17, 333, 384, 385
Kanter, R. M., 326n
Kantorowitz, E. H., 540
Kappelhoff, P., 718
Kardiner, Abram, 9
Katz, E., 86n, 231, 310, 317, 547, 646
Kaufmann, Carl, 73n
Kennedy, John F., 388n
Kennedy, Robert, 388n
Khomeini, Ayatollah, 365, 467
Killian, L. M., 199–200
Kim, Y. H., 718
King, Martin Luther, Jr., 475
Kohn, M. L., 294, 298
Kramer, G. H., 398n
Kreps, D., 210n
Kreutz, Henrik, 176n
Kroeber, A. L., 237n

Lancaster, Kelvin, 668n
Laqueur, W., 479, 481
Laumann, E. O., 369, 718
Laver, M., 607n
Law, John, 175, 195, 198
Lawrence, P., 220n
Lazarsfeld, P. F., 86n, 231, 292, 310, 317, 616, 619n, 646, 828
Lazear, E. P., 153, 406n
Le Bon, G., 200–201
Lecky, P., 507
Lederer, E., 12
Ledyard, J., 268–269, 864n
Leites, Nathan, 479, 481
Lenin, V. I., 305
Lenski, G. E., 477
Leontief, Wassily, 726n
Levenglich, A., 378n, 410
Levin, H., 640
Levine, M. E., 406, 854n
Lewin-Epstein, N., 637n
Lewis, J. D., 532n
Lifton, R. J., 519
Lin, N., 302
Lindenberg, S., 797

(Dieses Register gilt für alle drei Bände. Die Seitenangaben beziehen sich auf das englische Original und werden in der Übersetzung am Rand aufgeführt.)

Lipset, Seymour Martin, 278, 312, 343, 360–361, 460, 468–469
Little, I. M. D., 771–772, 774
Locke, John, 5, 17, 328, 533
Lomasky, L. E., 49
Loury, G., 300, 301, 315, 587
Love, William, 560
Lowenstein, G. F., 62, 505
Luce, R. D., 210n, 252n, 399, 400, 915, 925, 927, 931
Lyall, K. C., 61
Lynd, H., 630n, 658
Lynd, R., 615n, 630n, 658

McCarthy, J. K., 220n
Machiavelli, N., 28
Mackay, C., 19, 175–176, 186, 230
McPhee, W., 292, 828
MacPherson, C. B., 86n, 425, 449
MacRae, D., Jr., 615n
Maitland, F. W., 146, 509, 535–536, 537, 538, 539, 558
Malinowski, B., 125n
Malinvaud, E., 681n
Mandeville, B. de, 446
Manson, Charles, 5, 65–66
Mao Zedong, 482, 492
March, J. G., 423
Marcos, Ferdinand, 467
Marcuse, H., 5
Margolis, H., 269, 289, 290n
Markoff, J., 484n
Marsden, P. V., 718
Marshall, Alfred, 772, 874
Marx, Karl, 5, 9, 29n, 422, 470–471, 511, 611–612, 613
Mauss, M., 309
Mayer, P. J., 422, 613
Mayhew, H., 617n
Maynard Smith, J., 31, 902, 931
Mead, G. H., 507
Mead, Margaret, 9
Means, G. C., 48, 441, 451, 456–457, 462, 509, 510, 562, 569
Mecham, F. R., 73n, 148
Meckling, W. H., 153
Menger, Carl, 668
Menzel, H., 86n, 646
Merry, S. E., 246, 281, 283–284, 285, 287
Merton, R. K., 80, 311, 312, 423, 476, 516, 535n
Michels, Robert, 87n, 359–361, 362, 364, 423, 449, 456–457, 462, 510, 847

Mill, James, 590–592
Mill, John Stuart, 17, 59, 69, 332, 338, 341–343, 590–592, 800, 833
Miller, D. C., 135, 153
Miller, D. R., 294
Miller, H. D., 903
Mills, C. W., 615n
Mintz, A., 203–205
Mitchell, Wesley C., 2
Mogi, S., 532n
Montesquieu, C. L. de S., 363
Morgenstern, Oskar, 30n, 680n, 778, 902, 903, 941n
Mosteller, Frederick, 778
Mueller, D. C., 114
Muller, E. N., 486–487
Murphy, K. M., 505, 669n
Murray, C., 609n, 657

Nader, Ralph, 457–458
Nagel, E., 15n, 16n, 260n
Nanson, E. J., 411, 414
National Research Council, 642
Newell, A., 405
Niebuhr, Reinhold, 630
Niel, Piet, 471n
Niou, E. M. S., 411
Nixon, Richard M., 108, 157n, 195
Nogee, P., 778
Noll, Roger, 250
Norwood, R., 178n
Nozick, R., 41, 49, 328, 329, 342–343, 344, 384, 385n
Nurmi, H., 411

Oberschall, A., 472, 479, 480, 483
O'Flaherty, W. D., 242n
Okun, Arthur, 656
Olson, L., 637n
Olson, M., Jr., 135n, 493, 574–575
Ordeshook, P. C., 289, 375
Orloff, A. S., 585n
Ostrogorski, M., 38n, 126, 737
Ostroy, J. M., 686

Pace, C. R., 648
Pappi, F. U., 369, 718
Pareto, Vilfredo, 338
Park, G. K., 325n
Park, Robert E., 616, 617, 868n
Parsons, Talcott, 241
Patterson, O., 86–87

(Dieses Register gilt für alle drei Bände. Die Seitenangaben beziehen sich auf das englische Original und werden in der Übersetzung am Rand aufgeführt.)

Payne, J., 404n
Peter the Hermit, 176, 195, 196
Pigou, A. C., 769
Pitt-Rivers, J. A., 287
Plato, 614, 784
Plott, C. R., 20, 406, 673n, 854n
Pollock, F., 146, 509, 535, 536, 537, 538
Popper, Karl, 5
Posner, Richard, 354, 785n, 814

Quant, Mary, 192

Raiffa, H., 210n, 252n, 915, 925, 927, 931
Rapoport, A., 252n
Raub, W., 830-831
Rawls, J., 17, 41, 331-332, 334-335, 340-341, 358-359, 384, 769
Rayburn, Sam, 181
Read, S. J., 507
Reagan, Ronald, 195
Reich, C., 60n
Reitz, J., 631-632
Riesman, David, 5
Riker, W. H., 114, 289, 375
Rivlin, Alice, 61
Robbins, Lionel, 770, 774, 781
Robinson, Joan, 534n
Roethlisberger, F., 80n
Rosen, Sherwin, 153, 406n
Ross, Edward A., 617
Rossi, A. S., 476
Rossi, P. H., 61
Roth, A. E., 22, 23n
Rotter, J. B., 458
Rousseau, Jean Jacques, 5, 17, 85, 335, 338, 377, 533
Rudd, Mark, 221-222
Runciman, W. G., 475
Runyon, Damon, 214
Russell, Bertrand, 592

Sabine, G. H., 301
Samuelson, Paul A., 34n, 771
Sartre, Jean-Paul, 480n
Satterthwaite, M., 398
Sattinger, M., 714n
Savage, L. J., 505
Scarf, H., 681n
Schachter, S., 307
Schild, Erling, 171n, 253n
Schmeikal, B., 949
Schoen, R., 22

Schoenherr, R., 165
Scholem, G., 175, 236-237, 311
Schon, D., 439-440
Schultz, T. W., 304
Schultze, Charles T., 3n, 646
Schumpeter, Joseph, 668
Schwartz, T., 111, 114, 868n
Scitovsky, Tibor, 771
Scott, A., 366, 852
Secord, P. F., 22n
Seeman, M., 458
Selznick, P., 933-934
Sen, A., 335-337, 340-341, 772n
Sevi, Sabbatai, 175, 196, 236-237
Shah of Iran, 365, 467, 471, 481
Shapiro, G., 484
Shaplen, R., 392
Shapley, L., 22, 777n
Shefrin, H. M., 505
Shepsle, K. A., 111, 406, 868n
Sherif, M., 219-220, 288
Siegel, S., 148, 149n
Sigelman, L., 486
Sills, D., 312n
Simmel, G., 70-71, 163, 168n, 533
Simon, Herbert A., 165, 405, 423, 506
Simpson, D., 668n
Simpson, M., 486
Skocpol, T., 469n, 497, 585n
Slovic, P., 14
Small, Albion, 617
Smelser, N. J., 200n, 580
Smith, Adam, 28, 40-41, 300-301, 385, 507, 508, 520
Smith, Joseph, 75n, 164n
Smith, T. W., 143, 715
Smith, V. L., 20, 673n
Smithburg, D. W., 423
Snow, C. P., 377n, 454
Sorokin, P., 241
Stalin, Joseph, 5, 471
Starr, J., 286
Starr, R. M., 686
Stedry, A. A., 446-447
Steiner, H., 49
Stene, E. K., 498
Stevens, S. S., 694n
Stigler, G. J., 516n
Stinchcombe, A., 16n, 260n
Stone, C., 567-568
Stone, L., 474, 477, 488
Stouffer, S. A., 476, 622-623
Stuart, J., 250n

(Dieses Register gilt für alle drei Bände. Die Seitenangaben beziehen sich auf das englische Original und werden in der Übersetzung am Rand aufgeführt.)

Personenregister

Sumner, W. G., 617
Sun Yat-sen, 488
Swann, W. B., Jr., 507
Swanson, G. E., 294
Swistak, P., 931

Talmon, J. L., 335
Tawney, R. H., 7
Thaler, R. H., 505
Thomas, W. I., 617
Thompson, V. A., 423
Thrasher, F. M., 617
Tideman, N., 268, 864
Tilly, C., 479, 480
Tilly, L., 480
Tilly, R., 480
Timpane, P. M., 61
Tocqueville, Alexis de, 471
Tomes, N., 587
Trow, M. A., 278, 312, 343, 360–361, 460, 468–469
Tullock, Gordon, 268–269, 364, 479, 830, 864n, 868n
Tuma, N., 903
Turnbull, C., 309
Turner, R. H., 199–200
Tversky, A., 14, 399, 400, 402–404, 413, 505
Twiggy, 192

Ullmann, W., 162
Ullmann-Margalit, E., 248n, 249, 253
Urban II, 176

Vanberg, V., 516n
Vaughn, J. C., 302
Von Neumann, John, 30n, 680n, 778, 902, 903, 941n
Voss, T., 830–831

Walesa, Lech, 175, 196
Waller, W., 134–135, 136

Walras, Leon, 27–28, 668, 874
Walzer, M., 480n
Warburg, S. M., 180n
Washington, Harold, 400–402
Watson, Charles, 65n, 66, 85
Watts, H., 640n
Weber, Max, 6–10, 13, 36, 71n, 73, 75, 164n, 169–170, 197, 422–425, 448, 552, 611–613, 617n, 645, 654
Wechsberg, Joseph, 91–93, 102–103, 109–110, 116, 180n, 182–183
Weede, E., 486–487
Weesie, J., 868n
Weingast, B. R., 111, 406, 868n
Weiszacker, C. C. von, 516n, 668n
White, H. C., 431, 714
Whiting, B. B., 580
Whiting, J. W. M., 580
Whyte, William H., 5
Wicksell, Knut, 364, 771n
William the Conqueror, 163n
Williamson, Oliver E., 129n, 301, 425–426
Willmott, P., 306
Wilson, Charles, 514
Wilson, Cicero, 221
Wilson, James Q., 369
Wirth, L., 617, 628
Wittgenstein, L., 440
Wolf, Charles, Jr., 479, 481
Wood, R. C., 366, 852

Yoors, J., 606n
Young, H. P., 375n, 378n, 410, 867
Young, M., 306

Zablocki, B., 48n, 65, 75, 77n, 85, 88–89, 157, 160, 284, 311, 326, 372n, 515, 607
Zagorin, P., 474
Zand, D. E., 100
Ziesel, H., 619n
Zorbaugh, H. W., 617, 628

(Dieses Register gilt für alle drei Bände. Die Seitenangaben beziehen sich auf das englische Original und werden in der Übersetzung am Rand aufgeführt.)

Englisches Sachregister

Acting self: or actuator, 504; interests for, 509; maximizes utility, 510; separation of interests from object self, 510. *See also* Self

Action choices: transfer of control over resources, 32-33. *See also* Control; Preferences; Resources or events; Social choice; Social system of action

Action-potential, 375

Action research. *See* Research

Action-rights bank, 267-268, 371

Actions or events: types of, 32-33; purposive, 34, 36; with externalities, 37, 249-250, 786; allocation and control of indivisible, 47-48; inability to transfer, 66; free-rider problem for indivisible, 375

Action system or structure, 36; for each individual actor, 50; with individual-level and system-level concepts, 133; power of actor in, 381; in formal organization, 426; in perfect competition, 426; relations among persons in external, 520; two-person exchange as, 673; multilevel, 933-941

Actor: as element in social system of action, 28-29; interdependence among, 29-34; control over resources or events by, 33-34; distinction between simple and complex relations among, 43; private world of, 50; relevance of, 68; role in a system, 132; in complex authority structure, 165; interest in a norm, 256; as actuator and as receptor, 504; object self and acting self of, 504; development of identification by, 519-520; responsibility to others of, 557; as clearinghouse, 744. *See also* Object self; Self

Actors, external: in open system, 695-697; distribution of control by, 697

Addictive behavior. *See* Behavior

Advisors: as intermediaries in trust, 180-185; as intermediaries in large trust systems, 189, 192, 194

Affine agency: definition and examples of, 158-160; as benefit to principal's interest, 161. *See also* Identification

Agency concept. *See* Concept of agency

Agency relations: cases establishing principles governing, 149-151; employment relation as example of, 154

Agenda control, 395-396

Agent: delegation to, 81-82; actions and interests of, 148-152; constraints on, 152, 155; usage rights of, 156; affine, 157-161; in complex authority structure, 166; socializing, 295, 296; interface in corporation among, 444-445; internalizing corporation interests by, 445-446; self as object of action, 507-508

Alienability: of goods, resources, or events, 33-34, 66; of capital, 562-563, 564

Allocation, 681. *See also* Contract curve; Equilibrium, competitive; Exchange system or structure

Altruism, 32, 518

Applied research. *See* Research

Approval voting, 415

Arrow's set of axioms, 374-375, 378, 383, 398, 408-409. *See also* Independence from irrelevant alternatives (Arrow)

Associations: example of rational transfer of authority, 73, 78; voluntary organizations with social capital, 312-313; for mutual protection, 328-330. *See also* Credit

Asymmetry: in vested authority relation, 145; in employment relation, 167n; in trust relations, 178-180; converted to sym-

(Dieses Register gilt für alle drei Bände. Die Seitenangaben beziehen sich auf das englische Original und werden in der Übersetzung am Rand aufgeführt.)

Asymmetry (*continued*)
metry, 179; in iterated prisoner's dilemma, 211-212; in escape panics, 211-214; of obligations and expectations, 270, 308-309; in conjoint norms, 288; between natural persons and corporate actors, 550, 553; using social capital to reach equilibrium, 744; with different levels of trust, 761-763; of decision rules, 862-863
Attention as non-negotiable commodity, 743
Authority, 520; charismatic, 36, 75-76, 164, 311; rational and traditional, 36; definition of, 66; involuntary subjection to, 68, 71-72; vesting of voluntary and involuntary, 70-72, 76, 89-90; revocation of, 82-83, 223, 466-468; delegation of, 171, 349-350; divesting of, 172, 496-499; parental, 350
Authority, vested: in another person or entity, 75-76; property of structure of, 145; in complex authority system, 165
Authority relations: conjoint and disjoint, 36, 72-74, 77-81, 84; definition of, 66-67; coercion for enforcement in, 71; distinguished from authority system, 74; simple, 82, 162; limitations on, 82-86; without intentional exercise, 88-90; complex, 90, 162; asymmetric nature of vested authority relation, 145; law of agency as disjoint, 146; vesting and exercise of authority in simple and complex, 162; independent of persons, 171
Authority system or structure: communal, 65-66; distinguished from authority relation, 74; effect of limitations in, 84-86; complex authority relations as beginning of, 90; feudal system, 162-164; simple, 162-166; differences in composition with persons or positions in, 170; stability of, 171; disjoint and complex, 171-172, 426-427; internal and external morality of, 172-174; function of trust in, 188; force used to establish, 346-347
Authority system or structure, complex: fungibility of vested authority in, 165; transfer of rights in, 165-166; composition of persons or positions in, 168-170, 171; delegation of authority in, 168; and disjoint, 171-172, 426-427; internal morality of, 172-174

Backward design, 445
Backward policing. *See* Policing
Balance of interests: as target and as beneficiary, 333-334

Balance theory, 520-525
Bank and stock market panic, 215-218
Bargaining, 31
Barriers to exchange: effect on equilibrium power of, 732, 894-895; in constitutions, 846-847; between actors, 892-898
Barter transaction, 37, 119-121, 124
Bay of Pigs, 388n
Behavior: homogeneity of, 201; responsible, 556-558; regularity of, 667-668; addictive, 668-669, 932. *See also* Collective behavior; Escape panic
Behavioral interdependence, 29-31, 207
Beliefs: changed by information, 55-57; contagious, 219-220
Beneficiaries: in conjoint constitution, 327; balancing individual interests as, 333-334; in disjoint constitution, 349; in primordial corporate actors, 599
Benefits: psychic, 63; of internalization of norms, 297; to individual of actions against authority, 491-493; in participation in revolt, 500
Benevolent despot, 337, 338
Best reply, 30n, 207
Borda count, 411
Borda elimination, 411-414, 415. *See also* Tournaments
Brown v. Board of Education, 56
Bureaucracy, 79-80
Business firm, 74n

Calvinism, 6-7
Capital: financial, 305; alienability of, 562-563, 564. *See also* Human capital; Physical capital; Social capital
Capitalism, 6-9
Captor: identification with powerful, 160
Cardinal utility. *See* Utility, cardinal
Categorical imperative (Kant), 333, 384
Cathexis, 520
Certainty: rational action with, 778-779
Charismatic authority, 36, 75-76, 164; social capital in handling problem of, 311
Charter: as constitution, 421
Chicago (University of) school of sociology, 616-618, 624, 626-629, 630-631
Childrearing: as product of family, 580; changes in, 581; social capital for, 590; conflict between family and society over, 603
Children: and parents, 350-351, 595; relations in primordial structure of, 597; strate-

(Dieses Register gilt für alle drei Bände. Die Seitenangaben beziehen sich auf das englische Original und werden in der Übersetzung am Rand aufgeführt.)

gies to ensure attention for, 598; interest of primordial corporate actor in, 599–601; contacts with purposive corporate actor, 600–601; conflict between long- and short-term interests of, 601; exploitation of, 601–603
Choice, 71; exercise in revealed preference principle of, 340, 933, 941. *See also* Occupational choice; Preferences
Choice, individual: analysis of tournament-like behavior, 403–405. *See also* Collective behavior; Public opinion; Voting
Choice behavior theory, 399
Claim-rights, 49
Claims, 520
Classical economic theory. *See* Economic theory
Clearinghouse: debt, 121, 124; lack in social system or structure for, 686; actor as, 744
Closure of social network, 318–320
Coase theorem, 260–261, 386, 786, 787, 792, 793, 794
Cobb-Douglas. *See* Utility function, Cobb-Douglas
Codetermination: Germany, 438–439, 564, 565; and implicit corporate constitution, 442
Coercion: to enforce authority, 68–71. *See also* Authority
Collective actions, 372. *See also* Corporate action
Collective behavior, 42–43; properties of, 198–203; escape panic in, 203–215; best reply strategy in, 207; bank and stock market panics in, 215–218; contagious beliefs in, 219–220; hostile and expressive crowds in, 220–230; reward structure for crowd member in, 224–225; fads and fashion as, 230–237; consumer decisions as, 237–238; single-contingency and double-contingency, 901–903
Collective decisions. *See* Decision making, collective
Collectivity: as superordinate or corporate actor, 326; free-rider problem in, 374. *See also* Decision making, collective
Columbia (University) school of sociology, 619–620, 622, 624, 627, 631–632
Committee decision making, 381
Commodity money, 119–120
Common law, 146, 148, 558–559
Common will, 377
Communes: authority structure in, 65–66, 72–73, 78; as example of identical interests of principal and agent, 157; implicit constitution to administer norms and sanctions, 326; decision making in, 381
Communication structure: effect on trust relation, 189–194; macro-level properties in exchange system of, 673. *See also* Information
Community: third-party promises in closed, 124–125; identification with, 160, 161; conflict in, 490; local, 599; collective control in closed, 605–607
Community decision making, 391
Compensation: setting level to maximize utility, 152–153; methods to set, 154
Compensation principle. *See* Kaldor's compensation principle
Competitive structure, 41
Complementarity, 520
Complex relations. *See* Social relations
Concentrated interests. *See* Interests
Concept of agency: right of control in, 149; in corporation relation with employee, 436
Concept of interests. *See* Interests
Condorcet winner, 411
Condorcet's paradox, 378, 383, 397, 398
Confidence loss. *See* Trust
Conflict, 869–873
Conflict event: introduction of new actors and events, 390–391; gaining control over, 390–394
Conflict of interest, 42, 55–56; sources of, 50; effect on social optimum of, 113–114; between long- and short-term, 601–603; between family and society over childrearing, 603–604
Conjoint authority relations. *See* Authority relations
Conjoint authority structures. *See* Authority system or structure
Conjoint norms. *See* Norms, conjoint
Conscience. *See* Sanctioning system
Consensus: decision rules for, 857–862. *See also* Decision making, collective; Social choice
Consensus, social: determines existence and holder of a right, 67–68, 70, 162, 334, 531; decreased basis for, 350
Consequence matrix, 722
Consequentiality of events, 723
Consistency, 374–375, 378, 383
Constitution: as consensus on rights allocation, 69; for distribution of control of re-

(Dieses Register gilt für alle drei Bände. Die Seitenangaben beziehen sich auf das englische Original und werden in der Übersetzung am Rand aufgeführt.)

Constitution (*continued*)
sources, 132, 784; origins in informal norms and rules of formal, 326-327; as social contract, 327; disjoint, 327-328; conjoint, 328-349; implicit, 349-351; optimal, 355-356; statement of individual rights as control mechanism, 363; distribution of interests in resources, 784; internal to actor, 947-948
Constitution, corporate: problems for corporate actor at stage of creation of, 374-376; charter as, 421; for positional and contractual rights and obligations, 436; process of decision in QWL programs, 437; implicit constitution of, 442. *See also* Corporate actor
Constitutional control. *See* Control
Constitutional stage: single class of events, 830-837; with multiple classes of events, 837-844
Constitutional strategies, 363-367
Constraint. *See* Authority system or structure
Constructed social environment, 43-44, 552, 614
Consumer decisions as collective behavior, 237-238
Contract curve, 672-680
Contraction of trust. *See* Trust
Contracts, 27-28; authority relations as implicit or explicit, 80-81. *See also* Social contract
Contractual obligations. *See* Obligations
Contractual rights. *See* Rights
Control: of resources, 28-29, 32-34; redistribution of, 39; constitutional, 40; division of right of, 47; of a right, 54, 69-70; over events of interest to others, 130; value of resource with, 133-135; allocation before and after exchange of, 136, 706-708; by teacher and students, 136, 706-711; right as central concept of agency, 149; rights by principal over agent's actions, 152; markets for purchase of right of, 250; individual, 337; of corporate actors' agents, 359-363, 363-367; lack of continuity of, 443; optimal, 513-514; by actors of external actors and events, 695; as property of individual actor at micro level, 701; by corporate actor, 936
Control system, 504
Control transfer: unilateral, 29n, 32-33, 35-37; in escape panic, 203-215, 217; in acquisitive crazes, 218; in crowd behavior, 228-229; and leadership, 229-230, 231-233; in actions concerning fads and fashion, 231, 235-237; costs and benefits of, 234; in single-contingency panic, 903-911; in double-contingency panic, 911-922
Convertibility: of resources in perfect social system, 720
Convertibility of power: in perfect social system, 720; in legal and institutional context, 721; barriers to, 738-740. *See also* Barriers to exchange; Transaction costs
Corporate action: partitioning rights of control of, 373-374; criteria for, 375; effect of individual maximization on, 451; negative externalities of, 570-571
Corporate actor, 540; with vested rights, 37; identification with, 160, 161, 515; in bureaucracy, 169; as intermediary in trust relation, 184-185; holding transferred individual norms and sanctions, 326; vesting rights of control in, 334; control in Sen's paradox by, 337; social capital as control mechanism for, 359-363; as elementary actors, 367; rights of control of subordinate, 368; origination of, 371; problems when creating constitution, 374-376; rights and obligations of, 435; agent interfaces of, 444-445; receptor (principal) and actuator (agent) parts of, 504; interest of object self of, 510, 939-946; sovereignty of, 531; interactions with natural persons, 537, 547; and backward policing, 571-572; assuming functions of primordial structure, 585; in primordial structure, 597; internal structure of, 932-939; model for, 941-946
Corporate responsibility, 554-560
Corporate self, 509, 932-946
Corporate society, 170n
Corporation: compared with nation-state, 434-435; rights and obligations of, 436; acting and object self in, 509; as legal person, 536-537, 558; concept of, 537-539; internal structure of, 561-564; changes in governance structure of, 564-566; social control of, 576-578
Corporation, modern: usage rights in, 456; development of concept in law of, 537-540; restitution for harm done, 569; internalizing external interests by, 569-573; interface with outside world enhanced by backward policing, 571-572
Corporation sole concept, 540-541

(Dieses Register gilt für alle drei Bände. Die Seitenangaben beziehen sich auf das englische Original und werden in der Übersetzung am Rand aufgeführt.)

Corporation structure, 561–564; worker representation in, 564–565; representation of external interests in, 566–571
Cost-benefit considerations, 177
Costs: psychic, 63; to individual of actions against authority, 491–493; in participation in revolt, 500
Crazes, acquisitive, 218, 219
Credit: slips, 306, 308; associations, 306–307; calling in of, 394
Criminal law, 557
Criterion of consistency, 374–375, 378, 383
Cross-pressure, 292
Crowds, hostile and expressive, 222–230
Cultural conflict, 603–605
Currency, 121, 124
Cycling, 859n

Data: analysis strategy, 701–718; empirical use of, 883–885
Debtor, 185
Decision making, collective: problems of, 37; and division of right of control, 48; and transfer of a set of rights, 54; for vesting of right to sanction, 283; subordinate corporate actor in, 369–370; allocation of rights in, 373; for action or event, 379–380; in small groups, 381–384, 385–386, 388; normative process in, 383; socially efficient outcome in ideal, 386; outcome of events dependent on, 724; rules for, 856–869; majority rule, 863–869. *See also* Communes; Decision making, executive
Decision making, community, 391
Decision making, executive, 387–390
Decision making, individual. *See* Collective behavior; Public opinion; Voting
Declining rate of marginal substitutability, 668
Delegation of authority, 171
Democratic choice through majority rule principle, 356
Dependency: structure as component of a system, 132n; matrix of, 722–723, 737, 750, 797n
Depreciation of social capital, 321
Difference principle (Rawls), 358–359
Discipline research. *See* Research
Disjoint authority relations. *See* Authority relations
Disjoint authority structure. *See* Authority system or structure
Disjoint norms. *See* Norms, disjoint
Dispersed interests. *See* Interests

Distributional properties in two-person exchange, 673
Divestment, 500
Divisibility: of rights, resources and private goods, 33–34, 46, 47, 59, 64; of actions or events, 59–60; of collective actions, 372
Double coincidence of wants, 428, 686–687, 740
Dress codes, 257–259
Dual economy, 126

Economic efficiency, 260n, 262, 354–355, 799–800
Economic market, 301; social markets analogous to, 267–268; comparison with concept of social choice, 378–379
Economics as scientific discipline, 534–535
Economics of agency, 298–299
Economic systems: money aids in overcoming impediments to exchange in, 121; third-party trust in, 187; complexity of, 534; changing nature of, 535
Economic theory: neoclassical, 33, 41, 300, 301, 315, 512, 668; welfare economics, 39, 769–775, 781; collective behavior theory from, 200n; classical, 300–301, 511n, 686, 740; of perfect competition, 300–301, 685–686; new institutional economics, 301, 302; microeconomic, 667–668, 673–674, 693; experimental, 673n
Edgeworth box, 671–672
Education: public good character of, 62; high school, 349–352; private versus public resources for, 603–604
Elasticity: price, 684; income, 694
Elementary actor, 367–370, 503
Empathy, 520
Enfeoffment, 162–164
Enforcement: authority dependence on power of, 70; of norms with sanction, 266, 269
Entrepreneurs, 180–184
Environment: physical, 44; constructed social, 43–44, 552, 614
Equality, 604–605
Equilibrium: labor market analysis with, 143–144; through utility maximization, 202–203; cooperating, 212; defecting, 212; unstable, 761–763
Equilibrium, competitive, 41, 935–937; derivation with exchange system of actors and goods, 681–685; in commodity exchange with levels of trust, 751–756

(Dieses Register gilt für alle drei Bände. Die Seitenangaben beziehen sich auf das englische Original und werden in der Übersetzung am Rand aufgeführt.)

Equilibrium, general: and function, 675; in perfect competition, 686; in system with mistrust, 756–761
Equilibrium, social, 38–40, 42–43
Equilibrium distribution of control, 134
Equilibrium strategy in best reply convergence, 207
Escape panic: analysis of individual decisions to act in, 203–211; asymmetry in, 211–214; versus bank and stock market panic, 216–218; versus hostile crowd behavior, 225–227; effect of heterogeneity on actions in, 229–230, 239; single- and double-contingency, 903–922
Etiquette norms, 258–259
Event outcomes, 134, 835–837, 933–936
Events. See Resources or events
Evolutionarily stable strategies, 31
Evolutionary independence, 31
Exchange: money as aid to impediments in, 121, 686; role of intermediary in social and political systems, 126; of rights, 452–456; impact of norms on, 689; and production, 943
Exchange media, 121, 124–125, 126–129, 744
Exchange rates, 27–28; in determining social equilibrium, 39; in pairwise exchanges, 131; common, 137–138; differences in power arise from differences in, 140; range in preference or choice for, 672; as macrolevel property in two-person exchange, 673; estimation of resource value to find, 702–711; arbitrary zero points for resources in analysis of, 711–713; involving teacher and students for grades, 716–717; reaching equilibrium, 759
Exchange system or structure: market as, 36; social, 37–38, 45, 701–711; voluntary inside and outside competitive markets, 41; economic, 45; strategy for establishing trustworthiness of, 114; occurrence of pairwise, 131; implement redistribution of resources in a system, 132; equilibrium in classroom, 136; between teacher and students, 136–142, 706–713, 716–717; common rate of exchange in classroom, 137–138; in conjoint authority structure, 188–189; outside competitive market, 670–673; as system of action, 673; norms govern exchange rates in, 673; contract curve as core of, 680–681; occupational choice with market as, 714–715, 717; with mistrust, 759; with two actors and two resources, 875–878; with change in resources, 878–883; movement of a resource, 885–887; pairwise exchange in, 887–889
Expansion of trust. See Trust
Expectations, 31; of subordinate in authority relation, 145; in trust relation, 178–179; asymmetry and symmetry of, in social relationship, 270; of approval, 283; in position structure, 427
Expected-utility hypothesis, 778
Exploitation, 601–603
Exports in open system, 695–696
Externalities: generated by goods or events, 47; necessary condition for effective norms, 275; of family activity, 580; in economic buying and selling of rights, 786–787

Factor input, 562
Fads and fashions: role of opinion leaders in, 231–235; reward structure for, 232; effect of transfer or nontransfer of control, 234–237
Family: trust ratings in, 185; as purposive actor, 579–580; and conflict with corporate actor, 579–587, 603; joint production in, 580; as part of primordial structure, 584–587; impact of purposive and primordial systems on, 597–609; values, 603–604; replaced by welfare state, 607
F-connection, 301
Feedback process, 28, 153; in identification with community, 161; in policing, 431–434, 445, 447, 452; optimal, 513; generating rationality, 526; in interpersonal interactions, 634–637
Feudal society, 170n
Fiat money, 119–121
Fiduciary money, 119
Financial capital, 305
Fire drills, 924–925
Focal action, 786
Ford Motor Company, 527–528, 933–936, 942–946
Forfeit, 291
Forward policing. See Policing
Franchise, 434
Free-rider problem, 78, 938; second-order, 270, 801, 803, 804; overcoming, 311, 362, 451–452; in collectivity, 374, 375; of sanctioning, 817
Free riding and zeal, 273–276, 490
Frustration theorists. See Revolution
Fungibility: of vested authority in complex authority system, 165; of a right, 167, 419;

(Dieses Register gilt für alle drei Bände. Die Seitenangaben beziehen sich auf das englische Original und werden in der Übersetzung am Rand aufgeführt.)

456 Register

with guarantor as intermediary in trust, 186–187; of social capital, 302; forms of power with limited, 729; of money as power, 729

Gains: probability of, 103; from being trusted, 114; with transfer of rights of control, 291; in participation in revolt, 500
General will, 338
Generational conflict, 603–604
German Social Democratic Party, 360–361
Golden Rule, 333, 384, 385
Goods: economic, 44; generating externalities, 47; divisible without externalities, 59; indivisible, 371, 720; value of, 689, 692. *See also* Private goods; Public good
Gossip, 283–286
Government: services of, 61; policy of, 784
Great Society, 622
Gresham's law, 106
Group interest theory of politics, 135
Guarantors, 180–188

Half-transactions, 120–131
Hare system, 411n, 415
Heroic sanctions. *See* Sanctions
Heroism, 494
Heterogeneity: in power, 214–215; of reward structure, 225–226; prediction of crowd behavior given, 229; and concept of social optimum, 260–262
High schools, 349–352
High-status persons, 810–814
Homogeneity: of behavior, 201; effect of crowd, 214–215; of reward structure, 225–226; and concept of social optimum, 260–262; of individual orientation, 496
Human capital, 305; underinvestment in, 297; social capital in development of, 300–301; versus social capital, 304, 316

Identification, 157–161; of authority of a position, 168–169; with socializing agent in socialization, 295; with corporate actor, 515; process and definition of, 517–520
Ideology: and social capital, 320–321; effect on revolutionary activity of, 487–489; utopian, 494–495
Imagery of a balance, 333
Immunity to sanctions, 810–814
Importance of the object in the system, concept of, 722
Imports in open system, 695–696

Imposed optimality, 353–354
Inalienability: of rights of control, 33, 66; of social capital, 315
Incentives, 43, 45, 54; pay, 154, 431n; in trust relations, 178; in escape panic structure, 212; in free riding and zeal, 275; selective, 493–494; changes for mutual dependency of, 585; for individualism, 814
Income distribution, 587–590
Incremental sanctions. *See* Sanctions
Independence, 171
Independence from irrelevant alternatives (Arrow), 398–400, 932; in individual decisions, 399–400
Independent contractor: as form of agency in common law, 148–149
Indifference curves: for preferences, 670, 672, 675; calculation with two goods of, 676–677
Individual: behavior, 1–2, 479; control by, 337; vesting of rights in, 442; as holder of rights, 531; positions in and exchanges with corporate actors, 597–598
Individualism of benefit, 337–339
Indivisibility: of resources, events, or goods, 47–48, 60, 64; of actions or events, 59–60, 371, 720, 822–825, 932
Inflation, 120
Information: and rationality of action, 30; and role in allocation of rights, 54–57; objective and subjective nature of, 55n; effect on probability of gain of, 103, 104; decision by trustee to provide, 114; role in trust relations of, 189–194; in individual decision making, 238; source as form of social capital, 310, 317; provided by approval voting, 415
Initial control matrix, 741
Innovations: conditions to foster or impede, 112; ownership rights to, 439–441
Input-output analysis, 726n
Insider trading, 566–567n
Instability, 318
Institutional design: problem in micro-to-macro transition, 375–376
Institutions: social, 114; economic, 302
Intangibles, 36
Intensity of preferences. *See* Preferences
Interdependence, 29–31, 207
Interest: of person awarding status, 130; in a resource, 133–134; effect of conflict between long- and short-term, 601–602
Interest matrix, 721–722, 787, 788

(Dieses Register gilt für alle drei Bände. Die Seitenangaben beziehen sich auf das englische Original und werden in der Übersetzung am Rand aufgeführt.)

Englisches Sachregister   457

Interest maximization, 152–153
Interests: concept of, 28–29, 509–511, 932–933; objective and subjective, 29n, 511–513, 941–946; external, 59n; effect on value of a resource, 133–135; of teacher and students in classroom exchange example, 136, 706–711; estimation of actors', 140, 717–718; as properties of individual actors at micro level, 141–142, 701; structure created by externalities for, 251–255; in a norm by actors, 256; balancing as target and as beneficiary, 333–334; and secondary reinforcement, 516; long- and short-term, 548–549, 601–602; differences with and without norms in, 689; effective, 760, 761; estimation of individual, 780–781; when events are indivisible, 822–825; concentrated and dispersed, 852–856; of corporate actor, 939; subjective and objective, of a corporate actor, 941–946
Intermediaries in trust. *See* Trust relations
Intermediary or middle man, system role of, 126
Intermediate corporate actor. *See* Corporate actor
Internal change: theory of, 515–517; identification with others, 520; balance theory as, 522
Internalization: of norms, 42, 292–293, 297–298; of corporation interests, 445–446; of rights, 948–949
International Typographical Union (ITU), 360–361
Interpersonal comparison of utility, 40, 556n, 769–775; relationship to intrapersonal comparison of utility, 344–345, 776–777; difference from and relationship to cardinality, 773–774, 779–781; and micro-to-macro transition, 775, 777, 781; through a market, 775–778; in game theory, 777n; power as basis for, 780, 781–784. *See also* Utility
Intrapersonal comparison of utility: relationship to interpersonal comparison of utility, 344–345, 776–777
Investors, 562
Iron law of oligarchy, 360, 361, 423
Iteration, 698–700

Kaldor's compensation principle, 358, 382–383, 772
Kinship: dilution as basis for social organization, 367; strengthening primordial relation of, 598
Klein-Rubin utility function, 675, 685n

Labor, 562, 563–564
Labor market: and occupational choice, 142, 714–715, 717; as example of social exchange theory, 142–144; analysis in equilibrium for, 143–144; allocation of rights in current, 438
Lagrange multiplier, 682–683
Law: optimum level to maintain trustworthiness, 114; to identify social structure, 145–147; acting and object self in, 509; development of concept of corporation in, 537–538; conjoint and disjoint, 815. *See also* Legal system
Law of agency: definition and forms of, 73–74; common law precedents in, 146; development and uses of, 147–148; cases establishing principles, 149–151; acting and object self in, 509; functional components of principal and agent, 509. *See also* Authority, vested
Leadership: in escape panic and in hostile crowd, 229–230; opinion, 231–233
Least advantaged principle (Rawls), 340–341
Least interest, principle of, 134–136
Legal rights, 49
Legal system: as consensus of locus of rights, 70; rationalization of, 535
Legal theory: use of macro and micro levels in construction of, 265; development of, 539–540
Legislative bargaining, 125
Legitimacy, 288, 470
Leontief inverse matrix, 726n
Liberalism, 512; analyzing rights to control actions, 69; in Sen's paradox, 334–337; individualism of, 337; usual definition of, 337; of Mill, 340
Liberty, 55, 335, 604–605
Liberty principle (Rawls), 340–341
Liberty-rights, 49
Lieutenant. *See* Agent
Limitation of output, 80n
Linear expenditure system. *See* Klein-Rubin utility function
Linear system of action, 681–685, 778, 787–788
Linkage, 510
Litigation, 350–351
Losses. *See* Costs
Loss of confidence. *See* Trust

Macro-level construct: relation to micro levels, 21–23; trust as, 175–177; effect of

(Dieses Register gilt für alle drei Bände. Die Seitenangaben beziehen sich auf das englische Original und werden in der Übersetzung am Rand aufgeführt.)

bank or stock market panic, 215–216; predictions for collective behavior, 239–240; norms as, 244; in legal theory construction, 265; in systems of norms, 265; social choice as, 397; in two-person exchange system, 673; interpersonal comparison of utilities in, 777
Macro-level properties: of communication structures, 673; in macro-micro-macro transitions, 685–686
Macro and micro levels: in marriage market, 21–23; in legal theory, 265
Macro-to-micro transition, 6–10, 19–21, 153; with alternatives in social choice example, 400–402; and from micro-to-macro, 500–502; in two-person exchange, 673
Macro-to-micro-to-macro transition, 19; in revolution, 500–502; in linear system of action, 685–686
Majority rule, 863–869
Marginal productivity, 432
Marginal rate of substitution, 774
Marginal revolution: in economic theory, 608
Market price: analogous to equilibrium point in social exchange, 39
Market structure, 27–28; marriage, 21–23; an exchange relation within an exchange system, 36; placement of trust in, 106. *See also* Barter transaction; Labor market; Economic market; Perfect competition
Marriage market: as example of micro and macro levels, 21–23
Marxist theory, 488–489, 511–512. *See also* Social theory
Matrix of technological coefficients, 726n
Maximization: principle of, 37, 392; individual, 451; of welfare, 769
Maximum liberty, principle of, 335
Medicare, 622
Metatheory. *See* Social theory
Microeconomic theory, 667
Micro level: relation to macro level, 21–23; characteristics of interests at, 141–142; in collective behavior, 199–200; effect of bank or stock market panic, 216; in legal theory construction, 265; in systems of norms, 265
Micro-to-macro transition, 6–10, 19–21; as feedback process, 153; for corporate actor, 375–376; in community social choice decisions, 390; formal rules as mechanisms for, 397; with alternatives in social choice example, 400–402; in frustration theorists'

explanation of revolution, 478–479; in two-person exchange, 673–674; of general equilibrium in perfect competition, 686; using form of utility function, 695; and interpersonal comparison of utility, 775, 777, 781
Minimal state theory, 328, 329
Minimax game-theoretic strategy, 332
Minimax regret principle, 290n
Mississippi Scheme, 198
Mistrust: separation of action in system with, 750–756; of one actor, 756–761; at different levels among three actors, 767–768
Money: as prototype of a right over divisible actions, 60, 63; partitioning of power or rights in, 63; distinction among forms of, 119; roles in private and government transactions of, 119–121; as substitute for promise, 120; aids in overcoming impediments to exchange, 121, 686; formal organization as supplement to, 129; social status as substitute for, 129; as form of placement of trust, 186; restrictions on fungibility of, 729
Monotype Club: as example of organization for social capital, 312
Morality, 172–174
Moral philosophy, 384; issues of, 604–609
Motivational structure, 293
Mutual contingency of actions, 153, 207, 214
Mutual protection associations. *See* Associations
Mutual trust. *See* Trust, mutual

Nanson's method. *See* Borda elimination
Nation-state: identification with, 159; as example of difference between external and internal morality, 173; use of socialization by, 295; with central control, 434–435
Natural events, 614
Natural persons: interactions with corporate actor, 47, 540, 542–551, 556–558; as elementary actors, 367; relations in social organizations of, 537; and willpower, 548
Natural rights: political philosophy of, 300, 301; in Nozick, 342
Negotiability, 124
Neoclassical economic theory. *See* Economic theory
Networks, social, 318
New institutional economics. *See* Economic theory
NIH (Not Invented Here) syndrome, 443–444, 447
Nonalienability of labor, 560, 562, 563–564

(Dieses Register gilt für alle drei Bände. Die Seitenangaben beziehen sich auf das englische Original und werden in der Übersetzung am Rand aufgeführt.)

Englisches Sachregister 459

Nondivisiveness, 375
Nonexcludability, 112-113
Nonsimultaneity, 121
Normative system: conditions for noneconomic, 116; in collective decisions, 383
Normative theory, 41
Norm-free actors, 31-32
Norms: conditions for existence or rise of, 37, 243, 815; optimum level to maintain trustworthiness, 114-116; definition and function of, 241-242, 243, 244, 266, 283; classification of, 246-249; prescriptive, 247, 275, 293, 310-311; proscriptive, 247, 275, 283, 293; focal action of, 247-250; essential, 249, 256, 258; creation of demand for and genesis of, 250-255, 325, 815; conventional, 256-258; created without externalities of action, 257-258; of etiquette, 258-259; systems of, 265; beneficiaries of, 266; role of sanction support, 266, 269-270; compliance with, 286; legitimate, 287-289; acceptance of, 288; failure to observe, 288-289; internalization of, 292-299; as form of social capital, 310-311; effective, 310-311; supraindividual character of, 325; emergence in collective decision making, 383-384; as institutional rules, 673; impact on exchange with and without, 689; violation by powerful actor of, 810-814; to vote, 825-828. *See also* Utility maximization
Norms, conjoint, 53, 247, 256, 260, 327; social efficiency of, 260, 599; and legitimacy of right of control, 288; asymmetry in, 288; from transfer of voting rights, 291-292; individual becomes subordinate in, 325; in local community, 599; proscriptive, 801-804, 806, 815
Norms, disjoint, 247; and social efficiency, 260-263; and right to control one's actions, 289; in local community, 599; proscriptive, 806-810, 815

Objective interests: versus subjective interests, 511
Object self or receptor, 504, 509-510, 517-518
Obligations: role in trust relation of, 179, 306; asymmetry and symmetry of, 270, 308-309; in social relationship, 270; in social capital, 306, 309-310; in position structure, 427, 436; contractual, 436; QWL process to identify, 437

Occupational choice: in labor market, 142; market as exchange system, 714-715, 717
Office of Economic Opportunity, 622
Oligarchy: iron law of, 360, 361, 423; antidote for, 361-362
Oligopolistic industry, 114
Open systems, 695-698; definition of, 685. *See also* Control; Resources or events
Opinion leader, 231-233
Optimal constitution. *See* Constitution
Optimality: for allocation of rights, 352-354; individual, 353
Optimal jurisdiction, 366
Optimal pairings, 406n
Optimal rights allocation: in corporation, 446-448
Optimum, social: concepts of, 40-42; elements to create, 113; for laws, norms, and sanctions, 114; versus social cost, 250, 261; with heterogeneous and homogeneous groups, 260; enforcement of, 262; achievement with sequence of pairwise exchange, 266-267; using action-rights bank, 268; combined action to attain, 269
Orderly exit, 211, 212
Organization, formal: social relations as basis for, 43; shaping of allocation of rights in, 52-53; half-transactions in, 128-129; intermediary function in relation with employee, 184-185; as third party in trust relation, 187-188; contrast with economic market organization, 425-426
Organization, social: social relations as basis for, 43; effect on economic activity of, 301-302; and social capital, 303-304, 311-313
Outcome of events, 134, 835-837, 933-936
Oversupply of goods, 124
Ownership, 45-47, 59, 439-441

Pairwise: exchange, 131; rights, 416-419
Panic behavior. *See* Bank and stock market panic; Escape panic
Paradox of voting, 289-290
Parents, 350-351; parent-child relation, 595. *See also* Childrearing; Children
Parent-teacher association and social capital, 313
Pareto optimality, 41, 335-341; lacking when conflict of interest, 113-114; distribution of rights in, 337; implications of, 337; individualism of benefit of, 337-338; based on perception of set of social optima, 338-

(Dieses Register gilt für alle drei Bände. Die Seitenangaben beziehen sich auf das englische Original und werden in der Übersetzung am Rand aufgeführt.)

339; and contract curve, 672; of new policy, 772; of reallocation of rights for conjoint proscriptive norms, 801–804
Parsimony, 37
Partition: of rights of control, 371–376, 847; of system of action, 725–729
Party machine, 126–127
Perfect competition, 702; linear system of action for, 685–686; deviation from, 705. *See also* Economic theory
Perfect market, 775
Perfect social system. *See* Social system or structure, perfect
Philanthropy, corporate, 559–560, 565–566
Physical capital, 304, 305, 315–316
Physical environment, 44
Picoeconomics, 525, 527
Policing: backward, 152n, 431–433, 434, 441, 442, 445, 447, 452, 571–572; forward, 152n, 431, 432, 434, 441, 442, 447, 451–452; setting level to maximize utility, 152–153; self- or non-self-, 212, 432; internal or external, 294
Policy research. *See* Research
Political philosophy: holding position on existence of individual rights, 69; of natural rights, 300; of self-interest, 301; of liberalism, 334–335, 512
Political systems, 126, 775
Political theory, 512
Population: composition predicting placement of trust, 192; distribution of resources and actors in data analysis, 715–717
Positional obligations. *See* Obligations
Positional rights. *See* Rights
Positions: in complex authority structure, 168, 170; games in complex authority structure involving, 171; in formal organization, 426–427
Positive-association axiom (Arrow), 408–409
Postconstitutional stage, 844–846
Power: as source of rights, 58; constraint of, 59; dependence of rights on, 63; of actors, 132–134, 139; differential value of, 140; heterogeneity in, 214–215; effective, 689; dependence on structure of individual interests and control, 701; unidimensionality in closed perfect social system, 728; money as, 729; of control, 780; relative, 780–782; distribution in balancing efficiency, 799–800; within corporate actor, 933–937

Power theorists. *See* Revolution
Precommitment, 548–550, 601, 932
Preferences, 62; in principle of revealed preference, 340, 933, 941; changes in and intensity of, 398, 415
Prescriptive norms. *See* Norms
Presumptive right, 283
Price adjustment, 874, 875
Primordial corporate actor: structural difference from purposive corporate actor, 597–598; interest in children by, 598–600; conjoint and disjoint norms of, 599; less harmful interests compared to purposive corporate actor, 601
Primordial structure: shift to purposive structure of, 584–585
Principal actor: liability for actions of agent, 150–151; actions and interests in agency relation of, 150–152; rational behavior to maximize utility or interests, 152–155; benefit rights of, 156; benefit of affine agency to, 161
Prisoner's dilemma game, 203–204
Private goods: divisibility, alienability, and current delivery of, 33–34, 45, 48; system of exchange for, 45; allocation and control of indivisible, 47–48; ownership rights for, 378; events with property of, 667
Probability of gain, 103
Production, 943–946
Production function, 944
Productivity, marginal, 432
Promises: to act can be transferred, 66; in market structure, 106–107; money as substitute for, 120; third-party, 120–121, 124; conditions for barter in lieu of money, 121, 124; role in social and political systems, 124–127, 740
Property rights, 45, 46; division of, 47; substitute in welfare state for, 60n; of positions in complex authority structure, 168; social capital does not belong to beneficiaries, 315; private, 456
Proscriptive norms. *See* Norms
Protestantism, 6–9, 487–488
Psychic investment matrix, 721–723
Psychological properties of utility function, 694–695
Psychological theory, 508
PTA and social capital, 313
Public good: with externalities and without conservation, 34; sanction with benefit to more than sanctioner, 115–116; norms to

(Dieses Register gilt für alle drei Bände. Die Seitenangaben beziehen sich auf das englische Original und werden in der Übersetzung am Rand aufgeführt.)

Englisches Sachregister 461

Public good (continued)
  facilitate supply, 116; problem, 270–271, 283; opposition to oligarchic actions as, 362; within corporate actor, 937–938
Public opinion: as collective behavior, 237; as external social capital, 362–363
Pure research. *See* Research
Purposive action, 13–18, 34
Purposive actor, 504
Purposive corporate actor: structural difference from primordial corporate actor, 597–598; interest in children of, 600–601
Purposive organizations, 598
Purposive structure: shift from primordial to, 584–585

Quality circles: in Japan, 437; and implicit corporate constitution, 442
Quality of work life (QWL) programs, 437–438

Rational action, 152–153; in fulfillment of obligation, 179; in exchange of private goods, 202–203; with certainty, 778. *See also* Principal actor; Utility maximization
Rational actor, 238–239
Rational choice: as basis for social theory, 292; with resource constraints, 669; addictive behavior in, 669n
Rational choice theory, 62, 63n, 110–111, 288, 292–293
Rationality, 14, 18; under risk or certainty, 30, 778–779; as criterion in determining vesting of rights of control, 334–335, 942; of retention of partial control over corporate actor, 371; collective, 375; deviations from, 505–506, 601; utility maximization defines, 510; generated by feedback process, 526
Rationalization: of the legal system, 535; progression in Weber's theory of, 612–613
Rational strategy: lack of definition of, 207
Rational theory: of Marx and of classical economics, 511n
Rational theory of organization, 424
Realization: maximization with vested authority, 145
Rebellion, 489–491
Receptor or object self, 504
Reflexive consistency of social theory, 614
Reflexivity of sociology, 610–611
Relationship, social: for sanction support to enforce norms, 269–270

Relative deprivation, theory of, 475–477
Relevance of actor, 68
Relevant other, 58
Religious organizations: as primordial corporate actor, 599–600
Replacement of natural environment, 552
Research, 615–616, 624–625, 634–641
Residential stability, 596–597
Residual claimants, 562
Residual rights in U.S. Constitution, 367
Resources, corporate: usage rights of, 456–457
Resources or events, 33–48, 60, 64; element in social system of action, 28–29; unequal in two-party transaction, 129–130; redistribution, 131–132; and power, 132–134; common, 137–138; in complex authority structure, 168, 170; distribution for social optimum for, 262; and social capital, 300, 315; and social choice decision, 390; in position structure, 427; with property of private good, 667; constraints, 669; withdrawal and replenishment in open system of, 695; distribution of units in data analysis of, 715–717; indivisible, 720, 785, 829; dependence on other events, 722–725; partition of system of action with two sets of, 728–729
Responsibility, 557; by corporation, 560–561; inducements for corporate, 564–574; shift from family of, 584–585. *See also* Policing
Responsible behavior. *See* Behavior; Responsibility
Revestment decision, 500
Revolution: theories for rise of, 10, 472–483, 490; conditions for, 470–472; political violence and, 486–487
Revolutionary activity: benefits and costs of, 491–493, 494–495; macro-to-micro-to-macro transition in, 500–502
Reward structure, 494; prisoner's dilemma game to illustrate, 203–204; in bank and stock market panic, 215–216; for crowd member, 224–225, 227; in fads and fashion, 232–233. *See also* Benefits; Costs
Right of control, 47–48, 50–54, 66–67, 70, 79; under authority relation, 80–82; and slavery, 86–88; central concept of agency, 149; withdrawal in crowd action of, 228–229; action-bank for, 267; transfer in voting of, 291; as form of social capital, 311; vesting in corporate actor of, 334; remains with individual (Mill), 338–340; of subordinate

(Dieses Register gilt für alle drei Bände. Die Seitenangaben beziehen sich auf das englische Original und werden in der Übersetzung am Rand aufgeführt.)

Register

corporate actors, 368–369; partitioning of, 373–376; as internalized, 947
Rights, 36–37, 45–46, 48, 49; allocation of, 48–53, 54–57, 162, 341, 369, 438, 787, 793, 799–800, 847–852; consensus and, 54, 67–68, 334, 531; changed by information changing beliefs, 55–56; power as source of, 58; forms of, 60–64; fungibility of, 167, 419; revocation in authority system of, 174; consensual nature in collective action of, 223; in definition of norm, 243; distribution for social optimum of, 262; natural, 300, 301, 342; distribution in liberalism, 337; individual, 363, 367, 442; in indivisible actions or events, 371; votes as, 372–374; pairwise, 416–419; contractual and positional, 436; QWL process and, 437; of ownership to innovations, 439–441; exchange of, 452–456; indivisible, 785; buying and selling in economic context, 786–787. *See also* Right of control
Rights transfer, 35; outside market or exchange system, 36; from individuals to collectivity, 54; in complex authority structure, 165–167; in simple authority structure, 166; to action-rights bank, 267–268, 371
Rising expectations, theory of, 473–474
Risk, 778
Role concept, 706
Role theory, 540–541
Rules: establishment of, 374; institutional, 673

Sanctioning system, 293–294, 297–298
Sanctions: optimum level to maintain trustworthiness, 114–116; as means to enforce norms, 242–243, 248, 266, 269, 275; differences between heroic and incremental, 278; costs of, 279–286; if norm is not observed, 288–289; informal, 557; immunity to, 810–814; for actor who fails to contribute, 926–930
Schelling point, 678, 689
SDS (Students for a Democratic Society), 221–222, 490
Secondary reinforcement, 516
Self: distinction between acting and object self, 507, 721–722; in corporate actors, 509; expansion of object, 517–520
Self-government, 784
Self-interest, 301
Sen's paradox, 335–341

Servant as form of agency, 148–149
Shareholders, 562
Short-term setbacks, theory of, 474–475
Simple relations. *See* Authority relations; Social relations
Skewness in placement of trust, 185
Slavery, 86–88
Social action, theory of, 508
Social capital, 300–307; fungibility of, 302; effective norms and, 310–311; properties of, 315–318; depreciation of, 321; as means to control corporate actor and agents, 361–363; for childrearing, 590–593; forms to aid development, 595–596; in perfect social system, 720; sources of, 743–744; quantitative importance in maintaining norms of, 815
Social change. *See* Authority; Consensus; Social system or structure
Social change, theory of (Marx), 511
Social choice: narrow sense of, 375n; comparison with economic market, 378; micro-to-macro transition in community decision making, 390; importance of agenda in outcome of, 395–396; as macro-level construct, 397; analysis of tournamentlike behavior, 403–405; decision rules for, 856–869. *See also* Decision making, collective
Social contract: transfer of individually held rights, 53–54; constitution as, 327; implicit constitution as, 351
Social control: by internalization, 293–294; forms of, 557
Social cost, 250, 261
Social efficiency, 260, 853
Social environment. *See* Constructed social environment
Social equilibrium. *See* Equilibrium, social
Social exchange theory, 142
Socialization, 294–295, 557
Social networks, 318
Social optimum. *See* Optimum, social
Social organizations, 537
Social relations: simple and complex, 43–44; as resources, 300; information use in, 310
Social research. *See* Research
Social role of social science, 611–613
Social system or structure: of action, 28–29, 31; allocation of rights in, 45–48, 54; to increase trustworthiness, 111–114; subsystems, 131–132; intuitive conception of power and value in, 132–133; for transfor-

(Dieses Register gilt für alle drei Bände. Die Seitenangaben beziehen sich auf das englische Original und werden in der Übersetzung am Rand aufgeführt.)

Englisches Sachregister 463

Social system or structure (*continued*)
mation of free riding to zeal, 275–276; social relationships as components of, 309; effect of change in, 350–351; of revolt and rebellion, 489–491; two sets of parties in, 508; changes in, 536–537; problems of function, 550; purposive and primordial, 584; degree of intensity of parent-child relation, 590–591; continuity over time, 594; new and old, 610; social capital in closed, 744

Social system or structure, perfect: definition, 719–720; difference from perfect economic market, 720; partition with two sets of actors, 725–728; unidimensionality of power in closed, 728; within corporate actor, 936

Social theory, 27, 531; common law principles implicit in, 146; microfoundation of, 197; of purposive action, 13–23, 292–293, 541–542; change in, 535; of Comte, Durkheim, Marx, and Weber, 611–614; to inform with right over social policy, 784

Societies, traditional: effect of norms and sanctions on social optimum, 262–263; investment in internalization of norms by, 297–298

Sociological knowledge, 611–613

Sociology, modern, 537, 610–611

Sociopaths. *See* Sanctioning system

South Korean study circles, 302–303, 312

Sovereignty: theories of, 162; in Mill, 341–342; of individuals and corporate actors, 531–532

Stability: structural with delegated authority, 171; effect on creation and destruction of social capital, 320

Standards of speech, 258–259

Static community, 607

Status inconsistency, theory of, 477–478

Status, social, 129–131, 298

Status groups as norms, 258–259

Straight-time pay, 154

Structural interdependence, 29–31, 207

Structured dissent, 389

Students for a Democratic Society (SDS), 221–222, 490

Subjective interests, 511–512

Subordinate: actions directed by superordinate, 67; in conjoint and disjoint authority relation, 77–80; retains right to revoke authority, 82; expectations in authority relation of, 145; in complex authority structure, 166. *See also* Agent

Subsidies, 61

Substitutability, 668

Superego. *See* Sanctioning system

Superordinate: vesting of authority in, 67; in conjoint and disjoint authority relations, 77–81; in complex authority structure, 166. *See also* Principal actor

Sycophancy, 389, 395

Symmetry: in trust relations, 178–180; of obligations and expectations, 270; of majority decision rule, 862

Sympathy, 520

System, 131–132

System of action. *See* Action system or structure

System behavior, 12, 27–28

Target actor, 288, 786

Targets: of conjoint constitutions, 327; balance of individual interests as, 333–334; under disjoint constitution, 349; in primordial corporate actors, 599

Tatonnement process, 380

Tax laws, 573–574

Temptation, 601

Theory, social. *See* Social theory

Theory construction, 531

Thin theory of rationality, 511

Third-party trust. *See* Trust relations

Time: as means to control an outcome, 47; in transactions, 91; effect in escape panic structure of, 212–214

Tournaments, 406n; elimination in, 403–405, 412

Trade union: as example of conjoint authority relation, 72; as example of difference between external and internal morality, 173

Transaction costs: effect on exchange of, 732–736; between pairs of resources, 736–740

Transactions: with two halves, 120–121; half-, 120–131; unequal social and political, 129

Transaction system of political machine, 126–127

Transfer of control. *See* Control transfer

Trial by ordeal, 377–378

Trust: incorporation of risk into decision is, 91; placement of, 97, 102, 107–108, 114, 180–185, 189–194, 217–218; macro-level phenomena involving, 175–176; mutual, 177–180, 307; in conjoint authority structure, 188; expansion and contraction of, 189–196; withdrawal, 195–196; closure of

(Dieses Register gilt für alle drei Bände. Die Seitenangaben beziehen sich auf das englische Original und werden in der Übersetzung am Rand aufgeführt.)

Register

social network to fortify trust, 318; gain or loss of utility in placement of, 747–750. See also Trust relations
Trustee, 108–111
Trust relations: intermediaries in, 177, 180–185, 186–187, 189, 318; incentives in, 178; symmetric and asymmetric, 178–180
Trustworthiness: probability of, 104–107; strategy to increase, 111–114; reinforced by social norms with sanctions, 188–189; as a form of social capital, 306–307

Unemployment, 142
Unidimensionality of power, 728
Unilateral transfer of control. See Control; Control transfer
Unpredictability of collective behavior, 202
Untrustworthiness. See Trustworthiness
Usage rights, 456–457
Utilitarian optimality, 353
Utility: interpersonal comparison of, 40, 556n, 769–775, 775–778, 781–784; as motivation, 293; marginal, 379; declining marginal, 668, 669; gain or loss in placement of trust, 747; with rational action under certainty, 778; power in interpersonal comparison of, 781–784. See also Interest
Utility, cardinal: replacement by ordinary conception of, 772; difference from interpersonal comparison of utility, 773–774; in von Neumann–Morgenstern expected-utility hypothesis, 778, 779
Utility, interpersonal: transformed to intrapersonal, 344–345
Utility function: in marginal utility, 668n, 941; restrictions on, 674; fixing of specific form of, 675; Klein-Rubin, 675, 685n; derivation of competitive equilibrium for general, 681n; interests derived from, 694; economic and psychological properties of, 694–695; with cardinal utility, 772–773
Utility function, Cobb-Douglas, 29n, 140–141, 566n, 675, 936; psychological properties of, 694n; assuming cardinal utility, 772–773; in perfectly competitive market, 775–778; interpersonal comparison in micro-to-macro transition, 777–778; in corporate actor, 934–937
Utility maximization, 18, 41, 141, 152, 155, 202–203; or interest maximization, 152–153; with rational action at micro level, 153; for stable equilibrium, 202–203; under different constraints, 286; by elementary

actor, 503; agent realizing, 510; rationality defined by, 510; and theory of internal change, 516–517; using Lagrange multiplier, 682
Utility with risk, 778
Utopian ideology. See Ideology; Revolution

Value of goods, 689, 692
Value of resources or events, 132–133; estimation of, 138–139; estimation with perfect-market assumptions of, 702–703; estimation when actors exceed resources, 703–705; estimation in classroom analysis of, 708; estimation when more than two resources, 709–711; in labor market analysis, 715; in system of corporate actors, 939
Veil of ignorance (Rawls), 331–335, 341, 345, 365, 367, 385
Veridicality, 375
Vesting of authority. See Authority; Authority relations
Viability, 44, 427–435, 448, 943
Volatility, 202
Voluntary associations. See Associations
von Neumann–Morgenstern expected-utility hypothesis, 778
Votes, 374, 379
Voting: as prototype over indivisible action, 60; decisions as collective behavior, 237; system, versus action-rights bank, 268; paradox of, 289–290; and minimax regret principle, 290n; rationality of, 289–291, 825–828; explanation of approval and disapproval in, 291–292
Vouchers: as means to provide a positive right, 61–63

Walrasian adjustment, 874, 875, 889–892
Weakness of will. See Willpower
Weber-Fechner law of psychophysics, 694–695
Weber's theory of organization, 422–424
Welfare, 114
Welfare economics, 39, 769–775, 781
Welfare state, 607–609
Will, 338, 377
Willpower, 548, 601, 932
Worker representation, 564–565
World of action, 616
World of discipline, 615–616

Zeal: and free riding, 273–276, 490
Zealotry, 490, 494

(Dieses Register gilt für alle drei Bände. Die Seitenangaben beziehen sich auf das englische Original und werden in der Übersetzung am Rand aufgeführt.)

Deutsches Sachregister

Abhängigkeit: Abhängigkeitsstruktur als Komponente eines Systems, 169
Abnahme von Vertrauen. *Siehe* Vertrauen
Abstimmen. *Siehe* Wählen
Affine Agentschaft: Definition und Beispiele, 204-207; zur Förderung der Interessen eines Prinzipals, 207. *Siehe auch* Identifikation
Agent: Delegation an, 102-103; Handlungen und Interessen von, 190-195; Beschränkungen für, 195-196, 199-200; Gebrauchsrechte von, 200; affiner, 201-208; in komplexer Herrschaftsstruktur, 213-214; Sozialisationsagent, 382, 384
Agentschaftsbegriff. *Siehe* Begriff der Agentschaft
Agentschaftsbeziehungen: Fälle, in denen Grundsätze von A. verankert sind, 192-194; Beschäftigungsverhältnis als Beispiel für, 197-198
Akteur: als Element in sozialem Handlungssystem, 34-36; Interdependenz zwischen, 36-42; Kontrolle über Ressourcen oder Ereignisse durch, 40-42; Unterscheidung zwischen einfachen und komplexen Beziehungen zwischen, 53-54; Privatwelt des, 62; Relevanz des, 85; Rolle in einem System, 169; in komplexer Herrschaftsstruktur, 213; Interesse an einer Norm, 331
Altruismus, 39
Anreize, 54, 57, 67; Leistungszulage, 198; in Vertrauensbeziehungen, 228-229; in Fluchtpanikstruktur, 273; bei Trittbrettfahren und Übereifer, 356
Anspruchsrechte, 61

Anstandsregeln, 333-334
Arbeitslosigkeit, 183
Arbeitsmarkt: und Berufswahl, 183; als Beispiel für Theorie des sozialen Austauschs, 182-185; Analyse von A. im Gleichgewichtszustand, 183-185
Asymmetrie: in übertragener Herrschaftsbeziehung, 186; in Beschäftigungsverhältnis, 216; in Vertrauensbeziehungen, 228-231; in Symmetrie umgewandelt, 230-231; in iteriertem Gefangenendilemma, 272-273; in Fluchtpaniken, 272-276; von Verpflichtungen und Erwartungen, 349, 399-400; in konjunkten Normen, 373-374
Ausbildung: als öffentliches Gut, 78
Austausch. *Siehe* Tausch

Bank für Handlungsrechte, 345-347
Bank- und Börsenpanik, 277-281
Begriff der Agentschaft: Kontrollrecht in, 191
Begriff der Interessen. *Siehe* Interessen
Belehnung, 209-211
Belohnungsstruktur: Gefangenendilemmaspiel zur Illustration der, 262-263; in Bank- und Börsenpanik, 277-279; für Mitglied einer Menge, 289-291, 293; bei Trends und Moden, 299-301
Berater: als Vertrauensintermediäre, 232-239; als Intermediäre in großen Vertrauenssystemen, 244, 247, 250
Berechtigungsscheine: als Mittel zur Bereitstellung eines positiven Rechts, 77-79
Bereicherungsmanien, 281-283

(Dieses Register gilt nur für diesen Band. Die Seitenangaben beziehen sich auf die Seitenzählung dieses Buches. Vereinzelt wird zum besseren Verständnis der englische Originalausdruck in Klammern hinzugefügt.)

Register

Berufswahl: auf Arbeitsmarkt, 183
Beschränkung. *Siehe* Herrschaftssystem oder -struktur
Besitz, 56-59
Bevölkerung: Zusammensetzung erlaubt Voraussagen über Vertrauensvergaben, 247-248
Beziehung, soziale: zur Unterstützung von Sanktionen, um Normen durchzusetzen, 348-350
Bürgen, 232-242
Bürokratie, 100

Charismatische Herrschaft, 45, 94-95, 211-212; soziales Kapital beim Behandeln des Problems der, 404
Coase-Theorem, 336-337
Cobb-Douglas. *Siehe* Nutzenfunktion, Cobb-Douglas-

Delegation von Herrschaft, 220
Disjunkte Herrschaftsbeziehungen. *Siehe* Herrschaftsbeziehungen
Disjunkte Herrschaftsstruktur. *Siehe* Herrschaftssystem oder -struktur
Disjunkte Normen. *Siehe* Normen, disjunkte
Diszipliniertes Hinausgehen, 272-274
Drittparteien-Vertrauen. *Siehe* Vertrauensbeziehungen
Duale Wirtschaft, 161
Durchsetzung: Abhängigkeit der Herrschaft von Durchsetzungsgewalt, 88; von Normen mittels Sanktionen, 344, 348

Eigeninteresse, 390
Eigentumsrechte, 56, 57; Aufteilung von, 58-59; Ersatz im Wohlfahrtsstaat für, 76; von Positionen in komplexer Herrschaftsstruktur, 216-217; soziales Kapital gehört Nutznießern nicht, 409
Einfache Beziehungen. *Siehe* Herrschaftsbeziehungen; Soziale Beziehungen
Einseitige Kontrollübertragung. *Siehe* Kontrolle; Kontrollübertragung
Eltern-Lehrer-Vereinigung und soziales Kapital, 406-407
Entscheidung. *Siehe* Wahl
Entscheidungsfindung, individuelle. *Siehe* Kollektives Verhalten; Öffentliche Meinung; Wählen

Entscheidungsfindung, kollektive: Probleme der, 46; und Verteilung von Kontrollrechten, 60; und Übertragung einer Menge von Rechten, 68; zur Übertragung des Sanktionsrechts, 367. *Siehe auch* Kommunen
Ereignisse. *Siehe* Ressourcen oder Ereignisse
Ergebnisse von Ereignissen, 172-173
Erwartungen, 38; von Untergebenem in Herrschaftsbeziehung, 186; in Vertrauensbeziehung, 229-230; Asymmetrie und Symmetrie von E. in sozialer Beziehung, 349; Vertrauen auf Zustimmung, 367
Evolutionär stabile Strategien, 38
Evolutionäre Interdependenz, 38
Existenzfähigkeit, 55
Externe Effekte: erzeugt durch Güter oder Ereignisse, 58; notwendige Bedingung für wirksame Normen, 356

F-Verbindung, 391
Familie: Vertrauenseinstufungen in, 239
Feudalgesellschaft, 219
Finanzkapital, 396
Fluchtpanik: Analyse individueller Handlungsentscheidungen bei, 262-272; Asymmetrie bei, 272-276; im Gegensatz zu Bank- und Börsenpanik, 277-281; im Gegensatz zu Verhalten aggressiver Menge, 290-293; Auswirkungen von Heterogenität auf Handlungen bei, 295-297, 309
Freiheit, 69
Freiheitsrechte, 61
Freiwillige Vereinigungen. *Siehe* Gesellschaften
Frustrationstheoretiker. *Siehe* Revolution
Fungibilität: der übertragenen Herrschaft in komplexem Herrschaftssystem, 213; eines Rechts, 215; von Bürgen als Vertrauensintermediär, 240; von sozialem Kapital, 392
Führerschaft: bei Fluchtpanik und in aggressiver Menge, 296; Meinungsmacher, 298-301

Gefangenendilemmaspiel, 262-263
Gegenseitiges Vertrauen. *Siehe* Vertrauen, gegenseitiges
Geld: als Prototyp eines Rechts auf teilbare Handlungen, 75, 80; Aufteilung

(Dieses Register gilt nur für diesen Band. Die Seitenangaben beziehen sich auf die Seitenzählung dieses Buches. Vereinzelt wird zum besseren Verständnis der englische Originalausdruck in Klammern hinzugefügt.)

von Macht oder Rechten aufgrund von, 79; Differenzierung zwischen Formen von, 153; Rolle in privaten und Regierungstransaktionen von, 153-155; als Ersatz für Versprechen, 155; hilft bei der Überwindung von Austauschhemmnissen, 158; formale Organisation als Ergänzung zu, 165; sozialer Status als Ersatz für, 165; als Form der Vertrauensvergabe, 240

Gemeinschaft: Versprechen Dritter in festgefügter, 160; Identifikation mit, 206, 207-208

Geringstes Interesse, Prinzip des, 173-174

Geschlossenheit des sozialen Netzwerks, 413-415

Gesellschaften, Verbände, Vereinigungen: Beispiel für rationale Herrschaftsübertragung, 91, 98; freiwillige Organisationen mit sozialem Kapital, 404-407. *Siehe auch* Kredit

Gesellschaften, traditionelle: Auswirkung von Normen und Sanktionen auf soziales Optimum, 339; Investition in Internalisierung von Normen durch, 386

Gesellschaftsvertrag: Übertragung individuell behaupteter Rechte, 67-68

Gesetz: Optimum zur Gewährleistung von Vertrauenswürdigkeit, 146; um soziale Struktur zu definieren, 187-189. *Siehe auch* Rechtliches System

Gesetzgebungsverhandlungen, 160

Gesetzliche Rechte, 61-62

Gewerkschaft: als Beispiel für konjunkte Herrschaftsbeziehung, 91; als Beispiel für Unterschied zwischen äußerer und innerer Integrität, 223

Gewinne ("Benefits"): psychische, 80; aus Internalisierung von Normen, 385-386

Gewinne ("Gains"): Gewinnwahrscheinlichkeit, 130-131; durch erhaltenes Vertrauen, 146-147; bei Übertragung von Kontrollrechten, 93

Gewissen. *Siehe* Sanktionssystem

Gleichgewicht: Analyse eines Arbeitsmarktes im Gleichgewichtszustand, 183-185; durch Nutzenmaximierung, 261; der Kooperation, 273; der Defektion, 273

Gleichgewicht, soziales, 48-50, 53

Gleichgewichtsstrategie bei Anpassung von optimalen Reaktionen, 267

Greshams Gesetz, 135

Güter: Wirschaftsgüter, 55; erzeugen externe Effekte, 58; teilbare ohne externe Effekte, 75

Halbtransaktionen, 154-168

Handlungen oder Ereignisse: Arten von, 39-42; zielgerichtete, 43-46; mit externen Effekten, 45; Allokation und Kontrolle unteilbarer, 58-60; Unmöglichkeit der Übertragung von, 83

Handlungsentscheidungen: Übertragung von Kontrolle über Ressourcen, 40. *Siehe auch* Kontrolle; Präferenzen; Ressourcen oder Ereignisse; Soziale Entscheidung; Soziales Handlungssystem

Handlungssystem oder -struktur, 45; für jeden einzelnen Akteur, 63; mit individuen- und systembezogenen Begriffen, 171

Heiratsmarkt: als Beispiel für Mikro- und Makroebenen, 27-28

Heroische Sanktionen. *Siehe* Sanktionen

Herrschaft ("Authority"): charismatische, 45, 94-95, 211-212, 404; rationale und traditionelle, 45; Definition von, 83; unfreiwillige Unterwerfung, 85, 90; Übertragen von freiwilliger und unfreiwilliger, 88-90, 95-96, 112-113; Entzug von, 103-104, 288; Delegation von, 220; Aberkennen von, 222

Herrschaft ("Sovereignty"): Theorien der, 209

Herrschaft, übertragene: einer anderen Person oder einem anderen Gebilde, 94-96; Eigenschaft der Struktur von, 186; in komplexem Herrschaftssystem, 213-214

Herrschaftsbeziehungen, konjunkte und disjunkte, 45, 90-102, 106; Definition von, 83; Zwang zur Durchsetzung bei, 89; unterschieden von Herrschaftssystem, 93; einfache, 103, 208; Beschränkungen für, 103-108; ohne vorsätzliche Ausübung, 111-114; komplexe, 113-114, 208; asymmetrische Natur übertragener, 186; *law of agency* als disjunkte, 187; Übertragung und Ausübung von Herrschaft in einfachen und komplexen, 208; unabhängig von Personen, 220

Herrschaftssystem oder -struktur: in Kommunen, 81-82; unterschieden von Herrschaftsbeziehung, 93; Auswirkung

(Dieses Register gilt nur für diesen Band. Die Seitenangaben beziehen sich auf die Seitenzählung dieses Buches. Vereinzelt wird zum besseren Verständnis der englische Originalausdruck in Klammern hinzugefügt.)

von Beschränkungen in, 106-108; komplexe Herrschaftsbeziehungen als Ausgangspunkt von, 113-114; Feudalsystem, 209-211; einfaches, 208-213; Unterschiede in Zusammensetzung aus Personen oder Positionen, 219; Stabilität von, 220-221; disjunktes und komplexes, 221; innere und äußere Integrität von, 221-224; Funktion des Vertrauens in, 242

Herrschaftssystem oder -struktur, komplexe: Fungibilität übertragener Herrschaft in, 213; Übertragung von Rechten in, 213-215; Zusammensetzung aus Personen oder Positionen in, 216-219, 220-221; Delegation von Herrschaft in, 216-217; und disjunkte, 221; innere Integrität von, 221-224

Heterogenität: der Macht, 276-277; der Belohnungsstruktur, 291-292; Voraussage von Massenverhalten bei, 295-296; und Begriff des sozialen Optimums, 335-338

Homogenität: von Verhalten, 258-259; Auswirkung der H. einer Menge, 276-277; der Belohnungsstruktur, 291; und Begriff des sozialen Optimums, 335-338

Humankapital, 396; Unterinvestition in, 385; soziales Kapital in Entwicklung von, 389-390; im Gegensatz zu sozialem Kapital, 394-395, 410

Identifikation, 201-208; der Herrschaft mit einer Position, 217; mit Sozialisationsagent bei Sozialisation, 382
Ideologie: und soziales Kapital, 416-417
Immaterielle Güter, 44
Individuum: individuelles Verhalten, 1-2
Inflation, 155
Information: und Rationalität des Handelns, 37-38; und ihre Rolle bei der Allokation von Rechten, 68-71; objektiver und subjektiver Charakter von, 69; Auswirkung auf Gewinnwahrscheinlichkeit, 130, 131-132; Entscheidung des Treuhänders zur Bereitstellung von, 146; ihre Rolle in Vertrauensbeziehungen, 244-250; bei individueller Entscheidungsfindung, 307-308; Informationsquelle als Form sozialen Kapitals, 402, 411
Inkrementelle Sanktionen. *Siehe* Sanktionen

Innovationen: Bedingungen zur Förderung oder Behinderung von, 143-144
Instabilität, 413
Institutionen: soziale, 146; ökonomische, 391
Integrität, 221-224
Interdependenz, 36-38, 267
Interesse: einer Person, die Status verleiht, 166; an einer Ressource, 171-173
Interessen: Interessenbegriff, 34-36; objektive und subjektive, 35; externe, 74; Auswirkung auf Wert einer Ressource, 170-173; von Lehrer und Schülern bei Tauschhandlungen im Klassenzimmer, 175; Einschätzung von I. von Akteuren, 180; als Eigenschaften individueller Akteure auf Mikroebene, 181-182; durch externe Effekte erzeugte Struktur von, 325-329; von Akteuren an einer Norm, 331
Interessenkonflikt, 52, 70; Ursprünge von, 62-63; Auswirkung auf soziales Optimum von, 145
Interessenmaximierung, 196
Intermediär oder Mittelsmann, seine Rolle im System, 162
Intermediäre Körperschaft. *Siehe* Körperschaft
Internalisierung: von Normen, 52
Interpersonaler Nutzenvergleich, 50. *Siehe auch* Nutzen

Kalvinismus, 7-9
Kapital: Finanzkapital, 396. *Siehe auch* Humankapital; Physisches Kapital; Soziales Kapital
Kapitalismus, 7-12
Klassische ökonomische Theorie. *Siehe* Wirtschaftstheorie
Klatsch, 367-370
Kleidungsvorschriften, 332-334
Knecht als Form der Agentschaft, 190-191
Körperschaft: mit übertragenen Rechten, 46; Identifikation mit, 206-207, 208; in Bürokratie, 218; als Intermediär in Vertrauensbeziehung, 238
Körperschaftsgesellschaft, 219
Kollektive Entscheidungen. *Siehe* Entscheidungsfindung, kollektive
Kollektives Verhalten, 53; Eigenschaften von, 255-261; Fluchtpanik in, 262-277; Strategie der optimalen Reaktion in, 267; Bank- und Börsenpaniken in, 277-

(Dieses Register gilt nur für diesen Band. Die Seitenangaben beziehen sich auf die Seitenzählung dieses Buches. Vereinzelt wird zum besseren Verständnis der englische Originalausdruck in Klammern hinzugefügt.)

281; ansteckende Überzeugungen in, 283-284; aggressive und expressive Mengen in, 284-297; Belohnungsstruktur für Mitglied einer Menge in, 289-291; Trends und Mode in, 297-306; Verbraucherentscheidungen als, 306-309
Kommunen: Herrschaftsstruktur in, 81-82, 90-91, 97-98; als Beispiel für identische Interessen von Prinzipal und Agent, 202
Kommunikationsstruktur: Auswirkung auf Vertrauensbeziehung. *Siehe auch* Information
Kompensation: Festsetzen des Niveaus zur Maximierung des Nutzens; Methoden zur Festsetzung der, 197-198
Komplexe Beziehungen. *Siehe* Soziale Beziehungen
Konjunkte Herrschaftsbeziehungen. *Siehe* Herrschaftsbeziehungen
Konjunkte Herrschaftsstrukturen. *Siehe* Herrschaftssystem oder -struktur
Konjunkte Normen. *Siehe* Normen, konjunkte
Konsens, sozialer: bestimmt Existenz und Inhaber eines Rechts, 84-85, 88, 209
Konstitutionelle Kontrolle. *Siehe* Kontrolle
Konstruiertes soziales Umfeld, 54-55
Konstrukt der Makroebene: Beziehung zu Mikroebenen, 27-28; Vertrauen als, 225-227; Auswirkung von Bank- oder Börsenpanik, 277-279; Voraussagen über kollektives Verhalten, 309-310; Normen als, 315; bei Konstruktion einer rechtlichen Theorie, 342-343; in Normensystemen, 342-343
Kontrolle ("Control"): von Ressourcen, 35-36, 39-41; Neuverteilung von, 49; konstitutionelle, 49-50; Verteilung von Kontrollrechten, 58-59; eines Rechts, 67-68, 87; über Ereignisse, die für andere von Interesse sind, 167; von einer Ressource mit Kontrolle, 170-173; Allokation vor und nach dem Tausch von, 175; von Lehrer und Schülern, 175; Kontrollrecht als zentraler Begriff der Agentschaft, 191; Kontrollrechte des Prinzipals über Agenten, 195; Markt für Kauf von Kontrollrechten, 322
Kontrolle ("Policing"): rückwärts gerichtete, 196; vorwärts gerichtete, 196; Festsetzen des Niveaus zur Maximierung des Nutzens, 196; selbst- oder nicht selbstkontrollierend, 273-274; innere oder äußere Kontrolle oder Überwachung, 381
Kontrollrecht, 59-60, 62-68, 83-84, 88, 99; in Herrschaftsbeziehung, 101-103; und Sklaverei, 108-111; zentraler Begriff der Agentschaft, 191; Entzug von K. in Massenverhalten, 294-295; Handlungsbank für, 345; Übertragung von K. beim Wählen, 378; als Form sozialen Kapitals, 404
Kontrollübertragung: einseitige, 36, 39-40, 44-45; bei Fluchtpanik, 262-277, 280; bei Bereicherungsmanien, 282; bei Massenverhalten, 294-295; und Führerschaft, 296-297, 299-301; in Handlungen bezüglich Trends und Mode, 299, 303-306; Kosten und Nutzen einer, 302-303
Kontrollverteilung im Gleichgewichtszustand, 172-173
Kosten: psychische, 80
Kredit: Gutschriften, 397, 399-400; Kreditvereinigungen, 397

Legitimität, 373-374
Liberalismus: analysiert Kontrollrechte über Handlungen, 86-87

Macht: als Ursprung von Rechten, 74; Einschränkung von, 74; Abhängigkeit der Rechte von, 80; von Akteuren, 170-173, 179-180; unterschiedlicher Wert von, 180; Heterogenität der, 276-277
Makro- und Mikroebenen: beim Heiratsmarkt, 27-28; in rechtlicher Theorie, 342-343
Makro-Mikro-Makro-Übergang, 24
Makro-Mikro-Übergang, 7-12, 24-27, 197
Marktpreis: analog zu Gleichgewichtspunkt in sozialem Austausch, 48
Marktstruktur, 33-34; Heirat, 27-28; Austauschbeziehung in Austauschsystem, 44; Vertrauensvergabe in, 134-135. *Siehe auch* Naturalientausch; Arbeitsmarkt; Wirtschaftsmarkt
Maximierung: Prinzip der, 46
Meinungsmacher, 298-301
Mengen, aggressive und expressive, 284-297
Metatheorie. *Siehe* Sozialtheorie
Mikro-Makro-Übergang, 7-12, 24-27; als

(Dieses Register gilt nur für diesen Band. Die Seitenangaben beziehen sich auf die Seitenzählung dieses Buches. Vereinzelt wird zum besseren Verständnis der englische Originalausdruck in Klammern hinzugefügt.)

Rückkoppelungsprozeß, 197
Mikroebene: Beziehung zur Makroebene, 27-28; Merkmale von Interessen auf, 181-182; in kollektivem Verhalten, 257; Auswirkung von Bank- oder Börsenpanik, 278; bei Konstruktion einer rechtlichen Theorie, 342-343; in Normensystemen, 342-343
Minimax-Prinzip der Reue, 376
Mississippi-Plan, 256
Motivationsstruktur, 380
Mutmaßliches Recht, 367

Nationalstaat: Identifikation mit, 204-205; als Beispiel für Unterschied zwischen äußerer und innerer Integrität, 223; bedient sich der Sozialisation, 382
Naturalientausch, 46, 155, 158-159
Naturrechte: politische Philosophie der, 389, 390
Neoklassische ökonomische Theorie. *Siehe* Wirtschaftstheorie
Netzwerke, soziale, 413
Neuer ökonomischer Institutionalismus. *Siehe* Wirtschaftstheorie
Nichtausschließlichkeit, 144
Nichtgleichzeitigkeit, 158
Normative Theorie, 51
Normatives System: Bedingungen für nichtökonomische, 148-149
Normen: Bedingungen für Existenz oder Entstehung von, 45, 314; Optimum zur Gewährleistung von Vertrauenswürdigkeit, 146-149; Definition und Funktion von, 311-312, 313-314, 315, 344, 367; Klassifizierung von, 318-321; präskriptive, 318, 356, 380, 403; proskriptive, 318, 356, 366, 380; Fokalhandlung von, 318-321; essentielle, 321, 331, 333; Schaffung eines Bedürfnisses nach und Entstehung von, 323-330; konventionelle, 331-333; erzeugt ohne externe Effekte von Handlungen, 332-333; Anstandsregeln, 333-334; Systeme von, 342-343; Nutznießer von, 344; Unterstützung durch Sanktionen, 344, 348-349; Befolgung von, 371-372; legitime, 373-375; Anerkennung von, 373; Mißachtung von, 374; Internalisierung von, 379-388; als Form von sozialem Kapital, 403-404; wirksame, 403-404. *Siehe auch* Nutzenmaximierung
Normen, disjunkte, 319; und soziale Wirküber eigene Handlungen, 374
Normen, konjunkte, 67, 319, 331, 335-336; soziale Wirksamkeit von, 335-336; und Legitimität von Kontrollrecht, 373; Asymmetrie in, 373-374; aufgrund der Übertragung von Wahlrechten, 378
Normenfreie Akteure, 38-39
Nutzen: interpersonaler Nutzenvergleich, 50; als Motivation, 380. *Siehe auch* Interesse
Nutzen-Kosten-Kalkulationen, 228
Nutzenfunktion, Cobb-Douglas-, 35
Nutzenmaximierung, 22-23, 51, 181, 195, 196, 261; oder Interessenmaximierung, 196, 199; durch rationale Handlung auf Mikroebene, 197; führt zu stabilem Gleichgewicht, 261; unter verschiedenen Beschränkungen, 371

Öffentliche Meinung: als kollektives Verhalten, 306
Öffentliches Gut: mit externen Effekten und ohne Erhaltung, 42; Sanktion mit Gewinn für mehr Personen als Sanktionsträger, 148; Normen zur Erleichterung der Beschaffung von, 148-149; Problem des, 350
Ökonomie des Agenten, 387-388
Ökonomische Systeme. *Siehe* Wirtschaftssysteme
Ökonomische Theorie. *Siehe* Wirtschaftstheorie
Ökonomische Wirksamkeit, 336, 339
Oligopolistische Industrie, 145-146
Optimale Reaktion, 37, 267
Optimum, soziales: Begriffe des, 50-53; Elemente zur Erzeugung von, 145; in bezug auf Gesetze, Normen und Sanktionen, 146; im Gegensatz zu sozialen Kosten, 322-323, 336-337; bei heterogenen und homogenen Gruppen, 335-336; Durchsetzung von, 338-339; Erreichen anhand einer Kette paarweiser Tauschhandlungen, 345; mit Hilfe einer Bank für Handlungsrechte, 346-347; Kombination von Handlungen zum Erreichen von, 348
Organisation, formale: soziale Beziehungen als Grundlage für, 54; Bestimmung der Allokation von Rechten in, 65-66; Halbtransaktionen in, 164-165; Funktion als Intermediär in Beziehung mit Arbeitnehmer, 238; als Drittpartei in

(Dieses Register gilt nur für diesen Band. Die Seitenangaben beziehen sich auf die Seitenzählung dieses Buches. Vereinzelt wird zum besseren Verständnis der englische Originalausdruck in Klammern hinzugefügt.)

Deutsches Sachregister 471

Vertrauensbeziehung, 241-242
Organisation, soziale: soziale Beziehungen als Grundlage für, 54; Auswirkung auf ökonomische Aktivitäten von, 391; und soziales Kapital, 392-394, 404-405

Paarweise: Autausch, 168
Panikverhalten. *Siehe* Bank- und Börsenpanik; Fluchtpanik
Pareto-Optimalität, 51; fehlt bei Interessenkonflikt, 145
Parteienapparat, 162
Physikalische Umwelt, 55
Physisches Kapital, 394, 396, 409-410
Politische Philosophie: vertritt Meinung von Existenz individueller Rechte, 87; der Naturrechte, 389; des Eigeninteresses, 390
Politische Systeme, 162
Positionen: in komplexer Herrschaftsstruktur, 217, 219; Spiele in komplexer Herrschaftsstruktur mit, 220
Präferenzen, 79
Präskriptive Normen. *Siehe* Normen
Prinzipal: Haftbarkeit für Handlungen des Agenten, 193-194; Handlungen und Interessen in Agentschaftsbeziehung von seiten des, 193-195; rationales Verhalten zur Maximierung von Nutzen oder Interessen, 195-199; Profitrechte des, 200; Gewinn aus affiner Agentschaft für, 207
Private Güter: Teilbarkeit, Veräußerlichkeit und sofortige Lieferbarkeit, 42, 57, 60; Austauschsystem für, 57; Aufteilung und Kontrolle unteilbarer, 58-60
Produktionsbeschränkung, 101
Proskriptive Normen. *Siehe* Normen
Protestantismus, 7-10

Rationale Handlung, 196-197; beim Einlösen einer Verpflichtung, 231; beim Austausch privater Güter, 261. *Siehe auch* Prinzipal; Nutzenmaximierung
Rationale Strategie: fehlende Definition von, 267
Rationale Wahl: als Grundlage für Sozialtheorie, 379
Rationaler Akteur, 308
Rationalität, 17-18, 22; unter Risiko oder Gewißheit, 37
Realisierung: Maximierung nach Herrschaftsübertragung, 186

Rechte, 44-46, 56-57, 60, 61-62; Allokation von, 60-66, 68-71, 209; Konsens und, 67-68, 84-85; verändert durch Informationen, die Überzeugungen verändern, 69-70; Macht als Ursprung von, 73; Formen von, 75-80; Fungibilität von, 215; Entzug in Herrschaftssystem von, 224; Konsenscharakter in kollektiver Handlung von, 288; bei Definition von Norm, 313-314; Verteilung im Hinblick auf soziales Optimum von, 339; Naturrechte, 389, 390. *Siehe auch* Kontrollrecht
Rechtliche Theorie: Verwendung von Mikro- und Makroebenen bei Konstruktion der, 342
Rechtliches System: als Konsens über Rechtszuteilung, 88
Rechtsübertragung, 44; außerhalb eines Marktes oder Austauschsystems, 44; von Individuen auf ein Kollektiv, 68; in komplexer Herrschaftsstruktur, 213-215; in einfacher Herrschaftsstruktur, 214; auf Bank für Handlungsrechte, 345-347
Reines Papiergeld, 153-155
Relevanter Anderer, 73-74
Relevanz des Akteurs, 85
Ressourcen oder Ereignisse, 40-61, 75, 80; Element in sozialem Handlungssystem, 34-36; ungleiche in Zwei-Parteien-Transaktion, 165-167; Umverteilung, 169; und Macht, 170-173; gemeinschaftliche, 176-177; in komplexer Herrschaftsstruktur, 216, 219; Verteilung im Hinblick auf soziales Optimum von, 339; und soziales Kapital, 389, 409
Revolution: Theorien zur Entstehung von, 12-13
Rückkoppelungsprozeß, 34, 197; bei Identifikation mit Gemeinschaft, 207-208
Rückwärts gerichtete Kontrolle. *Siehe* Kontrolle ("Policing")

Sanktionen: Optimum zur Gewährleistung von Vertrauenswürdigkeit, 146-149; als Mittel zur Durchsetzung von Normen, 313, 320, 344, 348, 356; Unterschiede zwischen heroischen und inkrementellen, 360-361; Kosten von, 361-371; bei Mißachtung von Norm, 374
Sanktionssystem, 380-382, 385-386
Schiefe bei Vertrauensvergabe, 238-239

(Dieses Register gilt nur für diesen Band. Die Seitenangaben beziehen sich auf die Seitenzählung dieses Buches. Vereinzelt wird zum besseren Verständnis der englische Originalausdruck in Klammern hinzugefügt.)

Schuldner, 238
SDS (*Students for a Democratic Society*), 285-287
Selbständiger Unternehmer: als Form der Agentschaft im *common law*, 190-191
Sieger: Identifikation mit mächtigem, 206
Sklaverei, 108-111
Soziale Beziehungen: einfache und komplexe, 53-55; als Ressourcen, 389; Verwendung von Informationen in, 402-403
Soziale Kontrolle: durch Internalisierung, 381
Soziale Kosten, 222-223, 336-337
Soziale Netzwerke, 413
Soziale Wirksamkeit, 335-336
Sozialer Wandel. *Siehe* Herrschaft
Soziales Gleichgewicht. *Siehe* Gleichgewicht, soziales
Soziales Kapital, 389-398; Fungibilität von, 392; wirksame Normen und, 403-404; Eigenschaften von, 409-412; Wertverlust von, 417
Soziales Optimum. *Siehe* Optimum, soziales
Soziales System oder soziale Struktur: soziales Handlungssystem, 34, 36, 39; Allokation von Rechten in, 56-60, 68; um Vertrauenswürdigkeit zu erhöhen, 142-147; Subsysteme, 168-170; intuitive Vorstellung von Macht und Wert in, 170; für Umwandlung von Trittbrettfahren in Übereifer, 356-357
Soziales Umfeld. *Siehe* Konstruiertes soziales Umfeld
Sozialisation, 381-383
Sozialtheorie, 33; Grundsätze aus *common law* implizit in, 187-188; Mikrogrundlagen der, 254; der zielgerichteten Handlung, 16-29
Soziopathen. *Siehe* Sanktionssystem
Sparsamkeit, 46
Sprachstandards, 333-334
Staatliche Dienstleistungen, 77
Stabilität: strukturelle bei Delegation von Herrschaft, 220; Auswirkung auf Schaffung und Zerstörung von sozialem Kapital, 415-416
Statthalter. *Siehe* Agent
Status, sozialer, 165-168, 387
Statusgruppen als Normen, 333-334
Strikter Zeitlohn, 197-198
Strukturelle Interdependenz, 36-38

Students for a Democratic Society (SDS), 285-287
Subventionen, 77
Südkoreanische Studiengruppen, 392-393, 405
Symmetrie: in Vertrauensbeziehungen, 228-231; von Verpflichtungen und Erwartungen, 349
System, 168-170
Systemverhalten, 15, 33-34

Tausch: Geld hilft bei der Überwindung von Hemmnissen beim, 158; Rolle des Intermediärs in sozialen und politischen Systemen, 162
Tauschkurs, 34; bei der Feststellung des sozialen Gleichgewichts, 48; bei paarweisem Austausch, 168-169; gemeinschaftlicher, 175-177; unterschiedliche Macht aufgrund von Unterschieden im, 180
Tauschmittel, 158-160, 161-165
Tauschsystem: Markt als, 44; soziales, 46-48, 56; freiwillige Austauschhandlungen innerhalb und außerhalb von Wettbewerbsmärkten, 51-52; wirtschaftliches, 56; Strategie zur Begründung von Vertrauenswürdigkeit des, 146; Auftreten paarweiser Tauschhandlungen, 168; Umverteilung von Ressourcen in einem System aufgrund von Tauschhandlungen, 169; Gleichgewichtszustand im Klassenzimmer, 175; zwischen Lehrer und Schülern, 175-182; gemeinschaftlicher Tauschkurs im Klassenzimmer, 175-177; in konjunkter Herrschaftsstruktur, 242-243
Teilbarkeit: von Rechten, Ressourcen und privaten Gütern, 40-42, 57, 58-59, 74-75, 80; von Handlungen oder Ereignissen, 74-76
Theorie der rationalen Wahl, 78-79, 80, 141-142, 374, 379-380
Theorie des Gruppeninteresses in der Politik, 173
Theorie des sozialen Austauschs, 182-183
Theorie, soziale. *Siehe* Sozialtheorie
Transaktionen: mit zwei Hälften, 154-158; Halbtransaktionen, 154-168; ungleichgewichtige soziale und politische, 165
Transaktionssystem des politischen Apparates, 162
Trends und Moden: Rolle von Meinungs-

(Dieses Register gilt nur für diesen Band. Die Seitenangaben beziehen sich auf die Seitenzählung dieses Buches. Vereinzelt wird zum besseren Verständnis der englische Originalausdruck in Klammern hinzugefügt.)

machern bei, 298-304; Belohnungsstruktur für, 299-300; Auswirkung der Übertragung oder Nichtübertragung von Kontrolle, 302-306
Treuhänder, 137-142
Trittbrettfahren und Übereifer, 353-358
Trittbrettfahrerproblem, 98; zweiter Ordnung, 350; Überwinden des, 404

Überangebot an Gütern, 159
Übereifer: und Trittbrettfahren, 353-358
Über-Ich. *Siehe* Sanktionssystem
Übertragbarkeit, 159-160
Übertragen von Herrschaft. *Siehe* Herrschaft; Herrschaftsbeziehungen
Übertragung von Kontrolle. *Siehe* Kontrollübertragung
Überzeugungen: gewandelt durch Informationen, 69-71; ansteckende, 283-284
Umfeld: physikalische Umwelt, 55; konstruiertes soziales, 54-55
Unabhängigkeit, 220
Unbeständigkeit, 260
Unteilbarkeit: von Ressourcen, Ereignissen oder Gütern, 58-60, 75-76, 80; von Handlungen oder Ereignissen, 75
Untergebener: von Vorgesetztem gesteuerte Handlungen des, 84; in konjunkter und disjunkter Herrschaftsbeziehung, 97-101; behält das Recht, Herrschaft zu entziehen, 103; Erwartungen in Herrschaftsbeziehungen von, 186; in komplexer Herrschaftsstruktur, 213. *Siehe auch* Agent
Unternehmen, gewerbliches, 93
Unternehmer, 232-237
Unveräußerlichkeit: von Kontrollrechten, 41, 83; von sozialem Kapital, 409
Unwägbarkeit von kollektivem Verhalten, 260

Veräußerlichkeit: von Gütern, Ressourcen oder Ereignissen, 41-42, 83
Verbraucherentscheidungen als kollektives Verhalten, 306-308
Verfassung: als Konsens über Rechtsallokation, 87; für Verteilung der Kontrolle über Ressourcen, 169
Verhalten: Homogenität von, 258-259. *Siehe auch* kollektives Verhalten; Fluchtpanik
Verhaltensinterdependenz, 36-38, 267
Verhandeln, 38

Verlust von Vertrauen. *Siehe* Vertrauen
Verluste. *Siehe* Kosten
Verpflichtungen: Rolle in Vertrauensbeziehung, 230-231, 396-397; Asymmetrie und Symmetrie von, 349, 399-400; in sozialer Beziehung, 349; in sozialem Kapital, 397, 400-402
Verrechnungsstelle: Verbindlichkeiten, 155, 159
Versprechen: zu handeln ist übertragbar, 83; in Marktstruktur, 134-135; Geld als Ersatz für Versprechen, 155; von Drittparteien, 155, 159, 160; Bedingungen für Naturalientausch anstelle von Geld, 158-159; Rolle in sozialen und politischen Systemen, 159-163
Verträge, 33-34; Herrschaftsbeziehungen als stillschweigende oder ausdrückliche, 101-102. *Siehe auch* Gesellschaftsvertrag
Vertrauen: Einkalkulieren des Risikos in Entscheidung ist, 115; Vergabe von, 122, 129-130, 136-137, 146, 232-239, 244-250, 280-281; Phänomene der Makroebene, die V. miteinbeziehen, 225-227; gegenseitiges, 228-231, 398; in konjunkter Herrschaftsstruktur, 242-243; Zunahme und Abnahme von, 244-253; Entzug von, 252-253; Geschlossenheit von sozialem Netzwerk zur Verstärkung von, 413
Vertrauensbeziehungen: Intermediäre in, 227, 232-239, 239-240, 244, 413; Anreize in, 228-229; symmetrische und asymmetrische, 228-231
Vertrauensintermediäre. *Siehe* Vertrauensbeziehungen
Vertrauensverlust. *Siehe* Vertrauen
Vertrauenswürdigkeit: Wahrscheinlichkeit von, 131-137; Strategie zur Erhöhung von, 142-146; verstärkt durch soziale Normen mit Sanktionen, 243; als eine Form sozialen Kapitals, 397-398
Vertrauenswürdigkeit, fehlende. *Siehe* Vertrauenswürdigkeit
Vorgesetzter: Übertragung von Herrschaft auf, 84; in konjunkter und disjunkter Herrschaftsbeziehung, 97-102; in komplexer Herrschaftsstruktur, 213-214. *Siehe auch* Prinzipal
Vorwärts gerichtete Kontrolle. *Siehe* Kontrolle ("Policing")

(Dieses Register gilt nur für diesen Band. Die Seitenangaben beziehen sich auf die Seitenzählung dieses Buches. Vereinzelt wird zum besseren Verständnis der englische Originalausdruck in Klammern hinzugefügt.)

Wählen: Wählerstimme als Prototyp eines Teilrechts auf unteilbare Handlung, 75; Wahlentscheidungen als kollektives Verhalten, 306; Wahlsystem im Vergleich zu Bank für Handlungsrechte, 347; Wahlparadox, 375-377; und Minimax-Prinzip der Reue, 376; Rationalität des, 375-377; Erklärung für Zustimmung und Mißbilligung beim, 377-379
Währung, 158-159
Wahl, 89. *Siehe auch* Berufswahl; Präferenzen
Wahlparadox, 375-377
Warengeld, 153-154
Wechsel, 153
Wechselseitige Abhängigkeit von Handlungen, 196-197, 267, 276
Wert von Ressourcen oder Ereignissen, 170-171; Einschätzung von, 177-178
Wertverlust von sozialem Kapital, 417
Wettbewerbsgleichgewicht, 52
Wettbewerbsstruktur, 51-52
Wirtschaftsmarkt, 391; soziale Märkte analog zu, 345-346

Wirtschaftssysteme: Geld hilft bei der Überwindung von Austauschhemmnissen in, 158; Drittparteien-Vertrauen in, 241
Wirtschaftstheorie: neoklassische, 40, 51, 389, 390-391, 409; Wohlfahrtsökonomie, 49; Theorie kollektiven Verhaltens basierend auf, 258; klassische, 389-390; der vollständigen Konkurrenz, 390; neuer ökonomischer Institutionalismus, 391
Wohlfahrt, 145-146
Wohlfahrtsökonomie, 49

Zeit: als Mittel zur Kontrollierung eines Ergebnisses, 58-59; in Transaktionen, 115; Auswirkung von Z. in Fluchtpanikstruktur, 274-276
Zielakteur, 374
Zielgerichtetes Handeln, 16-22, 43-44
Zunahme von Vertrauen. *Siehe* Vertrauen
Zwang: zur Durchsetzung von Herrschaft, 86-90. *Siehe auch* Herrschaft

(Dieses Register gilt nur für diesen Band. Die Seitenangaben beziehen sich auf die Seitenzählung dieses Buches. Vereinzelt wird zum besseren Verständnis der englische Originalausdruck in Klammern hinzugefügt.)

Scientia Nova

Robert Axelrod
Die Evolution der Kooperation
Studienausgabe 1988.
X, 235 Seiten, DM 38,–
ISBN 3-486-53991-4

Karl H. Borch
Wirtschaftliches Verhalten bei Unsicherheit
1969. 345 S., 16 Abb., DM 48,–
ISBN 3-486-42771-7

C. West Churchman/ Russel L. Ackoff/ E. Leonard Arnoff
Operations Research
Eine Einführung in die Unternehmensforschung.
5. Aufl. 1971. 590 S., 116 Abb., DM 45,–
ISBN 3-486-43465-9

Erklären und Verstehen in der Wissenschaft
Herausgegeben und übersetzt von Gerhard Schurz.
1988. 341 Seiten, DM 98,–
ISBN 3-486-53911-6

Evolution und Spieltheorie
Herausgegeben und übersetzt von Ulrich Mueller.
1990. VI, 215 S., DM 88,–
ISBN 3-486-55839-0

Bruno de Finetti
Wahrscheinlichkeitstheorie
1981. XI, 819 S., DM 128,–
ISBN 3-486-44701-7

Richard C. Jeffrey
Logik der Entscheidungen
1967. 271 S., 11 graph. Darstellungen, DM 38,–
ISBN 3-486-42591-9

Mathematische Methoden der Politikwissenschaft
Hrsg. M. E. A. Schmutzer.
1977. 304 S., 29 Abb., 26 Tabellen, DM 48,–
ISBN 3-486-47831-1

Oldenbourg

Scientia Nova

**Ernest Nagel,
James R. Newman
Der Gödelsche Beweis**
4., unveränd. Aufl. 1987. 112 S.,
DM 32,–
ISBN 3-486-45214-2

**Erhard Oeser
Wissenschaft und
Information**
Systematische Grundlagen einer
Theorie der Wissenschaftsentwicklung.
3 Bände. Je DM 28,–

**Howard Raiffa
Einführung in die
Entscheidungstheorie**
1973. 360 S., 134 Abb.,
37 Tabellen, DM 48,–
ISBN 3-486-47741-2

**Erwin Schrödinger
Was ist ein Naturgesetz?**
4., unveränd. Aufl. 1987.
147 S., DM 36,–
ISBN 3-486-46274-1

**Rudolf Schüßler
Kooperation unter
Egoisten: vier Dilemmata**
1990. VII, 178 Seiten, DM 98,–
ISBN 3-486-55836-6

**Thomas Voss
Rationale Akteure und
soziale Institutionen**
Beitrag zu einer endogenen
Theorie des sozialen Tauschs.
Mit einem Vorwort von Rolf
Ziegler.
1985. XII, 257 S., DM 98,–
ISBN 3-486-52511-5

**Hermann Weyl
Philosophie der
Mathematik und Naturwissenschaft**
6. Aufl. 1989. 406 S., 7 graph.
Darstellungen, DM 68,–
ISBN 3-486-46796-4

Oldenbourg